中國學習蘇聯（1949年至今）

三十‧三十書系

中國學習蘇聯
（1949年至今）

白思鼎（Thomas P. Bernstein）、李華鈺　編

中文大學出版社

■ 三十‧三十書系

《中國學習蘇聯（1949年至今）》

　　白思鼎（Thomas P. Bernstein）、李華鈺 編

繁體中文版 © 香港中文大學 2019

國際統一書號（ISBN）：978-962-996-797-0

本書根據Rowman & Littlefield Publishing Group 2010 年出版之
China Learns from the Soviet Union, 1949–Present 翻譯而成。

出版：中文大學出版社
　　　香港 新界 沙田‧香港中文大學
　　　傳真：+852 2603 7355
　　　電郵：cup@cuhk.edu.hk
　　　網址：www.chineseupress.com

■ 30/30 SERIES

China Learns from the Soviet Union, 1949–Present (in Chinese)
　　Edited By Thomas P. Bernstein and Hua-yu Li

Traditional Chinese edition © The Chinese University of Hong Kong 2019
All Rights Reserved.

ISBN: 978-962-996-797-0

Published by agreement with the Rowman & Littlefield Publishing Group
through the Chinese Connection Agency, a division of The Yao Enterprises, LLC.

Published by The Chinese University Press
　　　The Chinese University of Hong Kong
　　　Sha Tin, N.T., Hong Kong
　　　Fax: +852 2603 7355
　　　Email: cup@cuhk.edu.hk
　　　Website: www.chineseupress.com

Printed in Hong Kong

群峰並峙　峰峰相映

《三十‧三十書系》編者按

在中國人的觀念裏，「三十年為一世，而道更也」。中華人民共和國建國迄今六十餘年，已歷兩世，人們開始談論前三十年與後三十年，或強調其間的斷裂性及變革意旨，或著眼其整體性和連續性。這一談論以至爭論當然不是清談，背後指向的乃是中國未來十年、二十年、三十年以至更長遠的道路選擇。

《三十‧三十書系》，旨在利用香港中文大學出版社獨立開放的學術出版平台，使不同學術背景、不同立場、不同方法的有關共和國六十年的研究，皆可在各自的知識場域充分完整地展開。期待群峰並峙，自然形成充滿張力的對話和問辯，而峰峰相映，帶來更為遼闊和超越的認識景觀。

《三十‧三十書系》自2013年起，首批已推出四種著作：

郭于華《受苦人的講述：驥村歷史與一種文明的邏輯》、高王凌《中國農民反行為研究 (1950–1980)》、高默波《高家村：共和國農村生活素描》與郭益耀《中國農業的不穩定性 (1931–1991)：氣候、技術、制度》。

這四本書探討的都是集體化時期的農村、農民和農業，卻呈現出截然不同的時代圖景。頗有意味的是，作者的背景、研究方法不盡相同，

作品之間的立場和結論甚至相互衝突，但當它們在同一平台上呈現時，恰恰拼合出一個豐富而多元的光譜；作品之間的衝突和砥礪，使這光譜更接近《三十‧三十書系》所期待的學術景觀：群峰並峙，峰峰相映。

在此基礎上，《三十‧三十書系》的第二批著作試圖將關注擴展至全球視野下的中國學，利用香港中文大學出版社獨特的雙語出版平台，聚焦世界範圍內的共和國研究。由此推出六部著作：

蘇陽《文革時期中國農村的集體殺戮》、安舟 (Joel Andreas)《紅色工程師的崛起：清華大學與中國技術官僚階級的起源》、丹尼爾‧里斯 (Daniel Leese)《崇拜毛：中國文化大革命中的言辭崇拜與儀式崇拜》、白思鼎 (Thomas P. Bernstein) 與李華鈺編《中國學習蘇聯 (1949年至今)》、文浩 (Felix Wemheuer)《饑荒政治：毛時代中國與蘇聯的比較研究》及彭麗君《複製的藝術：文革期間的文化生產及實踐》。

延續「群峰並峙」的基本理念，這批作品試圖突破傳統研究對象的局限、地域分隔造成的研究盲點和學科間的專業壁壘，呈現一個更開闊而富有生機的中國研究圖景。從書名就可看出，與第一批中國學者關於農村集體化的論述不同，第二批著作探討了共和國史中更豐富的細分領域與主題，如集體殺戮、技術官僚、領袖崇拜、中蘇關係、大饑荒、文革期間的文化生產模式等。此外，無論從作者的地域背景還是研究的學科分野來說，這六種作品都更加多元。三本書的作者來自美國，其中蘇陽和安舟是社會學學者，白思鼎和李華鈺則是政治學家；兩位德國學者里斯和文浩的研究方法更偏重歷史學；彭麗君則是來自香港的文化研究學者。每部著作都帶著各自學科內的優秀傳統和全新視角，為中國研究注入更多樣的可能。

儘管這六種著作頗不相同，但它們都代表了各自領域內具有前瞻性、成長性的研究方向，這正是《三十‧三十書系》所看重與尋找的特質—全球視野下關於共和國六十年的前沿研究。

蘇陽在《文革時期中國農村的集體殺戮》中收集了大量地方檔案、政府公開文件和一手訪談，首次提出極具解釋力的「社區模型」，深入了西方主流種族屠殺研究使用的「國家政策模型」所無法觸及到的細緻層

面。研究因其揭示史實與建構理論兩方面的傑出成就，獲得2012年美國社會學學會Barrington Moore最佳著作獎。

安舟的《紅色工程師的崛起》，首次關注到對中國當代歷史具有重要意義的技術官僚階級。該研究詳細展示了這個新興階級如何產生、發展並最終成為共產黨核心領導力量的過程。這一過程引發了中國權力格局的變化，也在融合了農民革命家與知識精英這兩個傳統階級之後，帶來了截然不同的領導思路和風格。

里斯的《崇拜毛》和白思鼎、李華鈺編的《中國學習蘇聯》都是首本將相關題材作為專題研究並進行了充分且多角度探討的作品。《崇拜毛》揭示了個人崇拜的力量如何被毛澤東、其他黨內領袖、軍隊等多方利用與引導，並從中共黨內與基層民眾兩方面追溯了那段政治動亂下的個人崇拜史。而《中國學習蘇聯》則幾乎覆蓋了該題材所有方面的討論，以最新資料和多元視角詳細分析了蘇聯模式對中國政治、經濟、軍事、文教、科技等方面長期的、潛移默化的影響。

文浩的《饑荒政治》體現了近年來歷史研究中的一種新興路徑：將中國史放在世界史中重新審視。大躍進導致大饑荒的現象並非中國特有，蘇聯在1931–1933年間也發生了同類的「大躍進饑荒」。作者將饑荒放在農業帝國進行社會主義革命這個大背景下分析，深化了對共產主義國家發展進程的理解。

彭麗君的《複製的藝術》則為研究文革中的文化生態提供了新的解釋工具——社會模仿。通過「模仿」這一概念，作者將文化、社會、政治串連起來，解釋了毛時期的文化複製行為如何助長人們對權力的服從，如何重構了獨特的時代文化。

在兩批十種著作之後，《三十·三十書系》的第三批已在準備之中，兼收中、英文著作及譯著。本社一貫注重學術翻譯，對譯著的翻譯品質要求與對原著的學術要求共同構成學術評審的指標。因讀者對象不同，中文出版品將以《三十·三十書系》標識出版，英文專著則以單行本面世。

「廣大出胸襟，悠久見生成」是香港中文大學的大學精神所在。以此精神為感召，本書系將繼續向不同的學術立場開放，向多樣的研究理路開放，向未來三十年開放，歡迎學界同仁賜稿、薦稿、批評、襄助。

有關《三十‧三十書系》，電郵請致：cup-edit@cuhk.edu.hk。

香港中文大學出版社編輯部

2016年12月

獻給

蘇黛瑞（Dorothy J. Solinger）和麥靜思（Jim McLendon）

目 錄

致 謝

2007年6月，哥倫比亞大學舉辦「蘇聯對中國政治、經濟、社會和文化的影響，1949–1991」國際研討會。此次會議的成果結集成此書，兩位編輯也是會議的主辦和組織者。

在本書編輯過程中，我們將書名改為《中國學習蘇聯 (1949年至今)》，以突出中國在中蘇關係演變中所發揮的積極作用以及在適應和採用蘇聯社會主義建設和管理模式的過程中所扮演的角色。眾所周知，中國最初選擇在1950年代初期緊跟蘇聯的模式，亦步亦趨。可是不久之後卻變了方向，不但越來越反對赫魯曉夫對斯大林主義的改造，而且毛澤東主義者也對斯大林的統治進行了批判。隨着中蘇衝突日趨嚴重，蘇聯在中國成了「反面教材」。1980年代，隨着戈爾巴喬夫改革的逐步深化，中國對在蘇聯正在發生的革新再度產生興趣。然而，蘇共垮台和蘇聯解體之後，中國表明堅決反對戈爾巴喬夫的改革，特別是反對他對政治自由化的追求。中國這一立場從那時一直持續到今天。於是，蘇聯在中國再次成為反面教材。

在此，我們衷心感謝哥倫比亞大學的哈里曼俄羅斯、歐亞和東歐研究所 (Harriman Institute for Russian, Eurasian, and Eastern European Studies) 和韋瑟海德東亞研究所 (Weatherhead East Asian Institute) 為我們舉辦國際會議及編輯、出版本書所提供的資助。

我們也非常感謝匿名審稿人對稿件中肯、詳細的評論。此外，我們還要感謝本書作者們在編輯過程中給予的支持。

　　雖然一些作者不習慣西方學術論文格式，但他們對編者的修改建議都及時回應。

　　最後，我們在此特別感謝哈佛大學冷戰研究所主任和《冷戰研究期刊》(*Journal of Cold War Studies*)主編馬克·克萊默(Mark Kramer)先生和期刊執行主編賽爾瓦娜·考拉彩科斯卡(Sylvana Kolaczkowska)女士對我們不懈的支持和鼓勵。我們還要一併感謝羅曼和利特爾菲爾德出版集團的列克星敦出版社(Rowman & Littlefield Lexington Books)的編輯朱麗·科施(Julie E. Kirsch)、保拉·史密斯－萬德思萊斯(Paula Smith-Vanderslice)和梅麗薩·邁克尼特(Melissa McNitt)。

　　　　　白思鼎 (Thomas P. Bernstein)，美國哥倫比亞大學政治系榮休教授
　　　　　李華鈺，美國俄勒岡州立大學政治系副教授

導 論

導 論

向蘇聯學習的複雜性

白思鼎（Thomas P. Bernstein）

中國共產黨在1949年執政之初，便決意一切向蘇聯學習。毛澤東在〈論人民民主專政〉中寫道：

> ⋯⋯蘇聯共產黨是勝利了，在列寧和斯大林領導之下，他們不但會革命，也會建設。他們已經建設起來了一個偉大的光輝燦爛的社會主義國家。蘇聯共產黨就是我們的最好的先生，我們必須向他們學習。[1]

四年之後，他又着重強調了這一觀點：

> 我們面前的工作是艱苦的，我們的經驗是不夠的，因此，要認真學習蘇聯的先進經驗。無論共產黨內、共產黨外、老幹部、新幹部、技術人員、知識分子以及工人群眾和農民群眾，都必須誠心誠意地向蘇聯學習。我們要學習蘇聯先進的科學技術。我們要在全國範圍內掀起學習蘇聯的高潮，來建設我們的國家。[2]

從1949到1956年，中國深入地學習蘇聯經驗，並且常常不加批判地將之實踐於眾多領域。尤其是在建政初期，中國領導人多次針對政治和發展問題向蘇聯尋求指導和建議。蘇聯對中國的影響從為數眾多的蘇聯駐華專家可以看出。從1953到1957年，約有一萬名蘇聯專家在華援建；在1954年第一季度，有403位蘇聯專家任職於28個部級機關。他

們在很多領域服務，其中教育部佔比例最大，有127位蘇聯專家，此外還有49位在石油工業部，45位在重工業部。[3] 1960年赫魯曉夫強行撤走全部援華專家，使得兩國關係更加惡化。

然而到1956年，針對向蘇聯及東歐各國學習的路線，毛澤東拋出了相當不同的論調：

> 我們不能盲目地學，不能一切照抄，機械搬運。他們的短處、缺點，當然不要學……過去我們一些人不清楚，人家的短處也去學，當學到以為了不起的時候，人家那裏已經不要了，結果栽了個斤斗，像孫悟空一樣，翻過來了。[4]

在大躍進期間，中國開始摸索一條更適合自身發展和意識形態的模式，因此對蘇聯模式的批判更為深入。然而如本書所述，這些新做法依然持續受到斯大林式經驗核心層面的顯著影響。到了1960年代，從在1964年發表、或許出自毛澤東手筆的〈關於赫魯曉夫的假共產主義及其在世界歷史上的教訓〉的反蘇檄文可見，蘇聯已經被視為反面教材。[5] 這篇文章為中國如何避免陷入蘇聯修正主義的深淵，寫出了詳細的方案。這種反蘇觀點一直持續到1976年毛去世為止。

在1970和1980年代，中國再次對蘇聯經驗產生興趣。當戈爾巴喬夫開始致力重振蘇聯社會主義時，在當時正在進行改革開放的中國，分析家開始重新審視蘇聯政策表現出來的積極方面，見羅斯曼（Gilbert Rozman）的第17章。但是當戈爾巴喬夫的開放（glasnost）和重建（perestroika）政策，逐漸瓦解了蘇聯共產黨對權力的壟斷，中國觀察家卻開始對此有所警覺。在1991年蘇聯解體後，中國政府動員大批官方的蘇聯問題專家，分析解讀事件的災難性結果及其對中國的影響。於是，蘇聯再一次成為反面教材的代表，見羅斯曼、周明朗、關貴海所著章節（第七部）。[6]

中國對蘇聯經驗在態度上的反覆很值得注意。它證明了中國的發展過程與蘇聯息息相關。如羅斯曼所說：

> 對蘇聯的討論如此重要是因為中國共產黨的領導人一直不斷地用他們北鄰的標準來衡量自己的國家。他們的世界觀與他們對蘇聯社會主義的看法密切相關。[7]

　　本書試圖進一步闡明中國對蘇聯模式的採納、適應和排斥這一歷史過程。這個課題過去已有許多書籍和學術論文曾深入探討。[8] 但由於這些較早期的學術研究未能使用1990年代之後公開的大量文獻資料，因此值得我們重新研究。隨着蘇聯的解體，俄羅斯、中國及西方的學者可以在不同程度上接觸到蘇聯時期的檔案資料；在中國，學者也開始有機會看到一些原始文獻，於是大批論述中蘇關係的新學術專著相繼問世。[9]

　　通過本書的目錄即可看出，來自中國、美國、歐洲、澳洲和台灣的學者，以不同的視角解讀蘇聯模式對中國政治、經濟、社會和文化領域的影響。本書力求描述蘇聯影響力的廣度、多樣性和複雜性。以兩個例子為證，臧健在第10章強調蘇聯模式吸引女性的一個重要原因是其主張女性應外出工作。而這一理想模式在改革時期卻日漸式微，從而激發了對1950年代的懷舊情緒。第二個例子與此相反，勞倫斯‧施奈德（Lawrence Schneider）在第13章指出，蘇聯在傳播李森科（Trofim Lysenko）生物學和遺傳學教條時遭到有西方教育背景的中國科學家的抵制，從而使這些教條早在1956年就被否定了。

中國採用蘇聯模式過程中的決定性因素

中蘇關係

　　中蘇關係的演變極大地影響了中國對蘇聯模式的態度。因此，我們在書中收錄了幾篇有關中蘇關係的章節：由呂德量（Lorenz M. Lüthi）撰寫的第1章描述了1949到1969年這段時期的中蘇關係；張盛發的第2章具體討論了1952年蘇聯為加強中國對斯大林的信任而歸還兩國共有共管的中國東部鐵路的重要性；王俊逸（Péter Vámos）的第3章論述了1980年代中蘇恢復邦交的史實。[10] 1950年代上半期，在兩國關係總體比較融洽時，中國強烈希望學習蘇聯的「先進經驗」。1956年後，中蘇關係逐漸降溫。1958年毛澤東認為赫魯曉夫試圖控制中國，兩國關係因此急劇惡化，由冀與焦宏所著的第5章對此有所論述。蘇聯對華援建在1960年

代中期停止，此後兩國長期保持敵對關係。中蘇關係在1980年代逐漸回暖，至1989年5月戈爾巴喬夫訪華達到頂峰；與此同時，中國對蘇聯內部不斷變化的局勢又再產生新興趣。

歷史遺留的影響

中國對外國的借鑑遠早於1949年向蘇聯的學習，在十九世紀最後的三十幾年間，「中學為體，西學為用」已成為廣為人知的信條。但彼時中國對西方模式的借鑑一直僅限於科技，尤其是軍事領域，這種局限一直持續到中國在1895年中日甲午戰爭的慘敗。到1900年義和團起義和八國聯軍成功介入平亂以後，中國才真正開始從法國、日本、德國、美國引進政治、司法、社會和文化制度。1949年後，中國又開始全面向蘇聯學習。

論及中華人民共和國對蘇聯模式從接受到抗拒的歷程，胡素珊（Suzanne Pepper）發現它與中國過去的做法極其相似，特別是在教育上：

> 在二十世紀初的幾十年間，中國學習西方時所表現出的一些主要特點如今又再度出現：衝動地學習外國的成功秘訣，生搬硬套；繼而是隨之而來的混亂，及不加批判地盲目仿效外國。[11]

值得注意的是，本書中的一些中國學者，嚴格地區分了中國學習蘇聯模式的兩種情況：一種是在軍事壓制下形成的，與東歐國家類似；另一種是自發地、有選擇性地向蘇聯學習。高白蘭（Izabella Goikhman）所著第11章討論了1949年後中方在學習蘇聯模式的同時，在教育問題上保持了自主性。

另一個歷史淵源來自中國共產黨在1921至1949年間的崛起之路。俄國布爾什維克革命後不久，對西方幻想破滅的中國知識分子轉而投向馬克思主義，他們受到俄國十月革命的勝利及其反帝立場的啟發和鼓舞。在由莫斯科領導的共產黨國際聯合組織共產國際（1919至1943年）的引導下，中國共產黨在1921年成立後，也積極、自願地採用了列寧主義的組織結構和運作模式。

　　作為共產國際的一員，中國共產黨從屬於莫斯科，而且必須服從其指令。斯大林一向從蘇聯的國家利益出發來領導國際共產主義運動，致使整個共產國際的運作模式問題重重。斯大林和共產國際在1927年的指令，導致中共遭受嚴重損失。[12] 1930年代初，毛澤東與留蘇歸國的左翼派系產生了嚴重的分歧；毛與「留蘇派」的一系列鬥爭，以毛在延安時期 (1935至1945年) 取得最終勝利告終。這一勝利穩固了毛在蘇聯控制之外的獨立地位，毛主張通過馬克思列寧主義的「中國化」，發展適應中國國情的農村根據地戰略，並以此來追求一條獨立的革命之路。可笑的是，毛不得不引用斯大林時代的蘇共經典著作《聯共 (布) 黨史簡明教程》(以下簡稱《簡明教程》)，來證明其自主模式的合理性。該書強調列寧為了把馬克思主義與俄羅斯情況相適應化，作出了自主創新 (下文將對《簡明教程》作更多闡述)。

　　中共在1941和1942年間的政策，表現了毛澤東的獨立性。當時蘇聯正處於被納粹德國侵略戰爭擊敗的邊緣，斯大林因此緊急要求中共與侵華日軍正面作戰。然而毛澤東認為順應蘇聯的要求將會威脅中國共產黨的生存，因此一再拒絕該請求。[13] 斯大林相信可以依靠國民政府，並在1945年與其簽訂條約，這使得中國共產黨人憤然不已。斯大林在1945年還敦促中共與國民黨和平相處，更在1949年中共軍隊節節勝利之時，一度警告中共軍隊不要越過長江，以免導致美國介入中國內戰。[14]

　　1949至1950年間，中共與蘇共決定在新的基礎上締結中蘇關係，雙方擱置了此前彼此間種種的隔閡。在第2章中，張盛發指出在世界政治兩極化的時代背景下，斯大林首先關注的是擴大社會主義陣營的盟友，而不是對毛澤東的不滿；而毛則更需要與蘇聯聯盟來對抗美國。

　　1950年代上半期，中共在蘇聯的支持下獨立掌權。在馬列意識形態與中國民族主義融合的背景下，中蘇第一階段的關係體現為中共對斯大林領導地位的服從及對蘇聯模式的接受，也就是中共定義的「蘇聯老大哥」和「中國小兄弟」的關係。這在中國文化中意味着年輕的一方有義務尊重老大哥的權威，而老大哥也有義務幫扶和保護小兄弟。這種關係只有在斯大林 (國際共產主義運動公認的合法領袖) 仍舊在世的前提下

才能得以維持。1953年獨裁者斯大林去世後，中共對蘇聯的尊從也隨之逐漸淡漠，此後毛澤東也顯得愈來愈自信果敢。

在中國把蘇聯當作「老大哥」的時期，舊日的記憶當然並未消失。中蘇關係惡化後，中國更毫不避諱地發洩對過去的不滿。比如在1958年初的成都會議，毛澤東就重提斯大林從1930年代早期就偏愛中共左派的往事，直到中國參加朝鮮戰爭後才把毛澤東視為真正的共產主義者。[15]

蘇聯模式的複雜性

中國在很大程度上接受了斯大林的整個社會主義模式，其中包括社會主義國家的基本組成，如國有制和中央計劃經濟。從另一個角度而言，這也包括了終結生產資料私有制，以及展開對城市資產階級和農村地主、富農的階級鬥爭。中國同時接受了基於大型農業生產優於家庭耕作的設想而推行農業集體化，並為了實現工業化而無條件地優先發展重工業和國防工業，因此在很大程度上是靠抽取農業盈餘來發展城鎮工業。

很多學者認為，由於成功的蘇聯 (斯大林) 社會主義發展模式是已被實踐證實過的，當時人們便將其視為中國對蘇聯發展模式的信心和確定性的來源。[16] 當時流行的口號「蘇聯的今天是我們的明天」，就表明了這一樂觀態度。

孔寒冰在第6章中指出：「在毛澤東和中國共產黨員心目中，蘇聯模式在理論上的表現就是真正的馬克思主義，在實踐上的表現就是真正的社會主義。」為了灌輸蘇聯社會主義建設的正確戰略，中國政府動員幹部和知識分子學習《簡明教程》。這部蘇聯共產主義發展史，也是一部由斯大林授意並親自參與編著的蘇聯經驗總結。[17] 該書的目的是將斯大林美化為列寧當之無愧的唯一接班人，1938年出版後不久便被譯成中文，並在1942至1944年的整風運動期間就已被中共研究學習。毛澤東評價它為「馬克思列寧主義百科全書」，同時也是理論與實踐相結合的權威資源和典範。它傳達了蘇聯對階級鬥爭的強調，展示了蘇聯怎樣取得工業化和集體化的成功。李華鈺在第4章中指出，《簡明教程》

在引導中國的精英階層轉向新的觀念和方法上起了重要的作用。這些觀念和方法在1953年底被概括為「社會主義改造總路線」。

　　然而，在1950年代前期無條件接受蘇聯模式，並不意味着中國領導人不需要對該模式的實際應用作出自己的判斷。原因很簡單，即在一些關鍵領域，中國與蘇聯的國情截然不同。例如，在工業化取得長期發展之前，中國並不具備實現農業機械化的能力，因此需作出是否推遲農業集體化的決定。如下文所示，當時這個問題在中共領導人中頗具爭議，但是毛的激進傾向使得這次爭議很快結束。李華鈺在其優秀著作《毛澤東與中國經濟的斯大林化，1948–1953》(*Mao and the Economic Stalinization of China, 1948–1953*) 中談到，從1949年起，中共的激進政策與斯大林向中國領導人提出的建議截然相反。斯大林建議謹慎、漸進的過渡，中國在建設社會主義的過程中應在較長時期維持混合經濟。李華鈺認為，毛澤東對斯大林的建議實際上是陽奉陰違。[18]而在其他問題上，蘇聯的建議與中共的意願相一致，例如在中國應該建立集權還是像蘇聯那樣的聯邦制政體這個問題上，中國明確地偏離了「蘇聯模式」，即聯邦制的做法 (周明朗的第18章對此有所論述)。

　　此前的討論說明了蘇聯模式的複雜性。如果進一步觀察，蘇聯模式又可再細分為三類，儘管其中各有重疊交叉，這種細分仍然具有鮮明特點並且影響了中國的抉擇 (呂德量的第1章對此有所論述)。第一種模式即斯大林自1949年起就向中國建議的溫和發展戰略。溫和發展模式與中國社會主義初期建設尤為相關，但也出現在之後的階段。第二種是「革命斯大林主義」(revolutionary Stalinism)，具體體現在蘇聯1929至1934年的「社會主義搶攻」(socialist offensive)。第三種是「官僚和中產階級斯大林主義」(bureaucratic and middle class Stalinism)，它出現在斯大林後期，與毛澤東在大躍進和文化大革命中極力維持並促進的革命價值觀有根本的衝突。

　　蘇聯溫和發展模式源自於列寧最後的文章〈論合作制〉，該文發表於1923年初，也就是1921至1927年新經濟政策 (New Economic Policy) 實施的初期。[19]新經濟政策是糾正蘇聯內戰和「戰時共產主義」期間所推行激進政策的新方案。列寧把問題聚焦於農民，並認為對農民的社會主義

改造將需時幾十年。在這段期期，農民應當借由市場、消費和信用合作的方式被納入社會主義城鎮——工業板塊的發展軌道。與此同時，隨着農村文化革命的掃除文盲工作，農民將逐漸適應社會主義方式，從而為最終的集體化鋪平道路。

在 1920 年代中期關於蘇聯工業化的辯論和權力鬥爭中，布哈林（Nikolai Bukharin）進一步闡釋了列寧的思想，強調需要安撫農民而不是發動農村階級鬥爭，並在農業和工業發展採取相互依存、共同促進的方式來保持農民的積極性。直到 1927 年，斯大林都公開支持布哈林的主張。[20] 儘管布哈林在 1938 年被扣上「人民公敵」的帽子遭槍決，他的名字也被禁止提起，但是其主張卻為一些中國領導人所熟知（侯曉佳在第7章中指出了這一點）。由此可見，溫和模式注重市場、物質獎勵和混合經濟。然而，從 1920 年代後期開始，斯大林重新解讀了列寧的文章，並認為列寧是在呼籲建立生產者合作社，即集體農莊。

革命斯大林主義始於 1929 年，蘇聯在該段時期全面發動農業集體化運動，以消滅富農對農業剩餘價值的剝削，並急速向工業化和城市化邁進。這場運動的另一個組成部分是「文化革命」（cultural revolution），其目的在於掃盲和技術培訓，但也有類似中國文化大革命時反權威的主題。[21] 當時蘇聯在全國動員的過程中產生了巨大的推動力和前進意識，許多城市年輕人因此受到極大的鼓動。斯大林的社會主義革命造成的生命損失和各種苦難非常巨大，尤其是在農村，但是蘇聯的工業化卻的確得以迅速完成。由此看來，毛澤東對「革命斯大林主義」的核心價值如此着迷也就不令人意外。

第三種方式「官僚和中產階級斯大林主義」反映了趨向穩定的特點。在計劃經濟和國家集權的庇護之下，巨型官僚體制應運而生，他們極度依賴於制度、常規、監管和物質刺激。技術精英尤其受到重視，嚴重的不平等也因此產生。西方學者從中看出革命動力的日漸消弭以及體制僵化的徵兆。[22] 鄧納姆（Vera Dunham）在其力作《在斯大林的時代：蘇聯小說中的中產階級價值觀》（*In Stalin's Time: Middleclass Values in Soviet Fiction*）中，描寫一個貪得無厭的新階層的出現，而這一階層成為了社會體制的重要支柱。[23]

那些在1950年代初來到中國的蘇聯專家在不同程度上就是蘇聯官僚主義的產物。一個生動的例子是蘇聯公安專家對1951年中國鎮壓反革命運動的態度轉變。那次運動依靠的是發動群眾，而不是斯大林主義所推崇的「穩定性、形式化和專業主義」。蘇聯顧問對這項長期的、具有強烈煽動性的政治運動表示憂慮，因為「自從他們的第一個五年計劃以來就沒見過此類行動」，也就是革命斯大林主義時期。據報道，蘇聯顧問後來逐漸接受並相信中共做法的優點。[24] 毛澤東此後在大躍進時期對官僚斯大林主義充滿憤怒，也就不足為奇了。以上三種方式都是中國的政治爭端和操控的主要議題。[25]

蘇聯模式和向社會主義轉型

在1950年代最初期，中國把自己的社會發展階段定義為「新民主主義」，即多種經濟並存，主要產業已實現國有化，但還存在相當一部分私營製造業、貿易企業以及私營手工業。在農業方面，在地主被強行沒收土地後，佔主導地位的是擁有私產的小土地所有者。中共領導人認為在適當時候，生產資料私有制必然將被廢除，但問題是，新民主主義階段應該持續多久？

在中國領導人看來，蘇聯的新經濟政策在很多重要方面與中國的新民主主義相似。1950年夏，毛澤東指出向社會主義的全面轉型在遙遠的未來才會發生，這一論點與列寧思想高度契合。同年6月，在中國人民政治協商會議上，毛澤東重申新民主主義將會持續很長時間，而在此期間，向社會主義過渡所需的條件也將逐步成熟。他向焦慮的工商業人士表明，向社會主義過渡將需時20至30年。實際上，黨內討論已將預計時間縮短至10、15或20年。[26] 在其後一年內，毛澤東開始有了縮短過渡期的想法。

然而劉少奇等領導人，繼續堅持新經濟政策和斯大林的溫和發展建議。薄一波在其回憶錄中講到，劉少奇認為經濟發展的優先順序應為先農業，輕、重工業分列第二和第三，這與布哈林的主張頗為類似。劉還認為，在工業能促成農業機械化之前，農業無法完成集體化；而他大力

提倡的供銷合作社模式，也非常符合列寧和布哈林的主張。曾經的「留蘇學生」、中共建政前夕曾任遼東省委書記的政治局委員張聞天，長期以來一直提倡這一措施（見侯曉佳所著的第7章）。劉少奇因此希望鼓勵包括富農在內的個體經濟，並以此維持農業發展所必備的農民積極性，直到向社會主義快速過渡的條件成熟為止。[27]

與此同時，中共高層在1950至1951年間討論蘇聯的「新經濟政策」，並倡導建立小型互助組。這種互助組以私有財產為基礎，但農戶共同使用耕畜和大型農具。山西省委領導在1951年力求將互助組擴大為「半社會主義式生產合作社」，並大幅提高集體財產在其中所佔的比重。但劉少奇認為當時的生產力還沒有與之相適應的轉變，因此批評這個計劃是「空想的農業社會主義」。2003年出版了兩卷毛澤東傳記的作者逄先知和金冲及評論道，「劉少奇的觀點當時在黨內具有一定的代表性。」[28]

繼續向中國提倡溫和路線的斯大林，1952年秋對由劉少奇率領的前來參加蘇共十九大的中共代表團説：「我覺得你們的想法是對的。我們掌握政權以後，向社會主義的轉變應該採取逐步的辦法。你們對中國資產階級所採取的態度是正確的 。」[29]

然而，如侯曉佳在第7章中指出，毛澤東很早就認為即便是農村小型互助組也可以成為全面向社會主義農業過渡的橋樑。他還認為組織結構的變化本身就可以增加農業產量，而中國也因此能夠在實現農業機械化之前就完成農業集體化的改造。毛澤東批評了劉少奇、薄一波等一些領導人，據稱毛最終甚至説服了他們。上述毛傳的作者認為：「在當前條件以及缺少經驗的情況下，對不同意見的爭論是正常的。」[30] 此後，毛澤東極力推動貫徹落實「互助與合作」，並從1952年起向下級頻繁施壓。

毛澤東認為土改後的農村形勢有足夠的流動性，因此「趁熱打鐵」是可行的。他很可能也受到了自1950年底中國出兵「抗美援朝」開始，在全社會範圍一直持續到1952年的激進運動之影響。[31] 這些運動包括鎮壓反革命，以及為了控制資產階級以及對親美、親國民黨分子（尤其是知識分子）進行再教育的城市運動。在這種絕不姑息的強硬氛圍中，富農即階級敵人，呼籲保護他們的政策難以立足。

在這種情況下，毛澤東否定了蘇聯的溫和發展模式。1953年2月，毛指示省級領導不一定非要仿照蘇聯模式。斯大林建議保留富農經濟以免破壞生產，毛澤東則持相反意見，認為中國需要依靠農民互助和合作的形式來提高產量。[32] 毛傳作者指出，毛通過這種方式「突破了蘇聯模式」，為農村的社會主義改造制定了新的道路。[33]

向社會主義過渡需要多長時間也是頗具爭議並且任人操縱的問題。例如，毛澤東公開表示《簡明教程》中提出的社會主義改造所需的時間長度也大體適用於中國。《簡明教程》認為，蘇聯在1925年底，也就是新經濟政策實施四年後，已從內戰中恢復過來，於是在1926年開始工業化進程，並在1933年取得了「決定性的勝利」，因此整個過渡時期需時八年。[34]

毛澤東曾對長期過渡階段的公開認可，予人謹慎的印象，他有時還同意減緩合作化的進程。然而，他後來改變了看法，並批評其下屬的「右傾」思想。[35] 甚至在1955年7月，毛預計農業合作化即將踏入高潮，也注意到蘇聯的農業合作化從1921年到1937年也用了共17年的時間，因此中國也將需要相當的時間，即至1967年才能完成此過程。[36] 然而，毛在1955至1956年間進行全民動員，將社會主義改造推向「高潮」。到1956年底，中國便完成了農業集體化，並同樣超乎預期地實現了私營工商業和手工業的社會主義改造。

薄一波在其於改革開放時期所著的回憶錄，不無遺憾地評價道：

> ……我們還只是注意測算蘇聯1924年以後進行社會主義改造的時間，如果能同時注意對列寧提出的新經濟政策所帶來的社會效果，也從政治上經濟上認真加以「測算」，可能會促使我們在社會主義改造的過程中保持更清醒的頭腦，在改造的進度、步驟安排上可能會更謹慎更穩當一些。[37]

包括毛澤東在內的中共領導層，意識到過於急進發展所需要付出的代價，因為《簡明教程》也記錄了1930年初蘇聯在全面集體化過程中被斯大林批評為「被勝利衝昏頭腦」的災難性左傾錯誤。在中國社會主義改造的「高潮」前夕，毛澤東指出在蘇聯集體化時期，生產水平急劇下

降，農民大量屠宰牲畜，蘇聯農業在當時仍沒有恢復到革命前的水平。[38]
但是毛澤東堅持認為，「我們不應該做的是讓一些同志通過引咎蘇聯經
驗來掩蓋自身的延緩。」毛說，中國應該汲取蘇聯在集體化過程中損失
慘重的教訓，也就是說中國必須致力確保增加農業產量，並避免屠宰牲
畜。「我們的合作社必須比蘇聯的那些要好。」可嘆的是，毛澤東的希望
並沒有實現。[39]

蘇聯模式與重工業

中國共產黨繼承了國民政府遺留下來的的國家工業規劃。行政院資
源委員會的幾位副委員長，後來都任職於中共國務院規劃機構。據此，
柯偉林（William Kirby）指出，中國並不完全依賴蘇聯。[40] 但總體而言，
蘇聯的工業化模式和對中國的援助極其重要，因為中國需要學習大量有
關中央計劃經濟、大型企業管理、以及科技知識和技能獲取方面的經
驗。在這方面，孔寒冰在第6章中明確指出，中國完全照搬了蘇聯的整
個工業模式。孔寒冰詳細描述了由周恩來率領的中國工業和規劃高層官
員代表團，在1952年8月到1953年5月期間近八個月在蘇聯的一系列活
動。他們的目標是學習蘇聯如何制定五年計劃的各種細節。代表團成員
聽取了權威專家的講座，其內容之後都相繼出現在中國第一個五年計劃
的各個草案中。代表團成員還參觀了蘇聯企業，學習經營大規模工業項
目的具體經驗。這一系列活動至關重要，因為中國「一五計劃」中工業
計劃的核心有賴於蘇聯的援助，包括約156家工廠的援建。

孔寒冰觀察到，由於每個主要項目都取得了成果，蘇聯在中國工
業化初期的角色「給中國人民留下了深刻印象」。這堅定了他們的社會
主義信仰。一位美國分析家在1975年的文章中高度讚揚了蘇聯的技術
援助：

> 在1950年代⋯⋯中國欣然接受⋯⋯在現代歷史上最全面的技術轉
> 移⋯⋯中國從蘇聯獲得了現代工業體系的基礎⋯⋯這對中國的後
> 續發展極為重要。中國若要依靠自己的力量發展這樣完整的工業體
> 系，恐怕需時數十年。[41]

官僚和中產階級斯大林主義

在1950年代上半葉，官僚斯大林主義以及中產階級生活方式隨着蘇聯式教育和文化開始傳入中國。本書的若干章節討論了這些話題。李濱 (Douglas A. Stiffler) 在第12章重點探討了嚴重僵化的蘇聯高等教育體系主導了中國人民大學正式成立之後頭三年的發展，儘管在其後數年作了一些妥協和讓步。同樣地，勞倫斯·施奈德在第13章討論了李森科主義，闡明蘇聯的僵化教條輸入中國後遭到了來自中國內部的抵制。與此同時，高白蘭在第11章指出，即使在努力仿效蘇式教育的年代，中國仍然在觀念上保持着自立的目標。由冀與焦宏關於中蘇軍事合作的第5章深入探討了解放軍1949年前形成的「優良傳統」，和1950年代上半葉由蘇聯顧問引入中國軍事院校的訓練方法，並把前者與形式主義和受規則約束的蘇式訓練方法進行對照比較。同樣，羅瑞 (Gregory Rohlf) 關於中國國營農場的第8章，描述了在蘇式路線下建立國營農場所需要的複雜官僚主義程序。

眾所周知，在大躍進及之後的時期，中國政府減少甚至是取消了物質上的鼓勵。值得注意的是，一個包括農村勞動模範的中國代表團在1952年參觀蘇聯集體農莊時，發現平均主義在蘇聯並不受歡迎 (參見侯曉佳所著第7章)。《人民日報》在1952年發表一篇有關訪問團蘇聯之行的文章，題為〈社會主義和平均主義是不相容的〉。[42] 文章介紹了代表團成員對此次出訪的匯報，其中包括機械化農莊的差異化，獎勵機制和蘇聯集體農莊的美好生活，後者包括了擁有現代個人財產和充足的自留地。余敏玲在第9章也生動闡述了中國從蘇聯引進了「斯達漢諾夫式」的勞動模範，他們的行為獲得了政府的豐厚物質賞報。

當中國還處在革命斯大林主義的痛苦時期，蘇聯人民的精神世界已吸收了晚期斯大林主義的中產階級思想。馬意莉 (Elizabeth McGuire) 的第14章研究了蘇聯的中國留學生，明確揭示了兩個革命陣營間的不和諧。儘管赫魯曉夫試圖通過諸如始於1954年的開發「處女地運動」等方式來促使革命精神的再復活，但中蘇學生的基本精神氣質卻存在着矛盾：

有一位中國學生曾經問他的俄羅斯朋友，為什麼蘇聯學生沒有那麼多政治學習。朋友回答說，據他所知，蘇聯在俄國革命之後也曾經歷過類似的緊張時期，但隨後就放鬆了，同樣的事情最終也會發生在中國。這位中國學生對此一直耿耿於懷，但多年後他認為這位俄羅斯朋友是正確的。

臧健的第10章和陳庭梅的第16章分別介紹了蘇聯婦女生活形象和當時流行的蘇聯電影。這兩章都闡述了1950年代蘇聯中產階級價值觀向中國的傳播。臧健強調了蘇聯時尚，即婦女髮型及服裝式樣對中國婦女的影響。陳庭梅講述了蘇聯電影明星對中國觀眾的吸引力。毫無疑問，當時的蘇聯電影大多是關於蘇聯革命或第二次世界大戰史詩般的電影，描寫了典型的蘇聯社會主義英雄主義。何冬暉的第15章介紹了蘇聯經典的現實主義小說《鋼鐵是怎樣煉成的》給年輕人帶來的巨大影響，小說主人公為了革命事業而放棄了資產階級愛情；小說同時將蘇聯描繪成一個富裕、成功的國家，所以對中國的年輕人來說，仿效蘇聯並不意味着個人犧牲。

當中國在大躍進時期變得更為左傾，革命的純潔躍居首位，中產斯大林主義的價值則不再被提及。赫魯曉夫時期出現的更為自由和人性化的電影由於與中國當時黑白分明的革命道德準則格格不入，也被擋在了門外。

摒棄蘇聯模式的傾向

從1956年起，中國在向蘇聯學習方面，無論在形式和實質上都採取了更具有批判性的態度。周恩來在1956年1月作了〈關於知識分子問題的報告〉，批評對蘇聯的「依賴思想」。他指責「一些同志」對蘇聯的經驗盲目照搬、操之過急、機械應用，而對資本主義國家在科學和技術上的成就武斷排斥，認為這些缺點今後應該避免。他還補充道，從今以後蘇聯顧問只應當服務於最尖端的領域，而且中國不能無限期地依靠蘇聯專家。[43]

　　赫魯曉夫在蘇聯共產黨第二十次代表大會上，對斯大林搞「個人崇拜」及對蘇共所犯下的罪行作出了歷史性的批判，加深了中國對蘇聯的懷疑態度。赫魯曉夫出於國內的政治原因，作出了這項重要決定，卻未能與兄弟黨協商或考慮到全面否定斯大林可能對他們產生的影響。[44] 批判個人崇拜從根本上動搖了蘇聯的政治制度，也必然影響到中國政治，因為毛澤東已在國內建立了對他本人的個人崇拜，而蘇聯政局的變化讓他個人受到挑戰。作為回應，《人民日報》社論讚譽斯大林為「偉大的馬克思列寧主義者」，但指他也犯了幾個嚴重錯誤。赫魯曉夫對斯大林的批判成為中蘇關係的分水嶺，引起了中國對赫魯曉夫的不信任，也削弱了他們對蘇聯模式的信心。[45]

　　1956年4月，毛澤東在〈論十大關係〉中不僅否定了對蘇聯模式不加批判的接受，也質疑了斯大林絕對優先發展重工業的政策。毛澤東提出重工業應繼續佔據優勢地位，但輕工業和農業也應得到更多投資。他批評蘇聯對農民過分壓榨，從而傷害其積極性。「你要母雞多生蛋，又不給牠米吃……世界上哪有這樣的道理。」中國應當從蘇聯在農業問題上的「嚴重錯誤」中吸取教訓。[46]

　　中共其他領導人尤其是陳雲，也主張三大經濟板塊平衡發展，以及通過給農民更多的激勵來刺激農業盈餘增長，例如重新開放市場，生產更多輕工業產品等。這一切似乎預示着一種溫和政策的產生，而該政策與蘇聯的新經濟政策以及布哈林的主張不無相似之處。如果這些政策得到推行，中國將顯著地脫離斯大林模式。然而，毛澤東卻將他的國家推向了大躍進的極端。

大躍進和文化大革命時期的蘇聯模式

　　不少人認為，中國在大躍進時期摒棄了蘇聯模式，以新的毛澤東模式取而代之。這種說法並不正確，但如果我們回顧革命斯大林主義和官僚斯大林主義之間的區別，很明顯毛澤東否定的是後者而非前者。

　　大躍進在全國範圍內進行社會動員以掃除工業和農業戰線上的一切障礙，通過「三年艱苦、百年幸福」這一烏托邦幻象來發動群眾，並隨之展開對頑固分子和保守勢力的階級鬥爭。一時間，新的人民公社似乎

預示着農村由集體到國家所有制的快速轉型，甚至可以搶在蘇聯之前進入共產主義。[47]

大躍進的一些主題源自革命斯大林主義，甚至可以追溯到1918至1920年更為極端的「戰時共產主義」。蘇聯官方自1929年起激起人民的巨大動員熱情，尤其是被派遣肩負着向社會主義衝鋒重任的工人和年輕人。「布爾什維克是無堅不摧的」等口號，極力宣揚急速前進的精神。如同在中國大躍進時期，目標和客觀成果的局限時常發生衝突。[48]在農業方面，一些公社成立於戰時共產主義時期，但也有些成立於集體化早期階段；很多普通的集體農場在開始時已實行某種程度的平均主義，與中國的公社非常相似，同時充斥着對階級敵人的鬥爭。

與此同時，大躍進與「革命斯大林主義」在很多重要方面並不盡相同。毛澤東對待烏托邦目標較斯大林更為嚴肅認真。斯大林在1931年冷漠地否定了平均主義，視其為小資產階級的離經叛道。[49]而中國大躍進及其後文化大革命的意識形態，則尋求通過不斷的政治鬥爭來降低差異化的物質刺激以克服資產階級和資本主義的思維和心態。與羅文索（Richard Lowenthal）在其著名書章〈發展與共產主義政策中的烏托邦〉（Development vs. Utopia in Communist Policy）中提出的論點不同，斯大林從實際出發放棄了在社會主義建設中實行具有共產主義因素的政策，而毛澤東卻沒有放棄。[50]

在大躍進期間，毛澤東在其關於蘇聯《政治經濟學教科書》以及斯大林1952年《蘇聯社會主義的經濟問題》的長篇評論中，批判了斯大林重視經濟而輕視政治的傾向。毛澤東批評了斯大林對提高意識、教育「新人」、實行群眾路線和自發的群眾運動毫無興趣；相反，斯大林篤信精英階層、技術和物質刺激，而非精神變革；斯大林沒有認識到，即使是工農知識分子也可能會屈從於資產階級的影響力，而改造知識分子是一項長期的核心任務。[51]相比之下，中國幹部參加勞動並下放接受鍛煉，工人則參與管理；斯大林卻不信任農民，不允許他們擁有自己的農用機械。

毛澤東由此認為後期斯大林主義是一種僵化的官僚束縛，缺乏前進的精神，因而稱之為「教條主義」。毛聲稱這種教條主義也存在於中國的經濟、文化和教育領域內：

經濟工作中的教條主義，主要表現在重工業工作、計劃工作、銀行
工作和統計工作方面，特別是重工業和計劃方面……社會主義革
命和農業合作化未受教條主義影響，因為中央直接抓。[52]

毛澤東曾抱怨蘇聯醫生不讓他吃雞蛋喝雞湯，因此認為教條主義不
僅包括遵從蘇聯專家的處方，更包括對如何產生變化的根本性誤解。毛
澤東指摘斯大林未能理解變革的驅動力：平衡是相對的，失衡是絕對
的。矛盾和鬥爭是絕對的，常存的。《政治經濟學教科書》反對快速發展
計劃，並要求遵照既定的時間表：「這種對快速發展計劃和加速工作的
完全否定太絕對了。」[53]

與此同時，儘管毛澤東在〈論十大關係〉中批判了蘇聯模式，中國
仍然保留了革命斯大林主義和官僚斯大林主義的主要特點：保證重工業
的絕對優先權，使其在大躍進期間仍獲得國家大部分的投資。[54] 此外，
農業在大躍進期間遭受到比以往任何時期更為嚴重的剝削，這成為了大
饑荒的主要原因。到了1959年初大躍進的降溫時期，毛澤東批示道：
「要把斯大林的政策和我們的政策加以比較，斯大林的積極性太高，對
農民竭澤而漁，現在即此病。」[55] 實際上，中共對農村的榨取在1959至
1960年間達到頂峰。[56] 但應該注意的是，大躍進時期的中國工業策略仍
然與蘇聯模式不同，尤其是在組建由各個級別政府管理的大中小企業以
及促進農村工業化方面。這些做法雖然未能在短期內見效，但卻在多年
後特別是改革開放時期取得成果。

孔寒冰教授的結論是毛澤東強化了對斯大林模式的應用。他認為，
即使在文化大革命時期，中國仍然變相地實行斯大林主義的經濟學。雖
然毛時代後期起了種種變化，中國經濟體系在其結構本質上仍然保持了
斯大林模式（第6章）。

在毛澤東努力重振革命的背景下，1950年代中後期赫魯曉夫也開
始關心蘇聯社會主義的復興。他的一些政策帶有強烈的「中國」色彩，
比如他的開發處女地運動（參見馬意莉第14章）以及區域經濟委員會制
度所體現的減少經濟中央集權化。在教育方面，從1956年開始赫魯曉
夫就批評蘇聯學校與生活脫節，因此有必要改革全日制教育固有的精英

主義。因此，赫魯曉夫在1958年提出中學畢業生升讀高等院校加上有關勞動的要求，而在同一時期中國也採取了勞動與教育相結合的方法。中國的教育工作者已意識到，在教育領域中存在着蘇聯式思維。[57]另外，蘇聯領導人還呼籲擴大群眾參與，例如推廣「同志審判會」和民兵。這些舉措都被視為在過渡到共產主義的過程中，把國家機器的職能逐步移交給公共機構，從而達到國家機器職能消亡的實際步驟。但是，這些創新舉措最終都全被摒棄。

對毛澤東來說，重要的不是赫魯曉夫重振革命的努力，而是他的修正主義，尤其是其標誌着放棄階級鬥爭的「全民國家」理論。毛指蘇聯在1960年代拋棄了無產階級專政，並在蘇共內部允許「特權階層」復辟資本主義。在1964年發表的〈關於赫魯曉夫的假共產主義及其在世界歷史上的教訓〉一文中，總結了毛澤東關於社會主義思想和防止資本主義復辟的15個戰略要點，包括要求幹部參加勞動和盡可能縮小工資差別。[58]

文革被廣泛地視為中國拋棄蘇聯模式的頂峰階段。然而，魏昂德（Andrew Walder）的重要書章〈文革的激進主義：斯大林主題的變型〉（Cultural Revolusion Radicalism: Variations on a Stalinist Theme），闡述了文革與1936至1938年斯大林大清洗的相似之處。中國如同蘇聯一樣，「隱藏在中國的知識分子圈內，以及黨內直到最高領導層的敵人和叛徒，被指密謀推翻共產黨政權以復辟資本主義。」與蘇聯一樣，中共認為這些人與外國勢力勾結。魏昂德指出，陰謀論的主題「直接源自⋯⋯斯大林的政治文化⋯⋯」。斯大林的論調是當蘇聯越接近社會主義時，階級鬥爭也會越加激烈，毛澤東的「千萬不要忘記階級鬥爭」的論斷與此觀點不謀而合。

魏昂德指出毛澤東的清洗運動採用了非斯大林的方式，即通過發動和鼓動群眾來打倒黨內外當權派。此外，毛的創新之處還在於其斷言黨內和政府內部正在形成一個新的資產階級，「這是蘇聯的斯大林主義者在他們的階級陰謀論中沒提到過的。」魏昂德準確地總結道，毛主義者除以上所提及的兩個方面背離了斯大林主義外，而總體來說，他們在中國繼續延續了很多斯大林主義的傳統。[59]

改革時期，1978至今

中國領導人在改革初期捨棄了毛的激進路線，此後不久又開始大規模地廢除蘇聯模式的經濟體系。在這段時期，中國一些學者開始審視中國自身建設社會主義的經驗，他們為「新民主主義」被過早地扼殺而感到遺憾。中國社科院馬列主義研究所原所長蘇紹智（任職至1987年），主張重新評估列寧的新經濟政策、斯大林工業化路線及其階級鬥爭擴大化。他在社會主義過渡階段的長期性問題引用了列寧的論述，認為這一過程在中國需要更長時間。[60] 這項主張預示了時任中共總書記趙紫陽，在中共十三大提出中國仍處於「社會主義初級階段」的論點。中共意識到過去對斯大林模式的肯定，排除了其他更符合中國國情的選項。這在中國實施「家庭聯產承包責任制」回歸家庭農耕的政策，獲得了清晰的證明。

如羅斯曼在第17章中所述，中蘇兩國當年都格外關注對方的發展動向。中國觀察家對戈爾巴喬夫的政治改革進程有強烈的興趣，蘇聯學者和記者也同樣關注中國的改革。兩國此時都再次把對方視為社會主義國家，並將對方的改革定義為社會主義改革。中蘇關係正常化的時機日趨成熟，兩國之間的相互學習也隨之卓有成效地開展起來（見王俊逸的第3章）。[61] 在1987年春季一場短暫的反資產階級自由化運動結束後，中國學者對蘇聯改革產生了濃厚的興趣，特別是在民主化、黨政關係、社會公義和司法改革等領域。可是，在中國政府鎮壓1989年的天安門民主運動後，關於蘇聯改革的討論也隨即終止。隨着戈爾巴喬夫的改革走向激進，中國官方的分析家也轉而採取更為敵對的態度。

蘇聯解體後，中國政府針對此問題組織了多年的細緻研究。關貴海所著的第19章通過諸多精彩有趣的細節，分析了中國專家的兩種主要觀點：第一種把解體的責任主要歸咎於戈爾巴喬夫的任意妄為，包括他向社會民主價值體系的轉變；另一種觀點認為戈爾巴喬夫的致命性錯誤是其在處理蘇聯內部長期存在的問題時犯下的，而這些問題都是從斯大林體制遺留下來的。中國國內有很多探討上述問題的出版物。一部題為《居安思危：蘇共亡黨的歷史教訓》的八集DVD紀錄片，在2004年問

世。這部片子的論述傾向於上面提及的第一種觀點，它雖然未有公開放映，但卻在精英階層中廣為傳播，據說很多人都感受良多。

蘇聯解體對中國政治的發展走向產生了直接的衝擊。[62] 具體而言，如周明朗的第18章所述，各加盟共和國和民族區在蘇聯解體中所起到的關鍵作用，促使中共極大地調整了其民族政策。這些調整在1990年代末和二十一世紀初被明確納入法律條文中，旨在加強管控各種以往削弱和摧毀蘇聯體制的離心政治力量。為了籠絡難以管理的少數民族，各種社會經濟政策也相繼出台，其中包括西部大開發戰略。

總的來說，蘇聯解體的教訓對鞏固中國政治中一些由來已久的政策起到了重要作用，如反對政治自由化，其具體表現為：管控媒體和限制公眾參與政治。這些管控措施始於1979年鄧小平提出的「四項基本原則」，緊接着是關閉「西單民主牆」、繼之以1980年代短暫的反資產階級自由化運動，到1989年鎮壓天安門群眾運動達到頂峰。蘇聯的解體使中國領導人下定決心不去冒險實施任何可能動搖其政權的政策，並把政治改革局限於不威脅政權的範疇。

在社會急速現代化的重壓下，中國社會對政治自由化的呼聲越來越高。中共是否可以成功地回避這一壓力，已成為西方學界廣泛討論的重要課題。但是，只要中國不允許政治自由化，蘇聯在戈爾巴喬夫時代的教訓將繼續影響中國的未來。換句話說，在結構和體制上，中國的政治制度與戈爾巴喬夫上台前的蘇聯將仍有相似之處。

註 釋

1　"On the People's Democratic Democracy," *Selected Works of Mao Zedong*, vol. IV (Peking: Foreign Languages Press, 1961), p. 423.

2　《新華月報》，1953年第三期，頁13。

3　Deborah A. Kaple, "Soviet Advisers in China in the 1950s," in Odd Arne Westad, ed., *Brothers in Arms: The Rise and Fall of the Sino-Soviet Alliance, 1945–1963* (Washington, DC: Woodrow Wilson Center Press, 1998), pp. 117–40. 另見沈志華：《蘇聯專家在中國》（北京：中國國際廣播出版社，2003）。

4　"On the Ten Major Relationships," 25 April 1956, in *Selected Works of Mao*

Zedong, vol. V (Beijing: Foreign Languages Press, 1977), p. 303.「栽斤斗」此處指李森科的倒台，見本書Lawrence Schneider第13章。

5　　William E. Griffith, *Sino-Soviet Relations, 1964–65* (Cambridge: MIT Press, 1967), pp. 314–50.

6　　有關蘇聯解體對中國的教訓，詳見David Shambaugh, *China's Communist Party: Atrophy and Adaptation* (Washington, DC: Woodrow Wilson Center Press, 2008).

7　　Gilbert Rozman, *The Chinese Debate about Soviet Socialism, 1978–1985* (Princeton: Princeton University Press, 1987), p. 3.

8　　參見Lowel Dittmer, *Sino-Soviet Normalization and Its International Implications, 1945–1990* (Seattle: University of Washington Press, 1992), 特別是Part I; Frederick C. Teiwes, "The Establishment and Consolidation of the New Regime, 1949–57," in Roderick MacFarquhar, ed., *The Politics of China* (Cambridge University Press, 1997), pp. 15–18; 其他可參見Suzanne Pepper, *Radicalism and Education Reform in 20th Century China* (New York: Cambridge University Press, 1996), Part II, "Learning from the Soviet Union."

9　　參見沈志華：《毛澤東、斯大林與朝鮮戰爭》(廣州：廣東人民出版社，2003)。

10　針對中蘇關係特別是有關其亞周期的研究和論述，近年呈增長趨勢，如Chen Jian, *Mao's China and the Cold War* (Chapel Hill: University of North Carolina Press, 2001)，及Elizabeth Wishnick, *Mending Fences: The Evolution of Moscow's China Policy from Brezhnev to Yeltsin* (Seattle: University of Washington Press, 2001).

11　Suzanne Pepper, *Radicalism and Education*, p. 158.

12　見Tony Saich, ed., *The Rise to Power of the Chinese Communist Party: Documents and Analysis* (Armonk, NY: M.E. Sharpe, 1996).

13　見 Dieter Heinzig, *The Soviet Union and Communist China: The Arduous Road to the Alliance* (Armonk, NY: M. E. Sharpe, 2004), p. 33–37. 毛澤東曾承諾若日本真的襲擊蘇聯，中國共產黨將改變他們的想法。

14　針對1949這一事件各方觀點的分析，參見Dieter Heinzig, *The Soviet Union and Communist China*, pp. 171–74.

15　"Talks at the Chengdu Conference," in Stuart Schram, ed., *Chairman Mao Talks to the People: Talks and Letters: 1956–71* (New York: Pantheon Books, 1974), pp. 102–3.

16　見Nina P. Halpern, "Creating Socialist Economies: Stalinist Political Economy and the Impact of Ideas," in Judith Goldstein and Robert O. Keohane, eds., *Ideas and Foreign Policy: Beliefs, Institutions and Political Change* (Ithaca: Cornell University Press, 1993), pp. 87–110.

17 該書的英文版，見Commission of the Central Committee of the CPSU (B) (Moscow: Foreign Languages Publishing House, 1943).

18 Hua-yu Li, *Mao and the Economic Stalinization of China, 1948–1953* (Lanham, MD: Rowman & Littlefield, 2006), Chapter 2。斯大林向中國建議溫和政策的原因不甚明確，而在東歐多國，革命斯大林主義在1948到1953年間的實施遭遇了很大反彈。

19 V. I. Lenin, *Alliance of the Working Class and the Peasantry* (Moscow: Foreign Languages Publishing House, 1959), pp. 386–94.

20 相關的權威研究，見 Stephen F. Cohen, *Bukharin and the Bolshevik Revolution* (New York: Vintage Books, 1971).

21 Sheila Fitzpatrick, ed., *Cultural Revolution in Russia, 1928–1931* (Bloomington: Indiana University Press, l978).

22 Jerry F. Hough and Merle Fainsod, *How the Soviet Union is Governed*, (Cambridge: Harvard University Press, 1979), pp. 178.

23 Vera Dunham, *In Stalin's Time: Middle Class Values in Soviet Fiction* (Durham, NC: Duke University Press, 1990).

24 Michael Dutton, *Policing Chinese Politics* (Durham, NC: Duke University Press, 2005), p. 163. 中共抗拒蘇聯把公安機關獨立於地方黨組織控制的做法，見 Murray Scot Tanner and Eric Green, "Principals and Secret Agents: Central versus Local Control over Policing and Obstacles to the 'Rule of Law' in China," *China Quarterly*, no.191, September 2007: 651. 另外，Robin Munro, *China's Psychiatric Inquisitions: Dissent, Psychiatry and the Law in Post-l949 China* (London: Wildly, Simmonds and Hill Publishing, 2006)，分析了蘇聯在運用精神病治療來處理政治異議人士方面的影響。

25 參見Dorothy J. Solinger, ed., *Three Visions of Chinese Socialism* (Boulder, CO: Westview Press, 1984)，有關市場、激進和官僚三種管治模式的分析。

26 逢先知、金沖及編：《毛澤東傳(1949–1976)(上)》(下稱：《毛澤東傳(上)》)(北京：中央文獻出版社，2003)，頁239–40。另見胡繩編：《中國共產黨的70年》(北京：中共黨史出版社，1991)，頁287。

27 薄一波：《若干重大決策與事件的回顧》(北京：中共黨校出版社，1991)，頁59。

28 《毛澤東傳(上)》，頁346。

29 薄一波：《若干重大決策與事件的回顧》，頁221。

30 《毛澤東傳(上)》，頁347。

31 參考 Frederick C. Teiwes, "The Establishment," 37–40.

32　《毛澤東傳 (上)》，頁247。

33　《毛澤東傳 (上)》，頁246、347。

34　薄一波：《若干重大決策與事件的回顧》，頁217。薄一波提到另一種演算：根據斯大林在1936年11月的一篇講話，蘇聯的社會主義改造在1924年已經開始。

35　見See Frederick C. Teiwes and Warren Sun, *The Politics of Agricultural Cooperativization in China: Mao, Deng Zihui and the 'High Tide' of 1955* (Armonk, NY: M. E. Sharpe, 1993).

36　Mao Tse-tung, *On the Question of Agricultural Co-operation* (Beijing: Foreign Languages Press, 1956), pp. 33–34.

37　薄一波：《若干重大決策與事件的回顧》，頁218。

38　《毛澤東傳 (上)》，頁383。

39　同上。

40　William C. Kirby, "Continuity and Change in Modern China: Economic Planning on the Mainland and on Taiwan, 1943–58," *Australian Journal of Chinese Affairs*, no. 24 (July 1990): 121–42.

41　Hans Heyman, "Acquisition and Diffusion of Technology in China," in *China: A Reassessment of the Economy* (Washington: US Government Printing Office, 1975), pp. 678, 687.

42　《人民日報》，1952年9月14日，摘自《中國大陸報紙選譯》，1952年10月1日，第427期，頁27–34。

43　周恩來：〈關於知識分子問題的報告〉，1956年1月14日，摘自《周恩來統一戰線文選》(北京：人民出版社，1984)，頁298–99。

44　見 William Taubman, *Khrushchev: The Man and the Era* (New York: WW. Norton, 2003), Chapter 11.

45　〈論無產階級專政的歷史經驗〉，1956年4月16日，《人民日報》社論，載於 *Communist China 1955–1959: Policy Documents with Analysis*, ed., trans. R. R. Bowie and John K. Fairbank (Cambridge, Mass.: Harvard University Press, 1962), p. 129. 在兩年之後的成都會議上，毛明確地准許「正確的」個人崇拜。他在1964年把赫魯曉夫的下台，歸咎於其未能推動個人崇拜。見 Stuart Schram, *Chairman Mao Talks to the People*, pp. 99–100; Roderick MacFarquhar, *The Origins of the Cultural Revolution*, vol. 3, *The Coming of the Cataclysm* (New York: Columbia University Press, 1997), p. 417.

46　*Selected Works of Mao Tse-tung*, vol. V (Beijing: Foreign Languages Press, 1977), p. 291.

47　例如可見 Alfred L. Chan, *Mao's Crusade: Policies and Policy Implementation in China's Great Leap Forward* (New York: Oxford University Press, 2001).

48　有關石油工業不切實際目標的具説服力例子，見Alexandre Barmine, *One Who Survived* (New York: Putnam and Sons, l945), pp. 199–200.

49　見J. Stalin, *Works*, vol.13, p. 53ff.

50　Richard Lowenthal, "Development vs. Utopia in Communist Policy," in Chalmers Johnson ed., *Change in Communist Systems* (Stanford, CA: Stanford University Press, 1970), pp. 33–116.

51　見*A Critique of Soviet Economics by Mao Tse-tung*, translated by Moss Roberts, with annotations by Richard Levy and an Introduction by James Peck (New York: Monthly Review Press), p. 47.

52　"Talks at the Chengtu Conference," in Stuart Schram ed., *Chairman Mao Talks to the People*, p. 99.

53　*A Critique of Soviet Economics by Mao Tse-tung*, p. 87.

54　Yang Jianbai and Li Xuezeng, "The Relation between Agriculture, Light Industry and Heavy Industry in China," *Social Sciences in China*, no. 2 (1980):182–212.

55　毛澤東：〈鄭州會議講話〉(1959年2月和3月)，摘自*Chinese Law and Government*, vol. IX, no. 4 (Winter l976–77): 18.

56　見T. P. Bernstein, "Stalinism, Famine, and Chinese Peasants: Grain Procurement during the Great Leap Forward," *Theory and Society*, vol. 13, no. 3, May l984: 339–77, 及 Bernstein, "Mao Zedong and the Famine of l959–60: A Study in Wilfulness," *China Quarterly*, no. 186, (June 2006): 421–45.

57　據胡素珊分析，赫魯曉夫對於教育的一些想法，可追溯至1928–1931年的「文化革命」。見Suzanne, *Radicalism and Education Reform*, Chapter 11.

58　見註釋5。

59　William A. Joseph, et. al., eds., *New Perspectives on the Cultural Revolution* (Cambridge: Harvard University Press, 1991), pp. 41, 43, 54.

60　Gilbert Rozman, *The Chinese Debate about Soviet Socialism, 1978–1985* (Princeton, NJ: Princeton University Press, l987), pp. 154–83, 310–32.

61　見 Elizabeth Wishnick, *Mending Fences* (Seattle: University of Washington Press, 2001).

62　關於蘇聯解體的教訓怎樣用於宣揚中國共產黨生存生機的具體分析，見David Shambaugh, *China's Communist Party: Atrophy and Adaptation*.

第一部

中蘇關係的起落

第1章

毛澤東時期的中蘇關係，1949–1969

呂德量 (Lorenz M. Lüthi)

　　中蘇關係在1949至1969年仿佛走了一個圈，從原點出發又回到原點。1949年之前，蘇聯除了與中華民國政府的官方外交關係以外，與中國各政治派別領導人的關係可謂微不足道。1941年蘇聯意外地與日本簽訂互不侵犯條約，更令中國失去了日本侵略者忌憚的一顆棋子。二戰結束後，促使斯大林把外交政策轉向中國的，是國家利益而非革命目標或是意識形態上的親近。經過1945年夏的艱難談判，蘇聯正式與被國際社會所承認的國民政府結盟，後者通過出讓中國在東北和新疆的經濟利益，來換取蘇聯的政治支持。[1]斯大林看不起中國共產黨人，稱後者為「人造黃油共產黨人」(margarine communists)。直到1949年中共即將獲得內戰全面勝利之際，他才重新燃起對中國共產主義運動的興趣。〈中蘇友好同盟互助條約〉在1950年2月14日簽訂後，莫斯科與北京新政權的關係快速升溫，並在1950年代中葉達到頂點。但是到了1966年，原本豐富多面，涵蓋了政治、經濟、政黨、軍事多個領域交流合作的中蘇關係，只剩下低層級政府部門間的接觸。三年後，兩國甚至為幾個不起眼的河間小島和草場發生短暫的軍事衝突。中共更開始看不起蘇共，批評後者背叛了世界共產主義革命。

　　中蘇關係的萌芽和成長來自於他們共同的意識形態，而其衰敗和凋謝則是由於對這種意識形態的不同理解。雙方都願意為共產主義獻身，或者為他們認為的那些代表共產主義的事業獻身。雙方都認為世界正處

於鬥爭：鬥爭的雙方是正義與邪惡，光明的共產主義未來與黑暗的資本主義過去，和平與侵略，以及馬克思主義與帝國主義。但在1950年代和1960年代初期間雙方分歧浮現，雙方對於如何追求正義、光明的未來、和平及馬克思主義，並對如何對待邪惡、資本主義、侵略及帝國主義，有着不同的看法。這一系列的分歧首先根植於馬克思主義本身的理論缺陷，其次來自於對這套意識形態的不充分理解，或者出於國內政治或個人需要的原因而對它錯誤利用。接下來，在聚焦探討那些促成中蘇關係凝聚或破裂的因素之前，我們先簡要回顧兩國關係由1949到1969年的變化歷程。

中蘇關係的歷程（1949–1969）

面對已經在內戰穩操勝券的中國共產黨，斯大林終於在1949年初向中國派出了他的代表米高揚（Anastas Mikoyan），試圖重建與中國共產黨人的關係。[2] 雖然中國共產黨是在共產國際的策動下在1921年成立的，但是兩者在1927年後的關係可說是乏善可陳。在米高揚來華之前，中共領導人為了接近蘇聯曾作過好幾年的努力。在1949年中華人民共和國成立後不久，中共就開展了一系列宣傳斯大林的運動，為的就是從蘇聯取得經濟、軍事、技術和政治上的援助。[3] 到了1949年12月上旬，毛澤東正在出訪莫斯科的途中，希望可以游說斯大林答應在兩個最大的社會主義國家之間構建更廣泛的合作。1950年2月14日，經過兩個月枱上枱下的試探、交流、角力和談判，兩國最後簽訂了《中蘇友好同盟互助條約》，中國獲得了可用以抵禦外來侵略的蘇聯軍事支援。那年春天，雙方再簽訂了幾項經濟援助協議。作為交換，中國同意蘇聯在東北和新疆享有若干經濟和軍事上的利益和特權，還接受了貿易上不利的條款，並同意以硬通貨去償還蘇聯貸款。[4]

在接下來的三年間，兩國關係經歷了中國的「斯大林化」和朝鮮戰爭上的摩擦。從1950年中到1953年中，中國得到的蘇聯援助較預期要少，[5] 但期間中國的政治制度和官方意識形態卻全面斯大林化。[6] 那時，蘇聯在解放軍的現代化扮演了特別重要的角色。[7] 但對於內戰甫結束以

至朝鮮戰爭期間百廢待舉的中國經濟，蘇聯的經濟援助卻比較有限。[8]

　　1953至1956年是中蘇聯盟的黃金時期。為了獲得來自社會主義陣營內部對其的支持，赫魯曉夫逆轉了斯大林時期部分對華政策，糾正了對華貿易不利中方的條款。[9]與此同時，中華人民共和國試圖擺脫國際孤立，包括1954年與印度建交，[10]並在翌年參加萬隆亞非會議。[11]北京最大的外交突破是1954年關於解決印度支那和朝鮮問題的日內瓦會議，當時外交部長周恩來對會議的成功付出了大量心血。[12]可是，中國同時在1950年代中葉，首次流露出對國際秩序現狀和社會主義國家陣營內部事務的不滿。1954至1955年的第一次台海危機，解放軍炮擊國民黨政府控制下的金門，不僅讓世界也讓它的盟友蘇聯大吃一驚。赫魯曉夫拒絕為台海問題向北京提供核保護傘來威懾美國可能反制的舉動，顯示了中蘇關係的局限。不過，在危機過去後，莫斯科的確幫助了北京發展自己的核力量。[13]儘管蘇聯經濟援助在1950年代中葉達到頂峰，但中蘇兩國卻在該如何發展經濟的問題上開始出現分歧。[14]

　　赫魯曉夫在蘇共二十大有關「去斯大林化」以及與美國「和平共處」的報告，加深了已有的中蘇矛盾。毛澤東起初接受了和平共處論述，但出於意識形態和個人理由拒絕了去斯大林化。雖然有中共領導人強迫毛接受在中國推動去斯大林化，導致毛在1956年9月的中共八大失去了部分個人權力，但他在翌年即成功重建其個人影響力，並逆轉了在中國的去斯大林化進程。同時，毛領導下的中國也自主地形成了對去斯大林化運動的批判立場。然而，在1957年11月於莫斯科召開的各國共產黨代表會議，中蘇所有這些分歧仍未有公開顯露出來。[15]

　　1958至1960年間，中蘇雙方先是在外交政策開始發生衝突，然後在印刷品和廣播上相互攻擊。在國際事務上，毛澤東斷然拒絕和平共處論述，包括1958年的第二次台海危機、1959年的中印第一次邊境衝突和赫魯曉夫的對美訪問，以及1960年的巴黎峰會，導致中蘇關係出現裂痕。[16]北京把莫斯科倡導和平共處，視為對國際共產主義運動的背叛。[17]內政方面，毛的大躍進是對赫魯曉夫遵從斯大林晚期發展模式的刻意挑戰，意味着中國試圖在建設共產主義上超越蘇聯。[18]到了1960年夏，意識形態上的激進主義摧毀了中蘇經濟關係：北京發動為期一個月的宣傳

攻勢，試圖向蘇聯在華專家灌輸反對自己政府的思維，隨後莫斯科突然全面撤走援華專家。此後大躍進的挫敗，嚴重削弱了毛在意識形態上的號召力。雖然在 1960 年的莫斯科第二次各國共產黨代表會議上，中蘇雙方都試圖將同盟從分裂的邊緣拉回來，並的確在意識形態達成了某種程度的暫時和解，但到了 1960 年秋中蘇兩國已互以傲慢態度相待。[19]

大躍進引致大饑荒，隨後毛澤東日常決策權力遭到削弱，讓毛的同輩領導人得以推行比較審慎務實的政策。1961 年和 1962 年上半年的中蘇關係顯現出模棱兩可的和解局面，意識形態上的激進主義讓位給務實的經濟和外交政策，包括重啓中蘇雙邊一些有限的合作。[20] 可是，毛仍抓住並利用了 1960 至 1961 年間蘇聯和阿爾巴尼亞的決裂，以及 1961 年斯大林遺體被從列寧墓中移走的事件，延續意識形態上的激進主義之火。[21]

毛澤東在 1962 年晚夏重回到最高權力的位置，並決心重新採取針對其所謂蘇聯叛徒的激進外交政策。他工具性地借用了所謂的資本主義方式，這些方式曾幫助大躍進失敗後崩潰的中國經濟走向復甦。毛鼓吹中國領導發展中國家進行世界革命，而不是緩和與蘇聯的緊張關係。[22] 赫魯曉夫在 1962 年古巴危機遭到羞辱，又在中印邊境衝突中搖擺不定，讓毛得以在中國的外交政策上執行其激進觀點。[23] 自 1963 年初起，毛積極推進中蘇破裂，希望同時在國內和國際羞辱蘇共領導層。[24] 到了 1966 年初文化大革命爆發前夕，毛終於決定割斷中蘇兩黨的黨際關係，期間毛在國內的敵人，無論是真實的還是想像出來的，都被當成走蘇聯道路的共產主義叛徒而遭到清洗。[25]

文化大革命初年中國在國際上自我孤立，中蘇關係也陷入谷底。曾經多層次多領域的中蘇聯盟關係，此刻只剩下低層級政府部門間的聯繫。[26] 文化大革命的過火行為，不僅針對在北京被視為帝國主義者代理人的西方駐華外交代表，也同時把蘇聯駐華大使館視為世界革命叛徒的公使館。[27] 中蘇關係瀕臨破裂，導致中國在存在領土爭議的中蘇邊界加強軍事佈局。蘇聯對這些地區的侵犯，更刺激北京用更強硬的方式去保護自己的邊疆。[28]

1969 年 3 月的中蘇邊境武裝衝突，原本只是中國出於蘇聯侵犯了其認定領土而發起的有限度懲罰行動，卻引發了包括核打擊的重大危機。

早在1967年11月，這條冰封的兩國河上邊界便曾發生小規模衝突；中方邊境更在12月首次有中國公民流血傷亡。[29] 1969年3月2日，中方通過伏擊蘇聯邊哨部隊，重申他們反對蘇聯對珍寶島 (蘇聯稱達曼斯基島，Damanskii Island) 的侵犯行為。[30] 蘇方在3月15日的反擊沒有按原計劃實施，更差點演變成了對北京的核打擊。[31]

中蘇關係凝聚力的來源

雖然中蘇兩國隨後急劇交惡，中蘇同盟起初卻是建立在1950年代早期的堅實基礎上。這些基礎包括共同的意識形態、最高領導人相似的人生經歷、對1940年代末國際事務的相似認識，以及追求世界革命的共同信念。斯大林和毛澤東都不是隨波逐流的機會主義者，也非沒有擔當的憤世嫉俗者，而都是堅定的共產主義者。若說他們拘泥於原始和簡化版本的馬列主義是沒有多大意義的，他們都堅定地認為自己對這套意識形態的複雜性瞭然於胸。當他們決定為創建那個政治烏托邦而獻生的時候，他們的事業才剛剛開始，構建共產主義的條件還遠未成熟。斯大林在十九世紀末加入俄國社會民主工黨時，這個黨內部可謂派系林立。社會民主工黨在1903年分裂為兩派，分別是當時為多數派的孟什維克，以及少數派的布爾什維克。斯大林加入了後者，並成為中央委員會成員。[32] 至於毛澤東在1921年成為中共創黨黨員的時候，中國絕大部分欲實施政治抱負的人都認為國民黨才是他們的未來。[33] 兩人都曾為各自的選擇經歷困境和付出代價：斯大林在1910年代曾多次被流放到西伯利亞；[34] 而毛澤東則在1927至1945年間，在實驗建設共產主義社會初期組織形式的過程中形同內部的「自我流放」。[35] 兩人也都經歷過殘酷無情的內戰洗禮。[36] 總而言之，兩人當初都選擇加入起初缺乏前途的政黨，在獲得最後勝利之前都經歷了漫長和殘酷的鬥爭，並奇跡地存活下來。

兩個政黨都曾矢志要給由資產階級和帝國主義者主宰的國際秩序，帶來翻天覆地的改變。布爾什維克人以世界革命為目標，寄望給發達地區 (主要是歐洲和北美) 帶來社會主義以至共產主義。該黨首位領導人列寧認為，在現在被稱為第三世界的那些歐洲國家殖民地，以及尤其是

中國，將在帝國主義的失敗和資本主義內部崩潰上扮演重要角色。[37] 殖民地的民族主義革命，將是歐洲社會主義革命的前奏。相似的是，中共所秉持的理念也挑戰當時的國際秩序，並把世界各國劃分為帝國主義的剝削者和被奴役的殖民地。理所當然，中國共產黨人歡迎列寧有關民族革命在殖民地的中心角色，及其對世界革命的重要意義。[38] 因此，可以說斯大林和毛澤東都堅持一套激進和反建制的意識形態。

儘管在1927至1945年間蘇共和中共在政治和意識形態上的聯繫十分鬆散，斯大林和毛澤東對國際政治本質的看法卻十分相似。斯大林早在1919年還未登上最高權力寶座之前，就指出世界已經分裂成兩個敵對陣營：帝國主義和共產主義。[39] 在1947年9月共產黨和工人黨情報局（Cominform）的成立會議上，安德烈 · 日丹諾夫（Andrei Zhdanov）在歐洲因冷戰分裂和蘇聯拒絕參加馬歇爾計劃的背景下，重提斯大林的上述觀點，並強調世界已經分裂成兩個敵對陣營：「一邊是帝國主義和反民主的陣營，另一邊是反帝國主義和民主的陣營。」[40]

就已有的資料來看，我們不清楚毛澤東到底從斯大林那邊借鑒了多少思想。例如毛在1940年1月寫道：「社會主義的蘇聯和帝國主義之間的鬥爭已經進一步尖銳化，中國不站在這方面，就要站在那方面……全地球都要捲進這兩個戰線中去……所有這些情形，就規定了革命……決不能是同帝國主義聯合反俄的三民主義。」[41] 1946年8月，毛在提出中間地帶理論的時候重新闡述了他的看法。毛認為在美蘇兩個超級大國之間，有一個廣闊的「中間地帶」，它包括西歐、亞洲和非洲許多資本主義、殖民地和半殖民地國家（包括中國）。毛的「新民主主義論」和「中間地帶論」，與斯大林在1919年及日丹諾夫在1947的觀點，可謂驚人地相似。[42] 相信蘇聯是世界和平以至「中間地帶」利益的保護者，毛主席自然就領導共產中國與蘇聯結盟。[43] 莫斯科和北京的聯盟因此有着強烈的反帝視角，雖然它對日本侵略有着錯綜複雜的措詞，但是它首要針對的無疑是美國。[44]

在同盟的防禦性目的以外，中蘇兩國還有着共同的進攻性目標：傳播世界革命。儘管斯大林曾在1920年代末宣傳「一國社會主義」理論，這位蘇聯獨裁者從一開始就沒有放棄輸出革命的想法。[45] 1945年德國戰

敗讓蘇聯軍隊得以立足東歐，斯大林獲得了在那裏構建蘇聯模式共產主義政權的絕妙機會。可是，隨着與美國矛盾的升級，蘇聯在西歐和中東擴大共產主義的圖景成為泡影。[46] 反觀在中國，到了 1948 年底中共已經內戰勝利在望，這讓中國成了斯大林推進世界革命的最前沿。[47] 就在1949 至 50 年間，毛澤東在與斯大林商討建立同盟的同時，承認了胡志明領導下的越南共產黨政權，後者此時正在與法國殖民軍隊苦戰。[48] 而在 1950 年中爆發的朝鮮戰爭，同樣給毛澤東提供了推進中國革命的機會：援助朝鮮和越南，從南北兩翼輸出中國的革命。[49]

在上述的意識形態原因以外，斯大林個人還成為了社會主義陣營具有極強凝聚力的領導。他是世上第一個社會主義國家的領袖，領導蘇聯在二十世紀三十年代末完成了工業化，此後抵禦了德國近乎致命的侵略，並在二戰結束時建立了社會主義陣營，是團結國際共產主義運動的核心人物。特別是在冷戰開始後意識形態的衝突成為世界事務的核心以後，從美國到法國、波蘭、伊朗和中國，幾乎每一個國家的共產主義運動都聽從於這個遠在克里姆林宮的人。斯大林實實在在地成為了共產主義運動的政治力量來源，提供了意識形態上的靈感和哲學式的智慧，以及各種不可或缺的經濟和軍事援助，其尊崇的政治地位在國際政治運動史上獨一無二。在紀錄毛澤東 1949 年首次與斯大林個人會面的前蘇聯檔案，紀錄了很多訪客都對斯大林抱有敬畏和尊重，他們既有來自蘇聯控制下的東歐傀儡政權，也有遠道而來的客人。[50]

因此，1950 年代早期中蘇同盟的形成並不是意外事件，更不是毛澤東及其革命同志的投機產物。它根植於深厚的土壤，包含着中蘇共產黨最高領導人之間相似的經歷、意識形態及對國際局勢相同的政治判斷。但是就像文章接下來將會談到的，這個土壤可以使中蘇同盟這粒種子發芽，但卻沒有讓它茁壯成長。

中蘇衝突的各種根源

縱觀歷史，很少國與國的聯盟可以永續，因此中蘇同盟的最終破裂並不足為奇。中國在 1950 年代的經濟發展，在世界上外交地位的提

升，還有軍事實力的增長，過程雖然都很緩慢，但卻深刻地改變了中國對同盟關係的根本需要和期待。中共領導人決心恢復中國在國際事務中曾有的輝煌，因此北京對超級大國盟友的疏離，其實也在意料之中。但是歷史學家仍然要解釋，為什麼中蘇聯盟會以那麼快速和激烈的方式結束，因為與世上其他聯盟結束的例子比較，中蘇聯盟的結束並非典型。

六十年代中期中蘇交惡是兩國關係各種力量相互作用的結果。我們無法用單一因子來解釋這個同盟的結束；相反，我們必須仔細審視包含各種因素的複雜網絡。1962年之前，兩國的交惡還不是命中注定的。各種有利於同盟發展和造成同盟破裂的因素都存在，它們有時共同生長、有時相互碰撞、有時相互吞食。這個過程從五十年代中期開始，一直持續到六十年代中期。

意識形態分歧

意識形態分歧絕對是同盟破裂的根本性因素，它與馬克思主義理論本身以及如何看待具體理論問題有關。雖然馬克思主義為人類社會的階段性歷史發展，提供了按照推定看似合理的分析，但它對未來階段（社會主義和共產主義）的論述卻比較粗糙，沒有明確描述到達這兩個階段的路徑。因此，共產主義革命家只能自己決定採取何種方式去達到目標。[51] 這個理論缺陷導致後來國際共產主義運動在實際操作上，不斷出現政治問題的相互衝突或競爭。中蘇意識形態上的一系列辯論，就是最佳的例子。

具體而言，中蘇兩國在意識形態上有關正確經濟發展路徑的分歧，從兩國關係最好的1950年代中期已經開始，一直延續到五十年代末。關於去斯大林化的爭論，從赫魯曉夫1956年2月25日的「秘密講話」後迅速開始，斷斷續續一直延續到1961年。赫魯曉夫的「秘密講話」也引起了兩國關於如何正確對待帝國主義的爭論，這些爭論在五十年代末變得矚目，並在六十年代主導了中蘇的意識形態辯論。

對於經濟發展的意識形態分歧

兩國對於經濟發展的分歧，來自於各自不同的需要和當時自身的狀態。中華人民共和國在經濟鞏固期之後，1952年就實行第一個五年計劃（1953–1957）向蘇聯尋求建議和援助，並把工業發展的年增長率訂為15%以上。國家經濟的落後和中國共產黨領導層不畏困難的決心，促成中國採用了類似斯大林在1920年代末至1930年代初推行的政策（革命斯大林主義）。預期中來自蘇聯的巨額援助和無窮盡的專家意見，似乎支持了中方採用大膽的做法。可是，斯大林在1930年代中期就已經放棄了以前那種不平衡的震盪式發展策略，轉而推行由官僚控制、更平衡的經濟發展模式（官僚斯大林主義）。因此，斯大林在離世前的幾星期，下調了中國的經濟增長目標，並把中方請求的經濟和財政援助額度削減。就在1953年中亦即「一五計劃」正式開展的半年後，中國領導人最終把計劃所訂的經濟指標下調。[52]

革命斯大林主義或官僚斯大林主義在蘇聯或多或少取得成功，但在中國經濟卻水土不服。兩個社會主義國家開展經濟建設計劃的時候（蘇聯於1920年代，中國於1950年代），工業部門規模都較小，農業部門規模龐大兼能自給。但是，機械化和大量未開墾土地讓蘇聯在提高農業生產的同時，可以利用農業生產的剩餘價值到海外購買技術，並把勞動力從農村轉移到新建立的工業部門。[53]與此同時，由於缺乏外國投資，投資的資本都來自國內，抑制了經濟的過度膨脹。但是，這並沒有阻止狂妄自大的斯大林在1930年代初對經濟發展作出錯誤估算。[54]當年蘇聯農業的發展也不佳，在很多方面更是巨大的失敗。雖然農業最終發展到能更有效地使用勞動力，並因此釋放出大量勞動力實現了工業化，但總體農業產量與1920年代相比並沒有顯著提高。[55]

1950年代的中國經濟狀況則幾乎完全是另一番圖景。中國沒有多少尚未開墾的可耕地，農業生產幾乎已達到自然盛載能力的極限。[56]因此，工業發展的動力很大程度上來自蘇聯的貸款，其次才是稍稍提高農業的效率。[57]這種狀況造成的局面是，中國工業部門的發展變得嚴重依賴持續的外部投資，而在運作效率較低的農業部門，雖然在1953年末

引進了強制性徵收體制，但卻仍然無法支持中共雄心勃勃的長期工業擴張計劃。[58]

所以到了1950年代中期，中國經濟已經駛入了危險區。作為工業發展主要動力來源的蘇聯貸款，已預定在五十年代下半葉停止發放。莫斯科幾乎不會也不願砸下更多錢，去滿足北京希望更多投資的胃口。與此同時，根據合約中國也必須開始以原材料和農業產品的形式償還貸款。中國的農業產出是否可以在支持本身工業發展的同時又償還蘇聯貸款，實在是大問題。[59]對此，中國領導人在1955年中開始討論其他替代性的經濟發展方案。總理周恩來提出採用南斯拉夫模式，也就是有限度的社會主義市場經濟，來替代官僚斯大林主義下的中央計劃經濟模式。全國人大常委會委員長劉少奇則建議，國家的經濟體制改革沿着列寧曾經提出的「新經濟政策」走。蘇聯在1920年代早期提出新經濟政策，希望透過容許個體農民在市場進行商品買賣，以大幅提振內戰後的經濟。經濟政策的規劃者陳雲，則提倡新經濟政策與官僚斯大林主義的混合方案。[60]

然而，毛澤東基於意識形態上的理由，否決了上述的建議。毛認為鐵托是叛徒，而斯大林曾說過採納「新經濟政策」就意味着資本主義在農村地區復辟；同時毛認為官僚斯大林主義已創造了一個新階層，這個階層嘲笑共和國追求平等和反對資產階級的理念。[61]相反，毛對另外一些與革命斯大林主義相似的想法很感興趣。我們不清楚這裏到底是毛澤東直接借鑒了斯大林的早期經濟思想，還是兩個人意外地殊途同歸。不管怎麼樣，當毛在1930年代對革命和政治組織進行具有開創性意義的討論時，我們發現他實際上借用了很多革命斯大林時期的蘇聯文字表述。這似乎暗示了毛對中國經濟未來的思考與革命斯大林主義之間的相似，或許不僅僅是巧合。[62]不管怎麼樣，毛在1950年代中期所作的經濟決策，明顯地是意識形態推動的，因為他從來沒有考慮過馬克思列寧主義框架之外的發展模式。

於是，毛力主更為快速的農業集體化。[63]雖然此方案遠不及25年前斯大林的強制集體化激進，毛的確是從《蘇聯共產黨（布）歷史簡明教程》獲得了靈感。這本於1938年首次出版的著作，稱得上是社會主義政治經濟發展的「聖經」。毛澤東寫道：「蘇聯終於用很大的努力勝利地完成

了整個農業的社會主義改造，並且在農業方面完成了強大的技術改造。蘇聯所走過的這一條道路，正是我們的榜樣。」[64] 雖然毛的目的明確，希望減少農業人口並使農業變得更有效率，但其政策卻建立在不切實際的經濟基礎上。關閉農村集貿市場，農民缺乏工作激勵，兼且把稀缺工業資源挪用到集體化計劃，結果導致農產品供應困難、工業生產停滯、政府開支迅速上升和嚴重的通貨膨脹，到了1956年初更再度出現「春荒」。不過，由於毛的革命斯大林主義政策，在程度和廣度上都遠不及25年前斯大林在蘇聯進行的轉型，因此造成的災難相對較小。但與1930年代的蘇聯一樣，中國農業的集體化破壞了經濟上原來自主的農民階層，形成了一個順從、冷漠和不思進取的農業社會。[65]

　　當赫魯曉夫在1956年2月的蘇共二十大批判斯大林，指摘其曾進行罪惡的統治並犯下政治錯誤時，毛澤東的草率經濟決策帶來的負面效應也日益顯現。新上台的赫魯曉夫號召在政治和意識形態而非經濟上，在蘇聯展開去斯大林化。之前在蘇聯享有迹近神聖地位的斯大林成為批判對象，使毛澤東在國內面臨棘手的處境。毛試圖對斯大林作出自己的評價，同時也試圖限制有關赫魯曉夫「秘密講話」在中國更大範圍的討論，因為他不希望在中國國內也展開對斯大林大規模的批判，以確保自己在國內不會受到批評。[66] 然而，國內的經濟問題迫使他重新審視自己最初有關發展的想法。赫魯曉夫發表「秘密講話」後，曾讓斯大林確信獲得性遺傳有着無可辯駁地位的偽生物農學家特羅菲姆・李森科 (Trofim Lysenko) 迅速失勢，導致了1956年春夏之交李森科遺傳學及相關農業政策在中國的終止。[67] 同年9月，中共八大把國家從毛澤東的經濟冒進路線回歸到制定第一個五年計劃時的基本理念。[68]

　　可惜在接下來的不到兩年間，毛澤東的經濟思路又再回到極端。1956年10月的匈牙利革命後，毛意識到官僚斯大林主義過於僵硬，無法處理或化解內部衝突。[69] 作為回應，他着手在國內推行自由的政策。[70] 然而，當陳雲利用這個機會重新推出列寧「新經濟政策」模式的農民市場時，毛在1957年春開始了後來被稱為「百花齊放」的運動。[71] 這個運動起初的設想是在受控的環境下，鼓勵黨員和技術幹部對國家的政治體制進行建設性批評。[72] 但人們當時對體制的不滿就如一大壺燒滾了的熱

水，蓋子一旦被揭開便再難被蓋回去。到了1957年5月，毛澤東相信自己正在面對一股已威脅中共統治的批評浪潮。[73] 因此，他認為在中國的未來經濟發展上，無論是繼續自由主義的試驗還是回到官僚斯大林主義都是走不通的，因為兩者都需要依靠那些政治上已被證明為不可靠的幹部。他回到激進的經濟發展思路，只不過這次實施的範圍更廣。[74]

大躍進是中國對蘇聯在社會主義經濟發展領導地位的故意挑戰。它起初源於赫魯曉夫和毛澤東在1957年11月於莫斯科召開的世界共產黨大會上的友好競賽，前者聲稱蘇聯將在15年內超過美國，後者則許諾中國將在同樣的時間內超過英國，而中國後來更變成企圖在經濟上超越蘇聯。[75] 毛澤東重提兩年前失敗了的集體化運動，斷言動員廣大勞動力不僅可令中國超越斯大林時期的經濟成就，更可令中國先於蘇聯到達人類歷史的最終階段——共產主義社會。[76] 毛於是發動大躍進，它是建立在導致了國家農產品徵收額提高的1958年農業大豐收上，建立在對公社生活中人的行為不切實際的假設上，建立在極端不切實際的規劃上。[77] 可是，儘管毛批評了斯大林在1930年代廢除了所謂正確的政策轉而實施官僚斯大林主義的做法，他在實踐上多大程度借鑒了革命斯大林主義，按現有資料仍然難以下結論。[78]

蘇聯在1958年大多只是旁觀中國經濟決策走向激進，沒有太多的公開評論。只是在當年7月和8月之交赫魯曉夫訪問北京拜訪毛澤東期間，曾向中方提到蘇聯1920年代的公社試驗沒有成功，指出中國設定的那些生產目標完全並不現實。[79] 平情而論，這些批評是公允的，而更重要的是北京公開的那些經濟發展目標讓莫斯科坐立難安。[80] 蘇聯在1958年秋已經放棄了雄心勃勃的第六個五年計劃（1956至1960年），原因是匈牙利革命給蘇聯帶來預期以外的支出，不正確的投資模式以及農業生產的問題。[81] 在蘇聯看來，中國似乎將在經濟上超越蘇聯。

大躍進不久就暴露出其根本性的設計缺陷。1958年秋開始，不斷提高的生產指標，使用大量農業勞動力進行大型基礎設施工程導致對農業生產的破壞，以及在各個層面上錯配資源的惡果逐漸顯現，到年底全國更開始出現大範圍的饑荒。[82] 萬般不願意的毛終於還是在1958年底和1959年上半年修訂原來的激進經濟路線，但仍然未有完全放棄。[83] 鑒於

與蘇聯關係緊張，毛禁止官方宣傳再提及中國要先於蘇聯進入共產主義社會，下調修訂經濟目標，並在接下來的七年間下令社會讚揚新目標是走向共產主義社會的正確道路。[84] 而當北京宣布大躍進調整降溫後，莫斯科即首次公開批評中國的經濟激進主義。[85]

大躍進帶來的災難和死亡慘重的饑荒，持續了一段時期。毛澤東沒有承認錯誤和承擔責任，更在1959年夏的盧山會議，把中央和省級領導人的批評妄想症般地解讀成對其個人領導權的挑戰，更加推遲了大躍進的結束和理智經濟政策的回歸。[86] 直到1960年底饑荒造成慘重死亡，中國經濟瀕於完全崩潰的時候，毛才最終放棄其激進的發展藍圖。[87] 此後直到1980年代，中國再也沒有在經濟發展上向蘇聯提出挑戰。這是因為一方面毛的經濟理念已經從核心遭到懷疑，另一方面其他中共領導人在1960年代上半葉已把注意力集中到了重建經濟上。

在去斯大林化上的意識形態分歧

在經濟發展上的分歧爆發後不久，去斯大林化給毛澤東和赫魯曉夫之間的意識形態競爭添了火柴。如前所述，赫魯曉夫「秘密講話」對斯大林個人崇拜的批判，阻礙了毛對個人絕對領導權的追求。儘管毛試圖阻止國內的公開討論，但是他的同輩領導人還是利用這個機會，在1956年9月的中共八大限制了他的個人特權，並在黨章中刪去了「毛澤東思想」的提法。[88]

匈牙利革命後，毛澤東再次重新評估去斯大林化。他認為赫魯曉夫的「秘密講話」造成了各社會主義國家間的混亂，並指責蘇聯領導人扔掉了斯大林留下來的「寶劍」。雖然他願意嘗試自由主義的經濟政策，避免如匈牙利般因為嚴格實施官僚斯大林主義而造成錯誤，但是在政治和意識形態上去斯大林化的問題，毛的看法與赫魯曉夫還是越走越遠。[89] 在1957年夏所謂的「反黨集團」事件，赫魯曉夫清洗了包括莫洛托夫 (Vyacheslav Molotov)、卡岡諾維奇 (Lazar Kagannovic) 和馬林科夫 (Georgy Malenkov) 等斯大林的心腹，讓毛感到這些反赫魯曉夫的密謀者，實際上並沒有犯了任何嚴重錯誤。毛更認為三人為革命作出貢獻卻

被清洗，與蘇共的常規有抵觸。[90] 這次清洗穩固了赫魯曉夫蘇聯最高領導人的寶座，支持了進一步的去斯大林化進程，但它同時令毛再次橫下心走上更激進的經濟政策路線，進一步加劇了中蘇在意識形態上的紛爭。

　　一年多以後，毛澤東在1958年初終於重新抓住了最高領導權，並在3月宣布有利他推進其大躍進激進思想的個人崇拜大計。[91] 在8月的北戴河會議，當毛宣布啓動新的激進經濟政策時，實際上他已獨霸了最高的決策權，而且也完全廢除了中共八大制定的理性經濟政策。[92] 在1959年盧山會議面對挑戰時，毛在林彪和軍隊的支持下，進一步強化了黨內對他的個人崇拜，使他不再受到任何挑戰。[93]

　　由於中國領導層大幅度減少了向蘇聯駐北京大使館的信息通報，蘇聯領導人並沒有完全意識到中國正在加強個人崇拜。[94] 1959年「十一」十周年國慶期間，毛澤東與赫魯曉夫進行了充滿火藥味的最後一次首腦會晤，會議令彼此都留下了糟糕的印象。[95] 毛澤東沒有認真對待這位修正主義的蘇共第一書記，蘇共領導人在私底下也抱怨中國國內正在發生如斯大林時期的病態個人崇拜。[96] 雙方公開的意識形態衝突終於在1960年4月爆發：中共首先公開發表了〈列寧主義萬歲〉、〈沿着偉大列寧的道路前進〉、〈在列寧的革命的旗幟下團結起來〉三篇文章；接着，雙方在北京召開的世界工會聯合會和6月在布加勒斯特舉行的羅馬尼亞工人黨第三次代表大會繼續上演口水戰。對此，赫魯曉夫這樣總結道：「當我看着毛澤東的時候，我仿佛看到了斯大林，一模一樣。」[97]

　　在中共提升對毛的個人崇拜和對斯大林的讚譽時，1961年10月的蘇共二十二大決議，把斯大林的遺體從列寧墓移出，遷葬到克里姆林宮紅牆墓園牆下。[98] 此舉不僅象徵蘇聯終止對斯大林的個人崇拜，更是給把列寧墓幾乎當作是「朝聖地」以表示反對蘇聯進行去斯大林化的中共，傳遞了政治訊號。[99] 這些充滿爭議的政治問題，反覆出現在1963年下半年到1964年上半年間發表的「九評蘇共中央的公開信」文章中。這些文章的主要內容是攻擊赫魯曉夫在內政和外交上犯的各種「錯誤」，特別是涉及與中共關係的錯誤。[100] 吊詭的是，中共也作出了他們自己對斯大林的批評：當赫魯曉夫斥責前任人斯大林在意識形態上僵化，中共卻反批評斯大林缺乏對正統共產主義的了解。[101]

在國際事務上的意識形態分歧

除了在經濟建設和去斯大林化上的分歧，北京和莫斯科在如何對付帝國主義也漸行漸遠。在蘇共二十次代表大會上，赫魯曉夫宣布了與美國和平共處的新外交政策。他認為共產主義與資本主義的競爭，已經從全球範圍內的軍事對峙轉化為兩個社會經濟體系間的非暴力競爭。某種程度上而言，這項建議與1954年中印達成的和平共處五項原則，包括相互尊重主權和互不干涉內政十分相似。[102] 1956年早期，中共也曾一度歡迎赫魯曉夫提出的超級大國和平共處的理念，當然這一短暫政策的背後是中共希望借國際局勢的緩和來促進台海兩岸的統一。[103]

從意識形態出發，毛澤東認為匈牙利革命和同時期的蘇伊士運河危機是兩場在帝國主義煽動下爆發的事件，因此不再支持赫魯曉夫的和平共處政策。[104] 從1956年底到1957年底，毛澤東心頭揮之不去的不是對於蘇聯模式下和平共存的爭議，更多的是如何處理去斯大林化的問題。所以當蘇共在1957年11月的莫斯科會議，要求世界各共產黨在會議的最終文件加入對蘇共二十大決議內容的公開支持時，中共並沒有公開抗議和平共存這個原則，而是向蘇共呈交一份秘密備忘錄。[105]

翌年，中蘇在和平共處政策上的衝突才進入公眾視野。毛澤東對與美國於日內瓦舉行的大使級會談在台灣問題上缺乏進展感到失望，不滿美國突然把會談降級，擔憂美國試圖永久分裂兩岸，於是策動了1957年12月的第二次台灣海峽危機。[106] 在意識形態朝着大躍進激進化的背景下，北京認為莫斯科與華盛頓正在中東合謀。[107] 第二次台海危機和8月北戴河會議決定動員全國人民投入大躍進，在時間上幾乎吻合。[108] 雖然這是由於個別具體因素造成，但是兩個事件同時發生，卻象徵着中共對蘇聯倡導的經濟發展模式和與美國和平共處政策的雙重挑戰。

第二次台海危機雖然僅持續幾周，卻導致了中美在台灣海峽的角力迅速升級，包括呼之欲出的美國核威脅以及蘇聯對此的核反擊。[109] 隨着美國主動提出在華沙重啓非正式的大使級談判，以及總體而言美國在海峽防禦性的軍事行為，北京選擇終止危機。[110] 另一邊，鑒於北京事先缺

乏主動溝通和令莫斯科如此輕易被捲入核戰爭的邊緣，克里姆林宮開始對中國盟友感到不放心。[111] 因此當危機仍在持續之際，莫斯科就答應了華盛頓召開限制核武器會議的建議，最終促成了 1963 年中簽訂的〈部分禁止核試驗條約〉。[112] 與此同時，莫斯科決定減少並最終停止向中國政府轉讓有關核武器的資料和技術，包括中止原本答應 1959 年向中國提供的一個原子彈樣品。[113]

1959 年的中印關係危機，以及同年美蘇關係緩和，加劇了中蘇在和平共處問題上的分歧。中國指責印度煽動了 1959 年 3 月的拉薩事件，不僅導致中印雙方迅速放棄了此前達成的和平共處五項原則，更觸發了兩國邊界的軍事對峙，最終引發了喜馬拉雅山麓的中印邊境戰爭。[114] 連串意想不到的事件扔給蘇聯一個難題：應該站在盟友這一方，還是站在社會主義陣營以外最重要朋友的這一方？莫斯科最終選擇了中立，北京自然對此並不愉快。[115] 同樣，蘇聯試圖與美國緩和關係，儘管這與中印交惡僅僅是時間上的巧合而並無實際關聯，也並不為北京理解。在毛澤東的眼裏，赫魯曉夫正在出賣社會主義陣營。[116] 反過來說，1959 年中印邊界衝突的爆發，雖然實際上是由新德里觸發，莫斯科卻把北京的舉動，解讀為中方正在試圖破壞赫魯曉夫即將進行兼意義重大的華盛頓訪問。[117]

赫魯曉夫和毛澤東在中華人民共和國十周年國慶進行兩人最後一次的會晤。會晤在赫魯曉夫訪美之後進行，也是在充滿火藥味的廬山工作會議之後，而毛正是在廬山會議上變得更激進並決意強化對他的個人崇拜。赫魯曉夫讚揚蘇美和解，還試圖勸說中國停止與同在反帝陣營的印度再起衝突，但中方卻指責赫魯曉夫放棄了共產主義理想，並走上了修正主義道路。[118] 到了 1959 年底，莫斯科和北京都重新評估了對方。這時的毛澤東，已經不再承認赫魯曉夫為社會主義和反帝陣營可信的領導人。[119] 莫斯科同樣日益憂慮，北京意識形態上的激進主義給社會主義世界造成分裂。[120]

中共堅信自己站在真正的共產主義立場，挑起了 1960 年的論戰，蘇共隨之回擊。在 1960 年華沙公約的協商會議上，康生批評蘇聯的對美政策。[121] 赫魯曉夫因此沒有壓住自己的脾氣，把毛澤東比作是「一雙

破套鞋」。[122] 毛澤東也毫不退讓。北京在4月發表了〈列寧主義萬歲——紀念列寧誕生90周年〉、〈沿着偉大列寧的道路前進〉和〈在列寧的革命旗幟下團結起來——1960年4月22日在列寧誕生90周年紀念大會上的報告〉三篇文章。蘇聯在國際關係犯的「錯誤」，就這樣被中共公開化了。[123] 5月1日發生的U2偵察機事件和兩周後蘇美英法巴黎峰會的取消，都成了有利毛澤東攻擊蘇聯的「彈藥」。[124] 6月初，中共代表在左翼的世界工會聯合會會議上，試圖在會議日程加入中方對和平共存和世界革命的觀點。[125] 中方的嘗試沒有成功，卻觸發了赫魯曉夫在同月於布加勒斯特舉行的羅馬尼亞工人黨第三次代表大會上，強迫中方代表彭真接受蘇聯的意識形態立場。[126] 布加勒斯特會議後，赫魯曉夫知道中共試圖向在華蘇聯專家灌輸中共的觀點，於是在8月底前就召回了所有專家。[127] 至此，意識形態上的衝突已經傳播至中蘇關係的每一個方面，並把一度緊密的經濟關係破壞得無法修補。[128]

當中蘇聯盟走向分裂之際，越南共產黨在1960年8月試圖調解北京和莫斯科的關係。[129] 其實在那時，中蘇雙方都意識到了他們應當阻止事態這樣惡化下去。大躍進的破產讓中方無法聲稱他們可以領導世界共產主義運動，U-2偵察機事件後蘇美和解的破產也導致蘇聯無法再繼續推行和平共存政策。[130] 因此，1960年11月在莫斯科舉行的世界共產黨和工人黨代表會議，中蘇的意識形態紛爭有了短暫的休戰。[131]

大躍進的失敗令毛澤東在國內事務的領導能力受到質疑，其他主張溫和路線的領導人因此在1961年初到1962年中，在毛的默許下推行了一系列相對合理的恢復經濟政策和相對溫和的外交政策。因此，莫斯科也願意向中方提供食物援助以紓緩大躍進造成的大饑荒，同時並提供軍事支援。[132]

可是，毛澤東卻一直在伺機重奪政治主動的機會，逆轉那些在他看來正在背離社會主義原則的國內恢復政策。華沙公約海軍在1961年夏撤出阿爾巴尼亞，阿爾巴尼亞隨即與蘇聯斷交，給了毛澤東重奪主導外交政策的機會，他並得以團結中國領導層對抗蘇聯的意識形態攻擊。[133] 赫魯曉夫在秋天舉行的蘇共二十二大突然斥責阿爾巴尼亞和斯大林，更為毛提供了額外的彈藥。[134] 然而，毛仍要再等待一年才重奪對內政的領

導權。在1962年夏末的北戴河會議，毛利用與蘇聯在外交上的意識形態衝突，把他的同輩領導人打成了在內政上走赫魯曉夫道路的修正主義者，並強行結束了「非社會主義」的經濟恢復政策。[135]

重奪日常事務的決策權後，毛澤東成功地借助了1962年10月至11月間赫魯曉夫在古巴導彈危機的冒險行為和同時期的中印邊界衝突，指責赫魯曉夫屈服於帝國主義壓力和背叛革命盟友，同時將自己塑造為真正可信的反帝領袖和世界革命的推動者。[136] 不過，毛的大部分革命和反蘇言論，其實是出於他需要攻擊那些看來在國內會挑戰其權威的人，所以這些言論應該歸入造成中蘇分裂的中國內部因素，這一點將在下面闡述。

次要分歧

在意識形態上的分歧以外，還有一些次要因素加速了中蘇分裂，包括聯盟內部轉變的要求、領土糾紛和美國的角色。不過，這些因素大都發生在中蘇論戰開始之後，或是因中蘇論戰而加劇。

儘管在內戰中獲得壓倒性勝利，但中共於1949年建立的新國家仍然是軍事上和經濟上的侏儒。與蘇聯結盟意味着中國立刻獲得了應對美國威脅的軍事保護，以及獲得經濟援助和先進技術的渠道。儘管斯大林對向朝鮮戰爭提供支援猶豫不決，[137] 但是蘇聯援助的確迅速使中華人民共和國建立起現代化的陸軍、先進的空軍和戰力可觀的海軍，以及核武器發展計劃。[138] 同樣的，哪怕蘇聯發展模式在中國推行時出現了各種水土不服，但是蘇聯經濟援助卻給中國的重工業發展奠定了重要和堅實的基礎。[139]

然而，經濟援助的規模卻讓蘇聯在中國軍事和經濟發展的意義迅速減退。斯大林執政晚期和赫魯曉夫執政早期，北京一直是蘇聯的忠實盟友。中國有求於人，斯大林在社會主義世界的核心地位，赫魯曉夫試圖通過打中國牌來打擊國內的斯大林主義者，造就了中蘇堅實合作關係的基礎。但當意識形態上的分歧在1950年代中期慢慢呈現的時候，特別是在蘇聯貸款額逐漸下滑時，蘇聯軍事和經濟援助的意義就也隨之下降

了。正是在這個時刻，放棄良好合作關係來獲得意識形態上的獨立，對北京而言變成了可以考慮的選項。[140] 因為繼續保持緊密的合作關係意味着毛必須在意識形態上退讓，但那只能使中國整體上獲得微不足道的經濟和軍事上的好處。另一方面，蘇聯雖然在1959年拒絕向中國提供原子彈模型，但是這並沒有很大延誤中國最終在核武器計劃取得成功。[141] 因此，特別是毛認為蘇聯在1958年第二次台海危機和1959年中印邊界衝突中並非可靠盟友後，就覺得值得為更多的獨立自主付出代價。

緊隨論戰展開而開始出現的領土衝突，有着和前者相類似的狀況。北京在1960年4月發表了一系列讓中蘇爭論公開化的文章後，同年夏天在新疆塔城地區的放牧問題向蘇聯發難。當兩國在11月的莫斯科會議達成意識形態上的共識後，邊境衝突就如它出現時般快速消退。[142] 儘管兩國在1963年夏天的莫斯科和談破裂，雙方仍然同意在1964年初就東部的共同邊界 (從符拉迪沃斯托克到烏蘇里江) 開展談判，甚至還在大部分爭議島嶼和領土上達成共識。[143] 雖然毛早在1950年就答應了斯大林中國會放棄對外蒙古的領土要求，但是在1964年夏他卻掀起宣傳戰，聲稱中方對外蒙古、東西伯利亞廣大地區以至蘇聯太平洋海濱地區在歷史上都有領土申索。[144] 這些領土爭議問題在接下來的四分一個世紀一直沒有得到解決，主因是赫魯曉夫在1964年10月下台，而毛之後也更關注國內的紛爭。但毫無疑問的是，毛澤東一手挑起了中蘇領土糾紛，利用了莫斯科對蘇聯領土解體的恐懼，將其用作可以在論戰上向莫斯科施壓的工具。

一般認為，美國在中蘇分裂上扮演了落井下石的角色。只要考慮中蘇聯盟一開始就是針對帝國主義，美國的舉動自然被認為是具有破壞聯盟的潛在意圖。華盛頓在1950年代針對北京的強硬路線確實意在消耗莫斯科的資源，以此破壞這個聯盟。[145] 可是，除了1954至1955年和1958年兩次台海危機，美國在五十年代並沒有什麼機會可以破壞中蘇聯盟。中共在1960年春把中蘇論戰公開化後，隨之而來的是美蘇關係的惡化和中美的持續對立，美國也沒有什麼可以向中蘇聯盟施壓的機會。只是在1962年夏天，毛在政治上重新崛起和古巴危機後，中蘇意識形態論戰激化，華盛頓才有機會在蘇美英〈部分禁止核試驗條約〉的談判

中，孤立中國並使中蘇關係進一步緊張。但不管怎樣，美國在中蘇分裂的角色，只是加深已有的裂痕罷了。[146]

　　雖然分裂中蘇聯盟的政策由來已久，美國在 1960 年代中期看起來卻提供了彌合聯盟的機會。美國在 1964 年 8 月把越南戰爭升級，不僅威脅到中國的安全，而且導致蘇聯一改赫魯曉夫時代不插手的政策，轉而積極向越共提供軍事和經濟援助。然而，雖然美國介入越戰對中國構成安全威脅，但北京依舊拒絕在援助河內問題上與莫斯科合作。這主要是由於毛並不信任莫斯科，而他在意識形態上對莫斯科大肆攻擊也使北京再沒有回旋的餘地。[147]

關於衝突的其他解讀

　　跟聯盟本身無直接關係的其他因素，多少也影響了中蘇的夥伴關係。這些因素包括中國的國內政治、雙方的自我認知、領袖的性格問題。同樣，這些因素都沒有直接造成分裂，都只是起到推波助瀾的作用。

　　1959 年底，隨着蘇聯不再向中國提供大額的軍事和經濟援助，毛澤東決定中國要走上自力更生的道路，並利用聯盟的衰弱來滿足其在國內政治上的需要。這個戰略大調整的重要決策發生在 1960 年夏，也就是在中國領導層就大躍進問題爭論的廬山會議之後。[148] 在接下來的幾年間，毛總是浮誇地把其真實或是虛構的國內敵人，統統與赫魯曉夫對共產主義運動的「背叛」連接在一起。1962 年夏重新掌權之後，毛澤東更是通過對中蘇分裂進行精密的政治操作來應對他眼中來自內部對其領導權威的挑戰。[149] 於是，中蘇分裂逐漸成為了中國國內政治的延伸或是表現；毛需要與蘇聯完全決裂，以在 1966 年中發動文化大革命並清洗一大批他認為「不可靠」的領導人。他在 1966 年春拒絕向蘇共二十三次代表大會派出中國代表團的決定，預示中蘇決裂已只是時間問題。[150]

　　自我認知在中蘇分裂起的作用相對不那麼明顯。毛澤東統治下的中國一直過分放大自己在外部世界裏的重要性，並為此付出代價。斯大林的去世令毛視自己為共產主義世界的革命元老之一。赫魯曉夫在波匈事件的緊急關頭邀請中國派代表團到莫斯科，加上中國錯誤地認為是自

己向蘇共提供的建議拯救了社會主義世界，使毛認為中國已經和蘇聯平起平坐了。[151] 這個臆想促使他開始推行自己的政策，這一點在上文已經提到。

但事實上，無論在國際事務還是在社會主義陣營內，北京從來都不是和蘇聯在同一個檔次上。當蘇聯成為擁有越來越多國際責任的超級大國時，中華人民共和國只是被國際社會遺棄的成員。此外，毛在經濟和意識形態上的激進主義甚至造成社會主義國家對中國的疏離。[152] 所以說，與蘇聯平起平坐只是一個臆想。而正是這個錯誤的認知加深了毛對自己理念的信心，以為中國會在與蘇聯爭取社會主義陣營內部大部分成員支持的角逐中勝出。

另一個難以說清的因素，是性格衝突對中蘇聯盟的影響。毛澤東和赫魯曉夫都是極度自信和很難共事的領袖。毛在世界革命中的資歷使他相信自己是更為成熟和合適的世界革命領袖，以教訓的態度指出赫魯曉夫性格和行為上的缺陷，對毛來說並沒有什麼不妥。[153] 同樣地，赫魯曉夫則缺乏胸懷和雅量，特別是當毛寄予希望的經濟和革命圖景在1950年代末已陷入困境的時候。[154] 但是無論如何，他們性格上的衝突使中蘇關係變得複雜麻煩。

最後，在過去的半個世紀，國家利益衝突說也曾一度受到學界的矚目，但這一類的解釋大部分缺乏來自中國方面資料的支持。這種觀點認為，第二次台海危機是毛澤東對赫魯曉夫和平共存理念的挑戰，因為蘇美和解妨礙中國完成國家統一，而這是中共最重要的目標之一。這一解讀表面上看來挺有道理，但中國方面的資料不僅無法支持這個解讀，甚至反指它是錯誤的。最重要的是，北京早在1954年即莫斯科宣布和平共存理論之前，就已經主動引發了一場類似但維時更長的台海危機。就在赫魯曉夫1956年初發表「秘密講話」後不久，中國領導人甚至一度歡迎和平共存政策，因為它看似能為中國的分裂帶來和平的解決方案。[155] 因為戴上了意識形態的有色眼鏡，中國把匈牙利革命和蘇伊士運河危機誤讀為美帝國主義挑起的事件，因此在1956年底放棄了對蘇聯和平共存政策的支持。[156] 北京策動第二次台海危機是在一年以後，並在八個月間經歷了一系列的修改和重新論證。可是，這些都與北京認為和平共存

政策妨礙國家統一無關。[157] 事實上，蘇聯起初還曾支持中國通過製造危機以解放台灣。[158]

把中國外交政策放在中國共產黨意識形態運動的背景是十分關鍵的，因為中國外交政策並不是在思想真空裏產生。如果細數毛的那些決策，從與蘇聯同志的決裂，到將國家經濟扔進痛苦不堪的境地，或是引領中國進入外交上自我孤立的局面，我們很難相信這一切決定是符合中國國家利益的。如果説毛錯誤判斷了自己國家的利益，那麼這種解釋看起來恰恰證明了之前的觀點：對國家利益的定義，從一開始就取決於其他與國家利益沒有直接關係的因素，正是從這個意義上來説，中國的外交政策不是憑空產生的。總而言之，中國方面的資料無法支持將中蘇分裂歸因於國家利益衝突的説法。

結　論

雖然從歷史上看只有很少同盟是永恒的，但是中蘇同盟的確分裂得太快了，其主要原因是意識形態上的。雖然兩國的最高領袖有着類似的人生經歷和意識形態觀點，但是他們在理解馬克思列寧主義實在有着太大的分歧，足以拆散同盟。兩國領袖在早期即在經濟發展模式上顯露分歧，隨後又在去斯大林化和世界革命實踐上發生爭論。一些次要的因素也起了催化作用，包括外部影響、內部因素、領袖個性等。

中蘇同盟的建立和破裂都給冷戰帶來巨大影響。它多少模糊了超級大國競爭早期的兩極結構，並給特別是羅馬尼亞、阿爾巴尼亞、朝鮮等社會主義國家走上自主的道路帶來了機會。中蘇同盟的破裂給中國和美國在國際關係中的騰挪提供了空間，導致了後來深刻影響國際秩序的尼克松訪華。中國從蘇聯盟友變為美國朋友這樣意義重大的變化，不僅給越南戰爭和歐洲共產主義的興起帶來直接影響，也波及了六十至七十年代的裁減核武器談判及同期的兩德和解。

對中國來説，同盟破裂帶來了極其巨大的影響。從1959年開始，毛澤東系統性地利用中蘇交惡來服務其在國內的政治需要。他通過把挑戰其權威的人——有些是真正挑戰，但大部分卻是他想像出來的——

貼上蘇聯修正主義分子的標籤，創造了發動文化大革命的條件。中共後來稱之為「十年浩劫」的文化大革命，給中國人民帶來了巨大苦難，也延誤了中國的發展。

　　中蘇同盟在1949到1969間的起起落落，促使學者重新思考聯盟理論。一直以來，現實主義和新現實主義佔據了聯盟理論的主流分析框架，往往忽略了意識形態、經濟和內政的影響。中蘇同盟的歷史顯示，國家不是簡單地根據國家利益或國家安全這樣的空洞概念去決定自己國際行為；相反，外部行為往往來自於領袖建立在意識形態上的偏好。要是沒有毛澤東和斯大林在意識形態上的承諾，中蘇同盟難以成立。同樣地，聯盟後來破裂，主因就是中蘇對馬克思列寧主義日益相左的解讀。

註 釋

1　John W. Garver, *Chinese-Soviet Relations, 1937–1945: The Diplomacy of Chinese Nationalism* (New York: Oxford University Press, 1988), pp. 214–28.

2　Chen Jian, *Mao's China and the Cold War* (Chapel Hill: University of North Carolina Press, 2001), pp. 44–45.

3　Niu Jun, "The Origins of the Sino-Soviet Alliance," in O. Arne Westad, ed., *Brothers in Arms: The Rise and Fall of the Sino-Soviet Alliance, 1945–1963* (Washington, DC: Woodrow Wilson Center, 1998), pp. 61–69.

4　Chen Jian and Yang Kuisong, "Chinese Politics and the Collapse of the Sino-Soviet Alliance," in *Brothers in Arms*, pp. 249–50; 伍修權：《在外交部八年的經歷》(北京：新世界出版社，1985)，頁23–24。

5　Sergei N. Goncharov, John W. Lewis, and Xue Litai, *Uncertain Partners: Stalin, Mao, and the Korean War* (Palo Alto, CA: Stanford University, 1993), pp. 130–202.

6　Li Hua-yu, "The Political Stalinization of China: The Establishment of One-Party Constitutionalism, 1948–1954," in *Journal of Cold War Studies*, vol. 3, no. 2 (2001): 28–47; Nikita S. Khrushchev, *Khrushchev Remembers: The Last Testament* (Boston: Little, Brown, 1974), pp. 241–42.

7　Sergei Goncharenko, "Sino-Soviet Military Cooperation," in *Brothers in Arms*, pp. 152–60.

8　蔣洪巽、周國華：〈50年代蘇聯援助中國煤炭工業建設項目的由來和變化〉，《當代中國史研究》，1995年第4期，頁13–14。

9   Nikita S. Khrushchev, *Khrushchev Remembers* (Boston: Little, Brown, 1970), pp. 463; Zhang Shuguang, "Sino-Soviet Economic Cooperation," in *Brothers in Arms*, pp. 201–3.

10 Xinhua News Agency, *China's Foreign Relations: A Chronology of Events, 1949–1988* (Beijing: Foreign Languages Press, 1989), p. 258.

11 William T. Tow, "China and the International System," in Thomas W. Robinson and David Shambaugh, eds., *Chinese Foreign Policy: Theory and Praxis* (Oxford: Clarendon, 1994), pp. 125–26.

12 Chen Jian and Yang Kuisong, "Chinese Politics and the Collapse of the Sino-Soviet Alliance," p. 258.

13 Dimitrii T. Shepilov, *Neprimknuvshii* [Not Having Sided] (Moskva: Vagryus, 2001), pp. 380–84; 李連慶：《冷暖歲月——一波三折的中蘇關係》（北京：世界知識出版社，1998），頁319。

14 Lorenz M. Lüthi, *The Sino-Soviet Split: Cold War in the Communist World* (Princeton: Princeton University Press, 2008), pp. 41–44.

15 Ibid., pp. 46–79.

16 A.A. Brezhnev, *Kitai: Ternistyi put' k dobrososedstvy: vosponminaniya i razmyshleniya* [China: The Thorny Path to Good Neighborhood: Reminiscences and Reflections] (Moskva: Mezhdunarodnye otnosheniya, 1998), pp. 52–70; "Kang Sheng's Speech at Moscow Conference," February 4, 1960, in *Survey of China Mainland Press*, 2194: 42–46.

17 吳冷西：《十年論戰：1956–1966中蘇關係回憶錄》（北京：中央文獻出版社，1999），頁236–46。

18 薄一波：《若干重大決策與事件的回顧》，上卷（北京：中共中央黨校出版社，1991），頁704；Veljko Micunovi, *Moscow Diary* (Garden City: Doubleday, 1980), pp. 421–23.

19 Lüthi, *The Sino-Soviet Split*, pp.174–91.

20 Ibid., pp. 195–201.

21 Ibid., pp. 201–9.

22 〈第六次全國外事會議傳達要點〉，1962年12月17日，載於《江蘇省檔案館藏》，宗號3124，卷號145：頁2–13。

23 John Gittings, *Survey of the Sino-Soviet Dispute* (London: Royal Institute of International Affairs, 1968), p. 176.

24 Lüthi, *The Sino-Soviet Split*, pp. 236–44.

25 吳冷西：《憶毛主席》（北京：新華出版社，1995），頁151–52；吳冷西：

《十年論戰：1956–1966中蘇關係回憶錄 》，頁937–39；*Peking Review* 13 (March 25, 1966): 6.

26　"Inter-Governmental Relations of the PRC with the Soviet Union," November 11, 1966, in *Arkhiv Vneshnei Politiki Rossiiskoi Federatsii* [Foreign Policy Archive of the Russian Federation; *AVPRF*], f.0100, o.59, d.16, p. 526: 117.

27　Barbara Barnouin and Yu Changgen, *Chinese Foreign Policy during the Cultural Revolution* (London: Kegan Paul, 1998), pp. 69–71; Ma Jisen, *The Cultural Revolution in the Foreign Ministry of China* (Hong Kong: Chinese University Press, 2004), pp. 163–64, 168–72, 187–89.

28　Yang Kuisong, "The Sino-Soviet Border Clash of 1969: From Zhenbao Island to Sino-American Rapprochement," *Cold War History*, 1/1 (2000): 24–25.

29　李可、郝生章：《文化大革命中的人民解放軍》(北京：中共黨史資料出版社，1989)，頁317；Gong Li, "Chinese Decision Making and the Thawing of U.S.-China Relations," in Robert S. Ross and Jiang Changbin, eds., *Re-examining the Cold War: U.S.-China Diplomacy, 1954–1973* (Cambridge: Harvard University Press, 2001), p. 329.

30　Yang Kuisong, "The Sino-Soviet Border Clash of 1969: From Zhenbao Island to Sino-American Rapprochement," pp. 27, 30.

31　李可、郝生章：《文化大革命中的人民解放軍》，頁321–23；*Guardian*, March 20, 1969, p. 1.

32　Robert Conquest, *Stalin: Breaker of Nations* (New York: Viking, 1991), pp. 27–49.

33　Philip Short, *Mao: A Life* (New York: Henry Holt, 2000), pp. 117–24.

34　Conquest, *Stalin: Breaker of Nations*, pp. 51, 54–57.

35　Short, *Mao: A Life*, pp. 318–407.

36　Conquest, *Stalin: Breaker of Nations*, pp. 72–95; Short, *Mao: A Life*, pp. 265–317, 408–38.

37　Vladimir I. Lenin, *Imperialism: The Highest Stage of Capitalism* (Moscow: Progress Publishers, 1978).

38　Tony Saich, *The Rise to Power of the Chinese Communist Party* (Armonk, NY: M. E. Sharpe, 1996), pp. xlv–xlvi.

39　Harry Overstreet and Bonaro Overstreet, *The War Called Peace: Khrushchev's Communism* (New York: W.W. Norton, 1961), p. 14.

40　日丹諾夫講話，見於以下網址：http://educ.jmu.edu/~vannorwc/assets/ghist%20102-150/pages/readings/zhdanovspeech.html。

41　Mao Zedong, "On New Democracy," January 1940, in *Selected Works*, vol. 2 (Beijing: Foreign Languages Press, 1961), pp. 364–65.

42　Mao Zedong, "Talk with the American Correspondent Anna Louise Strong," August 1946, in *Selected Works*, vol. 4 (Beijing: Foreign Languages Press, 1961), pp. 97–101.

43　Bo Yibo, "The Making of the 'Lean-to-One Side' Decision," in *Chinese Historians*, vol. 5, no. 1 (Spring 1992), pp. 57–62.

44　"Sino-Soviet Treaty of Friendship, Alliance, and Mutual Assistance," February 14, 1950, in *Current Background*, 545: 1.

45　Conquest, *Stalin: Breaker of Nations*, p.122; Dmitri A. Volkogonov, *Stalin: Triumph and Tragedy* (London: Weidenfeld and Nicolson, 1991), pp. 104–5, 109–10, 113.

46　Vojtech Mastny, *The Cold War and Soviet Insecurity* (New York: Oxford University, 1996), pp. 11–79.

47　Ibid., pp. 85–91.

48　Dieter Heinzig, *Die Sowjetunion und das kommunistische China 1945–1950* [The Soviet Union and Communist China, 1945–1950] (Baden-Baden: Nomos, 1998), pp. 494–501.

49　Chen Jian, *China's Road to the Korean War: The Making of the Sino-American Confrontation* (New York: Columbia University, 1994).

50　"Conversation between Stalin and Mao, Moscow, 16 December 1949," in "Stalin's Conversations with Chinese Leaders," edited by Chen Jian, Vojtech Mastny, O. Arne Westad, and Vladislav M. Zubok, in *Cold War International History* [*CWIHP*] *Bulletin* 6–7 (Winter 1995/96): 5–7.

51　Lüthi, *The Sino-Soviet Split*, p. 8.

52　Li Hua-yu, *Mao and the Economic Stalinization of China, 1948–1953* (Lanham: Rowman & Littlefield, 2006), pp. 64, 88–89, 109；袁寶華：〈赴蘇聯談判的日日夜夜〉，《當代中國史研究》，1996年第1期，頁23–26；李越然：〈我國同蘇聯商談：第一個五年計劃情況的回憶〉，載於外交部外交史編輯室編：《新中國外交風雲》，第二卷（北京：世界知識出版社，1991），頁15–18；王泰平：《中華人民共和國外交史》，第二卷（北京：世界知識出版社，1998），頁40；薄一波：《若干重大決策與事件的回顧》，上卷，頁296、299。

53　Robert C. Tucker, *Stalin in Power: The Revolution from Above, 1928–1941* (New York: W. W. Norton, 1990), pp. 70–74.

54　Ibid., pp. 200–4.

55　Sheila Fitzpatrick, *Stalin's Peasants: Resistance and Survival in the Russian Village after Collectivization* (New York: Oxford University, 1994), pp. 69–76; Martin Malia, *The Soviet Tragedy: A History of Socialism in Russia, 1917–1991* (New York: Free, 1994), pp. 198–99.

56　Vaclav Smil, "China's Agricultural Land," *China Quarterly* 158: 414–29.

57　"Soviet-Chinese Relations (Reference)," May 1965, in *AVPRF*, f.0100, o.56, d.22, 498: 223–24; 吳冷西：《十年論戰》，頁336。

58　Mark Selden, "Cooperation and Conflict: Cooperative and Collective Formation of China's Countryside," in Mark Selden and Victor Lippit, eds., *Transition to Socialism in China* (Croom Helm: M.E. Sharpe, 1982), p. 59; David Bachman, *Chen Yun and the Chinese Political System* (Berkeley: University of California, 1985), pp. 48–49, 54, 59.

59　薄一波：《若干重大決策與事件的回顧》，上卷，頁299；Zhang Shuguang, *Economic Cold War* (Palo Alto: Stanford University Press, 2001), pp. 166–68, 282–83. 關於中國借貸及償還蘇聯貸款，見 "Soviet-Chinese Relations (Reference)," February 13, 1961, in *AVPRF*, f.0100, o.54, d.27, p. 470: 29, 30; 吳冷西：《十年論戰》，頁 336；Nicholas Lardy, "Chinese Economy under Stress, 1958–1965," in Roderick MacFarquhar and John K. Fairbank, eds., *Cambridge History of China*, vol. 14 (Cambridge: Cambridge University Press, 1987), p. 361; 李銳：《李銳文集》，卷三，上冊 (漢口：南方出版社，1999)，頁37。

60　Edward Friedman, "Maoism, Titoism, Stalinism: Some Origins and Consequences of the Maoist Theory of the Socialist Theory," in Mark Selden and Victor Lippit, eds., *The Transition to Socialism in China* (Armonk: M. E. Sharpe, 1982), pp. 160–76; Jan Prybyla, *Political Economy of Communist China* (Scranton: International Textbook Co., 1970), p. 111; Deborah Milenkovitch, *Plan and Market in Yugoslav Economic Thought* (New Haven: Yale University Press, 1971), pp. 62–77; Carol L. Hamrin, "Yang Xianzhen," in Carol L. Hamrin and Timothy Cheek, eds., *China's Establishment Intellectuals* (Armonk: M.E. Sharpe, 1986), pp. 61–62; Barry Naughton, "Deng Xiaoping: The Economist," in David Shambaugh, ed., *Deng Xiaoping: Portrait of a Chinese Statesman* (Oxford: Clarendon, 1995), p. 131; Bachman, *Chen Yun and the Chinese Political System*, pp. 33–34, 37–38, 48.

61　Friedman, "Maoism, Titoism, Stalinism: Some Origins and Consequences of the Maoist Theory of the Socialist Theory," pp. 160–70; Mao Zedong, "Two Talks on Mutual Aid and Cooperation in Agriculture," October and November 1953, in *Selected Works*, vol. 5, p. 132; Mao Zedong, "Combat Bourgeois Ideas in the Party," August 12, 1953, in *Selected Works*, vol. 5, p. 104; Kenneth Lieberthal, "The Great Leap Forward and the Split in the Yan'an leadership," in *Cambridge History of China*, vol. 14, pp. 303–4.

62　Raymond F. Wylie, *The Emergence of Maoism: Mao Tse-tung, Ch'en Po-ta and the Search for Chinese Theory, 1935–1945* (Palo Alto: Stanford University, 1980), pp. 114–18, 121–22, 124–25.

63　中共中央文獻研究室編：《毛澤東傳 (1949–1976)，上冊》(北京：中央文獻 出版社，1997)，頁508。

64　Mao Zedong, "On the Cooperative Transition of Agriculture," July 31, 1955, in *Selected Works*, vol. 5, p. 199.

65　Edward Friedman, Paul G. Pickowicz, and Mark Selden, *Chinese Village, Socialist State* (New Haven: Yale, 1991), pp. 186–87; Mark Selden, "Cooperation and Conflict: Cooperative and Collective Formation of China's Countryside," in *The Transition to Socialism in China*, pp. 70–73, 79–80; Prybyla, *Political Economy of Communist China*, p. 156-58; Craig Dietrich, *People's China*, 2nd ed. (New York: Oxford, 1994), pp. 100–101; Jean-Luc Domenach, *Origins of the Great Leap Forward* (Boulder: Westview, 1995), pp. 41, 43, 56; Friedman, *Chinese Village, Socialist State*, pp. 192–203; Lowell Dittmer, *China's Continuous Revolution* (Berkeley: University of California Press, 1987), pp. 17–18; Roderick MacFarquhar, *The Origins of the Cultural Revolution*, vol. 1 (New York: Columbia University Press, 1974), pp. 59, 347, n. 27; Bachman, *Chen Yun and the Chinese Political System*, p. 60.

66　吳冷西：《十年論戰》，頁12–20；"Soviet-Chinese Relations," March 11, 1957, in AVPRF, f.0100, o.50, d.29, p.426: 26; Brezhnev, *Kitai*, pp. 49–50; Jan Rowinski, "China and the Crisis of Marxism-Leninism," in Marie-Luise Näth, ed., *Communist China in Retrospect* (Frankfurt/Main: Lang, 1995), p. 71.

67　Valery Soyfer, *Lysenko and the Tragedy of Soviet Science* (New Brunswick: Rutgers University Press, 1994)；Laurence Schneider, "Lysenkoism in China," *Chinese Law and Government*, vol. 19, no. 2: iv–xi.

68　伍修權：《在外交部八年的經歷》，頁125；MacFarquhar, *The Origins of the Cultural Revolution*, vol. 1, pp. 100–101, 122–38.

69　毛澤東：〈同工商界人士的談話〉，1956年12月8日，載於《毛澤東文集》，第七卷(北京：人民出版社，1999)，頁178；Mao Zedong, "Speech at the Second Plenary Session of the Eighth CCP CC," November 14, 1956, in *Selected Works*, vol. 5, p. 337–39.

70　李銳：《李銳文集》，卷三，上冊，頁 48；Li Rui, "An Initial Study of Mao Zedong's Erroneous 'Left' Thinking in His Later Years [Part I]," *Chinese Law and Government*, vol. 29, no. 4: 36; Li Zhisui, with Anne F. Thurston, *The Private Life of Chairman Mao* (New York: Random House, 1994), pp. 197–99; MacFarquhar, *The Origins of the Cultural Revolution*, vol. 1, pp. 169, 177–80.

71　Nicholas Lardy et al., *Chen Yun's Strategy for China's Development* (Armonk: M.E. Sharpe, 1983), pp. 7–22, 30–38; Bachman, *Chen Yun and the Chinese Political System*, pp. 117–30.

72　Li Rui, "An Initial Study of Mao Zedong's Erroneous 'Left' Thinking in His Later Years," 37–38; MacFarquhar, *The Origins of the Cultural Revolution*, vol. 1, p. 218.

73　Mao Zedong, "Things Are Beginning to Change," May 15, 1957, in S*elected Works*, vol. 5, p. 444.

74　MacFarquhar, *The Origins of the Cultural Revolution*, vol. 1, pp. 312–13, and vol. 2, pp. 4, 16–17; Li Rui, " An Initial Study of Mao Zedong's Erroneous 'Left' Thinking in His Later Years," p. 49.

75　毛澤東：〈在莫斯科共產黨和工人黨代表會議上的講話（1957 年 11 月 18 日）〉，載於《建國以來毛澤東文稿》，第六冊（北京：中央文獻出版社，1993），頁 635；李銳：《李銳文集》，卷三，上冊，頁 53–54；李越然：《外交舞台上的新中國領袖》（北京：解放軍出版社，1989），頁 162–63；Zhang Shuguang, "Sino-Soviet Economic Cooperation," p. 203.

76　Li Rui, "An Initial Study of Mao Zedong's Erroneous 'Left' Thinking in His Later Years," p. 46; 薄一波：《若干重大決策與事件的回顧》，上卷，頁 704；Micunovic, *Moscow Diary*, pp. 421–23.

77　Roderick MacFarquhar, *The Origins of the Cultural Revolution*, vol. 2 (New York: Columbia University Press, 1983), p. 124; *Survey of China Mainland Press* 1846: 1; Mao Zedong, "Talk at Beidaihe Conference (Draft Transcript)," August 30, 1958, in Roderick MacFarquhar, Timothy Cheek, and Eugene Wu, eds*., The Secret Speeches of Chairman Mao: From the Hundred Flowers to the Great Leap Forward* (Cambridge: Harvard University Press, 1989), pp. 434–37. Jürgen Domes, *Peng Te-huai: The Man and the Image* (Palo Alto: Stanford University Press, 1985), p. 80; Li Rui, "An Initial Study of Mao Zedong's Erroneous 'Left' Thinking in His Later Years," in *Chinese Law and Governmen*t, vol. 29, no. 4: 7.

78　毛澤東：〈在成都會議上的講話提綱（1958 年 3 月 22 日）〉，載於《毛澤東選集》，第三卷（香港：明報月刊，1971），頁 182；"Record of Conversation with Mao Zedong," February 28, 1958, in *AVPRF*, f.0100, o.51, d.6, p. 432: 95.

79　Referred to as "Short Record of Conversation," December 4, 1960, in *AVPRF*, f.0100, o.53, d.6, p.453: 95. 薄一波：《若干重大決策與事件的回顧》，上卷，頁704。

80　薄一波：《若干重大決策與事件的回顧》，上卷，頁704。Micunovic, *Moscow Diary*, pp. 421–23；丁明編：〈回顧與思考：與中蘇關係親歷者的對話〉，《當代中國史研究》，1998年第2期，頁22、31；列‧別‧傑留辛（Lev P. Delyusin）：〈關於蘇中衝突起因的若干思考〉，《當代中國史研究》，1998年第3期，頁101。

81　Manfred Hildermeier, *Geschichte der Sowjetunion, 1917–1991: Entstehung und Niedergang des ersten sozialistischen Staates* [*History of the Soviet Union, 1917–1991: Formation and Demise of the First Socialist State*] (Munich: C. H. Beck, 1998), p. 791; Martin Malia, *The Soviet Tragedy: A History of Socialism in Russia, 1917–1991* (New York: Free, 1994), p. 330; Abram Bergson, *The Economics of Soviet Planning* (New Haven: Yale University, 1964), p. 83; Harry Schwartz, *Soviet Economy since Stalin*, (London: Gallancz, 1965), pp. 85–95; "Stenographic Account of the CPSU CC Plenum," (November 5, 1958), in *Rossiiskii Gosudarstvennyi Arkhiv Noveishei Istorii* [*Russian State Archive of Contemporary History*; *RGANI*], f.2, o.1, d.332, 3a, 8a.

82　蕭東連：《求索中國：文革前十年史》，第一卷（北京：紅旗出版社，1999），頁437–39、639。

83　徐則浩：《王稼祥傳》（北京：當代中國出版社，1996），頁539；胡喬木：《胡喬木回憶毛澤東》（北京：人民出版社，1994），頁15；蕭東連：《求索中國：文革前十年史》，第一卷，頁477–78；Peng Dehuai（彭德懷），*Memoirs of a Chinese Marshal: The Autobiographical of Peng Dehuai* (1898–1984) (Beijing: Foreign Languages Press, 1984), pp. 486–87；吳冷西：《憶毛主席》，頁111–12。

84　李銳：《李銳文集》，卷三，下冊，頁345；Mao Zedong, "Talk at Wuchang Conference," November 21, 1958, morning, in *The Secret Speeches of Chairman Mao*, p. 486.

85　MacFarquhar, *The Origins of the Cultural Revolution*, vol. 2, p. 135；吳冷西：《十年論戰》，頁191。

86　Lüthi, *The Sino-Soviet Split*, pp. 126–35.

87　Ibid., pp. 194–201.

88　伍修權：《在外交部八年的經歷》，頁125；MacFarquhar, *The Origins of the Cultural Revolution*, vol. 1, pp. 100–1, 122–38.

89　Mao Zedong, "Speech at the Second Plenary Session of the Eighth CCP CC," November 14, 1956, in *Selected Works*, vol. 5, p. 341.

90　Harrison Salisbury, *The New Emperors: China in the Era of Mao and Deng* (Boston: Little, Brown, 1992), p. 138; 師哲、李海文：《在歷史巨人身邊：師哲回憶錄》(北京：中央文獻出版社，1998)，頁509；劉曉：《出使蘇聯八年》(北京：黨史資料出版社，1998)，頁58。

91　毛澤東：〈在成都會議上的講話提綱(1958年3月22日)，載於《毛澤東大觀》(北京：人民大學出版社，1993)，頁605；毛澤東：〈在成都會議上的講話(1958年3月10日)〉，載於《毛澤東思想萬歲》(出版信息不詳，1969)，頁162。

92　毛澤東：〈北戴河中央政治局擴大會議準備討論的問題〉(1958年8月)，載於《建國以來毛澤東文稿》，第七卷，頁343；Mikhail I. Sladkovskii, Oleg B. Rakhmanin, Gennadii V. Astafev, Vladimir I. Glunin, Vladimir A. Krivtsov, Mikhail L. Titarenko, and Kirill K. Shirinia, eds., *Ocherki kommunisticheskoi partii Kitaya, 1921–1969* [*Essays on the History of the Communist Party of China, 1921–1969*] (Moskva: SSSR AN, Institut Dal'nego Vostoka, 1971), p. 352.

93　蕭東連：《求索中國：文革前十年史》，第一卷，頁570–71。

94　"On the Condition of the Exchange of Information," February 18, 1960, in *AVPRF*, f.0100, o.53, d.24, 457: 7–33.

95　Dmitri A. Volkogonov, *Autopsy of an Empire: The Seven Leaders Who Built the Soviet Regime* (New York: Free Press, 1998), p. 233; 吳冷西：《十年論戰》，頁227–28。

96　斯夫：〈中共對待杜勒斯「和平演變」戰略的前前後後〉，載於常成編：《知情者說：歷史見證人留給後世的真相》，之八 (北京：中國青年出版社，1999)，頁42–71；毛澤東：〈關於國際形勢的講話提綱〉，1959年12月，載於《建國以來毛澤東文稿》，第八卷，頁600；吳冷西：《十年論戰》，頁233–34；"To the Presidium of the CPSU CC," December 18, 1959, in *RGANI*, f.2, o.1, d.415: 19–33, 43–44.

97　1960年4月至6月間的事件，參見Lüthi, *The Sino-Soviet Split*, pp. 160–174; "Report," July 16, 1960, in *RGANI*, f.2, o.1, d.484: 69–87a (quote).

98　William Taubman, *Khrushchev: The Man and His Era* (New York: W.W. Norton, 2003), p. 515; Rudolf G. Pikhoya, *Sovetskii Soyuz: istoriya vlasti, 1945–1990* [*The Soviet Union: A History of Power, 1945–1991*] (Novosibirsk: Sibirskii Khronograf, 2000), pp. 215, 217. 劉曉：《出使蘇聯八年》，頁25。

99　*Survey of China Mainland Press* 2605: 35; 中共中央文獻研究室編：《周恩來年譜(1949–1976)》，中卷 (北京：中央文獻出版社，1997)，頁440–41。

100 九篇文章可見於英文《北京周報》（*Peking Review*）。*Peking Review* 37 (September 13, 1963): 6–23; 38 (September 20, 1963): 8–15; 39 (September 27, 1963): 14–27; 43 (October 25, 1963): 6–15; 47 (November 22, 1963): 6–16; 51 (December 20, 1963): 6–18; 6 (February 7, 1964): 5–21; 14 (April 3, 1964): 5–23; 29 (July 17, 1964): 7–28.

101 吳冷西：《十年論戰》，頁339–42。

102 John L. Gaddis, *We Now Know* (Oxford: Clarendon, 1997), pp. 108, 207. Matthew Evangelista, "Why Keep Such an Army?" in *CWIHP* Working Paper 19, pp. 17–26; Hildermeier, *Geschichte*, pp. 762–63; Adam Ulam, *Expansion and Coexistence* (New York: Praeger, 1968), p. 132.

103 周恩來：〈台灣的解放一定能夠實現〉（1956年6月29日），載於《周恩來選集》，第二卷（香港：一山圖書，1976），頁206。

104 吳冷西：《十年論戰》，頁80；*Survey of China Mainland Press* 1233: 45.

105 吳冷西：《十年論戰》，頁138；閻明復：〈回憶兩次莫斯科會議和胡喬木〉，《當代中國史研究》，1997年第3期：9。中方在1964年發表了備忘錄的綱要，見*Peking Review* 14, April 3, 1964: 22–23.

106 Chen Jian, *Mao's China*, pp. 167–71; Zhai Qiang, *The Dragon, the Lion, and the Eagle: Chinese-British-American Relations, 1949–1958* (Kent: Kent State University, 1994), pp. 173–74; U. Alexis Johnson, *Right Hand of Power* (Englewood Cliffs: Prentice Hall, 1984), pp. 236, 243, 260–61; Ronald Keith, *Diplomacy of Zhou Enlai* (Basingstoke: Macmillan, 1989), p. 90; Zhang Baijia and Jia Qingguo, "Steering Wheel, Shock Absorber, and Diplomatic Probe in Confrontation," in Robert S. Ross and Jiang Changbin, eds., *Re-examining the Cold War: U.S. Diplomacy, 1954–1973* (Cambridge: Harvard University, 2001), p. 187.

107 Li Zhisui, *The Private Life of Chairman Mao*, p. 262.

108 Mao Zedong, "Talk at Beidaihe Conference (Draft Transcript)," August 17, 1958, in *The Secret Speeches of Chairman Mao*, p. 402. Also: "Statements by Leaders of the PRC on Important Questions of Foreign Policy," December 9, 1960, in *AVPRF,* f.0100, o.53, d.24, 457: 236.

109 "White House Press Release," September 4, 1958, in United States, Department of State, ed., *Foreign Relations of the United States [FRUS], 1958–1960*, XIX (Washington: GPO, 1996), pp. 135–36. 蘇聯的反擊，參見："Telegram From the Embassy in the Soviet Union to the Department of State," September 19, 1958, in *FRUS 1958–1960*, XIX, pp. 231–38.

110 美國提出的方案，參見 "Radio and Television Report," September 11, 1958, in *The Public Papers of the President: Dwight D. Eisenhower*, vol. 6 (Washington: GPO, 1960), pp. 699–700. 北京把美國在台海的舉動理解為防禦性，參見 "Written Report by Petr Panchevski—Ambassador in the PRC," November 12, 1958, in *Arkhiv na Ministerstvoto na Vunshnite Raboti* [Archive of the Ministry of Foreign Relations; AMVR], o.14p, a.e.491: 158–61.

111 Mikhail S. Kapitsa, *Na raznykh parallelyakh: zapiski diplomata* [*On Different Parallels: Notes of a Diplomat*] (Moskva: Kniga i biznes, 1996), pp. 61–63; Brezhnev, *Kitai*, pp. 57–58; O. Arne Westad, "Introduction," in *Brother in Arms*, pp. 21–22.

112 Zhai Qiang, *The Dragon, the Lion, and the Eagle: Chinese-British-American Relations, 1949–1958*, pp. 197–99.

113 王泰平：《中華人民共和國外交史》，第二卷，頁221–22；Goncharenko, "Sino-Soviet Military Cooperation," 157; Zhang Shuguang, "Sino-Soviet Economic Cooperation," 207; Brezhnev, *Kitai*, pp. 58–59.

114 Lüthi, *The Sino-Soviet Split*, pp. 138–46.

115 *Pravda*, September 10, 1959: 3.

116 李連慶：《冷暖歲月》，頁297–98；吳冷西：《十年論戰》，頁206–07、218；蕭東連：《求索中國：文革前十年史》，第一卷，頁576。

117 Khrushchev, *Khrushchev Remembers: The Last Testament*, pp. 263, 307, 311.

118 斯夫：〈是朋友還是敵人——中共對赫魯曉夫在中印關係上〉，載於《知情者說》，之八，頁288–92；李越然：《外交舞台上的新中國領袖》，頁179–83；吳冷西：《十年論戰》，頁223–27；"Record of Conversation of Comrade Khrushchev N.S. with CC CCP Chairman Mao Zedong, Vice Chairman CC CCP Liu Shaoqi, Zhou Enlai, Zhu De, Lin Biao, Politburo Members Peng Zhen and Chen Yi, and Secretariat Member Wang Jiaxiang," October 2, 1959, in "'One Finger's Worth of Historical Events': New Russian and Chinese Evidence on the Sino-Soviet Alliance and Split, 1948–1959," David Wolff, ed., *CWIHP* Working Paper 30 (2000): 65–68.

119 斯夫：〈中共對待杜勒斯「和平演變」戰略的前前後後〉，頁57–58；毛澤東：〈關於國際形勢的講話提綱〉，1959年12月，載於《建國以來毛澤東文稿》，第八卷，頁600。

120 *New York Times*, December 2, 1959: 4; "To the Presidium of the CPSU CC," December 18, 1959, in *RGANI*, f.2, o.1, d.415: 19–33, 43–44.

121 "Speech of Comrade Kang Sheng on the Meeting of the Political Consultative Committee of the Members of the Warsaw Pact," [February 4, 1960], in *Stiftung Archiv der Parteien und Massenorganisationen der DDR im Bundesarchiv*

[*Archive of the Parties and Mass Organizations of the GDR in the Federal Archives*; *SAPMO-BArch*], DY 30/3386: 87–99.

122 吳冷西：《十年論戰》，頁251頁。

123 吳冷西：《十年論戰》，頁258–59；*Current Background* 617: 1–29, 30–45; *Survey of China Mainland Press* 2246: 12.

124 中共中央文獻研究室：《毛澤東傳》，下冊，頁1075。

125 "Report on the Preparation and Course of the 11th General Meeting of the WFTU," June 9,1960, in *SAPMO-BArch*, DY 30/3671: 16–24.

126 Lüthi, *The Sino-Soviet Split*, pp. 169–74.

127 "[Letter by Chervonenko]," July 9, 1960, in *AVPRF*, f.0100, o.53, d.24, p. 457: 96–98; "Note: The Soviet Embassy in Beijing to the Ministry of Foreign Affairs of the PRC," July 18, 1960, in Chen Jian, ed., "A Crucial Step Toward the Breakdown of the Sino-Soviet Alliance: The Withdrawal of Soviet Experts from China in July 1960," *CWIHP Bulletin* 8-9: 249–250.

128 Lüthi, *The Sino-Soviet Split*, pp. 174–80.

129 Ilya V. Gaiduk, *Confronting Vietnam: Soviet Policy toward the Indochina Conflict, 1954–1953* (Palo Alto: Stanford University Press, 2003), pp. 105–17; "Telegram No. 165 from Claudius to Ulbricht and Schwab," August 24, 1960, in *SAPMO-BArch*, DY 30/3667: 13–17.

130 Lüthi, *The Sino-Soviet Split*, pp. 160–67.

131 Ibid., pp. 182–91.

132 Ibid., pp. 194–218.

133 吳冷西：《十年論戰》，頁457。

134 "Summary Report of the CPSU CC," October 17, 1961, in *RGANI*, f.1, o.4, d.89: 26–222 and f.1, o.4, d.90: 1–99. Taubman, *Khrushchev: The Man and His Era*, p. 515; Lev P. Delyusin, "Nekotorye razmyshleniya o nachale sovetsko-kitaiskogo konflikta" [Some Reflections on the Beginning of the Soviet-Chinese Conflict], paper presented at the conference "Sino-Soviet Relations and Cold War: International Scientific Seminar," Beijing, China, October 1997: 19.

135 Lüthi, *The Sino-Soviet Split*, pp. 220–24.

136 Gittings, *Survey of the Sino-Soviet Dispute*, p. 176.

137 Goncharov, *Uncertain Partners: Stalin, Mao, and the Korean War*, pp. 130–202.

138 Goncharenko, "Sino-Soviet Military Cooperation," pp. 147, 152, 160.

139 袁寶華：〈赴蘇聯談判的日日夜夜〉，頁23–26；李越然：〈我國同蘇聯商談：第一個五年計劃情況的回憶〉，頁15–18；王泰平：《中華人民共和國外

交史》，第二卷，頁40；薄一波：《若干重大決策與事件的回顧》，上卷，頁296、299；"Reference of the Trade Representative of the USSR in the PRC," September 22, 1960, in *AVPRF*, f.0100, o.53, d.24, 457: 188–92; 宿世芳：〈關於50年代我國從蘇聯進口技術和成套設備的回顧〉，《當代中國史研究》，1998年第5期：14、49–50；韓念龍主編：《當代中國外交》(北京：中國社會科學出版社，1988)，頁29；將洪巽、周國華：〈50年代蘇聯援助中國煤炭工業建設項目的由來和變化〉，頁13–14。

140 Lüthi, *The Sino-Soviet Split*, pp. 151–53.

141 Brezhnev, *Kitai*, pp. 58–59.

142 Lüthi, *The Sino-Soviet Split*, pp. 180–82.

143 Ibid., pp. 274–77.

144 裴堅章：《中華人民共和國外交史》，第一卷 (北京：世界知識出版社，1994)，頁 20–21；O. Arne Westad, ed., "Fighting for Friendship," in *CWIHP Bulletin* 8–9: 229; 師哲、李海文：《在歷史巨人身邊：師哲回憶錄》，頁400–3；徐則浩：《王稼祥傳》，頁497；毛澤東：〈接見日本社會黨人士佐佐木更三、黑田壽男、細迫兼光等的談話〉，1964年7月10日，載於《毛澤東思想萬歲》，頁532–45。

145 John Gaddis, *Long Peace* (New York: Oxford University Press, 1987), pp. 164–87.

146 Lüthi, *The Sino-Soviet Split*, pp. 246–72.

147 Ibid., pp. 302–39.

148 Ibid., pp. 126–35, 151–53.

149 Ibid., pp. 219–45.

150 吳冷西：《憶毛主席》，頁151–52；吳冷西：《十年論戰》，頁937–39；*Peking Review* 13 (March 25, 1966): 6.

151 Lüthi, *The Sino-Soviet Split*, pp. 62–70.

152 Ibid., p. 299.

153 李越然：《外交舞台上的新中國領袖》，頁152。

154 吳冷西：《十年論戰》，頁474、480。

155 周恩來：〈台灣的解放一定能夠實現〉，1956年6月29日，載於《周恩來選集》，第二卷，頁206。

156 吳冷西：《十年論戰》，頁80；*Survey of China Mainland Press* 1233: 45.

157 Lüthi, *The Sino-Soviet Split*, pp. 96–99.

158 Khrushchev, *Khrushchev Remembers: The Last Testament*, p. 262.

第2章

中長鐵路歸還中國的主要原因及其對中蘇關係的影響

張盛發

　　1950年2月14日，也就是在毛澤東訪問蘇聯期間，中蘇兩國簽訂了〈中蘇友好同盟互助條約〉、〈中蘇關於中國長春鐵路、旅順口及大連的協定〉等一系列文件。根據〈中蘇關於中國長春鐵路、旅順口及大連的協定〉，「締約國雙方同意蘇聯政府將共同管理中國長春鐵路的一切權利以及屬於該路的全部財產無償地移交給中華人民共和國政府。此項移交一俟對日和約締結後立即實現，但不遲於1952年末。」[1]

　　1952年12月31日，中國長春鐵路移交儀式在哈爾濱舉行，中長鐵路在中蘇共管兩年零八個月後正式歸還中國。當天，中蘇兩國發表了蘇聯政府向中國移交中國長春鐵路的公告。[2] 按照12月31日中蘇聯合委員會的終結記錄，中蘇共同管理中國長春鐵路於1952年12月31日北京時間18時整宣告結束。自此時起，中國長春鐵路理事會、監事會及中國長春鐵路稽核局即停止工作。[3] 無償移交中國的中國長春鐵路，固定資產及流動資金總計為22萬8,008億6,400萬元人民幣（22.8億元新人民幣）。[4]

　　至此，斯大林兌現了蘇聯在中長鐵路問題上對中國的承諾，使兩國在毛澤東訪蘇期間達成的歸還中長鐵路的協定得到了最終落實。

　　本來，中蘇兩國可謂是強弱分明，一方是在二戰中獲勝並且在歐亞大陸擁有強大地位的世界政治和軍事強國，另一方則是連續經歷了抗日戰爭和內戰災難的貧窮落後國家。為什麼斯大林會在蘇聯處於強勢的情況下對中國作出如此重大的讓步呢？中外學者對此提出了自己的看法。

《中華人民共和國外交史》的作者認為，蘇聯方面把中長鐵路歸還給中國是理所當然的。該書寫道：「1904年日俄戰爭中日本從帝俄手中奪去了『南滿鐵路』。『九一八』事變後的1935年，蘇聯又將『中東鐵路』作價賣給了日本。因此，1945年中蘇協定規定，蘇聯對中長鐵路享有『共同所有，共同經營』的權利，本來就沒有什麼法律依據，新中國成立後蘇聯應主動交還中國。」[5]

楊奎松認為，斯大林之所以接受中國方面的建議和放棄蘇聯在中國東北的權益，就是因為他決心加強中蘇關係，注意到中國的國內輿論，考慮到長遠的戰略利益。[6]

沈志華在論述斯大林同意放棄蘇聯在中國東北包括中長鐵路的大部分權益的原因時提到：首先，斯大林明白，「中方是以在蒙古問題上的讓步作為解決中長鐵路等問題的交換條件的」，「順利地解決蒙古問題是以同意中方提出的協定草案為前提的」，也就是說，為了蒙古問題，斯大林才在中國東北問題上作出了如此重大的讓步。其次，「在蘇美之間已經形成冷戰狀態的國際政治格局中，將中國納入蘇聯為首的社會主義陣營是斯大林控制和影響亞洲局勢以對抗美國的戰略安排，也是蘇聯與中國結成同盟關係的基本出發點。」[7]

俄國外交官和學者列多夫斯基認為，「為了讓中共真正站在毛澤東和其他中共領導人多次所表示的『永恆的牢不可破的友誼』立場上，斯大林決定在援助中共打敗國民黨之外，贈送所有的財產權利和其他權利，這些權利都是以前俄國和蘇聯根據被中共領導人承認為完全平等的條約和協定在滿洲所獲得的。」[8]

另一位俄國學者阿勃洛娃（N. E. Ablova）認為，「蘇聯力圖今後在遠東獲得中國這樣的可靠的盟國，它決定履行根據1950年協定所承擔的把中長鐵路的權利轉交給北京的義務，雖然有着法律上不這樣做的完全正確的理由——對日和約沒有簽訂。」[9]

西方學者海茵茨希（D. Heinzig）、岡察洛夫（Sergei N. Goncharov）和路易斯（John W. Lewis）等人雖然沒有明確論述這個問題，但是根據他們對1950年中蘇條約及其協定的分析來看，他們實際上也是認為斯大林放棄蘇聯包括中長鐵路在內的在華權益是為了同中國建立戰略同盟關係。[10]

從上面簡要介紹中可以看出，大部分中外學者實際上都認為，蘇聯放棄包括中長鐵路在內在華權益的主要原因，就是為了建立中蘇兩國之間的牢固友誼並使中國成了蘇聯在遠東的戰略盟國。

筆者完全贊同這種觀點，但問題在於：其一，上述作者基本上都是簡略地提及鐵路歸還的原因，但並沒有深入探討；其二，上述觀點主要是依據包括鐵路歸還在內的中蘇兩國條約及其協定的談判而言，並未涉及其後對鐵路的實際歸還產生重大影響的一些因素。如果把鐵路歸還原因的考察從1950年的協定談判擴展到其後中蘇兩國關係的實際發展，那麼，對歸還原因的考察可能更為完整和清晰。因此，筆者把歸還原因分為兩個階段來考察。

第一階段為從1949年底到1950年初的中蘇條約和協定的談判時期，蘇聯同意歸還中長鐵路的主要原因是，蘇聯在冷戰中所處的頹勢使斯大林迫切需要新中國成為蘇聯的戰略盟國；毛澤東和中共對斯大林和聯共（布）反覆表示的忠誠和服從，使斯大林相信新中國能夠成為蘇聯的戰略盟國。第二階段是從有關中長鐵路協定簽訂後至1952年底的鐵路實際回歸時期，蘇聯履行諾言最終歸還中長鐵路的主要原因是，斯大林通過朝鮮戰爭確認中國是蘇聯的可靠盟國，並且認可毛澤東是真正的馬克思主義者。

斯大林在與美國的冷戰中，
需要新中國成為蘇聯的戰略盟國

戰後初期斯大林一度實行大國合作政策，其主要內容是：在雅爾塔體制基礎上維持與西方國家一定程度的合作，暫時抑制甚至停止對外國革命運動的支持和幫助。因為基本上滿足蘇聯在領土、安全和勢力範圍方面要求的雅爾塔體制，就是與西方國家合作與妥協的產物。要維護雅爾塔體制給蘇聯帶來的既得利益，就必須與西方國家繼續保持合作。[11]與此同時（戰爭後期和戰後初期），斯大林遠東戰略目標就是要通過兌現和落實雅爾塔秘密協定，在蘇聯遠東地區建立起廣闊的安全帶。具體而言就是：讓蒙古從中國的版圖中正式獨立出來，成為蘇聯可靠的軍事基

地；恢復沙俄在中國東北的勢力範圍，使蘇聯獲得太平洋地區的出海口和不凍港；奪回沙俄在1905年日俄戰爭中失去的南薩哈林島和千島群島，確保蘇聯太平洋地區港口的聯繫。正是為了維護蘇聯在雅爾塔體制範圍內與西方國家的合作，為了保障建立在雅爾塔協定基礎上的蘇聯在遠東和中國的權益，兼有對中共和中國革命的偏見，斯大林在戰後初期對中共和中國革命採取消極冷漠的態度。

但是，即使在這種情況下，斯大林也沒有完全停止援助中共，而是把它當作與國民黨政府打交道時的籌碼，以阻止國民黨政府全盤倒向美國。1947年夏秋，隨着美蘇在歐洲冷戰的開始和中共軍隊轉入戰略反攻，蘇聯對中共和中國革命的態度發生了積極的變化，並逐漸加強對中共的援助。[12]

1940年代末和1950年代初，蘇聯在東西方冷戰中總體上處於下風。在1948至1949年的歐洲，由蘇聯封鎖柏林而引起的柏林危機經歷了一年多的發展，沒有給蘇聯帶來任何益處。柏林危機既沒有阻止聯邦德國（西德政權）的成立，也未能把西方國家趕出柏林，卻加快了北約組織建立的過程（於1949年4月正式成立）。[13]與此同時，由於蘇南關係惡化，南斯拉夫脫離了以蘇聯為首的社會主義陣營，又使蘇聯失去了其在歐洲的第一號盟友。[14]在亞洲，美國單獨佔領和管理日本的局面似乎已經不可逆轉。正當蘇聯陷入與美國冷戰的苦鬥局面之時，在遠東，中國革命的勝利前景愈發明朗。這就意味着，蘇聯在遠東將有可能獲得一個極其重要的盟友，並由此使遠東的地緣政治形勢朝着有利於蘇聯的方向發展。

二戰後期，羅斯福（Franklin D. Roosevelt）在規劃戰後安排時，力圖把軟弱的中國扶持為管理世界事務的四大警察之一，其着眼點是要讓中國成為美國在遠東的盟國，發揮其抑制日本和平衡蘇聯的作用，而其希望所繫則是中國國民黨政府。如今，斯大林在思考遠東新的力量格局時，對貧窮但卻擁有巨大發展潛力的中國同樣寄予厚望。如果共產黨執政的中國成為蘇聯的盟國並且加入社會主義陣營，那麼中國就能在防止日本東山再起和對抗美國在遠東的霸權中發揮重要的作用。

1948年5月中旬，斯大林對即將派往中共「解放區」的蘇聯專家小組負責人科瓦廖夫（Ivan Kovalev，曾任蘇聯交通部長）說：「我們當然要向

新中國提供一切可能的援助。如果社會主義在中國取得勝利，我們兩國沿着相同的道路前進，那麼，就可以認為社會主義在全世界的勝利是有保障的。我們就不怕任何突發性事件的威脅。因此，對於援助中國共產黨人我們不能吝惜自己的力量。」[15]

斯大林相信革命勝利後的中國成為蘇聯的戰略盟國，這既是源於中國解放戰爭以來他對中共和中國革命的觀察和了解，也是基於毛澤東等領導人對聯共 (布) 和斯大林本人所表達的忠誠，其中包括毛澤東所強調的中共對聯共 (布) 的服從，以及未來新中國將加入以蘇聯為首的社會主義陣營和對蘇聯「一邊倒」政策的宣示。

1949 年 1 月斯大林與毛澤東電文往來， 同年 1 月和 2 月米高揚 (Anastas Mikoyan) 訪問當時中共中央總部所在地西柏坡，以及 6 月到 8 月間劉少奇訪問蘇聯，更令斯大林深信，中共執政的中國可以成為蘇聯的戰略盟國。

在中國革命問題上，毛澤東和斯大林交換意見後達成共識。1 月 14 日，毛澤東在致斯大林的電文中說：「就基本方針而言，即阻止與國民黨的廣泛談判和將革命戰爭進行到底，我們與您是完全一致的。」[16]

關於中共和聯共 (布) 的關係，毛澤東表示了前者對後者的服從態度。根據米高揚的報告，在與米高揚談話時，「毛澤東總是說，他們中共中央等待着我中央的指示和領導。」[17] 在 1 月 30 日與米高揚的談話，毛澤東謙恭地稱自己是斯大林的學生：「……毛澤東在舉杯祝斯大林同志身體健康時強調，列寧—斯大林的學說是現在的中國革命勝利的基礎，斯大林不僅是蘇聯人民而且也是中國人民和全世界各國人民的導師。」毛澤東在談到自己時說，他是斯大林的學生。[18]

關於未來新中國與蘇聯的關係，毛澤東明確表示新中國將成為蘇聯的堅定盟國。在 2 月 4 日與米高揚的會談，「毛澤東強調，他們公開表達自己的親蘇情緒。他舉證說，他們在十月革命周年紀念日時強調，中國應當站在以蘇聯為首的反帝陣營裏。毛澤東最後說，對於我們來說，中間道路是不存在的。」[19]

關於中共同美國的關係，中共鮮明地表達了自己堅定的反美立場。在 2 月 1 日與米高揚談話時，周恩來表示：「從那時 (內戰激烈後) 起，

我們開始加緊揭露美國。雖然我們同美國人中斷了關係，但是，他們多次試圖通過與我們有關係的人士同我們建立聯繫。但是，我們僅限於聽取美國人同我們建立聯繫的願望而已。」[20]

關於南斯拉夫問題，毛澤東明確地同鐵托的反蘇行為劃清界限。在2月3日聽取米高揚有關南斯拉夫情況的介紹時，毛澤東形容鐵托就是當年背叛中共的張國燾。[21]

劉少奇訪蘇期間，7月4日向聯共（布）中央和斯大林提交了一份有關中國革命形勢以及新中國內政外交方針和具體舉措的詳細報告。關於中國的新民主主義和新政權的性質，報告指出，「它是無產階級領導的、以工農聯盟為基礎的人民民主專政的國家。」關於新中國對外關係問題，報告表示，「中國革命應當徹底廢除帝國主義者在中國的軍事、政治、經濟和文化方面的控制。」報告寫道：「在國際關係領域，我們在自己的政策中肯定將與蘇聯保持一致，在這方面我們已經向民主黨派作了一些解釋。一些黨外人士批評我們的對蘇聯一邊倒的政策，但是，毛澤東同志回答他們，我們的政策就是將對蘇聯一邊倒，因為如果我們不同蘇聯一起反對帝國主義陣線，如果我們試圖走中間道路，那就將是錯誤的。在經過這些解釋後，所有的民主黨派都同中共一起簽署並發表了反對北大西洋公約的聲明。」關於聯共（布）和中共的關係問題，報告說：「……毛澤東同志和中共中央認為：聯共（布）是國際共產主義運動的總司令部，而中共則只是一條戰線上的指揮部。局部利益應當服從國際主義的利益，所以，中共服從聯共（布）的決定，儘管共產國際不存在了並且中共也沒有加入歐洲共產黨情報局。如果在某些問題上中共與聯共（布）出現分歧，那麼中共在闡明自己的觀點後，將服從並堅決執行聯共（布）的決定。」[22]

斯大林通過他與毛澤東的電文交往、米高揚訪問西柏坡和劉少奇訪問蘇聯，對毛澤東、中共和未來的新中國已經有了比較全面的了解和判斷。斯大林基本上相信，毛澤東等中共領導人是列寧和斯大林的學生，中共在意識形態方面是志同道合者，未來的新中國在國家關係方面可以成為類似東歐人民民主國家的友好盟國。在美蘇冷戰已經爆發的嚴峻形勢下，斯大林準備放棄蘇聯在中國東北的大部分權益以獲得一個重要的戰略盟友，從而在更牢固的基礎上保障蘇聯在遠東的地緣政治利益。

在1949年底至1950年2月訪問蘇聯期間，毛澤東雖然向斯大林展示了其獨特的個性並在有關中蘇條約等問題上表現出某些不滿，但在蘇聯期間他無論當面和背後，仍對斯大林和蘇聯表現出忠誠的態度。這從科瓦廖夫的報告中可見一斑。1月2日，科瓦廖夫在同毛澤東會晤後給斯大林的報告中說，在會談後共進晚餐的時候，毛澤東舉杯祝斯大林健康，並且再次高度稱頌十月革命和聯共(布)：「十月革命的炮聲給中國傳來了馬克思─列寧─斯大林的學說。沒有聯共(布)，就沒有中國共產黨，就沒有中國革命的勝利。列寧─斯大林學說萬歲！」[23]

這樣，毛澤東訪問蘇聯期間，在米高揚訪問西柏坡期間雙方就旅順和中長鐵路問題交換意見的基礎上，通過艱難的討論，斯大林正式同意將中長鐵路歸還中國。

斯大林認可中國是蘇聯可靠的戰略盟國和毛澤東為真正的馬克思主義者

雖然1950年2月的中蘇協定規定中長鐵路將在對日和約簽訂後(但不遲於1952年底)歸還中國，可是，由於斯大林作為世界革命導師和領袖的尊崇地位，蘇聯在兩國關係中的主導性強勢地位，以及當時國際形勢的複雜性和可變性，屆時中長鐵路協定能否得到順利執行可以說仍屬未知之數。[24] 實際上，中長鐵路能否如期並且毫無障礙地歸還中國，取決於兩國關係能否得到順利發展。關鍵問題就在於，在兩國同盟條約簽訂後，中國在斯大林眼中是否蘇聯真正可靠的戰略盟國，毛澤東是否真正的馬克思主義者。

正是在這個問題上，同年6月爆發的朝鮮戰爭成為考驗中蘇同盟關係的試金石。當朝鮮處於危機的時刻，斯大林在10月上旬先後兩次致電毛澤東，建議中國出兵援助朝鮮。[25] 儘管剛剛結束內戰的新中國百廢待興並且面臨着重建經濟的迫切任務，但是中共中央在幾經考慮和反覆討論後，毛澤東迅速決定出兵。[26] 10月13日，毛澤東把中國出兵的決定通知斯大林。[27] 10月19日，中國人民志願軍主力部隊跨過鴨綠江進入朝鮮戰場。10月25日，志願軍正式投入了戰鬥。

朝鮮戰爭是美蘇兩國在歐洲的爭奪和對抗，在朝鮮半島的延伸和折射，是美蘇之間的一種特殊形式的冷戰。整個朝鮮戰爭期間，斯大林恪守不與美國直接發生武裝衝突的原則，依靠中蘇同盟的力量，通過中國與美國進行着一場特殊的戰爭。中蘇兩國在朝鮮戰爭期間密切合作，蘇聯向中國提供武器彈藥，而毛澤東則向斯大林通報作戰計劃並協商停戰談判策略等問題。

從蘇聯的角度看，中國參加朝鮮戰爭可以説是毛澤東對蘇「一邊倒」政策的具體和有力的實踐，它以實際行動證明中國是蘇聯的忠誠盟國，當然有助於中長鐵路歸還中國的順利實現。

此外，斯大林派往中國的私人代表尤金（Yudin）在 1951 年 1 月 20 日發回蘇聯有關中國國內情況的報告，令毛澤東和中國贏得了斯大林的進一步信任。[28] 尤金報告包括三項重要內容：一、中國正在開展與朝鮮戰爭有關的反美運動；二、毛澤東有關朝鮮戰爭的策略和打算；三、毛澤東和中共中央在亞洲共產黨問題上，請求同聯共（布）中央協商與合作。

一、關於中國的反美運動。尤金結束在中國的考察後，[29] 1950 年 12 月 15 日致函毛澤東，向他通報了考察的情況。尤金不僅匯報了他訪問的情況，重要的是他還點評了中國知識分子的政治傾向並且按照斯大林的思維和方式提出了指導性「意見」。

尤金在通報中把中國知識分子分成三類：馬克思主義知識分子；想要學習馬克思主義，但卻很少閱讀馬克思主義著作並且對馬克思主義懂得不多的知識分子；非馬克思主義的知識分子。尤金在通報中指責第三類知識分子，「幾乎公開敵視馬克思主義、不承認馬克思主義並且也不想承認馬克思主義。」他寫道：「我在杭州和廣州的（美國）傳教士大學遇到過這類知識分子。他們公然認為，美國的文化是最高水平的文化，他們認為，中國人民最需要的是這種『文化』。他們就是以敵視共產主義和新中國的方式培養大學生的。」尤金在通報中質疑：「我無法判斷，有多少所傳教士大學在培養中國所需的專家；但是，毫無疑問它們正在培養一種文化，成為共產黨員的敵人和新中國的政治反對者。」[30]

雖然有關方面未有公開毛澤東對尤金通報的反應，但是尤金的意見很快就產生了具體的效果。12 月 29 日的中央人民政府政務院政務會

議，聽取並同意政務院副總理郭沫若提出的〈關於處理接受美國津貼的文化教育救濟機關及宗教團體的方針的報告〉。報告指出，「百餘年來，美帝國主義對我國除了進行政治、經濟和武裝侵略外，在很長時期中，尤其注重文化侵略的活動。」為了肅清美帝國主義在中國的影響，報告提出了讓上述接受美國津貼的文化教育救濟機關和宗教團體「實行完全自辦」的處理方針。報告最後表示，要「把一百年來美國帝國主義對中國人民的文化侵略，最後地、徹底地、永遠地、全部地加以結束」。[31] 政務院要求政務院文化教育委員會制定實現上述方針的辦法，並號召全國為「完全肅清美國帝國主義在中國的文化侵略影響而奮鬥」。[32]

　　正是根據上述決定的精神，中國掀起了反對親美、崇美和恐美的運動。1951年1月，中國教育部召開了處理接受外國津貼的高等學校會議，決定由中央人民政府完全接辦由外國津貼的高等學校。4月，政務院文教委員會宗教事務處召集了處理美國津貼的基督教團體會議，根據政務院的上述方針，鼓勵基督教的自治、自養和自傳運動，並具體處理接受美國津貼的基督教團體，使之成為中國教徒完全自辦的團體。[33]

　　尤金在給斯大林的報告中附上了他給毛澤東的上述通報。按照尤金報告所言，周恩來在1951年1月4日與他的談話中通報了中國反美運動的情況。尤金寫道：「周恩來詳細地談論了正在中國展開的反對美帝國主義的運動，他指出，他們在運動中已經取得了重要的政治成就。甚至城市資產階級的大部分人都積極參加了這一運動。他說，在中國從來沒有過這樣的運動。如果我們不得不同美國打仗，那麼我們將認真地使我們的人民對此作好準備。」[34]

　　通過尤金報告及其所附的他給毛澤東的報告，斯大林了解到中國在抗美援朝的同時在國內正在開展轟轟烈烈的反對美帝國主義的運動。對於期望消除美國在中國影響並且熟知美國試圖破壞中蘇同盟的斯大林來說，欣慰和滿意的心情是可以想像的。

　　二、關於毛澤東有關朝鮮戰爭的策略。尤金在報告中說，1950年12月31日，他參加了毛澤東等中國領導人舉行的晚宴。在共進晚餐時，毛澤東表示：「我們在朝鮮的主要任務就是盡可能多地消滅美國人的有生力量。……我們不反對朝鮮戰爭拖延下去，因為美軍駐扎在朝鮮

就將每天折磨美國，在帝國主義統治集團內部製造糾紛，激起反對統治
集團的社會輿論。」[35]

斯大林對朝鮮戰爭的基本策略之一，就是讓美國深陷朝鮮戰場並消
耗實力，從而牽制和削弱美國在歐洲的行事能力。毛澤東所闡述的反美
立場不僅堅定，而且在策略上同斯大林的想法不謀而合。

三、關於中國在有關亞洲共產黨事務方面，要求與聯共（布）中央
進行協商與合作。根據尤金的報告，毛澤東說：「現在所有的亞洲共產
黨都向他求教，請求幫助，現在除了印度共產黨，所有的亞洲共產黨都
在北京有常駐代表。必須研究亞洲各種共產黨的情況，給他們提出建
議，向他們提供幫助。我們自己難以勝任這件事情。」因此，毛澤東提
議，「我們希望聯共（布）中央研究我們的問題和我們的工作。」「我們認
真地提出必須由聯共（布）中央向我黨中央派遣常駐代表的問題。聯共
（布）中央代表應當有一些助手，他們將同我們的工作人員一起研究亞洲
問題，向聯共（布）中央和中共中央提出這些問題以便共同解決。」[36]

尤金的報告讓斯大林欣喜地看到，在處理地區共產黨問題上中國自
覺地遵守了讓「老大哥」（聯共 [布]）發揮主導作用的不成文規定。這充
分顯示了中國對蘇聯「一邊倒」政策的堅定性，並與南斯拉夫共產黨經
常背着莫斯科向東歐各黨各國提供建議和幫助，並試圖建立東歐集團內
部次級領導中心的做法，形成了鮮明的對照。[37]

總之，尤金有關中國問題的報告，讓斯大林對毛澤東和中共的堅定
反美立場和在重大問題上與聯共（布）進行磋商的做法甚感滿意。所以，
尤金的報告對斯大林最終認可毛澤東是馬克思主義者，而非「第二個鐵
托」，並確信中國恪守有關服從聯共（布）領導的承諾，都起了積極的作
用。[38] 這些無疑都有助斯大林最終放心地把中長鐵路，歸還給他信任的
盟國——中國。

在同年 8 月至 9 月周恩來總理訪問蘇聯及與斯大林的會談中，中方
再次表達了在朝鮮戰爭與美國戰鬥的堅定立場。在 8 月 20 日的會談，周
恩來在介紹朝鮮戰爭局勢時說，在朝鮮戰場上已經出現了某種均勢。同
時他清楚地告訴斯大林，「毛澤東認為，戰爭打下去對我們有利，因為
這打亂了美國對第三次世界大戰的準備。」斯大林滿意地說：「毛澤東是
對的。這場戰爭傷了美國的元氣。」[39]

　　此外，在周恩來訪問期間，中蘇在9月15日發表的會談公報指出：
「在談判過程中，雙方同意着手進行各種措施，以便蘇聯政府在1952年
年底以前將共同管理中長鐵路的一切權利以及屬該鐵路的全部財產無償
地移交中華人民共和國政府完全歸其所有。」[40] 同時發表的兩國關於中
長鐵路移交的公告中說，兩國政府業已着手進行實現1952年關於中長
鐵路協定的措施，並為此目的已協議成立中蘇聯合委員會，該委員會
「應於1952年12月31日前將中長鐵路向中華人民共和國移交完畢」。[41]

中長鐵路歸還中國對中蘇關係的影響

　　根據〈中長鐵路1952年貸借平衡表及生產財務工作決算說明書〉，
移交的中長鐵路資產有：長度為3282.7公里的鐵路線、10,200輛貨車、
880機車台、185萬平方米住宅、121處醫療衛生機關（包括醫院、門診
處、診療所出診所及防疫站）、69所學校、25處文化館和俱樂部、322
處「紅角」（娛樂室）。移交的其他資產有：通信、信號、聯絡和自動閉
塞裝置，連同所有通信設備、電話所及電機修繕廠，大連和哈爾濱機車
車輛修理工廠，穆棱及札蘭諾爾煤礦，林業企業（林場及製材廠），商業
和公共飲食企業（商店及公共食堂），中長鐵路公司理事會、管理局、分
局和業務單位的公務技術房舍。[42]

　　按照中蘇聯合委員會終結記錄，無償移交中國的中長鐵路固定資產
及流動資金總計為22萬8,008多億元人民幣，以當時的兌換率計算為6
億美元。[43]

　　對於經濟基礎薄弱的新中國來說，中長鐵路確實是一筆豐厚的資
產，它比蘇聯當時向中國政府提供的3億美元貸款還多出一倍。[44] 它的
歸還有助於促進中國特別是東北地區的經濟發展。更為重要的是，中長
鐵路歸還中國，與蘇聯放棄在中國大連和旅順的權益一起，恢復了中國
主權的完整。對於自近代以來遭受列強欺壓的中華民族來說，收回中長
鐵路極大地增強了民族自尊心和自信心。

　　中長鐵路如期歸還中國，從蘇聯方面來說，表明蘇聯恪守其在
1950年中蘇協定所作的承諾，顯示了斯大林對中國的誠信，提高了斯大

林在中國領導人和中國人民心目中的威望。而從中國方面來説，鐵路歸
還中國進一步增強了中國對蘇聯的感激和信任，加強了中國同蘇聯合作
的意願，激發了中國向蘇聯「老大哥」學習的決心。所以，中長鐵路歸
還中國，極大地促進和加強了雙方的信任和友誼，對兩國關係的發展產
生了積極和重大的影響。正如中國總理周恩來在1952年12月31日移交
儀式上講話時所説：「今天，蘇聯政府慷慨無私地履行她所擔負的義
務，這表明蘇聯政府對於中蘇兄弟般的同盟事業的無限忠誠⋯⋯中蘇
兩國的偉大友誼更加鞏固和發展了。」[45]

具體而言，鐵路歸還中國對兩國關係的發展所產生的積極影響主要
表現在如下幾個方面：

第一，雖然學習蘇聯和照搬蘇聯模式，總體上是由中國對蘇聯的
「一邊倒」政策以及中國在國內外事務上對蘇聯的需要和依賴決定的，但
是，中長鐵路如期歸還中國也從另一方面加強了中國人向蘇聯「老大哥」
學習的熱潮，因為在中國人的心目中蘇聯人是可以信賴的。「蘇聯的今
天就是中國的明天」這一史詩般的口號，更讓中國人篤信不疑。

在合辦中長鐵路的過程中，蘇聯的鐵路管理模式已經在不同程度上
被應用。在鐵路歸還中國後初期，向蘇聯老大哥學習的大方向不僅沒有
改變，而且還進一步明確了。1954年8月，中國鐵道部在「工作部署」中
明確指出，「學習和推廣中長鐵路經驗，實質上就是對全國鐵路在經營
管理上進行社會主義改造。必須認識：⋯⋯中長鐵路是在蘇聯專家一千
五百多人的幫助下，運用蘇聯先進經驗，結合中國鐵路具體情況創造出
來的一個先進榜樣。蘇聯政府將中長鐵路無償交還中國之後，又在鐵道
部蘇聯專家幫助之下，鞏固了中長鐵路經驗，因此全國鐵路必須學習中
長。」[46]

也就是説，中長鐵路需要學習蘇聯的鐵路管理模式，而全國鐵路系
統則必須推廣中長鐵路的經驗。中長鐵路採用蘇聯鐵路經驗的基本方
向，包括領導幹部學習列寧—斯大林的工作作風，以及在職工中開展
愛國主義勞動競賽等。[47]

第二，消除了兩國經濟合作中的一個摩擦點。在中長鐵路的共同經
營中，因為蘇方試圖把它辦成獨立於中國主權之外的經濟實體，不尊重

中國車輛調度制度，也引起了雙方代表的爭執。[48]中長鐵路的歸還消除了兩國經濟關係中的一個摩擦點。

第三，中長鐵路歸還中國，如同1951年9月9日蘇聯在舊金山和會上拒絕簽署沒有中國參加的對日和約一樣，[49]有助於鞏固中蘇兩國戰略同盟的發展，加強兩國在朝鮮戰爭中的合作。自1951年7月朝鮮停戰談判開始後，斯大林雖然已經沒有取勝的奢望，但是他非常清楚朝鮮戰爭可以消耗美國的軍事和經濟實力，引起美國與其盟國的緊張關係，損害美國的政治威望，從而間接制約和削弱美國在歐洲的地位。所以，斯大林支持中國和朝鮮在停戰談判中採取強硬的立場。[50]

蘇聯一如既往地向中國提供武器裝備，而毛澤東不僅向斯大林通報有關朝鮮戰局的發展，並且還在停戰談判問題上徵求並聽從斯大林的意見。中長鐵路的移交就是在朝鮮戰爭邊談邊打的背景下完成的。蘇聯方面雖然沒有直接參加停戰談判，斯大林卻始終掌握着中朝方面在停戰談判中的主導權。直至斯大林逝世，中朝方面幾乎所有的談判戰略和策略都是由斯大林決定的。

但是，另一方面，從長遠看，中長鐵路歸還中國確實削弱了蘇聯在中國的地位和影響。這主要表現在以下幾個方面：

其一，弱化了蘇聯對中國經濟的影響。從五十年代初期開始，蘇聯對中國展開了大規模經濟援助。根據中蘇1950年2月的貸款協定，蘇聯將向中國提供3億美元的貸款以償付蘇聯所同意交付給中國的機器設備及其他器材。[51]同年，蘇聯以這筆貸款向中國提供了第一批50個大型工程項目；1953和1954年又分別增加了91個和15個，總數達到156個。[52]這樣，蘇聯對中國經濟的影響幾乎是支配性的，而中長鐵路的歸還在一定程度上有助於緩衝和抑制蘇聯對中國經濟的強大影響。由於中國東北是中國重要的重工業區，中長鐵路是中國重要的鐵路幹線，歸還鐵路使蘇聯失去了影響中國經濟的一個重要槓桿。

其二，斯大林逝世後，特別是1956年2月蘇共二十大後，在中國照抄照搬蘇聯模式的做法開始受到質疑。中長鐵路的經驗同樣也不再被奉若神明。根據1956年9月中共八大關於「學習外國經驗，一定要結合中國實際，防止照搬照抄與教條主義」的精神，鐵道部對「學習蘇聯鐵路

經驗，推廣中長鐵路經驗有若干教條主義的缺點進行了檢查總結」。鐵道部提出，從1957年開始不再把學習推廣「中長鐵路經驗」作為鐵路系統的工作方針。[53]

其三，逐漸瓦解了蘇聯在中國東北的僑民社會。歷史上，中東鐵路（中國東部鐵路，「中長鐵路」的前稱）長期由俄國和蘇聯公民經營，使得鐵路及其附近地區成為他們生活和工作的「樂土」，形成了人數龐大的俄國和蘇聯僑民社會。中東鐵路的樞紐哈爾濱，甚至被俄國人（蘇聯人）稱作俄國的哈爾濱、俄僑的「首都」。

自1898年中東鐵路全面開工後，前來黑龍江地區的俄國人與日俱增。1903年7月14日中東鐵路全線通車時，俄人總數已超過3萬人。[54] 1924年中蘇正式建交並共管中東鐵路後，部分俄國僑民成為蘇聯僑民，而不願加入蘇聯國籍者除小部分成為中國公民外，大部分淪為無國籍者。據1927年統計，當時蘇聯籍僑民總數為2.8萬人，而無國籍俄羅斯人僅哈爾濱一地就有3萬多。[55] 1930年代中期，蘇聯單方面把中東鐵路出售給偽滿洲國，並開始撤退中東鐵路的蘇聯籍員工及其家屬。1945年8月，蘇軍進入中國東北後，為紅軍勝利和蘇聯國際地位所鼓舞，許多無國籍俄羅斯人紛紛加入蘇聯國籍。至1950年時，黑龍江省蘇僑總數為28,400人。[56]

中長鐵路歸還中國後，鐵路地區的蘇聯僑民並沒有馬上撤離，但中長鐵路的歸還已為蘇聯僑民的最終撤離埋下了伏筆。[57]

1950年代中期，由於赫魯曉夫發起開墾處女地運動，蘇聯政府開始動員東北地區的蘇聯僑民回國。1954年4月23日，蘇聯駐華使館向中國政府提出，蘇聯政府將於當年6、7、8月，分批召回在華蘇僑參加國內建設，希望中國政府給予協助。對於中國方面來說，在鐵路歸還中國後，鐵路及其附屬企業就不需要那麼多蘇聯員工了，而部分失業的蘇僑更成為中方的負擔。因此，對於蘇聯政府提出的要求，中國方面作出了積極的反應。哈爾濱成立「協助蘇僑歸國委員會」，根據中央提出的「主動配合，積極協助，適當照顧，給予方便，盡速送走」的方針，具體協助蘇方遣返僑民。[58]

1954年，共有5,842名蘇僑回國定居。1955年，再次遣返了蘇聯僑民8,090人。1956年至1959年的四年間，又連續遣返蘇僑2,522人。自

1954年至1959年被遣送回國的蘇僑和無國籍者共17,586人，同期去資本主義國家的共6,672人。[59] 自1963年至1985年的20餘年間，蘇聯僑民的人數次第減少。1964年為475人，1975年時為107人，1979年減至66人，1985年時只有39人。[60]

就如阿勃洛娃所說，「到六十年代初，幾乎所有在哈爾濱和滿洲的俄國居民都走了。可以肯定地說，有關轉交中長鐵路的最後議定書的簽訂預先決定了前俄羅斯公民大量地遷出中國，並且結束了遠東的俄國移民的歷史。」[61] 正是由於中長鐵路歸還中國，削弱了蘇聯在中國東北的牢固地位和強大影響，逐步瓦解了中長鐵路地區的蘇聯僑民社會。後來，當五十年代末和六十年代初中蘇關係惡化，特別是1969年兩國發生珍寶島武裝衝突時，讓人慶幸的是，至少已經不存在東北蘇聯僑民問題加劇兩國緊張關係的可能。[62]

結 論

綜上所述，筆者認為導致斯大林同意並最終將中長鐵路歸還中國的主要因素是：蘇聯在冷戰中處於劣勢，使斯大林迫切需要中國成為蘇聯的戰略盟國；毛澤東反覆重申對斯大林和聯共(布)中央的服從以及他所宣布的對蘇「一邊倒」政策，使斯大林相信中國可以成為蘇聯的戰略盟國；中國參加朝鮮戰爭表明中國已經成為蘇聯的戰略盟國，而尤金的報告讓斯大林相信，毛澤東是堅定的馬克思主義者而不是鐵托第二。

實際上，斯大林同意歸還中長鐵路、旅順口軍事基地和大連港，並不意味着蘇聯就此失去了使用它們的權利。這是因為：第一，中國對蘇聯實行的是「一邊倒」政策，這是一種對蘇聯依賴性的友好政策；第二，按照中蘇協定議定書的規定，在出現戰爭威脅的情況下，蘇軍可以沿中長鐵路進行調動；第三，按照協定規定，在締約國一方遭到侵略的情況下，兩國可以共同使用旅順口海軍基地。這樣，儘管按照中蘇協定的規定，至遲到1952年底蘇聯必須把中長鐵路和旅順基地交還給中國，但是，只要中蘇兩國建立起真正的戰略同盟關係並且只要中國繼續奉行對蘇「一邊倒」政策，那麼，蘇聯在中國的特殊權益仍然是有保證的。

　　所以，斯大林放棄蘇聯在中國東北的特殊權益，對蘇聯來説並不是無可彌補的戰略性損失。因為《中蘇友好同盟互助條約》的締結，使遠東的力量對比和地緣政治面貌發生了有利於蘇聯的根本變化。蘇聯與中華人民共和國通過條約的形式結成戰略同盟關係，不僅使蘇聯的遠東安全得到了切實有力的保障，更重要的是，在 1948 至 1949 年間蘇聯在歐洲冷戰中所遭受的損失，由於在遠東獲得中華人民共和國這樣一個重要的盟友而得到了有力的補償。有了中國這樣的一個盟國，蘇聯極大地增強了它與美國等西方國家進行冷戰的力量。

　　中長鐵路歸還中國對中蘇兩國關係產生了重大的影響。這種影響在某些方面的表現是直接和即時的，在某些方面則是間接和漸進的。從短期看，中長鐵路歸還中國對中蘇關係的影響基本上是積極的；從長遠看，它確實削弱了蘇聯在中國的地位和影響。

註 釋

1　協定的中文版可見：國際關係學院編：《現代國際關係史參考資料》(1950–1953)，上 (北京：人民教育出版社，1960)，頁 9–11。

2　世界知識出版社編：《中華人民共和國對外關係文件集》，第二集 (1951–1953) (北京：世界知識出版社，1958)，頁 116–17。

3　《中國外交部檔案》，檔案號 109-00175-01，頁 36。

4　《中國外交部檔案》，檔案號 109-00175-01，頁 35。俄羅斯學者阿勃洛娃 (N. E. Ablova) 提供的數字是：「根據中國長春鐵路的最後結算，蘇聯無償轉交的所有財產按當時的兑換率計算價值為 6 億美元。」(Н. Е.Аблова, *История КВЖД и российской эмиграции в Китае: международные и политическиеаспекты истории* (первая половина XX в.) , М., Русская панорама, 2005, с. 378.

5　裴堅章主編：《中華人民共和國外交史》，第一卷 (1949–1956) (北京：世界知識出版社，1994)，頁 23。

6　楊奎松：〈中蘇之間國家利益與民族情感的最初碰撞〉，載於章百家、牛軍主編：《冷戰與中國》(北京：世界知識出版社，2002)，頁 128–30。

7　參見沈志華主編：《中蘇關係史綱 (1917–1991 年)》(北京：新華出版社，2007)，頁 109–111。

8　參見 А.Ледовский, "Переговоры Сталина с Мао Цзэдуном в декабре 1949-феврале 1950 г.", с. 46–47。

9　　參見 Н. Е.Аблова, *История КВЖД и российской эмиграции в Китае*, c. 398.

10　參見 S.N.Goncharov, et al, *Uncertain Partners: Stalin, Mao, and the Korean War* (Stanford: Stanford University Press, 1993), pp. 111–29, 203–25; D. Heinzig, *The Soviet Union and Communist China 1945–1950: The Arduous Road to the Alliance* (Armonk: M.E. Sharpe, 2004), pp. 263–384, 385–402.

11　有關這個問題的詳細論述，可參見張盛發：〈雅爾塔體制的形成與蘇聯勢力範圍的確立〉，《歷史研究》，2000 年第 1 期。

12　有關這個問題的詳細論述，參見張盛發：〈從消極冷漠到積極支持：論 1945–1949 年斯大林對中國革命的態度和立場〉，《世界歷史》，1999 年第 6 期。

13　有關這個問題的詳細論述，參見張盛發：〈再論 1948 年柏林危機：緣起與結果〉，《歷史教學問題》，1999 年第 5 期。

14　有關這個問題的詳細論述，參見張盛發：〈1948–1949 年蘇南衝突原因新探〉，《當代世界社會主義問題》，2000 年第 1 期。

15　И.В.Ковалев,“Диалог Сталина с Мао Цзэдуном”(Окончание), *Проблемы Дальнего Востока*, 1992, №1–3, c. 77.

16　АП РФ, ф.45, оп.1, д.330, л.104–105, С.Тихвинский, “Переписка И · В · Сталина с Мао Цзедуном в январе1949г.”, *Новая и новейшая история*, 1994, № 4–5, c.138–39.

17　Отчет А.И.Микояна о беседах с руководителями КПК в 1949 году, 1960 г., сентября 22, Институт дальнего востога РАН и др., ред., *Советско-китайские отношения*, T. V., Кн.2., М., Памятники исторической мысли, 2005, c. 342.

18　АП РФ, ф.39, оп.1, д.39, л.5,*Советско-китайские отношения*, T. V., Кн.2., c.36.

19　АП РФ, ф.39, оп.1, д.39, л.63,*Советско-китайские отношения*, T. V., Кн.2., c.72.

20　АП РФ, ф.39, оп.1, д.39, л.18,*Советско-китайские отношения*, T. V., Кн.2., c.44.

21　АП РФ, ф.39, оп.1, д.39, л.48,*Советско-китайские отношения*, T. V., Кн.2., c.62.

22　АП РФ, ф.45, оп.1, д.328, л.32-50, *Советско-китайские отношения*, T. V., Кн.2., c. 154, 158, 160, 162. 在這之前的 6 月 30 日，毛澤東在其著名的〈論人民民主專政〉一文中宣布並闡述了對蘇聯「一邊倒」政策。見毛澤東：《毛澤東選集》，第四卷（北京：人民出版社，1991），頁 1473。

23　АП РФ, ф.3, оп.65, д.533, л.61-62, *Советско-китайские отношения*, T. V., Кн.2., c.254.

24　可以作為佐證的是，1952 年 9 月中蘇兩國關於將原定於對日和約締結後（不晚於 1952 年底），蘇軍從共同使用的中國旅順口基地撤離的日期予以延長的照會。這一事例表明，不管理由如何，兩國原定的協定並非不能變動。

25　АП РФ, ф.45, оп.1, д.334, л.90, 112–115, А.В.Торкунов, *Загадочная война: корейский конфликт 1950–1953 годов*, М. : РОССПЭН, 2000, c. 113–114, 116–117.

26 10 月 8 日，毛澤東已經把出兵的決定告訴了金日成。當天，毛澤東正式發
    布了組織中國人民志願軍的命令。參見中共中央文獻研究室編：《建國以來
    毛澤東文稿》，第一冊（北京：中央文獻出版社，1987），頁 543–45。

27 АП РФ, ф.45, оп.1, д.334, л.111–112, цит. по:А.В.Торкунов, *Загадочная
    война: корейский конфликт 1950–1953 годов*, с. 118.

28 毛澤東訪蘇結束後，根據毛的請求，由斯大林派遣的蘇聯哲學家、共產
    黨情報局機關刊物《爭取持久和平爭取人民民主》雜誌主編尤金於 1950 年
    7 月前來北京，幫助編輯《毛澤東選集》。按照毛澤東後來的説法，他在莫
    斯科訪問期間強烈地感受到蘇聯方面對中國的不信任，所以他要求派一名
    馬克思主義者（蘇共中央代表）來考察中國的實際情況，並且了解中國的
    理論工作者包括毛澤東自己的著作。（"Мао Цзэдун о китайской политике
    Коминтерна и Сташина", *Проблечы Дальнего Востока*, 1994, №5, c.106.) 尤
    金的作用當然遠不止於編輯《毛選》。尤金實際上扮演了斯大林在中國私人
    代表的角色，因此，他所撰寫的有關中國情況的報告成為斯大林了解中國
    的重要基礎，並且給斯大林對毛澤東和中國的判斷產生了重大影響。

29 1950 年 10 月 29 日至 12 月 3 日，尤金前往南京、上海、杭州、廣州、漢口、武
    昌和西安等地考察。他訪問了上海、杭州、廣州和武昌的大學並作報告和演
    講，參觀了一些工廠和農村，與當地的知識分子、工人和農民進行了座談和
    談話。（"П.Ф.Юдин о беседах с Мао Цзэдуном: докладные записки И.В.Сталину
    и Н.С.Хрущеву, 1951–1957 гг.", *Исторический Архив*, 2007, №4, c.19.)

30 "П.Ф.Юдин о беседах с Мао Цзэдуном: докладные записки И.В.Сталину и
    Н.С.Хрущеву, 1951–1957 гг.", с. 20–22.

31 中共中央文獻研究室編：《建國以來重要文獻選編》，第一冊（北京：中央文
    獻出版社，1992），頁 511–15。

32 中共中央文獻研究室編：《建國以來重要文獻選編》，第一冊，頁 510。

33 參見謝益顯主編：《中國外交史：中華人民共和國時期 1949–1979》（鄭州：
    河南人民出版社，1988），頁 54。

34 "П.Ф.Юдин о беседах с Мао Цзэдуном: докладные записки И.В.Сталину и
    Н.С.Хрущеву, 1951–1957 гг.", с. 18.

35 "П.Ф.Юдин о беседах с Мао Цзэдуном: докладные записки И.В.Сталину и
    Н.С.Хрущеву, 1951–1957 гг.", с. 15。

36 "П.Ф.Юдин о беседах с Мао Цзэдуном: докладные записки И.В.Сталину и
    Н.С.Хрущеву, 1951–1957 гг.", с. 15–16。

37 有關這個問題，參見張盛發：〈1948–1949 年蘇南衝突原因新探〉，《當代世
    界社會主義問題》，2000 年第 1 期。

38　斯大林逝世後，尤金告訴毛澤東，斯大林在尤金回國後問道：「中國同志們是不是(真正的)馬克思主義者？」當尤金作了肯定的回答後，斯大林説：「這很好！可以放心了。」(Мао Цзэдун о китайской политике Коминтерна и Сталина", c. 106–107.)

39　АП РФ, ф.45, оп.1, д.329, л.64, 66, *Советско-китайские отношения*, Т. V., Кн.2., c. 320–21.

40　世界知識出版社編：《中華人民共和國對外關係文件集》，第二集(1951–1953)，頁88。同一天，兩國還就延長蘇軍使用旅順海軍基地期限交換了照會。中國總理兼外長周恩來在致蘇聯外長維辛斯基的照會中説：「自從日本拒絕締結全面和約並與美利堅合衆國以及其他若干國家締結片面和約後，日本因此未與中華人民共和國和蘇聯訂立和約，看來也不願意訂立和約，這樣就造成了危害和平事業的條件，而便利於日本侵略之重演。因此，中華人民共和國政府，為保障和平起見，並根據中華人民共和國與蘇維埃社會主義共和國聯盟之間的友好同盟互助條約，茲特向蘇聯政府提議，請同意將中蘇關於旅順口協定第二條中規定蘇聯軍隊自共同使用的中國旅順口海軍根據地撤退的期限予以延長，直至中華人民共和國與日本和蘇聯與日本之間的和約獲致締結時為止。」當天，維辛斯基覆照表示同意。(參見《中華人民共和國對外關係文件集》，第二集，頁89–91。) 1955年5月24日由中蘇聯合軍事委員會簽訂的最後議定書確定，駐旅順口蘇軍將於1955年5月31日之前全部撤退回國。(《人民日報》，1955年5月25日。)

　　有關蘇軍全部撤離的實際日期，存在着一些不同的説法。按照沈志華和李丹慧所説，「自5月25日至27日，蘇聯駐軍指揮機關及陸、海、空三軍約12萬人分批撤離。」(沈志華、李丹慧：《戰後中蘇關係若干問題研究：來自中俄雙方的檔案文獻》〔北京：人民出版社，2006年〕，頁185–86。)根據《中華人民共和國外交史》的叙述，蘇軍從旅順基地的撤退工作「於1955年5月31日完成」。(裴堅章主編：《中華人民共和國外交史》，第一卷，頁39。)然而，按照西方一家網站所載資料的説法，1955年夏天，蘇軍並沒有完全撤離旅順，直到1955年10月11日，旅順才正式重新歸併於中國。("Foreign Concessions and Colonies : Kwantung [Port Arthur] , " 23 June 2000, http://www.worldstatesmen.org/China_Foreign_colonies.html#Kwangtung, 20 April 2008.)

41　世界知識出版社編：《中華人民共和國對外關係文件集》，第二集(1951–1953)，頁89。

42　〈中長鐵路1952年貸借平衡表及生產財務工作決算説明書〉，哈爾濱市檔案館，頁10–12。

43 中國外交部檔案，檔案號109-00175-01，頁35；Н. Е.Аблова, *История КВЖД и российской эмиграции в Китае*, с. 378.

44 同樣應當記得的是，戰後初期在蘇聯軍隊佔領中國東北期間，作為戰利品被蘇聯所掠奪的中國財產。當時同盟國賠償委員會美方首席代表鮑萊 (Edwin Pauley) 的調查團，估算蘇軍從中國東北境內拆卸和運走的機器設備共值8億9,503萬美元。另一種說法為20億美元。參見吳東之主編：《中國外交史：中華民國時期1919–1949》(鄭州：河南人民出版社，1990)，頁698。

45 中國外交部檔案，檔案號109-00175-01，頁31–32。

46 中國社會科學院、中央檔案館編：《中華人民共和國經濟檔案資料選編 (1953–1957年)》，交通通訊卷 (北京：中國物價出版社，1998)，頁254。

47 同上，頁275。

48 參見裴堅章主編：《中華人民共和國外交史》，第一卷，頁42。

49 具體可參見張盛發：〈五十年代初期中蘇共同抵制對日媾和評述〉，《二十一世紀》，2001 年4 月號；Zhang Shengfa, "The Soviet-Sino Boycott of the American-Led Peace Settlement with Japan in Early 1950s," *Russian History*, Nos. 2–4 (Summer/Fall/Winter 2002): 401–14.

50 1952年8月，斯大林在同來訪的周恩來會談時鼓動説：「對美國人必須強硬。中國同志必須明白，如果美國不輸掉這場戰爭，那麼中國人永遠不能收復台灣。」(APRF, fond 45,opis 1,delo 329, listy 68–71, *Sovetsko-kitayskie otnosheniya*, T.5, Kn.2, c.322–323.)

51 *Советско-китайские отношения*, Т. V., Кн.2., с. 307–308.

52 參見裴堅章主編：《中華人民共和國外交史》，第一卷，頁39–40。

53 轉引自李文耀：〈推廣「中長鐵路經驗」的始末〉，《人民鐵道報》，2006 年8 月18 日，第8版，http://www.rmtd.com.cn/Article/2006/200608/2006-08-16/20060816094335.html，2008 年1 月12 日。

54 參見黑龍江省地方志編纂委員會編：《黑龍江省志‧外事志》(哈爾濱：黑龍江人民出版社，1993)，頁120。

55 參見《黑龍江省志‧外事志》，頁121–22。

56 參見《黑龍江省志‧外事志》，頁122。

57 阿勃洛娃認為，「1952 年12 月31 日最後議定書的簽訂導致在滿洲的俄羅斯移民生活的重要變化。對鐵路的俄羅斯職員來説，困難時期來到了：(中國當局) 開始大規模地解除他們在中長鐵路及其在輔助企業和機構的工作。俄國小學和中學關閉了。」(Н. Е.Аблова, *История КВЖД и российской эмиграции в Китае*, с. 385–386.)

58　轉引自石方等：《哈爾濱俄僑史》，第 2 版 (哈爾濱：黑龍江人民出版社，
　　2003)，頁 95。阿勃洛娃寫道：「在蘇聯政府號召返回蘇聯參加處女地開墾
　　後，開始大規模地從滿洲攫走哈爾濱俄羅斯人。實際上在哈爾濱所有的機
　　構裏都解除了俄羅斯職員的工作，建議他們響應莫斯科的號召返回蘇聯。」
　　(Н. Е.Аблова, *История КВЖД и российской эмиграции в Китае*, с.386.)

59　轉引自《黑龍江省志・外事志》，頁 169–70。

60　轉引自《黑龍江省志・外事志》，頁 123。

61　Н. Е.Аблова, История КВЖД и российской эмиграции в Китае, с.386.

62　可與之對比的是，新疆的蘇聯僑民問題就曾經在相同時期裏成為中蘇兩國
　　緊張關係的一個重要因素。參見李丹慧：〈新疆蘇聯僑民問題的歷史考察
　　(1945–1965)〉，《歷史研究》，2003 年第一期，頁 80–99。

第3章

只握手而不擁抱：
1980年代的中蘇關係正常化[1]

王俊逸 (Péter Vámos)

在冷戰的最後十年，中華人民共和國是一個「虛擬的大國」，[2] 在世界政治和商業領域被視為具有全球大國地位，但其戰略影響不如兩個超級大國。1980年代，中國的軍事技術遠遠落後於兩個超級大國，其經濟也尚不具備全球影響力。可以說，美蘇是在亞太地區有着地區利益的全球大國，而中國則是有着全球影響力的地區大國。[3]

中蘇關係正常化的國際政治架構

全球政治架構依然以美蘇為中心，國際體系的「鬆散的兩極」特徵依然如故。雖然在美蘇兩個超級大國關係中，中國只是一個「複雜的因素」，[4] 但是在這個戰略大三角關係中，蘇聯的操作餘地遠不如美中兩國大。在1970年代，蘇聯渴望利用其軍事力量在非洲、中美洲和中東建立和支持相關政權，導致與美國關係惡化，一方面既令冷戰在緩和後再次升溫，因此帶來了軍備競賽的升級以及過於龐大的帝國勢力範圍。這些成為蘇聯戰略資產的同時也成為同等的累贅，同時還嚴重消耗了蘇聯的經濟資源。此外，由於蘇聯支持越南入侵柬埔寨以及蘇聯入侵阿富汗，導致莫斯科在亞洲處於外交孤立的地位。

隨着1970年代亞太地區首要的衝突變成中蘇之間的對抗，那中美關係的改變就是一種合乎邏輯的結果。[5] 隨着蘇聯入侵阿富汗，越南入

侵柬埔寨以及1979年中美關係正常化，中美關係被描述為一種「密切聯合，接近事實上的同盟」的狀態。[6]由於中國的角色，從美國遏制政策的目標轉變成美國及其盟友的類盟國，北京在國際政治的角色也發生了變化。

鄧小平的改革及其政治意義

1970年代末，中國國內政治發生了深刻而廣泛的變化。1978年12月，鄧小平啟動了其雄心勃勃的改革計劃，平穩而溫和的務實主義取代了毛澤東的激進主義，中國關注的重點也從政治轉向經濟。用羅賓遜（Thomas Robinson）的話說：「只要是有利於中國國內經濟發展的事務，都成為北京外交政策的內容。」[7]

中國對外開放政策的目的在於融入國際市場。對中國來說，與美國的關係具有首要地位。第一，鄧小平表現出願意在台灣問題上與美國妥協的意願，這促成了1979年1月1日中美外交關係的建立。美國及其盟國（包括日本和歐共體成員國）成為中國吸納高新技術和海外投資的主要來源。此外，美國的軍事存在是亞太地區戰略穩定的關鍵因素，這一點被證明是有利於中國的。

除了出於創造和平的環境而與美國關係正常化，鄧小平還尋求改善與蘇聯的關係。中國有很好的理由來尋求與蘇聯關係的正常化。對中國來說，中蘇對抗是一個不穩定因素。由於中蘇未解決的邊境爭端及蘇聯在西伯利亞和蒙古的軍事部署，蘇聯被視為對中國安全的最重大威脅。此外，兩國存在着功能上的相互依賴以及區域互補性，因此雙方都有意實現關係正常化。[8]

1979年4月，中國從越南撤軍一個月後，北京向莫斯科發出信號，表現出為實現兩國政治關係正常化採取措施的意願。當時中蘇1950年簽定的〈中蘇友好同盟互助條約〉即將期滿，中方宣布不尋求延長條約。但是與毛澤東去世後中國嚴詞拒絕蘇聯主動提出的善意不同，外交部長黃華此時強調，中國「一貫支持維護和發展正常的國家關係，呼籲就一些敏感問題和改善兩國關係進行談判」。[9]

　　莫斯科積極地回應了中國的舉動，但是緊張關係沒有立即消除。1979年9月，雙方開始談判，但即使在議程上都沒有達成一致。蘇聯希望就「雙邊問題」進行談判，中國則談及影響「第三國」的蘇聯對外政策（越南、蒙古以及始於1980年代初的阿富汗問題）。11月底，兩國同意來年春天繼續談判。

　　匈牙利駐華大使里班斯基（Róbert Ribánszki）在1980年代初透露，中國領導人在中蘇談判的深度和進度方面存在分歧。根據匈牙利駐華大使館的分析，宣傳考慮在中國的談判立場中發揮重要作用。[10]北京不希望打斷談判進程，但不急於迅速取得實質成果。中國領導人認為與蘇聯談判，可以為自己處理與西方的關係提供迴旋空間，並對越南施加壓力，而最重要的是安撫領導層內的「親莫斯科派」（有一批中共領導人認為與蘇聯關係正常化是很必要的，在1978年中共十一屆三中全會回歸領導層的中共中央副主席陳雲，是其中的代表性人物）。

　　1980年1月19日，蘇聯入侵阿富汗三個星期後，北京宣布在當前新的形勢下，不適合再繼續談判了。美國的中國問題專家波拉克（Jonathan Pollack）認為，擱置談判的原因是一些中國領導人將這次入侵視為蘇聯虛弱和絕望的行動，而大多數領導人則認為若中方此時對蘇聯表現出和解與靈活性的暗示，將會同時向華盛頓和莫斯科釋放錯誤信號。[11]

　　蘇聯入侵阿富汗帶來了一系列政治與戰略後果。卡特（Jimmy Carter）總統宣布對蘇聯穀物實施禁運，從參議院撤回第二輪戰略武器限制談判（SALT II）協議，美國不會參加莫斯科奧運會。最重要的是卡特政府決定建立更密切的對華關係，包括軍事合作。[12]卡特提議發展「初步的中美軍事關係」後，鄧小平或許認為美國的政策正在向他所希望的方向發展。[13]為了獲得更好的談判地位，也基於曾提出與美國建立正式外交關係的「三大障礙」戰略的成功，[14]鄧小平又把包括蘇聯在北方邊境和蒙古的軍事存在，以及支持越南入侵柬埔寨等三個問題，界定為與蘇聯關係正常化的「主要障礙」。阿富汗問題是在1980年1月加上中方的清單，蘇聯在1979年12月開始入侵阿富汗，當時中蘇在莫斯科的首輪談判結束才不到兩個星期。

1960年代中期起，蘇聯就開始在俄羅斯遠東地區和蒙古國大規模增加軍事部署。中國與蒙古在1962年簽訂了邊界協議，到1964年中蒙劃界工作完成。但是後來邊界事件數量增加，蘇聯與蒙古簽訂了新的防務條約，蒙古授權蘇聯在本國駐扎軍隊、保有基地，將中蒙軍力平衡逆轉過來。到1980年代早期，蘇聯四分之一的地面部隊、三分之一的空軍，都部署在沿中蘇邊界的地區。

1978年12月，中美宣布即將建立外交關係前沒幾天，越南在蘇聯的支持下入侵柬埔寨，推翻了中國支持的波爾布特（Pol Pot）政權，扶植了韓桑林政權。1979年2月，鄧小平成功訪問美國和日本歸國後，對越南發動了「教訓式攻擊」。嚴格地從軍事角度來看，中國沒有取勝，因為中國沒有成功迫使越南軍隊撤離柬埔寨。但是正如葉胡達（Michael Yahuda）指出，中國從地緣政治上的確教訓了越南，因為不同於越南的前敵人法國和美國，也不同於後來的盟國蘇聯，中國卻是作為更強大的鄰國長期存在。[15] 在接下來的十年間，越南只能依靠蘇聯的支持才能維持其在柬埔寨的主導地位。越南在地緣政治上的重要性，對蘇聯和中國都是很明顯的。蘇聯海軍得以使用美國之前在越南的海軍基地，十年間也不願撤出，因為撤出後會削弱蘇聯在東南亞的地位。另一方面，蘇聯對越南的支持，更令中國感受到自己遭到蘇聯包圍的威脅，結果造成了地區僵局。這個局面直到十年後，蘇聯不再有能力在物質上繼續支持越南進行戰爭並支撐其經濟以後，才宣告結束。[16]

1979–1982年：漸進的解凍

蘇聯入侵阿富汗最初似乎威脅到中國的安全，實際上卻改變了兩個超級大國的力量平衡，使得戰爭的發生更加遙遠。這部分是因為中美之間確立了心照不宣的戰略夥伴關係，而這種關係被委婉地描述為尋求平行行動。[17] 美國對蘇聯採取了更加對抗的政策，開啓了迅速的軍備建設和戰略防禦計劃。另一方面，美國又採取了更加偏向中國的政策，包括軍事方面，如向中國出口「非致命性」軍事裝備，將原來部署於伊朗的電子情報收集站轉移到中國西部，用以監控蘇聯的導彈測試以及其他軍事

活動。[18] 雖然1981年以前中國都在尋求建立抵抗蘇聯擴張主義的聯合戰線，但美國支持阿富汗的抵抗力量，蘇聯在第三世界的孤立及其在國內日益嚴峻的經濟問題，都使鄧小平認為蘇聯馬上發動攻擊的危險已經減弱。[19] 作為或許是最為專業的現實主義國際政治行為者，北京在1982年的時候已經準備好拉開與美國的距離，探求對莫斯科的開放。中國改革開放的新政策，加上意識形態的改變，放棄毛澤東的階級鬥爭理論，重新定義中國政治的優先事項和國家利益等舉措，都幫助推進了這一進程。

在1979到1982年間中蘇關係正常化的第一階段，雙方都採取了一些小的步驟來擴展關係。隨着中國降低對蘇聯威脅的評級，總結中蘇發生衝突的可能比當初預計的要小，中方採取了兩項重大對外政策：減低強調與美國戰略聯繫的重要性，並循序逐漸再轉向蘇聯，「即使不是真正的再接近」，至少也要「測試中蘇緩和的水深」。[20]

中蘇雙方對彼此的認識依然是相互不利的，至少在宣傳層面上是這樣。在1981年的中國官方媒體，中方在蘇聯問題的表述是：「問題很清楚，蘇聯對中國的軍事威脅，蘇聯對中國實行的霸權主義政策，這是解決中蘇邊界問題的根本障礙所在，也是實現中蘇之間國家關係正常化的根本障礙所在。」[21] 同時蘇聯對中國外交政策的評估，依然是強調中國有野心建立包括美國及其西方盟友、日本、東盟國家以及一些諸如沙特阿拉伯等穆斯林國家在內的反蘇同盟，「阻止蘇聯霸權主義發動一場新的世界大戰。」[22]

在這十年間，北京在基本原則層面繼續表現得不退讓，堅持與莫斯科關係正常化的前提條件，但出於現實好處的考慮，基於務實和更靈活的策略，北京逐漸而緩慢地解凍對蘇關係。最終，「中蘇在兩個完全不同的軌道上取得了進展。在國家間的經濟、科學與文化交流方面進展迅速，同時中國又在等待蘇聯在『三大障礙』的至少其中一個方面有所行動，然後再推進戰略合作以及兩黨的關係。」[23] 這是一個謹慎構建的場景，一方面「三大障礙」沒有妨礙中蘇雙邊關係的改善，但中國人又向美國人表示自己不會再次步入與蘇聯結盟的危險中。

逐漸建立外交交流渠道的同時，雙邊貿易額從1982年的2.23億盧布增長到1985年的16億盧布。[24] 不過，儘管1982到1989年間雙邊貿易

額增長了十倍，其速度遠超過中國對外貿易總額的增速，也大於中國與其他單個國家貿易的增速，[25] 但中國與蘇聯貿易關係的地位依然低於中國與西方國家的關係，也不如蘇聯與其衛星國的貿易關係。[26]

雙方明顯都不願意在政治關係正常化上邁出步伐，當中至少有兩個原因值得一提。第一，在1979年與美國關係正常化之後，中國不急於實現與蘇聯關係正常化。另一方面，莫斯科也明確表示，既然北京將恢復協商與蘇聯消除三大障礙的行動聯繫起來，那蘇聯也不願意對中國作出讓步。[27] 既然中國利用美國及其包括日本在內的西方盟友，作為推動中國現代化所急需高新技術的資源，那麼中國對蘇聯支持的需求就不那麼迫切，在對蘇關係方面並不存在貿易、信貸或者技術需求的推動力。莫斯科研究中國問題的頂尖專家、蘇聯外交部第一遠東司司長賈丕才（M. S. Kapitsa）在1981年春的時候提出，中國「希望利用西方技術的幫助和貸款實現經濟現代化，沒有其他可以回報的東西，能交換的也只有反蘇了」。[28]

持續的軍事壓力是這場遊戲的另一部分。1980年8月，蘇共中央國際部第一副部長羅滿寧（O. B. Rakhmanin）曾對匈牙利駐莫斯科大使表示，雖然「蘇聯無意使局勢升級，但為了避免新的戰爭，需要使中國人明白蘇聯的能力」。[29] 用賈丕才的話說：「我們必須下決心成為太平洋地區的強大國家，不能被任何人阻撓。為什麼能容忍太平洋成為美國海？」[30] 在常規力量和核力量方面與中國相比都擁有壓倒性優勢的蘇聯，當時正在遠東地區着手第二輪的軍備建設，首要集中於空軍和海軍力量。在此背景下，蘇聯也主動提議採取小的步驟，包括地方跨境貿易、恢復科技合作和邊界談判，甚至邀請中國乒乓球隊訪問蘇聯。在多數情況下，中國都表現願意採取進一步行動的意願，但鄧小平拒絕在蘇聯解決三大障礙之前，持續改善中蘇關係。這種雙重手段都是中蘇雙方在這十年的大多數時間內所採取的戰術。

美國決定幫助中國抵消蘇聯相對於中國的軍事優勢，使中國能夠將其對外政策集中在經濟發展上。雖然北京多次重申重視發展與西方的經濟關係，但中國同時也重視和平環境以至與兩個超級大國的經濟關係，促成進一步擴展中蘇關係。鄧小平意識到蘇聯需要面對的經濟困難，但

依然對莫斯科抱有懷疑，不斷聲稱蘇聯是中國的首要安全威脅。可是，他也表現出更多靈活性和耐心來調控漸進的制度化進程，以提升中蘇政治關係的水平。

1982–1985 年：恢復政治溝通

勃列日涅夫 (Leonid Brezhnev) 1982 年 3 月在塔什干的講話，為兩國恢復會談邁出了重要的一大步。他稱呼中國為社會主義國家，支持中國在台灣問題上的立場，表達了蘇方願與中國改善關係的願望，提議雙邊會商。鄧小平指示外交部迅速回應塔什干講話，時任外交部新聞司司長錢其琛於 3 月 26 日召開了外交部歷史上的首次新聞發布會。中方的反應只有三句話：「我們注意到 3 月 24 日蘇聯勃列日涅夫主席在塔什干發表的關於中蘇關係的講話。我們堅決拒絕講話中對中國的攻擊。在中蘇兩國關係和國際事務中，我們重視的是蘇聯的實際行動。」該聲明得到了站立的聽眾熱烈鼓掌歡迎，當時的發布會沒有記者席，所有客人都站在大廳圍繞着錢其琛及擔任翻譯的李肇星。簡短講話中的兩個重要短語「注意」和「重視」表達了中方的積極態度。第二天，這三句話發表在《人民日報》第一版的中央位置，進一步強調了其重要性。[31]

當年夏天，鄧小平召集包括陳雲、李先念和錢其琛在內的中央高層領導和外交部高官討論進一步的行動。鄧小平表示應該採取重要行動向改善雙邊關係的方向努力，但他又補充道中國要求蘇聯消除三大障礙的原則立場必須堅持。關於如何向莫斯科傳達信息，陳雲提議要找到一種引起對方注意的方式，但又不要引發西方的擔憂。派遣一名特使似乎是唯一可行的選擇，因為當時不存在其他直接接觸的渠道。鄧小平提議以視察中國大使館的名義派遣外交部蘇聯東歐司司長于洪亮前往莫斯科和華沙。第一站也是最重要的一站是莫斯科，他於 8 月 10 日在中國駐莫斯科大使館會見了賈丕才 (他中斷休假回到莫斯科會見于洪亮) 和副外長伊利切夫 (Leonid Ilichev)。

于洪亮口頭傳達了北京的信息，沒有任何書面記錄，錢其琛在其回憶錄中記載如下：

中蘇兩國關係不正常狀況已經存在多年，中蘇兩國人民都不願意看到這種狀況繼續存在下去。現在是為改善中蘇關係做一些事情的時候了。當然，問題不可能在一個早上就解決，但中方認為，只要中蘇雙方都有改善關係的誠意，完全可以通過協商，逐步實現公正合理的解決。中方建議先從蘇聯勸說越南從柬埔寨撤軍做起，也可以從解決影響兩國關係的其他問題，如減少中蘇邊境地區武裝力量做起。與此同時，雙方還應考慮找到一個有關各方都能接受的解決辦法，來解決蘇聯從蒙古人民共和國撤軍的問題。中方也希望在阿富汗問題上能找到合理的解決辦法。總之，只要雙方站得高，看得遠，有使兩大鄰國恢復睦鄰關係的誠意，從解決一兩個重要問題入手，就可以為兩國關係打開一個新局面。至於交換意見的形式，雙方可以協商。[32]

中方在三大障礙的立場上展現了靈活性。他們沒有要求蘇聯同時採取行動解決三個問題，暗示他們也不指望任何問題都能立馬解決。對中方來說重要的是蘇聯採取建設性態度。談到柬埔寨問題，于洪亮暗示中國首要關心是東南亞，這是中國的傳統利益範圍。

會後，于洪亮離開莫斯科赴華沙，給蘇方時間形成自己的意見。8月18日，〈中美聯合公報〉簽訂後的第一天，[33] 于洪亮在回國途中在莫斯科短暫停留，第二次會見伊利切夫，獲告知蘇聯正在準備官方回應。8月20日，蘇聯第一副外長馬爾采夫（Maltsev）召見中國駐蘇使館臨時代辦馬敘生，告知蘇聯準備在任何時候任何地點在任何層級上繼續談判，目的是「消除關係正常化的障礙」。「消除障礙」一詞也展現了蘇聯的積極態度。收到蘇聯回覆後，鄧小平同意恢復談判。1982年9月1日，中共十二大開幕之前，雙方同意在副外長層級上進行協商。[34]

1982年，綜合評估國際戰略局勢之後，中國領導層開始在戰略上疏遠華盛頓，聲稱美國和蘇聯實現了基本戰略均勢，兩個超級大國對世界造成同等的霸權威脅。在這種形勢下，中國宣布將採取獨立自主的外交政策。在十二大上，胡耀邦總書記闡述了中國絕不「依附於任何大國或國家集團」。1982年之後，進入「獨立自主」外交政策的時代，中國避

免和任何超級大國對抗或結盟，保留批評兩個大國某些政策的權利，也支持中國贊同的某些政策。然而，對「獨立自主外交政策」的宣示不要太過信以為真，中國尋求與兩個超級大國拉開距離的政策更多的是主觀臆想而不是現實行動。[35]中國的官方宣傳繼續把蘇聯界定為具有攻擊性的國家，對中國安全構成直接威脅，同時，儘管擔憂華盛頓的台灣政策以及對華高新技術的轉讓限制，中國依然在重要戰略問題上與美國保持密切合作，如柬埔寨和阿富汗問題。

中美關係因為1982年簽署的〈中美聯合公報〉變得穩固，同時進一步加強了中國面對莫斯科的自信。中方對蘇的新政策路線擴大了中國獨立自主、縱橫捭闔的空間，為漸進地改善與蘇聯的關係奠定了基礎。1982年的中華人民共和國憲法拋棄了「社會帝國主義」和「現代修正主義」兩大說法，既是對蘇聯示好的姿態，也是意識形態方面重大改變的反映，而這一改變早在鄧小平開啓改革開放政策的時候就已開始。

1982年10月5日到21日，中蘇第一輪副外長級磋商在北京舉行，持續了兩個星期。「磋商」一詞由中方提出。蘇方認為，這是中方保留面子的手段，因為三年來中方一直堅持在蘇實現前提條件之前不進行「談判」。[36]

從1982年到1988年，中蘇副外長級政治磋商共進行了12輪。這段時期內，中國提議談判一年舉行兩次，春季在莫斯科一次，秋季在北京一次。每輪談判包括六次會議（後來五次，再減至四次），然後進行一次非官方的活動，即談判雙方在會議舉辦國遊覽。鑒於雙方在實際談判之前都已了解對方立場，前兩輪會談就像單方獨白而不是雙方對話。即便到後來，在1980年代上半段的大部分時間裏，雙方都定期在談判中進行政治或意識形態的攻擊。到了1980年代中期，氣氛變得更加友好，信任之橋在雙方之間搭建起來。政治特別是意識形態的說教消失了，代之以更務實的談判。儘管在原則問題上存在根本分歧，但雙方都同意有必要先在經濟、貿易、文化、體育和科技方面進一步改善關係。

在這十年裏，鄧小平始終堅持和強調其「政治信條」，即不解決三大障礙，就不可能改善與蘇聯的關係，而且與蘇聯關係的改善不能以犧牲中國與西方關係為代價。從一開始，中方還堅持和平共處原則應該作為中蘇關係的基礎。無論社會制度如何，1954年中印兩國總理提出的處理

不同社會制度國家關係的和平共處五項基本原則，應該擴展到所有國家。中方早在1956年11月1日的聲明已強調上述的原則，以回應當年10月30日蘇聯政府的聲明。當蘇方向中方詢問，為什麼在第一輪磋商之前就提出上述要求時，中方便以「在社會主義國家之間也存在矛盾，有時候還存在尖銳的衝突」來回應，並提到越南攻擊和佔領柬埔寨作為例子。[37]

1984年，兩國外長在紐約的聯合國總部進行了多年來的首次會面。蘇聯部長會議第一副主席阿爾希波夫（Ivan V. Arkhipov）於1984年12月訪問中國，這是1969年柯西金（Alexei Kosygin）在北京機場與周恩來會晤之後訪華的最高級別蘇聯領導人。[38] 中方很看重這次訪問的友好性質，滿足了阿爾希波夫的所有要求，包括與彭真會晤，訪問武漢和深圳。鑑於1984年8月匈牙利副總理毛爾堯伊（József Marjai）已經訪問過中國，中方在評價阿爾希波夫的訪問時，提到這次訪問「終結了個別社會主義國家希望在對華關係方面『走到蘇聯前面』的幻想」。[39]

到1984年，中國在對蘇態度方面出現兩個重要的新現象。第一，中國承認雙方在某些國際問題上持有相同或相近的立場，表達了他們願意就這些問題進行外交磋商的意願。但是在蘇聯就三大障礙採取有進展的行動之前，沒有可能採取聯合或平行的行動。[40] 第二，中方告知社會主義國家的外交官，如果蘇聯願意消除三個障礙中的至少一個（中方談到了蘇聯對越南的支持），中國將準備與蘇聯和其他社會主義國家重建黨際關係。[41]

作為北京「葬禮外交」的一部分，副總理李鵬在1985年3月對蘇聯進行了禮節性訪問。在會見戈爾巴喬夫（Mikhail S. Gorbachev）的時候，他表示：「我們是兩個偉大的社會主義鄰國。如果我們做不成朋友，至少讓我們做好鄰居。」李鵬還強調中國不尋求與美國的戰略合作。戈爾巴喬夫回應道，蘇聯希望與中國實現關係正常化，希望繼續對話，提升談判層級。[42] 這次李戈會晤對雙邊關係和整個氛圍帶來良好影響。中方對戈爾巴喬夫送去的問候很意外地觸及了中蘇兩黨關係，中國正式承認蘇聯是一個社會主義國家。雖然蘇方將以上舉動視為中國對之前錯誤路線的修正，而不是前進（賈丕才甚至把它們標籤為誤導性的操作），但他們依然很讚賞這些舉動。[43]

　　賈丕才告訴匈牙利駐莫斯科領事，中方把戈爾巴喬夫視為需要長期觀望的人，因此他們不希望在談判中亮出所有的牌。[44] 蘇聯駐北京的一名外交官則表達了更為悲觀的態度，他認為需要一種「更現實的方法」，蘇聯需要放棄迅速改善關係的幻想。中方把戈爾巴喬夫視為靈活的領導人，但他需要兩年時間來建立自己強大的影響力，足以進行必要的人事調整，改變對外政策路線，在這之後才有可能在政治關係上取得實質進展。[45]

　　與此同時兩國間常規接觸的新渠道也得以開闢。1983年9月，就國際問題進行的副外長級磋商啓動，隨着阿爾希波夫1984年12月訪華之行，第三輪談判也開啓。除了蘇聯部長會議第一副主席的身份，阿爾希波夫還是中蘇蜜月合作期的前蘇聯顧問團領導人之一，是「中國的老朋友」。1985年中蘇經濟、貿易、科技合作委員會的建立開啓了第四渠道。同一年兩國外交部之間的關係也有了重要新進展，蘇方前後十次向中方通報機密的政治事件信息。起初，中方得到信息後還持有懷疑態度，但後來就對一些話題表現出興趣，如日內瓦峰會。這一年裏，中方也向蘇聯駐華大使通報了五個事件信息。[46] 到1980年代中期，雙方在外交、科技、文化、體育、衛生和其他方面建立了多層次的交流網絡。

　　羅茲曼（Gilbert Rozman）認為，1985年3月戈爾巴喬夫掌權之後，「毫無疑問，兩個有着共同回憶的社會主義鄰國正在努力解決他們之間的嚴重分歧。」[47] 儘管在政治關係正常化的改善方面進展緩慢，但過去一兩年內中國官方的書面表述很少再出現對莫斯科充滿敵意的言辭。[48]

　　戈爾巴喬夫執政的第一年裏，他的確沒有表現出解決三大障礙的意圖。蘇聯駐華大使謝爾巴科夫（Shcherbakov）回莫斯科向戈爾巴喬夫和蘇聯外長謝瓦爾德納澤（Eduard Shevardnadze）述職完畢再次回到北京後，向友好國家的大使透露，蘇聯沒有改變對中國的態度。莫斯科堅持了原有路線，並強調蘇中的主要分歧體現在意識形態和黨際關係上，蘇聯希望中國成為蘇美中三角關係中支持社會主義的力量。[49]

　　總之，1986年之前的談判沒有取得任何突破，也沒有迹象表明有突破。雖然雙方總體的言辭有所緩和，並取得越來越多的一些具體成果，但中國依然很謹慎避免造成會在三大障礙問題上讓步的印象。

1986–1989年：雙邊關係的突破

在勃列日涅夫去世之前蘇聯的經濟停滯已經很明顯，但是到了1980年代中期，在已經證明為效率低下的社會主義經濟體制下，蘇聯的經濟已經到了幾乎沒有可能重大改善的地步。[50]在1986年2月的蘇共二十七大，戈爾巴喬夫呼籲在國內進行激進的經濟改革，同時讚揚中國的改革，並對蘇中關係的改善表示滿意。從此，中國對蘇聯的興趣開始聚焦在戈爾巴喬夫改革的性質上，特別關注其改變經濟管理體制的決心和努力。

此外，戈爾巴喬夫認識到國內嚴峻的經濟形勢與對外政策也有關係。他尋求逆轉對軍事力量的過度依賴。根據1986年的蘇共中央政治局會議記錄，戈爾巴喬夫承認了克里姆林宮在阿富汗問題上代價高昂的失敗，表達了結束戰爭撤回蘇聯軍隊的決心。[51]

蘇聯對華政策的第一個突破發生在1986年7月，當時戈爾巴喬夫在海參崴發表講話，單方面對中國作出一系列讓步。他談到了三大障礙中的兩個，從蒙古和俄羅斯遠東地區以及阿富汗撤軍，並實際上接受了中國在邊界問題上的立場，承認兩國邊界應該沿烏蘇里江和阿穆爾河（即黑龍江）主航道中心線劃分，而不是這兩條界河的中國一側沿岸。這一年間，羅高壽（Igor Rogachev）取代賈丕才出任負責東亞事務的副外長，前者自1986年開始一直兼任中蘇政治磋商的蘇聯首席代表。[52]

這些進展進一步加速了雙方接近的進程。1986年，中國重開列寧格勒的領事館，蘇聯重開在上海的領事館。當年5月，兩國達成了一項為期兩年的文化協議，擴展雙方在科學、教育、文化、藝術、電影、新聞、出版、廣播、電視、體育、衛生和其他領域的合作。兩國科學院在6月簽署科學合作協議，一個月後中國在莫斯科舉辦了33年來的第一個大規模的工業和貿易展，12月蘇聯也在北京舉辦了同樣的展覽。記者、學術界和官員的互換交流，也接着開展。[53]1987年初，中國還同意重開邊界談判。同時，基於對之前立場的信心，及出於尋求保持甚至增加向莫斯科施壓迫使其採取實質步伐的考慮，北京拒絕了蘇聯提出的簽訂互

不侵犯條約的提議，並重申在政治關係正常化實現之前兩國關係惡化的可能還是存在的。

既然這樣，那麼蘇聯在實現戈爾巴喬夫的承諾方面也更加謹慎。根據匈牙利歷史學家貝凱什(Csaba Békés)的研究，具有改革思維的蘇聯新領導層沒有充分評估蘇聯正在出現的危機的嚴重性，在1988年夏天之前一直拒絕採取單方面的裁軍措施。此外，改革也沒有顯著改善國內的政治狀況和經濟效率。[54] 1988年7月15到16日，在華沙召開的華沙公約組織政治協商會議外長會議閉門會議上，謝瓦爾德納澤公開承認蘇聯正面臨「嚴峻形勢」，已經無力再承擔與西方進行的持久軍備競賽，因為這超出了東方集團在任何可能的方面所能承受的限度。[55] 他強調，結束軍備競賽應該處於絕對優先地位，應該爭取任何機會來達成協議。[56]

蘇聯的「新思維」承認和平的最高價值，高於階級、社會、政治和意識形態的考慮。蘇聯新領導層將推動在國際法與法律義務基礎上的自由選擇權作為蘇聯外交的主要任務，承認每個國家決定自己命運、選擇發展道路和保衛自身利益方式的權利。1988年1月北京發行的第2期《瞭望》週刊，刊載了戈爾巴喬夫的蘇聯新思維中關於外交政策的談話，他強調要建立一種平衡不同國家利益的長遠政策、通過政治手段解決地區衝突。[57] 這種新態度帶動蘇聯亞太政策的一系列改變，包括柬埔寨問題。

基於現有資料，可以清楚地判斷蘇聯處理中國問題態度的重大轉變發生在1988年中期。作為下一個重大舉動，戈爾巴喬夫重申他於1988年9月在克拉斯諾亞爾斯克(Krasnoyarsk)談話中，表達蘇方希望與中國參與建立互信的商討，討論邊界和軍事問題的意願。戈爾巴喬夫的克拉斯諾亞爾斯克談話反映了蘇聯只有在有效加入地區經濟體系之後才會重視和實踐其提議，要實現這一點就需要大力發展國內經濟，提升其技術水平。克拉斯諾亞爾斯克談話的信息之一是蘇聯希望以與美國平等的地位參與亞洲事務，蘇聯同樣是一個亞洲大國。因此，如果不能做到這一點，就不可能解決地區問題。因此，戈爾巴喬夫願意作出單方面退讓，並在1988年12月7日的聯合國大會上宣布了單方面裁軍的決定。[58]

1988年6月13日到20日，中蘇第十二輪副外長級磋商在莫斯科舉行，中國將能否實現政治關係的實質改善與消除三大障礙聯繫起來，特別是柬埔寨問題的解決，該問題也被中國設置為中蘇首腦峰會的前提條件。據蘇聯檔案記載，這次會談中，中國第一次承認中蘇立場存在共同點：第一，只有政治解決才是可能的選擇；第二，柬埔寨國內問題應該由柬埔寨人民自己決定；第三，應該建立四方聯合政府；柬埔寨應該成為獨立、中立和不結盟的國家，最終要達成一個得到國際保證的協議；並要成立一個類似1954年日內瓦會議那樣的國際論壇，討論國際保證的問題。蘇聯建議單獨成立一個論壇，進一步討論柬埔寨問題。最終，戈爾巴喬夫在1988年表示，願意積極回應中國關於蘇聯停止援助越南並迫使越南從柬埔寨撤軍的要求。[59]

蘇聯和美國在一系列問題上的妥協也是中國實現和平與發展願望的重要前提，因此儘管這有可能導致中國在全球事務上的邊緣化，但北京還是歡迎美蘇緩和。[60] 1987年8月，錢其琛在一次訪談中強調了中蘇領導層共同關心的問題：「中國相信戈爾巴喬夫在改革蘇聯體制方面是嚴肅認真的，這對於雙邊關係的改善是有利的，因為那種規模的改革正如中國的現代化建設一樣都需要長時期的世界和平環境。」[61] 在對外政策（首先是中國最在意的柬埔寨問題上）和意識形態方面，中國都有能力繼續施加足夠的壓力迫使蘇聯進一步讓步。莫斯科最終放棄了引導中國重新加入社會主義大家庭的嘗試，同意在和平共處五項原則基礎上處理與北京的關係。1988年12月，中國外長錢其琛訪問了莫斯科；1989年2月，謝瓦爾德納澤回訪了北京。與柬埔寨問題的談判同步，雙方也在戈爾巴喬夫訪華的時間和日程上達成了一致，包括與鄧小平的會面，這被認為是正常化的象徵性舉動。

1988年：為峰會做準備

隨着期待已久的蘇聯實質行動的進行，在1988年的最後幾個月裏，中國的談判策略包括他們對峰會的態度經歷了巨大變化。早些時候北京一直將消除三大障礙作為準備峰會的前提條件，現在則接受峰會的

準備工作可以與剩餘問題的解決同步進行。與此同時為了消除西方對中蘇關係迅速正常化會影響其與中國關係的憂慮，而西方這種憂慮因為李鵬出任總理得到強化，中國領導人利用每一次機會強調中方不會回到昔日中蘇同盟的軌道上，社會主義國家之間的關係亦會以和平共處五項原則為基礎。中國獲取西方技術和機械設備的意志不會改變，與美國、日本和西歐的穩定關係是中國對外政策中必不可少和不可動搖的一部分，而不僅出於經濟考慮。[62]

1988年12月1日至3日，兩國外長在莫斯科進行了第一次正式會晤。雙方都認同這次訪問加上來年2月謝瓦爾德納澤的回訪開闢了雙邊關係正常化的新階段，之前的副外長級會談已完成其歷史使命，將代之以正常外交渠道。[63] 雙方宣布，兩國都不對對方的安全構成威脅。錢其琛描述了鄧小平提出的「國際新秩序」觀念，該觀念將合作視為國際關係的基本原則，在莫斯科看來這與蘇聯的「新思維」觀念存在相似之處。此外，蘇聯領導人還談到了中國外交政策的一個根本改變，將其稱為中國首要的觀念，當中包括與蘇聯關係正常化。[64]

蘇方的消息人士強調，中國在柬埔寨問題上作出了重要讓步。[65] 至於雙邊關係的基本原則，錢其琛引用了蘇聯政府1956年10月30日的聲明以及中國政府同年11月1日的聲明，指出在兩個偉大的社會主義國家之間，和平共處五項原則以及友好的鄰國關係原則應該保持下去。與中國之前堅持的對和平共處五項原則狹義理解相比，這一表述作出了細微的改變。

1989年2月2日至4日，謝瓦爾德納澤訪華期間，雙方敲定了戈爾巴喬夫訪華的時間和日程。戈爾巴喬夫受到楊尚昆主席的正式邀請，但將會晤「中國政策的主要設計師」鄧小平，這一高峰會晤被視為國與國關係正常化的象徵。他們還確認，趙紫陽與戈爾巴喬夫的會晤將被自動視為兩黨關係正常化的象徵，但不需要單獨再發表一個聲明。[66] 在評價謝瓦爾德納澤的訪問時，中國的政壇人士強調兩黨關係正常化不意味着回歸到蘇共主導的時代，而且重點要放在國家關係上。他們強調黨與黨的關係要建立在平等、獨立和主權的基礎上；國際共產主義運動可以沒有中心或領導力量；也沒有建設社會主義的統一模式。中方把整個社會

主義世界視為一個巨大的實驗室，每個黨在其中都扮演獨立自主的角色，都只對自己的國家負責。[67] 雙方都認同兩國關係要建立在和平共處、平等互利的基礎上。[68]

1989年5月15至18日的峰會

1989年5月16日，天安門廣場上的示威集會正值高峰，鄧小平與戈爾巴喬夫的歷史性會晤在當天上午10點到12點半在人民大會堂舉行。鄧小平對歡迎儀式作「只握手不擁抱」的指示，這也象徵着兩國國家關係的狀態。[69] 在會談中，鄧小平提出了四個主題。關於雙邊關係正常化的問題，中國領導人表示從戈爾巴喬夫海參崴（符拉迪沃斯托克）講話開始算起經歷了較長的過程。第二，鄧小平回顧了過去一個半世紀帝國主義大國對中國的所作所為，指出沙俄從中國搶掠了最大面積的領土，蘇聯也佔領了部分中國領土。鄧小平還提到不平等是蘇聯在對待中國過程中的基本問題，蘇聯在過去三十年間給中國安全造成了持續威脅。可是，鄧小平又補充說中國對蘇聯沒有領土申索。鄧回顧了幾次意識形態爭論，承認他本人也並非總是正確的。戈爾巴喬夫承認蘇聯在不遠的過去也有錯誤，又贊同鄧小平「結束過去，開闢未來」的說法。第三，在分析社會主義建設實踐的時候，鄧小平表示教條式地運用馬列主義是錯誤的，社會主義基本經典理論應該由當前一代理論工作者來更新。第四，關於柬埔寨問題，鄧小平懷疑越南撤軍的誠意。至於柬埔寨的未來，還沒有達成協議。中國支持由西哈努克親王領導的四方聯合政府，但蘇方認為柬埔寨的民族和解，應該是由柬埔寨人民自己決定的內部問題。[70]

戈爾巴喬夫與趙紫陽的會晤意味着中共和蘇共兩黨關係的正常化。蘇聯消息人士強調了趙紫陽講話中的兩大元素：第一，中共十三大以後鄧小平只是形式上退休，他依然是這個國家的最高領導人。蘇方評估認為趙紫陽通過這番講話把自己與鄧小平切割，將國內局勢升級的責任推給鄧小平。第二，趙紫陽還談到了政治改革與經濟改革之間的巨大差距，強調實行政治改革的必要。他還歡迎戈爾巴喬夫關於加強法治，把蘇聯建設成法制國家的講話。[71]

中方關注的主要問題是恢復兩黨關係，認為這完全是一個雙邊問題，並宣布中共不會參與任何多邊黨的會議或者其他類似活動，而且雙方應該交流信息和經驗，但不需要協調政策。[72] 蘇方認為中方關於發展兩黨關係的方法和步驟的表述並不清楚，指出北京將兩黨關係置於國家關係之下的地位。

隨後，戈爾巴喬夫與李鵬總理會談，討論了經濟合作的未來發展問題。蘇聯提議在諸多合作中增加冶金、能源和交通方面的合作，中方則提議擴展在西伯利亞使用中國勞工。[73] 雙方還討論了邊界問題，減少邊境地區駐軍問題。建立於和平共處五項原則基礎上的中蘇關係，被中國視為「新型」對外關係的典型案例，因為早些時候蘇聯不願接受這些原則作為與社會主義國家關係的基礎。這一舉動相當於拒絕了勃列日涅夫主義。[74]

戈爾巴喬夫訪華的時機實在是太不合適，因為中國的學生正在首都集會示威。儘管如此，雙方都沒有提議推遲訪問。[75] 蘇聯沒有試圖利用中國領導層面臨的困難局勢。中國國家廣播電台和電視台也首次直播了外國政治家的演講，戈爾巴喬夫所說的正是大部分中國人希望聽到的：社會主義沒有現成的統一模式；沒有任何一個黨掌握唯一的真理；蘇聯不尋求在這方面的領導地位。[76] 蘇聯駐華大使不願評論中國國內政治對戈爾巴喬夫訪問的影響，[77] 但其他蘇聯的消息渠道指出，戈爾巴喬夫訪問北京期間對升級的群眾示威感到震驚，擔心同樣的事情也會發生在蘇聯。[78]

結 論

歷史證明在處理與蘇聯關係的時候，鄧小平掌握先機。在1980年代，鄧小平利用它改善了中國國際地位和影響力。中蘇兩國都把國內經濟改革擺在優先地位，是中蘇關係改善的首要原因。雖然在很多方面蘇聯都為中國樹立了榜樣，但在八十年代中國經濟和產量持續增長，蘇聯卻經歷經濟衰退及叢生的國內問題，中國的耐心改革取得了勝利。與中美關係正常化的個案相似，中蘇兩國相反的發展趨勢，導致美國和蘇聯都不得不對中國作出讓步，尋求與中國改善關係。鄧小平的信心是基於

中國經濟實力的增長，而這又得益於這一時期西方投資和技術的輸入。至於蘇聯領導層，花費了七年時間和四任總書記，終於意識到實現與鄰國關係的正常化符合國家利益，蘇聯只有在與中國和解而非對抗才能取得成功。戈爾巴喬夫表示蘇聯的對外政策不再依靠使用或威脅使用武力，而是尋求建立和平的國際氛圍，受到了中方的歡迎。可是，天安門事件及其國際影響以及蘇聯的解體，給中國政府上了一課，不能犯上戈爾巴喬夫那樣的錯誤。對中共來説，關鍵是以發展經濟為中心，致力於提升生產力和人民生活水平，然後才再啓動政治體制改革。

註 釋

1　作者感謝蔣經國國際學術交流基金會，支持他利用匈牙利檔案文獻來研究中國對外關係。

2　Kay Möller 在其關於 1990 年以後中國外交政策的著作中使用了該短語。參見 Kay Möller, *Die Aussenpolitik der Volksrepulik China, 1949–2004* (Wiesbaden: VS Verlag für Sozialwissenschaften, 2005), p. 113.

3　Michael Yahuda, *The International Politics of the Asia-Pacific, 1945–1995* (London and New York: Routledge, 1996), p. 186. 葉胡達（Michael Yahuda）轉引自旅美中國學者郝雨凡（Hao Yufan）和宦國蒼（Huan Guocang）編著的 *The Chinese View of the World* (New York: Pantheon Books, 1989)。編者將中國描述為「有着全球戰略重要性和政治影響力的地區大國」，見該書頁 xxix。

4　Michael Yahuda, *The International Politics of the Asia-Pacific*, 1945–1995, pp. 77–78.

5　David Shambaugh, "Patterns of Interaction in Sino-American Relations," in Thomas W. Robinson and David Shambaugh, eds., *Chinese Foreign Policy: Theory and Practice* (Oxford: Clarendon Press, 1994), pp.198–99.

6　Ibid., p. 203.

7　Thomas W. Robinson, "Chinese Foreign Policy from the 1940s to the 1990s," in Thomas W. Robinson and David Shambaugh, eds., *Chinese Foreign Policy: Theory and Practice*, p. 568.

8　關於兩個經濟體的關係，參見 Lowell Dittmer, *Sino-Soviet Normalization and Its International Implications, 1945–1990* (Seattle and London: University of Washington Press, 1992), pp. 80–88.

9   *Beijing Review*, 6 April 1979, 3-4, quoted by Jonathan D. Pollack in "The Opening to America," in Roderick MacFarquhar and John K. Fairbank, eds., *The Cambridge History of China*, vol. 15, *The People's Republic: Revolution within the Chinese Revolution* (Cambridge: Cambridge University Press, 1991), p. 450.

10 Ambassador Róbert Ribánszki's report (reporter: Sándor Mészáros): Relations between the PRC and socialist countries in 1979. Beijing, January 24, 1980. HNA XIXJ-1-j-Kína-103-001096-1980 (81.d.). 儲藏於匈牙利國家檔案館（HNA）的匈牙利外交檔案，是研究中蘇關係的獨特資料來源。當時的匈牙利外交官，根據來自中蘇兩方的第一手信息來評估中蘇關係。蘇聯定期以口頭或俄語書面備忘錄的方式，在莫斯科和北京向其「友好的」或「密切協作」的盟國通報相關信息。有些時候，可以在匈牙利國家檔案館直接看到俄語原版文件。初時，這些信息都是單方面的，因為備忘錄的所有內容都需要符合莫斯科的利益，而它們與蘇聯官方宣傳的內容和公布並沒有什麼不同。但從1980年代中期開始，信息開始客觀起來，因為中國也向那些關心中蘇雙邊關係新動向的東歐社會主義國家的代表通報信息。

11 Pollack (1991), pp. 454–55.

12 Ibid., p. 457.

13 Ibid., pp. 452–53.

14 北京指的中美建交「三大障礙」，分別是：華盛頓與台灣的外交關係；1954年的〈中華民國與美利堅合眾國間共同防禦條約〉（美台共同防禦條約）；美國在台灣駐軍。

15 Michael Yahuda, *The International Politics of the Asia-Pacific, 1945–1995*, p. 206.

16 Ibid., p. 91.

17 Ibid., p. 207.

18 美國對蘇聯1979年12月入侵阿富汗作出令人吃驚的激烈反應，原因是這是1945年以來，蘇聯首次直接佔領不屬於西方默認蘇聯勢力範圍的國家。在1956到1968年的東歐危機，西方默認蘇聯在其帝國範圍內恢復秩序的權利。蘇聯入侵阿富汗，被視為蘇聯單方面武力擴張勢力範圍的行動。在西方看來，莫斯科不再尊重基於二戰結束以來運行良好的維持現狀政策的默認協議。見Csaba Békés, *Európából Európába: Magyarország konfliktusok kereszttüzében, 1945–1990*（《從歐洲到歐洲：處於衝突交火地帶的匈牙利，1945–1990》）(Budapest: Gondolat, 2004), pp. 265–66. 雖然阿明（Hafizullah Amin）被認為是蘇聯的盟友，但蘇聯入侵阿富汗不能被視為推行勃列日涅夫主義，因為阿富汗不是蘇聯勢力範圍的一部分。匈牙利對蘇聯行動持保

留態度，也支持了這一論點。「根據匈牙利官方立場，蘇聯支持阿富汗的
革命力量不是華沙公約行動，只是蘇聯與阿富汗之間的問題。」Békés, pp.
260–61.

19 Michael Yahuda, "Deng Xiaoping: The Statesman," in David Shambaugh, ed.,
    Deng Xiaoping: Portrait of a Chinese Statesman (Oxford: Clarendon Press,
    1995), pp. 152–53.

20 Thomas W. Robinson, *Chinese Foreign Policy: Theory and Practice*, pp. 572–74.

21 李匯川：〈中蘇邊界談判的癥結何在〉，《人民日報》，1981年6月17日。

22 Head of Department Ferenc Szabó's memorandum on his meeting with Soviet
    Counselor in Budapest Kokeiev, "Soviet assessment of the 'change' in Chinese
    foreign policy," Budapest, February 11, 1981. HNA XIX-J-1-j-Kína-57-001088
    /1-1981 (84. d.).

23 Gilbert Rozman, *The Chinese Debate about Soviet Socialism, 1978–1985*
    (Princeton: Princeton University Press, 1987), p. 139.

24 Ambassador Sándor Rajnai's report (reporter: András Dunajszki): Report on
    Soviet-Chinese economic relations, Moscow, May 14, 1985. HNA XIX-J-1-j-
    SZU-51-002842-1985 (140. d.).

25 Lowell Dittmer, *Sino-Soviet Normalization and Its International Implications,
    1945–1990*, pp. 80–81.

26 1985年7月阿爾希波夫 (Ivan V. Arkhipov) 與姚依林在莫斯科簽署了為期
    五年的貿易協定，要求1986到1990年間兩國貿易總額達到120億盧布 (約
    140億美元)，雙邊年貿易額從1985年的18億美元增長到1990年的36億美
    元。(Ambassador László Iván's cable: Latest developments of Soviet-Chinese
    relations. Beijing, June 6, 1985. No. 99. HNA XIX-J-1-j-Kína-103-001677/7-1985
    [87. d.]) 相比之下，1985年的時候，中蘇設定雙邊貿易額在1986到1990年間
    要達到30–35億盧布，同一時期，蘇聯與匈牙利簽署了510億盧布的貿易協
    議。Vice-Foreign Minister Miklós Barity's report on his consultations with Vice-
    Foreign Minister Vadim Petrovich Loginov on December 9-10, 1985, in the Soviet
    Union. Budapest, December 16, 1985. HNA XIX-J-1-j-Szu-144-005246/2-1985
    (139. d.).

27 Ambassador Mátyás Szárös's cable: Cde. Rakhmanin on Soviet-Chinese relations.
    Moscow, August 5, 1980, no. 351. HNA XIX-J-1-j-Szu-10t-002647/4-1980 (125. d.).

28 Memorandum on Kaptisa' talk with Comrade Dr. Vencel Házi, April 24, 1981.
    HNA XIX-J-1-j-Szu-144t-002789/1/1981 (138. d.).

29 Ibid.

30　Record of Kapitsa's discussions at the Hungarian MFA Territorial Department. Budapest, April 24, 1981. HNA XIX-J-1-j-Szu-144-002789/1-1981 (138. d.).

31　錢其琛：《外交十記》(北京：世界知識出版社，2003)，頁4–5。

32　同上，頁8。

33　該公報限制了美國售台武器的數量與質量。中方認為，這消除了中美關係的主要障礙，但也向蘇聯表明，與之前的強調反對霸權主義的公報相比，這一公報間接提及了共同戰略目標。

34　錢其琛：《外交十記》，頁8–10。

35　Jonathan D. Pollack, "The Opening to America," p. 467.

36　Ambassador Róbert Ribánszki's cable: The Soviet Ambassador in Beijing on Soviet-Chinese consultations. Beijing, December 1, 1982. No. 238. HNA XIX-J-1-j-Kína-10-005765/7-1982 (76. d.).

37　Ambassador Róbert Ribánszki's cable: Chinese official persons on Sino-Soviet relations, Beijing, October 4, 1982. No. 181. HNA XIX-J-1-j-Szu-103-0024/13-1982 (76. d.).

38　1983年10月，蘇方首先提議阿爾希波夫訪華，中方則提議1984年4月是訪問的合適日期。蘇聯因為里根訪華推遲了訪問，接着再因為中越邊界局勢，再在5月把訪問推遲。根據蘇聯檔案，中方非常理解蘇方的推遲所要表達的信息，承諾不採取使緊張局勢升級的措施。

39　Chargé d'affaires Sándor Jolsvai's cable: Chinese assessment of Arkhipov's visit. Beijing, January 7, 1985. No. 3. HNA XIX-J-1-j-SZU-51-00156-1985 (140. d.).

40　Head of Department Bálint Gál's memorandum: Consultation in Moscow on China, Indochina and Korea. Budapest, December 1984. HNA XIX-J-1-j-SZU-144-006143-1984 (135. d.).

41　Head of Department Bálint Gál's memorandum: Soviet information on China and Soviet-Chinese relations. Budapest, December 3, 1984. HNA XIX-J-1-j-Kína-10-00974/6-1984 (82. d.).

42　Ambassador László Iván's report (reporter: Sándor Jolsvai): Soviet preliminary assessment of the latest development of Soviet-Chinese relations. Beijing, March 28, 1985. HNA XIX-J-1-j-Kína-103-001677/3-1985 (87. d.).

43　Ambassador László Iván's cable: The sixth round of Soviet-Chinese consultations (preliminary information from the Soviet ambassador in Beijing). Beijing, April 9, 1985. No. 63. HNA XIX-J-1-j-SZU-103-002228/1985 (138. d.).

44　Chargé d'affaires János Barabás's report (reporter: László Szücs): Vice-Foreign Minister M. S. Kapitsa on the latest round of Soviet-Chinese political consultations. Moscow, April 29, 1985. HNA XIX-J-1-j-SZU-103-002228/2-1985 (138. d.).

45   Ambassador László Iván's cable: The latest developments of Soviet-Chinese relations. Beijing, June 6, 1985. No. 99. HNA XIX-J-1-j-Kína-103-001677/7-1985. (87. d.).

46   Vice-Foreign Minister Miklós Barity's report on his consultations with Vice-Foreign Minister Vadim Petrovich Loginov on December 9–10, 1985 in the Soviet Union. Budapest, December 16, 1985. HNA XIX-J-1-j-SZU-144-005246/2-1985 (139. d.).

47   Gilbert Rozman, *The Chinese Debate about Soviet Socialism, 1978–1985*, p. 6.

48   Ibid., p. 133.

49   Ambassador László Iván's cable: Information from the Soviet Ambassador in Beijing on Soviet-Chinese Relations. Beijing, September 25, 1985. No. 139. HNA XIX-J-1-j-Kína-103-001677/12-1985 (87. d.).

50   For the details see Csaba Békés, "Back to Europe: The International Background of the Political Transition in Hungary, 1988-1990," in András Bozóki, ed., *The Roundtable Talks of 1989: The Genesis of Hungarian Democracy* (Budapest: CEU Press, 2002), pp. 237–72.

51   Christian F. Ostermann, ed., "Gorbachev and Afghanistan," *Cold War International History Project Bulletin*, no. 14/15, 143. Notes from Politburo Meeting: June 26, July 24, and November 13, 1986.

52   和賈丕才一樣，羅高壽也是長期與中國打交道的「中國通」，他曾在1950年代的一系列中蘇談判中擔任翻譯。Lowell Dittmer, *Sino-Soviet Normalization and Its International Implications*, 1945–1990, p. 59.

53   Ibid., pp. 70-77.

54   Csaba Békés, *Európából Európába: Magyarország konfliktusok kereszttüzében*, 1945–1990, pp. 277–78.

55   Report to the Politburo and the Council of Ministers on the Warsaw meeting of the Political Consultative Body of the Warsaw Pact States, July 18, 1988. HNA 288. f. 11/4453 ó.e. Quoted by Békés (2002).

56   Csaba Békés, *Európából Európába*, p. 278.

57   《瞭望》，1988年第2期。

58   Csaba Békés, *Európából Európába*, p. 279. 根據貝凱什的記述，這一決定前後矛盾，因為它沒有表示要削減軍事開支。相反，令人驚訝的是，莫斯科的蘇聯領導人在1988年夏決定增加國防預算43%，包括動用國家儲備。一

位蒙古國駐莫斯科處理蘇聯從蒙古撤軍事務的外交官，解釋了蘇聯在裁軍問題上兩面性的特徵。他告訴一位匈牙利駐莫斯科外交官，雖然一半的蘇聯軍隊已經撤出，但他們的武器還儲存在蒙古，蘇聯的軍事基地和設施也還在，「自然要由蘇聯人來運行和控制」。Ambassador Sándor Rajnai's cable. Moscow, December 2, 1986. No. 295. HNA XIX-J-1-j-SZU-40-005630/1986 (138. d.).

59　蘇方提議「邀請中國代表參與解決柬埔寨相關問題的實際討論」。Vice-Foreign Minister István Oszi's memorandum: Soviet information on the twelfth round of Soviet-Chinese political consultations. Budapest, June 28, 1988. HNA XIX-J-1-j-SZU-14-003513/1988 (96. d.). 錢其琛則認為，「根據當時形勢，為推動蘇聯對越南進一步施加影響，我們決定接過蘇方的建議。」錢其琛：《外交十記》，頁28。因此，兩國副外長在8月27日至9月1日再次在北京會晤，談判柬埔寨問題。中蘇就柬埔寨問題的談判從1988年持續到1989年，同時越南根據自身考慮作出讓步，在1987年12月從柬埔寨撤走2萬名軍人，並在1988年7月宣布將在1990年初撤出全部軍隊。

60　1987到1988年間，中國沒有獲邀請參加清除中短程核導彈的《中程導彈條約》的談判，也沒有參加促成蘇聯從阿富汗撤軍的日內瓦協議，雖然後者是中方提出的中蘇關係正常化的條件之一。

61　The Economist, August 15, 1987, 45–46, quoted by J. Richard Walsh, *Change, Continuity and Commitment: China's Adaptive Foreign Policy* (Lanham, MD and London: University Press of America, 1988), p. 103.

62　Ambassador Iván Németh's report: Information on issues related to Sino-Soviet normalization of relations. Beijing, November 10, 1988. HNA XIX-J-1-j-Kína-10-003203/4-1988 (57. d.).

63　重建黨際關係的問題，不在會談日程之列。

64　Vice-Foreign Minister István Oszi's memorandum: On Qian Qichen's visit to the Soviet Union. Budapest, December 7, 1988. HNA XIX-J-1-j-Kína-135-004674/1-1988 (57. d.).

65　從1987年底開始，中國在柬埔寨問題上的立場有變化的迹象。北京不再堅持建立排除韓桑林、以紅色高棉主導的政府，但堅持指出問題不能用軍事手段解決，而只能通過談判得到真正解決。中方意識到，有可能建立以西哈努克為首的獨立、不結盟的柬埔寨。（The Hungarian Embassy in Ulaanbaatar's cable: Ulaanbaatar, October 20, 1987. No. 134. HNA XIX-J-1-j-Kína-10-004807/1-1987 [78. d.]）1988年12月，錢其琛抵達莫斯科，要求越南在1989年6月底之前從柬埔寨撤軍。蘇方不願意設定越南撤軍的最後期

限，聲稱「蘇聯不能給越南下命令」。雖然如此，但中方還是看到雙方的共同立場，中方提議越南撤軍的最後期限可以拖延到1989年底，這得到雙方的認可。錢其琛：《外交十記》，頁32–33。

66　Based on information from Vice-Foreign Minister Rogachev. Chargé d'affaires János Barabás's report (reporter: János Barabás, Sándor Mózes): The Soviet foreign minister's negotiations in Beijing. Moscow, February 9, 1989. HNA XIX-J-1-j-SZU-135-001057/1989 (83. d.).

67　Ambassador Iván Németh's cable: Chinese information on Sino-Soviet foreign ministerial negotiations. Beijing, February 14, 1989. No. 36. HNA XIX-J-1-j-SZU-135-001057/1-1989 (83. d.).

68　Hungarian MFA Secretary of State Gyula Horn's memorandum: Soviet information on Foreign Minister Shevardnadze's official visit to China and Pakistan. Budapest, February 14, 1989. HNA XIX-J-1-j-SZU-146-0037/1-1989 (84. d.).

69　錢其琛：《外交十記》，頁36。

70　事實上，這意味着蘇聯反對中國支持的紅色高棉進入政府。

71　Ambassador Iván Németh's cable: The Soviet ambassador in Beijing on Gorbachev's visit to China. Beijing, May 22, 1989. No. 138. HNA XIX-J-1-j-Kína-13-002010/2-1989 (49. d.). 後來蘇聯檔案表明戈爾巴喬夫與趙紫陽進行了最為愉快的會談，而對趙紫陽的指控之一，就是他告訴戈爾巴喬夫鄧小平依然是中國最高領導人，被指泄露了國家機密，並給中蘇關係造成陰影。Ambassador Iván Németh's cable: Statements by Soviet and other socialist ambassadors on the Beijing events. Beijing, June 6, 1989. HNA XIX-J-1-j-Kína-2-0011433/8-1989 (49. d.).

72　峰會進行的同時，蘇共中央國際部和中共中央外聯部首腦也在進行着談判。兩黨達成協議，就分享彼此社會主義建設經驗和信息建立合作機制。

73　根據官方數據，到1989年上半年，共有8,000名中國公民在蘇聯工作。

74　貝凱什寫道，「從1988年中期開始，勃列日涅夫主義是留給蘇聯領導人唯一的『武器』，至少在短期內，可以用之來影響東歐的政治進程。總之，那個時候，戈爾巴喬夫及其助手已經放棄軍事干預的可能。」見Csaba Békés, "Back to Europe: The International Background of the Political Transition in Hungary, 1988-1990," p. 245.

75　賈丕才寫道，他向戈爾巴喬夫寫信建議延期訪華行程，但「戈爾巴喬夫不再聽取合適的建議」。鑒於中方並未要求延期，蘇提出延期或將被中方視為不友好的舉動。在類似的形勢下，中共一個代表團決定於1991年8月19日訪問莫斯科（當時正在發生針對戈爾巴喬夫的政變），也沒有要求延

期。中共代表團在從北京機場離開前收到消息，經過一番猶豫後，還是決定前往莫斯科，因為蘇方沒有要求他們不要去。Xiaoyuan Liu and Vojtech Mastny, eds., *China and Eastern Europe, 1960s-1980s* (Zürich: Forschungsstelle für Sicherheitspolitik, 2004). Yu Hongjun's comment, p. 203.

76　Chargé d'affaires János Barabás's cable: Cde. Gorbachev's visit to China. Moscow, May 26, 1989. HNA XIX-J-1-j-Kína-13-002010/3-1989 (49. d.).

77　Ambassador Iván Németh's cable: The Soviet ambassador in Beijing on Gorbachev's visit to China. Beijing, May 22, 1989. No. 138. HNA XIX-J-1-j-Kína-13-002010/2-1989 (49. d.).

78　Chargé d'affaires János Barabás's cable: Tensions in the Soviet Union, Moscow, June 8, 1989. HNA XIX-J-1-j-SZU-20-001092/5-1989 (84. d.).

第二部

意識形態和軍事影響

第4章

在中共黨員中灌輸斯大林主義[1]

李華鈺

二十世紀五十年代，在蘇聯專家的幫助下，中國共產黨乃至全中國，都根據斯大林的《簡明教程》進行了轉型改造。

——鄭異凡

我認為《簡明教程》這本書反映了斯大林主義的基本原理，對中國共產黨的理論界中有著深遠而持久的影響。中共的最高領導層都是通過斯大林的《簡明教程》學習馬克思列寧主義，這也是為什麼我認為中共領導人採用的馬列主義形式其實是斯大林主義。

——蘇紹智

本章探討上世紀五十年代斯大林主義對中共黨員在意識形態轉變上所起到的重大影響。具體來說，我討論了斯大林主義在千千萬萬中共黨員的世界觀和思維方式的形成所發揮的重要作用。自2004年夏天起，我開始本章的研究，訪問了多名中共高級幹部、大學教授、黨史研究人員，試圖以個別黨員的視角，了解他們在中共發展史中，是如何按照斯大林主義意識形態接受教育和完成轉型。中共於1940年代初起向黨員系統地灌輸斯大林主義，當時毛澤東正在發動整風運動(1941至1945年)。從那時起直至文革結束，幾代中共領導人以至基層黨員都週期性地經歷了類似的政治和思想改造運動。

　　根據受訪者豐富的個人故事，我描述了他們學習斯大林主義時所處的社會、政治和思想背景。我也探討了蘇聯專家在五十年代所扮演的角色，他們在中國傳播的不僅是斯大林主義，更包括蘇聯那套教授和學習黨史以至社會主義理論的方式。這些傳播方式和教授方法，一直延續到文革時期。本文描寫了受訪者所經歷的演變過程：從毫無質疑地接受斯大林思想；到懷疑這些思想中的部分內容，但不能公開表達這些質疑；直到文革期間乃至文革之後，最終產生對斯大林主義信仰的破滅。不過，仍有一些受訪者時至今日，仍然對斯大林主義的部分內容深信不疑。

　　通過這項研究，我試圖從個別黨員的視角，理解中共執政意識形態基礎的重要。這項研究也關注中共界定的馬克思列寧主義的性質，此問題以往在學術界並未得到充分探討。

斯大林主義的定義

　　斯大林主義包括很多方面。它通常等同於與集權主義相關的思想和政治結構。然而，斯大林主義還有其他特性，例如，一國社會主義的勝利、階級鬥爭、工業的國有制、重工業化、強制性的農業集體化等。斯大林主義在蘇聯範圍內體現的則還有，對專家級別所給予的特權以及其引起的社會不平等現象。自 1990 年代起，研究前蘇聯和俄羅斯的西方學者又用另一種方式來定義斯大林主義：它是一種「文明」；它是一種日常的斯大林主義，是「由斯大林時代蘇維埃人的習慣組成」；是「大眾文化和現代俄羅斯國民特性」的基礎；是「蘇聯現代化的文化規範」。換句話說，學者近年來已經跳出從制度和結構上分析斯大林主義及其對國家層面的影響，而是把斯大林主義放在日常生活層面的歷史和社會現象來研究。

　　我的分析中採用了另一種方式來解釋「斯大林主義」。我認為斯大林多次修改的蘇聯共產黨的歷史教科書《聯共（布）黨史簡明教程》（以下簡稱《簡明教程》）集中了很多斯大林的重要思想，此書對整個共產世界產生了巨大影響。西方和中國的學者，都已考察了這本黨史教科書在延安時期和 1950 年代初對於毛澤東和中共的重要性。[2] 但在本章中，我把注

意力轉向這本書在形成中共黨員的意識形態框架和思想基礎中發揮的關鍵作用。

我強調《簡明教程》獨特的重要性，並不是要降低其他書籍的重要意義。有數本其他重要著作也值得一提，例如在《簡明教程》編纂之前的1920年代，布哈林 (Nikolai Bukharin) 所寫的《共產主義入門》(*The ABC of Communism*) 是教導包括中國在內全世界共產主義者的標準教科書。1925年底，毛澤東的弟弟毛澤民，授命負責出版和發行中共的出版物，包括布哈林的《共產主義入門》。毛澤民在中國的大城市以及巴黎和香港等海外分支機構，建立了高效的銷售網絡。在毛澤民擔任這一領導職位後的半年間，布哈林這本著作在中國銷售了三萬多冊。[3] 1926年初，《共產主義入門》成為就讀新建的「高等黨校」黨員的「重要教材」。[4] 在1950至1960年代，斯大林主義的其他教材，如《蘇聯的政治經濟問題》、《簡明哲學辭典》(由蘇聯駐華大使尤金遵照斯大林的指示編纂) 以及《蘇聯的政治經濟教科書》均對中共有很大影響。不過，它們在形成中國黨內高級幹部和基層黨員的思維和實踐上，均無法與《簡明教程》的深遠意義和系統重要性相匹敵。

研究方法

我的研究主要依靠對中共前任官員、學者和黨史研究員的採訪。2004年秋，我在北京進行第一輪訪問。15位受訪者都是根據我與北京的主要研究連絡人的磋商，基於其討論問題的權威性和學識而挑選的。他們在中國的工作經歷豐富，代表了廣泛的政治見解。我嘗試盡可能採訪更多女性，但是很遺憾只能採訪到一位。在這15位受訪者中，只有已故的蘇紹智是在美國接受電話採訪，他同時向我提供了書面答案。

我沒有試圖尋找那些在職業生涯中，對本書持冷淡甚至是懷疑態度的受訪者，因為我認為這類人不會獲得共產黨信任和重用。總的來説，我與這15位受訪者交談輕鬆，並為他們的坦率態度感動。

我向受訪者分發了提前準備的問卷，並把採訪問題分成兩大類：(1) 受訪者的簡歷背景；(2) 他們怎樣受到《簡明教程》中的斯大林主義

理想的影響，並對此有什麼回憶和感想。在問卷的第二部分，我主要問
受訪者他們在什麼時候第一次閱讀了《簡明教程》，最初有什麼反應，研
讀這本著作的方法，以及這本書中哪些思想給他們留下了最深刻的印
象。如果適用，我還請他們描述首次對體現在書中的思想表示懷疑時的
情形，以及描述他們轉向開始批判的過程。我的訪問是開放式的，在過
程中我做了筆記，但沒有使用錄音機。這些採訪通常是在受訪者的家
中，或者咖啡店和飯館進行的。在北京時，我偶爾通過電話來問一些後
續問題。回到美國後，我主要是通過電子郵件繼續與在北京的受訪者聯
繫，來詢問後續問題，獲得額外的信息。我與其中一位受訪者進行過兩
次深入的後續訪問，當時我們都在馬薩諸塞州劍橋市，一次是在2005
年，第二次是2007年。我在2006年夏季開始了第二輪的訪問，主要集
中採訪專門研究蘇聯和俄羅斯的中國學者。我同樣是進行開放式的深入
訪問，這些受訪者也同樣坦率地表達他們的想法。

　　為了分析我的採訪數據，我把所有獲得的信息按不同類別進行了劃
分。我對比了受訪者在每個主題中的觀點，分別查看其相似性和差異
性。我特別注意了一些前官員在同一主題中的答案出現不同之處，並進
一步尋找了信息來解決問題。

受訪者

80多歲的受訪者

　　在15位受訪者中，只有李銳是在1938年《簡明教程》在莫斯科出版
後不久就閱讀這本書的中共黨員。2004年時李銳已經88歲，他在1950
年代末曾任水電部副部長，兼任毛澤東秘書。他身體健康，思維敏銳。
他還很有幽默感，對他所承受的不幸經歷都能平靜對待。事過這麼多
年，李銳仍保存着一本1939年莫斯科出版的《簡明教程》中文版。他在延
安的時候第一次讀了這本書，那時他還只有二十幾歲。他聽毛澤東說過
《簡明教程》是馬克思主義的百科全書，他說毛澤東對這本書視若珍寶。[5]

早在1989年1月，李銳正在訪問哈佛大學費正清研究中心的時候，就向西方學者談到了《簡明教程》的重要，尤其是它對幾代中國共產主義者的重要教育作用。[6] 在2004年與我的訪問中，李銳對這本書對他自身的影響講述得不多；但對這本書自從延安時期以來對中國共產黨的影響講述了很多。2004年的李銳過着幸福的晚年，他寫詩並參加詩歌座談會。他很高興自己比毛澤東活得更久。

70多歲的受訪者

15位受訪者中，其中九人受訪時70多歲。這是受訪者中比重最大的一個群體。他們都在1940年代末到1950年代初期或中期入黨。我把蘇紹智列入了這一群體（他在2007年離世），儘管他受訪時已經82歲，但是他屬1949年後入黨的一代人。在他的職業生涯中，曾擔任過北京中國社會科學院馬列主義研究所所長，1987年遭撤銷黨內外一切職務。這個群體還包括：已故的朱厚澤，他為人正直，講話和藹，曾在1980年代的中後期任中共中央宣傳部部長；已故的龔育之，在1990年代初曾任宣傳部副部長；逄先知，最近主編了兩卷官方的《毛澤東傳》後退休，是黨史研究專家；林蘊暉，國防大學的退休教授，國防大學是解放軍高級軍官接受政治培訓的院校；金春明，中央黨校退休教授，中央黨校是高級文職官員接受政治培訓的地方；姚監復，曾任國務院農村發展研究中心研究員，曾任著名農業經濟學家杜潤生的高級秘書；鄭異凡，中央編譯局世界社會主義研究所退休研究員；徐天新，北京大學退休教授，專研俄羅斯歷史。鄭異凡和徐天新都曾於1954年至1959年間在前蘇聯留學，是1949年後派往前蘇聯的第一批中國大學留學生。他們兩位都在列寧格勒大學就讀，於1959年中蘇爭端開始前返回中國。

這個群體很特殊，他們代表了1949年共產黨奪取政權前後吸收的那一代黨員。他們是當時共產黨積極尋找的人，他們年輕、受過良好或相對良好教育，有能力、有活力、進步、有民族情感、懷抱理想、支持共產主義事業，並且有很大的抱負，共產黨需要他們幫助建設新中國。

與延安時期和內戰時期的中共領導人不同，這個群體的多數人都在文革之後才達到了事業的巔峰。他們在1950年代接受了系統並徹底的思想改造過程，到文革之前，都保有對共產主義事業的忠誠和支持。他們中有些人在文革時期遭遇了迫害，與更早一代的領導人一道，開始質疑他們接受的教育。

50多歲和60多歲的受訪者

我也採訪了三位年紀在50出頭到60多歲的人，60多歲的包括：李海文，退休前任中央黨史研究室研究員，文革時期就讀於北京大學；嚴曉江，退休工程師，文革時期就讀於哈爾濱軍事工程學院；樊立勤，文革時期北京大學有名的學生造反派，當時遭受嚴重毆打，導致終身殘障行走困難。他們三人都學習了《簡明教程》，敏銳地意識到這本書給中國共產黨帶來的影響。50多歲的受訪者只有兩位：皮聲浩，曾在國務院技術經濟計劃研究中心任職，曾任中信國際研究所所長；張盛發，中國社科院俄羅斯東歐中亞研究所高級研究員。最後兩組受訪者與年長的一代相比，在學習《簡明教程》的過程中，接受的意識形態灌輸相對較低，但是他們被在1950年代接受了這種訓練的人所教育和熏陶。因此，他們也充分關注到本書的重要。

《簡明教程》

《簡明教程》是世界歷史上印刷最多的書籍之一，其他兩本是《聖經》和《毛澤東選集》。在1938年到1953年間，這本書發行了共計4,200多萬本，共印刷了301次，包括了67種語言的版本。[7]中國沒有關於《簡明教程》印刷數量的記載，但在匈牙利有相關的信息。根據記錄，從1948年到1950年的兩年間，匈牙利大概印刷了53萬冊《簡明教程》，當時匈牙利大概有80萬名共產黨員。[8]

《簡明教程》在斯大林的監督下撰寫，然後經過他多次的編輯修訂，1938年在莫斯科首次出版。全書只有第四章第二節出自斯大林手筆，即

有關辯證唯物主義和歷史唯物主義的章節。但是在第二次世界大戰後，斯大林卻宣稱自己是整部著作的唯一作者。[9] 在《簡明教程》出版時，全聯盟共產黨（聯共）在1938年11月14日發布宣傳決議，讚揚此書是馬列主義的百科全書，是「正式解釋」聯共歷史和馬列主義基本知識的權威來源。[10] 從1938年該書首次出版到1956年開展「非斯大林化」，《簡明教程》被尊為共產主義世界的神聖教科書，並被看作是解釋意識形態、黨內政治鬥爭、經濟政策和社會主義改革等問題最為權威的來源。[11] 包括毛澤東在內的共產主義國家的領袖，對這本著作尤其熱心閱讀，並無疑地崇拜這本書。

《簡明教程》講述的是按斯大林主義觀點論述的從1883年到1937年的聯共歷史。它詳實地記錄了由列寧和斯大林代表的正確路線，與反黨派系錯誤路線之間的階級鬥爭。個人崇拜貫徹全書，列寧和斯大林都因為俄國革命的成功而獲得讚譽，但是只有斯大林一人為建成社會主義而得到歌頌。《簡明教程》充滿了事實錯誤和不真實的斷言。比如，書中指基洛夫（S. M. Kirov）遭到暗殺，是因為社會主義建設過程中愈演愈烈的階級鬥爭而引起。但實際上，現有證據表明斯大林指使了該暗殺行動，因為他認為基洛夫在黨內日益增長的聲望對他形成威脅。此外，《簡明教程》還把蘇聯的農業集體化描述為自下而上的改革，而不是由上層強加的政策，這與歷史事實完全相反。托洛茨基被指責為在聯共內創造自己的派系，但在事實上他根本不敢這樣做。

更重要的是，《簡明教程》讓斯大林重新演繹馬列主義的部分思想。比如，斯大林把列寧的合作社意念，重新定義為兩階段的計劃。根據斯大林的編纂，聯共在第一階段創造商業合作社；在第二階段，當「條件具備時」才建立生產者合作社。當然，界定何時「具備條件」來轉入第二階段的是斯大林。可是，這種兩階段的計劃，在列寧的原著中根本沒有提及。

在東歐共產國家於1940年代中開始在自己的國家建設社會主義時，斯大林也把其思想理論強加於這些國家的領袖。按斯大林的定義，社會主義意味着建立國家所有制，以及所有資本主義經濟成分的消亡。根據斯大林的說法，建設社會主義取決於強制性的工業化和農業集體

化。他宣稱，《簡明教程》是馬列主義思想的精準陳述。但是實際上，這本書包含了斯大林出於其政治和政策目的，對馬列主義思想的重新解讀、錯誤解讀和歪曲。長達近20年間，整個共產主義陣營中的《簡明教程》讀者被灌輸了錯誤的和歪曲的思想，但是他們卻認為自己在學習真正的馬列主義。

中國學習《簡明教程》的兩個階段

中國學習《簡明教程》經歷了兩個主要階段，而這與整個共產主義陣營經歷的兩個學習階段相應。在從1939年到1956年為第一階段，這本書被當作如同《聖經》一樣的經典。我把這一階段的特徵稱呼為共產主義陣營中的強烈斯大林化。中國抗日戰爭年間 (1937–45年)，不僅在延安及共產黨佔領「抗日根據地」的中共黨員研讀《簡明教程》，就連身處日軍佔領區的黨員也會閱讀。[12] 在巴黎，流亡中的匈牙利共產黨員在法國共產黨的領導下開展工作，加入法國地下抵抗組織反抗德國侵略者，他們也孜孜不倦地閱讀這本書。為了躲開蓋世太保 (Gestapo) 眼線的追蹤，流亡中的匈牙利共產黨員為《簡明教程》起了「喬叔叔的食譜」(uncle Joe's cook book) 的代號。[13]

戰後，對《簡明教程》的學習變得愈來愈集中和廣泛。據一名在1956年移民西方國家的匈牙利共產黨員撰寫的回憶錄，在1956年非斯大林化之前，《簡明教程》是意識形態教育中最為重要的教科書。匈牙利共產黨員幾乎都得逐字逐句地學習這本書，把書中聯共每個決議及其日期牢記於心。他寫道，那些年間的意識形態教育相對地較少涉及馬克思，幾乎沒有提及恩格斯，較多提到列寧，但更多提到斯大林。[14] 正如將在下文討論到的，1950年代中國對基層黨員的意識形態教育也與其他共產國家相同。

《簡明教程》的地位在1956年蘇共二十大舉行期間開始改變。1956年2月16日，米高揚 (Anastas Mikoyan) 第一次批判《簡明教程》。中共很快得到此信息。[15] 為了取消《簡明教程》作為黨史教科書的地位，蘇共中央委員會主席團在1956年4月26日，通過了題為〈準備一本受歡迎的

蘇聯共產黨歷史馬克思主義教科書〉的決議。[16]《簡明教程》被官方奉為共產主義世界正統意識形態的年代至此結束。1958年新的黨史教科書在莫斯科出版，其中文譯本亦在1959年於北京出版，但這部新教科書從未在中國扎根。[17]

1956年後《簡明教程》在中國的地位，較在蘇聯及其衛星國更為複雜。最初，中國如同其他共產主義陣營國家一樣，對斯大林的個人崇拜以及將《簡明教程》奉為經典的熱情在蘇共二十大後迅速消退。當年在中國高等教育部工作的蘇聯專家，曾在一份報告中描述與他們共事的中國官員也開始質疑斯大林主義。他們懷疑斯大林是否仍然應該被視為經典馬克思主義和列寧主義的作者，中國也是否應該繼續把《簡明教程》用作教授馬克思主義和列寧主義的基本教材。[18]

毛澤東和中國共產黨從未正式否定《簡明教程》，相反，毛在1956年4月的一段內部講話，決定了這本書的命運。毛說：「他（斯大林）主持寫的《聯共（布）黨史》其中是否有錯誤可以研究，但它畢竟是第一部力圖用馬克思主義的觀點敍述共產黨的鬥爭歷史，總結蘇共革命鬥爭的經驗。這是國際共運歷史上第一部這樣的書。」[19] 1956年，毛澤東領導下的中共表態贊同赫魯曉夫秘密報告中對斯大林的批判，否定斯大林「隨着社會主義建設的深入，階級鬥爭會愈演愈烈」的觀點。然而一年後，毛澤東在1957年因為反右運動，對此觀點再次認可。毛澤東斷言主張，必須繼續進行政治思想上層建築的社會主義革命，因此延續了斯大林關於激烈的階級鬥爭有其必要性的思想。[20]

在從1957年到1978年的第二階段，雖然中共不再使用《簡明教程》來教育黨員，但此書的基本觀點仍被認為學習馬克思主義理論的基礎，尤其是以國際關係和世界歷史為專業的大學生。其中一位受訪者李海文，文革前在北京大學讀書，大學二年級學習國際共產主義運動本科課程時首次閱讀了《簡明教程》。[21] 最為重要的是，在第二階段，毛澤東出於對這本書的欣賞，不容國內對此書內容作出任何否定，情況尤以在1960年中共和蘇共兩黨全面決裂後更甚。此後，毛澤東決定反對赫魯曉夫，並維護斯大林的聲譽。[22] 在這樣時代的背景下，中國仍舊以正面態度對待斯大林的《簡明教程》。

正因為在中國《簡明教程》於第二階段內從未被否定，它的影響也間接地延伸到下一代的年輕人身上。數名受訪者反覆強調，成長在1960年代甚至1970年代沒有正式閱讀《簡明教程》的一代，繼續接觸斯大林思想。向他們傳授這些思想的，就是那些讀過這本書，並且深受斯大林觀點影響的教師和教授。[23]

蘇聯的非斯大林化和對《簡明教程》的否定，並沒有徹底否定斯大林思想，也沒有消除《簡明教程》帶來的所有負面影響。比如，斯大林對於社會主義的定義在共產主義陣營沒有受到任何挑戰，尤其是在中國。當1930年代斯大林肅反擴大化的錯誤在1956年蘇共二十大受到非議時，至少在中國，沒有人質疑「兩條路線鬥爭」理論在解釋聯共內部衝突的有效性。布哈林以及其他反對派領袖，仍被看作是錯誤的一派。在中國進入改革開放時期，這些領導人繼續被刻畫成反面歷史人物。[24]

但是在第二階段，部分中共黨員和機構的教學人員，開始對《簡明教程》的內容提出疑問並表示憂慮。他們開始質疑史料的準確性，以及書中側重對斯大林的個人崇拜。在這一階段，這些懷疑論者提出的觀點沒有受到黨內其他人士的支持。一直到1978年之後，才有一些學者和黨史研究者開始公開批評這本書，抨擊此書對中國的經濟、政治、社會和文化領域造成危害。[25] 但是，仍有人認定這書有其價值，可以作為一般的參考著作。正如一位受訪者所說：「這本書並非沒有價值。」[26] 仍有人繼續認為，這書從總體上來說，給中國帶來了積極的影響。[27] 有些中國學者認為，《簡明教程》一書的影響直到1992年鄧小平南巡講話時才大致告一段落。鄧的講話結束了自1978年改革開放以來關於社會主義和資本主義的爭論。

在俄羅斯，《簡明教程》在被官方遺忘了近半個世紀後，2004年捲土重來。俄羅斯總統普京決定重新印刷這本被遺忘已久的《簡明教程》，力圖還原蘇聯曾經有過的「積極的」歷史回憶。俄羅斯發行了《簡明教程》第302次印本，其封皮與1945年版一模一樣。該書於2004年秋季擺上了俄羅斯大學校園的書架。[28] 普京的行動不可能沒有引起中國的注意，但是迄今為止沒有迹象表明中國領導人也計劃在中國重新印刷《簡明教程》。

研究的主要領域

在1950年代，為了在黨的領導、基層黨員乃至整個社會，灌輸正確的理念和統一思想，中共把《簡明教程》的關鍵章節挑選出來作為學習資料，分別是：第二章、第三章、第四章、第九至第十二章，以及結論部分。第二章講述了共產黨的組織基礎：它不是群體間的鬆散聯盟，而是組織有序、先進的無產階級領導組織。第三章描述了列寧實施俄國革命的兩個基本戰略，這一章被公認為非常重要的一章，因為人們堅信它在意識形態、理論、組織原則和政治策略等方面給所有共產主義政黨提供了指引。在這一章中，列寧概述了實施俄國革命的兩個階段。在革命的第一個階段，無產階級取得領導權，與農民階級聯盟，實施「無產階級民主革命」。在第二階段，以無產階級為主力，決定何時開始由民主革命轉為社會主義革命。毛澤東的新民主主義論被看作是把列寧的「兩步走戰略」應用到中國實際情況的最佳範例。

第四章解釋了辯證唯物主義和歷史唯物主義的基本理論。第四章的第二節尤其重要，對中國共產黨的理論界有着巨大的影響。第二節中斯大林論證的辯證唯物主義和歷史唯物主義，成為中國在哲學、經濟以及社會科學方方面面的指導原則。有幾位受訪者表示，他們相信，在事後看來，這些解釋演變為獨斷主義的基石，他們很遺憾直到文革前還在向他們的學生講授這些主張。

第九到第十二章描述了發生在資本主義向社會主義過渡過程中的工業化、農業集體化和階級鬥爭。最後，結論部分總結了標誌布爾什維克黨的六個特性。每一個章節都對中國的黨政組織、革命戰略、黨內政治、社會主義建設和黨的建設，有着深遠的影響。

蘇聯式的學習方法

五十年代初，應毛澤東和中國共產黨的要求，前來中國的蘇聯專家日增。[29] 他們在培養中國未來的政治領導人，發揮了重要作用。回顧整個1950年代，他們不僅有助於傳播斯大林主義，還帶來了他們學習和

傳播的方法。至少有兩位受訪者直接師從蘇聯專家，一位在中央黨校，另一位在當時剛剛成立的中國人民大學。這兩位受訪者都沒有對蘇聯專家留下特別的印象，但都對專家授課的方式表示不滿。

蘇聯專家在課堂上以俄語讀講義，然後再由翻譯員用中文讀講義。講義內容由北京的蘇聯駐華大使館提前審定。因此，教師和學生之間缺乏互動，同學之間也不進行討論。但是在軍事學院，教學方法則較為活潑。為了促進學習，教員在專用教室裏陳列蘇聯畫冊(其中的俄語被翻譯成中文)，學生可以自由瀏覽畫冊。學生們還需要完成教師安排的額外閱讀，這些閱讀與《簡明教程》中所提及的主題相關，這樣他們才能更好地理解該書的歷史和思想背景。結合閱讀的有《列寧選集》(莫斯科中文版)兩卷集，《斯大林全集》中的相關文章。但總的來說，核心是學習斯大林理論。另外，學校還專門上映了一些蘇聯電影，比如《列寧在十月》、《被開墾的處女地》和《偉大的公民》等，以充實學生的學習經歷。

此外，院校還採用了蘇聯的考試模式。大多數考試為口試，問題的正確答案必須來自課堂筆記。學生先抽籤決定回答哪個問題，然後一般會有20到30分鐘來準備答案。在口試中，學生回答主考官提出的問題。多數學生為了完整地答題都會背誦書本。考試時，能對這本書作出理解力高的評論也非常重要。如果一個學生能相對完整地回答問題，同時引出論點，並解釋問題的理論和現實意義，那麼就可能得到滿分五分。幾個受訪者開玩笑說他們做的如何好，因此都得到五分。那些在口試中表現出色並且通過政治審查的人，被直接分派到他們剛剛完成學習的那所學校擔任教職人員。[30]

蘇聯專家還傳授了在教學時如何處理那些「反面」歷史人物。中央黨校的一些學生向蘇聯專家提問，為什麼《簡明教程》中有關布哈林和托洛茨基的詳細信息如此之少。蘇聯專家很嚴厲地批評了那些學生，並告訴他們沒必要知道那些人的事情。[31] 蘇聯專家的反應使中國學生懂得，有關「反面」歷史人物的事，他們不應該探究，而應該毫無疑問地接受所學的內容。當這些學生之後成為教職人員後，他們也把負面人物的資料限制得十分簡要，並用同樣的方法來教育他們的學生。[32]

不過，也有一些中國教員和大學官員成功地反抗蘇聯專家的案例。1955年，當毛澤東強調從蘇聯的經驗中吸取教訓的重要性，而不是一味盲目地照搬時，在兩所集中學習蘇聯模式的軍事學院，其教員和官員決定挑戰蘇聯式的課程。他們對僅僅學習《簡明教程》而沒有教授學生中共黨史這種教學方式的有效性提出了質疑。[33] 中國人民解放軍海軍學校（大連海軍學校）副校長張學思，也直接向他所在學校的蘇聯專家表達了他的憂慮。他成功地說服了蘇聯專家，中國學生應主要學習中國共產黨的歷史。[34]

一些意識形態轉型的個人故事

一代人的轉型歷程

70多歲的受訪者都稱，在第一次讀到《簡明教程》時，便無條件地接受了它，並承認它對自己成為堅定的共產主義者有着重要作用。他們相信這樣的改造是這一代人的共同經歷。在解釋起初為什麼會去讀《簡明教程》時，他們說是因為聽說斯大林和毛澤東都認為它是一本好書。金春明說，毛澤東說過它是一本好書，是一本馬克思主義和列寧主義的百科全書，這就是他會去讀的原因。[35] 林蘊暉說，他讀這本書是因為斯大林說過它從行動上代表了馬克思主義，也因為毛澤東說這本書是馬克思主義和列寧主義的百科全書。[36] 然而，姚監復卻有較為不同的解釋：這本書是1949年4月一位共產黨員朋友送給他的，他便將它視為共產黨送給他的第一本書，所以讀了它。[37] 大多數受訪者至少讀過這本書三遍，都是先自己學習，然後在當時開設的特別課程上正式學習過。所有70多歲的受訪者，都在1953年和1954年間的一場全國性學習運動[38]中學習過它。當時毛澤東發起這項學習運動，以推動全國基於斯大林理念來建設社會主義中國。

對那些正值年少的人來說，要第一次獨立讀完這本書，無論如何都不是輕鬆的事。幾個受訪者告訴我，他們第一次讀時覺得這書非常難懂，因為他們既缺乏對蘇聯歷史的了解，又沒有足夠的理論背景來理解

所說的內容。例如在1949年4月首次閱讀《簡明教程》的金春明，在八天裏花了30個小時去閱讀，但還是有無法理解的地方。可是，像其他人一樣，他仍然覺得它是一本好書。[39] 林蘊暉也有同樣的感受，當他首次閱讀時，便認為它是馬列主義的最佳教材。[40] 70多歲群體的所有受訪者中，逄先知是首次閱讀時最具熱情的。他開始讀的是第四章第二節，這部分內容是莫斯科出版的中文小冊子。他是在1949年到1950年間讀的。作為初學者，他感覺歷史唯物主義的理念很難理解，然而在那時，他還是相信小冊子裏的理念是正確的。他說，當時他是把它當一本理論著作來讀，並沒有將這本書和中國革命聯繫起來。儘管很難理解，他還是覺得文中段落寫得非常簡明扼要，因此很容易接受小冊子中表達的理念。這些理念在他世界觀的形成起到了重要作用。他說在讀的時候「如饑似渴，覺得句句是真理」，就像「海綿吸水」一樣吸收小冊子中的理念。讀過冊子後，他感覺開拓了自己的世界觀，這本小冊子就像《聖經》或其他經典一樣傳播着真理。[41]

大多數70多歲群體的受訪者都曾參加過特別課程，因此更系統地學習過《簡明教程》。1950年代初，《簡明教程》是中共黨員學習馬克思主義和列寧主義的基礎教材。在當時，幹部要學習四門理論課程：中國共產黨黨史、馬克思主義哲學、政治經濟學和《簡明教程》。例如，林蘊暉在1954年3月轉入中國人民解放軍軍事學院學習時知道這本書，並在一年之後的1955年入讀該學校政治系後，開始對該書進行更系統的學習。[42] 蘇紹智是通過在人民大學上了一門蘇聯專家教授的「馬克思主義和列寧主義基礎」課程後，才進行正式的理論學習。與課程名稱有所不同的是，課程本身主要是學習《簡明教程》，講課內容基本上就是解釋這本書的內容。[43] 鄭異凡是1953年在北京參加的一門政治科學課程上正式學習了《簡明教程》。鄭當時是在北京參加為期一年的預科班課程，以着手準備從1954年開始在蘇聯的學習。他還利用了這本書的俄文版來學習俄語。[44]

金春明通過參加地區黨校和中央黨校，接受了比其他受訪者更為廣泛的關於《簡明教程》的培訓。首先，他在東北支部黨校參加了兩年的

高級理論班。在那兩年裏，大概有一年半專門用來學習《簡明教程》。負責教導金和其他學生的都是著名的中國政治科學教授，他們曾在延安的列寧主義大學接受過培訓，包括劉芝明、富振聲和陳放。金和他的同學，都非常認真地學習這本書。金説，中國教授深入透徹的講解，給他和其他學生留下了很深刻的印象。他在1955年獲挑選參加另一個兩年期的課程，學習如何教授馬克思主義和列寧主義。在那裏，他跟蘇聯專家學了一學期的《簡明教程》。蘇聯專家講的課並沒有給金春明留下特別深刻的印象。[45] 正如之前提到的，蘇聯專家用俄語讀一遍他們的講義，然後由一名翻譯員用漢語重新讀一遍。

1953 至 1954 年間的學習運動

　　1953年，毛澤東開始把中國以私有制為主的經濟體，改造成社會主義的計劃經濟體。為此他發起了全國範圍的學習運動，向黨員灌輸應如何「正確」地在中國建設社會主義的理念。從根本上來説，這項運動的目的是統一黨內乃至全國的思想。一些受訪者很坦率地説，當時毛澤東和中共中央委員會並不知道如何開展社會主義經濟建設，所以全黨都要按照要求學習《簡明教程》的第九至第十二章來理解該如何做。基層黨員被告知那些章節，包含着符合中國實際的經驗教訓。我訪問的70多歲受訪者，都有這段強化學習的經歷。

　　此次學習運動成為1949年後中國罕見場面之一，是一場對基層黨員及黨的領導集體系統性的意識形態改造。通過閱讀《簡明教程》的這些章節，現今70多歲受訪者這個群體，連同上幾代的領導人，一起學習了斯大林對社會主義的定義，如何建設社會主義，如何積累資本支持工業化，以及如何在社會主義建設中開展階級鬥爭。通過對第九至第十二章的學習，毛澤東達到了兩個目的：第一，堅定人們對什麼是社會主義、斯大林式的社會主義、社會主義就是消滅私有制的信念；第二，接受斯大林的觀點，即社會主義革命越深入，階級鬥爭越尖鋭。當時中國還反覆放映了電影《偉大的公民》，以增強人們的這一觀念。[46]

為了有效地開展如此大規模的學習運動，中共黨員被劃分成不同級別的學習小組：初級、中級和高級。初級小組的人要參加大型的講座，學習于光遠有關政治經濟學的簡易版著作。年輕的有過大學教育經歷的，特別是已經有了革命經歷的幹部，被要求參加中級學習小組。高級學習小組則包括各部部長和中共領導層的核心成員。高級學習小組要學習列寧的新經濟政策和「資本內部積累」的概念。他們學會要採取以重工業為先的政策。為保持這種優先性，也需要剝奪農民階級來支持工業化的資本積累，也就是後來被稱為「原始社會主義積累」的政策。[47]

在這期間，據幾位受訪者所説，全黨都在集中學習《簡明教程》的第九到第十二章。每個人都被要求「照搬蘇聯經驗」，並且這樣做是「天經地義」的！[48] 逄先知感受到了那個時代的狂熱，每個人在工作後的夜晚，都認真地學習那些章節，腳踏實地，一章一章地，從頭讀到尾。[49]他説在那時，整個黨在思想上都是統一的，正是因為有《簡明教程》。在他看來，這本書給幹部提供了一種強大的思想武裝。[50]

在當年，我的受訪者都在學習《簡明教程》，而毛澤東正在宣傳「社會主義改造總路線」。這是一項新的激進政策，中國要按照斯大林主義的藍圖，把以私有制為主的經濟體改造成國有制。據林藴暉所説，每個人都被要求通過學習第九至第十二章，得出兩條有關毛澤東「總路線」的結論。首先，每個人都知道毛澤東從列寧的「兩種策略」中衍生出他的「新民主主義理論」；其次，通過學習，他們懂得毛澤東的「社會主義改造總路線」，是以斯大林在蘇聯成功的社會主義經濟建設為基礎的。[51]金春明憶述自己當時的想法説道：「九到十二章的閲讀使我們更加了解為什麼毛澤東和中共中央委員會要推行『社會主義改造總路線』的方針；那些章節不僅證實了『總路線』的正確性，而且也使我們理解了社會主義的基本概念。」[52]

通過實際案例學習階級鬥爭

「階級鬥爭理論」的集中學習亦在同一時期進行。為了使黨員們能更好地理解階級鬥爭理論，類似學習都與中國的實際案例相結合進行。

在學習中，我的受訪者們被要求對照學習1954年的「高饒事件」、1955年的「潘（漢年）揚（帆）事件」和「胡風事件」，以至其他進行中的內部清洗運動。學習過這些案例之後，我的受訪者們相信黨組織開展這些清洗運動的方式確實和《簡明教程》中描述的很接近，也符合書中的理論。當年，所有的受訪者都把書中有關階級鬥爭的思想視為真理。[53]

除了學習階級鬥爭理論，中共還向黨員灌輸「在社會主義建設進程中，階級鬥爭將不斷加劇」的原則。[54] 為了證明這項斯大林主義思想的正確性，《簡明教程》引用了蘇聯受人愛戴的黨的領袖基洛夫遇刺的例子。基洛夫是政治局成員，1934年12月在列寧格勒被年輕的黨員尼古拉耶夫（Leonid Nikolaev）槍擊致死。行刺事件發生後，謠言四起。尼古拉耶夫與他的同謀接受了審判並被判有罪，1935年被處決。[55] 根據《簡明教程》中的解釋，基洛夫遇刺正是社會主義建設進程中階級鬥爭加劇的一個映證。按照這個結論，年輕的行刺者尼古拉耶夫則被與反黨密謀集團聯繫起來。基洛夫事件給中共黨員帶來極大震撼，給他們留下了深刻的精神烙印。其中一些人仍然能夠準確地回憶起討論該事件的段落（第十一章，第四節）和頁碼。基洛夫事件始終撲朔迷離，直到1956年赫魯曉夫重新對此案進行了調查，得出的結果是斯大林及其密友有涉案嫌疑。

對該書深信不疑

當我在2004年初次與我的受訪者見面時，不論當時的政治取向如何，全部都承認自己在1950年代年對《簡明教程》中所載的思想不曾抱有任何懷疑。對他們大多數人而言，完全沒有懷疑的理由是當時該書被視為馬列主義的經典著作和百科全書。此外，1950年代中國正處於中蘇友好時期，極度崇拜斯大林及蘇聯的成就。逄先知表達了他當時對該書的無比信仰：他對這本書沒有任何懷疑，將其奉為圭臬，所說的都是真理。[56] 即使經歷了1956年的非斯大林化運動和1960年代的中蘇衝突，受訪者中的許多人還是相信《簡明教程》中的斯大林思想總體上仍然是正確的。

懷疑的禁忌

當我問到受訪者，那時候為什麼不曾對那本書或黨的政策產生過懷疑或批判性思考，他們的回答並不令人驚訝，但有些確實讓我難以理解。據受訪者說，在1957年之後，中國的廣大群眾包括黨員都開始對許多事情心存懷疑，但他們不能公開地表達出來。對於為什麼不能表達任何懷疑，他們給出了兩個原因。首先，外部壓力令人無法表達任何懷疑或顧慮。人們如果表達過這樣的想法，即使非常小心謹慎，也可能因此陷入麻煩當中。如果向上級匯報疑問、向黨內同志「敞開心扉」、寫日記或者在給朋友的信中發表個人意見，人們會感到後悔。其次，黨員都為黨內彌漫的思想專制所控制。一名自律的共產黨員甚至不應該對黨的意識形態或政策抱有任何批判性的想法（不能腹誹）。這樣的思想自律，也就是控制個人思想的能力，在當時被視為優秀共產黨員的決定性品質。[57] 我的兩位受訪者林蘊暉和金春明都提到，他們不僅自我訓練成這樣的思想自律，還教導學生也這樣做。[58]

在蘇聯學會對《簡明教程》心存批判

對於一些曾於1954年和1959年間在蘇聯學習過的留學生而言，在1956年非斯大林化運動後更容易學會批判地看待《簡明教程》，那些曾在列寧格勒大學學習過的尤為如此。比如徐天新，他曾跟隨科納托夫斯基（Kornatovski）教授讀書。他是一名衛國戰爭的老紅軍，這位教授敢於提出異議，曾經因為言論被捕。1956年後，在科納托夫斯基教授的指導下，徐和他的中國同學開始批判性地閱讀《簡明教程》。徐開始思考幾個問題：貧苦的農民是否真的參與了十月革命？應當如何理性地評價托洛茨基？為什麼只有無產階級的領導人永遠都是正確的？為什麼階級鬥爭總是被放在具有絕對重要性的地位？[59] 身處列寧格勒大學時，他還有可能批判地看待斯大林的思想，而當他1959年回到北京後，面對的則是一個截然不同的現實。他很快學會隱藏自己對《簡明教程》的批判思想。

與日俱增的疑慮

　　林蘊暉是最有思想的受訪者之一，曾直率地表達了自己的感受。這些與他所學的思想並無太大關係，更多的是關於他觀察到的在中國發生的這些事件。作為忠誠的共產黨員，虔誠信仰着被灌輸的意識形態，他全盤接受了《簡明教程》中有關階級鬥爭、兩條路線鬥爭的思想，以及斯大林的社會主義思想。但在面對現實時，他內心產生了疑慮。然而，他還是作出了一名成熟的共產黨員應有的表現，試圖不理會自己的疑問。據林所說，五十年代中期高饒、潘漢年和揚帆、胡風的清洗發生時，他心中備受折磨。中國政府1956年宣告社會主義改造已基本完成，中國已實現社會主義時，他和其他人一樣感到興奮。但是當六十年代初中國進入困難時期時，他開始對中國的社會主義感到困惑，奇怪為什麼在社會主義之下社會氛圍反而變得更為緊張。他也無法理解，過去供應充足的食物和商品為什麼大量減少？在文化大革命期間，他和其他許多人都開始懷疑每天不斷的階級鬥爭到底是不是如毛所宣揚的那樣，是社會主義建設的必要部分。他和許多黨員開始悄悄交談，對許多無法理解的事情愈加地懷疑。然而只是在1980年代初，林有關《簡明教程》的想法才經歷了一系列的改變。[60]

評價《簡明教程》在中國的影響

　　我的受訪者中存在一個共識，就是《簡明教程》對中共黨員具有極大的影響力，他們給我列了一系列領域所受到的《簡明教程》的影響。他們提到的一些領域是普遍性的，還有一些要更為具體。在受《簡明教程》影響的更普遍領域中，他們列舉出了政治制度和政治組織、思維模式、黨的建設、經濟管理、政治宣傳、對意識形態和媒體的控制、書籍報紙的審查制度，最後還有寫作風格。

　　為什麼受訪者要把寫作風格也列入受《簡明教程》影響的領域呢？那些見多識廣的中共黨員都了解，中共曾多次模仿《簡明教程》的寫作風格。1960年代中共與蘇共通過「公開信」進行辯論時，中共曾經使用

與《簡明教程》文中相似的挑釁語言以及譴責性的語調。我的受訪者之一鄭異凡告訴我說，當他在寫一篇批判「四人幫」的文章時曾模仿了《簡明教程》的寫作風格。鄭的單位領導讓他寫一篇報紙文章譴責「四人幫」，鄭首先查看了《簡明教程》中譴責托洛茨基的段落。在批判四人幫的文章中，他便使用了帶挑釁意味的語言和強烈譴責的語調，正是與《簡明教程》中譴責托洛茨基的段落相似。鄭告訴我寫好這篇文章後，他感覺非常好。[61] 在他譴責四人幫的文章中需要專攻要害時，他也發現《簡明教程》的風格無與倫比的合適。

在更具體的層面上，大多數的受訪者意識到《簡明教程》中所包含的思想對新中國成立之後的中國共產黨存在的消極影響。他們的意見大致可分成四個方面。第一，因為《簡明教程》中有關建設社會主義的斯大林主義思想已經深刻影響了中共領導人及基層黨員的意識形態，中共相信剝奪農民階級相當一部分的糧食來支持快速工業化，即「原始社會主義積累」的政策是合理的。他們認為在經濟政策方面應當優先發展重工業。更加根本的，因為社會主義被認為與國有制相關聯，那麼消除私有制經濟也是必須的。第二，在建設社會主義的進程中需要持續不斷的階級鬥爭，這影響了上百萬名黨員的思想，使得他們相信隨着社會主義建設不斷前進，加強階級鬥爭必不可少。

第三，黨內鬥爭只是正確和不正確兩條路線的鬥爭，並始終存在且不可避免；不管毛澤東說的什麼，都一定是正確的路線。這是《簡明教程》對黨和人民最具影響力和破壞力的思想。黨內兩條路線的鬥爭，也被認為是更廣泛的社會階級鬥爭的反映。在這個觀點中，資產階級總是會讓其代表人物打入黨的內部，這些代表必須被根除。因此，文化大革命被視為是毛試圖從黨內清除這些資產階級代表的革命。

第四，在整個毛澤東時代，斯大林有關黨內鬥爭的思想都被付諸實踐。由於黨的領導人對於政策發表的不同意見被視作階級鬥爭和兩條路線鬥爭的反映，理所當然地，黨組織應該採取「殘酷鬥爭，無情打擊」的方式來解決黨內鬥爭。對待無黨派的異議者，則採取了比對黨內不同路線者還要更加嚴厲的鬥爭方法。用無情的方式來處理黨內鬥爭，這一做法可以追溯到1920年代末期和1930年代中共內部發生的殘酷鬥爭和大

清洗運動。斯大林1928至1929年間進行的黨內清洗為那些行為賦予了合法性，被視為清除黨內敵人的一部分。從延安時期開始，斯大林的影響則更制度化了。

最後，黨員聽從《簡明教程》學到，對黨的領袖給予絕對的尊敬和服從。正如《簡明教程》中提到的，斯大林在蘇聯利用個人崇拜來建立其絕對權威。毛受到了斯大林的啓發，也建立起他自己的個人崇拜。毛對絕對權威的欲求在文化大革命時期達到了頂點。

結 論

在我訪問過的15人中有一個共識，就是《簡明教程》對中國共產黨和中國有大範圍且深遠的影響。作為共產主義世界和中國斯大林化進程中的一部分，1950年代在蘇聯專家的幫助下，中國進行了一場系統性的意識形態變革，新一代的領導人被集體灌輸了斯大林主義的世界觀和意識。其結果是斯大林主義的意識形態基礎成為了社會結構的一部分，並協助維持了中國共產黨的統治。與蘇聯和東歐國家不同，1956年後《簡明教程》在中國並沒有受到否定，當這一代深受斯大林主義教條影響的領導人和教育者培養年輕一代時，他們將這本書的影響延續到了下一代。

這項研究是關於個人意識形態形成與轉變的歷史調查，也解釋了中國共產黨如何通過溫順忠誠的基層黨員的支持與協作，成功地維持黨的統治。我所採訪的15個人，講述的故事各有不同，但是他們都描述了意識形態及思想轉變的共同經歷。對他們中許多人而言，這種轉變接近於精神或信仰的覺醒。然而對受訪者以及眾多的黨員和領導人而言，本質的悲劇來自於他們被灌輸了被斯大林再解釋過的馬克思列寧主義思想和偽造的歷史謊言。直至文化大革命，那些信仰都深植於大多數受訪者的思想中。在那動亂的文化大革命的年代裏，他們的信仰體系遭到了挑戰，他們的世界觀被文化大革命毀滅性的混亂和殘酷荒唐所徹底粉碎。像許多其他黨員一樣，大多數受訪者感到他們的信仰和忠誠是被文化大革命這場災難所摧毀，而這一切都是因毛的煽動而發生。可笑且可悲的是毛澤東過分地玩弄了斯大林主義的手段，在無意間卻治癒了上百萬中

國共產黨黨員因為蘇聯教科書《簡明教程》而對斯大林主義產生的信仰和幻想。

註 釋

1　作者深切感謝接受採訪的15位中共前高級幹部、學者和研究人員的幫助（其中幾位已與世長辭），並在此特別感謝林蘊暉教授自始至終的支持和幫助。

2　Benjamin I. Schwartz, *Chinese Communism and the Rise of Mao* (Cambridge, MA: Harvard University Press, 1979), p. v–vi; Tony Saich, "Writing or Rewriting History? The Construction of the Maoist Revolution on Party History," in Tony Saich and Hans van de Ven, eds., *New Perspectives on the Chinese Communist Revolution* (Armonk, NY: M.E. Sharpe, 1994), pp. 303, 315; Li Hua-yu, *Mao and the Economic Stalinization of China, 1948–1953* (Lanham, MD: Rowman & Littlefield, 2006), pp. 95–120; 高華：《紅太陽是怎樣升起的：延安整風的來龍去脈》（香港：中文大學出版社，2000），頁186–192。

3　馬社香：《一個女革命者的歷史見證》（北京：中共黨史出版社，2002），頁91–92。

4　S. A. Smith, *A Road is Made: Communism in Shanghai, 1920–1927* (Honolulu: University of Hawai'i Press, 2000), p. 127.

5　李鋭，2004年9月15日面談。

6　李鋭：《直言：李鋭六十年的憂鬱史》（北京：今日中國出版社，1998），頁324。

7　N. N. Maslov, "Short Course of the History of the All-Russian Communist Party (Bolshevik)—An Encyclopedia of Stalin's Personality Cult," *Soviet Studies in History* 28, no. 3 (Winter 1989–90): 42.

8　Janos Botos, Gyorgy Gyarmati, Mihaly Korom, and Tibor Zinner, *Magyar hétköznapok Rákosi Mátyás két emigrációja között, 1945–1956*（拉科西·馬加什時代匈牙利兩代移民的日常生活，1945–1956）(Budapest: Minerva, 1988), p. 304.

9　Robert C. Tucker, *Stalin in Power: Revolution from Above* (New York: W. W. Norton & Company, 1992), p. 531.

10　〈《聯共（布）黨史簡明教程》對中共黨史教學和研究的影響（座談會發言摘登）〉，《中共黨史研究》，1989年，第1期，頁16。

11　亞諾什·科爾耐（János Kornai），1994年2月2日於馬薩諸塞州劍橋市面談。

12　Li Hua-yu, *Mao and the Economic Stalinization of China, 1948–1953,* p. 98.

13　巴拉日・斯查隆泰(Balazs Szalontai，匈牙利學者)，2003年6月5日電郵聯繫。

14　巴拉日・斯查隆泰，2003年6月5日電郵聯繫。

15　中共中央文獻研究室編：《毛澤東年譜，1949–1976》，第2卷(北京：中共中央文獻出版社，2013)，頁535。

16　亞歷山大・潘佐夫(Alexandre Pantsov)，2003年6月3日電郵聯繫。

17　鄭異凡，2005年1月19日電郵聯繫。

18　沈志華：《蘇聯專家在中國：1948–1960》(北京：中國國際廣播出版社，2003)，頁261。

19　吳冷西：《十年論戰，1956–1966：中蘇關係回憶錄》，上(北京：中央文獻出版社，1999)，頁22。

20　林蘊暉，2008年10月13日電郵聯繫。

21　李海文，2004年12月13日電郵聯繫。

22　參閱〈關於斯大林問題：二評蘇共中央的公開性，1963年9月13日〉，載於《關於國際共產主義運動總路線的論戰》(北京：人民出版社，1965)，頁121–48。

23　林蘊暉反覆強調這一點。他在2004年11月16日的郵件中表述了他的觀點。鄭異凡也在2005年1月19日的郵件中有相同的論述。

24　林蘊暉，2004年11月16日電郵聯繫。

25　至少一場座談會在1989年於北京舉行，期間湧現了大量文章，闡述《簡明教程》對中國的負面影響。近年討論該議題的文章，參閱章世鴻：〈重新審視《聯共(布)黨史簡明教程》〉，《炎黃春秋》雜誌，2003年第4期，頁17–23。

26　金春明，2004年8月30日面談。

27　逄先知，2004年9月22日面談。另參閱李偉：〈一部與時俱進的馬克思主義著作——評《聯共(布)黨史簡明教程》〉，《中國與世界》，2004年，第2期，頁1–9。

28　〈俄國重新出版《聯共(布)黨史簡明教程》〉，《百年潮》，2006年，第2期，頁66。

29　對於蘇聯專家在中國發揮作用的全面研究，參閱沈志華：《蘇聯專家在中國：1948–1960》。對於蘇聯專家在人民大學發揮作用的全面研究，參閱本書中李濱(Douglas A. Stiffler)所著的第12章。

30　林蘊暉，2004年11月16日電郵聯繫。

31　金春明，2004年8月30日面談。

32　同上。

33　沈志華：《蘇聯專家在中國：1948–1960》，頁253。

34　同上。

35　金春明，2004年8月30日面談。

36　林蘊暉，2004年12月2日電郵聯繫。

37　姚監復，2005年5月26日於美國馬薩諸塞州劍橋市面談。

38　類似的討論，參閱Frederick C. Teiwes, *Politics at Mao's Court: Gao Gang and Party Factionalism in the Early 1950s* (Armonk, NY: M. E. Sharpe, 1993), p. 49–50.

39　金春明，2004年8月30日面談。

40　林蘊暉，2004年12月2日電郵聯繫。

41　逄先知，2004年9月22日面談。

42　林蘊暉，2004年11月16日電郵聯繫。

43　蘇紹智，2004年11月7日撰寫的書面聲明。

44　鄭異凡，2005年1月19日電郵聯繫。

45　金春明，2004年8月30日面談。

46　林蘊暉，2015年3月29日電郵聯繫。

47　龔育之，2004年9月21日面談。

48　金春明，2004年8月30日面談。

49　逄先知，2004年9月22日面談。

50　逄先知，2004年9月22日面談。

51　林蘊暉，2004年11月16日電郵聯繫。

52　金春明，2004年8月30日面談。

53　金春明，2004年8月30日面談。

54　林蘊暉，2004年12月2日電郵聯繫。

55　關於基洛夫暗殺事件以及相關主題的詳細討論，參閱Boris I. Nicolaevsky, *Power and the Soviet Elite* (New York: Frederick A. Praeger, 1965), p. 69–102; Sarah Davis, *Popular Opinion in Stalin's Russia: Terror, Propaganda, and Dissent, 1934–1941* (Cambridge: Cambridge University Press, 1997), pp. 116–22.

56　逄先知，2004年9月22日面談。

57　林蘊暉，2004年11月16日電郵聯繫。

58　林蘊暉和金春明都強調這兩點，兩人於2004年8月30日一起受訪。

59　徐天新，2004年9月10日面談。

60　林蘊暉，2004年11月16日電郵聯繫。

61　鄭異凡，2004年9月1日面談。

第5章

1959年中蘇軍事同盟之裂變的前因後果[1]

由冀、焦宏

蘇聯對中國的軍事影響力在1950年代中晚期達到了頂峰，並在某些領域延續至今。中國需要蘇聯軍事援助的首要原因是來自美國的巨大軍事威脅，以及中國自身缺乏以武力統一台灣的軍事實力。中共建政後，解放軍面臨着怎樣由以農民為主體的革命軍隊，轉型為現代化、全國性和正規化軍事力量的挑戰；而蘇軍的現成模式，正是解放軍推動整體轉型的重要參照路徑。因此吸取蘇聯經驗和踐行自身的歷史使命連結在一起，成為學習蘇聯運動的內在主因。對內對外，蘇聯的軍援均成為中國新政權維護國防安全不可或缺的物質來源。這就是為什麼毛澤東在1950年代初曾教誨解放軍將領：「蘇聯是我們最好的老師。」[2]

不過，隨着學習蘇聯運動的擴展，以及解放軍對蘇聯裝備日趨加深的依賴，令毛澤東以及一些軍隊將領對學蘇導向愈加忐忑不安。毛澤東對蘇聯政軍領導人傲慢的態度漸生厭惡之感。與此同時，雙邊的軍事合作也出現諸多摩擦。上至高層統帥下至基層幹部，包括許多親蘇分子，也對蘇聯經驗產生了疑惑。軍隊內部在如何學習蘇聯經驗的方法上亦出現了重大分歧，並影響毛澤東對學蘇的態度，使他對蘇聯經驗逐漸由熱情倡導轉變為躊躇和批評。與此同時，兩國和兩軍在交往中出現的一系列偶發負面事件，亦逐漸侵蝕了彼此間互信的基礎，最終導致了中蘇軍事同盟的徹底瓦解。

本文試圖探討為什麼一個對雙方均有極大利益的同盟，會如此迅速、輕易地崩潰，並試圖論證引發這一解體過程的各種內在外在因素。主流的中蘇關係研究者認定，破裂的原因是兩國意識形態的嚴重分歧、毛澤東和赫魯曉夫的個人性格衝突、以及中蘇對國際共運領導權之爭。本文則偏重其他重要的因素，強調中蘇關係因存在結構性利益衝突，從始至終就未達到真正軍事同盟的標準。就雙邊互動過程而言，蘇聯統治者在處理一些爭議時出現了令中國領導人難堪的局面；同時北京在與莫斯科交往時，出於國家安全考慮，亦向對方實施了模糊戰略的策略，這無疑加劇了中蘇領導人的相互猜疑與性格衝突，使整體的中蘇關係成為這一衝突的犧牲品。然而必須承認的是，蘇軍對解放軍的影響力並未因軍事同盟關係的解體而徹底消失。遺憾的是學界對這一重大主題尚無比較全面的分析報告，中國官方的論述常常受到意識形態的影響。然而，隨着新的研究資料不斷被公開，相信對此課題更為客觀、真實的研究成果會陸續問世。

蘇聯模式與解放軍轉型

客觀而言，蘇聯對中國大規模的軍事援助建構了解放軍整體轉型的物質基礎，這可以從以下幾個角度加以認證。

軍力現代化

1950年金門戰役的失利以及朝鮮戰爭的巨大傷亡，令中共領導人認識到先進的軍事裝備在未來現代化戰爭所起的決定性作用。西方的武器禁運，使蘇聯成為中國獲取高端武器的唯一渠道。僅在1951年，中國向蘇聯購買的武器就可以裝備60個陸軍師和12個空軍師。[3] 尤其是中國空軍和海軍，很大程度是建立在蘇聯武器系統的基礎上。比如1951購自蘇軍的36艘海軍主戰艦艇，形成了解放軍海軍的雛形。1955年中國在接收蘇聯海軍旅順基地時，蘇聯用半送半賣的價格向解放軍移交了一個潛艇基地；而其他軍火裝備了五個殲擊機師、一個轟炸機師、兩個

步兵師、一個機械化師、三個高炮師和三個地炮師。到朝鮮戰爭結束時，解放軍的主戰裝備幾乎全部蘇式化，包括186個陸軍師和12個空軍師。具體而言，中國向蘇聯購買了80萬支步槍、1.1萬門火炮、5,000輛坦克、9艘潛艇、4艘驅逐艦以及5,000架戰機。解放軍因此淘汰了幾乎所有在內戰時期持有的過時武器，軍隊現代化階段性初步完成。[4] 在短短五年內，解放軍常規主戰裝備與其主要的敵人美國相比，已經沒有代差，一躍成為世界第三最強大的軍隊。

軍隊正規化

在中共建政之初，軍事的正規化是解放軍轉型的重大使命之一。解放軍在內戰期間被分割在不同的戰略區，五個野戰軍各自建立起其獨特的指揮體系、規範標準、建制結構以及交戰守則，彼此之間在統領和管理體制上存在巨大差異。因此中央軍委在1949年底決定將所有部隊的軍令制度、軍政制度統一起來，而指導這種統一的過程在很大程度上是基於蘇軍的模式。具體而言，解放軍的整體轉型由三大制度牽引，即全國統一的徵兵制度、軍銜制度以及職業軍人工資制度，而這些制度的原型也來自蘇軍。[5] 空軍與海軍的建制建規，幾乎就是蘇軍的翻版。當然解放軍陸軍因其自身獨特的發展歷史，其基礎性的傳統建構得以延續。

毛澤東在1950年下達了「五種統一」(統一指揮、統一建制、統一軍隊組織結構、統一紀律、統一訓練大綱)與「四大標準」(軍事組織標準、整體計劃標準、法律程序標準、行政等級標準)的訓令。[6] 同年中央軍委頒布了解放軍的制度化指導大綱，而這一大綱基本上源於蘇軍版本的翻譯。據此，總參謀部制定了軍政八條制度，即請示報告制度、視察檢查制度、訓練計劃制度、集中訓練制度、政治學習制度、機關參謀制度、主官培訓制度以及軍事檢閱制度。即便在五十年代中後期，解放軍已經頒布了一系列本軍的規章規範和規制，但總部機關仍指示在具體的軍令軍政執行中，盡可能的以蘇軍標準作為優先參照，特別是在軍事技術管理、戰術演習規劃等具體事務方面。因此，解放軍的正規化實際上構建

於蘇軍的模式之上。儘管毛澤東反覆強調要突出解放軍自身的風格特點，蘇聯模式的嫁接已然產生了難以磨滅的後續效用。直到1958年，解放軍最終完成了自己的全套正規化規定、規範和制度。然而，在這整套的制度裏仍可處處尋覓出蘇軍樣本的痕迹。[7]

解放軍直接按蘇軍藍本來制定的規章制度，包括：1950年1月下達解放軍的《蘇軍軍事條例》、《蘇軍紀律守則》和《蘇軍內務條例》；1950年4月下達的《蘇軍訓練大綱》和《蘇軍內部安保守則》以及《蘇軍刑事法規大綱》。正是基於以上蘇軍藍本，解放軍制定了自己的三大制度，即：訓練管理制度、內務安全制度和刑事法律制度。

奠定國防工業的核心基礎

現代化軍隊需建立在現代化國防工業基礎之上，蘇聯援助為中國構建其現代國防工業基礎起了至關重要的作用。中國在第一個五年計劃（1953至1958年）期間從蘇聯引進了156個骨幹重工業項目，其中包括44個軍工企業，佔到總體的28%。這其中12個是航空工業項目，10個是軍事電子工程項目，16個是常規武器裝備項目，兩個是航天項目，四個是船舶製造項目。而其他的重工項目也與軍事密切相關。與此同時，蘇聯在導彈和核技術方面的技術援助對中國建立起自己的兩彈一星體系也有重要貢獻。比如兩國在1957年簽署的〈中蘇國防新技術互助協議〉，具體的將導彈技術轉讓列入其中。儘管所有蘇聯專家在1960年撤回國時中國的核導研究仍在起步階段，但蘇聯專家傳授給中方的技術以及留下的部分設計藍圖，都為中國後來的核導工業發展起到某種奠基的作用。對此，中國首席軍工科技專家朱光亞曾有過以下描述：蘇聯的軍事技術轉讓和實體工業援助，為中國在嚴峻的外部威脅條件下快速發展起完備的國防工業贏得了非常寶貴的時間。[8]儘管中國官方的歷史學家曾經有意識地貶低蘇聯援助的作用，他們也從不否認蘇聯軍援對中國軍事現代化所發揮的巨大功能性貢獻。

「我軍傳統為體」，蘇聯技術為用

綜上所述，我們可以看到，蘇軍模式的輸入以及蘇聯的軍援，在1950年代初中國軍事變革處於關鍵轉折點時，發揮了突出而深刻的影響力。對中共領導層而言，運用蘇軍模式引領解放軍現代化改革不是一個策略的選擇，而是一種戰略的需求。這主要是因為除了蘇聯之外解放軍再難有其他渠道可以引進關鍵性的軍事技術和軍事裝備，同時蘇軍在歷次的對外作戰中常勝不敗的記錄，亦使得很少中國領導人懷疑蘇聯模式的適用性。更廣義地說，解放軍學習蘇聯軍事模式是中國學習蘇聯整體經驗的一個重要部分，是中國推行向蘇聯「一邊倒」外交政策的結果。中蘇同盟關係的建立，為中國獲得蘇聯財政和技術援助的載體。[9]

蘇聯模式在短時間內的快速輸入與傳播，在思想上和組織上嚴重衝擊了解放軍在22年長期戰爭中所形成的固有傳統。如何處理自有模式高速向舶來模式轉向時必然出現的摩擦、不適應性和利益衝突，很快就成為解放軍各級領導馬上要面對的挑戰。具體而言，解放軍的固有模式由以下幾個重要部分組成。第一，官兵互動中的平均主義傾向；第二，意識形態強烈灌輸所強調的精神力量；第三，軍民一體的戰鬥與動員模式；第四，軍內軍事主官和政治委員的雙長制；第五，黨委議事的集體領導體制。[10] 而與此相對照的是蘇聯模式對專業主義的強調與推崇，對武器裝備決定論的普遍認同，軍事主官凌駕於政委制度的決策模式，以及對制度化規範化的高度依賴。[11] 因此，在引進蘇聯模式時，解放軍悠久的傳統和範式與蘇軍實踐之間的衝突就變得不可避免。

而更深刻的分歧，還在於毛澤東所倡導的政治掛帥是否應繼續作為解放軍制度建設和組織建設的指導原則。此外，毛澤東本人對學習蘇聯模式有決定性的個人作用。儘管他起初向蘇聯學習的意識搖擺不定，但對學蘇本身並沒有異議，而且在某一時段更主動順從於民眾學蘇的熱情和壓力。更重要的是，他也深切希望獲得來自蘇聯的實質性財政援助和技術轉讓。然而另一方面，毛澤東一向對外來的思想滲透、技術主導存有自然的戒心，因此其整體上對學蘇的思想指導，並未擺脫西學為體、中學為用的影響。

解放軍內部的反彈

　　與此相對應的是愈來愈多的解放軍將領逐漸對學蘇運動產生疑慮。他們始終認為蘇軍等級森嚴的治理方式，與解放軍官兵一致的價值觀格格不入。自1950年代中期開始，中國對蘇聯先進技術的需求和依賴已經無法抑制軍內各級官兵對蘇聯模式的反彈，蘇聯模式中嚴苛的內務管制使解放軍官兵對條例附帶的無窮無盡限制感到厭煩。比如信陽高級步兵學校的學員抱怨每晚就寢在脫去衣服後，還必須佇立床頭等待統一的熄燈號令方可臥床，空隙時間使人非常尷尬。此外，該校校長還要求學員模仿蘇軍統一的着裝規範和髮型要求，學員在每次理髮後，均須要接受以尺子量度頭髮長度是否符合規定。[12] 在南京軍事學院高級將領培訓班中，不少將領向中央軍委寫報告，抱怨課程安排和教授完全按照蘇聯顧問的旨意執行。比如該學院引入蘇軍院校規定的六小時不間斷授課後，解放軍軍官不得不改變作息習慣，取消午覺時間；而長達八小時的考試，對這些軍官來說更像是在法庭上接受拷問。因此，許多解放軍高級將領認為這些規定不通情理，這些都印證了學蘇過程中浮現出教條主義的傾向。[13]

　　令這些將領更不能接受的是，蘇聯專家不允許解放軍在自己的院校使用本軍成功的戰役為教學案例，而所用的案例幾乎全來自蘇軍。在他們看來，課程設置應該基於本軍自身的戰史和經驗，蘇軍的範例只應是輔助教材。這些意見其後被政治化，當中的批評被提升至原則層面，即學習蘇聯的軍事模式，究竟是提升還是削弱了解放軍的「優良傳統」。[14] 毛澤東對蘇軍顧問不允許用解放軍本身的戰例為教材甚為惱火，認為否定解放軍在戰爭中的成功經驗就是否定了解放軍的軍事思想，甚至是否定他在統領解放軍的過程中表現出的軍事天才。1958年毛澤東在與赫魯曉夫會晤時，批評蘇軍專家對解放軍教材使用作出排斥性選擇，迫使赫魯曉夫嘲笑自己的專家是白痴。[15]

「以我為主」的原則與毛澤東反對教條主義的衝動

　　即使在中蘇關係的蜜月期，中共領導層已開始對照搬蘇聯模式感到疑慮，但當時學習蘇聯經驗關乎政軍大局，對學蘇經驗持懷疑論者甚至

還遭到打壓。莫斯科對其他社會主義國家所採取的沙文主義使毛澤東甚為不滿，但他並未立即改變學蘇主調。其原因在於，首先蘇聯領導人對毛澤東依然尊敬，並對華提供了大批的急需物資，贏得令中國人民的感激之情。其次，中國當時正面對嚴峻的外部威脅，中蘇同盟仍然甚有實用價值。

　　然而，隨着時間的推移，毛澤東對照搬蘇聯經驗的做法愈感不安。學蘇運動出現的負面現象，重新喚起了他對蘇聯在1930年代干預中國革命進程的負面記憶。正是因為蘇聯的干預，毛澤東曾被排擠出中共領導核心，他弟弟毛澤覃受到蘇共扶植的左傾路線領導人排擠，被強行遺留在中共「蘇區」，最終在國民黨軍「圍剿」下被犧牲。終其一生，毛澤東從未忘記也未能原諒當時黨內教條主義者對他的迫害。儘管斯大林在遵義會議舉行一年後的1936年，曾給予毛極為需要的支持，使毛藉着遵義會議所確立的在黨內的領導地位得以合法化，最終戰勝張國燾和王明，鞏固了權力，但這種負面記憶並未隨着時間流逝而消失。[16] 所以毛澤東對蘇聯的態度，長期難以擺脫既「愛」又恨的心理情結。

　　從思想意識上看，毛澤東傳承了其家鄉湖南船山學社「實事求是」的治學準則。這既影響了他青少年時期的思維定勢，也無形中成為他將馬克思主義與中國革命實踐相結合的指導方針，並通過武裝鬥爭將其實現。毛澤東常把戰爭年代黨內以及軍事上的重大挫折，歸咎於莫斯科對中共革命的盲目介入；而這種對教條主義理念上的排斥，也隨着他個人及家庭的不幸而加深。照搬外國經驗成為他最不能接受的領導方式，儘管這可能會給毛澤東本人以及中共帶來現實上的實惠，比如經濟和軍事援助。毛澤東本人對外國經驗的自然性懷疑態度，反映出他所處時代的「體、用」辯證法和潮流，並深刻地影響到他的決策思維和過程。在學蘇運動中，此辯證法注定反映出解放軍以自身的模式和實踐為「體」，蘇聯模式和技術為「用」的方法論。如果「體、用」的順序被顛倒，教條主義就會盛行。相較於晚清的洋務運動，學蘇運動就是新的一輪「體用」之爭，最終引發出反教條主義運動的政治後果。

　　下文將進一步闡述毛澤東在1958年反教條運動中表達的「體/用」心結，因此在這裏有必要解釋毛的反教條主義與學蘇模式的關係。中共黨

史充斥着盲目學習蘇聯模式的實例，毛在很早時就用「教條主義」來概括中共在追隨蘇聯時出現的盲從現象。理論上，「教條主義」是在將外國經驗運用於中國實踐過程中的異化。毛對此深惡痛絕，不僅因為他曾經是教條主義的犧牲品，更重要的是他對眾多的外國事務持有明顯的片面理解。毛澤東將教條主義具體的定義為：盲目接受外國的意識形態、盲目崇拜外國領導人、機械地照搬外國的經驗而無視本國的現實。反教條主義的意識形態其後成為黨內鬥爭的政治工具。在學蘇運動中毛澤東重新祭起反教條主義的旗幟，並將其延續到解放軍內部的人事之爭中，從而凸顯了轉型期間解放軍的深刻內在矛盾：解放軍應該盲從於一個強大的軍事盟友，還是要堅定維持自己的獨立地位與傳統價值？到了1950年代下半葉，毛澤東感到兩者之間的平衡漸被打破，愈來愈傾向前者。在毛看來，這種傾向無論是在政治上還是意識形態上都是不能接受的。然而，毛本人的「體用」哲學並沒有被許多崇拜蘇聯的領導人所理解，而他們在學蘇過程中，沒有意識到這其中所充斥的政治內涵，因此在推動學蘇實務方面與毛所感悟到的實質性主題漸行漸遠。

軍事合作浮現衝突，聯盟解體初現端倪

即使是在中蘇聯盟的蜜月期，雙邊互動中的摩擦也時有發生，其中一個在1955年發生的事件令毛澤東震怒。當時蘇軍建議在中國東北地區建立一個聯合空軍基地，以便於其遠東軍區和解放軍瀋陽軍區進行聯合軍事行動。當時中央軍委指示中方首席談判代表周赤萍中將，合作協議僅限於戰術和戰役層面的情報交換。然而，周赤萍抵達蘇聯遠東赤塔市後，蘇方談判代表轉交給他的協議草案，包括蘇軍飛機可以在未經中方同意的情況下進入中國領空的一款規定。為了方便蘇聯軍機進出中國領土，蘇方要求中方增加在中國境內適合蘇聯軍機起降的飛機場，同時在文本中還要求中方飛機不得進入蘇方領空。周赤萍向他的直屬上司空軍司令劉亞樓上將請示，劉回電的基調是「原則上同意」，因此周在9月23日簽署了協議。然而後來劉亞樓否認他曾同意簽署該協議，強調他的回答是不簽署。因為當時所有來往電文都由蘇軍發出和接收，周赤萍很

有可能是被蘇軍蒙蔽後簽署了這一不平等條約。彭德懷元帥立刻向蘇軍最高領導人強調周赤萍的簽字是一次錯誤，因此協同防空協議無效。[17]

與此同時，中央部委和各省區向毛澤東匯報了愈來愈多的類似事件。如何克服中共各級領導人以蘇聯為中心的心態和意識，成了毛澤東必須面對的問題。對他來說，這也是一項現實的挑戰：一方面要盡可能多的獲得蘇聯援助，但同時又要維護中國的主體性。[18]毛澤東的反思最終形成了〈論十大關係〉這篇著名講話，其核心內容就是「以我為主」。在這一新的指導原則下，解放軍調整了其整體變革的方向，「以我為主」強調了自我發展的道路，同時亦有選擇的學習蘇聯成功經驗，也即是解放軍自我模式為體，蘇聯軍事技術為用。[19]這裏需要強調的是在中蘇軍事同盟關係未解體前，「以我為主」並不等同於自力更生（關門主義）。毛澤東對現代戰爭中先進武器的地位有其深刻的理解，同時他也盡了最大努力獲得蘇式現代化裝備，這項努力一直堅持到中蘇同盟關係瓦解的最後一天。然而在他自己的價值體系中，先進的武器和技術永遠都服從於政治和意識形態的目標，在他心目中有比軍事武器更為重要的事情。

蘇聯模式爭論的政治化：1958年的反教條主義

在毛澤東時代，黨的路線的改變引發戰略性政策辯論常以對抗性的政治運動為結局。1958年的反教條主義運動就是軍史上的一個明顯例證。此運動塑造出解放軍該如何發展的共識，其代價是它對現代化和專業化的偏離。同時。相當數量的高級軍官成為此一戰略辯論的受害者，以至於1981年鄧小平在〈關於建國以來黨的若干歷史問題的決議〉中，專門加上了一段修正反教條主義運動的結論。

運動的背景

反教條主義開始於自下而上的自發性情緒的表達，即許多官兵對照搬蘇聯模式的不滿。蘇聯模式的滲透引發出一輪新的權力再分配，比如

蘇式正規化強調軍事主官一長制，這與解放軍的軍政主官雙長制產生了嚴重衝突。如果實行蘇聯模式，大批政治委員將失去主官的權力和地位。曾在文革時期擔任海軍政治委員，並在1969年中共「九大」上當選為中央政治局委員的李作鵬指出：彭德懷在1953年主持軍隊內務管理條例的制定時，將弱化政委功能作為解放軍專業化的指導原則，將大批的政工人員調離本職工作。比如在1953年和1954年，在解放軍裝甲師軍官結構中，取消了營教導員的職位，多數的政委感到自己被邊緣化。[20]另外，在解放軍落實蘇軍模式的軍銜制時，大批軍官認為在評銜和授銜中出現許多不平等現象。軍銜制凸顯了軍人之間的等級差別，消蝕了解放軍「平均主義」、「官兵一致」的傳統與文化。

這種新常態惡化了軍內長期存在的山頭主義行為。在解放軍的發展過程中，曾有一批軍官在蘇聯學習並在歸國後擔任了重要職位。與朝鮮和越南情況相類似，這類官員後來被冠以「親蘇派」的名稱。在中華人民共和國十大元帥中，四人曾在蘇軍接受培訓，包括朱德、葉劍英、聶榮臻和劉伯承；十大將軍中的蕭勁光、許光達和陳賡亦在蘇聯學習。在將軍層級中有六名上將、六名中將和十名少將，可以歸類為留蘇的「海歸」。中共建政以後，解放軍曾經派遣26名將軍級軍官赴蘇留學，其中包括中共十四大政治局常委劉華清海軍上將。雖然把留蘇海歸歸類為「親蘇派」是不合實情的誇張，然而在1958年之前，留蘇的經歷顯然是授銜評職的有利條件，但在軍中觸發了一定程度的反彈。在1950年代初，中國如同其他蘇聯共產主義陣營國家一樣，擁有留蘇背景的高級軍官往往在晉升得獲到優待，因為最高領導層希望通過這種做法在政治上取悅蘇聯，得以在經濟上獲得更多援助。儘管毛澤東在這一方面做得最少，但也未能全然免俗，比如授予許光達大將軍階，應是考慮他的蘇軍淵源。在十大將軍中，許光達被視為最不具備大將軍階資格的一員。這種基於政治考慮的授銜，曾惹來不少高級將領的抵觸。

因此，當中蘇在1959年起交惡後，蘇聯的淵源就變成了負資產。毛澤東在1959年對彭德懷的清洗，在某種程度上也可歸咎於彭與蘇軍高級將領所保持的緊密關係。其中一項對彭德懷的指控，是他在1959年擅自接受了赫魯曉夫的邀請訪問莫斯科，並未經事先批准與他會晤。[21]

另外一個「罪狀」是他在1956年訪問蘇聯時，獲蘇聯國防部長朱可夫
(Georgy Zhukov)元帥贈送一台電視機。

以上所述印證了學蘇運動一定程度上在解放軍內造就了得利者和失
勢者。許多在授銜中未達到自己預期的高級將領向毛澤東直接訴冤，他
們曾經親耳聽到毛對學習蘇軍正規化的諸多不滿。他們大多親身參加過
延安的整風運動，而這一運動的核心內容就是反對教條主義，這是毛為
鞏固自己領導地位，防範蘇聯干涉的一個有力舉措。而當這些將領得知
毛對蘇聯模式的搖擺態度後，也開始批判軍內的親蘇派，逐漸形成了以
羅榮桓和賀龍兩元帥牽頭的反教條主義運動，其主旨被確立為「維護解
放軍傳統，反對教條主義」。進入1950年代下半期，毛澤東對學蘇運動
出現愈來愈多負面影響，採取了更為激烈的批評態度。1956年3月他指
示軍委擴大會議研究在新形勢下如何保持良好的軍民關係、保持官兵一
致的傳統價值觀，以及保持聯繫群眾的領導作風。同時，他強調堅持黨
委工作制度、政治工作制度以及政治委員的領導作用，這些均是在軍銜
制引入後，學習蘇聯模式所忽略的重大問題。[22]同年5月，毛澤東公開
提倡反對教條主義，並將其列入如何改進黨的幹部教育的五大文件之
中。在這些文件中，毛澤東明確提出在學習和應用馬克思主義等外國經
驗時，高級幹部必須有意識的克服主觀主義傾向、教條主義傾向以及經
驗主義傾向，這些努力必須通過學術研究、媒體宣傳以及政治灌輸的形
式來實現。[23]而在帶着蘇聯專家深刻烙印的解放軍院校，這些努力更要
落實到課堂教育的全過程中。強調課堂教育正是毛澤東有的放矢之舉，
起源於前文所提及的蘇軍專家在南京軍事學院堅持學員學習蘇軍戰例的
事件。同時，官方也在傳播毛澤東批評照抄蘇聯模式的〈論十大關係〉
講話，並重新調整學習蘇聯經驗的指導思想和具體路徑，儘管整個過程
歷經了數年才起到實質效果。

反教條主義運動的展開

反教條主義運動源於彭德懷在1957年2月視察南京軍事學院。他在
視察後嚴厲批評了該院表現出的盲目崇蘇傾向，並在4月向毛澤東呈交

的報告中，鮮明的指出該院在學院教學中「不是有教條主義的問題，而是教條主義相當嚴重」。令彭德懷十分震怒的，是該院依舊使用解放軍1951年「為建設正規化、現代化的國防軍而奮鬥」的口號，因為作為建軍方針的「革命化」早已被蘇軍刪除。1953年彭德懷在原有口號上加上了「革命化」，因為在彭的意識中，沒有「革命化」指向，解放軍就會在根本上改變本質。對他而言，南京軍事學院有意省略「革命化」本身就是教條主義的反映。

彭德懷對南京軍事學院的批評，引發了激烈的辯論。1958年2月，蕭克上將在給彭的信函中明確表明，他不同意彭對教條主義的定義和定性。蕭克指出，「正規化」與「現代化」並不排斥「革命化」，彭有意誇大了解放軍軍中教條主義的嚴重性，而事實上軍中的教條主義只是一種局部現象而已。[24] 彭蕭的爭論演變為軍內派系鬥爭。蕭克的副手張宗遜將軍因為曾經說過「蘇聯的經驗就是毒藥，學習越多中毒越深」，而被蕭克點名道姓的指為問題的源頭。[25] 蕭克認為不充分學習蘇軍的經驗和模式，解放軍就不可能成功轉型。彭德懷得知蕭克的講話後，更把軍內對如何學習蘇聯的不同意見，提升到是否堅持解放軍優良傳統、是否堅持解放軍的本質和是否走社會主義道路的政治高度上。當然，彭對張宗遜的支持，也受張曾是他第一野戰軍得力副手這一私人關係的影響。彭對蕭克說：「誰反對張宗遜就是反對我。」[26]

當彭德懷向毛澤東報告了蕭張之爭之後，高級軍官之間在學習蘇聯經驗出現的巨大分歧引起了毛澤東的警覺。在毛澤東的指示下，中央軍委在1958年5月召開了擴大會議，拉開了反教條主義運動的序幕。在這次擴大會議上，兩個截然對立的陣營浮現出來，更加深了學蘇經驗的分歧。「以我為主」派由彭德懷引領，與其對立的陣營以政治局委員劉伯承元帥以及總參謀長粟裕大將為代表。此派推崇蘇聯模式並認定學蘇的成就是巨大的，負面影響屬非主流現象。這兩派之爭後來發展成解放軍軍史上一次非常嚴重的派系鬥爭。

從歷史上看，軍隊部分高幹對彭德懷自1951年後主持軍委工作的表現和出台的政策甚有異議，所以他們認為反教條主義實質上是彭對「異己」軍官的壓制行為。時至今日，軍史家仍然不能確定彭的反教條運

動是糾正學蘇運動出現的偏差，還是借此報復他在軍隊中的異見者，並清算歷史舊帳。不過可以肯定的是，反教條為彭提供了可借用的平台，其結果是使總參謀長粟裕成為了第一個犧牲品。粟裕在主持日常軍令軍政管理過程中，一直與他的頂頭上司彭德懷存在理念和政策上的分歧，彭一直批評粟在解放軍的國防戰略制定、轉型的總方向以及日常的治軍政策三大問題上，持續故意與他相左。在此次會議上，他甚至將粟裕稱為中國的朱可夫。在第二次國共內戰期間，粟裕曾經指揮解放軍最大的野戰軍，為共產黨奪取政權作出了傑出貢獻。彭德懷將其比為朱可夫，是指粟裕狂妄自大（與1957年的朱可夫類似），用單純軍事觀點治軍。彭德懷甚至將與粟裕在工作中的意見不合上升到粟裕有意篡奪軍隊領導權的政治高度上，稱他和朱可夫一樣懷有染指黨的領導權的野心。粟裕的一項「罪行」，是他在與總參的蘇軍顧問交談中曾點名抱怨彭德懷的領導作風。[27] 隨着兩個陣營的爭執急速惡化，海軍中將方強在1958年5月底向毛澤東呈交了一封私信，要求以反教條主義為指導方針，重新評估解放軍的整體工作。毛澤東作了以下回覆：「解放軍中一直存在兩種不同的傳統，馬克思主義的和反馬克思主義教條主義的。」[28] 他要激活軍委會會議批判教條主義的死氣沉沉，隨即派鄧小平來督導會議並為深入批判劉伯承加溫。作為中央批教領導小組組長，鄧的確未辜負毛澤東的囑托，對他在二野的長期搭檔下了重手。[29]

在毛澤東的推動下，其他領導人如羅榮桓元帥以及蕭華將軍，將蕭克與張宗遜的辯論定性為兩條路線的鬥爭。可想而知，毛澤東對方強信函的批示，鼓動了「以我為主」派對教條主義根源挖掘的決心，而其最終根源明顯指向劉伯承。[30] 劉曾經長期在蘇聯學習，對嚴苛的蘇軍管理給予高度評價，是解放軍內全盤接受蘇軍模式最有力的倡導者。他高度肯定蘇軍的專業主義，包括完整的規章制度、參謀人員在指揮部的關鍵作用、完備的軍事高教體系三個方面。即便是在戎馬倥傯的戰時，劉仍然抽空翻譯了許多蘇軍的日常操典，並在此基礎上為二野起草了相類似的規章制度。在1950年因健康原因辭去二野司令員的職務後，他主動向毛澤東請纓創辦一所高端的軍事學府來培養解放軍的軍級以上指揮員，毛澤東隨即予以首肯。南京軍事學院由此因運而生，而劉試圖將其

建設為中國的伏龍芝軍事學院。劉伯承在1928年到1930年間在蘇聯伏龍芝軍事學院學習，深諳蘇軍的辦學經驗，並將此照搬到南京軍事學院的教學與管理之中。他對南京軍事學院的蘇軍顧問堅持用蘇軍戰例為主體教材，給予寬容的態度。他在校內講話時對蘇軍成就一向予以高度評價，並深刻影響了在院中就學的解放軍高級將領，他的講話後來成為他提倡教條主義的明確證據。[31]

　　與粟裕例子相類似，劉伯承被整肅也可歸結於解放軍內部長期存在的派系之爭。劉的129師在抗戰期間受彭德懷直接指揮。劉對彭發動的一系列不計人員傷亡、物資代價的戰役持反對意見，特別是1940年的關家瑙戰役令129師受到不必要的損失，兩人其後交惡。在延安整風運動中，彭德懷因發動「百團大戰」受到嚴厲批判，被訓斥了40天，而劉伯承是對彭德懷批判最直接、最嚴厲的將領之一。反教條主義運動為彭提供了一個清算歷史舊帳的機會。劉伯承對此心領意會，因此對運動背後的複雜性感到痛心疾首。[32]

　　當然，如果沒有毛澤東的支持，彭德懷不可能將反教條主義運動擴大得如此迅猛，但對毛澤東而言反對教條主義無關軍內的派系鬥爭，而是糾正學蘇聯經驗的偏差。最初他並未認同彭所說的「朱可夫現象」，他認為即便粟裕曾經挑戰過彭德懷的權威，但他並未做過任何反對自己的事情。在毛澤東的政治判斷中，他必須在以下幾件對立統一的事務中保持戰略平衡：反對教條主義以維護主體論以及解放軍的獨立性，同時繼續學習蘇軍經驗，更重要的是維護中蘇戰略同盟關係。[33]在中蘇關係於1957年達到頂峰時，整肅解放軍中的親蘇勢力很可能被莫斯科視為反蘇行為，從而給兩國關係帶來負面效應。其時中國在戰略上嚴重依賴蘇聯的支持，但為什麼毛澤東仍要發動反教條主義運動呢？

初步探討

　　毛澤東為什麼在對蘇援甚為依賴之時突然對蘇聯模式變臉，特別是他對此作出決策的心路歷程，至今仍未有完整答案。但是以下幾條解釋

似乎是符合邏輯的推斷。首先解放軍的宗派主義似乎不是毛澤東發起反教運動的主要動因，原因甚為簡單，他不需要為了支持彭德懷而傷害劉伯承，劉也是其長期的忠實追隨者。類似的判斷還可用於林彪和羅瑞卿之爭。毛澤東對彭德懷的支持似乎有其他隱晦的原因。有學者認為反對教條主義是毛澤東加強黨對軍隊控制的一項措施。[34] 這一說法或許僅僅只是部分原因。毛澤東對軍隊的控制在1950年代已達高峰。蘇聯的影響雖然在加深，但從未達到動搖毛對軍隊控制的程度。[35] 中蘇關係在1958年後半期開始惡化，但反對教條主義運動在此一年之前已顯現出端倪。彼時毛澤東似乎沒有現實的需要來扭轉學蘇的方向。就實質效果而言，學蘇在解放軍內大體上停留在技術層面，並非如其批評者所認定的已經帶來嚴重的政治後果。毛澤東發動反對教條主義運動的初衷似乎可以如此詮釋：蘇軍對解放軍不斷上升的影響力，雖未動搖毛澤東對軍隊的絕對控制，但它的確在軍內高層中引發出分裂和爭執，若不適時糾正可能導致軍隊高層的嚴重分裂，從而對解放軍的傳統規範帶來巨大衝擊。學蘇的體、用之爭和由此引發的意識形態分歧，又加重了解放軍內部的山頭主義傾向。比如彭、劉之爭，在一定程度上演化成一野和二野將領間的宗派之爭。

在反教運動之前，共產黨陣營中發生的一系列事件影響到這些國家的黨軍關係。1957年的朱可夫事件，明顯的震驚了中共領導人。[36] 而在此之前匈牙利和波蘭的軍隊拒絕接受共產黨的指令，也使毛澤東甚為警覺。在此後毛澤東頒布了一系列指示和措施來強化黨對軍隊的控制，比如他發明了由地方黨委書記兼任其轄區所駐軍隊第一政委這一制度化安排。如前所述，這些舉措並非毛澤東對自己將領的不信任，然而軍隊高層的不穩定可能導致他不願意見到的嚴重後果，故而他將彭、劉之爭放到更高的戰略角度加以對待。

在大躍進運動蓬勃發展之際，社會動員以及社會運動都達到了前所未有的高度，然而解放軍在這一運動中，似乎顯得甚為被動。毛澤東似乎並未將此現象提到政治上的高度，但是他認為有必要在軍內點一把火，使其趕上地方群眾運動的步伐。他在1958年3月政治局成都會議上對黨和軍隊領導人說：「過去我們要借用軍隊推動地方的群眾運動，我

們在1958年要做的正好相反，在軍隊落後於形勢時，我們要做一些事情來推動一下軍隊的政治熱情。」[37] 其後的事件證實毛澤東所做的事情就是反對教條主義運動。在毛澤東的推動下，作為軍內反對教條主義領導小組領導的彭德懷同樣批評解放軍在跟進大躍進運動時步伐緩慢，他說：「我們必須發動一場整風運動來轉此劣勢。」[38]

這場整風運動的結果是從根本上終結了用蘇軍模式改造解放軍的指導和傾向。毛澤東對軍隊「革命化」的要求蓋過了軍隊對現代化和正規化的需求，其結果是一批高級軍官在轉向中被戴上了修正主義者和右傾主義者的帽子。毛澤東將劉伯承定性為「思想錯誤」，若非鄧小平為劉向他求情，劉很可能失去政治局委員的職位。[39] 但是鄧未能保住他的二野參謀長李達。他因為對蘇軍模式的倡導以及對劉伯承的追隨，被撤銷了軍內高階職位。還有蔡鐵根大校在1958年被清洗後，於1970年3月11日在常州被槍決。[40] 反對教條主義終結了軍內對如何學習蘇軍模式的分歧。儘管毛澤東不相信蘇軍對解放軍的影響有多深刻，但他看到主體論的戰略價值。從今日角度看，整個運動的發展似乎可以有更好的方式來管控分歧，在體用之間達到某種平衡而毋須發動一場嚴酷的政治運動，反對教條主義運動的代價既深遠又昂貴，從根本上打斷了解放軍向現代化與正規化轉型的步伐與勢頭。對此大體可以認定：反對教條主義運動雖由學蘇的爭執激發，它更多的是關乎解放軍的內部政治。

抗拒控制還是促進合作？

一旦主體論被確立為解放軍的治軍原則，它就不可避免的衝擊到中蘇軍事合作，因為蘇軍藉着中蘇軍事同盟關係來對解放軍施加影響力。然而，此同盟關係自始自終從未達到牢固同盟所應具備的高端指標。比如，同盟軍隊之間通常會建立共同的作戰指揮機制、戰略情報互享渠道、互為支撐的國防戰略、常態化的聯合軍事演習以及對在未來作戰中彼此相互支援的戰鬥預案，所有這些都是北約組織的同盟特徵，而華約組織也有類似的軍事合作的一體化措施。如果說中蘇軍事同盟關係僅僅

是一種概念性的同盟，或者説這種同盟關係表現出的僅僅是政治價值而非彼此間的戰爭承諾，這似乎是一種誇大性的結論，畢竟蘇聯對中國的軍事援助數量巨大且種類繁多，特別是在核導技術的初始轉讓上，莫斯科還是大度的。與此同時大量的蘇軍專家直接介入到解放軍的轉型過程中，知識和經驗的傳授也算是慷慨的，這些的確體現出了真正軍事同盟的特質。[41] 然而，中蘇軍事同盟明顯缺乏北約各項軍事一體化的具體指標，因此中蘇軍事同盟是一種特殊的但缺乏牢固實戰基礎的關係，因此它注定沒有長久存在的前景。

　　1958年的兩宗事件證實了上述的推斷：中蘇海軍合作計劃的流產，解放軍的「8.23金門炮擊」。兩宗事件可以列為同盟關係破裂的導火索。[42] 與此相比，意識形態因素以及所謂的中蘇對共產主義陣營領導權之爭，似乎居於次要地位。事實上在1959年蘇共二十一大之前，赫魯曉夫知會毛澤東他將在二十一大上不再採用蘇聯是共產主義陣營領導和世界共產主義中心這一説法。然而毛澤東在1957年的莫斯科共產黨大會以及其後的一系列國際場合上，繼續沿用蘇共是國際共產主義領導這一定位。毛澤東認為赫魯曉夫的新決定，在東西方對峙的背景下並非是明智的選擇。當周恩來與金日成、胡志明一同乘機前往莫斯科參加二十一大時，毛澤東請周對金和胡做説服工作，令三人聯名向赫魯曉夫提出了希望蘇聯繼續保持國際共運領袖的這一立場。[43]

　　至於中蘇意識形態交鋒，在1958至1959間年毛澤東對赫魯曉夫主義完全不認同的，似乎僅是「三和一少」（與西方資本主義國家和平共處、和平過渡、和平競賽；少支持第三世界的民族主義革命）的主張。所以儘管後來的「九評蘇共」系列文章拔高了兩黨理論之爭的分員，雙方衝突的要害更多體現在戰略安全方面而非意識形態。但若用常識推斷，即便是海軍合作的流產或者對炮擊金門的意見相左，也不足以成為同盟關係徹底破裂的原因；其時雙方針對西方的戰略相互依存關係仍然十分牢固。然而不解的是同盟關係的崩潰的確發生，而且崩潰的速度如此快捷。其原因，用毛澤東自己的話表述，是因為「蘇聯試圖控制中國，以及他本人對這一控制的抵禦」。[44] 這是否真實的原因？這一疑團仍然是今天回顧中蘇軍事同盟關係歷史的難解之謎。

長波電台以及海軍聯合艦隊之爭

　　1958年是蘇聯和中國的軍事合作與武器研發的關鍵之年。1957年蘇聯的首艘核潛艇完成了第一次海試，然而蘇聯海軍在規劃其遠程力量投擲之時遇到了瓶頸，即如何與遠離本土的核潛艇保持順暢的無線電聯繫。為此蘇聯必須在全球範圍內構建一個長波電台網，否則其核艦隊不能在西太平洋實施實戰部署，而中國海南島因此被選為理想的基地地點。1958年1月，蘇聯國防部副部長向中國海軍司令員蕭勁光正式提出建立這一雙方均可使用的基地。恰好此時解放軍亦需為自己新建的潛艇艦隊，進行無線電通訊技術更新升級。因此解放軍的最初反應是積極的，雙方的共同需求奠定了合作基礎。4月18日，蘇聯國防部長正式致函彭德懷提出了蘇軍的要求：在1958至1962年期間，雙方將共同構建一個1,000千瓦的無線電通訊站，以及一個遠程信號接收站。項目預算1.1億盧布，其中蘇聯承擔7,000萬，中國4,000萬。毛澤東雖然在4月24日迅速批准了此規劃，但是他卻提出所有權這一問題。他決定中國承擔全部費用，因此中方將完全擁有此長波站，而蘇聯僅僅需要提供所需技術和設備，當長波站建成後蘇軍完全可以使用該站的設施。[45]

　　在其後的數個月，所有權問題一直困擾着雙方談判人員，蘇方堅持要承擔大部預算。為使此項目早日動工，毛澤東在6月批准彭德懷的請求，邀請蘇聯專家當月來華進行前期勘探。六名蘇聯專家迅速抵達。同月，周恩來照會蘇聯，請蘇軍幫助中國研發核潛艇，而這一請求是中國海軍司令部對蘇聯海軍專家所提建議的回應。蘇聯專家在5月對蕭勁光司令暗示，如果北京希望蘇聯幫助中國研發核潛艇，莫斯科當會滿足其請求。蕭立即予以讚許，因為這會使雙方的軍事合作達到一個全新的高點。對此毛澤東和周恩來也非常支持。毛澤東的回應非常簡單：沒有理由說不。但是毛澤東並未將核潛艇的規劃與中蘇共建海軍基地以及其他合作規劃掛鈎。[46]

　　然而，令毛澤東沒有想到的是，周恩來的請求被蘇聯視作是修訂雙方已經同意的整體海軍合作規劃的機會。蘇聯要求共建潛艇艦隊的意圖甚為明顯：當此艦隊成軍後，先前無法解決的長波台所有權問題也會

迎刃而解。更重要的是，如此一來，蘇軍遠東艦隊出入西太平洋地區的
困難也會順勢得以解決。因為聯合潛艇艦隊一旦建立後，蘇聯海軍就可
以自由進出中國各軍港。按照蘇軍的說法，這將有助於中國保護其漫長
的海疆。1957年7月21日，蘇聯駐華大使尤金緊急約見毛澤東，將赫魯曉
夫的建議直接轉呈。

　　毛澤東對聯合艦隊的提議甚為不悅，並主觀的認為它反映了赫魯曉
夫意欲控制中國軍隊的真實意圖。這項建議似乎觸發了他對斯大林曾在
1950年強迫中國在新疆建立四個聯合股份公司的回憶。[47]這四個公司的
建立是當年蘇聯為與中國簽訂同盟條約所提出的前提條件，當時毛澤東
沒有其他選擇，唯有滿足斯大林的要求。然而在1958年，毛澤東在與
赫魯曉夫交流時則有更大堅持己見的信心和意志。

　　赫魯曉夫對毛澤東的反應感到不解，對他而言，建立聯合艦隊是
同盟國家之間自然的軍事合作和具體措施，也是蘇軍與其他東歐國家
軍事合作的慣例。從歷史上看，俄羅斯一直期望在遠東地區擁有一個
不凍港，中蘇軍事合作給予他們新的希望。而且，他們以為，因為中
國在技術上對蘇聯存有迫切的需求，中國因此會順理成章地滿足蘇聯
對軍港提出的條件。然而蘇聯是否如毛澤東所想——以此項合作來控
制中國軍隊——則是令人質疑的問題。當赫魯曉夫意識到聯合艦隊這
一問題的嚴重性後，他馬上在與毛澤東的秘密會談中撤銷了此建議，
但是此建議對雙邊同盟關係帶來的傷害已經難以彌補，並產生深遠影
響。[48]

　　毛澤東似乎有理由認為蘇聯一直存在控制中國軍隊的企圖。歷史上
莫斯科對中共領導集團實行遙控，在1950年代初期，東歐國家對蘇聯
的不平等依附關係明顯，而斯大林一直期望與中國構建類似的雙邊關
係。他本人對毛澤東沒有充分信任，在毛澤東訪蘇期間甚至在毛澤東的
寢室裏安裝竊聽設施。[49]即便是中蘇同盟關係仍處在蜜月期，蘇軍也一
直視解放軍為次等夥伴。儘管毛澤東為了維護雙邊的戰略關係而容忍了
兩軍之間甚多的不愉快事件，但毛澤東並未忘卻這些事件，因此他對蘇
聯的負面感知日益加深。而蘇聯提出的聯合艦隊的提議，成為毛澤東在
內心積累對蘇聯不滿情緒的引爆點。

赫魯曉夫是否有意通過軍事合作來控制中國軍隊？答案似乎是肯定的。但是雙邊互動關係的複雜度可能使一個肯定的答案過於簡單化。應該說蘇聯意圖的控制尚停留在軍事操作層面，而非是對解放軍整體的戰略性控制。

兩軍聯合長波通訊站的提議，大體上可以解釋為出於單純的軍事需求考慮。然而毛澤東的反應則更多的基於政治戰略判斷，因此不可避免的將此問題提升到了國家主權獨立的高度，這就是為什麼他反覆強調長波台的所有權問題。蘇軍堅持大比例的承擔此項目的建設費用，恰好反映出他們對是否可以無障礙的使用此設施的疑慮。如果是中國承擔全部費用，中國在法理上可較為容易的否決蘇軍使用這些設施的要求。而如果蘇軍承擔建設費的多數份額，在發生爭執的情況下，仍然可以有更多討價還價的資本。毛澤東堅持的全部所有權，在蘇聯看來會威脅到他們今後有效使用此長波站。因為此長波站坐落於中國境內，毛澤東將全面控制視為一種順理成章的條件；而蘇聯因提供了長波站的關鍵技術與資金，因此也認為擁有其部分的所有權而順理成章的使用其設施，矛盾由此產生。

赫魯曉夫認為，聯合潛艇艦隊是雙邊互利的具體舉措，中國需求長波台，但沒有關鍵技術，所以蘇方擁有切實的談判籌碼。所以他認定在美國對華強大的軍事壓力下，毛澤東沒有理由回絕蘇聯這一合作建議。其實聯合艦隊的組建對蘇軍更為有利：首先，蘇聯海軍自此可以自由出入中國軍港；其次，一旦聯合艦隊成軍，雙方立刻面臨指揮與控制的問題，而蘇聯因其技術的優勢自然會掌握主導權，這是因為解放軍既沒有在役的核潛艇，更沒有駕馭核潛艇的專業技術，赫魯曉夫幾乎毫無掩飾的告訴毛澤東這一真實意圖。他說聯合艦隊不可能由兩個國家共同指揮，如果出現兩個指揮中心的話，此艦隊不可能在戰爭中取勝。此話似乎可以視作是他對毛澤東與尤金談話的間接回應。毛澤東說：「在雙邊關係中（組建聯合艦隊）二把手不好當啊。」[50]

蘇聯利用組建聯合艦隊來攫取對該艦隊指揮權的企圖，應是引發毛澤東憤怒的真實原因。當毛澤東提出指揮權的問題時，尤金和赫魯曉夫都沒有正面回應。這就印證了毛澤東對蘇聯意圖的懷疑：行軍事合作之

名，掩蓋攫取控制權之實。讓毛澤東感到特別傷害的，是此計劃要求中國向蘇聯讓出一定的主權(所有權)，而如果中國不如此「合作」，就無法得到蘇聯的技術，對毛澤東而言這實在是乘人之危。

同時艦隊指揮權之爭反映出中蘇戰略文化的衝突。在中國文化裏，朋友之交排斥利益交換的概念。中蘇關係長期以來存在這一文化衝突，如劉少奇在1949年6月秘密訪問蘇聯時，斯大林承諾向中國提供年息1%的三億美元貸款。毛澤東對此甚為不安，因為蘇聯對其他盟友的低息貸款年息為2%。中國人「君子不受惠於人」的心理深刻影響着毛澤東，所以他要求劉少奇向蘇聯提出中國願意付出更高的貸款利息。[51] 很顯然，毛澤東在用他慣性的文化思維來判斷赫魯曉夫的真實意圖。當然，我們同時可以看到另外一個毛澤東。在1950年代初期和中期，毛澤東極力要從蘇聯得到更多的資金和技術援助，當時他可能認為他有資格取得這些援助，因為中國在朝鮮戰場上付出巨大的犧牲，而這一犧牲在很大意義上本該由中蘇共同承擔。

縱觀毛赫爭執的整個過程，不能簡單歸結於毛澤東的執着，或赫魯曉夫的控制意圖。中蘇軍事合作既基於面臨的共同安全威脅，又受制於雙方在應對各自威脅時互為差異的具體做法。在兩國相同的意識形態遭遇不同的國家利益和相異的文化內涵時，毛澤東認為赫魯曉夫將二者混為一談。正如赫魯曉夫在自傳中所述，他認為理所應當的事情恰恰不是毛澤東認同的。[52] 毛澤東自己對同盟、對主權與同盟關係的理解，有別於通常的定義。同盟關係本身就和主權概念相左，軍事同盟關係對同盟者是一種超脫主權理念的約束關係，盟友應該為了共同目標作戰，因此在軍事操作層面讓出部分主權，是無法回避的責任與義務。[53]

對北約和華約而言，軍事同盟統一的指揮體系是必要的安排，而主導者通常由實力決定。強大者保護較弱的盟友，注定前者應該擁有相對多的指揮權。而恰恰在這一點上毛澤東難以接受所謂的盟友間的遊戲規則。當他將主體論凌駕於解放軍裝備現代化的需求之上後，中蘇同盟關係逐漸被降低至預防戰爭這一低端要求上。毛澤東對赫魯曉夫說：「在戰爭環境下，你們可以到我國來，我們也可以到你們國家去，但在和平時期，這不能被允許。」[54] 值得指出的是，中國對軍事同盟的定義也深

刻影響了它與朝鮮和越南的同盟關係。朝鮮戰爭後中國在對它們提供道
義和物質支持的同時，亦儘量避免被其拖入到另一場戰爭之中。這一
「君子之交」的原則同樣是北京的一項根本性的戰略方針。即使被迫捲
入，也要防止本土捲入全面戰爭。而這種理念同樣是莫斯科對其同盟友
的基本要求。[55] 對赫魯曉夫而言，蘇中軍事合作在不導致戰爭的情況下
可以被充分地深化，而一旦戰爭爆發，其關係就可能變成「兄弟攀山，
各自努力」。蘇聯的這一信息由赫魯曉夫在1958年7月31日的毛赫峰會
上明白無誤的傳達給毛澤東：一旦在台海出現戰事，中國不應期待直接
的蘇聯軍援。[56] 莫斯科的戰略重點在歐洲，而非在亞洲。

金門炮戰以及對中蘇軍事關係的影響

在蘇聯與北約的對峙中，北京所持的立場亦是不希望被蘇聯無端捲
入一場對中國毫無益處的戰爭。經過朝鮮戰爭的毛澤東，在1950年代
對蘇聯挑戰美國的冒險主義始終保持高度的警覺（如古巴導彈危機）。在
全球戰略層面，蘇美長期對峙的緊張局面給予中國在亞洲發揮更多影響
力的空間，毛澤東認為這有利於北京在亞洲推行避免出現真正戰爭的
「戰爭邊緣政策」。[57] 這也是在金門炮戰時，毛澤東堅持的與蘇聯互動的
指導方針。

毛澤東是否事先知會蘇聯其炮轟金門的意圖，至今仍是學術界爭論
的問題。[58] 其爭論的實質在於如何界定「通知」二字。按照毛澤東的説
法，在他與赫魯曉夫於1959年10月2日舉行峰會時，向對方提到「中國
『考慮』對台灣採取行動」。而這一「計劃」在數個月前，已由解放軍總參
謀部通告了蘇軍駐總參的顧問，並通過他向蘇聯國防部報告，向上匯報
給赫魯曉夫。[59] 在較低層次，為此計劃解放軍空軍調動兩個殲擊師入
閩，隨軍的蘇軍顧問不可能不知道其意圖，特別是他們目睹了炮擊金門
的全程準備。因此中方認為赫魯曉夫完全知道解放軍炮擊金門的作戰準
備。[60]

顯然，中方並未將炮擊金門的意圖和戰略目標向蘇聯盟友和盤托
出。換言之，將戰爭計劃通告自己的軍事盟友是軍事同盟的常規做

法，而北京在規劃金門炮擊的過程中並未完全履行此義務，因為毛澤東並未在峰會層面以官式文件的方式照會蘇聯。當然中國也有自己的邏輯來推動此單邊行為，其中最主要的原因是毛澤東無法確定莫斯科的反應。1959年赫魯曉夫將進行他第一次對美國的國事訪問，他一定會竭力營造良好的峰會氛圍。如果北京正式通告莫斯科而後者持反對立場，會使毛澤東陷入兩難的境地：在蘇聯的反對下實行計劃將會損害雙邊關係，但取消計劃則違背毛的意願。因此，維持一定程度的模糊性，較符合北京的利益。毛向莫斯科暗示了解放軍的金門計劃，但並未把此説死。所以毛的策略是事先將模糊、部分的金門計劃間接泄露給蘇聯，但不通報全部實情。目的是造成某種既成事實，但不必背負欺騙盟友的罪責。

其實毛澤東的金門計劃，還有難以明説的案中案。從表層看毛意欲通過炮擊來懲罰台灣對東南沿海地區的騷擾，並以此向華盛頓傳遞出北京未曾改變對台實施軍事打擊的信心，但在其背後是軍委的內部規劃：如果在炮轟過程中，台守軍撤守金門，解放軍會順勢奪島，這類似於解放軍在1954年奪取大陳島的戰略意圖。[61] 所以，炮擊金門並非僅僅是北京向世人宣告的炮擊而已，佔領金門是毛澤東在北戴河政治局會議上向黨內同志明確表達出的一個意圖。這與他在1959年與赫魯曉夫所説的並不一致，當時他説炮擊金門不過是給美國人製造一些麻煩而非真正的佔領。然而，赫魯曉夫表達了他的困惑：既然已經炮擊，為何不去佔領？毛澤東最後沒有實現他奪取金門的計劃，可能有多種原因，除了台軍決絕不撤退外，另一個是他沒有料到美國有如此劇烈的反應，因此在炮擊開始不久毛就改變了初衷。歷史證明，毛澤東的計劃轉變極具深遠的政治意義，用金門將台灣鎖定在大陸的版圖中，對今日的兩岸關係走向有關鍵的現實影響。對台獨勢力而言，金門是一個永遠的燙手山芋，棄之傷及台獨領導的合法性；而一旦北京發動奪島攻勢，台灣完全無法守住金門，同樣會動搖台獨領導的合法性。

北京在規劃金門炮戰的階段對莫斯科保持模糊性，源於解放軍需要在戰事失控時得到蘇軍的支援，特別是與美軍發生直接的軍事衝突，這將對北京的總體戰略部署帶來嚴重的後果。這就是為什麼總參在8月23

日向蘇軍統帥部傳遞信息時，用了一種精心設計但模棱兩可的表述。根據雙方的協議，赫魯曉夫7月的北京之行是秘密訪問，抵達時並未公開公報。然而在他離京時，毛澤東以一場有5,000人參與的盛大歡送儀式公開了其行程，其中包括西方外交官的參與。[62] 因此，赫魯曉夫對中方未能全盤通報金門計劃的憤慨是可以理解的。公開他的秘密訪問會令華盛頓猜測蘇中兩國是否在炮轟計劃上達成一致，而美方最可能的判斷是赫魯曉夫在訪華期間承諾給予北京軍援，因此迫使華盛頓在考慮軍事介入時會選擇較為緩和的方式。所以在此一輪的美蘇中三邊博弈，毛澤東高度應用了《孫子兵法》的虛實戰術來達到了自己的戰略目的。

然而對赫魯曉夫而言，這明顯是一種扭曲同盟關係的行徑，嚴重削弱了他對毛澤東的信任，並進一步深化他們之間先前已積累的芥蒂。結果，這影響他對北京作出報復的決定，很快他下令取消中蘇核武器科研互助協定，強令當時已經裝載在火車上整裝待發的援助中國核設施卸下。[63] 同時，赫魯曉夫也利用金門炮戰來達到他自己的戰略意圖。儘管他不了解毛澤東炮擊計劃的細節和最終目的，但蘇軍駐華顧問團所呈送的報告會披露解放軍的炮擊計劃。他佯裝對此知之甚少，令毛成為了向自己盟友隱瞞實情的責任者；從而在此一輪鬥智中，在一定程度上佔領了道德高地。

相互借用：中蘇軍事合作的實質？

中蘇戰略性分歧在1958年表層化，然而毛澤東在兩年前已經在〈論十大關係〉的講話中對中蘇關係走向進行了深刻反思，在意識層面埋下了獨立於莫斯科的種子。毛澤東的兩難選擇在於，堅持中國主體論必然要限制學蘇運動的廣泛推行，同時中國又的確需要蘇聯盟友來對沖美國的嚴重軍事威脅，這樣就需要向莫斯科表達學蘇的「誠意」。而毛對赫魯曉夫的不良個人印象，也對他的選擇起了重要作用。赫魯曉夫對古巴導彈危機的處理使毛對他的信任急劇下滑，認為蘇聯在關鍵的戰略利益上很可能會出賣中國。儘管在1958年雙方的戰略依存關係仍然牢固，但從具體的外交政策到整體的戰略方針上，雙方開始漸行漸遠。

安全利益的分歧

　　當兩國的政治關係密切時，領導人之間的性格衝突或者局部政策的分歧，還有可能被放在枱底；但當政治關係破裂後，安全利益的衝突迅速浮現，會進一步使政治關係惡化。對安全威脅的判斷，往往起到加強或削弱同盟關係的作用。舉例說，根據1950年《中蘇友好同盟條約》，蘇軍的旅順基地將於1952年歸還中國。然而在1952年中蘇關係蜜月期時，毛澤東強烈要求蘇軍繼續留在旅順基地，原因非常簡單：朝鮮戰爭正在進行；大陸與台灣在東南沿海的戰事仍非常頻繁。[64] 因此，在當時主權問題對於毛澤東而言，並非是迫切的問題，毛還曾對蘇聯建議成立「中蘇盧布區」表示過濃厚興趣。如前所述，儘管他對斯大林提出的建立四個合股公司作為簽署《中蘇友好同盟條約》的前提條件非常不滿，但他並未堅持自己的異議。另一個例子是鄧小平，他在1979年允許美國中央情報局在中國領土上建立對蘇聯的衛星監測接收站，其時主權問題在他腦海裏並未有太重的分量，儘管他自詡是一個民族主義者。這些例證說明從政治角度對軍事威脅的判斷，往往比主權問題更為關鍵。

　　然而令人不解的是，中蘇關係在1958年達到了頂峰，而美國對華威脅的嚴重程度並未稍有減退，為何毛澤東突然把主權問題提高到如此的高度？從歷史上看，對毛而言如果有政治需要的話，主權和民族問題可以化為抽象的口號被繞過。然而在1958年，主權成為了一道繞不過去的坎。儘管如此，毛澤東仍然努力防止中蘇同盟關係完全破裂。在1958年7月31日毛赫峰會上，毛澤東強調矛盾在雙邊關係中只是一個小拇指。[65] 1960年他還繼續努力挽回已破裂的雙邊關係。在1964年赫魯曉夫被解職後，中共又一次表達和解的意願，這些都表明北京並不願中蘇關係變成敵對關係。

　　在引發關係破裂的諸多原因之中，雙方在安全利益上出現的結構性矛盾是關鍵因素，使雙邊同盟關係的價值大大縮水。首先，解放軍認定如果台海出現戰事，蘇軍的同盟義務就是防止美軍的介入。一旦解放軍發起奪島之戰，蘇軍一定要承擔起對美的威懾責任。而當赫魯曉夫借金門事件明確告訴毛澤東，除了莫斯科的口頭支持，北京不必期待蘇軍的

實質性介入之時，毛澤東就已經了然蘇聯不會為北京而與美國直接對抗。就毛澤東而言，蘇聯的閃爍態度説明中方得不到雙邊同盟關係中最珍貴的東西。在某些時刻，態度比實物援助更為重要。

第二，蘇聯在向中國提供武器援助時高度選擇，常規武器的慷慨難以掩蓋它對高端核導彈技術輸出的勉強。而對赫魯曉夫而言，毛澤東對核武器的「紙老虎」話語可能折射出中國對使用核武器的隨意。中國領導人逐漸意識到他們對蘇聯這個盟友期待過高，其結果也就是失望越重，從而加深了北京在此同盟關係中的不平等感。[66]

第三，毛澤東對赫魯曉夫於1959年對華盛頓的訪問一直耿耿於懷。他在當年對後者説，如果將此次訪問定位於技術性的措施來緩和蘇美關係，他認同這一訪問。[67]但儘管蘇美戰略和解難以實現，兩國之間實質性緩和也一定會損害中國的戰略利益。比如，美國也會要求蘇聯向中國施壓「去核化」，如同今日中國對朝鮮所為；還有蘇聯會要求北京無限期的推遲在台海的行動。北京認同蘇聯延遲大國戰爭的努力，但是軍事手段是解放軍實現國家統一的唯一途徑，延遲並不等於徹底放棄以戰爭手段達到兩岸統一的大計。與此相反，莫斯科可以放棄戰爭手段是因為它並沒有一個類似於台灣對中國的戰略現實。這一感覺可以由北越在1972年尼克松訪華時的反應為佐證，另外在北京與首爾建交時金日成也有類似的反彈。

還有在中蘇戰略同盟關係破裂的過程中，莫斯科做了幾件令北京難以接受之事：在中印邊界之爭中偏袒印度；赫魯曉夫訪美時在未與中方協商的情況下即同意美國的請求，對北京施壓要求釋放在押於中國的五名美國間諜；強硬要求北京轉交在台海空戰中，美軍落入中國境內沒有引爆的響尾蛇導彈等。[68]這一連串事件令正在惡化的中蘇同盟關係火上澆油，令破裂變得愈加無法挽回。

防止被拖入一場不情願的戰爭

與蘇聯不欲捲入一場在中國的戰爭一樣，北京在重新審視雙邊軍事同盟所帶來的實際利益時，也把防止被蘇聯捲入一場它不情願介入的戰

爭作為戰略性考量。1955年3月彭德懷召集中央軍委會議來預測中國在何種情況下會受到外部攻擊，戰爭介入問題被提到議程上。毛澤東在4月29日將他召集到住所，向他傳達了書記處關於解放軍的戰時部署、國家動員、防禦戰線設定以及高端武器研製等決定。毛在論述解放軍戰爭準備時特別強調後發制人的積極防禦戰略，其宗旨是除非中國被攻擊，解放軍不輕啓戰端。他指令彭德懷將此方針在參加5月份的華沙會議時向蘇聯領導人轉達。正是應此要求，彭德懷在5月21日在莫斯科約見了朱可夫元帥。雖然兩位元帥在「應對共同敵人時，在總體軍事部署上採取守勢」這一點上達成共識，但彭德懷發現蘇軍因導彈技術領先北約，其防守戰略明顯的包含了先發制人的進攻要素，特別是蘇軍將領的主動進攻意識甚濃。兩軍在戰略指導上所存在的差異引起了彭德懷的警覺，所以當時他並沒有向朱可夫詳細介紹解放軍自己的作戰計劃，也沒有向他介紹解放軍擬定的在戰時如何與蘇軍進行戰場協調的預案。

　　6月5日彭德懷向中共政治局匯報其莫斯科之行的成果時，毛澤東直截了當地指出蘇軍先發制人的戰略是軍事冒險主義，可能將中國拖入一場他不想介入的戰爭。因此在和平時期，中國不會接受類似於華約國家與蘇軍所進行的軍事合作方式。中國會與蘇軍商談詳盡的軍事協作計劃，但這只限於戰時才會實施。[69] 如果赫魯曉夫的戰爭邊緣計劃無法如預期的方式實現，而引發戰爭的話，中國就有可能被捲入到一場全面戰爭之中。所以毛指示彭制定兩套軍事計劃，以應付蘇聯的要求：第一套計劃與蘇軍顧問一起制定，該計劃只是概括性的和指導性的，並不包括過多的細節；第二套由解放軍獨立完成，它將詳細的指導解放軍的戰爭準備，並將蘇軍無法對解放軍提供軍事支援的可能性列入預案，該計劃對蘇軍顧問嚴格保密。[70]

　　對毛澤東而言，赫魯曉夫制定國策常靠直覺和下意識的衝動，本身就是一種安全威脅。蘇聯領導人將保衛蘇聯視作所有蘇聯陣營國家和共產黨的共同義務，而且需不計代價、不計後果。毛對彭的指示，顯然折射出他對歷史的回顧。1941年斯大林要求中共派100萬八路軍進入東三省直接與日本關東軍作戰，其目的是減輕蘇聯不得不進行南北兩面作戰的風險。毛將此行為視作自殺行徑，因為八路軍裝備落後，就算百萬大

軍出關也難以牽制日軍。[71] 到了1950年10月，斯大林由於擔心蘇軍與美軍發生正面衝突，背棄了向中國志願軍提供空中保護的承諾。因此，可以看出斯大林永遠都是將蘇聯的利益凌駕於盟國之上。

此結論也適用於赫魯曉夫。毛澤東認為赫魯曉夫在1958年西柏林事件對北約發出最後通牒以及1962年在古巴部署導彈，皆為極欠理智的行為。在毛看來，導彈部署是冒險主義，而其後在美國的壓力下，不得不撤出則是投降主義。[72] 這些例證表明了毛澤東對軍事合作的底線。北京十分樂意對莫斯科的外交與國防舉措提供一般性支持，比如，中國在某種意義上，願意牽制美國在亞洲的軍事部署，並以此幫助蘇聯在歐洲應對北約。如前所述，解放軍真正的援蘇作戰計劃只能在戰時向蘇軍宣告。這是基於兩種不同的戰爭態勢的選擇，第一，如果戰事發生在歐洲，中國或許派遣一定數量的志願軍遠赴歐洲戰場，但是將盡一切可能避免歐洲的戰火蔓延至中國本土。第二，如果是台灣戰爭爆發並引發美軍的介入，北京會援引中蘇同盟條款，盡力將蘇軍也捲入台海戰事。這反映出毛的戰略判斷：即和平時期的軍事合作基本上是政治問題，並涉及到主權和自我管控；而一旦戰爭爆發，民族生存問題上升到第一位，儘管很不情願，軍事合作的領導權由誰承擔就降至從屬地位。金日成也採取相類似的態度，在朝鮮戰爭時，他最終還是接受了毛澤東對他的軍隊進行直接指揮；然而一旦戰事結束，他也將盡其所能讓朝鮮擺脫中國的管控。在推進中蘇軍事同盟的過程中，毛澤東曾精心地設計戰爭計劃。他一方面思索如何從同盟關係中攫取最大利益，同時也願意對盟友作出力所能及的貢獻。另一方面，中國所作的貢獻不能是不計後果不計代價的。

毛澤東這一戰爭指導方針，是其1956年所制定的「以我為主」整體戰略的一部分。從那時起，毛對蘇聯試圖在軍事上影響中國越來越抵觸。他與赫魯曉夫在1958年的衝突，是他對蘇聯的傲慢長期不滿的總爆發。當然中蘇交惡，也很可能是他個人情緒失控的結果。不管是誰的過錯，因兩國戰略利益的分野以及兩國領導人的個性衝突，最終毀掉了曾經是世界上最強大的盟友夥伴關係。

註釋

1 　此項研究受到澳門大學的一筆研究經費的支持，編號為MYRG2016-00111-FSS。作者為此深表謝意。作者亦非常感激焦宏同學在翻譯過程中曾作出的重要貢獻。

2 　毛澤東：《毛澤東選集》，第四卷 (北京：人民出版社，1991)，頁1481；中共中央文獻研究室、中國人民解放軍軍事科學院編：《建國以來毛澤東軍事文稿》，下卷 (北京：軍事文獻出版社，2010年)，頁12。

3 　解放軍軍事科學院編：《中國人民解放軍的70年》(北京：解放軍軍事科學院出版社，1997)，頁461。

4 　劉志青：〈50年代學習蘇軍的爭論與結局〉，載於欒景河編：《中俄關係的歷史和結局》(北京，人民出版社，2002)，頁523。

5 　林蘊暉、范常信、張工：《凱歌高奏的十年》(鄭州：河南人民出版社，1989)，頁447。

6 　中共中央文獻研究室、中國人民解放軍軍事科學院編：《建國以來毛澤東軍事文稿》，下卷，頁490。

7 　劉志青：〈50年代學習蘇軍的爭論與結局〉，頁520。

8 　王建柱：〈朱光亞：畢生獻給兩彈一星〉，《中華英傑》，2005年，第10期，頁9。

9 　張英利：《新時期中國國家安全戰略》(北京：國防大學出版社，2013)，頁169。

10 　See You Ji, "Unraveling the Myths of PLA Political Commissars", in David M. Finkelstein & Gunness, Kristen, eds., *Swimming in a New Sea: Civil-Military Issues in Today's China*, (Boulder: Armond: M.E. Sharpe, 2007).

11 　關於蘇聯軍事模式，參見Roman Kolkwicz, *The Soviet Military and the Communist Party* (Princeton: Princeton University Press, 1967); William Odom, *The Collapse of the Soviet Military* (New Haven: Yale University Press, 1998).

12 　劉志青：〈50年代學習蘇軍的爭論與結局〉，頁540。

13 　張宗遜將軍甚至概括說，「學蘇越多，毒害越大。」張宗遜：《張宗遜回憶錄》(北京：解放軍出版社，1990)，頁447。

14 　劉志青：〈50年代學習蘇軍的爭論與結局〉，頁535。

15 　孫其明：《中蘇關係始末》(上海：上海人民出版社，2002)，頁341。

16 　閻明復、朱瑞真：〈憶1958年毛澤東與赫魯曉夫的四次會談〉，《中共黨史資料》，2006年，第2期，頁30–31。

17 　沈志華：〈赫魯曉夫、毛澤東以及中蘇未完成的中蘇合作〉，《中共黨史研究》，2002年，第5期。

18　徐成芳：〈毛澤東克服「蘇聯中心主義」的理論與實踐〉，載於欒景河編：《中俄關係的歷史與現實》（鄭州：河南大學出版社，2004），頁468–78。

19　解放軍軍事科學院編：《中國人民解放軍的70年》，頁473。

20　師東兵：〈政壇秘聞錄〉，http://www.peacehall.com，2007年10月27日；王安：〈老一輩革命家與我軍條令條例〉，《解放軍報》，2006年4月2日。

21　朱開印：〈廬山會議前陪彭德懷訪問東歐〉，《百年潮》，2005年，第11期，頁23。

22　鄭文翰：《秘書日記裏的彭老總》（北京，軍事科學出版社，1998），頁91。

23　彭德懷：《彭德懷自傳》（北京：人民出版社，1999），頁546。

24　卓愛平：〈蕭克在1958年軍委擴大會議前後〉，《軍事史林》，2006年，第6期，頁3。

25　張宗遜：《張宗遜回憶錄》，頁449。

26　同上，頁4。

27　朱楹：〈對粟裕不公平對待的真實故事〉，《文史精華》，2000年，第12期，頁4–6。

28　中共中央文獻研究室、中國人民解放軍軍事科學院編：《建國以來毛澤東軍事文稿》，下卷，頁260–61。

29　鍾延麟：〈1958年鄧小平在解放軍「反教條主義」運動中之角色與活動〉，《中國大陸研究季刊》，2006年，第49卷，第4期，頁77–103。

30　劉彌群：〈女兒眼中的父親劉伯承〉，《軍事歷史》，2005年，第11期，頁5。

31　同上。

32　同上。

33　高連升：〈淺析1958年解放軍的反「教條主義」的鬥爭〉，《軍事歷史》，1994年，第1期，頁9。

34　Frederick Teiwes, *Politics and Purges in China: Rectification and the Decline of Party Norms, 1950–1965* (New York: M.E. Sharpe, 1993), p. 295.

35　直到1958年3月毛澤東仍然認為教條主義更多的存在於經濟部門，而軍隊內只有一點點。毛澤東在1959年成都會議上的講話。

36　彭德懷特別提出了在他那一代領導人辭世以後，軍隊可能失控的問題。卓愛平：〈蕭克在1958年軍委擴大會議前後〉，頁4。

37　高連升：〈淺析1958年解放軍的反「教條主義」的鬥爭〉，頁9。

38　鄭文翰：《秘書日記裏的彭老總》，頁266。

39　鍾延麟：〈1958年鄧小平在解放軍「反教條主義」運動中之角色與活動〉，頁101。

40　劉志青：〈50年代學習蘇軍的爭論與結局〉，頁540。

41　關於蘇聯向中國提供核武器與導彈技術的情況，見聶榮臻：《聶榮臻回憶錄》(北京：解放軍出版社，1992)；關於蘇軍顧問在中國的情況，見沈志華：《蘇聯專家在中國：1948–1960》(北京：國際廣播出版社，2003)。

42　毛澤東後來多次提到，中蘇同盟的分裂源於 1958 年海軍合作的爭執。閻明復、朱瑞真：〈憶 1958 年毛澤東與赫魯曉夫的四次會談〉，頁 70。

43　孫其明：《中蘇關係始末》，頁 367。

44　閻明復、朱瑞真：〈憶 1958 年毛澤東與赫魯曉夫的四次會談〉，頁 70。

45　毛澤東：《毛澤東外交文稿》(北京：人民出版社，1991)，頁 329。

46　蘇聯問題編寫組：《冰封歲月：中蘇衝突實錄》(福州，福建人民出版社，2001)，頁 76。

47　何明、羅鋒：《中蘇關係重大事件述實》(北京：人民出版社，2007)，頁 133。

48　閻明復、朱瑞真：〈憶 1958 年毛澤東與赫魯曉夫的四次會談〉，頁 60。

49　赫魯曉夫於 1957 年在莫斯科親自向毛澤東透露，斯大林在中國革命上犯了很大的錯誤，並隨後將四家合作社的管理權歸屬中國。毛澤東高度讚揚赫魯曉夫，並表示赫魯曉夫為人非常靈活，與他合作比與斯大林合作更容易。見何明、羅鋒：《中蘇關係重大事件述實》，頁 54。

50　閻明復、朱瑞真：〈憶 1958 年毛澤東與赫魯曉夫的四次會談〉，頁 40。

51　師哲、師秋朗：《毛澤東的翻譯：師哲眼中的高層人物》(北京：人民出版社，2005)，頁 3。中國最終以百分之一利息接受了蘇聯的 1949 年提出的貸款。其後所有貸款均以百分之二的利息償還，總額為 12 億美元。

52　沈志華、李丹惠：《戰後中蘇關係若干問題研究：來自中俄雙方的檔案文獻》(北京：人民出版社，2006)。

53　Yoichi Funabashi, ed., *Alliance Tomorrow: Security Arrangement after the Cold War* (Tokyo: Tokyo Foundation, 2001).

54　閻明復、朱瑞真：〈憶 1958 年毛澤東與赫魯曉夫的四次會談〉，頁 40。

55　比如毛澤東對胡志明施壓，讓其不要發動可能將中國捲入對南越的戰爭。對此毛和赫魯曉夫達成一致意見。參見同上，頁 52。

56　同上，頁 39。

57　中共中央文獻研究室、中國人民解放軍軍事科學院編：《建國以來毛澤東軍事文稿》，下卷，頁 12；徐焰：〈朝鮮戰爭中的四個平衡〉，《解放軍國防大學學報》，2003 年，第 12 期，頁 31。

58　蘇格：《美國對華政策與台灣問題》(北京：世界知識出版社，1998)，頁 303；沈志華：〈一九五八年炮擊金門前中國是否告知蘇聯？——兼談冷戰史研究中史料的解讀與利用〉，《中共黨史研究》，2004 年，第 3 期，頁 35–40。

59 閻明復、朱瑞真：〈1959年赫魯曉夫訪華的前前後後〉，《中共黨史資料》，2016年，第4期，頁52。

60 我於2006年7月在北京對一位家庭朋友的採訪。他曾在1950年代在解放軍空軍學院負責接待蘇軍顧問。

61 閻明復、朱瑞真：〈1959年赫魯曉夫訪華的前前後後〉，頁36。

62 同上，頁67。

63 沈志華：《蘇聯專家在中國：1948–1960》，頁235。

64 參見〈中蘇關於聯合使用旅順海軍基地的協議〉，載於世界知識出版社編：《中華人民共和國對外關係文件集》，卷2（北京：世界知識出版社，1958），頁89–91。

65 蘇聯問題編寫組編：《冰封歲月：中蘇衝突實錄》，頁58。

66 左鳳榮：〈中蘇同盟破裂原因析〉，載於欒景河編：《中俄關係的歷史與現實》，頁545。

67 閻明復、朱瑞真：〈1959年赫魯曉夫訪華的前前後後〉，頁35。

68 沈志華：《蘇聯專家在中國：1948–1960》，頁337。

69 解放軍軍事科學院編：《解放軍自1949年以來的重大事件》（北京：解放軍軍事科學院出版社，1999），頁187。

70 謝國均：《在八一軍旗下：解放軍1949至1999大事記》（北京：解放軍出版社，1999），頁186–87。

71 電視劇《延安頌》，中央電視台，2003年。

72 毛澤東在中央政治局上海擴大會議上的講話，1962年12月。

第三部

蘇聯的經濟援助和社會主義轉型

第 6 章

中國社會轉型過程中的蘇聯模式：
改變的和沒改變的

孔寒冰

　　1978年後，中國走上了改革蘇聯模式的社會主義道路。這比蘇聯、東歐國家晚了20多年。30年來，中國社會發展方式出現了明顯的轉型並取得了舉世矚目的成就，一些學者甚至認為出現了一種新的並且與蘇聯模式完全不同的中國模式。[1]

　　的確，現在的中國與1978年之前相比要開放得多，現代化得多，也強大得多。然而，中國真的形成了與蘇聯模式完全不同的新模式？中國在這30年社會轉型中取得的成就以及仍存在的問題，與蘇聯模式到底有什麼聯繫？此外，中國社會的轉型在許多方面明顯地受到西方影響，它與西方模式又有什麼的聯繫？從中國的現狀來看，這些問題還是有進一步探討的必要。

蘇聯模式的立體性和時空適應性

　　回答現在的中國社會發展是否形成了一種新模式，需要有一個參照系，它就是蘇聯模式，因為中國在改革開放前就是實行這種模式。所謂蘇聯模式，指的是蘇聯在1930年代確立起來的一種包括政治、經濟、思想文化、教育等方面的社會主義體制。國內學術界對其早有論及，成果頗豐。[2]總的看來，許多研究蘇聯模式的成果論述全面、深刻，顯示了比較高的學術水平。不過，從問題探討的角度，本文認為大多數文獻

對蘇聯模式的描述顯得平面化、靜態化，對它的多層次性和時空適應性的特點揭示得仍然不夠，而恰恰是這些特點對認識現在中國的社會轉型至關重要。

蘇聯模式是由多個方面構成的統一體，這一點相關文獻都講得很清楚。概括地說，政治方面，共產黨是唯一的執政黨，不允許有反對黨派的存在；共產黨內實行下級服從上級，地方服從中央的原則，權力集中在黨內少數人乃至最高領導人一人手中；黨政合一、議行合一，黨和國家的行為不受法律限制。經濟方面，實行單一的公有制和排斥市場規律的指令性計劃經濟，以高度集中的行政手段管理經濟，宏觀經濟和微觀經濟的決策權、人力物力和財力支配權全部集中在中央，黨和政府通過發布命令、作出決議的辦法和採取行政組織手段，與各企業和經濟組織發生關係，組織社會經濟生活，企業生產什麼、生產多少、產品供銷、價格等統統由國家規定，企業沒有自主權。思想文化方面，實行思想灌輸和控制，將教條化的馬克思主義和列寧主義作為唯一正確的真理，並通過黨和國家的宣傳機器向人民群眾灌輸。外交方面，強調社會主義與資本主義兩種制度國家的對抗性和前者戰勝後者的必然性。總的看來，在社會管理的各個方面的過度集權、過度集中，是蘇聯模式的基本特徵。

然而，蘇聯模式的這些方面不是平鋪在一起的，它們相互之間有着複雜的關係。哪些屬於它的核心內容，哪些屬於它的深層內容，哪些是它的淺層內容？哪些方面易變也可以變，哪些方面難變甚至也不能變？對於這些問題，相關文獻鮮有論及。實際上，蘇聯模式是一種球狀的社會發展結構，易變的或可變的都是從外層開始。

較之經濟、思想文化和外交等方面，政治方面是蘇聯模式的裏圈，最先形成。不過，政治方面也分為政治制度和行政管理兩個主要部分，前者是不可碰的地方，社會主義基本制度和共產黨一黨執政，是蘇聯模式的核心，決定蘇聯模式的性質。後者在一定條件下可以變換，也容易變化並且不會從根本上損害蘇聯模式本身。

經濟方面處於政治的外層，是由生產資料所有制形式和運行機制兩大部分構成。雖然生產資料的公有化程度和是否存在市場，曾經在一段時間內成為判斷姓資姓社的標準；但是在社會主義國家的改革，經濟領

域的改革要比政治領域的改革容易一些，改革程度更深，力度也更大，往往是經濟運行機制先變，生產資料所有制形式後變，同時，二者也都會經歷一個從淺到深漸進的過程。

外交方面又是在經濟和政治之外並服務於它們，帶有很強的適用性，變與不變以及如何變完全取決於政治與經濟的需要。雖然預設的對外關係，例如兩個平行市場原則、蘇聯與東歐國家的關係，會直接影響到各國國內政治和經濟的發展（東歐國家更是如此），但是相對政治和經濟領域的改革而言，對外關係領域的改革更容易。赫魯曉夫時期提出了「三和」並要求東歐國家與其保持一致，南斯拉夫的對外關係則一直具有很大的靈活性，而整個東歐國家陣營與西方國家的關係自1970年代中後期起自發地出現了實質性的回暖（早於東歐國家1980年代的政治經濟改革）。

蘇聯模式的最外層是思想文化和教育方面，它們都服務於內政外交並為它們的可變與不可變、變與不變提供輿論與知識方面的支持，通常輿論上的支持在先，而教育上的支持在後。其中，思想文化雖然在最外層，但打造的卻是蘇聯模式的神聖光環。不除去這種光環，蘇聯模式的任何部分的改革都難以進行。社會主義國家改革過程中都出現過理論先行、解放思想的現象，但程度如何則取決於改革對象的難易程度。如圖6.1所示。

圖6.1　蘇聯模式的多層次性

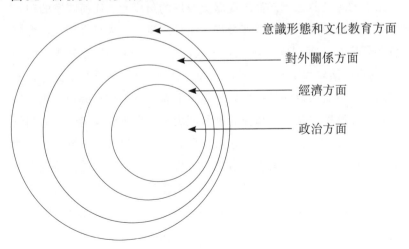

意識形態和文化教育方面

對外關係方面

經濟方面

政治方面

　　蘇聯模式過度集權、過度集中的特點，既與俄國的政治文化傳統有關，還與它產生的特殊環境有關。第一，俄國政治文化的特點是專制，沙皇是國家的核心和象徵，在日常生活中起着重大作用。政治變革、經濟變遷、宗教活動以及人們的生活方式都由沙皇操縱和決定。第二，俄國經濟發展與西歐相比非常落後。在十月革命前，俄國資本主義雖然有了一定發展，但仍遠遠落後英美等發達國家，自給自足的村社經濟仍佔很大比重。在俄國歷史上，國家干預經濟是常態，從1861年農奴制改革開始，俄國的現代化就是在沙皇政府的推動下一步步開始的。第三，1920和1930年代蘇聯面臨的國際形勢非常險惡。雖然擊敗了帝國主義國家的武裝干涉，但是，蘇聯一直被戰爭的陰影所籠罩，一切社會生活都以戰備為軸心的發展思路得到了廣泛認同。[3]

　　由於這種特殊的政治文化和產生環境，蘇聯模式具有明顯的空間適應性。從空間上說，政治上專制傳統越強、經濟發展越落後的國家就越適用蘇聯模式；反之，民主傳統越強、經濟越發達的國家就越不適用蘇聯模式。對冷戰期間的歐亞社會主義國家來說，蘇聯模式最不適合的是東歐國家，最適合的是中國。

　　蘇聯模式時間上的適應性可以從現代化的角度進行解釋。拋開意識形態，蘇聯模式也是落後國家通過政治力量整合全社會的資源、快速現代化的一種方式。[4]蘇聯、東歐和中國都通過採用蘇聯模式建成了一套完備的工業體系。然而，從歷史發展的角度看，任何國家的現代化都是一個保持經濟持續快速發展，並且將現代化成果合理地分配到社會各個階層，實現經濟民主化、政治民主化和文化資源共享的過程。[5]隨着經濟現代化、政治民主化和社會穩定化，蘇聯模式的正面效應逐漸減弱而負面效應日益增強，總體上看會越來越阻礙現代化。比如，計劃經濟模式雖然有超強的動員能力，在短時期內集中人力和物力迅速建成工業項目，但是，它的管理方式是粗獷型的，弊端在企業建成之後就暴露無遺。對管理者來說，最重要的業績不是提高企業的經濟效益，而是如何完成上級布置的計劃任務。計劃經濟因而成了一種特殊的「無序」經濟。科技創新也不是必須的，得不到鼓勵，經濟發展就會出現停滯。[6]

再比如，從現代化成果分配的角度看，社會內部也會出現極大的不平等。在政治領域，黨和國家的權力集中到少數人手中，從而使黨和國家機關日益官僚化。掌握行政大權的領導者壟斷了所有政治資源，廣大民眾基本處於無權狀態。各級領導成為經濟計劃的制定者和執行者，壟斷生產資料和生活資料的分配和使用，按官職大小享受特殊住房、特殊服務、特殊供應和特殊工資等。他們雖然不擁有大量私有財產，但卻擁有與權力直接掛鈎的特權，通過手中的權力佔有集體和國家的財產。領導者的官階不同，享受的「權利」也不同，「一切都取決於官級高低。」[7]與之形成鮮明對比的是，廣大民眾卻生活在日益加劇的「短缺經濟」中。在1970年代中期以前，雖然蘇聯和東歐各國仍能維持較高的經濟增長，計劃經濟下的福利政策還能夠維持，但由於經濟增長的大部分成果都被特權階層榨取，普通勞動者的生活仍是差強人意。不過到了1970年代中期以後，隨着經濟停滯，各國的福利政策遇到很大困難，生產和生活資料的供給更為匱乏，以至於根據國家計劃憑票分配的分配方式逐漸難以維持。[8]當權者還壟斷着意識形態的解釋權，任何不同的觀點都會被視作「毒草」或「另類」。通過政治、經濟、文化資源三位一體的壟斷，這些領導者成為脫離人民群眾的特殊群體，有人稱其為「特權階層」，[9]有人稱其為「新階級」。[10]總的來看，蘇聯模式在任何一個國家裏都是在初始階段正面效應大，負面效應小；但隨着時間的發展，正面效應遞減而負面效應則遞增。這就是所有蘇聯、東歐和中國等社會主義國家，或早或遲都要進行改革的原因。

蘇聯模式時空適應性差別的綜合效應，就是蘇聯、東歐和中國在同一時間內對它價值的評價不一樣，與此相適應是進行改革的時間前後有差別。改革蘇聯模式的呼聲首先出現在東歐，其次是蘇聯，最後才是中國。[11]這種因空間和時間差別而產生的分歧成為影響中蘇關係、蘇東關係、中國與東歐關係的主要因素。當多數東歐國家試圖擺脫蘇聯模式的時候，蘇聯則絕不容許東歐國家超越它的底綫；當蘇聯要在某些方面的表層上調整這種模式時，中國則批評它搞修正主義和資本主義。

蘇聯模式在中國的移植與強化

　　説到中國的社會轉型和所謂的「中國模式」，首先需要弄清的是中國原來的社會發展模式是什麼樣的。不論如何看待中國現在的社會發展模式，國內外學術界有共識的看法是，改革開放以前的30年中國實行的是蘇聯模式。

　　自鴉片戰爭以來，建立獨立自主、民主富強的現代化國家一直是中國人的追求。從洋務運動的中體西用，到康有為、梁啟超的民主改良，再到孫中山的資產階級革命，均以失敗告終後，中國人最終把社會發展的道路鎖定到了蘇聯模式的社會主義。

　　毛澤東1953年講過這樣一段話：「我們要進行偉大的國家建設，我們面前的工作是艱苦的，我們的經驗是不夠的，因此，要認真學習蘇聯的先進經驗。無論共產黨內、共產黨外、老幹部、新幹部、技術人員、知識分子以及工人群眾和農民群眾，都必須誠心誠意地向蘇聯學習。我們不僅要學習馬克思、恩格斯、列寧、斯大林的理論，而且要學習蘇聯先進的科學技術。我們要在全國範圍內掀起學習蘇聯的高潮，來建設我們的國家。」[12] 蘇聯模式是在這種學習過程中全面地移植到中國來的。為什麼要移植蘇聯模式呢？那是因為蘇聯模式的核心在中國早已有了，即中國共產黨是在俄國人的幫助下並按布爾什維克的樣子建立的。中國共產黨的第一個綱領宣布：「我黨採取蘇維埃的形式，把工農勞動者和士兵組織起來，宣傳共產主義，承認社會革命為我黨的首要政策。」[13]

　　因此，中國共產黨取得政權後，便開始按照蘇聯的樣子在中國建設社會主義。與東歐國家被強迫接受蘇聯模式不同，中國是主動移植蘇聯模式的。毛澤東說，蘇聯共產黨「在列寧和斯大林的領導之下，他們不但會革命，也會建設。他們已經建立起來了一個偉大的光輝燦爛的社會主義國家。蘇聯共產黨就是我們的最好的先生，我們必須向他們學習」。[14] 在毛澤東和中國共產黨員心目中，蘇聯模式在理論上的表現就是真正的馬克思主義，在實踐上的表現就是真正的社會主義。中國向蘇聯學習是全方位的，蘇聯模式承載着中國人的無限美好願望，「蘇聯的今天，就是我們的明天。」[15]

　　在政治方面，表面上來看，中國與蘇聯的政治體制在形式上有所不同。例如，中國除了共產黨以外還有一些民主黨派存在，實行政治協商制度等。但實際上，在國體、共產黨的地位和作用等本質方面，中國與蘇聯卻是一致的。當時中共之所以採取這種政治制度，除了中共與各民主黨派在反對國民黨獨裁統治上有較好的合作之外，還在於中共需要民主黨派幫助管理國家，需要這些黨派成為中國與西方交往的特殊渠道。更為重要的是，劉少奇在中共建政前夕秘密訪問蘇聯，其主要使命就是詳細了解蘇聯的國家機構，包括各級政府機構的結構，政府活動的各個部門，中央政府和地方權力機構的相互關係，政府管理基層機構的結構，黨、政府和群眾組織之間的相互關係，武裝部隊、人民法院、安全機構、財經組織、文化和教育機構的結構等。[16] 這些機構及其運行機制，幾乎原封不動地搬到了中國。

　　在經濟方面，中國學習蘇聯社會主義建設的方式和載體，就是五年計劃的編製和實施。五年計劃是蘇聯的發明創造，到1955年蘇聯已經實施了五個五年計劃。中國的第一個五年計劃是從1951年春天起，由中央財經委員會着手編製。為了與蘇聯共同商討第一個五年計劃的具體內容，也為了得到蘇方的支持和幫助，中國政府代表團在1952年8月到1953年5月訪問蘇聯。原國家經濟委員會主任袁寶華撰文憶述説：「我們代表團此次去蘇聯的目的，就是要談我國第一個五年計劃中請蘇聯幫助設計和援助的項目。所以，為了使我國的五年計劃同蘇聯的第五個五年計劃大綱相銜接，我們開始學習和討論蘇聯的五年計劃大綱草案。」[17] 1953年6月，代表團回國後不久，「中央要求國家計委，參考蘇聯國家對計委提出的意見，對五年計劃綱要再修改一次。」[18] 除了經濟運行方式學習蘇聯的計劃經濟外，在第一個五年計劃實施期間，中國還把實現所有制結構的蘇聯模式化作為學習蘇聯經濟模式的重要方面，通過集中主要力量發展重工業，有步驟地促進農業、手工業的合作化，繼續改造資本主義工商業，保證國民經濟中公有制成分的比重穩步增長。1956年，中國基本完成對農業、手工業、資本主義工商業的社會主義改造，全國1.2億農戶其中1.1億戶已加入農業生產合作社，佔農戶總數的91.7%；全國個體手工業者加入工業生產合作社、生產小組或者供銷生

產合作社的，已佔個體手工業從業人員總數的90％；全國資本主義工商業已經基本上實現了全行業的公私合營。[19] 這些標誌着以公有制為基礎的計劃經濟體制在中國基本確立。

在外交方面，毛澤東在建國前夕便提出了「一邊倒」的外交策略。[20] 中華人民共和國成立後，蘇聯成為首個承認中共政權並與其建立外交關係的國家。隨後，保加利亞、羅馬尼亞、匈牙利、朝鮮、捷克斯洛伐克、波蘭、蒙古、德意志民主共和國、阿爾巴尼亞等社會主義國家也先後與北京建立了外交關係。在此後的一段時期，中國與這些國家尤其是蘇聯的關係快速發展。雙方領導人和各種代表團來往頻繁，在重大國際問題上保持一致，在經貿、科技、文化領域互相支援。例如，毛澤東在1949年12月訪問莫斯科，並着手商談同盟事宜。兩國在1950年2月，簽訂了〈中蘇友好互助條約〉、〈關於中國長春鐵路、旅順口及大連的協定〉以及〈蘇聯貸款給中華人民共和國協定〉。1953年5月15日，李富春和米高揚分別代表兩國政府在莫斯科簽訂了〈蘇聯政府援助中國政府發展中國國民經濟的協定〉，蘇方承諾幫助中方新建或改建141個規模巨大的工程項目（其中50項在1950年就定了下來）。[21] 與之形成鮮明對照的是，中國與以美國為首的西方國家關係不斷惡化，逐步進入敵對狀態。1949年8月，毛澤東發表題為〈別了，司徒雷登〉的文章，稱司徒雷登離開南京是「美國侵略政策徹底失敗的象徵」。中共政權成立後，以美國為首的西方國家拒絕予以承認，並實行軍事包圍、外交孤立和經濟封鎖。美國在1950年6月宣稱將以武力阻止北京「解放」台灣，並派遣美國海軍封鎖台灣海峽。同年9月，在美國操縱下，第五屆聯合國大會否決了恢復中華人民共和國在聯合國合法權利的提案。中國志願軍奔赴朝鮮後，美國先是採取措施將中國在美國管轄內的一切資產置於管制之下，並頒布章程禁止在美國登記的船隻在另有通知以前駛往中國港口，割斷了中國與美國的經濟聯繫；後是在1951年5月操縱聯大通過對中國實行禁運的提案，割斷了中國與其他西方國家的經貿聯繫。在這種情況下，中國只有進一步倒向蘇聯一邊。

在思想文化和教育方面，為了強化全黨、全國民眾對蘇聯模式的高度認同，中國首先向蘇聯學習的是蘇聯化的馬克思列寧主義理論，即蘇

聯30年代秉承斯大林旨意出版的《聯共(布)黨史簡明教程》。這本書整整影響了中國幾代人，長期以來它被黨中央列為「幹部必讀」的政治書目之一，1956年之前還是全國高校馬克思列寧主義基礎課的主要教材。為了對經濟上學習蘇聯提供強有力的技術支持，中國還全面學習蘇聯的高等教育體制。1951年底到1952年間，中國按照蘇聯的高等教育體制進行了院系調整，削減綜合性的大學和削弱人文和政法學科，大力發展適應以重工業和國防工業為核心的經濟發展計劃所需要的工科院校，如鋼鐵、機電、礦業等單一性極強的高校等得到了迅速發展。[22] 值得一提的是，中華人民共和國成立後的首批出國留學、進修人員都是去蘇聯東歐，其中到蘇聯的人最多。「一五」計劃規定，五年內計劃派出留學生10,100人，其中到蘇聯的是9,400人，留蘇預備部招生12,800人；另向蘇聯和其他社會主義國家派實習生1,300人左右。[23] 這些人在後來按照蘇聯模式進行的社會主義建設中，起到了不可低估的作用。

　　就是在這種全面學習過程中，蘇聯模式被移植到了中國。正是由於中國的政治專制傳統比蘇聯久遠和更為根深蒂固，受西方民主影響的程度極低，經濟上則屬於以落後農業為基礎、自給自足程度很高的自然經濟，受西方市場經濟影響的程度低，而且1940年代末中國的經濟狀況已因為經歷長期戰亂瀕臨崩潰，中國當時的客觀環境特別適合蘇聯模式，蘇聯模式移植後顯現的正面效應也非常大。中國在較短時期內建立起自己的工業體系，每一個重工業項目、第一爐鋼、第一輛汽車、第一台拖拉機等都成了中國大地上最激動人心的重彩畫。在這些令人振奮成就的襯托下，中國一改過去那種積貧積弱的形象。按當時的標準衡量，這就表明社會主義制度的優越性，成為中國人心目中社會主義的物化形態。中國人更加確信蘇聯模式的理論方面就是真正的馬克思主義，其實踐方面就是真正的社會主義。

　　然而，蘇聯模式在中國安家落戶，正面效應最大化的時候，它在蘇聯和東歐國家的負面效應也愈來愈強，各種弊端早就暴露出來。東歐國家的政治文化傳統和經濟發展水平都不適合蘇聯模式，從時間上看，到1950年代中期，蘇聯模式在蘇聯已實踐了近20年，在東歐國家也實踐了快十年。蘇東國家暴露出來的弊端主要表現為：領導幹部的官僚化、

特權化現象嚴重，高級幹部包括汽車、別墅、服務人員在內的一切家庭生活費用由政府開支已經成為一種「制度」；[24] 為排除黨內外異己所採取的大清洗和秘密警察制度使民眾生活在恐懼當中，缺乏安全感；由於過多的資源用於擴大再生產而不是消費，不僅消費品的生產嚴重不足，工人的實際工資也下降了，例如蘇聯工人1952年的實際工資只相當於1928年的66%–68%，波蘭工人1953年的實際工資只相當於1950年的94%；[25] 過急、過快的農業集體化損傷了農民的生產積極性，在南斯拉夫、波蘭、匈牙利等國還出現了不同程度的反抗。

上述問題在不同程度上開始修正和「弱化」蘇聯模式。在蘇聯，1953年斯大林去世後，蘇共開始打破權力高度壟斷並將黨、政最高權力分開，馬林科夫（Georgy Malenkov）和赫魯曉夫分別擔任政府和黨的一把手。不僅如此，馬林科夫在1953–1955年就任部長會議主席期間，實行了主要是調整斯大林時期經濟政策的「新方針」。赫魯曉夫對斯大林時期破壞民主、踐踏法治的錯誤進行了一定程度的糾正後，在1956年蘇共二十大作了〈關於個人崇拜及其後果〉的報告。所有這些都被國內外學者視為蘇聯改革的發端。[26] 東歐國家則發生了一系列事件，如1953年民主德國的東柏林事件、匈牙利的切爾佩事件、捷克斯洛伐克的比爾森事件，1956年波蘭的波茲南事件、統一工人黨反對蘇共干涉內部事務的十月事件和匈牙利事件等。儘管具體起因、過程和後果並不相同，但這些事件都反映出東歐各國對蘇聯模式的反抗。正是從這個意義上，這些事件也被國內學術界視為東歐國家改革的開始。[27] 站在今天的角度看，蘇東國家的這些改革實際上都是力度有限，無論在政治上還是在經濟上都沒有也不可能觸及到蘇聯模式的深層，只是在表層「弱化」了蘇聯模式。不過，從社會發展角度說，這些改革措施都應給予恰當的評價。然而，由於蘇聯模式正面效應與負面效應的時間差，中共與蘇共和東歐各國共產黨之間開始出現分歧。對當時的中國人來說，蘇東國家的改革損毀社會主義的神聖形象，「弱化」蘇聯模式的理論就是背叛馬克思主義、搞修正主義，「弱化」的實踐就是背叛社會主義、搞資本主義。從1950年代中期起，中共先在是內部而後公開地批判赫魯曉夫的修正主義，其內涵就是反對「弱化」蘇聯模式。與此相聯繫的，就是中蘇兩黨分歧的

產生、擴大，最後發展到公開論戰。更為重要的是，以毛澤東為代表的中國共產黨人，針對蘇東國家改革還作出了「自我加固」的反應，即不斷地強化蘇聯模式。在政治方面，由於認為反對個人崇拜是修正主義的重要內容之一，毛澤東從1957年起不僅也推崇個人崇拜，而且提出：「無產階級和資產階級的矛盾，社會主義道路和資本主義道路的矛盾，毫無疑問，這是當前我國社會的主要矛盾。」[28] 所有這些都改變了中共「八大」提出的反對個人崇拜，民眾日益增長的物質和文化方面的需求與如何滿足這些需求，是中國社會主要矛盾的看法。這兩方面的變化結合在一起，再加上受「波匈事件」、中國的「大鳴大放」等事件的影響，此後中國災難性的政治運動不斷，乃至文化大革命。[29] 經濟上，由於把對蘇聯模式的任何調整都看成是反馬克思主義的「修正主義」、反社會主義的「資本主義復辟」，中國以更加強化的方式來發展經濟。1958年開始搞「大躍進」、刮「共產風」，造成「饑餓經濟」、「糊口經濟」和「短缺經濟」。1960年代的調整也並沒有從根本上解決問題，隨着階級鬥爭的份量不斷加重，特別是文化大革命開始後，在極「左」錯誤思想指導下，把搞活企業和發展社會主義商品經濟的種種正確措施當成「資本主義」和「修正主義」來批判，反「資產階級法權」、割「資本主義尾巴」、趕「社會主義大集」。中國非但沒有擺脫蘇聯模式的弊端，相反將它們推向了極端。

中國改變了什麼

改革開放前的30年，中國社會的主題是移植和強化蘇聯模式；改革開放後的30年，主題則是改革蘇聯模式。與確立的過程不同，中國對蘇聯模式的改革則是反向的，即從局部、表層開始，逐步推向全面和走向深入。其中，每邁出一步都是從相應的理論討論、思想解放開始，破除的就是思想文化層面的蘇聯模式。

在毛澤東無產階級專政下繼續革命理論的影響下，一波接一波的政治運動使原本畸形的社會生活無法正常維持，政治動盪無序，經濟瀕臨崩潰，人的基本生存權利和基本安全都缺乏保障。文化大革命結束後，

中國亟需解決的是如何通過改革給現代化注入新動力，解決民眾基本的
生存需求。

　　改革首先要破除的障礙就是「以階級鬥爭為綱」的左傾思想。針對
「兩個凡是」，鄧小平在1977年4月給中共中央寫信，提出要用準確完整
的毛澤思想來指導全黨、全軍和全國人民。1977年底，胡耀邦提出黨史
研究要完整地、準確地理解和運用毛澤東思想；要以實踐為檢驗真理、
分辨路線是非的標準，實事求是地研究。1978年3月，《人民日報》發表
題為〈真理只有一個〉的文章，提出了只有實踐才是檢驗真理的標準。
同年5月，《理論動態》又刊登了題為〈實踐是檢驗真理的唯一標準〉文
章。此後，全國範圍掀起了一場關於真理標準問題的大討論。最終，十
一屆三中全會高度評價了關於真理標準問題的討論，充分肯定了必須完
整、準確地掌握毛澤東思想科學體系，堅決批判了「兩個凡是」的錯誤
方針。

　　思想領域破冰後，改革深入到經濟領域。1982年之前的改革主要
內容是搞活經濟，在農村實行聯產承包責任制，城市發展小私有經濟，
對外引進外資等淺層次和局部的改革，「讓地方和企業、生產隊有更多
的經營管理的自主權。」[30] 改革的實質就是修正蘇聯的經濟運行模式，
它的參照系就是市場經濟的運行環境和在這種環境生產的非公有企業。
1979年鄧小平指出社會主義建設要利用外資，同時要發揮原有工商業
者的作用。1980年全國人大常委會宣布在深圳、珠海、汕頭設置經濟
特區。就其實質而言，經濟特區就是營造市場經濟環境，吸引外資，
開始從表層引進西方事物的市場經濟模式。不過，此時在人們心目
中，「一大二公」的計劃經濟才是真正社會主義的思想根深蒂固。比如，
創辦經濟特區之初就有它到底是改革開放的「窗口」還是舊中國的「租界
地」之爭。

　　不管農村的聯產承包、經濟特區的創辦和引進外資起步有多麼艱
難，中國的改革開放畢竟開始了。然而，小規模和淺層次的改革搞活釋
放的經濟能量是有限的，遠遠不能滿足現代化發展和人民生活水平提高
的需要。調整經濟運行方式，改變計劃與市場關係成為迫切需要。隨着
改革開放範圍的不斷擴大和內容的不斷深化，中共在理論上不斷地調整

對計劃與市場社會角色的看法。1982年中共「十二大」正式提出了「計劃經濟為主、市場調節為輔」的經濟改革目標，並開始走上了探索計劃與市場關係的道路。1984年十二屆三中全會，提出社會主義的經濟是「有計劃的商品經濟，而不是那種完全由市場調節的市場經濟」。1987年中共「十三人」，提出了「社會主義有計劃商品經濟的體制，應該是計劃與市場內在統一的體制」。1992年初，鄧小平南方講話給計劃與市場關係最終定了基調，「計劃多一點還是市場多一點，不是社會主義與資本主義的本質區別。計劃經濟不等於社會主義，資本主義也有計劃；市場經濟不等於資本主義，社會主義也有市場。計劃和市場都是經濟手段。」[31]同年召開的中共「十四大」，正式提出中國經濟體制改革的目標是「建立和完善社會主義市場經濟體制」。在這個過程中，計劃經濟逐漸淡出了中國的經濟舞台，而市場在經濟運行過程中的作用逐漸增強，成為了資源配置的主體。

　　在過度集中的計劃經濟框架被突破的同時，支撐它的單一公有制也受到衝擊。與此相對應的是，隨着市場經濟框架的逐步搭建，支撐它的多元化所有制形式也開始形成。改革開放30年來，中共對所有制的看法也不斷地改變，從堅持單一的公有制經濟擴展到以公有制為主體，多種所有制經濟平等競爭；公有制經濟的實現形式從國有企業和集體企業，擴展到國有獨資、國有控股和參股企業，集體所有、集體聯營企業等多種形式；非公有制經濟從個體經濟擴展到私營和外資經濟，其地位和作用從「社會主義經濟的必要補充」上升到「社會主義市場經濟的重要組成部分」。政策的變化帶來了所有制結構上的實際調整，非公有制經濟的能量得到巨大釋放，在經濟結構中所佔的比例愈來愈大，貢獻率愈來愈大，地位也愈來愈重要，參見表6.1。

　　隨着經濟轉型，服務於經濟的對外關係和為經濟提供技術支持的教育體制也都進行轉型。對外關係方面的變化主要體現在以下幾個方面。第一，改變了對時代主題的看法，戰爭與革命的觀念為和平與發展所取代，中國人開始以開放的而不是封閉的、學習的而不是敵對的心態看待外部世界，從而奠定了對外開放的思想基礎。第二，改變了對中國與世界關係看法。其中，最值得提及的就是長期被中國人引以

為自豪的「一無內債、二無外債」為大量吸引外資所取代。大量引進外資逐漸成為中國經濟生活的主調之一，參見圖6.2。

表6.1　改革開放以來中國工業企業的所有制構成情況

		1978	1987	1997	2002*	2006*
國有及國有控股企業	產值（億美元）	3,289	8,250	29,028	45,179	98,910
	在工業總產值中的比重（%）	77.6%	59.7%	25.5%	40.8%	31.2%
集體企業	產值（億美元）	948	4,782	43,347	9,619	9,174
	在工業總產值中的比重（%）	22.4%	34.6%	38.1%	8.7%	2.9%
其他經濟類型企業	產值（億美元）		781	41,358	55,979	208,505
	在工業總產值中的比重（%）		5.7%	36.4%	50.5%	65.9%

* 2002年和2006年的統計數據，為國有企業和規模以上的非國有企業（年銷售收入在500萬元以上）。

資料來源：中國統計局網站http://www.stats.gov.cn

圖6.2　改革開放以來中國外商直接投資（FDI）的增長情況

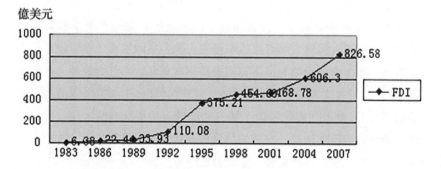

資料來源：中國統計局網站http://www.stats.gov.cn

　　外資給中國帶來的不僅僅是經濟建設所需的資金，更重要的是，外資企業作為一種新的經濟運行和管理方式，成為中國經濟體制轉軌的催化劑。第一，它促使了長期生活在計劃經濟體制下的中國人，反思貼着社會主義標籤的單一公有制形式、指令性的計劃、平均主義的分配形式

等計劃經濟範疇，重新認識曾被貼上「資本主義」標籤的商品、市場等市場範疇。第二，它推動長期在計劃經濟體制下運作的中國企業，改變了以往完全依靠國家計劃而沒有任何自主精神的被動做法，按照市場機制和競爭機制，以市場為導向從事自己的經營活動。第三，促使長期在計劃經濟體制下行使自己權力的宏觀管理部門，不得不正視由於外資進入和外商投資企業出現所造成的更為複雜的經濟生活，改變過去單憑行政命令來管理經濟生活的職能，開始運用利率、稅收和匯率等宏觀經濟調控和法律手段來管理經濟生活。

隨着對外開放程度的擴大和大量外資的進入，中國的對外貿易額也快速增長。1978年進出口總額只有200多億美元，30年後這個數字達到了22,738億美元，參見圖6.3。

圖6.3　改革開放以來中國的進出口貿易額的增長情況

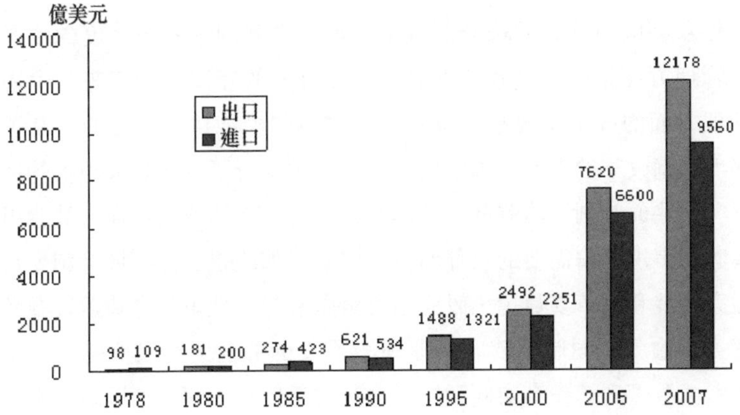

資料來源：中國統計局網站 http://www.stats.gov.cn

經濟改革也推動了思想文化和教育方面的變革。經濟成分、利益關係、分配方式的變化導致了階級階層結構的變化，而許多新階層的出現為不同世界觀的提供了載體。因此，意識形態領域由原來的單一馬克思主義，轉變成以馬克思主義為主導、中國傳統文化和外來文化等其他的思潮並存的多元局面。馬克思主義也不再是從蘇聯傳入的教條化的馬克思主義，而是更加強調它的中國特色，強調要結合客觀現實的變化來

繼承和發展馬克思主義。高等教育方面的轉型更為明顯，也很複雜。不過，在表現形式上，至少可從以下幾個方面清楚地看出。第一，高校辦學模式西方化，蘇聯式的大學—系—教研室三級管理改為西方式的大學—學院—系三級管理；第二，多數學科教育內容的西方化，全民學俄語的現象為全民學英語取代，心理學、社會學、西方政治和行政管理學、法學以及研究市場經濟運作的經濟學等課程進入高校課堂，許多大學還成立了相關的學院；第三，留學和進修的重點在西方國家，學成回國的人成為經濟、教育等領域的骨幹。據統計，截至2008年，80.49%的「兩院」院士、77.61%的教育部直屬高校校長、71.65%的國家重點實驗室和教學研究基地主任、94%的「長江學者」、72%的國家「863計劃」首席科學家，均為留學回國人員。[32] 這種人才培養方式的變化，不僅推動了其他方面去蘇聯模式化的過程，更提供了市場經濟發展所需的人才。

　　作為蘇聯模式核心部分的政治方面，也受到了不同程度的觸動。行政管理方面是政治模式的外層，屬於可變的範圍。30年來，中國行政管理方面的改革主要是圍繞着政府機構的職能轉變進行的。為了適應經濟體制改革的需要，國家機關先後集中進行了六次較大規模的機構改革，一些原計劃經濟體制下的專業經濟管理部門或被裁撤或被改組，一些適應市場經濟需要的新部門得以建立，如改組國家發展計劃委員會為國家發展和改革委員會，設立國有資產監督管理委員會和銀行業監督管理委員會等；同時，政府管理經濟手段也由直接管理轉變為間接管理，由微觀管理轉變為宏觀調控，由行政手段為主轉變到以經濟手段和法律手段為主，輔以行政手段。在這個過程中，為了提高行政管理的水平，中國政府借鑒了西方國家一些適應市場經濟需要的成熟行政管理經驗，主要表現在以下三個方面：第一，通過明確的法律、法規規範國家機關的行為，通過了《行政訴訟法》、《國家賠償法》、《行政覆議法》、《行政處罰法》、《中華人民共和國行政許可法》；第二，建立公務員制度，2006年1月1日實施的《公務員法》，對公務員的條件、義務與權利、職務與級別、錄用、考核、職務任免與升降、獎勵、懲戒、培訓、交流與回避、工資福利保險、辭職辭退、退休、申訴控告、職位聘任、

法律責任等都作了明確規定；第三，在各地建立大量的行政管理學院，講授西方國家行政管理知識，並且增加面向西方國家的幹部培訓和出國交流次數。

在政治體制改革中，社會主義的基本制度和共產黨一黨執政是絕對不能變的。但是，隨着社會發展其他方面的轉型，這個方面也面臨着挑戰。於是，什麼是社會主義，如何堅持社會主義，如何堅持和改善黨的領導就成了頭等的難題，在這些方面現在的中國不僅鼓勵進行理論探討，而且還不斷採取相適的措施。比如，鄧小平把政治體制改革的目標，定為「消除官僚主義，發展社會主義民主，調動人民和基層單位的積極性。要通過改革，處理好法治和人治的關係，處理好黨和政府的關係」。[33] 鄧還提出黨政分開、完善社會主義民主法制、消除黨內官僚主義、領導幹部年輕化等改革措施。江澤民提出了「依法治國」的原則，將依法治國作為黨領導人民治理國家的基本方略，並指出黨要在憲法和法律範圍內活動。胡錦濤提出了依法執政、科學執政、民主執政的有機結合。這些都是新時期下中國共產黨對執政方式的新的理論探索。

中國沒有改變的

經過30年的社會轉型，蘇聯模式在許多方面已經改得面目全非，這也是一些學者認為「中國模式」出現的基本依據。不過，蘇聯模式真的徹底改變了？在本文看來，至少現在還不能這麼說。如果蘇聯模式並沒有完全改變，那麼，中國社會轉型過程中還有什麼沒變的？這些方面沒有變化的主要原因是什麼？

沒有變的可分為兩個部分，也是絕對不可變的，那就是上面提及的社會主義基本制度和共產黨領導。它們既是蘇聯模式的核心，也是它的本質特徵。如果這兩方面發生改變，社會制度就要改變顏色。蘇聯東歐社會主義在1980年代末至1990年代初的失敗，說穿了，就是這兩個方面被觸動並最終消失。這些是現今中國絕對要避免的，從鄧小平到胡錦濤，中共幾代領導人都反覆強調這一點。從這個意義上說，現今的俄羅斯和中東歐國家已沒有帶有連續性特點的改革了，有的也只是對轉型後

的體制或機制的改革，因為作為改革對象的蘇聯模式在這些地區已不復存在了。

不過，社會主義基本制度和共產黨領導不能變，並不是意味着黨的領導方式不能變。改革開放30年所取得的顯著成就，恰恰是黨根據變化了的現實，科學地調整自己的領導方式，不斷完善黨內民主，依法治國、依法治黨的結果。至今還有一些方面沒有改變，並不是中國共產黨不想改變，而是改變起來的難度極大。改革越到關鍵點，就越要有改革的智慧。過急的莽撞的改革，可能會使所有的改革成果付諸東流，蘇聯的改革就是前車之鑒；止步不前，錯失良機，同樣會造成巨大的社會災難。因此，改革要抓住時機，有步驟地穩步前行。

蘇聯模式的「總病根」──權力過分集中於黨、黨的權力得不到有效制約的情況，並沒有根本改變。黨通過人事任命仍舊控制着行政權力，又通過行政權把社會資源的掌控權集中在自己手中。不僅如此，黨和政府的幹部任命權也仍舊集中在各級黨的領導人手中，無論是選任，還是委任或聘任，往往個別領導人說了算，集體討論和幹部任前公示流於形式。人民代表大會也往往成為「橡皮圖章」，表決的機器。由上而下的層層任命的方式，更使得權力在具體運作過程中逐層集中，形成金字塔式的權力機構。權力的行使者唯上不唯下、唯官不唯民，黨內民主和人民群眾的權力有名無實。幾年前，中央黨校「中國經濟社會發展的基本走勢」課題組，曾對一些地廳級官員進行了問卷調查。結果顯示，有超過半數的人認為，2010年前順利推進政治體制改革的突破口在於「黨政關係的調整」和「幹部任免制度」。[34]

黨的權力不僅大，而且缺乏有效的監督機制。權力監督也沒有獨立於權力之外，監督者和被監督者有着千絲萬縷聯繫的情況也沒有多大變化。司法機關的人事權、財政權、領導權掌握在同級黨委和行政首長手中，與同級領導之間形成了隸屬關係。這種封閉的自我監督體系，使權力監督機制缺乏內在動力，功能大為弱化。法治，尤其是司法獨立，只能停留在表面；權力制衡更無從談起。

權力過度集中而又缺乏有效監督的政治體制，在市場經濟條件下的主要表現形式就是權力腐敗現象愈演愈烈。涉嫌腐敗的官員人數愈來愈

多，級別愈來愈高，金額愈來愈大。2003年至2008年上半年，全國法院在判處的罪犯中，原縣處級以上公務人員4,525人，同比上升77.52%。僅2006年，檢察機關立案偵查的貪污賄賂、瀆職侵權等職務犯罪案件33,668件，貪污受賄百萬元以上的案件623件，有202名廳局級幹部「落馬」。[35] 絕對權力絕對導致腐敗，權力擁有者的利益被強化是必然趨勢。如果沒有制度上的隔離措施，黨政權力得不到有效分割，黨內權力不能得到實質性分解，每一次行政體制改革只可能導致其與市場經濟利益更緊密更隱蔽的結合，難以破解政治體制改革的核心問題。即使再搞多少次行政體制改革，政府職能也難以轉換。

為什麼蘇聯模式的這些方面難以改變，甚至還有某種程度的強化？其中的緣由無疑是多方面和非常複雜，至少需要從兩個角度分析。

首先，既得利益者的阻礙。改革就是利益關係的重新調整。每一種發展模式都會帶來一批受益者，一旦發展模式發生轉變，就會觸及這部分人的利益，對原有利益平衡結構造成衝擊。經濟體制改革的過程中，部分官員利用手中的權力，使改革成果的分配向有利於自己的方向傾斜，因此積極支持經濟體制改革。然而，政治體制改革則與這部分人的既得利益發生了矛盾。市場經濟體制要求建立有限政府，要求改革那種全能型的全權政府，從而削弱他們往日的權威，觸及他們的既得利益。對這部分人來說，政治體制改革具有被迫性，只有在社會壓力下或者不改革會給他們自己帶來更大利益損失的情況下，他們才會進行有限度的政治體制改革。

其次，中國現代化發展的某種程度上的需要。「一個現代化中政治體系的安定，取決於其政黨的力量。一個強大的政黨能使群眾的支持制度化。政黨的力量反映了大眾支持的範圍和制度化水平。凡達到目前和預料到的高水平政治安定的發展中國家，莫不是擁有一個強大的政黨。」[36] 30年來，中國在經濟建設方面取得了舉世矚目的成就，但仍未從根本上改變落後的社會面貌，總體上仍落後於西方發達國家，這種狀況在短期內難以改變。在現代化的過程中，中國還需要迅速建成許多關係國計民生的投資巨大項目，處理一些重大、複雜和棘手的問題。這種情況決定了在現代化進程尚未結束時，強大的政黨和大政府可以為保證現代化建

設的順利進行。現代化建設也需要安定的政治環境，政治體制改革只能在協調各方利益的過程中穩步進行，盡可能避免社會劇烈震蕩。中國的傳統政治體制愈來愈不適應現代化發展的需要，但新的政治體制還處於不斷探索中。在社會轉型和實現現代化的過程中，保持社會穩定十分必要。如果出現「權力真空」和社會失控，轉型中取得的成果也會化為烏有。

落後國家現代化需要高度集中的政治體制，但現代化的民主化要求又會逐漸稀釋集權體制的合法性。對中國而言，改革就是在二者之間尋找一種合理的關係。通過改革，尤其是經濟體制的改革，中國被文化大革命打斷的現代化進程重新啓動，生產力得以迅速發展，人民生活水平有了很大改善。在這個過程中，高度集中的政治體制和政黨體制，維護了國家的政局穩定，增強了抵禦風險的能力，可以集中力量解決改革過程中的重大問題。但是，政治體制、政黨體制改革的滯後卻正在阻礙現代化的繼續前進，由此造成的現代化成果分配不公，如貧富差距擴大、民主發展緩慢、官員腐敗、特權等現象，正在成為制約中國現代化發展的瓶頸。

結　論

中國社會發展在許多方面的轉型都是顯而易見的，只是程度不同而已。在中國社會轉型的過程中，蘇聯模式的核心仍舊，但有的方面有的完全消失，有的方面殘缺不全，有的正在受到衝擊。與此相適應的是，改革開放之前30年被視為異己的歐美社會發展模式開始為中國所採用，其進入的程度和範圍剛好與蘇聯模式的相應方面退出相對應，但這些改變都是在中國社會發展的表層發生，對中國現存社會制度而言都是非本質的方面。中國社會的轉型實際上也就是改變蘇聯模式與西方模式非此即彼的對立狀態，找到恰當的接合點的過程，所取得的成績和產生的問題幾乎都與此相關。

就現在的情況來看，蘇聯模式改了很多，但本質沒變而且也不能變；歐美模式在操作層面進來很多，但其本質方面沒有引進而且也不能引進。胡錦濤在紀念改革開放30周年大會講話上明確提出，中國深化

政治體制改革需要借鑒人類政治文明的有益成果，但絕不照搬西方政治制度模式。30年來，中國就是在蘇聯模式的變與不變中、歐美模式的引進與不引進的理論爭論與實際嘗試中發展的。中國特色社會主義理論就產生於這種轉型的現實。它既包含了對傳統社會主義理論的修正和發展，又包含了對西方文化的批判和借鑒，還包含了對中國古代傳統文化的揚棄和吸收，但最核心的還是中國共產黨人對當前社會現實的一種智慧的回應。正因如此，它也將會隨着現實的變化而不斷完善和發展。

註　釋

1　2004年5月，美國《時代》周刊高級編輯、美國著名投資銀行高盛公司資深顧問Joshua Cooper Ramo在倫敦作了題為「北京共識」的演講，指出中國通過艱苦努力、主動創新和大膽實踐，摸索出一個適合本國國情的發展模式。他把這一模式稱之為「北京共識」。論文在英國著名思想庫「倫敦外交政策中心」網站發表後，在歐洲、中國和世界其他國家引起強烈反響，「中國模式」一時成為世界的焦點。參見黃平、崔之元編：《中國與全球化：華盛頓共識還是背景共識》(北京：社會科學文獻出版社，2005)，頁1–3頁。2008年6月2日，中國社會科學院研究員馬龍閃在〈中國特色社會主義就是「中國模式」〉一文中指出，中國特色社會主義同蘇聯模式的社會主義是截然不同的，就是「中國道路」，就是「中國模式」，而不是屬於其他任何模式。見《北京日報》，2008年6月2日；2008年12月20–21日，北京大學中國與世界研究中心主辦了題為「人民共和國的六十年與中國模式」的大型學術研討會，50多位來自國內外的著名學者出席了會議。

2　參見李宗禹編：《國外學者論斯大林模式》(北京：中央編譯出版社，1995)；李宗禹等：《斯大林模式研究》(北京：中央編譯出版社，1999)；沈宗武：《斯大林模式的現代省思》(昆明：雲南人民出版社，2004)；陸南泉：《蘇聯經濟體制改革史論：從列寧到普京》(北京：人民出版社，2007)。

3　沈宗武：〈斯大林模式產生的深層社會原因〉，《重慶社會科學》，2000年，第4期。

4　參見巴林頓‧摩爾著，拓夫等譯：《民主和專制的社會起源》(北京：華夏出版社，1987)；W. W. 羅斯托著，郭熙保、王松茂譯：《經濟增長的階段——非共產黨宣言》(北京：中國社會科學出版社，2001)；羅榮渠：《現代化新論——世界與中國的現代化進程》(北京：商務印書館，2004)。

5　C. E. 布萊克著，景躍進、張靜譯：《現代化的動力──一個比較史的研究》（杭州：浙江人民出版社，1989）。

6　奧塔・錫克著，張秀山譯：《經濟體制──比較、理論、批評》（北京：商務印書館，1993），頁85–94。

7　鮑里斯・葉利欽著，朱啓會、榮合譯：《我的自述》（北京：東方出版社，1993），頁59。

8　Hüsnü Kizilyalli, *Economics of Transition: A New Methodology for Transforming a Socialist Economy to a Market-led Economy and Sketches of a Workable Macroeconomic Theory* (London: Ashgate Publishing,1998), pp. 165–167.

9　列夫・托洛茨基著，柴金如譯：《被背叛了的革命》（北京：三聯書店，1963）。

10　Milovan Djilas, *The New Class: An Analysis of the Communist System* (New York: Frederick A. Praeger, Inc., 1957).

11　有關東歐與蘇聯的比較部分，參見W. 布魯斯著，胡健、易煉紅譯：《社會主義所有制和政治制度》（西寧：青海人民出版社，1989），頁65–67。

12　《新華月報》，1955年第3期。

13　《「一大」前後：中國共產黨第一次代表大會資料選編》（一）（北京：人民出版社，1980），頁9。

14　同上，頁1481。

15　《人民日報》，1951年10月15日。

16　參見〈劉少奇給聯共(布)中央和斯大林的報告〉(1949年7月4日)，〈劉少奇關於訪蘇安排致斯大林的信〉(1949年7月6日)，《黨史研究資料》，1998年，第2期。

17　袁寶華：〈赴蘇聯談判的日日夜夜〉，《當代中國史研究》，1996年，第1期。

18　柳隨年等主編：《第一個五年計劃時期的國民經濟》（哈爾濱：黑龍江人民出版社，1984），頁19。

19　《人民日報》，1956年8月17日。

20　毛澤東：《毛澤東選集》，第四卷（北京：人民出版社，1977），頁1475。

21　〈建國初期156項建設工程文獻選載〉(1952)，載於《黨的文獻》，1999年，第5期。

22　參見謝雪峰：《從全面學蘇到自主選擇──中國高等教育與蘇聯模式》（武漢：華中科技大學出版社，2004）。

23　張久春等：〈新中國初期向蘇聯派遣留學生〉，《百年潮》，2008年11月11日。

24　參見斯維特拉娜・阿利盧耶娃著，趙洵譯：《致友人的二十封信》（北京：中國社會科學出版社，1979），頁35–110。

25　W. 布魯斯著，胡健、易煉紅譯：《社會主義所有制和政治制度》，頁108–109。

26　參見李忠杰等：《社會主義改革史》(北京：春秋出版社，1998)，頁191–200；貝爾‧阿甘別吉揚著，常玉田等譯：《蘇聯改革內幕》(北京：中國對外經濟貿易出版社，1990)，頁126–134。

27　參見徐午：〈試評匈牙利1953–1955年的改革嘗試〉，《國際共運》，1985年，第3期；李忠杰等：《社會主義改革史》，頁252–283。

28　毛澤東：《毛澤東選集》，第五卷 (北京：人民出版社，1977)，頁475。

29　《中國共產黨中央委員會關於建國以來黨的若干歷史問題的決議》(北京：人民出版社，1981)，頁21–22。

30　鄧小平：《鄧小平文選》，第二卷 (北京：人民出版社，1993)，頁146。

31　鄧小平：《鄧小平文選》，第三卷 (北京：人民出版社，1993)，頁373。

32　張力：〈改革開放30年我國教育成就和未來展望〉，《中國發展觀察》，2008年，第10期。

33　鄧小平：《鄧小平文選》，第三卷，頁177。

34　青連斌：〈政治體制改革不能太滯後〉，《中國改革》，2003年，第10期。

35　〈最高人民法院院長報告中披露，五年來4,525縣處級以上干部獲罪〉，中國共產黨新聞網，http://cpc.people.com.cn/BIG5/64093/64387/8237101.html；〈最高人民檢察院工作報告〉(2007年)，中國人大網，http://www.npc.gov.cn/wxzl/wxzl/2007-03/16/content_362799.htm。

36　塞繆爾‧亨廷頓著，王冠華等譯：《變化社會中的政治秩序》(上海：三聯書店，1989)，頁396。

第7章

共和國初期蘇聯模式對
中共農村戰略的影響[1]

侯曉佳

要準確衡量蘇聯模式對中華人民共和國的影響是相當困難的。一方面，無疑蘇聯模式的貢獻是巨大的，它構築了中共最基本的理論框架，比如相信社會主義的生產關係將促進生產力的發展，比如相信社會主義就是資本主義的反面。中華人民共和國相當多的概念和詞彙都源於蘇聯。但具體到蘇聯模式對中共政策的直接影響力，我們則需要多加小心。蘇聯模式本身的複雜性，起伏波折的中蘇關係，詭異多變的中國國內政治，還有政策制定和實施之間的偏離，都是不可忽視的變數。本章以1949到1953年中共如何決定從個體農業經濟轉向農業合作化為例，探討合作化這個來自蘇聯的概念在中國如何被闡釋、選擇、利用和應用。

正如白思鼎（Thomas P. Bernstein）在〈導論〉指出，蘇聯模式從來都不是單一的，即使是斯大林主義，在不同時期的內涵差別相當之大，更勿論其他國家對蘇聯模式的理解。筆者認為，在中華人民共和國成立之初，中共領導人對蘇聯模式的理解和選擇是有分歧的，中共農村政策在不同的蘇聯模式中搖擺不定。簡而言之，中共領導人對列寧1923年的文章〈論合作社〉有兩種不同的理解。毛澤東遵循斯大林的思路，強調蘇聯式集體農莊是走向社會主義的正確形式。他主張從組織農民加入互助組開始，發展到農業生產合作社，消滅個體經濟，最終建成集體農莊。而劉少奇和張聞天則更傾向於布哈林對〈論合作社〉的闡釋，認為應該保留農民的個體經濟，通過供銷合作社把個體農民同城市的計劃經

濟聯繫起來，從而引導農民走向社會主義。1949年中共官方決議傾向於後者，但在1951年底卻轉向前者。這次的道路之爭，由斯大林集體農莊模式勝出。但有意思的是，這一時期斯大林本人是建議中共採取溫和的政策，緩慢推進社會主義建設，不要重複他1930年代的老路。中共農村政策的急轉彎，斯大林模式和斯大林本人意見的矛盾，都提醒我們歷史的複雜性和評估蘇聯影響的困難度。本章從中共延安時期接觸蘇聯合作社概念開始，到1953年中共決定全國開展農業生產合作社運動為止，梳理合作社這一概念在中國的命運。

延安：初識農業集體化

中國共產黨以土地革命起家，以農民為主要動員對象。在1928至1937年土地革命的十年，它依靠重新分配已有農村財富，即打土豪、分田地，而不是以正常農業稅收作為財源，因此實際上並不十分在意農業生產。1936年國共達成聯合抗日共識後，中共承諾停止沒收地主土地，而國民黨則提供巨額財政補助。1939年，邊區財政近九成來自國民政府的撥款，而稅收只佔7.5%，可見稅收在邊區財政不佔主導地位，與稅務相關的機構甚至都沒有建立，邊區農民因此稅負很輕。比如1937年邊區農民繳納救國公糧14,000石，僅佔收穫量的1.27%。隨着抗日戰爭的進程，國共關係日益惡化，尤其1941年初皖南事變後，國民政府停止對中共的補助，中共財政陷入危機。日軍的「三光」政策和國民政府的經濟封鎖，更加重了中共的財政危機。中共不得不依靠從內部徵稅來維持運作。1941年糧食稅高達20萬石，邊區農民怨聲載道，甚至有農民起義反抗徵稅，中共與農民的關係日益惡劣，邊區財政也處於崩潰邊緣。[2] 這種情況下，提高農業產量以供軍隊和政府之需就成了當務之急。

面對財政困境，中共1942年初派遣以宣傳部長張聞天為首的「延安農村工作調查團」從延安出發到晉西，「深入農村，研究農村經濟，着重研究如何發展農村的生產力，提高農民生活以適應形勢發展。」[3] 作為資深馬列主義學者，輾轉於農村，張聞天對農村經濟的複雜性感到很吃

驚。他認識到土地的稀缺並非農民貧困的唯一原因。調查之初,他認為中農是農村經濟中的主要力量。[4] 但經過幾個月在農村的生活,張認識到,富農經濟具有種種優勢。他強調,「把改善農民生活完全放在合理分配別人的財富,則是不對的,應主要從發展生產,增加社會財富來求民生之改善,才是比較妥當的。」[5] 張建議向農村提供經濟幫助,鼓勵新式資本主義和商業。這次調查歷時一年,着眼於如何發展農村經濟,可以說對陝北農村經濟的了解比毛澤東此前的任何一次農村調查都要深刻。然而1943年初,張聞天返回延安,立即被要求參與延安整風,並成為整風運動主要的批評對象。他一年調查所得被束之高閣,直到1989年才首次發表。

面對延安的經濟困境,毛澤東也在思考,但他的思路與張聞天完全不同。毛着眼於如何有效的組織農民生產,而不是通過經濟手段。[6] 中共提高徵糧指標後,相當多的農民或逃離根據地,或消極怠工。在毛看來,對農民實施一定的控制實為必要。每個人,包括老人、婦女和懶漢在內,都應該參加農業生產。毛建議在整個根據地組織互助組,方便黨「說服」農民根據黨的需要種植農作物。這些組織也有利於戰勤協調。把農民組織起來不僅是經濟需要,更是政治需要。而受蘇聯著作啟發,毛賦予互助組更深刻的含義。

領導共產主義運動的一個必要條件是精通馬克思主義理論,至少是有這樣的名聲。長征期間,毛澤東成功樹立了他傑出軍事指揮家的聲名,但在馬克思主義理論方面仍顯薄弱。因此,定居延安的幾年間,毛致力於理論學習。毛的讀書單和讀書筆記顯示,毛明顯傾向於介紹馬克思主義的教科書,其中絕大部分是1930年代的蘇聯出版物,而不是馬克思本人的經典著作。[7] 不難理解,毛的馬克思主義理論水平,無法與其競爭對手「留蘇派」相媲美。[8] 張聞天本人就是留蘇派的代表之一。恰逢此時,斯大林命令編輯出版的《聯共(布)黨史簡明教程》(以下簡稱《簡明教程》)橫空出世,給予毛極大的啟發,並成為毛依仗的理論武器。

《簡明教程》1938年在蘇聯出版,同年被翻譯成中文傳回延安,迅即成為中共黨校教學的速成教材。1941至1943年整風運動期間,這本書被譽為「馬克思主義的百科全書」,高級幹部的頭號必讀書籍。[9]

毛澤東個人尤其看重這本書，認為「《簡明教程》是一百年來全世界共產主義運動的最高的綜合和總結，是理論和實際結合的典型。」他借此諷刺那些「只知背誦馬克思、恩格斯、列寧、斯大林著作中的若干詞句的人」，強調「要使馬克思列寧主義的理論和中國革命的實際運動結合起來」，來解決中國革命的理論和策略問題。[10] 這本教材不僅用淺顯易懂的理論體系來闡釋馬列主義，本身也是斯大林鞏固自己權威的工具。受這本教材啟發，毛澤東下令編撰中共歷史文件集《六大以來》，通過重修黨史來證明毛澤東一貫的正確性，以鞏固他的政治地位，為他的理論貢獻做鋪墊。[11]

《簡明教程》向毛展示了在中國建設社會主義的藍圖。施華茨（Benjamin Schwartz）認為毛澤東幾乎毫不懷疑地接受了《簡明教程》裏面描述的社會主義圖景。李華鈺更指出1949年以後毛是按照《簡明教程》描繪的步驟來建設斯大林式的社會主義經濟。[12] 這些是後話，與本文相關的是，在毛澤東面對邊區經濟困境，迫切需要把農民組織起來的時候，他從《簡明教程》中找到把互助組與社會主義將來連繫起來的理想方式。《簡明教程》指出，「列寧認為一般合作制，特別是農業合作制，是千百萬農民易於接受和了解的從狹小個體農莊過渡到大規模共耕制生產聯合，即過渡到集體農莊的道路。」[13] 書中描繪了蘇聯農民在農莊中的幸福生活和農莊所釋放的巨大生產力。深受震動的毛澤東，1943年發表題為〈組織起來〉的講話，這樣描繪中國的社會主義將來：「在農民群眾方面，幾千年來都是個體經濟，一家一戶就是一個生產單位，這種分散的個體生產，就是封建統治的經濟基礎，而使農民自己陷於永遠的窮苦。克服這種狀況的唯一辦法，就是逐漸地集體化；而達到集體化的唯一道路，依據列寧所說，就是經過合作社。」[14]

毛澤東開始認識到個體農民經濟是落後的，而集體耕作代表了先進的生產方式，也能更好地解放生產力。當毛澤東用《聯共(布)黨史簡明教程》來解釋馬克思主義建立權威，也同時接受了斯大林式的對馬克思主義的解釋和其內在的邏輯。從毛這一時期的著作中，能看出毛吸收了《簡明教程》的語言和概念。以斯大林理論和布爾什維克語言為武裝，毛相信他發現了解放中國農民的最終辦法。中共需要的，不僅僅是給貧農

土地，而是需要指導他們如何集體生產，轉變成為新式生產者，領導他們走向社會主義。

在毛澤東看來，這個過程源於互助組。互助組在中國農村古已有之，形式各異，多為臨時性質，在農忙季節相互幫忙以克服畜力、人力短缺。最基本的原則是互惠，與財產所有制毫無關聯。但當毛澤東發表了他的〈組織起來〉和〈論合作社〉，互助組就發生了質變，因為毛澤東認為在其中，「人與人的生產關係變化了，是生產制度的革新，這是第二個革命。」[15] 雖然在1943年，絕大部分互助組仍是私人所有，毛認為他們具有更先進的性質，是過渡到集體農莊的必要過程。「這些在目前還是一種初級形式的合作社，還要經過若干發展階段，才會在將來發展為蘇聯式的被稱為集體農莊的那種合作社。」[16]

毛有關互助組和集體農莊的文章在邊區廣為傳播。〈組織起來〉迅速從毛的講話成為口號再成為運動。1943至1944兩年間，幾乎所有中共根據地都展開「組織起來」的運動。但事與願違，組織起來的農民成功者寡，互助組對生產的促進作用並不顯著，尤其是1944年地方幹部盛行命令農民加入互助組，農民消極怠工，暗中破壞的案例頻出，大量互助組當年成立，當年解散。[17] 即便如此，毛有關「組織起來」的文章在中共基層幹部中留下了深刻印象。他們牢牢記住了「組織起來」這個詞語，本能地認識到這是政治上正確的選擇，與社會主義相關，更重要的這是由毛主席提出來的。在毛的個人崇拜日益風靡的四十年代，毛澤東思想初現光芒的歲月，愈來愈少黨員敢於質疑毛的觀點。雖然大多數互助組事實上失敗了，中共公開承認的失敗案例卻不多。而失敗也多歸咎於個人在操作中的失誤，從未質疑過毛「組織起來」的理論。

延安最終走出了經濟困境。中共官方聲稱這是大生產運動和走群眾路線的成果，也有學者指出這是依靠生產和出口鴉片的高額利潤，[18] 或者兩者皆有。1945年抗日戰爭結束，次年國共內戰開始。戰火紛飛中，農村經濟再次被中共邊緣化。為了動員農民，榨取更多的物資支持戰爭，1946至1948年間中共在華北推行激進的土改，負責人是劉少奇。由於大量農民參軍，勞動力缺乏，互助組再次成為中共動員農民生產和戰勤的手段，甚至兼具行政功能。在中共的高壓下，農民加入互助組的比

率極高，如在山西長治，1947年有93%的農民加入。[19] 中共稅收也異常沉重。這些舉措極大的傷害了農村經濟，民怨很大。1948年中共戰事上節節勝利，決定在經濟上糾偏，劉少奇作為具體領導人對過左的土改政策承擔責任，作了自我批評，他也經此對中國農村經濟有了親身體會。

1949：另一種可能性

1948年，中共在國共內戰已勝券在握，開始鄭重考慮如何治理中國。蘇聯模式成為不二選擇。中國領導人就一系列事宜頻繁地諮詢斯大林，並相當程度上聽從了斯大林的建議。據原蘇聯歷史檔案揭露，中共領導人本傾向於一黨專政，立即開始社會主義建設，但斯大林持不同意見。他認為，中國還沒有進入社會主義建設階段，立即過渡到社會主義的時機並不成熟，中共應採取溫和漸進的過程。他致電毛澤東稱：「就目前而言，不應該土地國家化，不應該取消土地私有制度，不應該沒收工業和商業資本家的財產，不應該沒收大地主和依靠僱工中小地主的財產。」[20] 中共領導人表示接受以上建議。1949年2月劉少奇向來訪中共的斯大林特使米高揚匯報説：「向社會主義過渡將是長期而殘酷的鬥爭……我們應當在10到15年後再向我們經濟中的資本主義元素發起全面攻勢。」[21] 1949年初召開的七屆二中全會決定中共將建設混合型經濟，在「新民主主義」旗幟下保留資本主義。

斯大林的建議反映了所謂的蘇聯模式不是單一的。正如白思鼎在導言所言，斯大林主義也是幾經變化。斯大林的態度也鼓勵了中共領導人提出他們的意見，尤其是劉少奇。在建設中華人民共和國的戰略上，劉少奇認為1948年的中國形勢與新經濟政策時期的蘇聯相似。「我們的政策與蘇聯1918年資產階級暴動之前，以及實行新經濟政策的狀況很相似，因此蘇聯的經驗很具參考價值。」[22] 因此，中共領導人重溫列寧的新經濟政策，把它作為參照指引；有人並在學習過程中，發掘到供銷合作社這種組織形式。

列寧在1923年發表了其有深遠影響力的〈論合作社〉一文，指出「要是完全實現了合作化，我們也就在社會主義基地上站穩了腳跟」。[23] 列

寧提出了合作社這個概念在建設社會主義中的重要作用，但他在還沒有
作出詳細闡釋之前便在1924年逝世。列寧的追隨者隨即討論要建設哪
種類型的合作社，由此引發了1920年代末布哈林與斯大林之間的論
戰。大致上來説，布哈林相信列寧描繪的合作社是商業性質的供銷合作
社，國家通過組織農民加入供銷合作社，在原料和商品流通上給予支
持，通過經濟手段如價格等實現間接管理，從而把農民納入國家經濟體
系。在這種合作社模式，農民私有經濟將在長時期內繼續存在。斯大林
則認為，列寧所言的是生產合作社，即後來的集體農莊。國家組織小農
加入集體生產，直接管理。私有經濟逐漸被消滅。現代學者多認為布哈
林的解釋更符合列寧原意，列寧在原文中幾乎沒有提及生產合作社。[24]
然而，布哈林在蘇共的政治鬥爭中敗北，他的理論也在蘇聯歷史中被抹
去。1930年代出版的《簡明教程》，毋庸置疑地肯定了斯大林的生產合
作社和集體農莊是對列寧的合作社理論的唯一正確理解。以毛澤東為首
的《簡明教程》信徒，自然對斯大林集體農莊理論傳承自列寧深信不疑，
而對布哈林的理論缺乏了解。同時受蘇聯經濟學著作的影響，中共領導
人多輕視商業和商業組織在生產活動中的作用。[25]

　　不過，中共黨內仍然有人知曉蘇聯這段歷史，了解布哈林的理論，
而且對農村經濟也有實際的認識。他們有不一樣的農村政策理念，這一
派的主要代表人物有張聞天和劉少奇。

　　張聞天1925年到1930年在莫斯科學習和授課，當時布哈林仍然有
相當的政治影響力。張聞天對馬列學說的造詣在中共黨內首屈一指，較
鮮為人知的是他對布哈林的研究在中共高層也為人所稱道。[26] 更重要的
是，經過延安時期一年多的農村調研，他意識到農村經濟的複雜性，階
級鬥爭和互助組遠遠不足以解決根本問題。熬過延安整風後，1945年他
被派往東北管理合江省（後被編入黑龍江省）。1947年和1948年激進的
土地改革也波及了東北，農民被迫組織了大量的互助組，極大的傷害了
農村經濟。當內戰結束在即，農村的繁榮和穩定再次成為農村政策的重
心。張聞天作為地方負責人，日益感受到經濟上的壓力。他認為，「在
農村鬥地主，挖浮財，我們的同志經驗比較豐富，但是現在已經無用。
而研究經濟可以説還沒有摸到門，事實上也沒有正式去摸，這方面的知

識和經驗也非常缺乏。在農村辦集體農莊為時過早，農民要的是鞏固他的私有財產，現在我們要強調這一方面。」[27] 他又一次把注意力轉向農村經濟，經過一個多月的調研，他開始旗幟鮮明地反對強迫集體化，建議中共的農村政策應從鼓勵階級鬥爭轉向支持農業生產。雖然承認斯大林的集體農莊將是最終的目標，但他認為中國還未到時候，中共當前需要的是《簡明教程》所忽略的供銷合作社模式。雖然因為布哈林「叛徒」的頭銜，張聞天並沒有提及布哈林的名字，但他明顯地接受了布哈林的合作社理論。[28]

1948 年 3 月，張聞天指出供銷合作社在轉向社會主義建設中的核心作用，「供銷合作社不僅能溝通城鄉之間的商品交換，而且是小生產者同國營經濟聯繫的橋樑和紐帶，把農民小生產者引向新民主主義的經濟軌道。」[29] 此後一年間，張在不同場合頻繁地號召要重視發展供銷合作社，稱之是「國營經濟和千千萬萬農民小生產者聯繫的橋樑和紐帶，是國營經濟最可靠的有力助手和同盟軍。」[30] 針對當時農村中已經出現的強迫農民集體化的現象，他提醒黨內同志：「今天鞏固農民這種私有財產權，應該說具有進步的意義，破壞這種私有財產權，才是反動的思想。」[31] 1949 年 5 月，張聞天致電東北局並轉毛澤東，專談農民問題，反對強迫命令和冒進，並反對那種以為要農村不走資本主義道路，就必須所有農民都依照中共願望組織在生產互助組內的過左觀點。他強調，農民最關心的是供銷合作，然後才是生產合作，供銷合作應是當前農業集體化的中心環節。[32]

無獨有偶，中共黨內僅次於毛的二號人物劉少奇，此時也高舉供銷合作社的旗幟。劉也是 1920 年代在蘇聯學習，並在 1940 年代末對中國農村有了親身的了解。劉也認為應通過管理市場來整合國家經濟，而供銷合作社就是最重要的工具。劉指出，列寧和斯大林都曾經強調合作社的重要，但中共還沒有系統地研究過這個問題。[33] 劉申明合作社經濟和國營經濟的聯合將帶領中國走向社會主義，而供銷合作社作用非凡。「如果沒有廣大的供銷合作社作為橋樑和紐帶，把小生產者與國營經濟結合起來，無產階級領導的國家，就無法在經濟上，對於千千萬萬散漫的小生產者實行有力的領導，就不能順利地進行新民主主義的國民經濟

的建設，私人資本主義經濟就會去領導千千萬萬的小生產者，而使無產階級領導的國家經濟無法實施對於國民經濟的領導。」[34]

劉少奇建議通過在全國範圍內自上而下地建立供銷合作社，確保小生產者根據無產階級的需求來生產。仔細閱讀他在這一時期的著作，能看出來他的言論並不是以《簡明教程》而是以列寧在新經濟政策時期的著作為依據，他對〈論合作社〉的理解更接近布哈林。劉少奇的合作社主要是指供銷合作社，甚少提到互助組，以致毛澤東曾經不得不打斷劉的講話，補充説互助組也是合作社的一種。[35]

1949年前後，劉少奇的建議在中共領導人中得到廣泛支持。連毛澤東也表態，「少奇同志對這個（合作社）問題很有研究。」[36] 合作社經濟被正式列入新民主主義的五種經濟成分之一。在新民主主義的旗幟下，政府鼓勵農民發展生產，發家致富。土地私有制受到法律保護，成立供銷合作社，農業集體化只是將來的目標等提法在全國範圍內廣泛宣傳。劉少奇肯定地告訴米高揚：「只有在農業機械化以後，我們才會引導農業走向社會主義。」這也與斯大林的建議相符合。因此，當着米高揚的面，毛澤東也表示同意：「我們分配給農民土地，但我們還沒有分給他們需要的而我們缺乏的商品。如果我們不發展工業，我們無法供應農民商品。」米高揚均表示同意。[37] 1949年夏天劉少奇與斯大林會面，並沒有提及這個話題，看來劉不認為這方面會有問題。

實際情況是中共內部在這方面的矛盾相當嚴重。最大的阻礙在於毛澤東本人對供銷合作社半信半疑。他警告，放任個體的農業經濟自流發展是錯誤的，必須引導個體經濟向着現代化、集體化的方向發展。[38] 毛對供銷合作社沒有興趣。如果説合作社一詞對劉少奇而言意味着供銷合作社，對極少談論供銷合作社的毛而言，它則意味着互助組。

毛澤東在1949年底訪問蘇聯時，格外留意考察蘇聯經濟建設的經驗。在回國路上，他訪問了蘇聯的工廠和集體農莊，與管理人員交流。1950年3月他回到瀋陽，在東北局高級幹部座談會上，回顧在蘇聯的見聞時明確指出：「第一個社會主義國家發展的歷史，就給我們提供了最好的經驗，我們可以用他們的經驗。」[39] 毛澤東對斯大林模式的青睞，無疑激勵了東北局領導人高崗對試行蘇聯模式的決心。

但我們也應該注意，雖然毛澤東對蘇聯模式頗為嚮往，這一時期毛的施政策略是鼓勵黨內討論以求達成共識，而他本人發言比較謹慎，尤其在他不熟悉的領域。[40] 經濟建設不是毛澤東擅長的，中共建政後他一直在探索和學習。在形成自己的思路前，他更傾向於讓黨內同志先行發言，鼓勵黨內不同意見的交流，而毛本人比較緘默。正是在這種氣氛下，儘管不完全同意劉少奇的一些言論，毛澤東在1951年夏季前並沒有明確反駁劉。即便如此，劉少奇的新民主主義和合作社策略，也招致了黨內其他領導人甚至地方官員的質疑。以下我將舉出兩個有較廣泛深遠影響的論爭為例子。

1950年高崗與劉少奇之爭

新民主主義在中共黨內並非受到一致擁護。新民主主義脫胎於蘇聯的新經濟政策，但中共普通黨員對新經濟政策缺乏了解。薄一波憶述，列寧的新經濟政策，實際上提出了在經濟文化落後的國家，搞社會主義革命和社會主義建設應該十分注意的幾個帶普遍性的重大問題，但「當時在我們黨內注意學習和深入研究，領會列寧這些論述的同志還不是很多。」[41] 很多黨員質疑為什麼要容忍資本主義。劉少奇就曾向米高揚匯報，黨內很多同志左傾，傾向於快速地、唯意志地建設社會主義，而提出不切實際的計劃，而阻礙中共發展的可能性。[42] 劉指責的這批人之中，高崗首當其衝。

高崗時任東北人民政府主席，人稱「東北王」。他主張中國應該立即轉向集體化和工業化，無須有新民主主義階段。他在東北提出「沿着蘇聯路線進行社會主義建設」的口號。1949年夏季他訪問蘇聯，專程參觀了蘇聯的集體農莊，並決定在東北推行。這種做法與當時在東北提倡供銷合作社，叫停集體農莊，遏制互助組的張聞天，可謂針鋒相對。在1949年東北農村工作座談會上，高崗系統地闡述了他的觀點。高舉毛澤東在七屆二中全會提出的「由個體逐步地向集體方面發展」和「組織起來」的口號，高崗強調要加強領導，組織起來，把小型互助組進一步發展成聯組。會後，《東北日報》發表了高崗的講話，並概括為「把互助合作提高一步」，號召互助組向單幹挑戰。[43]

　　也在這個時候，張聞天於1950年1月被任命為中華人民共和國出席聯合國會議和安理會的首席代表。這次調動並未徵求張本人的意見，張事先完全不知情，僅從新聞廣播才得知消息，感到愕然。張不願履新，幾次要求留在經濟領域未果，依依不捨地離開東北。[44] 但東北農村路線之爭並未以張聞天的離開而結束。高崗的言論激怒了劉少奇。劉簽發了中央組織部答覆東北局的信，指出「黨員僱工與否，參加變工與否，應有完全的自由，黨組織不得強制。」在與中央組織部副部長安子文的談話中，劉進一步指出，「今天東北的變工互助是建築在破產、貧苦的個體經濟上的，這是一個不好的基礎……現在的變工互助能否成為將來的集體農莊？我認為是不可能的……」很明顯，劉少奇更贊同張聞天的觀點，批評高崗左傾。[45]

　　高崗不打算接受劉少奇的批評。因為劉少奇職位更高，高崗不便於直接與他衝突，便從蘇聯同志處着手。高崗的優勢之一是與蘇聯同志聯繫緊密，尤其是與斯大林的特使科瓦廖夫私交甚篤。科瓦廖夫稱高崗為「真正的朋友」、「一個傑出的人」、「正統的親蘇的共產主義戰士」。科瓦廖夫對中共內部關於新民主主義的分歧非常了解，並加上自己的理解把其上升到「親蘇」、「親美」的意識形態高度。他在給斯大林的秘密報告中指出，在中共中央委員中，有些人過去有親美和反蘇情緒，他點名彭真、林楓、李富春、薄一波等人，多是劉少奇派系。科瓦廖夫更為高崗叫屈：「領導滿洲經濟和文化發展取得令人矚目的成績的高崗，卻遭到了毫無根據的批判，在他周圍營造了一種不健康的氛圍。領導並組織這場批判活動的是中央書記處書記劉少奇。」[46] 在這個報告中，科瓦廖夫對大多數中共領導人評價相當負面，唯獨對高崗青睞。斯大林在毛澤東訪蘇時，出人意料地把這份報告交給毛，並表示不贊成這份報告。斯大林的真實意圖不為人知；毛的真實反應無法揣測，這個報告對高崗最後的命運有什麼影響也難以判斷。[47] 但這個報告很可能讓毛感受到蘇聯對中共親蘇還是親美這個立場十分敏感，以及把中共對資本家的態度與同美國的態度相提並論的可能性。的確，在蘇聯和南斯拉夫決裂後，斯大林高度關注中美是否會走向緩和，以及中共是否會尋求更大的自主。

高崗對這些暗流相當熟悉。他在1950年2月致信毛澤東，譴責劉少奇1949年的天津講話暴露了劉希望中國走資本主義道路，而非社會主義道路。高崗警告這些言論可能招致國際共產主義者的懷疑和質疑。高崗更對毛匯報說他的一些蘇聯朋友並不認為劉少奇是真正的馬克思主義者。高崗也不完全是無中生有。新民主主義的確在國際共產主義群體中引起一些疑慮。比如，意大利共產黨《團結報》特派記者斯巴諾(Velio Spano)正在中國訪問，他是解放後西方第一位來中國的記者，中共非常重視，毛澤東、劉少奇專門設宴接待，他還參加了開國大典。而斯巴諾卻要求與蘇聯在北京的代表秘密見面。他指責，中共無視資本主義的危害，導致資本主義再次煥發生機，而他所接觸的大多數中共高層都對工人階級的評價甚低。[48] 這次談話的後續不明，但可以管窺當時共產主義戰線頗為緊張的氣氛。中共領導人，尤其是毛澤東，非常珍惜在中共在國際共產主義運動中的聲名，被指責脫離了共產主義的意識形態無疑是嚴重的。

在高崗積極活動的時候，劉少奇也很注意保持同蘇聯同志的聯繫。1950年1月高崗在《東北日報》發文鼓勵互助組更進一步，同月劉少奇接受了《真理報》的訪問。在訪問中，劉少奇重點談了農民問題。劉說：「富農將幫助提高生產力，供給城市更多的糧食……新富農剛剛開始出現，不應該被打擊……如果我們試圖命令資本主義停止，我們也無處可去。相反，我們將面臨更糟糕的處境，因為數百萬的農民將反對我們的政權。」[49]《真理報》記者把報道發回莫斯科，但迄今沒有資料文獻顯示當年莫斯科有什麼反應。同年8月，劉少奇告訴蘇聯駐華大使羅申(N. V. Roshchin)：「我們對斯大林同志及時告誡我們要改善同城鄉私人資本的關係，改善同富農的關係，表示由衷感激。」[50] 斯大林政治上的支持，對劉少奇而言意義重大。

在高崗的鼓勵下，東北成立了大量互助組，中共媒體披露了好些強迫農民加入互助組和歧視打擊單幹農民的事件，但高崗本人完全不受影響。高崗自我標榜為正統的親蘇共產主義者，用毛澤東的〈組織起來〉和斯大林的《論列寧主義的幾個問題》作為其政策的理論依據。弔詭的是，斯大林本人在這段時期建議中共容忍資本主義，劉少奇亦步亦趨；

反而是高崗以斯大林早期的著述來攻擊劉少奇，而且得到了蘇聯盟友的支持。蘇聯同志應該了解斯大林當時的立場，卻選擇支持高崗，令人費解。

另外值得注意的是，斯大林1920年代末推行集體農莊是因為他相信通過集體化政府能掌控更多農產品，從而為工業化積累資本；也就是說，蘇聯集體化是為了工業化積累原始資本。高崗卻不認同這一思路。他提議工業化的原始積累首先應源自工業自身，通過生產力的增長和節約；其次通過城市稅；第三個來源才是農業稅。他明確表示不應該提高農業稅，反而應降低「剪刀差」來保護農民。他反對為了工業化犧牲農民。如果有一個階級要被犧牲，他認為那應該是民族資產階級。[51] 那麼，高崗為什麼如此執著地推動集體農莊？高崗可能更多的出於其政治野心及其與劉少奇的個人恩怨。毛澤東和劉少奇在新民主主義策略上的不同，尤其是農村政策的分歧，給予高崗爭取毛澤東青睞的機會。但同時，我們也不能忽視蘇聯集體農莊理論的影響。由於毛在1940年代的推崇和中共多年的宣傳，集體農莊已成為進步和社會主義的象徵而難以否定，即使是基層黨員也對這套理論有所了解。那麼，任何偏離農業集體化的計劃，都會引起黨內猜疑和迷惑。在這種情形下，高崗高舉蘇聯的旗幟從意識形態上挑戰劉少奇，正是展示了意識形態的能量。

1951年山西省領導與劉少奇之爭

朝鮮戰爭於1950年6月爆發，同年10月中國介入。高崗作為與朝鮮比鄰的東北地區一把手，旋即把主要精力放在戰爭上，無暇顧及農業。1950年到1951年間，劉少奇潛心研究合作社問題，撰寫了一系列文件和文章，以列寧的〈論合作社〉為指導，在全國範圍內推廣供銷合作社。[52] 但這個過程並不順利。遵從劉的建議，從省到村大量供銷合作社建立，但絕大部分在運作中就如同普通商店，沒能成為城鄉交流的紐帶，更遑論調節農村經濟。報告顯示，供銷合作社並不像劉少奇期望的那樣成為政府間接控制農民的紐帶。[53] 這與蘇聯1920年代的情形類似，供銷合作社運作上和普通商店差別不大，最多也是有利於中富農。[54] 管

理混亂、腐敗等現象，在供銷合作社也甚為普遍。農民更傾向於無人約
束，自主決定耕作計劃，發家致富。[55] 更重要的是，劉遇到了來自地方
的阻力。比如，以山西省委書記賴若愚為首的山西省領導人對劉少奇的
計劃不滿，頻頻出招。

賴若愚提出，正如毛澤東1940年代所說，從互助組開始，升級到生
產合作社，最後建成集體農莊，中共應儘早向這一目標邁進。但與高崗
走蘇聯路線，打意識形態牌不同，賴若愚打的是最為毛澤東欣賞的自下
而上的群眾路線牌。他頂着華北局的批評，建立了十個試驗農業合作
社，給予經濟和政策上的大量扶持，通過文字加工，在報告中把這些合
作社形容為深受農民歡迎，取得畝產量驚人的巨大成功。[56] 1951年上半
年，山西省領導人和遵循劉少奇路線的華北局之間衝突不斷，論戰激
烈。劉少奇本人也不得不表態。他要求嚴格遵循新民主主義路線，堅持
兩個原則：其一，不能夠動搖農村的私人私有制；其二，全面農業集體
化的前提是機械化。沒有拖拉機，沒有化肥，不要急於搞農業生產合作
社。在與賴若愚的爭論中，劉少奇進一步明確了他的觀點，「單用這一種
農業合作社、互助組的辦法，使我們中國的農業直接走到社會主義化是
不可能的，」「那是一種空想的農業社會主義，是實現不了的。」在1951年
5月至6月間，他對賴若愚的固執己見非常惱火，開始半點名的公開批評
賴若愚，並指責那些試圖開始農業集體化的同志是搞「空想社會主義」。[57]

劉少奇的言論最終惹惱了毛澤東。在冷眼旁觀劉高、劉賴之爭一年
多，毛澤東表態了。1951年7月，毛澤東召見了劉少奇、薄一波和劉瀾
濤，明確表示支持賴若愚。他批評了互助組不能成長為農業生產合作社
及現階段不能動搖私有制基礎的觀點，指示陳伯達召開互助合作會議。[58]
1951年9月，陳伯達主持召開第一次全國互助合作會議。劉少奇為這次
會議準備了主題發言，卻被束之高閣。會議通過了陳伯達起草的〈關於
農業互助合作的決議 (草案)〉，明確了即時開始逐步向集體化過渡，而
過渡將經過三個階段，即從簡單的互助組到常年互助組，到以土地入股
的農業生產合作社，最後到高級合作社即完全的社會主義集體農莊。[59]
此後，劉少奇不再積極參與合作社事宜，此後幾年還數次為其在合作社
問題的錯誤作自我檢討。

1951年12月，毛澤東下令把〈關於農業互助合作的決議（草案）〉下發各級黨委，開展試點，鼓勵農民加入互助組和合作社，互助合作運動展開。有意思的是，此時正值「三反」運動如火如荼，縣級以上中共幹部自顧不暇，無暇領導互助合作運動。因此，村幹部主導了互助合作運動。除了草案，中央並未下發詳細的運動指示，社會主義農村是什麼模樣無人知曉，於是各地幹部各行其政。有的老解放區，如山西長治，出現村幹部強迫農民加入互助組，強迫生產資料公有化等過左行為；但更多的是將互助組、合作社當成經濟組織。富農控制互助組，成為實際領導人；中農更在乎賺錢；而貧農被嫌棄，甚至被排除在互助組之外。在一些地方，富農利用互助組來僱人工作，工資比市場價格還低。很明顯，農民沒有理解到互助合作與社會主義之間的關係。[60]

1952年以蘇聯為榜樣

互助合作運動中的亂象，尤其是農民缺乏對集體主義的熱情這一點，讓中共很沮喪。中共相信這是因為缺乏社會主義教育所致。但是，即使是中共黨員也不了解社會主義是什麼，集體農莊是怎麼回事，也缺乏對中國未來的信心。如何糾正農民和黨員的錯誤認識，如何將互助組、農業合作社和中國的社會主義未來聯繫起來，如何引導農民加入這場運動？理所當然的，中共轉向蘇聯「老大哥」尋求幫助，開始大力宣傳蘇聯榜樣，並組織大型中國農民代表團訪蘇。

1952年4月，農業部和華北局組織了中國第一個大型農業代表團出訪蘇聯，參觀集體農場。這個代表團由官員、農民和農業專家組成，同年9月回國。中共期望這些代表親眼見識和觀察蘇聯的先進經驗後，能夠向廣大群眾展示什麼是社會主義，使廣大農民相信社會主義的美好未來，甚至能指導幹部如何運作集體農場。代表回國後，就被邀請參加各種座談會。從《人民日報》到地方報紙，都長篇累牘的報道有關訪談並趁機進行社會主義教育。本節以《河北日報》為例，一窺中共黨報是如何介紹蘇聯集體農莊。

1952年9月23日起，《河北日報》以「蘇聯農民的道路就是我國農民

的道路」為大標題，刊出了一系列對訪蘇代表團的訪問。其他採訪標題包括「集體化、機械化使蘇聯農民走向幸福」、「蘇聯人民的幸福生活是靠勞動創造的」、「我們應該走蘇聯人民的道路」等。在此以勞動模範郁洛善的發言為例。

郁洛善在採訪伊始就說：「我是個中蘇友好協會的會員，沒有到蘇聯參觀以前，我覺得中蘇友好就是蘇聯在斯大林大元帥的領導下派軍隊幫助我們打敗了日本，又派來專家幫助我們進行經濟建設，這就是友好。要是說中、蘇兩國人民是親兄弟，說蘇聯社會主義的人民都過起了幸福生活，我們應該走蘇聯人民的道路，我總是半信半疑的。這回到了蘇聯一看，可真把我這老腦袋打通了。中蘇兩國人民就是親兄弟，中國人民要想過幸福的日子，就得走蘇聯人民的道路。」他親眼看到，「蘇聯的男女老少都是歡天喜地的不愁吃，不愁穿，不愁天災人禍孩子多，簡直像老年家說的『天堂』一樣。」而且，「農莊的莊員們到地裏去幹活還跳着舞，唱着歌，天天沒有個發愁的時候。」為什麼呢？「這都是因為實行了集體化、機械化的好處。」

郁洛善舉例說：「咱中國要是一家種上十五畝麥子，有個五、六口子人，大人孩子泥一把、汗一把的忙十天半拉月，才能把麥子收到家；蘇聯割麥子的時候，用一架拖拉機帶上兩個康拜因（聯合收割機），機器上搭上棚子遮太陽，開起來涼風吹着，六七個人唱着歌，一天就能收割六十公頃，合中國九百畝。」他還強調蘇聯農業生產在集體化時代的大增產，以及農民按照工作日分配糧食。針對農民對私產和農產品分配的關心，郁洛善舉出一名工作隊長為例子：「他家有兩個勞動力，兩個孩子，一個老母親，家裏有三間住房，一個倉庫一個豬羊圈。他家養着一匹馬，十隻羊，兩個奶牛，五畝六分園地。1951 年他們工作了 1,130 個勞動日，分了 2,260 公斤糧食，3,716 個盧布，兩百多公斤糖，再加上他自己家的牛奶、果子、菜，一家人一年吃穿用不清。」蘇聯農民不再害怕天災人禍，不再擔心孩子太多，勇於消費，因為集體農莊的生產率實在是高。郁洛善憧憬，他的家鄉土質好、氣候好、地理條件好，「只要跟着毛主席走，走蘇聯人民集體化的道路，改造大自然，將來我們一定能比卡查赫斯坦建設的更好。」[61]

　　郁洛善的發言非常有代表性，可以看出中共的宣傳思路。中共首先強調的是蘇聯農莊物質的富足、高效生產力和農民天堂一般的幸福生活。每家每戶擁有大量私產，奇迹一般的拖拉機還有國家對小孩的資助都動人心弦。同時，很多人都以第一人稱強調了自己從質疑到親眼所見，再到對社會主義充滿信心的心路歷程。筆者推測這些採訪都有事先的潤色準備。

　　農民代表到各地宣傳，舉辦講座，以激起地方幹部和農民對集體化和參加農業合作社的興趣。參加的農民對集體化又好奇，又擔憂。最經常出現的問題是，哪些物件會被集體化？土地怎麼被國有化？集體農莊成員能有自己的房子嗎？他們能出售多餘的糧食嗎？在蘇聯還有個體農民嗎？另一個關注點是農產品的分配和蘇聯的農業技術。從他們的提問可以看出，中國農民對蘇聯的集體農莊原先完全不了解，他們最關心的是私產問題。考慮到來聽講的農民大多本身就是積極分子和村幹部，可以看出中國農民對蘇聯模式的了解極為匱乏，而這個代表團帶給他們有關蘇聯集體農莊的第一印象至關重要。

　　這個代表團的演講對地方幹部的影響可能更為直接，正如《河北日報》標題，「赴蘇參觀給了乃文同志教育農民的資本」。景乃文是河北大城縣四區區委書記，也是代表團的一員。他說，訪蘇以前，四區的農民對中國社會主義的前途有各種不同的看法，區幹部只空洞地知道蘇聯是「按勞取酬，各取所得」，不是吃大鍋飯。但是也給農民講不出道理來，打不通農民的思想。通過這次蘇聯之行，他的心裏亮堂了。他認識到，中國農民政治上都是落後的，不了解社會主義的優越性和集體化的先進性。他有信心，一旦農民看到集體農莊的潛力，他們就不會想成為富農。景乃文表示他知道了應該怎樣教育農民和農民出身的幹部。他告訴記者：「這回有些資本了。等我們再見面的時候，再跟你談大城縣農民的覺悟程度吧。」[62]

　　景乃文並不是唯一一個在這次訪蘇之行中有所斬獲的。中共借這個機會開展了愛國主義、社會主義的教育，而互助合作運動也被賦予了更多的政治意味。

　　1952年秋，「三反」運動告一段落，中共地方領導人開始嚴肅對待

互助合作運動。以河北為例，各級黨組都必須指定一個幹部負責互助合作運動。各縣開始調查普通群眾對這項運動的意見和各地方執行情況。各縣黨委書記每個月要匯報相關工作，各村支部書記要定期召開村民大會教育農民。比如，10月的《河北日報》報道了大名縣小湖村怎樣加強對農民的思想教育。小湖村支部不斷利用節日等機會，召開各種不同形式的座談會，把宣傳教育經常化，還進行「比一比」的檢查和批判教育。幹部開始強調正確認識個人和國家的關係，認識增加生產的意義，要農民認識到「多打一粒糧，增加國家一分力量，增加自己一分幸福」。通過把愛國主義、社會主義和互助運動結合起來，生產積極不積極、交糧踴躍不踴躍、參不參加合作社，就成了愛不愛國的政治問題。於是乎，全村147戶，只有一戶單幹，其他都組織起來了。[63] 以蘇聯集體農莊為榜樣，從互助組到合作社再到集體農莊，已經被認定為中國農民走向社會主義的唯一正確途徑，那麼「組織起來」就成了走社會主義道路還是資本主義道路的路線問題。

1952年10月17日至11月17日被定為「中蘇友好月」，報紙以大量篇幅報道蘇聯經驗。中共中央組織廣大幹部學習斯大林最新著作《蘇聯社會主義經濟問題》，報紙宣傳這本書向全人類指明了由社會主義過渡到共產主義的具體道路。廣大幹部要以這本著作作為建設新生活的鬥爭的指導。[64] 官方媒體把蘇聯譽為世界上最先進的國家，強調要對蘇聯存感激之心，要學習蘇聯。當時正值徵糧的季節，報紙在強調蘇聯物質豐富的同時，也開始強調蘇聯人民的幸福生活，跟「他們的忘我勞動和集體主義耕種是分不開的」。與中國農民相反，蘇聯人民自願上交更多的財產給農莊，「他們覺着公共財產是越多了越好。」所以，「我們學習蘇聯，就應該學習農民的集體主義精神。」[65] 秋收季節，報紙開始報道「新中國農業的進展與蘇聯的援助」。農民訪蘇團的報道再次成為焦點，要「學習蘇聯的先進經驗，改進我們的農業生產合作社」。[66] 本月也是蘇聯彩色影片展覽月，介紹蘇聯農莊的影片如《金星英雄》在全國各地放映，其主題曲《全世界人民心一條》在中央人民廣播電台播放。1952年11月，農業部等邀請蘇聯專家解答有關蘇聯農業集體化的問題，蘇聯專家講述了蘇聯集體化的光榮歷史和管理方式。

對蘇聯樣板的宣傳可說是鋪天蓋地，社會主義教育也借機展開，互助合作運動愈來愈政治化。以蘇聯集體農莊為榜樣，公共財物越多，加入的農戶越多，生產的規模越大，就離社會主義越近。媒體開始傳達出為了國家利益，有時候需要犧牲個人利益的訊息。蘇聯農民曾經如此，中國農民也應如此。也是在這個時候，毛澤東對經濟建設有了比較成熟的想法，概括為「過渡時期的總路線和總任務」。毛澤東認為要在10年到15年或者更長一些時間內，基本上完成國家工業化和對農業、手工業、資本主義工商業的社會主義改造。

1953年逆境中躍進

在中共開始大規模宣傳蘇聯集體農莊，號召農民加入互助合作運動的時候，作為他們膜拜的對象，也是這些概念締造者的斯大林卻保持緘默。1952年10月，劉少奇即將赴蘇，行前致信斯大林，詢問他對毛澤東總路線的看法。信中言及，毛的意見是：從現在開始，中國工業應該逐步國有化；組織農民加入農業生產合作社和集體農莊。信中的其他議題是何時召開全國人民代表大會和制訂新憲法。四天後，劉少奇與斯大林面談，斯大林對新憲法和代表大會侃侃而談，卻對總路線的問題言之甚少。他簡單地說：「我覺得你們的想法是對的。當我們掌握政權以後，過渡到社會主義應該採取逐步的辦法。」這個回答可謂冷淡。

劉少奇又問斯大林對中國土地國有化問題有何指示。斯大林說，他認為現在不能實行國有化；對富農應分幾步走，但要在農民反對富農的基礎上才行。蘇聯過去對富農採取了劇烈的方法，把300萬名富農遷移到西伯利亞。中國不必採取這種劇烈的辦法。[67] 斯大林對毛澤東的總路線，至少在農業方面，看起來不太贊同。

與斯大林的冷淡態度相符合，中共幹部與蘇聯同志商量起草第一個五年計劃時，很少討論農業合作化。中共經濟政策的掌門人財政經濟委員會主任陳雲和副主任李富春，1952年秋天前往莫斯科敲定「一五」計劃的細節，李更在莫斯科停留了十個月。陳雲和李富春的官方傳記都顯示，他們極少與蘇聯同志討論農業問題。李富春在莫斯科期間，邀請了

蘇聯專家教導中共官員怎樣發展工業經濟，但卻沒有邀請蘇聯農業專家。李富春返回中國後，就五年計劃作報告時也沒有提及農業生產合作社或者集體農莊。他強調的是農村與城市之間的商業交流，強調要研究農村商品流通狀況，研究農業生產資料與消費資料兩大部類的關係，研究如何提高農業作物的商品率，增加出口物資，研究城鄉商品流通。當然，回到北京熟悉中國當前形勢後，李富春開始談論農業生產合作社。[68] 從這個例子可以推斷，蘇聯方面對中國農業合作社至少是缺乏熱情。

1951年3月，張聞天調任中國駐蘇聯大使。1953年1月，新華社社長吳冷西訪蘇，同張聞天會面。張聞天強調新中國需要學習蘇聯，但也應該考慮中國的實際情況。蘇聯的經濟建設成績偉大，工業化確實搞得很快，但輕工業發展確實太慢，農業也搞得不怎麼好。張聞天直率地向吳冷西闡釋蘇聯農業化的缺點和消極面，警告中國實行合作化，不應該簡單地複製蘇聯模式，不能照搬照抄。[69] 吳冷西同毛澤東溝通較為容易，張聞天應是希望通過吳將他的憂慮轉達給毛。可惜吳有沒有傳話，毛有沒有回應就不為我們所知了。

此時中國的互助合作運動也陷入困境。冒進、強迫命令等在各地都有發生，尤其在東北和山西這兩個地方領導人強烈支持互助合作運動的地方。兩地的糧食生產都受到影響。東北糧食計劃產量是440億斤，而實際產量最多370億斤。山西的小麥產量下降了6億斤。[70] 從1953年2月到4月，北京發布了一系列文件糾正冒進，要求清理、鞏固已有的農業合作社，暫停建立新社。雖然沒有明確質疑從互助組到農業社到集體化的理論，這些文件開始限制互助合作運動，並強調中共的政策必須尊重農民作為小生產者的本性。[71]

毛澤東沒有公開反對這些文件。當年2月，他開展了在建政後的首次正式南巡，希望親眼看看國家的情況，親耳聽聽百姓的意見。不幸的是，他的一路見聞多是地方幹部精心策劃佈置的，確保毛看見他希望看見的，聽到他渴望聽到的。[72] 經過這次考查，毛了解到廣大農民已經從心底裏接受了互助組，合作社也多運行良好。他肯定了中國不一定必須遵循蘇聯模式，可以不經過機械化就建成農業的集體化。[73] 雖然斯大林本人的反應並不熱烈，中共內部也有疑慮，毛澤東堅定了他的農業方針。

1953年3月斯大林去世，他建議的謹慎前進策略對毛澤東也不再有束縛。毛在「總路線」問題上愈發強硬。當時中共大部分領導人對總路線不甚贊同。在高舉列寧、斯大林旗幟的同時，毛澤東重用高崗來攻擊反對者，主要是劉少奇和薄一波。高崗本人就支持快速消滅民族資產階級，立即轉向社會主義和農業合作化，而且他個人與劉少奇有私怨。有了毛澤東的背書，高崗更加積極主動，再次高舉意識形態的大棒。比如，高崗甚至用斯大林攻擊布哈林的「和平長入社會主義」論來批評劉少奇的重要助手薄一波。高也警告劉少奇和陳雲的支持者李維漢：「你知道布哈林和平長入社會主義嗎？」[74] 經過幾個月的游說甚至是脅迫，大部分中共領導人到了1953年秋天已接受了毛澤東的總路線。當時，僅缺乏一個契機把總路線公布於眾，而1953年的糧食危機則恰逢其時。

從中共建政伊始，如何從農民手裏獲得足夠的糧食來供養軍隊、國家，如何滿足日益增長的城市需求，就是嚴峻的考驗。最早在1951年，深受平衡預算之苦的陳雲就提議糧食徵購。陳雲的建議讓人立刻聯想到蘇聯的餘糧收集制，影響不好，陳雲不得不使用不同的名字。而中共部分地方領導人反對這一計劃。到1953年初，陳雲的構想都沒有成為正式政策。

1953年爆發了嚴重的糧食危機。從大規模的春荒開始，糧食和其他大多數農產品的市場價格持續上漲。到了夏徵和秋收，全國各地上市的糧食大量減少。國營糧店售出的糧食遠超收購的數量，國家不得不動用庫存糧應急。對於這場危機，中共官方公開的解釋是私人商販投機，但中共內部則歸罪於農民囤糧，不願意把糧食賣給國家，而且農民自身消費太多糧食。[75] 最直接的解決辦法，就是強迫農民出售餘糧。經過討論，中共決定執行統購統銷，糧食交易國有化。正如陳雲感慨，如果保留自由交易的糧食市場，那麼中央政府就得日復一日地向農民祈求糧食，日復一日的痛苦。他個人支持糧食市場國家化，作為長遠的解決辦法。[76]

1953年10月，北京就糧食危機召開緊急會議，商討糧食市場國有化的細節。第一周的討論集中在糧食問題和統購統銷上，沒有涉及總路線和合作化事宜。意識到政府可能要從農民手中拿走往年的餘糧，中共

領導人預計農民會抗拒這一政策，或會引發流血事件。但令中共領導人意外的是，在省一級就有黨員表示不支持這個方案。[77] 在基層縣區，意見就更大。反對這一政策的來自中共政權的基石，問題相當嚴重。毛澤東的堅定擁護者李井泉，已經在四川試點糧食市場國有化，他提議把宣傳統購統銷同宣傳總路線結合起來，以說服老幹部。李井泉強調，着眼於光明的未來，更容易說服群眾暫時克服眼前的困難。毛同意上述意見。把糧食政策納入總路線，有助中共全黨接受和實行這項政策。[78] 同年11月，統購統銷的宣傳被納入學習總路線的背景下。自然地，對統購統銷的不滿就被升級為「難道你不滿意主席的路線嗎？」

中共在總路線的宣傳強調兩點。首先，要盡可能的促使農民多賣糧給國家；其次，資本主義和社會主義是不可混淆的，合作化是唯一正確的路線選擇。糧食危機和隨之而來的統購統銷，為在全國範圍內推行合作化鋪平了道路。這一點上又與蘇聯的軌跡相似。在蘇聯，1920年代末的糧食危機導致國家的糧食專營，糧食專營下集體農莊更顯得必要。1953年末，農業合作化在全國範圍內正式開展，中國大步走向農業集體化。

結　論

通過中共轉向農業合作化的事例，可以看出蘇聯影響的複雜性。毫無疑問，沒有斯大林的集體農莊理論，中華人民共和國的農村政策將會完全不同。但這並不意味着蘇聯因素左右了中共的決策。正如文中強調，斯大林本人並不支持中共快速轉向農業合作化，他並沒有鼓勵中共立刻採納他的集體農莊模式。恰恰相反，他在這段時期一直勸誡中共同志不要冒進，甚至還可能對毛澤東有所約束。正是斯大林這種保留態度，讓中共一些領導人勇於表達他們的不同意見。劉少奇質疑毛澤東1940年代的一些看法，張聞天把黨內對互助組的盲從稱之為「互助拜物教」。[79] 另一方面高崗又挑釁劉少奇，甚至更低級別的山西省領導人也對劉的指示陽奉陰違，而他們又都堅稱是走蘇聯的道路。最後在斯大林逝世後，毛澤東一錘定音。

　　蘇聯模式是一個相當模糊的詞彙。在蘇共幾十年的歷史中，有無數的模式；即使是同一個模式，不同時期內涵也相當不同。而對同一個模式不同人的理解更可能差異巨大，更不必說具體政策的設定和執行。選擇什麼樣的蘇聯模式，如何解釋和執行，都是由中國內部情況和中共自己決定的。

註　釋

1　作者由衷感謝在成文過程中白思鼎對本文的評論和修改。本文觀點受到李華鈺著作 *Mao and the Economic Stalinization of China, 1948–1953* 的啟發，在此表示感謝，也感謝康奈爾大學東亞研究獎學金和Sicca俄羅斯研究獎學金資助了作者到中國和俄羅斯的檔案調研。

2　黃正林：《陝甘寧邊區社會經濟史 (1937–1945)》(北京：人民出版社，2006)，頁184–20。

3　張培森主編：《張聞天年譜》，下卷 (北京：中共黨史出版社，2000)，頁665–66。

4　同上，頁671。

5　同上，頁693。

6　黃正林：《陝甘寧邊區社會經濟史 (1937–1945)》，頁260–61。

7　田松年：〈對幾本哲學書籍的批注〉，載於龔育之、逄先知、石仲泉編：《毛澤東的讀書生活》(北京：中央文獻出版社，2003)，頁67–78。

8　高華：〈在「道」與「勢」之間——毛澤東為發動延安整風運動所作的準備〉，《中國社會科學季刊 (香港)》，1993年，第8期。

9　Li Hua-yu, *Mao and the Economic Stalinization of China, 1948–1953* (Lanham, MD: Rowman & Littlefield, 2006), p. 96.

10　毛澤東：〈改造我們的學習〉(1941年5月19日)，載於《毛澤東選集》，第三卷 (北京：人民出版社，1953)。

11　Tony Saich, "Writing or Rewriting History? The Construction of the Maoist Resolution on Party History," in Tony Saich and Hans van de Ven, eds., *New Perspectives on the Chinese Communist Revolution* (Armonk, NY: M.E. Sharpe, 1994), p. 302.

12　Li Hua-yu, *Mao and the Economic Stalinization of China, 1948–1953*, p. 95–96.

13　《聯共 (布) 黨史簡明教程》(莫斯科：外國文書籍出版局，1948)，頁322。

14　毛澤東：〈組織起來〉(1943年11月29日)，載於《毛澤東選集》，第三卷。

15 毛澤東：〈論合作社〉，載於當代中國農業合作化編輯室編：《建國以來農業合作社史料匯編》(北京：中共黨史出版社，1992)。

16 毛澤東：〈組織起來〉。

17 史敬棠等編：《中國農業合作化運動史料》，上（北京：三聯出版社，1957）。

18 Chen Yung-fa, "The Blooming Poppy under the Red Sun: The Yan'an Way and the Opium Trade," in Tony Saich and Hans van de Ven, eds., *New Perspectives on the Chinese Communist Revolution*, p. 281–94.

19 〈山西省組織起來的歷史情況〉，載於山西省農業合作社編輯委員會編：《山西省農業合作史——互助組卷》(內部發行)，頁593–96。

20 Andrei Ledovsky, "Two cables from correspondence between Mao Zedong and Joseph Stalin," *Far Eastern Affairs*, no. 6 (2000): 95.

21 Andrei Ledovsky, "Mikoyan's Secret Mission to China in January and February 1949," *Far Eastern Affairs*, no. 3 (1995): 86–87.

22 劉少奇：〈新中國經濟的性質與經濟建設方針〉(1948年12月22日)，載於中共中央文獻研究室編：《劉少奇論新中國經濟建設》(北京：中央文獻出版社，1993)，頁49。

23 Vladimir Lenin, "On Co-operation," in J. Feinberg, ed., *V. I. Lenin Selected Works*, Volume IX (New York: International Publishers, 1937), p. 402–403.

24 Moshe Lewin, *Russian Peasants and Soviet Power: A Study of Collectivization* (New York and Landon: W. W. Norton & Company, 1975).

25 金沖及編：《劉少奇傳》，下卷（北京：中央文獻出版社，1998），頁618。

26 李維漢：《回憶與研究》，下卷（北京：中共黨史資料出版社，1986），頁744。

27 張培森主編：《張聞天年譜》，下卷，頁836。

28 李華鈺令人信服的論述了布哈林的國家資本主義理論對張聞天的影響。見 Li Hua-yu, *Mao and the Economic Stalinization of China, 1948–1953*.

29 張培森主編：《張聞天年譜》，下卷，頁827。

30 同上，頁847。

31 同上，頁839。

32 薄一波：《若干重大決策與事件的回顧》，上冊（北京：中共中央黨校出版社，1991），頁203。

33 金沖及編：《劉少奇傳》，下卷，頁615。

34 劉少奇：《對〈關於東北經濟構成及經濟建設基本方針的提綱〉的若干修改》，載於 中共中央文獻研究室編：《劉少奇論新中國經濟建設》，頁33。

35 劉少奇：〈新民主主義經濟建設問題〉，載於《劉少奇論新中國經濟建設》，頁3。

36 毛澤東：〈目前形勢和黨在一九四九年的任務〉，載於中共中央文獻研究室編：《毛澤東文集》，第五卷（北京：人民出版社，1996）。

37 Andrei Ledovsky, "Mikoyan's Secret Mission to China in January and February 1949," *Far Eastern Affairs*, no. 3 (1995): 86-87.

38 毛澤東：〈在中國共產黨第七屆中央委員會第二次全體會議上的報告〉，載於《毛澤東選集》，第四卷。

39 逄先知、金沖及編：《毛澤東傳》（北京：中央文獻出版社，2003），頁69。

40 Frederick Teiwes, *Politics at Mao's Court: Gao Gang and Party Factionalism in the Early 1950s* (New York: M.E. Sharpe, 1990), p. 17.

41 薄一波：《若干重大決策與事件的回顧》，上冊，頁65。

42 Andrei Ledovsky, "Mikoyan's Secret Mission to China in January and February 1949," 87.

43 薄一波：《若干重大決策與事件的回顧》，上冊，頁204。

44 張培森主編：《張聞天年譜》，下卷，頁900–03。

45 〈與安子文等人的談話〉（1950年1月8日），載於《批判資料──中國赫魯曉夫劉少奇反革命修正主義言論集》（北京：人民出版社資料室，1967年9月）。

46 〈伊·弗·科瓦廖夫1949年12月24日的報告〉，載於韓英譯，王麗華校，《當代世界與社會主義》，2005年，第4期。

47 Paul Wingrove, "Mao's Conversations with the Soviet Ambassador, 1953–55," *Cold War International History Project Working Papers Series*, Issue 5–6.

48 Arlen Meliksetov, "'New Democracy' and China's Search for Socio-economic Development Routes (1949-1953)," *Far Eastern Affairs*, No. 1 (1996): 80.

49 Ibid., 79–80.

50 Foreign Policy Archives of the Russian Federation, folio 0100, list 43, portfolio 10, folder 302, p. 178. Quoted from Arlen Meliksetov, "'New Democracy' and China's Search for Socio-economic Development Routes (1949–1953)," 80.

51 《人民日報》，1952年10月5日。

52 金沖及編：《劉少奇傳》，下卷，頁701。

53 薄一波：〈薄一波關於第一次合作會議的報告〉，山西省檔案館，合作卷，文件50。

54 Moshe Lewin, *Russian Peasants and Soviet Power: A Study of Collectivization*.

55 Viola Lynne, *Peasants Rebels under Stalin: Collectivization and the Culture of Peasant Resistance* (New York: Oxford University Press, 1996), p.15.

56　Xiaojia Hou, "Rural Policy in Flux: Lai Ruoyu's Challenge to the Party Center in the Early 1950s," in Sherman Cochran and Paul G. Pickowicz, eds., *China on the Margins* (Ithaca, NY: Cornell East Asia Series, 2010), pp. 289–311.

57　薄一波：《若干重大決策與事件的回顧》，上冊。

58　同上，頁191–218。

59　葉揚兵：《中國農業合作化運動研究》（北京，知識產權出版社，2006），頁198–99。

60　Xiaojia Hou, *Negotiating Socialism in Rural China- Mao, Peasants, and Local Cadres in Shanxi 1949–1953* (Ithaca, New York: Cornell East Asia Series, 2016).

61　《河北日報》，1952年9月23日。

62　《河北日報》，1952年9月25日。

63　《河北日報》，1952年10月17日。

64　《河北日報》，1952年10月29日。

65　《河北日報》，1952年10月30日。

66　《河北日報》，1952年11月13日。

67　中共中央文獻研究室、中央檔案館編：《建國以來劉少奇文稿》，第四冊 (北京：中央文獻出版社，2005)，頁525–39。

68　房維中、金沖及編：《李富春傳》（北京：中央文獻出版社，2001），頁449。

69　張培森主編：《張聞天年譜》，下卷，頁934–35。

70　商業部當代中國糧食編輯部編：《當代中國糧食工作史料》（北京：內部發行本，1989），頁150–67。

71　中國社會科學院、中央檔案館編：《1953–1957中華人民共和國經濟檔案資料選編》，農業卷（北京：社會科學出版社，1991），頁24。

72　張玉美：〈我向毛主席匯報農業合作化〉，《中共黨史資料》，1993年，第48期，頁104。

73　Li Hua-yu, *Mao and the Economic Stalinization of China, 1948–1953*, p. 127.

74　李維漢：《回憶與研究》，頁 744。

75　田錫全：《革命與鄉村——國家、省、縣與糧食統購統銷制度：1953–1957》（上海：上海社會科學院出版社，2006）。

76　同上，頁25。

77　商業部當代中國糧食編輯部編：《當代中國糧食工作史料》，頁150–67。

78　同上。

79　張培森主編：《張聞天年譜》，下卷，頁904。

第8章

蘇聯模式對中國農業的影響

羅瑞（Gregory Rohlf）

乍一看，我們可能會忽略蘇聯模式對中國農業的影響。當中國農村還是以小規模鄉土生活、集體所有、人力耕作為主的時候，俄國農業經歷多年後已由國有制的大規模機械化農場佔主導地位。但是，當我們的目光從總體分析轉向地域差異，或聚焦在例如乳製品或橡膠等細分產品的時候，我們會發現實際上蘇聯模式到了1980年代還在影響着中國國有農業的操作。

那麼什麼是「蘇聯模式」呢？它如何體現了「斯大林主義」？李華鈺和本書的其他作者都闡述了斯大林主義以及蘇聯模式的概念和實際操作的歷史演變。舉例來說，斯大林到了五十年代已經成為謹慎的現實主義者，這從他當時給中國的建議中可看出來，他已不再那麼熱衷於三十年代引發大清洗和強制性集體化的意識形態命令了。[1] 再者，斯大林主義也不再僅僅是政治體制，也開始包含文化規範和日常行為。[2]

至於國有農場，蘇聯實際上為中國1949年以後的農業發展提供了藍本。中國官方媒體曾向全國人民和全世界宣布，中國的國有農場會遵照蘇聯國營農場（sovkhoz）的建設計劃和方法發展。五十年代早期援華的蘇聯、東歐顧問和技術人員，也體現了蘇聯模式對中國的影響。這些農場成為中國最先進和最代表社會主義的農業形式，它們使用拖拉機種植和收割長行排列的穀物，產量富足充裕。當時充斥着官方媒體的拖拉機手和由長長的犁溝組成的美麗畫面，無疑都來自蘇聯，同時也成了中

國新農業的標誌性圖畫。這些政治宣傳圖片體現了當時官方文件所提倡的「統包」模式，即中國國家農場建設對蘇聯藍圖的參照。在中國農業預算較小的情況下，中國在學習蘇聯農業的道路上已經是盡了最大的努力。中國在第一個五年計劃遵循了蘇聯模式，大部分的投資都在重工業，農業只佔了百分之七左右的投資。[3]

此後，也有證據表明在整個八十年代，廣義的蘇聯模式仍然繼續存留在中國的國營農場體系。國營農場沿着蘇聯所鋪的軌道經營，就像其他國有的「斯大林主義」企業一樣，例如鐵路、鋼鐵廠、水壩和煤礦等。在兩個方面，我們可以清楚地觀察到國有農業中蘇聯模式的持久性：集中式企業管理系統和農業在國家安全中的作用。在第一種情況下，國營農場就像其他社會主義國有企業那樣由國家和人民共同擁有。國營農場為員工提供了住房、學校、醫療和其他社會福利，但在很大程度上都是由政府國庫支付。[4]儘管大多數國營農場都被認為是無可救藥的賠錢產業，但是它們還是像鋼廠、煤礦或發電廠一樣，為中央管控的國家計劃生產資源。第二，中國國營農場系統與國家安全及國內拘留制度相結合。事實上，中國共產黨創新了蘇聯模式，使人民解放軍成為國有農場的大經營者。[5]這也許是中國國營農場的最獨特之處。中國和蘇聯類似，都有不少人被政府送到氣候惡劣的偏遠地區勞動，接受流放、拘留、懲罰，甚至死於非命。例如青海省，那些名義上是國營農場的勞改場所，有「中國的西伯利亞」之稱。[6]一本講述中國監獄系統著作的兩位作者提到，這種對青海的看法已經在社會各階層深入人心，連學校老師也威脅不聽話的學生說要把他們送到青海去。[7]在這方面來看，蘇聯的古拉格（gulag）和中國的勞改制度可謂異曲同工。因此，我們可以說斯大林主義和蘇聯的農業模式，的確給中國的社會文化和普通公民的心態造成很大影響。

國營農場的歷史概述

以蘇聯為師

中華人民共和國成立伊始，國營農場就被推崇為中國農業的未來發展方向。[8] 它們是由國家經營的大規模機械化農場，員工由國家支付工資，而不是在收穫中分成。1950 年代的報告強調，機械化的國有農場代表了最高形式的社會主義農業生產方式，有助於實現一系列的政治、經濟以至文化目標。[9] 成功的國家農場要向那些尚未被集體化的農戶證明，社會主義新農業高效而且優越。由於機械化程度較高，農場能夠生產充足的盈餘產品，可以向國家提供大量的糧食或戰略原料，包括糧食、棉花、橡膠製品或奶製品等。即使到了 1990 年代，國營農場仍然生產全國約 80% 的橡膠、約一半的優質羊毛、30% 的奶製品以及相當份額的糖、羽絨產品、棉花和養殖海產。[10] 國營農場還是基本國家建設的載體，形成了小型「企業市鎮」，為員工及其家屬提供住房和一系列的社會服務。在這個意義上，國營農場與其他大型國有企業一樣，提供終身就業，以及住房和福利。如果國營農場的預算不足，也可由省級和國家政府預算補足。[11] 對貧窮的農民來說，離開村裏的集體合作社到國營農場工作，意味着提高了社會地位和帶來利益。就像其他國有經濟的產業一樣，員工會基於他們的經驗、技能和資歷而享受不同的工資級別，並以現金形式領取每個月的工資。對於過慣了等待收成捱苦日子的農民來說，國營農場的工作代表了一種新的農村就業和生活方式。

中國的國營農場以蘇聯的經驗和領導作為楷模。[12] 農業部 1951 年的報告指出，蘇方幫助並指導了 1950 年召開的全國國營農場會議。蘇方還向中國提供一些拖拉機，以補充此前聯合國項目在中國遺留下來的一批拖拉機。[13] 1952 年〈關於設置國有機械化農場方法的臨時規章〉的細緻闡述及高度集中統一的管理程序，意味着中國在這方面深受蘇聯的影響，亦承認了蘇聯經驗的重要。[14] 這分文件概述了為期兩年的建立國營農場程序，規定了漸進的建立途徑，體現出集權式的企業管理思路。長期和複雜的施行計劃必須提交給農業部，計劃中必須包括初步調研、區

劃、附近交通、水源、土壤質量、地形和平均年降雨量等信息。經農業部批准以後，申請建立國營農場的地方部門會提交一份更詳細的計劃，包括年平均無霜天數、附近的農業種類、牲畜、勞工、森林資源、惡劣天氣模式、當地習慣和風俗、所需的資本額、年預計產量和利潤，另外還要包括申請單位的負責人和預算。這份計劃獲批准以後，還需上交一份最後的十八點經營計劃。這份申請要包括最終土地使用計劃、企業發展計劃、空閒時間任務安排、每年所需的拖拉機數目、幹部職員人數、水資源開發計劃、每年預算、能源需求等。[15] 與任何地方的撥款或貸款機制相同，這樣的程序往往導致在大型企業管理中難以避免的官僚主義和低效率。

蘇聯模式也是國營農場的公共形象。1954 年在黑龍江省集賢縣建立的中蘇友誼農場，是其中一個由蘇聯測量師、技術人員、科學家、管理人員及各種設備幫助建立起來的農場。[16] 農墾部部長王震在 1956 年發表的一篇講話，「由衷地感謝」了「偉大的」蘇聯和捷克斯洛伐克在建立和經營國營農場方面向中國提供幫助。這篇講話後來在《人民日報》上刊登。[17]

更廣泛地說，中國在 1950 年代完全擁護蘇聯的農業科學專家，特別是在國營農場。[18] 從中國對蘇聯農業科學家和蘇聯農業科學的讚譽，我們可以看到這一點。五十年代中共大力推崇「紅色專家」米丘林學派 (Michurinism) 和李森科學派 (Lysenkoism)（請參照第十三章）。來自廣東農村的青年楊明翰，因為從事米丘林學派的農業科學研究而全國聞名。農業部鼓勵廣大青年學習楊明翰的農業創新技術和做基層科研的自助精神。[19] 1954 年農業部的一份文件，高度讚譽了蘇聯米丘林學派的近距種植和深犁開墾等先進種植技術，並在中國農場進行推廣。[20] 1955 年 10 月，人們用各種活動紀念米丘林 (Ivan Vladimirovich Muchurin) 誕辰一百周年。著名的知識分子郭沫若也把米丘林譽為「我們偉大的科學老師」。[21] 1955 年《中國青年》還連載了迦林娜·尼古拉耶娃 (Galina Nikolayeva) 所著的小說《拖拉機站站長和總農藝師》，並且督促年輕人以書中在拖拉機站忘我地工作的主人公娜塔莎 (Natasha) 為學習榜樣。[22] 綜合來說，中方在以下方面跟隨了蘇聯的農業科學模式：重實踐多於理論；否定或是質疑遺傳學；誇大社會主義的成就。

國營農場和大躍進

到了五十年後期，毛澤東開始批判蘇聯式國營農場的遺風，因為他相信中國道路是通過農村革命而建立的馬克思主義新實踐模式，也更為有效。農場的「兩條路線」之爭，在堅持大規模農業 (蘇聯模式) 的鄧子恢及其對手例如王震和譚震林之間展開。[23] 後者傾向於毛澤東式的農業策略：農場由軍隊管理，迅速實行合作社化。[24] 五十年代末有一段時期，譚和王把鄧從農村政策核心領導人的位置上推了下來。[25] 在毛澤東思想全面主導的時期，包括土地質量、氣候、機器設備、民居質量和生產設施等物質因素，都被認為沒有精神力量和人的意志和動力般重要。軍事戰略的應用也被認為會產生較好的經濟效果。例如在1958年初，王震按毛澤東的方法提倡讓農場工人在高地上住宿：使用帳蓬、草棚，或挖地洞而不用磚房，以便提高農場的盈利效率。[26] 毛澤東思想認為在一切事情上自給自足有好處，這些理念有助形成同時迅速提高糧食產量 (即之後大躍進的口號「以糧為綱」) 和農作物多樣化的政策。[27] 例如，這意味着在青海省一個國家農場，大幅增加小麥和大麥的種植。這是一項毛澤東思想的創新，因為在乾旱、多風、寒冷的青藏高原上生產穀物是一項新試驗，也是對傳統小農戶和農業科技專業知識的挑戰。為提高本地的收入和豐富營養來源，青海農場也努力擴大生產範圍，從青海湖捕撈更多的魚。這種做法，在當地人們的農業生活中 (主要是藏族人) 幾乎是史無前例。[28] 他們還開始在湖周圍的山中採礦，為工業化奠定基礎。[29] 另一項國營農場的毛澤東式項目，是起用年輕的「義務」勞動者。在毛澤東看來，他們能完成艱鉅和複雜的任務，因為他們有堅定的信念和無限的青春能量。在五十年代和後來的文化大革命歲月，中國共產黨和共青團發動上山下鄉運動，其目的之一就是利用廉價的勞動力和政治態度正確的年輕人。毛澤東認為，他的合作社比國營農場更有效率，既能使農業社會主義化，又能提高糧食產量，同時又充分利用了中國勞動力充足的優勢，並以更低成本和更靈活的地方政府控制，來大規模地提高糧食產量。

毛澤東和他的支持者批評以蘇聯為藍本的國營農場，存在官僚主義和成本過高問題。雖然這些批評苛刻兼含有政治動機，但它們或多

或少準確地指出了蘇聯模式國家農場的問題。根據現代農業科學的原則，蘇式農場需要昂貴的機械和能源運作。同一時間進行大型農場和眾多項目的鉅額投資，包括住房建設、運河、道路、機械、燃油和加工設備等，需要詳細的統計數據分析，以及對人力、土地和物質資源的專業管理。蘇聯模式的國家農場由中央政府的高層官員監管，並監督對所有開支的預算。最後，因為在倉庫、住房、康樂設施、運河、農田和機械等諸方面投資龐大，國營農場建成後收回成本的進程非常緩慢。

1958 年，王震在解釋按毛澤東思想發展的農業，為什麼會較蘇聯模式農場更成功時說：「我們將依靠群眾的極大的熱情，勇敢地克服一切困難，堅決努力，白手起家。」蘇式農場的特點，包括「需要等待條件成熟，刻板地計劃，並關起門來設立農場，脫離群眾、過於嚴厲，有很多條條框框。」王震認為，與其依賴科學和技術人員，應該讓群眾和他們巨大的熱情主導一切。[30] 他的主要批評對象，是由他自己擔任部長的農墾部官員和專家。不難想像，本身是軍人的王震假定農業生產是靜態目標，和戰爭期間的軍事目標一樣。這種觀點認為，大規模提高農業產量可以靠不講究吃穿，只有革命熱情的農民「軍隊」在一連串的革命行動中播種收割來完成。不過，在 1957 年至 1962 年間，國家農場的人口總量還是從 80 萬增長到 600 萬。[31]

但到了 1960 年 10 月，大躍進運動帶來的巨大災難使毛澤東被迫退卻。鄧子恢對蘇聯模式的國家農場有了足夠的信心，對土地開墾工作人員發表講話說：「自從 1958 年開始，有些人說國營農場沒有前途，合作社前途光明。現在我們可以看到這種觀點是不正確的。國營農場是所有人民的共有企業。雖然目前它們達不到 5％ 的國家耕地面積，這是會增加的⋯⋯ 合作社在將來也會成為全民共有。這樣，我們可以看到國營農場有一個光明的未來。」[32]

在大躍進後，鄧子恢恢復了其官職和政府權力，開始努力重建在大躍進時期被取消的蘇聯模式元素，包括中央所有制和資源掌控等。[33] 在青海省，這意味着關閉除了軍墾農場和勞改農場以外的所有農場，也就是那些由外省遷入勞動力建立的草原農場。[34] 1962 年，鄧子恢在重新豎

立其在譚震林之上的權力後，在向包括毛澤東在內的中央委員會全體委員致詞時，聲稱國家農場取得了巨大成果，重申它們作為生產單位的潛力和優勢，並把它們在大躍進年間的失敗歸咎於管理不善。頭腦衝動的毛澤東可能把這個致辭視為對他的直接攻擊。[35] 同年年底，農墾部編寫好題為《國營農場土地綜合規劃設計》的教材。這份厚達 500 頁的教材在 1963 年出版，當時蘇聯和中國的關係已惡化了三年。它對蘇聯模式的國家農場作了平衡和中肯的評價：「我們必須學習蘇聯的先進經驗，但蘇聯的經濟、自然條件、土地使用的歷史條件都與我國不同，因此，在建立和規劃國營農場的時候，我們必須牢記我們的國情，特別是廣大資源和龐大的人口。」[36]

　　總結來說，農牧漁業部在其 1986 年的官方歷史提到，蘇聯模式的國營農場對中國國家農場在許多方面都有貢獻，特別是在測量、規劃、財務、生產管理和機器管理等方面。[37]

分析

　　國營農場在中國的重要性主要是區域性的，特別是在中國北部和西部與前蘇聯接壤的邊疆地區。在這些地方，蘇聯是威脅多於參考藍本。在中亞和東北亞地區的邊界，中蘇有着歷史爭議和當今的利益訴求，兩國希望能夠在 1950 年代和 1960 年代予以解決。雙方都認為，農業對建立主權必不可少，其重要性要高於畜牧業。在邊境和偏遠地區，國家農場建立了新城鎮和區縣，設施和農田遍及其方圓幾百公里的管轄區內。也有農場建在人烟稀少或無人居住的地區。在此意義上，農場最重要的是促進城市化而不是生產穀物、肉類或羊毛。特別是在新疆，由生產建設兵團經營的國營農場是許多 1949 年後平地而起的城鎮的運行核心。[38] 由於許多這樣的農場是依照蘇聯藍本而建成的，我們不難看出蘇聯模式同時也改變和塑造了數以百萬計中國公民的日常生活。

　　雖然農場通常位處人口稀少的區域，但是問題不在於無法找到當地勞工。相反，農業開發被認為是漢族人的文化屬性，相對於中國的許多

其他族群，漢族人特別適合為國家從事這項任務。同樣地，正如下文所述，當赫魯曉夫派遣年輕人到邊境建設農場和城鎮時，他也主要派遣俄羅斯族人。中國最東北的黑龍江省擁有肥沃且有良好灌溉的大片荒地，這裏人口稀少，因此是國營農場發展的主要地區。這裏的農場是國家農場體系的展示區，有着很高的投資回報率、機械化和專業化水平，農產品產量很高，尤其是穀物。[39]

在黑龍江一望無垠的原野上，一名工人（常常是年輕女性）單獨駕駛拖拉機墾荒，成為國營農場的標誌性畫面。這是在1950年代中國出版物和宣傳海報上反覆出現的畫面。[40] 1958年發行的一元人民幣紙幣的背面圖案，正是女拖拉機駕駛員的畫像。[41]這個畫像以及官方塑造的其他類似圖畫，描繪了這樣的一種未來農村生活：它擺脫了繁瑣的手工勞動，令人窒息的狹隘主義，以及落後的迷信。對村民來説，拖拉機幾乎擁有神奇的力量，會讓所有的事情變得更好。[42]國營農場是進步的象徵，為農民帶來了城市生活的便利——高層公寓、電力、學校、電影院、舞廳和衛生所。正如濃烟滾滾的工廠和高層建築是新中國現代化的標誌圖案，拖拉機則是毛澤東時代農業和農村現代化的標誌。這些都顯示中國在遵循着蘇聯模式發展。[43]

不管在國內還是國外，學術界在考察中國社會主義時期的農業時，往往忽略了國營農場，因為它們只佔國家統計數據中的一小部分。中國的國營農場儘管在中共建政後經歷了15年的快速增長，但是到1964年，仍然只佔全國大約4%的耕地面積，其產量佔全國農業生產總量的比重則更低。[44]幾十年來，國營農場系統的佔地面積一直沒有大變，仍然是佔全國約4%的耕地面積。據世界銀行估計，到了1990年代，國營農場系統的產量只佔全國農業總產值的3%左右。[45]相比之下，國營農業在蘇聯的農業和整體就業中佔主導地位。蘇聯解體後，這些國營農場在俄羅斯聯邦繼續存在，它們總面積佔全國農業用地的80%，每個農場平均佔地6,000公頃，平均聘用超過150名工人。[46]相反，中國的國營農場即使是在1970年代國家社會主義的高峰期，也只僱傭了少數農業人口。[47]

在中國，國營農場的發展受到人文和自然地理基本結構的限制。在五十年代初期，規劃官員樂觀地認為，在北部和西部邊界的草原、森林

和沼澤地帶建立機械化耕作的國營農場，可以使中國的耕地面積增加一倍。但事實上，中國並沒有很多可以持續開墾並能獲得盈利的處女地。更大的制約因素是人口。村莊農業的各種形式 (合作社、集體戶、公社、小農戶農業) 需要很多勞動力從事犁地、收割和運輸等工序。直到八十年代，沒有任何其他經濟部門有能力吸納這些勞動力。因此在毛澤東年代，政府的政策是通過在農村實行糧食計劃徵購以及戶籍制度，把農民與土地和集體經濟的微薄餘糧捆綁。[48]

然而，對中國這麼一個大國來説，結集的統計數字並非無足輕重。全國到了1990年代仍有大約2,200個屬農業部系統的農場，為大約1,200萬人提供工作和住房。[49] 僅在黑龍江省就有108個國營農場，佔全省耕地面積的22%；國營農場人口160萬，相當於全省農業人口約8%。[50]

從八十年代開始，特別是到了九十年代，國營農場經歷了一系列改革，旨在使它們成為獨立核算、自主經營的公有制經濟實體。最初的改革舉措，是在業務運營和自負盈虧方面擴大農場管理人員的權力。[51] 國營農場改革還包括試行合同制、股份制和其他類型的企業改制。可以説，這些改革是受到最終取代了人民公社的家庭聯產承包責任制所啟發。據報道，黑龍江省一個地區的國營農場，在九十年代末大多數田地已承包給僱員耕種。[52] 政府對這些企業保留部分或大部分的所有權，但不再承擔許多政府和社會服務的功能。

奶製品行業是一個很好的例子，可以説明在整個八十年代國營農場對特殊行業的壟斷和在十年間所經歷的企業改革。在毛澤東時代，市級和省級政府經營全國最大的奶牛農場，其生產的奶製品佔全國產量的大部分，奶製品的消費者也大多是城市居民。[53] 上海光明乳業就是這樣一間公司。它創辦於1956年，是由市政府管理的國有企業。該企業在1990年代開始改制，並在2002年成為上市公司，上海市政府保留了大部分股權。[54] 北京三元食品是另一家市政府管理的國有乳品企業，現已重組為食品企業集團，保留國家所有制。[55] 在全國範圍內，八十年代和九十年代的經濟改革創建了由奶農家庭佔主導地位的奶製品行業，至少從牛奶產量來看是這樣。那些昔日的國有企業經過改制後成為國家控股的大企業，並在奶製品的加工和銷售方面佔據了主導地位。[56]

蘇聯模式：一種企業管理方法

蘇聯模式一直影響中國的國營農場系統

前一節已經提到，我們可以根據政治上「兩條路線」的鬥爭來定義農業的蘇聯模式。在大躍進和文革期間，毛澤東的做法佔主導地位；在其他時期甚至在八十年代，蘇聯模式則佔上風。在這幾十年來，尤其是對那些被捲入「鬥爭」漩渦的人來說，中國的政治似乎是零和遊戲，上至毛澤東的主席台下至農村的打麥場，發生的派系之爭分裂着共和國。可是，過了這麼多年，事實表明國家政體並未因此解體。蘇聯模式和毛澤東思想經常對複雜的問題處方類似或相同的解決方案，在一般方法上更會重疊。例如在國家層面，兩者都強調軍事和國家安全的重要。而在國營農場的管理上，兩者也有很多相似之處。例如在1957年2月，鄧子恢認為國營農場應讓官員參加體力勞動，努力實現糧食、食油和蔬菜的自給自足；國營農場應用泥磚而不是木材和窰磚來建房，並把農場的經營多樣化。[57] 雖然他堅決反對毛澤東的浪漫主義，但卻支持自給自足和多樣化經營作為合理的目標。還有，在1960年毛澤東提倡的大躍進熱潮中，王震重申了應該向蘇聯農業科學方法學習，特別是密集種植。[58] 此外，毛澤東把年輕人送到邊境和邊遠地區國營農場去勞動的做法，就是直接從蘇聯的處女地計劃複製過來的。[59]

這些類似之處證明蘇聯模式一直影響着中國的國營農場系統。分析這些影響的方法之一，是把盈利模式和集權式決策作為企業的管理問題來重點研究。雖然不管是蘇聯模式還是毛澤東模式的國營農場都沒有突出的盈利記錄，但是正統的國家社會主義做法強調國營農場企業必須執行中央計劃，並根據它們的投資以及是否完成計劃目標來評估其運作。實現計劃目標意味着企業的利潤，會回流到政府庫房。由此可見，蘇聯模式與毛澤東時代對預算和管理權的權力下放，以及過去20年間的中國國有企業改革都完全相反。通過國企改革，政府也把管理和控制預算的權力下放給了農場。

這並不是說斯大林式的國營農場都是營利導向的。國營農場主是為

「計劃」以及黨中央對其的控制而服務，這也是蘇聯模式企業管理最重要的特徵。農場的一切開支都必須獲得中央政府的批准，也不能保留盈餘或利潤。在沒有激勵盈利財政措施的情況下，農場管理人員只得把產量撥作支付住房和康樂設施的預算，其結果往往就是設施最完善、住房最舒適的農場都是最賠錢的企業，而那些設施樸實無華的農場盈利能力反而較高。[60]

關於蘇聯管理模式的文獻還明確指出，經濟生產是為政治目標和政治領導(蘇聯共產黨)服務，而毛澤東思想則進一步發展了「紅色政權化」這個理念。雖然斯大林和他的繼任人皆認為管理方面的專業知識至關重要，但是實際上企業卻仍由黨的官員來管理。蘇聯模式也利用各種運動來實現生產目標，這也是毛澤東時代中國人民生活的一部分。蘇聯公民要參加無休止的會議，並且不斷接受黨的宣傳教育。最重要的是，為了能更忠誠、更高效地工作，他們必須服從黨的指揮和監督。此外，在中國和蘇聯，共產黨還通過檔案體系牢固地控制僱員和公民。蘇聯的工業管理方法還抬出愛國主義，並使用戰爭時代的語言表達管理和經濟規則。[61] 在所有這些活動中，蘇聯模式在組織形式和日常生活層面對人民產生了巨大影響。

1949年以來國營農場的盈利能力和企業管理

早在中共建政之初，營辦國營農場的重點就是使其能夠盈利，成為可以充實而不是消耗國庫的企業。即使在大躍進和文化大革命的極左時代，這種工作思路仍然繼續。例如早在1951年，農業部一份關於國營農場的報告，就闡明了毛澤東時代國有企業面臨的長期存在問題和形式。[62] 這些問題是在技術和管理層面上，而不是政治或意識形態上。國營農場從一開始就是全資國有，因此難以調整農場的企業管理。相反，工資和福利系統是國家農場營運爭議和改革的焦點。這是國家農場與其他「鐵飯碗」企業的共通點。[63]

這與農村形成了鮮明的對比。在農村，破壞性的政治和意識形態之爭一直發生，有時更不外乎是解決村與村之間的宿仇。這些紛爭既有環

繞土地、牲畜、菜地、工具和其他資源的所有權和管理權，也有些與營銷和生產有關。例如，隱藏的反革命分子或家庭背景「不好」的人，被指會在村民集體擁有和管理的農場搞破壞，而在整個七十年代中共都把他們看作是農村的隱患。與土地和資源所有權有關的政治鬥爭擾亂了集體團結，在小農間造成疏離，從而破壞了農村生產力。對於毛澤東來說，農村是社會主義的關鍵戰場。由於中國有着土地私有和私人管理的悠久歷史，推動真正的社會主義化因此是持久的任務。[64]

1952年，中共中央農村工作部部長鄧子恢在關於國營農場的第一次工作會議上，發表有關農場管理問題的報告。他在報告指出國營農場迅速增長，同時也對長期存在的農場管理問題提出批評。官員認為政府必須補貼國營農場，沒有使用必需的成本計算方法，工作態度不謹慎，並不關注利潤、虧損、鋪張浪費造成損失等問題。國營農場組織臃腫，充滿冗員，尤其是非生產性的人員，造成大量虧損。鄧子恢還指出這些農場被低產量和高資本投入搞得千瘡百孔，每年必須依賴國家補貼。雖然也有一些農場有較高的產量，但是它們卻需要更高的資本投入和更多的補貼。對農場的非農業生產方面的評估暴露出很多問題，如住房建設支出過高，這也背離了蘇聯的先進經驗。一些幹部追求「大建築的宏偉外觀」，造成投資龐大、收益遲緩和生產遲滯。在土壤貧瘠或地形崎嶇的農場，僅為了能讓土地能夠種出東西就需要大量投資。鄧子恢認為，設置農場比成功運營農場遠要容易得多。[65]一般而言，對農場的評價標準是看它們是否能向國家貢獻利潤或盈餘。

人們開始努力改變農場設置和管理，提高盈利能力。例如在五十年代中期，一些農場引入了計件工作和承包工作作為激勵機制；又從學校招聘新畢業生加入農場，以便減輕開支，因為他們的報酬低於曾經是龐大勞力來源的軍人。[66]根據受毛澤東啟發的政策，以參戰式熱情和地方自給自足原則設置和運營的新型獨立農場應該更具有效益，但實際上它們的效益，卻比蘇式官僚計劃經濟下成長緩慢的農場更差，運作成本也更高。舉例來說，在五十年代，因為大躍進要求糧食自給自足，已建成的農場無計劃地開闢土地，非農業企業也開辦自己的農場。大躍進失敗後，當局糾正大躍進期間過度擴張造成的混亂局面，農墾部在1962年

發表的報告重提十年前曾作出的批評：農場管理員無法生產盈餘，機械由於維護不當而折損嚴重，耕作技術落後。農場投資巨大，但回報率非常低。[67] 國營農場到了五十年代末，已經得到了這種「壞名聲」。[68]

　　以盈利為目標是蘇聯模式的標誌。從宏觀來看，在大躍進和文化大革命時期，由軍方管理並由青年充當勞動力的國營農場的興衰最能體現這一點。1958年至1960年間，以及1968年至1971年間，數以百計新的國營農場在18個省按照新疆生產建設兵團的模式建立起來。數以百萬計的退伍軍人和他們的家屬、紅衛兵以及其他社會閒散人員，包括失業者和由於水庫工程而需要遷徙的人們，在這些農場安了家。[69] 之前已提到，這些農場的人口在大躍進失敗後減少。在「文革」時期，因為巨額虧損問題，中國政府曾在1973年2月建議減小這些新型國家農場的數量和規模。位處西部的蘭州軍區生產建設兵團在1973年被撤銷，而在1974年廣東、雲南、廣西和福建等省的生產建設兵團也相繼被撤銷。到了1975年，所有兵團農場都已被關閉。[70] 在毛澤東理論遭到質疑之前，中國政府已主要出於經濟原因，縮減了對國營農場的投入。這些農場虧損龐大，卻只生產很少的糧食和其他農作物。[71] 早在官方全面啟動經濟改革之前，1977年《人民日報》的一篇很有影響力的社論已指出盈利能力應被列作國營農場的評估標準。社論以湖北省國營農場的成功為例，證明國營企業也可能持續盈利。1973年湖北省90%的農場虧損經營，但到了1976年，全省90%以上的農場已轉虧為盈。[72]

　　對國營農場的財務困境而言，毛澤東政策帶來的最重要後果就是農場人口的快速增長，導致農場很難向國家貢獻盈餘或利潤。例如，有報道稱甘肅省把六種不同類型的工人安置在國營農場，包括由於裁員而失去職位的中共官員、下放的「右派」、各類來自上海的移民、共青團志願者、來自東部農村的「盲流」、學校畢業生、孤兒和農場人員的家眷。[73] 雖非全部原因，但毛澤東的政策是國營農場人口增長的重要原因，三線地區的情況也基本如此。[74] 新疆農八師143團農場的狀況也大致如此。2005年，這個農場的面積約350平方公里，人口約36,000人，其中7,200人是職員和工人。[75] 該農場是在1950年由1,800名軍人建立起來的。兩年後，35名湖南男人和410名山東婦女加入了農場。在接下來的

大約十年間，約3,200名來自於上海、河南、廣東和江蘇的畢業生加入；另有400名退伍士兵、數百名家屬親友以及數目不詳的監獄犯人加入了農場；還有5,100多名沒有戶口的「流民」也來到了農場，他們僅是為了尋求溫飽和最基本的工資。到了1964年，農場人口已增長到大約25,000多人，類似這種增長在大躍進時期尤其迅速。[76]

到1986年，全國國營農場的耕地面積已經比1950年代增長了十倍，但是這些農場的人口卻增長了29倍，實際員工人數增長了近14倍。這些員工需要有飯吃，有地方住，又需要教育、康樂設施以及退休計劃。事實上，從五十年代到八十年代，國營農場的人均耕地面積下降了一半以上。參見表8.1。[77]

因此，毫不奇怪，國營農場很難為計劃經濟貢獻盈利。在這個意義上，農場與其他國有企業(如工廠或煤礦)一樣，都承擔了市級政府的職能。這些由國家擁有的農場沒有像普通的村莊農業那樣承受社會主義化的政治壓力；它們所受的壓力就是要為國家財政作更大的貢獻，因此他們需要創造更高的投資回報。

表8.1　國營農場在1950年代與1980年代的人均耕地面積

	人均畝數	人均公頃數
1952	14.8	約 1
1962	8.4	0.5
1986	5.9	約 0.4

蘇聯模式：農業和國家安全

處女地和黑龍江的北大荒

蘇聯影響中國農業的最明顯例子就是處女地計劃。[78] 幾十年間，中國一直應用這一模式開墾黑龍江的北大荒，希望把它建成糧食主產區糧倉。傳統上中蘇兩國都會把國家資助的遷移安置作為建構主權的方式。很明顯，蘇聯的現代有組織的人口重新安置和土地開墾計劃，在中國得到了改良和應用。

在五十年代，赫魯曉夫認為解決糧食危機的最好方法是「墾荒」。1953年赫魯曉夫在蘇共會議上提出這種方法，1954年3月蘇共正式宣布了「1954年和1955年通過開墾處女地和閒置土地增加糧食生產」的計劃。蘇共中央委員會宣布增加糧食生產的重點，應放在開墾哈薩克斯坦、西伯利亞、烏拉爾地區、遠東和伏爾加地區的閒置土地上。有幾年，這些乾旱地區的農場收成很好，以至該方案受到讚許且得到了擴展。但在之後的年份，乾旱或惡劣天氣造成了減產。計劃遇到了許多生態問題，包括不穩定的氣候、沙塵暴和土壤退化，而這些問題又因為計劃施行過於急躁、好大喜功以及使用了不適當的耕作方法而惡化。處女地的產量一般來說較低，因此在此生產的穀物價格比來自傳統糧食種植區的昂貴，人們也質疑整個計劃的實用性。到了1963年，赫魯曉夫承認墾荒不能解決蘇聯的糧食問題，並指應該通過提高已開墾土地的耕種密度和產量，以增加農業產量。[79]

蘇聯的計劃顯然是中國墾荒的藍圖。在蘇聯和中國共產黨發表的文章和照片中，所用的措辭和圖像很清楚地說明了兩者的關聯。[80]中國新民主主義青年團（共青團的前身）中央書記處書記胡耀邦，曾經鼓勵參加墾荒和生產工作的青年要與蘇聯的計劃友好競爭。[81]有證據表明，志同道合的蘇聯和中國青年積極地在惡劣條件下建設農場。馬意莉（Elizabeth McGuire）在本書第十四章敘述了曾經在莫斯科留學的陳佩賢，於1958年主動提出要在蘇聯墾荒的故事。[82]《中國青年報》的一篇社論重點介紹了蘇聯項目的細節，並明確指出中國青年應向蘇聯墾荒的同行學習。[83]

> 我們都應該知道，蘇聯青年怎樣在荒僻的黑龍江北岸搭起帳篷，在荒地上建造起美麗的「共青團城」。[84]我們也都知道去年蘇聯有10萬以上的青年，在「我們不追求輕鬆生活」的口號下，開墾了約等於我國河北省面積那麼大的荒地，使國家今年可以多收10多億普特（1普特相當於16.38公斤）的穀物。今天中國也有許多青年在邊疆進行着艱苦的勞動。到邊疆去工作的青年，應當以蘇聯青年為榜樣，踏上邊疆建設的征途。[85]

第一個北京青年志願墾荒隊的領頭人楊華，在志願隊出發時宣布，建設城市和開發土地的蘇聯青年是令人鼓舞的楷模。[86] 在實踐中，中國青年志願者運動也與蘇聯類似。在以愛國為主題的會議上，中國共青團號召年輕人努力生產更多的糧食，並稱他們在「戰鬥」中會獲得來之不易的榮譽。蘇聯和中國人民都迫切想要與志同道合的同志們在服務祖國和建設社會主義的過程中，通過辛勤勞動得到改造和鍛煉。1955 年 12 月，30 支隊伍的青年組織起來要「與貧窮鬥爭」和「與荒地鬥爭」。[87] 其中第一組獲國家領導人宴請，並獲全國性報章報道。他們的努力為全國青年樹立了榜樣，但這一項目其實並非典型。從一開始它一直獲得政府部門異乎尋常的支持。就像當年在社會主義國家被奉為勞動模範的蘇聯礦工斯達漢諾夫（Alexey Stakhanov）一樣，典型勞動者的真實狀況與官方宣傳版本其實相距甚遠。[88] 此後，青年志願墾荒隊在很多邊境和偏遠省份和地區都建立了農場，他們 在黑龍江省留下了最深的印迹。[89] 許多光面照片都記錄了在黑龍江一個縣，共青團員農民在拖拉機工廠或成堆的穀物旁邊工作的形象，這些畫面都成了宣揚經濟殷殷向榮的宣傳畫。[90]

蘇聯和中國方式的相似性再次令人吃驚。兩者都以天真、浪漫和革命性的方法來達到政治和經濟上的變化，這種變化超越了國家社會主義政治，既宣揚社會主義工人的集體性，也讚揚富有獨創性的個人成就。

兩國計劃的失敗也有共通點。兩國相對地都較快認識到，達到具成本效益的結果遠較計算土地和勞工成本方程式來得複雜。把食品送到莫斯科或在西安為工業項目籌集資金，需要考慮的因素不僅只是良好氣候、肥沃的土地、熱心的工人和拖拉機。大型農業企業的順暢運作和盈利能力，很大程度上要依靠資本密集型的基礎設施，以及技術和管理方面的專業知識。收割、儲存和運輸糧食，需要農用機械、卡車、鐵路、燃料、零配件和會操作它們的技術員工。決定何時收穫和儲存糧食是至關重要的環節，更多取決於幾代農民積累下來的當地知識和經驗。在蘇聯，運輸瓶頸以及較差或過於集中的管理，造成了農作物低產、收割延誤、收穫的穀物腐爛或丟失以及農業機械保養欠佳。赫魯曉夫和毛澤東都曾希望憑強大的意志力實現農業快速增長，但要實現的話必須付出巨

大代價。[91] 可是，在五十年代末以及在文化大革命，中共還是把數以百萬計的青年發送到國營農場勞動。[92]

古拉格、勞改營和國家安全

國營農場在廣泛意義下的國家安全，也發揮了重要作用，包括重新分配人口、控制領土、以及對被認為嚴重威脅國家和社會的人實施懲罰和隔離。中國政府曾推出一系列政策，糾正人力和土地資源的嚴重失衡。中國大部分的人力和工業資源，都位於僅佔國土面積三分之一的東部。從第一個五年計劃 (1953–1957) 開始，政府就致力把東部的人力和工業資源轉移至內陸省份，以為國家發展建立更公平和合理的基礎，同時也配合建立國家主權的目標。在這種情況下，人們可以看到高度集中的、以國家安全為導向的社會主義實踐。與俄羅斯一樣，中國是大陸政權，具有引以為傲作為全國政治和文化核心的都會城市，並有着幅員廣闊的腹地。正如社會主義和現代化從莫斯科向外輻射，北京也是中國社會主義政權無可置疑的中心和資源所在。總括來說，我們可以說中共在應用蘇聯模式的領土控制方面，無論在人口和戰略上都較蘇聯更加成功。例如，中國的民族自治區制度和少數民族政策遵循了斯大林主義的原則，但中央政府多年來卻一直對這些邊疆地區維持長期牢固的鐵腕統治，並未有重大改變。

中國政府在五十年代後期建立戶籍制度後，黨國更有效地能夠控制人民生活和工作的地點。上文已談到，在這種控制模形裏，官方把國營農場用作吸收剩餘勞動力。它們為復員軍人、失業者、貧困戶、或因為基礎設施建設而失去土地者提供了工作機會。農場也是現代版本的帝國策略，以降低駐守部隊的成本和複雜性，使他們至少能部分自給。國營農場還是國家內部安全系統的一部分。政治犯和刑事犯往往被發送到由監獄營運的國營農場。這些農場的建構，可以追溯至中國古代把罪犯流放和發配邊疆的做法，以及斯大林的古拉格勞改營。

在經常與監獄連繫起來的中國西北部，大多數監獄都從事農業生產或加工。[93] 在 1990 年代，青海的監獄生產糧食、蔬菜，還有皮革製品、泥

磚、磚瓦、機械工具和水力機械。也有監獄開採金礦或銅礦。[94] 雖然關於監獄制度的可靠資料很難蒐集到，中國監獄系統似乎對蘇聯模式作了兩個方面的創新：第一，毛澤東和毛澤東思想堅信這些監獄可以改造人。為達到此目的，中國政府設立了更全面的、類似於監視居住的巡視和監控制度。[95] 第二，觀察人員猜測，中國的監獄系統無論在絕對人數以至佔總人口的比例都十分龐大，並有較強大的制度和經濟基礎。[96] 從這方面來說，國營農場是向上為國家服務，而不僅是為國庫生產糧食和農產品。

在半熱帶氣候的雲南省，橡膠種植園的發展就是一個明顯的例子。這裏最初的勞動力來自退伍軍人。約1,700名軍人在1955年於傣族人佔大多數的西雙版納，建立了第一個橡膠種植園。到了五十年代末，37,000名勞動力從湖南省中部的三個縣轉移到雲南南部的國營農場工作。據稱，他們在接受訪問時表示，當時並不知道到底為什麼被轉移到這麼偏遠的地方來當農民。他們猜測可能因為傣族人落後或者原始，無法從事國營農場的工作。國家新聞媒介也使大家普遍接受漢族擁有「先進文化」，是熟練技術農民的說法。這些農場已自成一體，直接隸屬於國家部門，不受地方政府管轄。國營農場職工的子女在國營農場內的醫院出生，在國營農場學校上學，住在國營農場宿舍，前往國營農場電影院看電影。直到八十年代，才有大量本地的非漢族勞工獲國營農場聘用。到了九十年代，西雙版納州農場員工和他們的家屬約有145,000人，約佔當地人口的17%。[97] 雖然雲南在歷史上，與黑龍江或新疆等國家戰略地區有別，但就其規模和持久性而言，西雙版納的國營農場仍為國家建設作出了很大貢獻。[98]

1950年成立、由前國民黨和共產黨部隊組建的新疆生產建設兵團，更令人信服地說明了國營農場在國家建設中的作用。「屯墾」是漢代以來就一直使用的帝國軍事殖民政策，新疆的國家農場便是其明顯的延續。與雲南農場一樣，新疆農場直接由中央政府負責。新疆生產建設兵團對中國西部政治經濟的影響巨大，雖然它曾在七十年代被短暫撤銷，但在1981年又恢復重建。[99] 根據最新統計數據，該兵團總共經營174個農場和牧場，佔新疆可耕地總面積約三分之一，僱用了約13%的新疆人口。它的目標與國家基本建設緊密相連，同時也是國家應對地方民族或

分離主義騷亂，穩定新疆地區戰略的一部分。雖然兵團擁有多種類型的企業，有些運營得頗成功，但整個系統一直虧損龐大，在九十年代約80%的預算還是由中央政府直接劃撥。[100] 該兵團仍然存在，佐證了蘇聯模式在農業和農業企業的影響力經久不衰。

在青海省，國營農場都設置在人口稀少的地區。它們的最重要功能是城市化。德令哈農場位於柴達木盆地東端，一個有着小塊農田和高原牧場的沙漠地帶。共產黨開始執政時，德令哈僅有小量的建築和農田，那是國民政府農業擴展策略的成果。1954年，1,600名囚犯開始建設該鎮，據說他們邊走邊修路到了德令哈。[101] 到了1957年，一名路過的記者寫道，農場已經因為生產穀物和蔬菜而「著名」了。[102] 當時還是監獄犯人的一名農場工人，在他的回憶錄裏自豪地描述了他們建造的車間、軍營、辦公間、倉庫和招待所，還有20萬畝農田和好幾公里的灌溉溝渠。他們把餘糧貢獻給國家，估計是總產量的三分之一。在六年內，他們見證了德令哈從荒野到農場的轉變，目睹了烏蘭縣政府所在地白音成為擁有寬闊馬路、電力和新住宅樓的現代化小城。[103] 柴達木盆地的其他農場，如戈壁農場、懷頭他拉農場、尕海農場差不多都是以監獄犯人作為主要勞動力，其中大多數是從外省轉來的漢族人。2000年的人口普查表明，漢族人佔該地區人口的大多數；而在柴達木盆地歷史上曾佔主導地位的蒙古族人，只佔登記人口的13%左右。[104]

結 論

在本章中，我闡述了蘇聯模式對中國國營農場影響的兩種方式：首先表現在集權式的企業管理系統上；其次在國營農場對國家安全的作用上。總的來説，中共在其認為關乎國家安全的工業仍然堅守國有制。例如石油和汽車產業，仍然是由國有獨資或由政府控股的上市公司主導。在這方面，我們可以看出蘇聯模式對中國堅持國家社會主義集中制的長遠影響。

農業部門又是什麼情況呢？鑒於大多數的國營農場已經成為上市公司，蘇聯模式的影響還有什麼樣的意義呢？新疆生產建設兵團把斯大林

主義的國家權力與毛澤東的軍事思想結合起來，從中我們可以看到蘇聯模式對中國的持久影響。時至今日，這些農場仍然負起從1950年代就開始的地域戰略意義角色。它們在幫助中央政府鞏固對民族不穩定地區控制的角色，較其農業企業的角色更加重要。[105] 事實上，在農業和農民生活的經濟和社會意義普遍相對下降的今天，國營農場的地理戰略意義不但維持甚至更加提高了。

註 釋

1　斯大林建議中國應該謹慎地引進社會主義，但在同一時期，東歐和波羅的海國家卻強行推進集體化，雖然這沒有導致類似1930年代的動亂。關於斯大林給予中共的意見，參見Li Hua-yu, *Mao and the Economic Stalinization of China, 1948-1953* (Lanham, MD: Rowman & Littlefield, 2006), pp. 2–4, 95–116.

2　事實上，斯大林主義在文化上的定義，將會愈來愈重要。它作為一種文明，似乎有更多事情需要解釋，也可能在二十世紀歷史中有更多需要概括的東西。它既包括刺激、令人頭昏目眩的樂觀態度，又有最殘酷、最工於心計的蠱惑和嫁禍於人的手段。它體現在文化宮、斯達漢諾夫式的英雄主義和充滿着活力的音樂中。它是科學的、尚武的、國際主義的，也是迷信和孤立主義的。它提倡健康休閒和運動，但也利用內部規定來限制人員流通。參照：Stephen Kotkin, *Magnetic Mountain: Stalinism as a Civilization* (Berkeley: University of California Press, 1995); Sheila Fitzpatrick, *Everyday Stalinism: Ordinary Life in Extraordinary Times* (New York: Oxford University Press, 1999); Deborah A. Kaple, *A Dream of A Red Factory: The Legacy of High Stalinism in China* (New York: Oxford University Press, 1994)。另請參照余敏玲所著的本書第九章。斯大林是使用國家權力謀殺數百萬人的殘忍暴君，過去學生只對他的過激行為感到愈來愈恐懼。關於斯大林所造成的「有預謀、有邏輯性和『政治正確』的大規模屠殺」，參閱 Stephane Courtois et al., trans. Jonathan Murphy and Mark Kramer, *Black Book of Communism: Crimes, Terror, Repression,* (Cambridge: Harvard University Press, 1999), pp. 3–9.

3　關於第一個五年計劃，參照 Carl Riskin, *China's Political Economy: The Quest for Development since 1949* (Oxford: Oxford University Press, 1987), pp. 53–60.

4　這樣，它們就像那些主要在城鎮裏的企業或「單位」一樣，在社會主義制度下構成了中國城鎮生活的文化和地域風貌。

5　中國共產黨創建了「史上最大的刑罰制度」，見Stephane Courtois et al., *Black Book of Communism*, p. 498.

6　例如，1990年代流行的音樂錄影帶《青藏高原》，片中顯示了高聳的群峰、畜群和穿着厚重大衣艱苦勞動人們的黑色剪影。這首歌由李娜唱紅。

7　Richard Anderson and James D. Seymour, *New Ghosts, Old Ghosts* (Armonk, NY: M.E. Sharpe, 1998), p. 8.

8　在中華人民共和國成立前的1949年3月，中共一份報告描繪過「拖拉機農場」。國營農場將先實現機械化，農民將使用拖拉機進行春種和秋割，這也成為中共鼓勵農民聯營土地的一種激勵。這也是社會主義意識形態和經濟現代化要求達到的目標。1952年農業部的報告強調說，國營農場應根據仔細安排的計劃並用科學方法來進行大規模耕作。見〈國營機械農場建場程序暫行辦法（1952）〉，重印於《農墾工作文件資料選編》(北京：農業出版社，1983)，頁59–64。

9　〈中央人民政府農業部關於1953年國營機械農場的情況和今後工作意見〉，重印於《農墾工作文件資料選編（1954）》，頁107。

10　"Staff Appraisal Report China State Farms Commercialization Project," The World Bank (1998) Report, No. 16004-CHA, 15. John W. Longworth and Colin G. Brown, *Agribusiness Reforms in China* (Wallingford: CAB International, 1995), p. 181. 自1990年代以來，很多這些農場已成為上市公司，政府同時保留少數或多數控股。

11　政府在1954年報告了以下根據舊制人民幣計算的結果：在1950–1953年間，國營農場投資為1萬億元，或折合每畝50萬元。同期的虧損，即年度的營運成本赤字，約達1,000億元。〈中央人民政府農業部關於1953年國營機械農場的情況和今後工作意見〉，頁109。鄧子恢：〈中共中央農村工作部關於國營農場工作座談會的報告（草稿）〉(1952)，重印於《農墾工作文件資料選編》，頁102。

12　本節有些部分最初出現在我的博士論文中。Gregory Rohlf, "Agricultural Resettlement to the Sino-Tibetan Frontier, 1950–1962" (Ph.D dissertation. University of Iowa, 1999), pp. 354–55.

13　魏震五：〈關於拖拉機農場工作的總結與意見〉(1949)，重印於《農墾工作文件資料選編》，頁20–25。

14　〈中央人民政府農業部1950年國營農場場長會議總結〉(1951)，重印於《農墾工作文件資料選編》，頁29–31。〈國營機械農場建場程序暫行辦法〉(1952)，重印於《農墾工作文件資料選編》，頁59–64。

15　〈國營機械農場建場程序暫行辦法〉，頁59–64。

16 〈幫助我國建設農場的第一批蘇聯專家到京〉,《人民日報》,1954年11月3日,第1版。國務院在12月宣布,中國從蘇聯資助成立農場的建設過程中,學到了很多開發新土地和管理大型農業企業方面的東西。〈關於建設「國營友誼農場」的決議〉,《人民日報》,1954年12月27日,第1版。

17 王震:〈國營農場的目前情況和發展遠景〉(1956),重印於《農墾工作文件資料選編》,頁209。

18 關於學習伊萬·弗拉基米洛維奇·米丘林「政治掛帥」生物科學的重要性,參見〈華北區1953年國營機械農場工作情況與今後意見〉(1953),重印於《農墾工作文件資料選編》,頁123–27。對這些蘇聯農業科學理論的稱讚和研究熱情來自毛澤東和中共,而不是從農業科學家,這些科學家多數都在北美或歐洲受過訓練。見Kang Chao, *Agricultural Production in Communist China, 1949–1965* (Madison, WI: University of Wisconsin Press, 1970), p. 88. 關於早至延安時期李森科無產階級遺傳學和農業科學的影響,參見Laurence Schneider, "Learning from Russia: Lysenkoism and the Fate of Genetics in China, 1950-1983," in Denis Fred Simon and Merle Goldman, eds., *Science and Technology in Post-Mao China* (Cambridge: Council on East Asian Studies/Harvard University, 1989), pp. 45–68. 據他的描述,李森科主義者恐嚇傳統派別的遺傳學家,禁止他們發言,但並沒有停止他們的工作。

19 劉小萌等:《中國知青事典》(成都:四川人民出版社,1995),頁708–10。

20 〈中央人民政府農業部關於1953年國營機械農場的情況和今後工作意見〉,頁107。米丘林是斯大林的「農民科學家」中最有名的一個。他在1875年開始嘗試水果的雜交育種,其研究重視直觀經驗而不是照搬書本,重視民間成果而不是專業學科,重視實踐而不是理論。米丘林和其研究結果被當時的俄羅斯科學界忽視,但他在1930年代被斯大林提升到英雄和國家決策者的地位。他在晚年和死後受人膜拜,因為他提出了一種民間布爾什維克的學說來替代布爾喬亞的格里格·孟德爾(Gregor Mendel)和托馬斯·摩根(Thomas Morgan)的經典遺傳學。此外還有專門介紹他的書籍和電影,1932年他出生的地方以他的名字重新命名。他關於環境力量可以改變基因代碼從而遺傳下去的觀點,被李森科(Trofim Denisovich Lysenko)繼承並定為「官方學說」。李森科成了斯大林的左膀右臂,並主導了長達16年的對蘇聯生物科學界的恐怖政治統治,阻礙了俄羅斯生物科學研究進程,破壞了一些人的終生事業,甚至導致了他眼中敵人的死亡。關於米丘林,參見David Joravsky, *The Lysenko Affair* (Cambridge: Harvard University Press, 1970), pp. 39–71.

21 〈首都舉行米丘林一百周年誕辰紀念會〉,《人民日報》,1955年10月29日,第1版。

22 參照英譯本 Galina Nikolayeva, *The Newcomer: The Manager of an MTS and the Chief Agronomist* (Moscow: Foreign Languages Publishing House, 1950). 小說於1955年12月1日起在《中國青年》連載。《中國青年》，1955年12月1日，第17期，頁13。

23 自從農村工作部1952年創辦以來，鄧子恢就一直是部長。鄧是毛「最老最受信任的同事」之一，也是老長征。作為黨的主要農村政策制定單位負責人，鄧在五十年代成了中國最有影響力的人之一。他主張循序漸進向農村社會主義過渡，但毛以及其他人卻鼓吹革命式的大躍進，認為應該發起決定性的戰役，掀起經濟和社會發展的高潮。兩人的意見截然不同。Frederick Teiwes and Warren Sun, *The Politics of Agricultural Cooperativization: Mao, Deng Zihui and the "High Tide" of 1955* (Armonk, NY: M. E. Sharpe, 1993), p. 7.

24 「大幹快上」或「五邊」意味着所有的工作同時做：開墾土地、生產糧食、建造設施、儲存盈利和繼續開拓。《當代中國的農墾實業》（北京：中國社會科學出版社，1986），頁121–23。

25 鄧子恢長期以來一直反對毛澤東式的「冒進」。他主張平穩的循序漸進。毛澤東曾數落他的團伙在實現集體化時裹足不前。王震是從軍事崗位被提升為農墾部長的。譚震林是典型的毛澤東主義者。他從一位省級領導，搭上了毛澤東主義權力遊戲的順風車。關於1950年代以農業為中心的中央政治鬥爭，參見 Alfred Chan, *Mao's Crusade: Politics and Policy Implementation in China's Great Leap Forward* (Oxford: Oxford University Press, 2001), pp. 18–27, pp. 109–14; Dali L. Yang, *Calamity and Reform in China: State, Rural Society, and Institutional Change since the Great Leap Famine* (Palo Alto, CA: Stanford University Press, 1996), pp. 36–37; Frederick Teiwes and Warren Sun, *China's Road to Disaster: Mao, Central Politicians, and Provincial Leaders in the Unfolding of the Great Leap Forward 1955-1959* (Armonk, NY: M. E. Sharpe, 1999).

26 王震：〈鼓起革命幹勁，實現國營農牧場生產大躍進〉（1958），重印於《農墾工作文件資料選編》，頁281–87。

27 Peter Ho, "Mao's war against Nature? The Environmental Impact of the Grain-First Campaign in China," *China Journal*, no. 50 (2003): 38–39.

28 〈河南青年大捕黃魚〉，《共和報》，1959年7月24日，第4版。

29 這個故事也出現在《人民日報》。可笑的是，不能不懷疑這些「礦」應該只是地洞。趙淮青：〈青海湖畔〉，載於《新疆內蒙青海散記》（北京：商務印書館，1959）。

30 王震：〈關於開墾荒地發展全民所有制的國營農牧企業問題（節錄）〉
（1958），重印於《農墾工作文件資料選編》，頁312。

31 〈農墾部黨組關於農墾工作的報告〉（1962），重印於《農墾工作文件資料選編》，頁312。

32 在1959至1960年間，毛也曾提倡過把公社變成國有產業。他不太可能心裏想着蘇聯國營農場的模式，但這確實強調了大躍進時代急劇變化的政治和政策方向。鄧子恢〈關於國營農場幾個根本制度的商榷〉的講話，重印於《農墾工作文件資料選編》，頁561。

33 鄧子恢：〈鄧子恢副總理關於南寧農場工作會議情況的報告〉（1962），重印於《農墾工作文件資料選編》，頁 500–15。

34 《青海省志12：農業志》（西寧：青海人民出版社，1993），頁15。

35 對毛來説，「科技知識能使農場運行得更好」這樣一種平淡無奇的解釋，給了他對政治和經濟變革的革命浪漫主義猛烈一擊。另一方面，我們知道個性倔強的毛也善於妥協和公開讓步。〈鄧子恢副總理關於南寧農場工作會議情況的報告〉，頁503–10。 鄧在文化大革命中又再次受到了批判。

36 農墾部荒地勘測設計院編：《國營農場土地綜合規劃設計》（北京：農業出版社，1963），頁2–3。

37 《當代中國的農墾事業》（北京：中國社會科學出版社，1986），頁 22–23。

38 至於新疆「特別機構」的概況，參見James A. Millward, *Eurasian Crossroads: A History of Xinjiang* (New York: Columbia University Press, 2007), pp. 251–54.

39 關於黑龍江在國家農業經濟中的地位，參見Toshiyuki Kako and Jianping Zhang, "Problems Concerning Grain Production and Distribution in China: The Case Heilongjiang Province," *The Developing Economies*, 38, no.1 (2000): 51-79.

40 關於這些拖拉機手的的海報，參見Stefan Landsberger's Chinese Propaganda Poster's Page, http://www.iisg.nl/~landsberger/index.html (瀏覽時間：2008年3月10日)；1950年代出版物中的中國女拖拉機手，參見〈心裏開了花〉，《青海群眾》，1956年4月18日，第2頁；張曉英：〈北京移民談西北銀川的生活情況〉，《人民日報》，1955年7月3日，第6版；一些照片記錄了1957至1977年間國營853農場如何由沼澤地轉變為由拖拉機開墾的大片田野，參見Chao Sung-chiao, "Transforming Wilderness into Farmland: An Evaluation of Natural Considerations for Agricultural Development in Heilongjiang Province," in Clifton Pannell and Christopher Salter, eds., *China Geographer* (Boulder, CO: Westview Press, 1981), p. 48.

41 "Woman Tractor Driver Breaks New Ground," *China Daily*, (March 23, 2004). 第一位女拖拉機手梁軍，是很多宣傳畫的主角。

42　例如可參見以下的描述：Edward Friedman et al., *Chinese Village, Socialist State* (New Haven, CT: Yale University Press, 1991), p. 142.「大多數村民從來沒有聽説過拖拉機這個詞，也沒見過。他們學習重複這個詞『拖拉機』並了解其含義。『它意味着未來』。」

43　關於中國如何在各領域樹立斯達漢諾夫式的模範勞工，參看本書余敏玲所著的第九章。

44　如前所述，國營農場在重要的農業經濟領域佔主導地位，如乳業和橡膠業。見 Kang Chao, *Agricultural Production in Communist China, 1949–1965* (Madison, WI: University of Wisconsin, 1970), pp. 71–72.

45　"Staff Appraisal Report on China State Farms Commercialization Project," 15.

46　在蘇聯，變化的軌跡有所不同。斯大林時代結束後，集體農場紛紛轉型為這些國營農場。關於俄羅斯聯邦的農場，參看 Vasili Uzun, "Large and Small Business in Russian Agriculture: Adaptation to Market," *Comparative Economic Studies*, 47 (2005).農業綜合企業壓倒家庭農場，其根源可追溯至蘇聯成立之前，也具有蘇聯農業的鮮明特色。另一方面，中國長久存在的小型家庭農場熬過了社會主義時期，極大地促進了 1980 年代和 1990 年代的經濟成長。Mark Selden, "Pathways from Collectivization," Review--*Fernand Braudel Center for the Study of Economies, Historical Systems, and Civilizations*, 17, no.4 (1994):423, 432–33.

47　Wing Thye Woo, "The Real Reasons for China's Growth," *The China Journal*, no. 41 (1999): 121.

48　這與蘇聯的模式和情況不同，比如，後者缺乏勞力，農業集體化的部分內容，就是把農業人口遷移到城市工業崗位上去。參見 Mark Selden 對此的意見，Mark Selden, "Pathways from Collectivization."

49　"Staff Appraisal Report on China State Farms Commercialization Project," 15.

50　"Implementation Completion Project (Icr) for Heilongjiang Agricultural Development Project," ed. Heilongjiang Provincial Agriculture World Bank Loan (World Bank, 2004), 4.

51　Chung Min Pang and A. John De Boer, "Management Decentralization on China's State Farms," *Journal of American Agricultural Economics*, vol. 65, no. 4 (1983): 665.

52　在一個區裏，15 個國營農場中的 12 個都把農場所有土地出租給農戶。Kako and Zhang, " Problems Concerning Grain Production and Distribution in China: The Case Heilongjiang Province," p. 64.

53　Jorgen Delman, "Cool Thinking? The Role of the State in Shaping China's Dairy Sector and Its Knowledge System," *China Information*, XLVII, no.2 (2003): 4–5.

Michael Wattiaux et al., "Agriculture and Dairy Production System in China: An Overview and Case studies," *Babcock Institute Discussion Paper*, no. 2001–03 (2002): 21. Eduard Vermeer, "Dairy Farming in China: Organization, Feed and Fodder, Government Support and Profitability (Part I)," *China Information* 2, no.1 (1988): 26–27.

54 總部設於法國的達能公司（Danone）擁有該公司四分之一的股份。上海光明是中國第三大乳製品生產商。2006年，市政府促成了光明乳業與當地三家國有農業企業的合併，誕生了新的光明食品（集團）有限公司。這次合併被普遍理解為幫助中國國有和上市公司，與跨國公司在中國市場競爭。Mark O'Neill, "Bright Dairy Joins Food Merger," *South China Morning Post*, July 25, 2006.

55 Jamil Anderlini, "Sanyuan Foods in State-Sale Talks," *South China Morning Post*, August 3, 2006.

56 Christina Wu, "China's Dairy: Overview 2003," ed. USDA Foreign Agricultural Service GAIN Report (United States Department of Agriculture, 2003), 3. 案例請見：Wattiaux et al., "Agriculture and Dairy Production System in China: An Overview and Case Studies."

57 鄧子恢：〈近年來國營農牧場的巨大成就和今後的基本任務〉，重印於《農墾工作文件資料選編》，頁251–58。

58 此時，蘇聯的農業科學觀點已成為「毛主義」。王震：〈王震同志在全國財貿書記會議上的發言要點——農業、全國財貿書記會議簡報〉，重印於《農墾工作文件資料選編》，頁427–30。關於這為何會被視為「毛主義」，參見Roderick MacFarquhar, *Origins of the Cultural Revolution*, vol.2, *The Great Leap Forward 1958–1960* (New York: Oxford University Press, 1983), pp. 122-27.

59 這一點將在下一節「古拉格、勞改營和國家安全」中闡述。

60 Pang and De Boer, "Management Decentralization on China's State Farms," p. 658.

61 關於工業管理中「高級社會主義」特點的闡述，參見Deborah A. Kaple, *A Dream of a Red Factory: The Legacy of High Stalinism in China*, pp. 7–9.

62 〈中央人民政府農業部1950年國營農場廠長會議總結〉（1951），重印於《農墾工作文件資料選編》，頁29–31。

63 在這個意義上，典型的國有經濟可能是石油工業、鐵路或軍工。鑒於它們對國家安全的重要，甚至連毛也認識到他的試驗性政策，不能削弱這些企業的效用。

64 中國的農村經濟，特別是鄉鎮企業，在1980年代得以蓬勃發展，原因之一就是仍有鄉村自有的經濟可以恢復。社會主義農業並沒有抹殺小農場主的

生活傳統、社會人脈和意識形態。與此相反，俄羅斯社會主義化的農業主要是消除了這些。參見 Selden, "Pathways from Collectivization."

65　鄧子恢：〈中共中央農村工作部關於國營農場工作座談會的報告（草稿）〉（1952），重印於《農墾工作文件資料選編》，頁 100–6。

66　關於計件工作，參見 Pang and De Boer, "Management Decentralization on China's State Farms," p. 659. 關於以青年作為勞動力來源，參見 Gregory Rohlf, "Dreams of Oil and Fertile Fields: The Rush to Qinghai in the 1950s," *Modern China*, vol. 29, no. 4 (2003): 472–73.

67　〈農墾部黨組關於農墾工作的報告〉（1962），重印於《農墾工作文件資料選編》，頁 560–66。

68　1950 年代建設國營農場系統的關鍵人物王震，承認國營農場有浪費的惡名。王震：〈王震部長在全國國營農牧場社會主義建設積極分子會議開幕的講話（節錄）〉（1958），重印於《農墾工作文件資料選編》，頁 297–99。

69　參見史衛民、何嵐：《知青備忘錄：上山下鄉運動中的生產建設兵團》（北京：中國社會科學出版社，1996），頁 1–27。

70　它們仍然存在。在很多情況下，它們的資產被轉移到省級或地方政府，於是這些農場作為企業並不一定消失。同上，頁 21，374–78。

71　史衛民、何嵐：《知青備忘錄》；劉小萌等：《中國知青事典》，頁 39–40。

72　這些數據好得令人難以置信。不過，盈利目標仍是重要的。這篇社論在此文中被引用，參見 Dennis Woodward, "A New Direction for China's State Farms," *Pacific Affairs*, vol. 55, no. 2 (1982): 234.

73　《甘肅省志第十九卷：農墾志》（蘭州：甘肅人民出版社，1993），頁 57–65。

74　三線建設的政策是毛澤東思想和斯大林主義結合的完美實例。為了國家安全的目標，在中央政府指揮下，內陸省份獲得大規模投資。

75　「石河子興農網」，www.shznw.com/corps/default.asp?ID=143（2005 年 10 月 17 日瀏覽）。

76　《新疆石河子 143 團農場志》（石河子：143 團農場委員會，1988），頁 7–8、28。

77　劉培植：《國營農場四十年》（北京：中國農業科技出版社，1989），頁 168。

78　這一節的部分內容，最初見於 Gregory Rohlf, "Agricultural Resettlement to the Sino-Tibetan Frontier, 1950–1962," pp. 356-58.

79　這一節參考了以下著作：Martin McCauley, *Khrushchev and the Development of Soviet Agriculture: The Virgin Land Programme, 1953-1964* (New York: Holmes and Meier, 1976); Martha Brill Olcott, *The Kazakhs* (Palo Alto, CA: Hoover Institution, Stanford University Press, 1987), pp. 221–29; Frank A.

Durgin Jr., "The Virgin Lands Programme 1954–1960," *Soviet Studies* vol. 13, no. 1 (1962): 255–80; Igor Zonn, Michael H. Glantz, and Alvin Rubinstein, "The Virgin Lands Scheme in the Former Soviet Union," in Michael M. Glantz, ed., *Drought Follows the Plough* (Cambridge: Cambridge University Press, 1994), pp. 135–50; Zhores A. Medvedev, *Soviet Agriculture* (New York: W. W. Norton, 1987), pp. 167–75.

80　參見"Conquering Virgin Lands," *Soviet Union Illustrated Monthly*, vol. 61, no. 3 (March 1955): 5–7; I. Mityaev, "424 New State Farms," *Soviet Union Illustrated Monthly*, vol. 62, no. 4 (April 1955): 12–13; Y. Ilyin, "Report from Virgin Lands," *Soviet Union Illustrated Monthly*, vol. 64, no. 6 (June 1955): 9–10; Y. Belousov, "On Upturned Soil," *Soviet Union Illustrated Monthly*, vol. 65, no. 7 (July 1955): 32–33. 很多中國出版物也包括了同樣的主題，例子包括青海縣級的報章，參見方青：〈荒原上的火炬〉，《人民日報》，1955年11月27日，第2版；趙多年：〈要使荒地變糧食〉，《中國青年報》，1959年11月9日；朱覺：〈墾荒萬年處女地，青山隊開荒八百四十畝〉，《大同報》，1959年10月16日，第1版；〈安門峽公社建起一座農場〉，《互助日報》，1960年2月13日，第2版。

81　在1955年8月31日歡送第一個青年墾荒隊時，胡耀邦指出：「如果蘇聯可以做到，我們也可以，只有更多和更好。」參見胡耀邦：〈向困難進軍〉，《中國青年報》，1955年9月1日，第1版；〈首都青年集會歡送青年志願墾荒隊〉，《光明日報》，1955年8月31日，第1版。

82　參見本書第十四章：〈兩個革命之間：在蘇聯院校的中國學生1948–1966〉。

83　這一節的部分內容，最初見於Gregory Rohlf, "Agricultural Resettlement to the Sino-Tibetan Frontier, 1950–1962," pp. 358–59.

84　阿穆爾河畔共青城（Komsomolsk-on-Amur）。

85　〈熱愛邊疆，建設邊疆〉，《中國青年報》，1955年4月12日，第1版；《光明日報》一篇文章同樣指出，「我們都知道」蘇聯開墾處女地的成功，參見〈蘇聯已經開墾了兩千九百萬公頃荒地〉，《光明日報》，1955年8月17日，第4版。早在該年1月，中國官方傳媒就已經有關開墾荒地的報道，見〈向新墾區和建築業輸送新力量〉，《人民日報》，1955年1月9日，第4版。

86　〈北京十五名青年發起組織青年志願墾荒隊〉，《光明日報》，1955年8月17日，第1版。

87　〈全國有十六個省市青年組成志願墾荒隊〉，《人民日報》，1955年12月25日，第3版。

88　這支隊伍不僅在成立時獲得大篇幅新聞報道，它還成為一本在1989年出

版的專著的內容。李眉主編：《荒原上的足跡：北京青年志願墾荒隊實錄》（北京：北京師範學院出版社，1989）。另外，一個被派到江西德安縣的隊伍得到了毛澤東和胡耀邦的接見。見《德安縣志》（上海：上海古籍出版社，1991），頁 13。

89　關於第一批由共青團發起的墾荒運動，參見李德濱、石方：《黑龍江移民概要》（哈爾濱：黑龍江人民出版社，1987），頁 199–203。

90　見《蘿北縣志》（北京：中國人事出版社，1992）；另參見劉小萌等：《中國知青事典》，頁 244–49。

91　這一節的部分內容，最初見於 Gregory Rohlf, "Agricultural Resettlement to the Sino-Tibetan Frontier, 1950-1962," 360-61. 對墾荒農場建設富英雄主義色彩的生動描繪，參見 Fyodor Trofimovich Morgun, *The Grain Growers* (Moscow: Novosti Press Agency, 1975)，同時參閱 Martin McCauley, *Khrushchev and the Development of Soviet Agriculture*, pp. 176–85.

92　關於對中國青年農場的概述，參閱劉小萌等：《中國知青事典》的前三章，頁 3–36。

93　Anderson and Seymour, *New Ghosts, Old Ghosts*, p. 23.

94　「勞改基金會」網站（2005 年 7 月 15 日瀏覽），http://www.laogai.org/news/newsdetail.php?id=2293.

95　參見 chapter six "The Aftermath: What Happens Upon Release?" in Anderson and Seymour, *New Ghosts, Old Ghosts*.

96　Courtois et al., *Black Book of Communism: Crimes, Terror, Repression*, pp. 298–513.

97　Mette Halskov Hansen, "The Call of Mao or Money? Han Chinese Settlers on China's South-Western Borders," *China Quarterly*, no. 158 (1999): 400.

98　二十多年以來的中越對立，引發了邊境的緊張局勢和 1970 年代末的短暫戰爭，因此雲南農場也存在戰略合理性。

99　James D. Seymour, "Xinjiang's Production and Construction Corps and the Sinification of Eastern Turkestan," *Inner Asia* 2, no. 2 (2000): 180–82.

100　Nicholas Becquelin, "Staged Development in Xinjiang," *China Quarterly*, no. 178 (2004): 367.

101　彭雪：〈德令哈：青海國營農場的一面紅旗〉，《人民日報》，1958 年 11 月 23 日，第 7 版。

102　劉天野編：《在柴達木聚寶盆中》（香港：上海書局，1957）。

103　Pu Ning, *Red in Tooth and Claw* (New York: Grove Press, 1994), p.175.

104　《青海省 2000 年人口普查資料》，第 3 卷（北京：中國統計出版社，2003），頁 204–5。

105 2008年3月10日《紐約時報》報道稱，新疆發生了一宗分離主義分子發動航
機恐怖襲擊未遂的事件。Jim Yardley and Jake Hooker, "China Says Plane and
Olympic Plots Foiled," *New Yorks Times*, March 10, 2008.

第四部

社 會

第9章

「勞動光榮」——勞動模範與新人勞動觀

余敏玲

　　鼓勵勞動，勞動光榮，一直是共產黨的核心價值觀之一。勞動模範是共產黨意識形態下的特殊產物，因此有必要對其來龍去脈作較為詳細的介紹。勞動模範運動源自蘇聯的斯達漢諾夫運動。中共在延安時期，已經累積相當豐富的開展生產競賽和選拔勞動模範的經驗。建政之後，更是大張旗鼓地組織和推展各種勞動生產競賽，評選勞動模範。此乃由於中國歷經抗戰、內戰的破壞，民生凋敝，百廢待興；為了促進經濟發展，進行工業化，同時也為體現勞動光榮、無私奉獻於生產工作和社會主義建設，樹立一切為集體、為黨為國的新勞動精神與典型。

　　從1950年到2010年，中共中央一共舉辦過14次全國性勞動模範和先進生產者大會，表彰全國勞動模範和先進生產者計28,224人次。[1]如果包括省、縣市級以下稱號，全國勞模更是數以十萬計。農村、城市各單位均有勞模，這裏討論的對象則以1950年代的全國工業第一線勞模為主。本章目的不是討論勞模運動是否真正的提高了生產力，更重視的是勞模的經濟和政治目的。中共如何為了因應各種情勢的需要，評選和宣傳勞動模範；人民又如何看待勞模？此外，藉由中蘇宣傳之比較，顯現兩國政治與文化之差異，以及特殊的價值取向。

蘇聯的斯達漢諾夫運動

「勞動模範」一詞的起源和內容與蘇聯關係密切。蘇聯最初與勞動生產有關的模範，稱為「突擊手」，指的是內戰時期臨時組織一群人完成某種艱苦費力或緊急的任務。到了 1927–1928 年之際，突擊手的意涵逐漸轉變為若干工人 (主要是共青團團員) 組成一隊，及時完成或超額完成指定的工作。他們不但工作認真賣力，而且保持全勤、不喝酒、致力於減低每樣產品的單位成本。[2] 他們的工作方式後來被併入社會主義競賽，也叫做伊佐托夫 (以蘇聯礦工 Nikita A. Izotov 命名) 運動。這些人除了打破生產紀錄之外，還獲得許多特權，這是斯達漢諾夫運動的前身。[3] 不過，突擊手的勞動任務都是臨時指派、不定期的。將這樣的任務轉型為長期、固定的形式，則是在 1930 年代中期以後的事。黨的高級領導對伊佐托夫運動的宣傳和關注，遠遠沒有後來的斯達漢諾夫運動高。

蘇聯即將開始實行第二個五年計劃時，有感於第一個五年計劃的生產量沒有預期的大幅提高，蘇共高層領導搜索枯腸地尋求各種提高生產力的方式。他們恰好在頓巴斯的伊爾敏諾煤礦區「發現」當地礦工斯達漢諾夫 (Aleksei G. Stakhanov, 1906–1977) 的工作方法，可以提高單位產量。當局因此把他奉為勞動英雄，並要求各生產單位效法其工作方法和精神。一時間，全國風起雲湧地展開效法斯達漢諾夫的運動。

斯達漢諾夫是如何被「發掘」出來的？事情起於 1935 年 8 月底，伊爾敏諾礦區的黨委書記組織了以斯達漢諾夫為首的三人小組，在 5 小時45 分鐘的工作時間內，共採煤 102 噸，超出當時 7 噸定額的 14 倍之多。9 月 19 日，又傳出斯達漢諾夫刷新世界紀錄，單日採煤共得 207 噸。這個成果頓時成為全國媒體報導的焦點。其實，斯達漢諾夫工作法的「突破」主要在於分工。在這之前的採煤方式是：一個人先去採煤，然後將風鎬放一旁，再去做加固工作面，然後再去採煤，如此周而復始地做。刷新紀錄的方法是斯達漢諾夫只管單一的採煤，另外兩個經驗豐富的礦工負責完成剩餘的其他工作。過去一個人負責到底的流程，現改為三個人分工而已，而成績完全算在一個人身上。就因為當時高層領導急欲樹立勞動典型，刺激、鼓勵生產，斯達漢諾夫就在這種需求之下，「時勢

造出了英雄」。全國立刻發起突破生產定額的斯達漢諾夫運動，斯達漢諾夫也成為勞動模範的代名詞。甚至連格別烏(GPU，國家政治保衛局)、古拉格勞改營也評選出勞動模範。蘇共當局以他為主角拍了一部紀錄片，還在莫斯科出版了《斯達漢諾夫工作者》雜誌來推動這個運動。[4]斯達漢諾夫原先從農村來到城市，只想賺錢後買隻驢子回家種地，因為這個以他命名的運動，改變了他的人生，從此他的際遇青雲直上。他在1936年入黨，1937至1946年當選最高蘇維埃代表，並且到莫斯科工業學院(1937–1941)學習；畢業後先後擔任卡拉甘達第31號礦區的主任(1941–1942)、蘇聯煤業部(1943–1957)、國營煤礦公司的管理和工程技術工作(1957–1974)，1974年退休。蘇聯政府並為他建立雕像。[5]

　　1935年11月，斯大林在全國第一屆斯達漢諾夫運動大會上，盛讚斯達漢諾夫運動代表社會主義競賽的新高潮和最高階段；他們的高度勞動生產力證明了社會主義制度遠比資本主義制度優越。社會主義不是建立在窮人生活水準的物質均貧基礎上。它要求高度的勞動生產力，從這個角度來看，斯達漢諾夫運動為蘇聯由社會主義階段邁向共產主義，作了鋪路工作。在社會主義制度下，工人的物質條件改善了，而且免於被剝削，所有人的生活都變得更好、更幸福。這些斯達漢諾夫工作者正值青壯年，能掌握優良的專業技術，能超越既有的技術定額和計劃生產的能力。他們工作精準認真，珍惜工作時間，「有文化素養」。斯大林的演說再三強調「新蘇聯人」應該擁有新技術和新文化。他期望工人的文化和技術水平能提升到工程師和技術人員的程度；只有腦力和體力勞動的差異消失時才能到達共產主義階段。[6]斯大林的講話乃是針對傳統俄國工人不良的工作習慣、散漫懶惰、酗酒宿醉、沒有時間觀念、沒有文化而發。他對斯達漢諾夫的讚詞等於是具體描繪了蘇聯領導人心目中「新蘇聯人」的理想典型。

　　斯大林所謂的「有文化素養」並不是要求識字而已，還要能閱讀俄國古典文學作品、出席音樂會、觀賞戲劇表演等文藝活動。這也反映了他的價值觀帶有中產階級的色彩。斯大林心目中理想的勞動模範不是整日以廠為家的人。他們應該有家庭生活和文化生活，這些都同工作一樣重要；他們可以好好地利用與享受蘇聯政權所提供的一切生活上的優越

條件。工作過度以致疲累不堪，則是與社會落後連在一起，不是和共產主義社會連在一起。勞動模範的理想生活方式，應該是每天工作七小時，因為蘇聯政權不允許任何人工作超時（否則就像資本家一樣地剝削工人）；常去看電影、拜訪親友、常做運動，同時又完成工作任務。他們穿得像工程師一樣乾淨漂亮，而不是工人衣着，並且不說髒話。[7]

　　曾有研究指出，這個運動「沒有在經濟表現上取得重大成就」，「其經濟意義在 1936 年就開始走下坡了。」[8] 確實如此。當斯達漢諾夫運動不再能刺激生產的時候，它也失去了價值，官方也不再積極推動。此後斯達漢諾夫運動只是社會主義生產運動的一部分，作為各種勞動積極運動的例行工作而已。「斯達漢諾夫運動」這個名詞在 1956 年蘇共二十大會議之後，因為與斯大林個人崇拜關係密切，而被停止使用。1980 年代，蘇聯出現經濟危機，曾經討論過是否要恢復斯達漢諾夫運動。戈爾巴喬夫曾經在這個運動 50 週年的時候，作出高度評價。[9] 但這些只是迴光返照，蘇聯當局並沒有採取任何實際行動。

斯達漢諾夫運動傳入中國

　　當蘇聯如火如荼地展開斯達漢諾夫運動，正是中共長征的時候。因此，可以確定中共仿效斯達漢諾夫運動不在江西時期。1930 至 1934 年間，中共在江西蘇區時期，舉辦過各種突擊手運動和各式工農群眾生產競賽，以便支援蘇區的軍事行動。曾有工人單位提出口號：「多造一顆子彈就等於多消滅一個敵人，多修一隻槍就等於多消滅十個敵人。」[10] 此外，中共對於積極參與春耕、成績出色的婦女，會贈予繡有「勞動婦女」的圍裙當作獎品。[11] 雖然有研究指稱，江西曾有耕田隊長當上勞動模範，[12] 但筆者認為這裏使用的「勞動模範」一詞，指的是一般語意上的模範，而不是具有政治意義、配合經濟生產活動的模範。至少在當時蘇區的機關報《紅色中華》，沒有出現過「勞動模範」一詞。

　　中共學習蘇聯斯達漢諾夫運動是在延安。運動的雛型始於 1937 年 5 月，《新中華報》稱讚數位延安子長縣農民動員鄉民參加春耕運動，他們被稱為「勞動英雄」。1938 年元旦，延安舉行工業展覽會，目的是為了

「更廣泛的動員和鼓勵戰時生產，提高工人的勞動熱忱和紀律性，獎勵改良生產技術和生產工具，促進國防經濟建設」。記者稱工業展覽會是生產革命競賽運動的一種方式，會上產生了150名「勞動英雄」，得到有毛澤東題字「國防經濟建設的先鋒」的獎狀。[13] 到了秋收運動，「勞動英雄」和「斯達漢諾夫運動者」變成可以互相替換的名詞。邊區政府為了使往後的農耕順利，特別選出19位勞動英雄，除了獎狀之外，還有豐富的獎品。[14] 而真正仿效蘇聯斯達漢諾夫運動的特質，包括發掘典型、總結經驗、組織宣傳、開會表揚等，始於1940年代。

1941年，因為國民黨的經濟封鎖，加上中共的脫產幹部過多，導致陝甘寧邊區財政異常拮据。中共中央為刺激生產，提出「豐衣足食」的口號，決定在各個根據地發起大生產運動，同時也評選勞動英雄，這是為了經濟目標而做的政治動員。首先產生的是農業勞動英雄，最有名的是吳滿有。[15] 1942年下半年起，在陝甘寧邊區和其他中共根據地的公營工廠，開展效法工人趙占魁的「趙占魁運動」。趙占魁原是農具廠工人，工作認真負責，吃苦耐勞，以廠為家，不計較個人得失。有關當局在深入工廠調查時，「發現」了他，決定將其樹立為典型，開展改造勞動態度、提高勞動效率和質量的群眾性運動，提出「向趙占魁看齊」的口號。趙占魁和吳滿有同樣經歷了「發現」、典型化、宣傳、表揚的過程，其後中共相繼在晉冀魯豫邊區開展甄榮典運動、晉綏邊區的張秋風運動等。[16] 1943年11月26日，中共在延安召開了陝甘寧邊區第一屆勞動英雄和模範工作者大會。毛澤東批評在這之前對勞動英雄「缺少注意和發現，任其自生自長，無聲無名，不能發揮其應有作用」，主張應該要「有意識的去發現，發現後加以獎勵，廣為宣傳，使其影響深入群眾，號召群眾向其學習」。[17] 這才是中共真正地仿效斯達漢諾夫運動之始。

毛澤東在中共中央招待勞動英雄大會上的講話中，高度讚揚了勞動英雄和模範生產者的光榮成績，稱讚他們是「人民的領袖」。整個邊區產生許多勞動英雄，使得邊區的生產走上軌道，這都是把群眾力量組織起來的結果。他指出，應把所有老百姓的力量、部隊機關學校的力量、所有男女老少的勞力和半勞力，毫無例外地「動員起來，組織起來，成為

一支勞動大軍」。這樣可以一面打仗，一面生產，就差不多可以自給自足了。可見宣傳和組織必須並行，才能有成效。三天之後，毛澤東與朱德、劉少奇、周恩來等中共最高領導人一起接見了 185 名勞動英雄和模範工作者，並且頒給他們毛澤東、朱德等領導人的親筆題詞和獎狀。勞模則感謝共產黨的領導，讓他們翻了身。[18] 此後開展生產運動和勞模評選表揚，成為各邊區政府的例行活動。

抗戰勝利後，隨着中共在各地的佔領區日益擴大，勞動競賽和勞模選拔、表揚亦隨之而來。例如，哈爾濱鐵道工廠在 1947 年「五一」以後，已經開展兩次勞模運動。自 1 月至 7 月初，號稱產量提高了五、六倍，產生 24 位特等模範，56 位甲、乙勞動模範和 250 位勞動模範。國共內戰後期，軍事緊張，勞模大會的規模縮小，獎勵對象是民兵英雄多於生產英雄。[19] 至於勞模選拔的標準，還是經濟先於政治；首要條件是積極生產，能為群眾作榜樣和受到愛戴，其次才是擁護黨的政策。剛開始是上級指定為多，後來有些是選舉；獎勵則是物質獎勵高於精神獎勵。[20]

中共在延安時期評選勞模，希望能在生產上自給自足，打贏內戰。毛澤東勉勵勞動英雄有帶頭、骨幹和橋樑三種作用。[21] 這個時期特別重視勞模的帶頭作用，當各種生產運動的領頭羊；然後才是帶領群眾擁護黨的政策，成為黨的後備軍。1949 年後，中共更重視勞模的骨幹作用。他們首先是黨的骨幹，需要支持黨的政策、各種競賽和政治運動，然後才是帶頭作用，帶頭學習、示範各種先進生產經驗；再其次，是作為黨和一般群眾的橋樑，上令下知，下情上達。特別是反映基層問題給上層領導，如關於工時過長、揭發領導的官僚作風等。[22]

1950 年代勞動模範的評選和塑造

中國共產黨認為，傳統中國文化有「萬般皆下品，惟有讀書高」、「勞心者治人，勞力者治於人」的錯誤觀念，再加上在「舊社會」的勞動成果均為資本家所有，而非勞動者所有，因此造成人民輕視勞動、以勞動為恥的觀念。劉少奇於 1934 年發表〈用新的態度對待新的勞動〉一文，認為「蘇維埃」革命後，勞動性質發生重大改變；地主的土地已轉

給農民，工人也實行監督資本家的財產，並成立了許多蘇維埃的工廠和
合作社。以前農民工人是為地主資本家工作，現在是為自己、為工人階
級、為人類的最後解放而勞動，因此必須用新的態度來對待新的勞動。
他呼籲工農大眾要愛護自己的工廠企業，不可破壞公共財產與浪費材
料，發揮勞動熱忱，創造新的勞動形式如生產競賽、生產突擊隊、義務
勞動，為蘇維埃和合作社工作而自動減低工資等。[23]

　　中共為掃除資產階級好逸惡勞的觀念，在建政前後常在各種青少年
刊物中，刊登解釋為什麼勞動是偉大和愉快的文章，提倡勞動神聖、勞
動光榮偉大的觀念。他們以達爾文的進化論、恩格斯的理論，說明勞動
的偉大在於勞動創造了世界，勞動創造了人類和人類的幸福；勞動的愉
快來自勞動以後獲得的成果。[24] 另外，特別強調過去勞動是為帝國主
義、官僚買辦，現在勞動是為自己，所以更應該好好致力於生產。不
過，光是觀念的釐清和語文的宣傳，不足以扭轉老百姓對勞動的固有觀
念。因此，必須用更具體的方式，例如經常舉辦生產競賽，評選勞動模
範，給予勞動模範種種榮譽和優渥待遇，提高他們的政治和社會地位，
來宣揚勞動的光榮偉大。

　　1950年代，中共中央舉辦過三次全國勞動模範表彰大會，共選出
勞模8,434名。第一次的全國工農兵勞動模範代表大會於1950年9月25
日至10月2日在北京舉行。參加這次大會的勞模共計464人，其中女勞
模49人，工業勞模208人，農業勞模198人，部隊勞模58人。工業代表
中，國營企業佔87%，私營企業佔13%；按職業分，工人佔54%，管理
人員16%，工程技術人員26%，工會工作者4%。其中有中國第一位火
車女司機田桂英、第一位女拖拉機手梁軍、創有「孟泰倉庫」的孟泰、
開「毛澤東號」的火車司機李永等。[25] 這些勞模的成就在於創新產量的紀
錄、提高生產效率或產品質量、縮短工作時間、改革工具或方法，以及
增加生產的安全性、廢物利用或節約成本等等。

　　第二次全國勞模表彰大會於1956年舉行。在中共眼中，1956年是經
濟形勢大好的一年，農業合作化、手工業和工商業改造均進行得異常順
利和快速。大會方針是：促進全國工農、知識分子大團結；向社會主義
建設進軍；廣泛開展社會主義競賽，為提前完成「一五」計劃而奮鬥。[26]

會議正式名稱是「全國先進生產者代表會議」。為什麼用先進生產者，而不用勞動模範之名？這可能與中共調整了對知識分子政策有關。1956年1月30日，身兼全國政協主席的總理周恩來在二屆全國政協二次會議上發表政治報告指出，1955年的工業總產值超額完成了計劃，比1952增長了62%。經濟的迅速發展給予中共相當的自信，為了能夠提早完成社會主義改造，不但要繼續依靠工農群眾的勞動，也需要「充分動員和發揮」知識分子的力量。周恩來説：「現有知識分子的絕大多數已經成為國家工作人員，已經為社會主義服務，已經是工人階級的一部分。……知識分子的隊伍在過去六年中也有了迅速的擴大，已有相當數量的勞動階級出身的知識分子補充到他們的隊伍裏來。」[27] 周恩來的報告重新定義了知識分子的階級屬性，因此以涵義更為廣泛的「先進生產者」來包括腦力勞動的知識分子。[28] 第二次全國勞模大會共有4,703人獲得全國先進生產者的稱號。由於評模擴展到非第一線生產的文藝、教育和衞生系統，人數成為歷屆勞模大會最多的一次；包括了100多位科學家、高等院校教授，250名文藝界人士，31名運動員。[29] 當中，有後來成為北京市副市長的張百發，學習「郝建秀工作法」成績優異的趙孟桃和裔式娟，以及「走在時間前面的人」王崇倫。

　　1958年大躍進開始，全國人民煉鋼煉鐵，熱火朝天。各地掀起以技術革新和技術革命運動的高潮。「比先進、學先進、趕先進」的勞動競賽，蔚然成風。就在全國各地如火如荼、頭腦發昏地展開勞動生產躍進之際，為了總結生產運動、促使勞動成績更上一層樓，全國總工會遂於1959年秋天，召開「社會主義建設先進集體和先進生產者代表大會」，簡稱「全國群英會」，亦即第三次全國勞模大會；3,267人獲得全國先進生產者稱號，代表全國30萬個集體和300多萬名先進生產者。[30] 其中包括後來在大慶油田聲名大噪的王進喜、發明「群鑽」（又稱「倪志福鑽頭」）的鉗工倪志福、掏糞工人時傳祥。1960年，中共召開「全國文教群英會」，後來成為天津市長、政治局常委的李瑞環也名列其中，但這次當選者主要是文化教育界人士，非體力勞動者，在這裏不作詳述。此後一直要到文革結束，中共才又恢復召開全國級別的勞模大會，但時空背景與1950年代已經完全兩樣。

　　這麼多的全國勞模是怎麼評選出來的？基層評選要經過計劃準備、思想動員、醞釀提名、逐級評選與獎勵鞏固。理論上，理想的產生方式是：先由生產單位由下而上提名推選，逐級產生；開會經過討論，得到群眾的擁護，通過提名後，再召開全市職工代表會議討論，然後再逐級上報。評選要靠平日生產成績的可靠紀錄，生產有成績的小組、車間、工廠，都應選出代表性模範，然後在這基礎上產生市、省、大行政區，整個產業及全國性勞模。以上海為例，根據上海市總工會報告該市評選第一屆全國勞模大會代表的過程如下：在上海近百萬工人中，經各廠基層組織評出2,777名，又經產業工會從中選出673名，再經市評委會一致通過為上海市勞模。每個勞模都要有較突出的事蹟和貢獻，為日後的勞模運動與生產運動打下基礎。市評委會又在這673名中選出15位（3女12男）參加全國勞模大會。[31]

　　至於候選人的資格，隨着政治情勢之異而有不同要求。國共內戰時期，中共大多漠視勞模的政治背景；強調勞動產量高之外，還要人際關係好。[32]這當然表示共產黨選出來的勞動模範，不但在工作上表現優良，同時也得到同事喜愛和擁護；藉此間接彰顯共產黨的受人歡迎。中共建政之後，勞模選拔越往後期，出身背景、思想正確變得越來越重要。在1950年代初期，尚無特別要求勞模候選人必須「歷史清楚」（主要指本人或其親人在過去和國民黨等「反動組織」沒有太密切關係等）、政治積極。1956年整個政治大環境較為寬鬆，所以官方也特別提醒大家對於先進生產者的標準，不該求全：不能要求他們在生產、政治等面面優秀，思想作風不能有些微缺點。[33]到1950年代後期，政治背景的好壞越顯重要，右派、壞分子、反社會主義分子等沒資格參加評模。以遼寧省為例，1959年選出的全國勞模，黨員佔絕大多數，而且必須通過政治審查，凡是政治歷史有問題者必須更換。勞模候選人因為政治或歷史問題而落選的時有所聞。[34]

　　總工會要求評模由下而上，逐級產生，且一再重申，堅決防止包辦代替，生硬攤派，形式主義等脫離群眾作風。[35]但實際上，所謂提名推選，最常見的是領導提名，「御筆親點狀元譜」，較少真正由下層工人直接推選提名。而民主討論也是走過場居多，形式主義地討論一下或

完全不討論的不在少數。許多單位藉口工作忙，沒有認真安排群眾討論。有的單位將候選人名單在群眾大會唸完了事，或把沒有討論的名單直接送到上級機關。所以像北京長辛店機車修理廠選出勞模，工人自己卻不知道的情形，並非罕例。又如上海市機械工會反映說，有的勞模領導提名通過，沒有反覆動員和考慮群眾意見，因此群眾對選出的勞模不服氣。結果造成勞模孤立苦悶，領導也不知所措。[36] 其實，從總工會發文各單位，明言要求領導、主持、重點掌握評模活動，[37] 由上而下動員佈置，即意味着領導有極大的空間來操縱、組織屬意的候選人當上勞模。由於評選涉及到組織和動員，其中主管或黨的幹部可以操縱的空間很大。

勞模評選產生的嚴重問題，還包括誇大成績、製造假勞模。勞模造假至少有兩種可能。一種是領導的「集體創造」。例如，中南工程總局需要從油漆工中物色一個先進生產者，上級僅憑主觀印象，貿然決定要下面整理出工人楊宣起的先進事蹟；下面層層照轉，限期上報。有些單位領導在好大喜功的心理下，認為本單位的先進生產者越多越好，事蹟越理想越好，常常加油添醋，把集體的說成個人的成果，將隊裏兩位隊員推廣蘇聯的乳劑油漆法，說成是楊宣起創造的，預計的成果說成是現有的成果。因為上級的直接指派，楊宣起由普通工人一躍而成全國建築業的先進生產者、青年突擊手、還當了兩次黨代表。在一次先進經驗展覽會上，他的隊員才發現成績造假的事。[38] 另一種是因為「能說會道」，生產成績並不突出，卻被選為勞模。在遼寧有位當選勞模的老工人，識字不多，自忖無法應付會議上密密麻麻的宣讀材料，建議改由一位文化高、能說善道的青年同事出席會議，領導也同意。會後，因為該位青年得到全國勞模的種種優厚待遇，即使他工作積極，為人低調，仍然引起同事不滿與嫉妒，指其為假勞模。最後遼寧總工會取消其全國勞模稱號。[39]

最初勞動競賽主要在國營工廠企業進行，抗美援朝運動開始後，擴展到私營工廠企業。據稱，至1950年底，全國已有四千多個國營工礦企業開展的各種形式勞動競賽。各地各廠湧現大量勞模，到1952年底，全國工業交通、基層建設及文教科技等職工中，出現省市以上勞模

22.23萬人之多。[40] 數量大固然有助於提升士氣，壯大聲勢，卻難以凸顯勞模特色，也會在宣傳上造成難題。因此有必要找出若干明星勞模來宣傳。為了突出典型，塑造「明星勞模」乃是必要的。其次，第一屆勞模的平均年齡偏高，[41] 而且他們的事蹟多半發生在1949年之前。最好能夠找到一個年輕的勞模，他的勞動事蹟完全成就於「新中國」成立之後，藉此反襯「新」、「舊」中國工人境遇和待遇的不同。就在這樣的需求之下，因緣際會地中共當局「發現」、培養了郝建秀。[42]

郝建秀的父親原是趕大車的，她只上過兩三年的學校。1949年11月，她開始在青島國棉六廠當工人。當時設備差，紡紗斷頭多，擋車女工需要用最快的速度發現斷頭、接好斷頭，以節省原料。在她不斷巡迴車擋中，發現只要做好清潔工作，斷頭就少。同時在車弄中，走「之」字型最省時省力。1950年，青島紡織業開展「紅五月」勞動競賽。各棉廠細紗車間對值車工生產額的皮輥花，按機台、按人分別過磅，逐月進行紀錄，作為考核個人成績的依據。當時全國平均皮輥花率是1.5%，郝建秀連續七個月平均率僅為0.25%，因此初露鋒芒。該年6月，她被評為廠級二等勞模，沒有參加該年的全國勞模大會。

1951年2月，山東省工礦企業檢查團在青島聽到郝建秀的工作成績後，認為應該好好研究、總結並推廣她的工作法，同時馬上組織報社報導。第一、第二次的結論都是「三勤三快」（眼要勤看、快看，腿要勤跑、快跑，手要勤清潔、快接頭）。這經驗在《青島日報》刊出，並經各廠工人實際操作後，人人都累得大喊吃不消。全國紡織工會主席陳少敏，因此邀請二十多名優秀工程師和細紗工人到青島，聯合組成「郝建秀工作法研究委員會」。經過不斷觀察、測定和討論，費時三個月，終於得出令官方滿意的總結。郝建秀工作法重點是：「一、要有正確的勞動態度，工作認真負責；二、虛心學習，肯動腦筋，提高技術；三、工作有計劃，善於分配勞動時間，能分別輕重緩急進行操作；四、不浪費勞動時間與勞動力，做到一切以減少斷頭為中心，以少出皮輥花為目的。」簡言之，就是巡迴有規律，以最小勞動力做出最大成績。[43] 郝建秀自言，工程師幫她總結工作法時，用「巡迴」二字（即在車弄中走「之」字型），她當時根本不知道那是什麼意思。[44]

　　細觀所謂的郝建秀工作法，在技術上並無任何新穎特殊之處。有關當局所強調的其實只是工作態度的問題，就是將盡責敬業的精神發揮到極致而已。郝的工作法和勞模形象其實是中共刻意塑造出來的。委員會主任劉祚民認為總結的成功，「是與學習蘇聯先進經驗分不開的」，因為學了「蘇聯棉紡廠中斯達漢諾夫的勞動方法」之故。這自然是套話。倘若果真如此，直接照搬方法就好了，那裏需要動員那麼多人，費時數月，才總結出方法來？不過，在塑造郝建秀工作法的過程中，確實和蘇聯的斯達漢諾夫有異曲同工之妙。那就是塑造郝建秀的明星勞模形象和事蹟：從獲知郝建秀的工作成績、通知報社，到整理研究她的材料、組成委員會總結，可見明星勞模的產生過程中，共產黨的組織、宣傳是很重要的。正如斯達漢諾夫的挖煤能夠破紀錄，需要適當的事先布置，將最好的技術人員分配給他當副手，讓他使用最好的機器，並且聯絡新聞人員配合宣傳。[45]

　　郝建秀工作法總結成功後不久，紡織工業部和全國紡織工會在青島聯合召開全國細紗工作會議，決定將此法推廣到全國。從 1951 年 10 月開始，將近兩個月的時間，《人民日報》幾乎天天都有關於郝建秀或其工作法的報道。1952 年成立的郝建秀小組，為響應增產節約運動，向全國工人挑戰的倡議書，要比賽超額、提早完成工作，全國各地紡紗工人紛紛成立小組熱烈回應。

　　中共藉着宣傳與推廣郝建秀及其工作法，可謂一箭雙鵰。一方面宣傳工人的創造性、工人在共產黨領導下可以當家的思想，提高工人的地位；另一方面，又可改造知識分子輕視勞動、輕視工人的想法。因此，委員會主任劉祚民才會說總結郝建秀工作法的經驗，給技術人員深刻教育。因為曾有工程師認為英國、日本的紡織工作法比較好，輕視共產黨領導培育下的一個工齡不到兩年、才 17 歲的青年女工，經過這次總結打破了技術人員盲目崇拜資本主義的思想。[46] 與此同時，《人民日報》也刊載參與總結的技師王爾驤的自白。王承認自己過去好高騖遠，認為郝建秀工作法能節省的物資有限，太過小題大做；又認為郝建秀出的皮輥花量少，無非因為工作負責、勤於清潔而已。他承攬了無法推廣「三勤三快」的所有責任，自言之所以犯下這樣的錯誤，是因為自己沒有群眾

觀點，不重視工人的創造性，不知工人覺悟程度已經提高，應該廢除一些舊的工作方法。經過參與第三次總結，使他在新舊思想鬥爭過程中提高了政治水平，並誓言今後要加緊學習政治和技術來建設祖國。[47] 這樣的自我批評正是配合當時的知識分子思想改造運動；中共要求知識分子放下身段，做事不能脫離群眾。

勞動模範的宣傳和勞模運動產生的問題

　　1950年代，官方媒體呈現的勞模形象是公而忘私、奮不顧身、認真負責、絲毫不苟；為解決工作難題，全心投入，日夜不休，沒有因為家庭變故、身體不適等個人因素而影響工作。他們熱愛勞動、熱愛祖國、具有集體主義思想，所有成就均歸功於黨的領導。這些正是中共所要宣傳的勞模精神。然而單靠抽象的形容詞來推展勞模精神，成效有限。必須有其他具體和實質的東西，才能吸引人民的注意力。這就與勞模的待遇，特別是明星勞模的待遇有很大關係。

　　自從延安的大生產運動，中共已經注意到實質獎勵的重要。例如，太行五區展開大生產運動即表明，要「貫徹勞模政策，開展新英雄主義運動，即時表揚，即時總結，進行群眾性的評選英雄模範，給予獎勵。」[48] 獎勵方式可分為精神和物質兩類。召開表彰大會，給勞模胸前別上一朵特大紅花，領導接見，給予榮譽是一種；更吸引人的是物質的獎勵，獎品包括牲畜、農具、獎金等。[49] 此外，保送勞模到職業學校就讀，培養他們成為幹部，亦是獎勵的方式。[50] 1949年以前的勞模生活，也可成為文學材料，作為宣傳之用。例如，有作品描述勞模生活不愁吃穿，還有俱樂部可以供他們玩娛，生活獲得改善，產量也都超過了生產計劃。[51] 最有趣的文藝創作是一首刊登在《人民日報》的詩作，其中寫道：「……各種勞模上了報，個個好比中狀元。越鼓勵來越加油，推動工作更向前。」[52] 中共並沒有批判作者比喻當勞模是中了狀元的「封建落後」思想；反而認為這種借重傳統觀念的比喻，更能達到宣傳效果，讓人民大眾清楚地了解到當選勞模的好處，因而踴躍爭取成為勞模，致力於生產。

　　大致而言，中共在延安時期對於勞模的獎勵方式，雛形已具；1949年之後，隨着行政能力的擴大，獎勵的規模和內容隨之加大加深。中共利用1950年的第一次全國勞模大會，透過組織動員、掌控傳媒的方式，大肆宣傳勞動光榮、工農翻身。會前政務院即已下達如何宣傳的基本指示：組織勞模事蹟的圖表照片展覽，編輯勞模事蹟小冊，拍攝紀錄影片一部。[53] 會議期間，印製與散發勞模典型材料119份，事蹟摘要395份，編寫典型人物小冊子35種，包括工業模範代表104人(等於一半的工模人數)。組織觀眾前往參觀工農兵勞模成績展覽會；要求北京各工廠機關學校邀請勞模講話。先後經由通訊社、報社、電台發布的新聞、特寫、通訊、訪問記等，據不完全統計有528篇。[54] 這樣的宣傳模式也成為日後宣傳勞模的範本。

　　中共中央為了彰顯對這些全國勞模代表的重視，塑造工農翻身的形象，特地在會前由政務院副總理董必武、陳雲，解放軍總參謀長兼北京市長聶榮臻，總工會副主席李立三等人親至北京車站歡迎與會代表，並且先後致詞。開幕典禮在中南海的懷仁堂舉行。毛澤東稱讚他們是「全中華民族的模範人物，是推動各方面人民事業勝利前進的骨幹，是人民政府的可靠支柱和人民政府聯繫廣大群眾的橋樑」。勞模代表致答詞保證決定遵照毛主席的指示，「在各種戰線上努力起帶頭、骨幹和橋樑作用。」[55] 他們一致表示參加會議的光榮，是「由於毛主席和中國共產黨的英明領導，由於全國人民的積極支持而來」。[56] 代表說出席會議的光榮來自共產黨，確有部分是事實。試問國民政府時代，可曾舉辦過任何盛大活動表揚來自社會下層民眾的工作成績？國民黨的獎章絕大多數是頒給長官的。1943年國民黨在重慶曾經舉辦全國工作競賽，即是仿效斯達漢諾夫運動，但是記者對頒獎當天的敘述重點在於會場佈置者的用心和長官致詞，對於得獎者的唯一敘述是他們來得早。[57] 長官成了報導的焦點，應該被表揚的人反而成了點綴。

　　中共建政後的毛澤東，不再是屈居一隅的邊區領袖，而是統領地廣人眾的一國之首。全國勞模能夠得到中央領導的接見已是尊榮，更何況是見到毛主席，甚至和他握手，更是畢生難忘。對許多百姓而言，能夠見到毛主席，就像教徒見到教宗一樣，其興奮、幸福之情溢於言表。有

人認為毛澤東如和煦的冬陽，見到他，比見了娘還親。「吃水忘不了挖井人，翻身忘不了毛主席。」勞模們自言在最困難、艱苦的時候，一想到毛主席，就有了勇氣和信心。他們回廠後，鄉親同事都會爭看毛的親筆簽名和照片。[58] 在勞模大會上受到表揚，代表着黨和群眾的認可。他們胸前戴着大紅花，掛上獎章，《人民日報》等的大肆報道，使他們成為眾人矚目的焦點。勞模離返本地，一般也都有盛大歡送和歡迎會。

會議期間，勞模們參加了國慶大典的觀禮和在懷仁堂舉行的晚宴，受到毛澤東和其他中央領導的接見，出席了蘇聯大使羅申及其他機關的招待宴會、座談會；分頭參觀了工廠、農場，遊覽了故宮、頤和園等名勝古蹟。[59] 對於絕大多數在北京之外生活、甚至從未到過大城市的勞模而言，對這樣的接待和禮遇，無疑地感到無比榮幸和驕傲，覺得自己真的成為國家的主人。許多勞模後來回憶這段經歷，都認為這是他們個人生命的最高峰。這樣的殊榮和禮遇確實調動許多勞模日後更大的生產積極性。其次，在他們回到崗位之後，各自報告自己的北京見聞和感想，羨煞許多人，也會激起其他人產生「有為者亦若是」的念頭。

第一屆全國勞模教育程度普遍甚低，文盲或只讀過兩三年書的勞模約佔一半。中共為了掃盲，也為了從勞模中提升幹部，特別在一些大城市設立工農速成中學，其中最有名的是附屬於人民大學的工農速成中學。[60] 再者，中共對於勞模的官職酬庸比起延安時期的資源更豐富，當選勞模成為社會下層百姓可以向上流動的機會。中共建政以來，除了參軍之外，一般工農群眾能夠向上攀升的機會並不多。基本上，勞模向上流動的管道有二。一是被提升為工作單位的高級幹部或領導（副字級的居多）；另一管道是當選政協、人大代表或黨代表，縣市級的自然遠多於中央級。第一屆全國人代就有100名工業勞模，[61] 約佔全部代表的8%，其中最突出的例子仍是郝建秀。

1951年秋天，郝建秀以新勞模身分到北京參加國慶大典，又列席政協第一屆全國委員會會議。1952年12月，她被保送到山東大學工農速成中學，學習高小課程。1953年郝建秀當選全國紡織工業勞模，又以中國工人代表的身分到莫斯科參加國際勞動節觀禮，看到了斯大林，又參觀幾個蘇聯大城市；有關單位也為她家蓋起了六間向陽的新屋。[62]

1954年5月，郝建秀加入共產黨，1954至1958年在人民大學速成中學讀書；1958至1962年就讀於華東紡織學院紡織工程系。從她入學開始，《人民日報》幾乎每年都會報導她在校讀書的進展，描述她作為一個勞模和學生的幸福生活。她學業完成之後，脫離勞力生產，彷彿坐直升機一般升官，青雲直上。從官方發掘郝建秀、到密集宣傳、報道與推廣她的工作法，到如火如荼在各地展開生產競賽，到後來得到的榮譽和其他待遇，正是蘇聯斯達漢諾夫的翻版。在政治職位上，她甚至比斯達漢諾夫更上一層樓，曾經當到中共中央書記處書記、政協副主席。即使這些職位有許多是有名無權的虛位，卻也是重要的宣傳。

此外，至少有三種獎勵是延安時期沒有，同時也是學習蘇聯而來。其一，在全國各地風景優美的地區，如西湖、廬山、青島、太湖、北戴河、東北千山等地興建療養所，由總工會安排先進生產者、勞模到這些地方療養休息和度假。[63] 以此塑造共產黨關心勞動人民的健康福利。其二是組織一些明星勞模出國訪問。他們訪問蘇聯，參觀了「先進生產技術和方法」。蘇聯的勞模代表團也回訪中國，與中國工人分享他們的工作經驗。其三是住房的分配，這是最令眾人羨慕、也是最實惠的一種物質獎勵。工人的居住空間擁擠不堪，住房缺乏向來是個問題。據稱，1952年全國共建工人宿舍217,550萬間，可容納100萬人居住。[64] 這個數字即使屬實，也是杯水車薪，連上海市300萬職工住的問題都無法解決，遑論全國工人。上海工廠多集中在閘北、普陀等區，一般工人大部分都住在用竹竿、葦蓆搭建的棚戶區中，居住環境惡劣。上海市政府遂於1951年9月選在西郊，動工興建工人新村（即曹楊新村）。第一批計有二層樓房48棟，162個單元，1,002戶；優先分配給普陀、閘北、長寧三區的勞動模範和部分住房困難的老職工等。

曹楊新村仿效蘇聯工人新村自給自足的概念，在新村內建有中小學校、幼稚園、托兒所、文化館、電影院、運動場、郵局、浴室、合作社、商店、銀行、小菜場、衛生所等。曹楊新村作為中國第一個工人新村和工人翻身的標誌，也成為外國訪客到上海必定參觀的「景點」。中共對於工人幸福新生活的宣傳，同時也出現在工人掃肓課本。書中描述工人新居的牆壁雪白、房間寬大、光線充足，環境整潔，有電燈、自來

水、廚房和衛生設備，天井裏還有曬衣架。房子四周花木扶疏，又鋪着平直的水泥路；還有小河，新村就像個美麗的大花園。文化館經常舉辦演戲或體育活動，人們也可以在館中看畫報、下棋等。第一批新村居民陸阿狗、楊富珍、裔式娟等114位勞模和先進生產者手捧鮮花，敲鑼打鼓，興高采烈地告別昔日草棚，搬進新村，臉上都掛滿了幸福和喜悅的笑容。[65] 曹楊新村的室內空間，以當時的標準來看，非常寬敞。根據調查，1951年的無錫職工平均每戶織工只能住到12.25平方米；[66] 而曹楊新村的一居室(包括一個小飯廳、衛生間和廚房)有45平米，兩居室(多一個房間) 55平米。以1950年代的物質條件而論，這幾乎應驗了當時官方報紙常常宣傳社會主義未來美景的實現：樓上電燈、樓下電話。這個新村雖是樣版，卻不能低估其宣傳價值。

然而，當選為全國勞模之後，他們是否就像官方媒體所描述的那樣，從此過着幸福快樂的日子？基於愛國熱情，對共產主義新社會的嚮往，或者受到官方宣傳的影響，1950年代的許多勞模確實勤奮、無私地工作。他們試圖領導自己的同事參加社會主義競賽，全力投入工作和學習，分享他們的工作經驗；從報章雜誌諸多報導也可看出勞模對於當時社會有實際的正面影響。

理論上，勞模的主要活動應該是繼續在原有的工作崗位上提高產量或品質等。實際上，許多勞模，尤其是那些明星勞模，很少回到原來的勞力工作職位上，而是成為管理階層或黨的幹部，並且大部分的時間都花在各種社會活動上。越著名的勞模，活動越多。明星勞模常常需要列席全國重大會議或共同接見外國代表團。大多數勞模頻繁地應邀到機關、部隊、工廠、學校、團體，報告介紹他們的工作經驗，或傳達與宣傳黨的新政策、響應各種政治運動，甚至剪綵、開球(球賽)、開學或畢業典禮的致詞等。同時，各界也會邀請勞模擔任一些名義上的職務。有些地方領導，為了隆重起見，不論什麼會議都找勞模。有的地方甚至將勞模當「萬能英雄」使用，什麼活動都請他們參加。[67] 勞模兼職多、開會多、誤工多，也使他們少有時間工作、學習、休息。例如，孟泰一度有60%的時間都用在參加社會活動，王崇倫也差不多。曾有一段時間，孟泰一下班，就有小學生三五成群在他家門口排隊等候訪問他，要求他講

模範事蹟和對他們的期望。勞模還得常常接待記者、作家與上級工作組
的採訪；受訪到三更半夜是家常便飯。勞模也會收到許多群眾來信，請
教技術問題、索取資料或要交朋友。有的工廠只好派任專人為勞模接待
訪客或回信，這也間接增加廠方的負擔。[68]

　　許多勞模對這些活動也感到十分煩惱。武漢的朱玖經常出席各種會
議，脫產時間過長，一年實際工作時間不到一半，別人的技術超過她，
使她在群眾中的威信受損。她很苦悶地說：「再這樣下去就要成為只會
說不會做的勞模了。」[69]有的因為誤工或脫產太久，演講的時候都有點
心虛，覺得再這樣下去，已經沒有什麼先進經驗可言了。勞模的苦衷還
包括別人以完人要求他們，要他們起帶頭作用，卻不問具體情況。例
如，不管有些勞模家裏食指浩繁，卻強人所難地要求他們購買過多的政
府公債或多捐錢。[70]勞模也常常抱怨向領導提出的各種改進工作建議不
受重視，他們自己或報紙常見的解釋是領導保守或官僚。[71]這固然是一
種可能；另外也有可能勞模的建議，與當時條件無法配合，確實無法施
行。

　　另一方面，不少勞模當選之後，變得驕傲自滿、有功臣思想、唯利
是圖。例如，遼寧的張明山自以為成績比別的勞模大，行為傲慢。在黨
校學習，嫌屋子太熱頭昏，便回家睡覺；患了輕微神經衰弱，就不參加
學習，轉到休養所。他不合群，也不肯接受批評。另有人當了勞模，就
把重要工作交給徒弟做；做出的產品不合格，便大罵檢查員說：「廠長
也不能把我勞模怎麼樣！」還有勞模壓榨和竊取他人的工作成果。有的
只向錢看，不肯去學習或換工資較少的工作班制。[72]還有勞模變成「撈
模」，撈名譽、撈官位、撈待遇，甚至撈老婆！

　　事實上，勞模運動存在着集體和個人的內在衝突。一方面，這個運
動強調生產工作是為了集體的利益，而不是個人的獲利；另一方面，以
個人英雄的方式來呈現勞模，會侵蝕集體意識。這個矛盾在實際的生產
工作中更為凸顯。一旦勞模運動成為例行活動之後，可能變成少數人的
運動，產生突出英雄、群眾跟上或勞模謀私利的錦標主義毛病。中共特
別要打擊這種帶有個人主義色彩的錦標主義。[73]還有一種情形是為了刷
新生產紀錄，使得一些勞動者將精力集中在少數幾天，以求突破紀錄，

結果出現少數先進者大大突破定額，多數工人卻落後，導致整個生產計劃執行不力。[74] 這些問題正是若干學者認為蘇聯斯達漢諾夫運動失敗的關鍵因素。當最好的設備、人員等都分配給斯達漢諾夫們使用，其他工人只能用次等、甚至劣等工具，以及和工作能力欠佳的同事共事。即使斯達漢諾夫等少數人的產量能破紀錄，全體產量依然下滑。其次，勞模運動只顧產量，不管質量；製造出來的瑕疵物品、零件經常無法使用，加上不間斷的密集使用機器，缺乏正常的維修，都會影響到整體的產量。這也是蘇聯官方到了1930年代末已不再宣傳斯達漢諾夫運動的主因。[75]

此外，有些工人會對勞模及生產運動產生反彈，認為共產黨又搞一套要工人多加班、搞生產。他們怕和勞模在同一單位工作，如此一來會迫使廠方提高生產定額、增加勞動強度、累壞身體。因此有人會暗地破壞勞模的工作，令勞模與非勞模之間的關係緊張。[76] 類似情形也發生在蘇聯。蘇聯最初提倡斯達漢諾夫運動的最主要目的，就是要藉着斯達漢諾夫工作者的破紀錄產額，來提高一般工人的原有定額。當時蘇聯工人收入是按件計酬，工資甚低，工作意願低落。有關當局意欲利用斯達漢諾夫運動打破紀錄的方式，刺激生產，提高產量。[77] 結果使得所有工人必須工作更長的時間才能拿到原有薪水，加上當選斯達漢諾夫工作者往往靠的是外部條件 (黨是否願意組織分配好的人力和設備)，不完全靠實力，自然容易引起工人的憤怒不滿，常常對斯達漢諾夫工作者進行人身攻擊或故意破壞他們的工具和設備。甚至連低層經理人員也會因為斯達漢諾夫工作者拖累整體產量而消極的抵制，如將勞模轉調到別的部門，或開除他們，甚至殺死他們。[78] 中國的勞模制度因為沒有與工資直接掛鈎，勞模遭受到的攻擊不如蘇聯厲害，但是類似不滿的情緒還是存在。誠然，即使在許多非共黨的組織機構中，也常發生工作表現卓越優秀者，受到上級的表揚，卻遭到同仁的嫉妒和惡性競爭。不過，這與共產黨的表揚勞動模範帶有濃厚的政治意識形態，以及必須聽黨的話，還是有性質上的差異。一般而言，許多老百姓對勞模運動的看法頗能符合官方的期望，或者可以這麼說，負面的看法要到文化大革命結束後，才開始公開浮現。

中蘇宣傳之差異

由於中蘇兩國的產業結構、國情和領袖偏好不同，勞模運動的宣傳也出現差異。這些差異至少表現在三方面：第一，新技術的宣傳。蘇聯和中國提倡勞模運動，最初經濟目標皆是為了提高生產力。蘇聯宣傳最重視利用新技術，突破原有的生產定額。中國由於物質缺乏，注重物資的回收、再利用和節約成本。正如毛澤東指出的，中國仍是一個貧窮的國家，避免浪費和減低成本是長程目標。[79] 這是為什麼鞍山鋼鐵廠的孟泰會特別受到官方的讚揚。他千辛萬苦地拾取和收存成千上萬的鐵釘、螺絲釘、鐵絲等小東西，而成為同仁的楷模。這也顯示了中蘇兩國在推展勞模運動時，處於不同的經濟發展階段。中國經過抗戰、內戰，需要竭盡所能的節約原料，以便恢復經濟。蘇聯的宣傳從一開始就將勞模運動和新的技術緊密結合在一起，斯大林聲稱，「沒有新的和更高的技術，斯達漢諾夫運動是不可能出現的。」[80] 雖然這與實際情形有出入，兩者之間並無必然關係；卻也顯示人口遠少於中國的蘇聯，冀望用此解決人手不足的問題，同時也能夠和西方工業國並駕齊驅。反觀中共即使直到1950年代中期以前高度宣傳學習蘇聯的先進經驗，新技術卻沒有成為宣傳重點。早在1950年代初期曾有報告指出因為技術的改善，導致大量過剩勞力，工廠還是需要支付那些沒有工作可做的工人。[81]

又例如，王崇倫在1953年發明「萬能工具胎」，當選鞍山市特等勞模。由於鞍山鋼鐵公司技術革新展覽在各大城市引起熱烈反響，王崇倫遂於1954年同數位勞模領銜向總工會建議在全國開展技術革新運動。總工會採納建議，立即在全國展開運動。《人民日報》雖然多次報導各地在技術革新中的佳績，[82] 事實上引起的問題更多。「有的認為發動群眾搞技術革新同建立企業正常生產秩序有矛盾，影響計劃管理；有的認為原本系統已經機械化了，再發動群眾搞技術革新是多此一舉；有的認為工人文化、技術水平低，國家投資有限，缺乏技術革新的條件」等等。中共中央認為，「把技術革新作為勞動競賽新階段或主要內容這個提法不確切、不完善、有缺點。」全國總工會遂於1955年初，取消技術革新的口號。[83] 大躍進時期，有關當局大力宣傳技術革命，但這更多的只是

個口號，甚至是災難，而非實情；大量品質低劣的產品就是所謂技術革命的產物。

第二，蘇聯宣傳高度重視物質獎勵，十分強調勞模因為打破工作定額，獲得大量的金錢報酬；將產量與薪資直接掛鉤，用更高薪資及特權來刺激生產，加速經濟發展。蘇聯的媒體總是大肆宣揚各行各業的斯達漢諾夫工作者，因為突破生產定額，薪資因此提高數倍等。這些勞模常常在全國表揚大會上，不只毫不隱瞞，反而自豪地告訴大家他們賺了多少錢，他們用這些金錢來購買收音機、腳踏車、香水等資產階級的物品。在明星勞模的官方版傳記毫不掩飾地有這樣的敘述：「輕鬆的工作，更多的薪資」、「好工作帶來更多的薪資」、「更多的錢代表更多東西，額外的舒適」、「做越多，賺越多」等等。[84]

反觀在中國，官方沒有將生產和按件計酬直接掛鉤的原因之一是國家的落後。蘇聯的獎勵制度涉及複雜的行政和會計制度；蘇聯勞模薪資採取累進計件工資制，這需要大批訓練有素的人員不斷地修正酬勞的計算方式。中國在政治上有眾多可靠的幹部，但是他們在經濟財政等技術方面訓練不足。[85] 其次，由於人口眾多，周恩來稱此為「三個人飯，五個人吃」。中共必須採取低工資政策以減低失業率，[86] 畢竟這是中共視為實行社會主義的一項主要成就，否則高失業率也會侵蝕中共政權的合法性。

中共對於物質獎勵的宣傳，在革命前後有程度上的變化。1949年之前，中共媒體曾經大肆報導勞模的獎金等實物獎勵；從建政後到大躍進之前，中共傳媒宣傳勞模的獎勵，雖將榮譽放在第一位，也宣傳其所帶來的經濟上實質好處。這段期間關於物質獎勵與優渥生活的報導也不少。[87] 這些物質獎勵，對於級別越低的勞模評選，越顯重要；往往越是基層，越受到重視。許多職工爭取評比生產先進，就是為了獎金和其他實質利益。但與蘇聯的極為高調的宣揚物質獎勵相比，中國相對地要低調些。

中國不鼓勵物質獎勵的另一個重要因素，與高層領導的思維有關。中共高層無意直接將高生產率和改善工人生活連結在一起。例如，1953年中共中央指示全國總工會改正「生產長一寸，福利長一分」的口號，因為這太明顯地將個人當前的利益和長遠的集體利益連在一起。[88] 這樣

的想法毛澤東在大躍進時期有更進一步的發揮。毛不認為物質刺激是提高生產的唯一方式。他在閱讀蘇聯的《政治經濟學教科書》即有這樣的批注：「人不一定天天、月月、年年都要靠物質刺激。在困難的時候，只要把道理講通了，減少一些物質刺激，人們一樣要幹，而且還幹得很好。教科書把物質刺激片面化、絕對化，不把提高覺悟放在重要地位，這是很大的原則性錯誤。」毛相信：「應當強調艱苦奮鬥，強調擴大再生產，強調共產主義前途、遠景，要用共產主義理想教育人民。要強調個人利益服從集體利益，局部利益服從整體利益，眼前利益服從長遠利益。要講兼顧國家、集體和個人，把國家利益、集體利益放在第一位，不能把個人利益放在第一位。不能像他們那樣強調個人物質利益，不能把人引向『一個愛人，一座別墅，一輛汽車，一架鋼琴，一台電視機』那樣為個人不為社會的道路上去。」[89] 因此在大躍進之後，中共以群眾動員、思想改造和其他政治運動來取代物質獎勵，刺激生產。

第三，中蘇領導人不同的文化價值觀。蘇聯的勞模必須如斯大林在 1935 年演講中所期望的那樣「有文化素養」，要將他們的文化水平提高到與工程師和技術人員等同的程度。例如，勞模家中的書架上必須有列寧和斯大林的文選，偉大的俄國或蘇聯作家如普希金、果戈里、契可夫、屠格涅夫、托爾斯泰、愛倫堡、尼古拉‧奧斯特洛夫斯基、蕭洛霍夫以及西方作家如 Walter Scott、Jules Verne 等，還有旅行、探險、描述遙遠國度的書籍。[90] 這當然是一廂情願的想法，而非實情。事實上，許多蘇聯勞模仍為文盲，休閒時間不在從事文化活動，往往在酗酒。不過，這樣的宣傳投射了官方對工人要有文化的期望。此外，斯大林認同資產階級文化價值觀，恰好與毛澤東要求向農民學習成鮮明對比。至少中國官方沒有特別要求勞模要擁有對中國文學傳統的知識。

一般而言，中共要求勞模要有文化，主要指的是識字。1958 年，黨號召技術革命、教育革命和文化革命。理想的工人是有高度的社會主義覺悟及對科學知識的高文化，即要紅又要專，結合勞心和勞力的工作，結合專長與勞動，知識分子要融合在工農群眾之中。[91] 大躍進初期，全國熱火朝天地開展運動，致力於掃除文盲和成立農民大學。但這個運動十分短命，結果是品質很差，數量高度膨脹。理論上，這個運動

希望將工農知識分子化；實際上，是將知識分子農民化。雖然官方口號大聲疾呼要將教育與勞動結合，事實上有關當局更在乎的是體力勞動，而不是腦力勞動。其次，1950年代初期成立的工農速成班，就教育品質而言表現較好，到了1958年之後一個個逐漸消失。[92] 尤有甚者，毛澤東不斷要求知識分子要向農民學習，其極端形式就是文革時期的「五七幹校」和知青下鄉去接受貧下中農的再教育。

再者，中共較不重視提升農民的文化水平，原因是全國文盲的絕對數字過高，降低文盲率變得更為重要。中蘇兩國在共產革命之前，農村的文盲率均超過80%。根據1939年蘇聯的統計數字，9到49歲的年齡層中，94%的城市人口和86%的農村人口識字。[93] 這是十月革命22年以後的情形。而根據聯合國教科文組織在2000年的估計，中國全國的識字率為85.2%。[94] 這是中共革命50年以後的情形，農村的識字率一定低於全國平均數字。很明顯地，基於眾多的人口和中國相對的落後，中共在1950年代對於工農的文化程度無法要求太多。

改革年代對勞模的討論

文革後，較多老百姓公開又較不受政治約束的討論勞模問題。這些討論與勞模在文革時期的待遇有很大關係。關於文革時期勞模境遇的資料並不多，眾多地方誌往往是一語帶過。現僅能就筆者所見，作一略述。大多數勞模在文革期間均遭殘酷迫害，這是因為他們多半忠於原來提名他們的黨委；文革初起之際，黨委失勢，受到牽連，也跟着遭殃。他們被冠以「保皇派」、「走資派的社會基礎」、「假勞模」、「工賊」等罪名，被批鬥、遊街、罰苦役，有的受監禁審查，有的被搞得妻離子散，家破人亡。上海江南造船廠的勞模金龍山，被誣陷為「叛徒」，嚴刑拷打致死。當時只要和劉少奇有一絲關聯者，下場都慘，著名的掏糞工人時傳祥就是很好的例子。1959年他當選全國勞模，與時任國家主席的劉少奇談話握手合照，這張照片成了主要罪證；因此被扣上各種罪名，先後遭批鬥五百多次，說他是「糞霸」、「工賊」。紅衛兵指控時傳祥說：「你跟劉少奇握過手，照過相，給劉少奇寫過信，你是劉少奇資產階級司令

部的忠實走狗，背叛工人的工賊！」[95] 結果被迫害致殘去世。

另一方面，也有少數勞模在1968年革命委員會成立之後，成為其中成員，復又「翻身」變成文革的當權派。工業勞模郝建秀、王進喜、遼寧的尉鳳英和李素文等均是革委會成員。1969年，尉鳳英和王進喜還當選中共第九屆中央委員會委員。四人幫垮台後，這些職位自然也就煙消雲散。在文革前夕被黨中央命名為「毛主席的好工人」的尉鳳英，晚年回憶文革那一段，她說：「我們都錯了！」「那時候，許多事情我們並不了解，只是憑着忠於黨和毛主席的感情判斷是非。」「現在看，政治鬥爭的實質我們並不了解，許多事情我們並不知道。」[96] 事實上，這些勞模只不過是當時政治鬥爭之下的棋子，作為無產階級專政的門面，並無實權。

1980年代初期，許多人對中共和共產主義理想幻滅。這些想法很少反映在當時的報章雜誌，卻由工人小説家胡萬春呈現在他的作品《人生在世》之中。小説的主角陳愛珍在五十年代成為上海紡織勞模，她在生活全心投入工作，但現在人們已不再相信體力勞動有樂趣可言。年輕女工對她説：「社會主義搞得再好，你還不是做工吃飯？又不能白吃白拿？……當勞模又怎麼樣？文化大革命還是批你鬥你。」陳愛珍的積極進取、以廠為家、一心想要改進工廠缺點、幫忙解決技術問題等在五十年代備受推崇的勞模精神，到了八十年代，卻受到同事、甚至自己兒女的冷嘲熱諷。他們認為當今社會變化很大，陳愛珍還死抱着「細紗女工有幹勁，力爭上游當先進」，簡直是思想僵化，不切實際，神經不正常。還有人視她為「害群之馬」，因為她的工作積極，迫使大家也必須多幹活。自從「四人幫」垮台後，陳愛珍從未被評上先進。她感嘆：「真正的先進遭人白眼；後進靠請客、送禮、拉關係、開後門變先進。」一名青年工人明白地表示，想當先進只要做到兩條：「一條是不請假，工作還過得去；另一條是貫徹十六字方針，即『香煙發發，馬屁拍拍，老酒喝喝，禮品塞塞』。」此外，子女十分不諒解她不關心家庭，陳愛珍對子女説：「我首先是一個共產黨員，其次才是一個母親。」[97] 這句話是她的人生哲學，也符合黨的期望。小説的結局以陳愛珍價值觀獲勝，是作者的主觀願望。小説更吸引人的卻是他筆下那些反對陳愛珍的人，正反映出文革後社會對勞模的普遍觀感。

　　鑒於許多老勞模的晚景淒涼，文革後大多數的討論焦點都放在勞模精神及物質獎勵的重要性上。從這些討論可以看出，中共早期關於勞模的宣傳相當成功。人們一提起1950年代的勞模，基本上留下的印象是他們像老黃牛一般，埋頭苦幹，一不怕苦，二不怕死，只問奉獻，不問酬勞。但有越來越多的人認為，不該將勞模視為完人，期望他們只能「苦髒累活搶着幹，遇到名利靠邊站」。許多人認為勞模是最勤勞的人，不僅富不起來，反而生活淒苦。清貧不該是勞模特色，貧窮不是社會主義，他們也有權利追求合理合法的個人利益。[98]其次，應該重視勞模的身心健康。有人認為不能提倡以勞模健康為代價，來樹立其光輝形象；為工作而不惜犧牲身體乃至生命，於公於私都得不償失；而且勞模一般思想壓力比常人重得多。同時，也應該允許勞模擁有自我，可以選擇工作，有休閒生活，甚至懂得享受生活都不為過。[99]從1950年代官方與人們要求勞模要「奉獻」、「集體為重」、「賣命工作」，到改革開放以來認可勞模應該擁有「報酬」、「自我」、「享受生活」，是一種比較符合人性的價值觀改變，也意味從1950年代官方強調榮譽和集體利益，到重視個人、個性的勞模精神的質的轉變。

　　面對這種轉變的挑戰，中共以所謂「勞模轉型」來回應。他們認為勞模應該從「苦幹型」(老黃牛)轉向「巧幹型」(專業技術強)；從「經驗型」轉向「創新型」。[100]全國總工會表示，技術創新和參與商業代表了勞模的轉型成功和升值；勞模升值乃是「市場經濟發展的必然」。勞模從商因此也就變得名正言順。官方讚許企業高薪聘請勞模、購買勞模的肖像權，使得勞模從昔日的默默無聞，走向自我包裝、自我展示，成了商戰的主角。有些私人企業借重民眾認為勞模是誠實可靠的形象，為他們的產品代言。例如，年過花甲的全國第一代勞模鄭文忠，在瀋陽百貨大樓，身披綬帶親切地忙着接待顧客，販售化妝品，創下佳績。另有勞模協會組織勞模櫃外銷售，僅勞模王巧珍一人一年就銷售400萬元，相當於兩三個小型商場一年的銷售額。[101]他們的成功也反映了民眾對於1950年代的勞模，仍抱有正面的觀感。勞模由體力勞動轉向商業，若受聘於私營企業，在某種程度也等於為資本家服務，這是中共在意識形態上的大倒退。

2005年全國勞模和先進工作者表揚大會，引起極大爭議，更凸顯了毛澤東時代的「勞模精神」與市場經濟變化的突兀組合。[102] 這次大會有四類人的當選引起廣泛討論：一、首次有21名進城農民工獲選；二、著名運動員如劉翔、姚明等亦入選；三、獲選者的「官」、「長」字身分特別多，工農數量少，各省官的比例至少都在60%以上；四、33名私營企業主當選，包括曾被《福布斯》雜誌評為大陸十大富豪之一的劉永好。輿論針對這些大官、富商的當選，反應最強烈。有人詰問那麼多的官員當選，是在選勞模，還是選優秀領導幹部？[103] 另外，有學者指責富豪當選勞模，變成了「贏者通吃」；不斷擴大勞動的概念，如此一來，勞模就變成「原則上之各行各業的優秀分子」。[104] 官方的回應宣稱，勞模評選標準需要與時俱進。在多元化的社會，勞模就應該涵蓋勞動的所有形式和所有領域，「誰為社會創造了財富，誰就是勞動者，就應該被納入表彰的範圍。」[105] 官方的回應實際上是重新定義了馬克思主義的勞動概念。過去中共宣稱，舊社會統治階級靠剝削工農勞動者致富，輕視勞動；新社會則重視勞動，因為新社會的主人是勞動大眾。現在資本家不但可以加入共產黨，而且勞動成果可以名正言順地為資本家所有，是否也等於回到了舊社會？

鑒於2005年勞模的「長」、「官」比例過高，2010年的勞模評選，中共特別規定企業負責人不能超過擬獲表彰企業職工的22%。官方媒體還特別宣揚這次共有325名企業負責人當選，佔企業職工的21.2%，比原來設定的門檻要低0.8個百分點，彷彿這是項偉大的成就。2010年選出的2,985位各行各業有「突出成就的勞動者」，其中14人為兩院院士。[106]

到了2013年「五一」國際勞動節前夕，中共總書記習近平與勞模座談時說：「在我們黨團結帶領人民進行革命、建設、改革各個歷史時期，勞動模範始終是我國工人階級中一個閃光的群體，享有崇高聲譽，備受人民尊敬。」他也把1986年獲全國勞動模範稱號的「兩彈元勛」鄧稼先，歸屬為工人階級。[107] 這樣的「工人階級」和勞模評選，與毛時代的內容和性質大大的不同。毛時代藉由勞模評選凸顯的工農翻身，已經完全消融在市場經濟的大海之中。

結 論

　　勞模運動原是共產主義意識形態下的產物。共產黨提倡勞模運動主要有兩個目的：經濟上增加產量，政治上灌輸致力於集體主義、跟着黨走的觀念。1949年以前，中共重視勞模的經濟效益先於政治功能，強調勞模的帶頭作用，引領群眾努力生產。1950年代之後，隨着政治路線激進，對勞模的政治要求與日俱增；單是工作成績優良突出遠遠不夠，須先考量政治態度，甚至出身。

　　這裏有一個很好的例子，説明政治意識形態的重要。1950年代初期，大連有位工人總是提早到工廠，事先準備好當日工作必需用品。因為他的敬業態度，許多人提議他應該參選勞模。他回答説：「這有什麼？我從日本佔領東北以來，一直都是這麼做的。」這句話顯現了他的政治認識不足、沒有凸顯黨的角色，因此失去了勞模候選的資格。[108]如果是在1949年之前，他可以被選為勞模；1949年之後，單單是工作態度好是不夠的，正確的政治認識，包括承認黨的領導，越到後期越重要。

　　1950年代的勞模運動，獎勵、提拔了許多第一線的體力勞動者。這些位居社會底層的人，在國民政府時代從未受到官方的重視。他們成為全國勞模後，所得到的名和利是1949年以前的工農所難以想像的，他們自然對共產黨感恩戴德，覺得工農翻身了，並認同黨所宣傳的社會主義理想，積極投入建設，樂意跟着黨走，這也正是中共要培養「新人」的核心價值。然而，市場經濟摧毀了毛時代極力宣傳的大部分社會主義價值觀。今天許多勞模的稱號已經退化成為許多高級黨官和百萬富翁的裝飾象徵，評選勞模的標準面臨越來越多的矛盾與挑戰，這些也可説是對中國是否仍為社會主義國家的質疑。

　　現在社會以追求致富為第一要務，工人地位急速下降，勞模這個在毛澤東時代受官方重視的群體，今天已經鮮有青年特別注意。據《工人日報》報導，北京市地壇小學曾經舉行一次勞模問卷，隨機詢問學童知不知道什麼是「勞模」？大多數孩子都説不知道，反問勞模是幹什麼的？有的甚至回答：「勞模是不是民工呀，整天幹活的那些？」「勞模是不是

清潔工人？」有一個回答：「我知道，勞模是模特 (兒) 的一種，估計是國際名模吧。」[109] 這與 1950 年代小學生立志要當勞模，大相逕庭。童話作家鄭淵潔自言，他上小學曾有過的作文題目：我長大了幹什麼？因為受到當時宣傳的影響，他寫說要學時傳祥做掏糞工人，為人民服務。[110] 今昔相比，有如天壤之別。

　　最後，中蘇兩國在宣傳的形式上大致相同，但是內容不同。蘇聯重視新技術和物質獎勵的宣傳；中國更重視政治態度，由最初的精神與物質獎勵兼有的宣傳，轉變為大躍進之後聚焦於精神獎勵的宣傳。這是因為中國結構的限制和國情不同 (發展落後、人口多、文盲多)，更重要的是毛澤東比斯大林重視人民的政治覺悟，並且偏好農民文化，斯大林則偏愛資產階級文化。

註　釋

1　2000 年及其以前的數字來自「中國工會新聞網」。2005 年則有 2,969 人。「理解全國勞模大會簡介」，http:acftu.people.com.cn/BIG5?67589/4612353.html (2007 年 11 月 23 日檢索)；2010 年共選出 2,985 人，其中勞動模範 2,115 名，先進工作者 870 名，見〈2010 年全國勞動模範、先進工作者評選揭曉〉，《中國職工教育》，2010 年第 5 期，頁 10。自 1956 年起先進工作者也算是勞動模範的一種，故此 2010 年的數字統計亦把兩者一併計算在內。

2　Lewis H. Siegelbaum, *Stakhanovism and the Politics of Productivity in the USSR, 1935-1941* (New York: Cambridge University Press, 1988), p. 40.

3　Nikita A. Izotov (1902–1951) 在 1930 年代中葉也成為勞動模範。Семен Герберг, *Стаханов и Стахановцы* (斯達漢諾夫和斯達漢諾夫工作者) (Москва: Политизлат, 1985), с. 39.

4　雜誌創刊於 1936 年，其後兩度改名，1941 年停刊。

5　斯達漢諾夫是個老實人，暴得大名之後，難以適應，有酗酒的問題，最後死在精神病院。Владимир Желтов, "Алексей Стаханов закончил в сумасшедшем доме," (斯達漢諾夫在瘋人院過世) *Смена* (接班人), 12-10-2005, http://smena.ru/news/2005/10/12/6117 (2007 年 4 月 19 日檢索)；К. А. Залесский, *Империя Сталина: Биографический энциклопедический словарь* (《斯大林帝國：傳記百科辭典》), (Москва: Вече, 2000) с. 427–428。蘇聯在工業部門擔任過最高職位的勞模是 Nikolai Smetanin，曾任輕工業部長，

參見Lewis H. Siegelbaum, *Stakhanovism and the Politics of Productivity in the USSR, 1935–1941*, p. 274.

6　"Речь на первом всесоюзном совещании Стахановцев (17 ноября 1935)，" (〈在全蘇第一屆斯達漢諾夫工作者大會的演講〉) in Robert H. McNeal ed., *И.В. Сталин: Сочнения* (《斯大林選集》), (Palo Alto, CA: Hoover Institution, Stanford University Press, 1967), vol. 1 [XIV], pp. 79–101.

7　Sheila Fitzpatrick, *Everyday Stalinism: Ordinary Life in Extraordinary Times* (New York: Oxford University Press, 1999), pp. 233–244.

8　R. W. Davis and Oleg Khlevnyuk, "Stakhanovism and the Soviet Economy," *Europe-Asia Studies*, vol. 54, no.6 (2002): 397–98; Lewis H. Siegelbaum, *Stakhanovism and the Politics of Productivity in the USSR*, 1935–1941, pp. 306–307.

9　"Несмеркнушие традиции трудового подвига, Речь М. С. Горбачева," (〈戈爾巴喬夫：不朽的勞動功績傳統〉), *Правда* (《真理報》), 21 Сентября 1985 (1985年9月21日)，с. 1–2.

10　余伯流、凌步機：《中央蘇區史》(南昌：江西人民出版社，2001)，頁625。

11　謝紹武：〈興國熱烈準備春耕工作〉,《紅色中華》，第151期(1934年2月18日)，第1版。

12　余伯流、凌步機：《中央蘇區史》，頁683。書中敘述興國縣長岡鄉的婦女耕田隊長李玉英，「還成了中央蘇區著名的勞動模範，受到蘇維埃中央政府的嘉獎(兩頭水牛、一條圍裙)。」不過根據興國縣黨史資料專家胡玉春輾轉告知(2006年9月7日)，李玉英曾被評為「犁田能手」。興國縣紀念館的調查資料中，有李玉英的專節，都說她是「犁田能手」，沒有「勞動模範」一說。又，《紅色中華》曾使用「發展農業事業的英勇主義模範」、「開墾荒田的光榮模範」、「生產戰線上的女英雄」、「春耕的女英雄」。「勞動模範」一詞很可能是兩位作者自己加上的，而非當時用語。《紅色中華》，第152期(1934年2月20日)，第1版；第166期(1934年3月24日)，第1版。

13　〈生產戰線上的勞動英雄〉,《新中華報》，1937年5月6日，第4版;〈延安工人製造品競賽展覽會誌〉,《新中華報》，1938年1月10、20日，第4版。

14　獎品有襪子、毛巾、布匹、肥皂等。〈秋收中的模範例子，他們是史達哈諾夫運動者〉,《新中華報》，1938年12月5日，第3版。

15　孫雲：〈延安時期勞模表彰運動的實際功效——以吳滿有形象的建構及影響為例〉,《黨史研究與教學》，2013年，第2期，頁11–22。在1942年前曾經選出農業勞動英雄，參見〈春耕運動宣傳要點〉(1942年2月13日)，載於陝西省檔案館、陝西省社會科學院編：《陝甘寧邊區政府文件選編》，第5輯(北京：檔案出版社，1986)，頁239。

16 謝安邦:〈趙占魁運動的作用及其經驗〉,載於中國工運學院工人運動歷史研究所編:《中國工人運動史研究文集》(北京:中國工人出版社,2000),頁156–162。

17 毛澤東:〈採用新的組織形式與工作方式〉(1944年9月5日),載於竹內實編:《毛澤東集補卷》,卷7(東京:蒼蒼社,1985),頁199–203。

18 毛澤東:〈組織起來〉(1943年11月29日),載於竹內實編:《毛澤東集》,第2版,卷9,頁85–94;〈40年代,延安大生產運動〉,http://www.globalview.cn/ReadNews.asp?NewsID=2206(2014年2月12日檢索);〈陝甘寧邊區第一屆勞動英雄代表大會宣言〉(1943年12月16日),載於《陝甘寧邊區政府文件選編》,第7輯,頁393–98。

19 〈在東滿的火車上〉,《人民日報》,1948年5月1日,第2版;楊忠虎、張用建:〈陝甘寧邊區勞模運動述論〉,《中國延安幹部學院學報》,2010年,第5期,頁97。

20 〈陝甘寧邊區人民生產獎勵條例〉(1939年4月1日),載於《陝甘寧邊區政府文件選編》,第1輯,頁207;〈陝甘寧邊區政府為獎勵勞動英雄的命令〉(1943年4月3日)〉,載於《陝甘寧邊區政府文件選編》,第7輯,頁174;〈陝甘寧邊區參議會常駐議會第十一次、政府委員會第五次聯席會議關於召開勞動英雄、模範工作者大會及生產展覽大會的決定〉(1943年7月18日),載於《陝甘寧邊區政府文件選編》,第7輯,頁281–286;〈陝甘寧邊區政府命令——為令各專員、各縣市長調查歷年來農業生產中的勞動英雄予以獎勵〉(1944年2月9日),載於《陝甘寧邊區政府文件選編》,第8輯,頁63;〈關於今冬召開勞動英雄、模範工作者大會及生產展覽大會的決定〉(1944年7月16日),載於《陝甘寧邊區政府文件選編》,第8輯,頁311–18;〈陝甘寧邊區政府命令——令頒關於勞動英雄與模範工作者選舉與獎勵辦法希遵照執行〉(1944年9月1日),載於《陝甘寧邊區政府文件選編》,第8輯,頁344–350;〈陝甘寧邊區政府命令——以區為單位召開勞動英雄大會〉(1946年10月),載於《陝甘寧邊區政府文件選編》,第10輯,頁281–82。

21 毛澤東:〈兩三年內完全學會經濟工作〉(1945年1月10日),載於竹內實編:《毛澤東集》,第2版,卷9,頁159。

22 〈應該正確地對待批評和自我批評〉,《人民日報》,1952年9月24日,第6版;聶忠義:〈勞動模範聶忠義揭發官僚主義〉,《人民日報》,1952年7月28日,第2版;岳松山:〈勞動模範岳松山來信,揭發行政領導上的嚴重官僚主義〉,《人民日報》,1952年7月22日,第2版。

23 原載於中共蘇區中共中央局機關報《鬥爭》,第54期,收入劉少奇:〈用新的態度對待新的勞動〉(1934年3月20日),載於中共中央文獻編輯委員會

編：《劉少奇選集》，上卷 (北京：人民出版社，1981)，頁19–22。

24 于光遠：〈勞動創造世界〉(上)、(中)、(下)，《中國青年》，1949年7月18日–8月3日，第11–13期，頁11、14、13–14；原冰：〈為什麼勞動是偉大和愉快的？〉，《進步青年》，1950年1月，第219期，頁12–13；張弼：〈勞動創造世界〉，《進步青年》，1950年4月，第222期，頁9–12。

25 〈周恩來總理命令公布：關於全國工農兵勞動模範代表會議的總結報告〉，《人民日報》，1950年12月19日，第2版。拖拉機手的工作場地雖為農村，中共將其歸類為工人。

26 〈全國先進生產者代表會議籌委會成立〉，《人民日報》，1956年3月11日，第1版。

27 周恩來：〈中國人民政治協商會議第二屆全國委員會第二次全體會議政治報告〉，《人民日報》，1956年1月31日，第1版。中共在會議後作出一連串政策調整，如允許知識分子加入共產黨等，對1949以來飽受批判改造之苦的知識分子而言，1956年無疑是他們的春天。

28 直到1989年的全國勞動模範和先進工作者表彰大會，才對兩者作名稱上的正式區別。勞模對象是企業 (營利單位) 和農業領域的優秀人物，先進工作者授予機關、事業 (非營利) 單位的優秀人物。

29 新華社：〈迎接全國先進生產者代表會議〉，《人民日報》，1956年4月28日，第1版；新華社：〈一批文化藝術工作者、運動員和體育積極分子，將出席全國先進生產者代表會議〉，《人民日報》，1956年4月29日，第3版。但在後來的「百花齊放」，武漢大學校長李達、復旦大學校長陳望道提出重新研究是否應該在高等學校繼續推行獎勵先進集體制度。山東大學副校長陸侃如等認為，高等院校是否適宜在教授中推行先進生產者運動，需要再思。〈出席全國人代會會議部分代表，座談高等教育工作問題〉，《人民日報》，1956年7月4日，第7版。

30 杜萬啟編：《新中國工人運動史》(北京：中國鐵道出版社，1991)，頁130。

31 〈上海市一九五〇年度勞動模範運動初步總結 (修正稿)〉，上海市檔案館，檔號C1-2-197，頁21–23。

32 例如，山西省黎城縣的評選條件，是「勞動好、成績大、組織互助起帶頭、服從組織、完成任務、作風民主、群眾擁護等」。〈黎城各區召開英模大會，總結豐收經驗，佈置冬季生產〉，《人民日報》，1948年11月18日，第1版；北平被服廠第二縫紉部的標準，則為「1.生產多、質量好；2.遵守勞動紀律，節省原料，愛護機器，守時刻；3.幫助別人，對群眾好、不和人爭吵。」〈被服廠第二縫紉部總結一期生產，七十五人當選模範〉，《人民日報》，1949年9月16日，第4版。

33 徐耀：〈黨組織要教育幹部正確地掌握先進生產者的標準〉，《人民日報》，1956年4月8日，第3版。

34 1952年，江蘇省規定「三反」期間受刑事處分者不具被評資格，雖然是區域性的規定，但是評選全國勞模，要求只會更高。江蘇省檔案館：〈關於開展評選模範小組（科、股、組）及模範工作者的指示〉，檔號3003/長期/40，1952年12月4日，頁36；上海市檔案館：〈上海市一機、重工業五五年勞模政治歷史審查工作總結〉，檔號A45-1-138，1956年2月20日，頁2–5；上海市檔案館：〈評選上海市1957年度先進生產（工作）者及總結推廣先進經驗方案〉，1958年1月24日，檔號B1-2-112，頁19；遼寧省檔案館：〈中共遼寧省工會聯合會黨組報告〉，檔號DE22/永久/59，1959年10月19日，頁94。

35 江蘇省檔案館：〈蘇南總工會決定選派勞動模範代表的實施步驟〉，檔號3008/長期/6，1950年8月18日，頁3–4。

36 〈長辛店機車修理廠選出七次勞大代表後工人還不知道〉，《內部參考》，1953年4月21日，第90期，頁447；〈北京市在評選勞模中所發現的問題〉，《內部參考》，1956年3月2日，第41期，頁354–55；上海市檔案館：〈評模工作總結（二機）〉，檔號C14-2-13，1955年7月13日，頁65。

37 江蘇省檔案館：〈蘇南總工會決定選派勞動模範代表的實施步驟〉，檔號3008/長期/6，1950年8月18日，頁3–4。

38 周靜宇：〈上面要，下面造〉；季萬：〈驚人的「創造」〉，《人民日報》，1956年11月29日，第2版。

39 〈北京廠礦企業選出勞動模範〉，《人民日報》，1955年1月18日，第2版；遼寧省檔案館，檔號DE22/永久/6，頁2–6；檔號DE22/永久/164，頁93。

40 中華全國總工會編：《中華全國總工會七十年》（北京：中國工人出版社，1995），頁301–302。

41 平均歲數35.5；最大61歲，最小17歲。這是筆者根據李永安主編：《中國職工勞模大辭典》（北京：中國工人出版社，1995），計算出來的平均數字。

42 當然，並非所有的勞模都是被中共當局有意「製造出來」，或都是假的。趙桂蘭為了保護工廠，失去左臂，這種犧牲精神可佩，卻是單一事件，在宣傳上不像郝建秀可以大做文章。郝成為勞模前後的際遇和蘇聯的斯達漢諾夫有許多相似之處，更值得作對照。

43 〈經濟生活動態〉，《人民日報》，1951年8月21日，第2版；門宏：〈郝建秀工作法是怎樣總結出來的？〉，《人民日報》，1951年9月3日，第2版；青島市史誌辦公室編：〈附錄一：郝建秀工作法的產生及其影響〉，《青島市誌‧紡織工業誌》（北京：新華出版社，1999），頁230–237。《人民日報》的研究委員會還加上黨團幹部。

44　郝建秀：〈我在學校裏〉，《人民日報》，1954年9月26日，第5版。

45　Filtzer, *Soviet Workers and Stalinist Industrialization* (London: Pluto Press, 1986), pp. 181–82.

46　門宏：〈郝建秀工作法是怎樣總結出來的？〉，《人民日報》，1951年9月3日，第2版。

47　王爾驤：〈我們技術人員要打破保守思想，重視工人群眾的智慧和創造力！〉，《人民日報》，1951年9月3日，第2版。

48　宋海、馮子欽：〈掃除生產思想障礙，確定計劃整頓組織，太行五分區佈置大生產〉，《人民日報》，1947年4月12日，第2版。

49　例如，華北解放區軍工處召開「劉伯承工廠」運動總結大會，獎品包括獎金（冀鈔）百萬元，獎狀、紀念章、紀念冊、獎旗等。冀東12專區（轄有遷安等9縣）的各縣、區生產、支前勞模150人（女60），除給獎狀外，第一、二名勞模大毛驢一頭，農具一件；第三名牛一頭，農具二件；其他共獎給農具514件、牲畜三頭。〈「劉伯承工廠」運動成果顯著，軍工產量增高成本降低〉，《人民日報》，1948年6月17日，第1版；〈冀東十二專區評獎勞動模範，婦女榮列前三名〉，《人民日報》，1949年3月18日，第2版。

50　〈華東財辦籌設農林工商學校〉，《人民日報》，1948年7月23日，第2版。

51　小王：〈增資〉，《人民日報》，1947年5月1日，第4版。

52　劉子久：〈人民日報周年紀念祝詞〉，《人民日報》，1947年5月15日，第4版。

53　〈政務院發布：關於召開戰鬥英雄代表會議和工農兵代表會議的決定〉，1950年7月21日政務會議通過。上海市檔案館，檔號C1-2-197，頁6。

54　〈周恩來總理命令公布：關於全國工農兵勞動模範代表會議的總結報告〉，《人民日報》，1950年12月19日，第2版。

55　〈毛主席代表中共中央致祝詞〉、〈全國戰鬥英雄勞動模範兩代表會議，昨在首都聯合舉行開幕典禮〉，《人民日報》，1950年9月26日，第1版。

56　〈全國各地英雄模範代表抵京，專車由毛澤東號機車牽引進入車站，車站廣場五千餘人舉行盛大歡迎會〉，《人民日報》，1950年9月23日，第1版。

57　謹吾：〈全國工作競賽給獎典禮素描〉，《工作競賽月報》，1943年，卷1期1，頁43–44。

58　王劍清等：〈為建立強大的新中國戰鬥到底──英模代表繼續發表見了毛主席後的感想〉，《人民日報》，1950年10月2日，第2版；〈全國勞模代表返回工作崗位，受到廣大人民熱烈歡迎〉，《人民日報》，1950年10月21日，第2版；呂順保等：〈英雄模範代表們見了毛主席〉，《人民日報》，1950年9月29日，第2版。

59 〈周恩來總理命令公布：關於全國工農兵勞動模範代表會議的總結報告〉，《人民日報》，1950年12月19日，第2版。

60 北京實驗工農速成中學創於1950年4月，1952年8月移交給人民大學，更名為中國人民大學附設工農速成中學；目的在培養產業工人、工農幹部。招生對象：參加革命工作三年以上，工農出身的幹部或參加勞動三年以上的產業工人；年齡18–30歲（勞模等可放寬到35歲）。第一屆學員共收120人，包括約43名勞模等。胡朝芝：〈三年來的中國人民大學附設工農速成中學〉，《人民日報》，1953年12月28日，第3版。

61 〈數字和事實〉，《人民日報》，1955年5月1日，第2版。

62 郝建秀：〈保衛我們和平的幸福的生活〉，《人民日報》，1952年9月7日，第4版；郝建秀：〈我在學校裏〉，1954年9月26日，第5版。她在1962年學成之後，回到青島原廠擔任工程室技術員；1965–77年任青島國棉八廠副廠長、革委會主任、山東省總工會副主任；1977–81年任紡織工業部副部長、全國婦聯副主席；1981–82年任紡織工業部部長、黨組書記；1982–87年任中央書記處候補書記、書記；1987–2001年任國家計劃委員會副主任；2003年當選全國政協副主席，2008年屆滿離職。

63 〈數字和事實〉，《人民日報》，1955年5月1日，第2版。

64 〈數字和事實〉，《人民日報》，1955年5月1日，第2版。

65 欒吟之：〈阿拉曹楊，上海最美！〉，《解放日報》，2011年5月22日，第1版；學文化文庫編委會主編、張仲清編寫：《美麗的曹楊新村》（上海：上海教育出版社，1960），此書是給初小掃盲班閱讀用；祝總臨等：《曹楊新村好風光》、《速成識字補充讀物：曹楊新村好風光》（上海：勞動出版社，1953），頁1–3。

66 江蘇省檔案館，檔號3008/永久/920，1951年6月12日。

67 胡冰岳：〈關心勞動模範〉，《人民日報》，1955年2月25日，第3版。

68 〈鞍山市勞動模範過多地參加社會活動影響了生產〉，《內部參考》，1954年4月21日，第91期，頁228；《內部參考》，1955年1月29日，第20期，頁367；陸灝：〈怎樣愛護勞動模範〉，《人民日報》，1955年11月26日，第2版；〈遼寧一批著名勞動模範社會活動過多〉，《內部參考》，1964年3月24日，第3603期，頁2。

69 〈漢口私營申新紗廠黨支部不重視領導生產〉，《內部參考》，1952年7月17日，第161期，頁205–206。

70 遼寧省檔案館：〈四名勞模心裏的話〉，檔號DE22/永久/101，頁30–36。

71 洪澤：〈工業勞動模範劉慶祥創製自動水車遇到了困難，有關部門應該支持幫助他〉，《人民日報》，1951年7月18日，第6版；叢木生、李水相：〈先

進思想的勝利〉,《人民日報》,1953年4月21日,第2版;胡冰岳:〈「萬事大吉」嗎?〉,《人民日報》,1954年11月6日,第3版;康學忠:〈一定要批判保守思想〉,《人民日報》,1956年3月5日,第6版。

72 〈鞍鋼勞模滋長了比較嚴重的驕傲情緒和經濟主義思想〉,《內部參考》,1954年11月25日,第269期,頁326–27。

73 〈劉伯承工廠運動〉,《人民日報》,1948年6月12日,第1版;〈反對培養勞動模範中的錦標主義觀點〉,《人民日報》,1952年3月4日,第2版;〈肅清國營工礦企業隱瞞錯誤謊報成績的惡劣作風〉,《人民日報》,1953年10月18日,第1版。

74 胡道源:〈領導職工訂好個人規劃〉,《人民日報》,1956年3月29日,第2版;〈社論:開展先進生產者運動〉,《人民日報》,1956年3月30日,第1版。

75 Filtzer, *Soviet Workers and Stalinist Industrialization*, pp.192-197; Siegelbaum 解釋斯達漢諾夫運動式微尚有其他因素,Siegelbaum, *Stakhanovism and the Politics of Productivity in the USSR, 1935–1941*, pp. 290–92.

76 顧眾、魏春山:〈學習先進經驗努力增產〉,《人民日報》,1952年7月31日,第2版;〈上海市1950年度勞動模範運動初步總結(修正稿)〉,上海市檔案館,檔號C1-2-197,頁21–23。

77 Filtzer, *Soviet Workers and Stalinist Industrialization*, pp. 180–192.

78 根據蘇聯內務部文件,這些破壞運動者均被當局列為「反革命分子」。Павел Шеремет, "Стаханов отдыхает"(斯達漢諾夫休息), *Огонёк*,(星火) No. 33 (5142), 2010年8月23日,頁26,轉引自http://www.kommersant.ru/doc/1486492/print (2013年10月11日檢索)。Filtzer, *Soviet Workers and Stalinist Industrialization*, pp. 210–205: Siegelbaum, *Stakhanovism and the Politics of Productivity in the USSR, 1935–1941*, pp. 196–199.

79 毛澤東:〈關於正確處理人民內部矛盾的問題〉,《人民日報》,1957年6月19日,第1版。

80 "Речь на первом всесоюзном совещании Стахановцев (17 ноября 1935)," in Robert H. McNeal ed., *И.В. Сталин: Сочинения*, vol. 1 [XIV], p. 80.

81 〈全總黨組關於愛國增產運動的綜合報告〉(1952年9月8日),載於中華全國總工會辦公廳編:《建國以來中共中央關於工人運動文件選編》,上卷(北京:中國工人出版社,1989),頁42。

82 〈全國各地技術革新運動逐步展開,許多工礦企業的技術革新已獲得初步成績〉,《人民日報》,1954年7月17日,第2版。

83 中華全國總工會編:《中華全國總工會七十年》,頁334–35。

84 Joshua Kunitz, *Along Came Stakhanov* (Moscow: Co-Operative Publishing Society of Foreign Workers in the USSR, 1936), pp.32–34; G. Friedrich, *"Miss U.S.S.R.", The Story of Dusya Vinogradova* (Moscow: Co-Operative Publishing Society of Foreign Workers in the USSR, 1936), pp. 9, 22.

85 Andrew G. Walder, *Communist Neo-Traditionalism: Work and Authority in Chinese Industry* (Berkeley: University of California Press, 1986), pp. 117–118. 中國薪資的變化，見楊占城：〈我國工資制度的發展變遷〉，http://news. sohu.com/20060208/n241732611.shtml（2007 年 5 月 2 日檢索）。

86 〈周恩來同志關於勞動工資和勞保福利問題的報告〉（1957 年 9 月 26 日），載於《建國以來中共中央關於工人運動文件選編》，上卷，頁 614–15。

87 例如，陳瑞楓：〈在一個幸福的家庭裏──記全國紡織工業勞動模範黃寶妹家討論憲法草案〉，《人民日報》，1954 年 8 月 19 日，第 3 版；〈批判忘本思想，進行社會主義教育，上海鍋爐廠舉辦顧六法今昔對比展覽會〉，《人民日報》，1957 年 10 月 7 日，第 2 版。

88 〈中共中央對全國總工會黨組關於「生產長一寸，福利長一分」口號問題的請示的批示〉（1953 年 8 月），載於《建國以來中共中央關於工人運動文件選編》，上卷，頁 169–71。

89 斯大林對於《政治經濟學教科書》的撰寫，指導及參與極多。毛澤東：《讀社會主義政治經濟學批注和談話》（北京：中華人民共和國國史學會，1998），內部發行，頁 428、807。

90 G. Griedrich, *"Miss U.S.S.R." The Story of Dusya Vinogradova*, p.24; Иван Гудов, *Путь Стахановца: Рассказ о моей жизни*（《斯達漢諾夫工作者之路：講述我的一生》），(Москва: Гос. Социально-Экономическое издательство, 1938), p. 130.

91 〈社論：到勞動者的紅旗下集合〉，《人民日報》，1958 年 9 月 25 日，第 7 版。

92 〈訪陳雪薇──知識分子的毛澤東與中國知識分子〉，載於張素華、邊彥軍、吳曉梅編：《說不盡的毛澤東：百位名人學者訪談錄》，上冊（瀋陽：遼寧人民出版社，1993），頁 283。

93 Sheila Fitzpatrick, *Education and Social Mobility in the Soviet Union, 1921-1934* (New York: Cambridge University Press, 1979), pp. 137–138.

94 "National Literacy Policies/China," http://www.accu.or.jp/litdbase/policy/chn/index.htm（2007 年 9 月 11 日檢索）。

95 楊志和：〈國家主席與掏糞工人的特殊友情〉，《福建黨史月刊》，2003 年第 1 期，頁 25–26。

96 尉鳳英，1959 年當選遼寧省勞模。她用 434 天完成第一個五年計劃的個人

生產任務，用四個月的時間完成第二個五年計劃。1964年黨中央稱她為「毛主席的好工人」。1968年她當選遼寧省革命委員會副主任。王素梅：〈尉鳳英，欲說當年好困惑〉，《老年人》，1999年第2期，頁10–12。李素文21歲加入共產黨，1959被評為全國勞模，1968年5月進入瀋陽革委會領導班子；1973年3月任共青團遼寧省委書記；1975年3月任全國人大常委會副委員長。〈李素文：大起大落後找回勞模的感覺〉，《報林》，2004年第2期，頁37–38。

97 《人生在世》寫成於1982年。胡萬春：《人生在世》，收錄於《胡萬春中篇小說集》(哈爾濱：黑龍江人民出版社，1983)，頁1–70。

98 王秉禮：〈清貧不該是勞模特色〉，《中國經濟周刊》，2005年第17期，頁59；劉裕章：〈新形勢下勞模的特點〉，《當代貴州》，2000年第11期，頁43。張順、貢衛華：〈我們需要怎樣的勞模〉，《唯實》，1998年第12期，頁93。德祥：〈勞模也應追求合理合法的個人利益〉，《中國職工教育》，2001年第11期，頁45。張天蔚：〈勞模的價值〉，《領導文萃》，1995年第10期，頁27。

99 仲永偉：〈大家都來關心愛護勞模〉，《化工管理》，1996年第8期，頁43。王淦生：〈十個勞模八個病〉，《唯實》，1998年第5期，頁68。張怡、紀堯：〈女「勞模」光環下掩飾下的不幸婚姻〉，《三月風》，2002年第1期，頁7–10；鄭東亮：〈勞模標準的變與不變〉，《職業》，2004年第5期，頁14；劉煥杰：〈胡勞模的趣生活〉，《華北電業》，2004年第1期，頁76–77。

100 劉裕章：〈新形勢下勞模的特點〉，《當代貴州》，2000年第11期，頁43。

101 舜太運：〈勞模在市場經濟中升值〉，《中國人才》，1996年第11期，頁22–23；〈「勞模」也是「無形資產」〉，《瞭望》新聞周刊，1999年3月，第12期，頁51；蘇北：〈新世代勞模的價值和內涵〉，《思想政治工作研究》，2004年第5期，頁21。

102 這次大會共選出2,969名：企業職工1,400多人、農民600多人、社會管理和公共服務等800多人。其中女性500多人，佔18%；少數民族260人，佔9%。40歲以下近700人，61歲以上不到100人，分別佔23%和3%；最小17歲，最大85歲。大學專科以上學歷僅2,000人。慧杰、志敏：〈勞動與創造成就人才——從2005年全國勞模評選表彰看科學人才觀的新實踐〉，《中國人才》，2005年第9期，頁18–19；〈勞模評選引發三大爭議：私營企業主首次入選〉，《南方周末》，2005年4月28日，http://news.sina.com.cn/c/2005-04-28/18586521703.shtml (2018年7月18日檢索)。

103 涌泉：〈勞模官多民少的思考〉，《時代潮》，2005年第9期，頁5。

104 孫立平：〈勞模評選的尷尬〉，《中國改革》，2005年第6期，頁52–53。

105 張學民：〈今年全國勞模評選的新變化〉，《中國石化》，2005年第7期，頁
　　82；王北平（北京市總工會副主席）：〈弘揚勞模精神，尊重勞模價值〉，《工
　　會博覽》，2005年第9期，頁4–6。

106 勞動模範2,115名，先進工作者870名。共產黨員佔全數的85.1%，漢族佔
　　90.7%，女性19.8%，41–60歲佔76.5%，專科以上教育75%，農民19.5%。
　　〈2010年全國勞動模範、先進工作者評選揭曉〉，《中國職工教育》，2010
　　年，第5期，頁10。〈「一線」與「長官」之爭〉，《當代勞模》，2010年5月1
　　日，頁26–28。

107 習近平：〈在同全國勞模代表座談時的講話〉（2013年4月28日），《中國工
　　運》，2013年第5期，頁4–6。

108 藍英年口述，北京，2007年5月25日。

109 李紅軍：〈勞模應有新內涵〉，《中國審計》，2002年第8期，頁80。

110 進琴：〈名人小時候的理想〉，《小星星》（高年級版），2005年第6期，頁21。

第 10 章

男女平等——
來自蘇聯的影響：對《新中國婦女》的分析[1]

臧健

「男女平等」，一般被看作是兩性在政治、經濟、社會生活中，享有同等的權利和負擔同等的義務。在婦女運動的歷史上，「男女平等」曾被賦予各種不同的含義，西方女權主義者更傾向於用「性別平等」取代「男女平等」；在中國，「男女平等」曾在很長的歷史時期中成為婦女爭取解放運動的目標與方向，而在1980年代之後，「性別平等」仍未能完全取代「男女平等」，只是成為「男女平等」的同義詞而被學界共同使用。

中國人對於「男女平等」一詞並不陌生。鴉片戰爭之後，隨着戊戌維新和辛亥革命的相繼發生，要求男女平權的思想與呼聲逐漸形成並日趨成熟，成為近代中國資產階級自由民主思想的重要組成部分。二十世紀初，伴隨着西方「女權主義」和「性別平等」理論的傳入，「男女平權」、「女性解放」成為婦女爭取解放運動的目標與方向，也成為婦女爭取平等權利的同義詞，曾在中國1920–1930年代的婦女爭取平等運動中在社會上被廣泛使用。1930年代末至1940年代末期，在中國共產黨宣導的主張及領導的婦女運動中，詞彙的翻譯與使用逐漸發生了變化，更多使用「男女平等」來代替「男女平權」，「婦女解放」來代替「女性解放」。1949年以後，社會中普遍使用「婦女解放」、「男女平等」，這一話語的變化一直延續至1970年代末的改革開放。因此，本文在敘述1950年代的歷史事實時，仍然使用「男女平等」一詞來作描述。

在中國歷史上，社會主義蘇聯對中國男女平等的影響，在1950年代是巨大的和史無前例的。中國政府對於蘇聯的仿效與借鑒，以「就業權」上的男女平等最為突出，效果最為顯著，以至深刻地影響了幾代人的思想與生活。本文希望探討在蘇聯模式影響、西方女權主義、中國式婦女解放共存並相互影響的今天，蘇聯模式與影響雖然已經成為歷史，甚至已被忽視與遺忘，但在經濟全球化、文化多元化加速發展的時代，了解蘇聯的男女平等模式是怎樣為中國所效仿？其影響是以何種方式存在的？為什麼這種影響能夠深入人心、乃至深刻地影響中國幾代人的思想與生活？探尋其中的原因，無疑是全面了解中國社會、中國婦女以及重新審視性別平等的不可或缺的重要方面。

從以往的研究史來看，近年中國大陸學界對於建國初期（1950年代）婦女運動與婦女狀況的研究呈現逐漸增多的趨勢，李從娜在〈近10年來建國初期中國婦女史研究綜述〉中，從政治參與、經濟參與、文化教育、婚姻問題、婦女健康、禁娼問題、婦女解放思想等七個方面，大致描述了研究的特點。[2] 但對於1950年代蘇聯對中國婦女及男女平等影響的研究仍然十分有限，目前這方面的研究大致可分為兩類：一類是關於列寧、斯大林的婦女解放思想研究；[3] 一類是關於蘇聯對中國婦女及男女平等影響的研究，[4] 而後者在大陸學術界的研究更是十分缺乏。相比對於建國初期蘇聯對中國政治、政黨、經濟、軍事、文化等影響的研究，研究成果要少得多；如果比較對改革開放後西方女權主義、社會性別理論對中國婦女影響的研究，蘇聯對中國婦女及男女平等的影響研究幾乎成了被遺忘的角落。本文的研究試圖填補這一空白。

本文研究所使用的資料，主要是1949年7月創刊的中國第一個國家級婦女刊物《新中國婦女》，也是當時唯一在全國發行的婦女刊物。[5]《新中國婦女》雜誌由中國共產黨在延安時期創辦的《中國婦女》發展而來，它延續了延安時期的辦刊方針和宣傳模式，為了鮮明地區別於1949年前的「舊中國」，改名為《新中國婦女》。《新中國婦女》是由全國婦女聯合會（簡稱全國婦聯）主辦的，因其官方的性質，代表了中國共產黨和政府的婦女政策，也反映了中國政府在通過宣傳蘇聯婦女來動員中國婦女方面所做的努力。由於全國婦聯是中國政府發動婦女、組織婦女的重

要機構，其組織特點又是從上至下、層層級級、像蜘蛛網一樣密佈至全國每一個偏僻鄉村，其影響也是不可估量的。從1956年開始，隨着中蘇關係的變化，《新中國婦女》改名為《中國婦女》，其介紹蘇聯的文章也隨着中蘇關係的變化而越來越少。

不同時間段的宣傳特點

就像走社會主義道路中國需要以蘇聯為楷模一樣，戰爭結束以後，如何動員婦女參與到社會主義建設中來，如何體現社會主義對於婦女解放的影響，如何向世界宣傳中國實現了男女平等，在1950年代初期，同樣是中國政府學習、效仿蘇聯的重要方面。

創刊初期

《新中國婦女》創刊於1949年7月，當時國共戰爭還未完全結束，全國都處於百廢待興的狀態，而中國共產黨在抗戰期間成功動員婦女參與抗戰的經驗與機制，被直接應用於動員婦女參加新中國事業的建設，《新中國婦女》的創刊標示着這一機制的開始啟動。

《新中國婦女》創刊號並不厚，紙張也很粗糙。封面為「石家莊大興紗廠女工慶祝解放」的圖片，封面背面是「女工農婦忙生產」的四幅組圖，包含了紗廠女工加緊生產、包裝紙煙、編織草帽、渤海壽光婦女耕地，明顯反映了1949年中期，在中國共產黨已經統治的地區婦女慶祝解放和恢復生產的現實情況。

雜誌的扉頁上，是毛澤東和朱德為《新中國婦女》創刊的題字，毛澤東的題字是：「團結起來，參加生產和政治活動，改善婦女的經濟地位和政治地位。」朱德的題字：「為建設新中國而奮鬥。」題字的內容與精神，無疑成為《新中國婦女》辦刊的宗旨。

按照中國共產黨的做法，宣傳蘇聯，首先要宣傳蘇聯領導人的婦女觀，《新中國婦女》創刊後也試圖在這樣做。在創刊號中首先刊登了斯大林〈論勞動婦女〉的文章。這篇文章的原文於1925年「三八」國際婦女節

發表於《真理報》。編者認為，在蘇聯十月革命後，提出勞動婦女是決定無產階級革命成敗的重要力量，這一論斷對中國社會主義國家建設仍然是重要的啟示。

在創刊號不多的篇幅中，還登載了兩篇翻譯蘇聯作者的文章，一篇是謝明諾夫的〈社會主義與家庭〉，提出：「在有產階級（剝削階級）中間，婚姻帶着契約的性質，而蘇維埃社會主義國家則是完全新型的家庭——基於男女平等的家庭。而實現男女平等，要依賴於生產工具和生產資料私有制的消滅和婦女完全解放。」文章將社會主義新型家庭定義為男女平等的家庭，而要建立這樣的家庭，則有賴於消滅資本主義私有制和婦女的完全解放。另一篇是邦達列娃的文章，題目為〈職工會活動家——庫爾奇娜〉，介紹出身於紡織工人家庭、自己也有16年紡織工人工齡的庫爾奇娜，被推選為全蘇職工會中央委員會主席團主席之一，以列寧的指示作為她工作的指南，特別提到「我們把她看作高貴的關心別人生活的模範」。[6]

創刊號刊登的斯大林〈論勞動婦女〉講話、關於蘇維埃社會主義新型家庭的定義、介紹蘇聯勞動婦女楷模的三篇文章，分別從不同的角度呼應了毛澤東提出的「團結起來，參加生產和政治活動，改善婦女的經濟地位和政治地位」的號召，為中國婦女樹立了政治的、家庭的、經濟的、勞動婦女個人的奮鬥方向和楷模。創刊號確立的這一框架和模式，也成為1950年代初每一期刊物遵循的樣板。

與創刊號一樣，1949年第2號，首要刊登的是列寧〈論自由戀愛——給伊妮莎·阿爾曼的信〉，在文章之前有編者寫下的話：「列寧給伊妮莎·阿爾曼的第一封信，批評了她所寫的《婚姻與家庭問題》小冊子大綱中的觀點，但阿爾曼不同意並反駁列寧的意見，因此列寧又寫第二封信批評她。在這兩封信中，列寧卓絕深刻地批評了資產階級的『自由戀愛』觀，指出革命者對戀愛問題與資產階級小資產階級有原則的區別。」編者特別強調，「因文章意思較深，希望讀者細看。」

在這一期還刊登了蘇聯霍維爾霍娃的文章〈按照新的方法開始工作〉，譯者選編的是描寫霍維爾霍娃帶領其所在製衣廠的班組，在工作中怎樣實行自我檢查和公共檢查制度的過程。文章介紹的是一位普通女

工的工作經驗，寫得樸素、直白、易懂。可以看出《新中國婦女》在最初的編輯中，就極為注重將普通勞動婦女作為讀者對象。與創刊號不同的是，第2號重點文章中，刊登了《新中國婦女》的第一任主編沈茲九寫的題為〈迎接新的政治協商會議〉的動員性文章，其中她特別寫道：「蘇聯婦女今天所得到的權利就是我們中國婦女明天的遠景。而蘇聯婦女之得有今天，正是蘇聯婦女十月革命以後團結奮鬥、努力參加經濟政治文化建設、努力參加反法西斯戰爭的結果。中國婦女政治地位的提高，也必須經過同樣的奮鬥，必須牢記毛主席在創刊號上給我們的指示。」[7]

《新中國婦女》為月刊，1949年7月創刊後，至1949年底，共發行了六期，每一期都有相當篇幅介紹蘇聯婦女。例如，第3號登載了沈江譯自1947年〈蘇聯日曆〉的文章，題為〈蘇聯婦女的偉大貢獻〉，介紹蘇維埃政府成立後即頒布法令，完全廢除男女不平等的制度，取消對於婦女權利的一切限制，「蘇聯的婦女在經濟、國家、文化、社會和政治各方面的生活上，和男子有同樣的權利，她們和男子平等地工作，和男子同工同酬，在休息、社會保險、職業教育和技術教育上，享有和男子平等的權利。」[8]第4號發表了蘇聯婦女反法西斯委員會主席波波娃，於1949年8月27日在全蘇和平大會上的演說詞，題為〈婦女應該成為積極爭取和平的戰士〉。[9]

從1949年第5號開始，介紹蘇聯婦女的文章逐漸多起來，內容也越來越廣泛。第5號除了轉載蘇聯《消息報》社論〈大膽地提拔婦女擔任蘇維埃的工作〉，還有介紹蘇聯兒童教養院的文章以及〈莫斯科第二育嬰指導站訪問記〉，蘇聯車床女工奧爾格·姆西拿寫的〈我的工作與我的家庭〉，啟華撰寫的〈蘇聯朋友怎樣幫助中國女工學習技術〉，以及介紹在旅順和大連，蘇聯鐵路專家李索夫如何培養了40多名中國女工的事蹟。[10]

第6號是1949年的最後一期，仍然以轉載《蘇聯婦女》雜誌的社論開始，題目是〈光榮歸於母性〉，其中提到蘇聯婦女與共產主義的關係：「蘇聯婦女，她們成了正在建設着共產主義（它的輪廓已經是明顯、真實、而且可以看得見的了）的兒女們的母親。」社論之後附有關於「蘇聯的母親與兒童」的小統計，特別突出提到的是，蘇聯有250萬個母親得到了「母性光榮獎狀」，有28,500位母親獲得了「母親英雄」的尊稱，由

此證明，在蘇聯做母親是非常光榮的。此外仍然有蘇聯婦女模範和英雄的介紹，如介紹蘇聯女勞動英雄巴夏・安琪琳娜，以及介紹斯大林獎金獲得者、無線電女工娃琳丁娜。[11]

《新中國婦女》在創刊之初，得到了中國最重要的兩位領導人毛澤東和朱德的題詞，確立了辦刊的宗旨。而在中華人民共和國成立前後，戰爭之後的國家百廢待興，如何建設新型社會主義的中國，如何在新中國實現男女平等，現成的經驗只能來自蘇聯。走蘇聯的道路，汲取蘇聯的經驗，是當時中國唯一可做的選擇。《新中國婦女》在創刊初期大量翻譯、轉載、介紹蘇聯領導人對婦女的政策，刊登蘇聯婦女如何爭取平等權利，以及普通勞動婦女參與社會努力的文章，正式確立了以蘇聯婦女為榜樣，全方位學習蘇聯婦女的模式。

1950 年代初期

如果將 1949 年作為《新中國婦女》的創刊期，從 1950 年開始，一直到 1953 年斯大林去世，可以看作《新中國婦女》發展的中期，也是宣傳介紹蘇聯婦女最多的時期。

1950 年至 1951 年出版的刊物，在排序上仍然採用連續排號法，期號代表了出版的總期數，例如 1950 年 1 月出版了第 7 號，1952 年 12 月出版了第 25/26 號合刊。從 1952 年起，才開始按年度排期號，實行一年 12 期的做法。1950 年以後的出版物，不僅在期號上採取連排法，在介紹蘇聯婦女的內容和形式上，也基本延續了 1949 年的框架，只是內容更加豐富，形勢更加多樣。作為唯一的全國性婦女刊物，從 1950 年至 1953 年，《新中國婦女》在宣傳蘇聯婦女方面，幾乎達到了鋪天蓋地的規模。

1950 年第 7 號只有一篇與蘇聯婦女有關的文章，即轉載《真理報》女記者契契特金娜的文章〈談真理報〉。[12] 而在 1950 年第 8 號上，與蘇聯婦女相關的文章達到了五篇，其中最重要的原因，是 1950 年 2 月 14 日中蘇兩國簽署了〈中蘇友好同盟互助條約〉及一系列經濟與外交的協定，為此胡韋德發表了〈偉大的無敵的同盟——歡慶中蘇友好合作的新時代〉的文章，認為兩個強大國家的友好合作關係由此進入了一個新時代，「無

敵的同盟」關係不僅影響中蘇兩國，還將影響人類的未來。第8號也延續了前幾期的做法，在胡韋德的文章之前，轉載了《真理報》的評論文章〈論蘇聯婦女在選舉中的任務〉，提到「列寧與斯大林的黨，已使蘇聯勞動婦女在生氣勃勃的社會與政治活動領域內顯露頭角」。其餘三篇文章，一篇為《真理報》女記者契契特金娜的〈談新聞工作的經驗〉，其餘兩篇則是中國人參觀蘇聯的印象記，李鳳蓮的〈我看到蘇聯婦女積極參加了生產勞動〉和徐克立〈婦女是建設中的巨大力量〉，他們最深刻的印象是，在蘇聯任何生產部門都有婦女參加，而且是那麼踴躍和普遍。[13]

在〈中蘇友好同盟互助條約〉簽訂的影響下，1950年第9號登載了六篇與蘇聯相關的文章，首先是狄超白的介紹文章〈蘇聯減低物價，提高人民生活水準〉；其次轉載三篇蘇聯人的文章，分別是波波娃〈在國際婦女聯合會理事會上的發言〉，俄羅斯教育學院家庭教育研究部部長波齊爾尼柯瓦〈談教育我們的下一代〉，以及蘇聯最高蘇維埃代表阿斯蘭諾娃〈記亞洲婦女代表會議〉；此外還有女作家丁玲訪問蘇聯的紀實文章〈蘇聯的三個女英雄〉。與以往不同的是，這一期在「工農婦女常識課本」的第35/36課，第一次用「蘇聯是咱們的好朋友」、「幸福的蘇聯婦女」作為課文的內容。[14] 由此看出向底層社會不識字婦女宣傳蘇聯婦女的用意。

1950年第10號重點刊登了列寧〈蘇維埃共和國女工運動的任務〉的文章，這是列寧1919年在莫斯科全城第四屆非黨女工代表會議上的演講。[15] 列寧的講話面對的是非黨女工，是最普通的勞動婦女，講話中沒有大道理和空談，他對於男女平等的分析，不僅十分通俗易懂，而且實實在在切中婦女面臨的實際生活問題。

為配合中國〈新婚姻法〉的頒布，1950年第10號和第11號，分上下連載了斯維得洛夫的長篇文章〈論人民民主國家婚姻——家庭法〉。[16] 1950年第12號刊登了「蘇聯婦女給中國婦女的信」，這是從中國婦聯收到蘇聯反法西斯委員會轉來的63封蘇聯婦女給中國婦女的來信中挑選出來的，寫信的有女工、工廠工作人員、集體農場的女莊員、女學生、女保育員、女教育科學工作者等等。信中對中國的建設表示關切，更多介紹蘇聯婦女如何熱愛她們的工作，如何努力生產，並熱情期待中國婦女的回信。[17]

　　由於朝鮮戰爭的爆發，從1950年第13號至第26號，也就是1950年7月至1951年12月，在將近一年半的時間裏，《新中國婦女》刊登介紹蘇聯的文章大幅度減少，取而代之的則是大量關於朝鮮婦女生活與鬥爭的消息和評論，以及號召全中國婦女緊急行動起來，為抗美援朝保家衛國而奮鬥的文章。其中在第19號，因為正值「三八」國際婦女節，《新中國婦女》出版了「三八特大號」，其中刊載了兩篇關於蘇聯的文章：一篇是蘇聯斯切潘諾娃的文章〈社會主義開闢了人類歷史上的新紀元〉，另一篇是吳全衡寫的〈熱愛祖國的蘇聯婦女〉。[18]

　　從1952年1月開始，《新中國婦女》作了較大調整，一是改為以月規定期號，不再連續排總期號，一年12個月就出版12期；二是設立了專欄，標題為「蘇聯婦女是我們的榜樣」，將介紹宣傳蘇聯婦女的文章，統一歸納到這一專欄之下。在1月號，編者根據蘇聯女拖拉機手安格林娜的自傳和《蘇聯婦女》第6期的內容，編寫了〈我如何在自己的工作崗位上戰爭着──蘇聯第一個女拖拉機手安格林娜〉。1952年1月號，再一次刊登了斯大林的文章〈迎接第一屆女工農婦代表大會五周年〉，譯者說明，大會於1918年11月在莫斯科舉行，11月19日列寧在大會發表演說，會後決定聯共中央設立中央婦女工作委員會。[19]

　　1952年2月號的文章，顯示中國國內「反貪污、反浪費、反官僚主義」的「三反」運動拉開序幕。但2月號和4月號仍然在「蘇聯婦女是我們的榜樣」專欄中，登載了何思編譯的〈鐵路模範指揮員柯羅列娃〉和〈蘇聯英雄帕絲柯〉。[20] 而這一年5/6月號合刊，不僅繼續刊登專欄文章，介紹蘇聯婦女反法西斯委員會索菲亞‧基列芙斯卡婭所著的〈蘇聯婦女保衛着和平與兒童的幸福〉，還登載了弗‧柯爾巴諾夫斯基教授著的〈論社會主義社會的愛情、婚姻和家庭〉。此外，5/6月號合刊還特別刊登了中國女作家丁玲因小說《太陽照在桑乾河上》，於1951年獲蘇聯部長會議頒發的斯大林獎金的消息，以示中國婦女的成功與榮耀。[21]

　　1952年8月號，是「蘇聯婦女是我們的榜樣」專欄的最後一期，介紹了蘇聯獲得斯大林獎金的兩位青年女鏇工。[22] 9月號開始，「蘇聯婦女是我們的榜樣」專欄不再出現，而是改變為類似專欄的「蘇聯婦女生活」，介紹〈蘇聯一個普通女工的休假〉。[23] 但事實上，「蘇聯婦女生活」只出現

在9月號刊物上，以後的刊物並未將其作為專欄延續。這一變化是重大的，也是悄然發生的，編輯者對此並未作出任何說明。

1952年10月至12月號，都較多刊載了與蘇聯相關的文章。其原因是，10月號為「慶祝第三屆國慶日和亞洲及太平洋區域和平會議特輯」，因此刊登了季玉的文章〈中蘇兩國人民偉大友誼的新發展〉，以及一位黑龍江省勞動模範郭玉蘭口述其隨同中國農民代表團訪蘇的見聞，記錄者所起的題目為〈蘇聯的今天，就是我們的明天〉。[24] 11月號為「慶祝蘇聯十月社會主義革命35周年特輯」，因此這一期的封面，是蘇聯保育員戈林娜與中國兒童在一起的圖片，封面背頁展示的是幫助中國建設的蘇聯女專家。刊載在前三位的文章都是與蘇聯相關的，第一篇為鄧穎超〈學習蘇聯人民崇高的共產主義道德品質〉，編者按對鄧文加以說明：「我們不但要學習蘇聯建設的經驗，同樣應該學習蘇聯共產主義的道德，對於消除在兩性關係和家庭問題上的封建的、資本主義的思想殘餘，有莫大的幫助。」第二篇為莫洛佐夫的文章〈蘇聯婦女是共產主義的偉大建設者〉。第三篇為季雲介紹〈蘇聯向共產主義邁進的第五個五年計劃〉，揭示蘇聯國民經濟的快速發展。[25] 12月號只刊登了蘇聯最高蘇維埃代表、《女工》雜誌主筆阿布拉莫娃撰寫的〈十月革命給蘇聯婦女帶來了什麼？〉，從經濟、國家政治生活、文化教育等方面闡明婦女和男子擁有平等的權利。[26]

1953年初，《新中國婦女》雜誌大規模宣傳新頒布的〈婚姻法〉，宣傳蘇聯婦女的文章呈現減少的趨勢，只有第4號因斯大林逝世而成為特例。第4號首先刊登了毛澤東的紀念文章〈最偉大的友誼〉，隨後刊登了斯大林四篇與婦女解放相關的文章和講話，其中〈論勞動婦女〉和〈迎接第一屆女工農婦代表大會五周年會議上的講話〉，已分別在1949年創刊號和1952年1月號上登載過，其餘兩篇，一是斯大林論〈集體農莊對婦女解放的作用與意義〉，一是〈勞動婦女積極參加社會生活是國家文化水準增長的標誌〉。編者認為，認真學習斯大林的講話，對中國和全世界婦女解放事業都有現實的指導意義。之後刊登的兩篇懷念斯大林的文章，都是蘇聯婦女撰寫的。[27]

此後在1953年第6號，為配合慶祝「六一」國際兒童節，登載了介紹蘇聯保育員〈戈林娜同志在中國〉的文章和亞蘇撰寫的〈學習蘇聯對幼

兒教育的方法〉，以及安・克里姆羅夫娜的文章〈我是個英雄母親〉。第
7號只轉載了《真理報》社論摘要〈為和平而奮鬥的偉大力量〉。第8號介
紹了《蘇聯婦女》1953年第3期的內容。而在1953年的第10號和第11
號，又有細微的變化出現，即由原來大張旗鼓宣傳蘇聯婦女解放，轉變
為刊登蘇聯婦女的專業技術性論文，如在第10號和第11號上，連載了
蘇聯科學院院士、著名生物學家奧・波・列柏辛斯卡婭所著的〈走向科
學的道路〉，文章選自她所著《生命的起源》第一章。[28]

　　1953年第11號，不僅封面正反照片都反映中蘇偉大的友誼，還特
別刊登了「三八」國際婦女節的首倡者、國際婦女運動傑出領袖克拉拉・
蔡特金所著《回憶列寧》中的最後一章〈列寧談婦女、婚姻和性的問題〉。
這篇文章從1953年第11號開始，直到1954年第3號為止，連續刊載了
五期，這在宣傳蘇聯領導人的文章中是極為少見的。另外值得注意的
是，消失了一年多的專欄「蘇聯婦女是我們的榜樣」在第11號又出現
了，而且連續刊登了兩篇介紹蘇聯女工和農莊婦女的文章：〈革新者〉和
〈一個集體農莊的婦女們〉。[29]

　　從以上的內容梳理可以看出，五十年代初期，《新中國婦女》基本上
繼承、延續了創刊初期大量翻譯、轉載、介紹蘇聯婦女解放政策與實踐
的文章，宣傳內容包含蘇聯領導人對婦女的政策，蘇聯婦女如何爭取平
等權利，以及普通勞動婦女參與社會主義建設的努力等等方面。為了更
好地宣傳蘇聯婦女，還在近一年的時間裏設立專欄，落實了創刊初期所
確立的以蘇聯婦女為榜樣，全方位學習蘇聯婦女的模式。可以説，學習
宣傳蘇聯婦女，在五十年代初期達到了頂峰。

1950年代中期

　　1954至1955年，是《新中國婦女》更改刊名前的兩年。1954年第
1號，為紀念列寧逝世30周年，除了繼續登載克拉拉・蔡特金所著的
〈列寧談婦女、婚姻和性的問題〉，還介紹了在世界和平運動中有卓越
功績，並因此獲得1953年斯大林國際和平獎金的三位蘇聯婦女。有趣
的是，這一期第一次出現了赫魯曉夫的名字，題為〈赫魯曉夫集體農

莊〉的短文，是作者陳學昭隨同中國婦女代表團參觀蘇聯所寫的參觀記。[30]

　　1954年第2號，刊物扉頁刊登了斯大林的標準像，圖片下題寫「紀念我們偉大的革命導師斯大林同志逝世一周年」。值得注意的是，刊物中選登的一組紀念文章，大部分仍是紀念列寧，而並不是紀念斯大林的。除了繼續〈列寧談婦女、婚姻和性的問題〉，還有斯‧劉比莫娃〈沿着列寧的道路前進〉，以及許廣平所寫〈謁列寧、斯大林墓〉。1954年第4號，登載了署名「無咎」翻譯的文章〈讀斯大林時代的人〉，是蘇聯作家波列伏依的特寫集。文章描寫了忘我勞動來建設社會主義祖國的人，以英勇的戰鬥來捍衛社會主義祖國的人，為全世界人民的和平和幸福不懈奮鬥着的人，文章主旨仍然是歌頌蘇聯的婦女。[31]

　　1954年第5號，雖然也登載了一篇亞蘇的文章〈偉大的社會主義教育家——克魯普斯卡婭〉，[32] 但不同以往的是，刊物封面第一次出現毛澤東主席和少年兒童在天安門上的照片，封面背面是獻花少年兒童的照片，說明文字為「孩子們的心願——把鮮花獻給毛主席」。而從第7號開始，刊物中逐漸出現歌頌毛主席的文章，如申紀蘭所寫〈永遠按照毛主席的話辦事〉，林巧稚的文章〈歌頌毛主席〉。[33] 在第9號，隨着〈中華人民共和國憲法〉公布，雜誌封面背面以「中國人民的大喜事」為題，再次刊登了毛澤東和劉少奇的照片。而與此相關的是，介紹蘇聯的文章在逐漸減少。

　　另外一個明顯的不同，1954年和1955年的刊物，都在第10號——即中國人民慶祝中華人民共和國成立的紀念日，刊登一些宣傳和介紹蘇聯的文章，而以往這些文章都要在十月革命勝利的11月作為重點文章。例如，1954年第10號，發表了劉錦璋的文章〈偉大無私的援助〉，此文據10月12日公布的中蘇兩國政府會談公報，總結了五年來中蘇合作的巨大成就。同時刊登了《蘇聯婦女》雜誌總編輯撰寫的祝賀文章，以及李士媛〈保爾‧柯察金鼓舞我前進〉、徐放〈在蘇聯人的教導下〉、寶書〈蘇聯的今天，就是我們的明天——蘇聯經濟及文化建設成就展覽會參觀散記〉的文章。[34] 同樣在1955年第10號，封面背面是毛澤東在天安門檢閱遊行隊伍的照片。而文章中刊發的編輯部短論〈祝賀蘇聯人民

和平建設的偉大成就〉，竟然只有半頁紙的篇幅。隨後登載了兩篇翻譯文章，亞歷山大·馬克西莫夫的〈在四年零四個月中〉，阿·哈爾切夫〈婦女是社會主義建設的積極參加者〉。[35]

1955年第1號開始的一個重大變化，是刊物由原來的豎排版變為了橫排版，這樣做顯然更有利於普通婦女閱讀。在1955年第3號，登載了阿·哈爾契夫的文章〈蘇維埃社會的愛情與婚姻〉。除此之外，在紀念國際婦女節的月份裏，編者提到，為紀念世界勞動人民的偉大革命導師列寧誕辰85周年，刊發文章介紹《論列寧》、《列寧印象記》、《列寧的母親》和《列寧》四本與列寧有關的書籍。[36] 至此給讀者的印象是，從1954年底開始，宣傳列寧的篇幅遠遠超過了宣傳斯大林。

在1955年的其他月份裏，只有在第11號刊登了娜·巴菲諾娃〈參加社會主義建設的蘇聯婦女〉的文章，以及譯自蘇聯《家庭與學校》雜誌的文章〈對兒童進行兩性關係的教育〉；[37] 第12號刊登了翻譯蘇聯《女工》雜誌的文章〈在完成第五個五年計劃中先進的蘇聯婦女〉。[38]

相比較而言，從1954至1955年全年來看，介紹與宣傳蘇聯文章的刊載量已經大幅減少，由原來的鋪天蓋地逐漸變為零星點綴。從1949年至1954年，每一年的11月都因為是蘇聯十月革命勝利紀念日，因此這一期的刊物介紹和宣傳蘇聯的文章尤其多。這期間，只有1950年是例外，由於抗美援朝戰爭的爆發，1950年11月的一期沒有大規模宣傳蘇聯。而1954年和1955年刊物的做法是，均在第10號——即中國人民慶祝中華人民共和國成立的紀念日，刊登一些宣傳和介紹蘇聯的文章，而不再在十月革命勝利的11月大做文章。1954年中期開始，登載毛澤東等中國領導人的照片逐漸開始取代對於斯大林的宣傳，紀念列寧的文章大幅增加由此取代對於斯大林的介紹。

不同類型的宣傳特點

《新中國婦女》從創刊到1955年，主要時間一直以大量篇幅着力描繪、介紹蘇聯婦女的生活，重點宣傳蘇聯婦女的解放是共產主義的組成部分，這種解放尤其體現在與男子一樣積極參加生產建設及其他各種社

會活動，並與男子一樣在社會受到普遍尊重。所有的文章大體上可以分為幾種不同的類型，從中可以探尋中國共產黨領導下的全國婦聯機關刊物是如何引導婦女向蘇聯學習的。

宣傳列寧和斯大林的婦女解放思想

宣傳列寧和斯大林的婦女解放思想，是《新中國婦女》雜誌的首要任務。至1955年，雜誌共登載了列寧的文章兩篇，介紹列寧思想的長文一篇（分五期連載），介紹關於列寧的書籍四部；登載斯大林的文章四篇。

創刊初期，1949年第2號，首要刊登的是列寧〈論自由戀愛——給伊妮莎・阿爾曼的信〉，在這兩封信中，列寧主要批評了資產階級的「自由戀愛觀」。1950年第10號重點刊登了列寧〈蘇維埃共和國女工運動的任務〉的文章，這是列寧1919年在莫斯科全城「第四屆非黨女工代表會議」上的演講。他首先提到：「世界上沒有一個國家像蘇維埃政權一樣，徹底消滅了舊的、不公平的、對於勞動群眾代表者不堪忍受的法律，未讓它留下一點痕跡。」而他特別提到的是，「你們都知道，甚至在完全平等的條件下，婦女事實上仍然是受束縛的，因為全部家務都壓在她們肩上」，因此要創辦模範機關、食堂、托兒所，這些機關可以使婦女從家務中解放出來，「脫離家庭奴婢狀態。」列寧明確提出，「男女的平等，不是指在勞動的生產率上，在勞動的份量上，在工作日的長短上，在勞動的條件上，……而是指婦女不受與男性不同的經濟地位之壓迫而言。」[39]列寧的講話對男女平等明確提出了三點意見：一是要徹底消滅不平等的舊法律；二是要把婦女從家務勞動解放出來；三是指出男女平等的意義不是表面上的與男子等同，而是不受與男性不同的經濟地位之壓迫。

從1953年第11號開始，直到1954年第3號為止，連續在五期刊物上登載了克拉拉・蔡特金所著〈列寧談婦女、婚姻和性的問題〉，這在宣傳蘇聯領導人的文章中是極為少見的。為了便於讀者理解，編輯將全部內容分為：一、談勞動婦女的智慧和力量；二、談性和婚姻問題的階級性；三、談婦女工作是共產黨整個活動的一部分；四、要善於爭取和團

結全世界最廣大的婦女群眾。其中貫穿的列寧關於婦女解放思想，重點
仍然是強調婦女問題是社會問題的一部分，與無產階級革命運動緊密聯
繫，婦女要得到真正的解放，只有實現共產主義才有可能。

在斯大林去世的1953年，《新中國婦女》專門刊登了其論婦女的四
篇文章以示紀念。其中〈論勞動婦女〉和〈迎接第一屆女工農婦代表大會
五周年會議上的講話〉，已分別在1949年的創刊號和1952年1月號上登
載過。在〈論勞動婦女〉一文，斯大林的論點是：「勞動婦女，是被壓迫
群眾中的最受壓迫者，從來未曾也不可能徘徊在解放運動的大路之外。」
「勞動婦女、婦女工人和農民是工人階級的偉大的後備軍。這一後備軍
代表着整個人口的半數。婦女後備軍擁護工人階級抑或反對它，關係着
無產階級運動的整個命運，關係着無產階級革命的勝利與失敗。因此無
產階級及其先鋒隊——共產黨的第一個任務，就是為從資產階級影響
下徹底解放婦女工人和農民，為在無產階級旗幟下，進行政治教育與組
織婦女工人和農民進行堅決的鬥爭。」[40] 這裏斯大林提出了四點看法：
其一，勞動婦女是被壓迫群眾中的最受壓迫者；其二，婦女工人和農民
是工人階級的偉大的後備軍；其三，婦女後備軍擁護工人階級抑或反對
它，關係着無產階級運動的整個命運，關係着無產階級革命的勝利與失
敗；其四，共產黨的第一個任務，就是為從資產階級影響下徹底解放婦
女工人和農民。

在1952年1月號登載過的講話，斯大林反駁有人認為婦女教育沒有
什麼特別重要的意義：「我國約有一億四千萬人口，其中婦女約佔半
數，而且主要是受蹂躪、覺悟程度低、愚昧無知的女工和農婦。」因此
他認為至少有三點理由要教育婦女：一是女工與男工並肩工作，不能讓
愚昧無知的婦女毀滅了建設事業；二是女工、農婦與男工、農夫同是自
由的公民，她們有選舉權和被選舉權，如果愚昧無知，就會削弱和損害
我們的蘇維埃和合作社；三是女工和農婦又是母親，是未來一代的教養
者，她們是擁護蘇維埃還是同情神父、富農和資產階級，關乎下一代的
成長。

第三篇文章是斯大林〈論集體農莊對婦女解放的作用與意義〉，主要
提到集體農莊的女莊員是建設社會主義農莊的巨大力量。第四篇文章是

〈勞動婦女積極參加社會生活是國家文化水準增長的標誌〉。[41] 在戰後的蘇聯，由於青壯年男性在戰爭中的大量犧牲，婦女成為集體農莊中勞作的主力已是不爭事實，因此鼓勵婦女在集體農莊勞動，成為蘇聯政府的基本國策。

在以上這些不長的講話中，斯大林將教育婦女的前提，明確定位於勞動婦女是愚昧無知的。以今天的觀點來看，這樣居高臨下、大男子主義的歧視性語言，是婦女絕對不可以接受的。但在 1950 年代初期，在那個將領袖講話奉為神明的年代，在代表政府發號施令的國家級刊物上刊載出來，卻成為千百萬中國婦女必須認真學習並對照檢討自己的經典。

1953 年刊登的四篇講話，應該是斯大林論婦女解放的代表作，經過《新中國婦女》編輯部精心挑選出來的。由此可見，斯大林專門論婦女的講話極少，大部分是他在各種會議上的講話，並沒有一篇是專論性文章。對比毛澤東和中國共產黨領導人對婦女問題的論述，無論在數量還是立論與觀點上都無法相比較。

轉載《真理報》、《消息報》等報刊社論

除了登載列寧、斯大林的講話，轉載《真理報》、《消息報》等蘇共報紙刊物的社論，是《新中國婦女》宣傳蘇聯的一個重要方面。社論，是指報紙編輯部就重大問題發表的評論，不同於一般的文件，它是從思想認識上闡明問題，把社會生活現象和重大時政問題提升到一定的政策和理論高度加以分析闡述，從而具有高度的指導性，並對社會輿論發生重大的影響。

《新中國婦女》從 1949 年第 5 號第一次轉載蘇聯《消息報》社論〈大膽地提拔婦女擔任蘇維埃的工作〉，隨後的第 6 號是 1949 年的最後一期，仍然以轉載《蘇聯婦女》雜誌的社論開始，題目是〈光榮歸於母性〉，其中提到蘇聯婦女與共產主義的關係。1950 年第 8 號轉載了《真理報》的評論文章〈論蘇聯婦女在選舉中的任務〉，提到：「列寧與斯大林的黨，已使蘇聯勞動婦女在生氣勃勃的社會與政治活動領域內顯露頭角。」1953 年第 7 號只轉載了《真理報》社論摘要〈為和平而奮鬥的偉大力量〉。

從1949年第5號至1953年第7號，《新中國婦女》轉載《真理報》、《消息報》、《蘇聯婦女》等蘇共報紙刊物的社論並不多，共計四次。前三次都是在創刊初期的1949年和1950年，最後一次在1953年。明顯看出在創刊初期，伴隨着新中國的初建，直接借鑒蘇聯的建設經驗，也體現在直接轉載蘇聯報刊社論上，以蘇聯報刊社論宣傳的精神來引領社會輿論，指引中國婦女，是當時最快捷的方法。但這種現象只存在了很短時間，在1953年之後，這種情況越來越少直至消失，而轉載《人民日報》等中國共產黨機關報刊的社論，逐漸取代了對蘇聯報刊社論的轉載。

轉載專業人士的文章及講話

轉載蘇聯專業人士的文章及講話，是全面宣傳蘇聯社會主義與婦女解放的另一個重要方面，也是在《新中國婦女》中佔分量最大、篇幅最多的部分。這些文章大體可以分為兩個大類。

第一大類，是從不同角度、不同領域，全面介紹和宣傳蘇聯社會主義與婦女的文章。例如在創刊號中，首先登載了翻譯蘇聯作者謝明諾夫的〈社會主義與家庭〉。之後，為配合中國新〈婚姻法〉的頒布，1950年第10號和第11號，又分上下連載了斯維得洛夫的長篇文章〈論人民民主國家婚姻——家庭法〉。1952年5/6月號合刊，登載了弗‧柯爾巴諾夫斯基教授著的〈論社會主義社會的愛情、婚姻和家庭〉。

1949年第4號和1950年第9號，刊載了蘇聯婦女反法西斯委員會主席波波娃的兩次演說詞，呼籲「婦女應該成為積極爭取和平的戰士」。1952年5/6月號合刊，登載蘇聯婦女反法西斯委員會索菲亞‧基列芙斯卡婭的〈蘇聯婦女保衛着和平與兒童的幸福〉，都是強調婦女在保衛世界和平中的重要作用。

關於總論社會主義建設與婦女關係的文章，從經濟、國家政治生活、文化教育等方面闡明婦女和男子擁有平等的權利。例如：1951年第19號登載的蘇聯斯切潘諾娃的文章〈社會主義開闢了人類歷史上的新紀元〉，1952年第11號莫洛佐夫的文章〈蘇聯婦女是共產主義的偉大建設

者〉，1952年12月號刊登了蘇聯最高蘇維埃代表、《女工》雜誌主筆阿布拉莫娃撰寫的〈十月革命給蘇聯婦女帶來了什麼？〉，1955年第10號阿‧哈爾切夫〈婦女是社會主義建設的積極參加者〉，以及1955年第11號娜‧巴菲諾娃〈參加社會主義建設的蘇聯婦女〉的文章。

　　第二大類，是宣傳蘇聯普通勞動婦女參加社會主義生產建設，並取得政治上進步的文章，其中介紹普通女工工作經驗的文章尤其多。例如：創刊號有邦達列娃介紹〈職工會活動家──庫爾奇娜〉，1949年第2號登載紡織女工霍維爾霍娃的文章〈按照新的方法開始工作〉，1949年第5號車床女工奧爾格‧姆西拿寫的〈我的工作與我的家庭〉，同年第6號介紹蘇聯女勞動英雄巴夏‧安琪琳娜，以及介紹斯大林獎金獲得者、無線電女工娃琳丁娜，等等。而從1952年1月開始，刊物設立專欄「蘇聯婦女是我們的榜樣」，將介紹、宣傳蘇聯普通勞動婦女的文章統一歸納到此專欄之下。在刊載一年之後，1954年第11號作為專欄最後一期，發表了兩篇介紹蘇聯女工和農莊婦女的文章〈革新者〉和〈一個集體農莊的婦女們〉。此後雖然也有個別文章介紹蘇聯婦女，但像1952年全年的專欄性系列報道已經消失不見。由於被介紹的都是極為普通的女工，非常貼近中國百姓生活，這些蘇聯婦女的榜樣也很容易為中國婦女所接受。

　　除了以上兩大類的文章，有兩個細節的變化值得關注：一是1953年的第10號和第11號，由原來大張旗鼓宣傳蘇聯婦女解放及婦女榜樣，轉變為刊登蘇聯婦女的專業技術性論文，即蘇聯科學院院士、著名生物學家奧‧波‧列柏辛斯卡婭所著的〈走向科學的道路〉，文章選自她所著的《生命的起源》第一章。這似乎標示着學習蘇聯由政治向科技方向的轉變。二是1954年第2號刊登了斯‧劉比莫娃的文章〈沿着列寧的道路前進〉，這一期刊物是以「紀念我們偉大的革命導師斯大林同志逝世一周年」為標題開始，但登載的文章既不提斯大林，更不提當時的蘇共領導人赫魯曉夫，而是提示中國人要「沿着列寧的道路前進」，從中可以反思1954年中國與蘇聯關係、特別是中國共產黨與蘇共關係出現的變化。

翻譯蘇聯刊物文章和介紹蘇聯出版物

翻譯《女工》、《蘇聯婦女》、《家庭與婦女》等蘇聯刊物的文章，因為更加直接和便利，也是《新中國婦女》轉載和借鑒蘇聯經驗，宣傳蘇聯婦女的重要渠道。例如，1949年3月號刊登的〈蘇聯婦女的偉大貢獻〉，譯自1947年《蘇聯日曆》。1953年第8號介紹了《蘇聯婦女》1953年第3期的內容。1955年第11號刊載譯自蘇聯《家庭與學校》雜誌的文章〈對兒童進行兩性關係的教育〉，第12號則刊登了翻譯蘇聯《女工》雜誌的文章〈在完成第五個五年計劃中先進的蘇聯婦女〉。

此外，介紹蘇聯出版物，特別是蘇聯的文學作品，也是對中國婦女影響極大的一個方面。例如，1952年5/6月合刊登載陳德貴撰寫的《母親們的榜樣──〈卓婭和舒拉的故事〉讀後》。1954年第4號登載了蘇聯作家波列伏依的特寫集〈讀斯大林時代的人〉，文章主旨是歌頌蘇聯的婦女。1954年第10號刊登有李士媛的文章〈保爾·柯察金鼓舞我前進〉，等等。除此之外，為紀念「世界勞動人民的偉大革命導師」列寧誕辰85周年，刊發了四篇介紹列寧有關書籍《論列寧》、《列寧印象記》、《列寧的母親》和《列寧》的文章。在刊物的封底，經常刊登最新出版物，其中大部分為翻譯蘇聯的書籍。如1950年第11號封底介紹了新出版的《蘇俄婚姻、家庭及監護法典》、《蘇聯的家庭、婚姻與母性》、《新家庭論》；1950年第16期封底介紹的「學習時事參考讀物」中，就列舉了《蘇聯作家論和平》、《蘇聯在安理會的正義鬥爭》、《中蘇友好新條約》、《中蘇關係史料》、《論中蘇盟約》等等。

在1950年代初期的中國，蘇聯政治出版物以及電影和文學作品幾乎佔據着中國全部的文化領域。從電影文學作品中學習蘇聯婦女的榜樣，是最容易為廣大普通婦女所接受的。

中國領導人及專家的文章和講話

除了直接轉載刊登蘇聯的文章之外，由中國領導人及專家撰寫文章和發表講話，向中國人民宣傳蘇聯，也是學習蘇聯、擴大蘇聯影響的重要方面。

如1953年第4號因斯大林逝世，首先刊登了毛澤東的紀念文章〈最偉大的友誼〉，回顧了蘇聯社會主義的成就以及中蘇之間牢不可破的友誼。這是《新中國婦女》雜誌第一次刊登中國領導人的文章。而在創刊初期，1949年第2號，《新中國婦女》的第一任主編沈茲九寫的題為〈迎接新的政治協商會議〉的動員性文章，就特別寫道：「蘇聯婦女今天所得到的權利就是我們中國婦女明天的遠景。」「中國婦女政治地位的提高，也必須經過同樣的奮鬥，必須牢記毛主席在創刊號上給我們的指示。」1950年2月14日，中蘇兩國簽署了〈中蘇友好同盟互助條約〉及一系列經濟與外交的協定，為此胡韋德發表了〈偉大的無敵的同盟──歡慶中蘇友好合作的新時代〉的文章，認為兩個強大國家的友好合作關係由此進入了一個新的時代。

除了就特別重大事件發表的文章之外，還有更多是屬於介紹宣傳蘇聯的文章。如1950年第9號狄超白的介紹文章〈蘇聯減低物價，提高人民生活水準〉。1951年第19號刊登了吳全衡寫的〈熱愛祖國的蘇聯婦女〉。1952年10月號刊登了季玉的文章〈中蘇兩國人民偉大友誼的新發展〉。1952年11月號發表鄧穎超〈學習蘇聯人民崇高的共產主義道德品質〉的文章。1952年11月號有季雲介紹〈蘇聯向共產主義邁進的第五個五年計劃〉，揭示蘇聯國民經濟的快速發展。1954年第10號發表了劉錦璋的文章〈偉大無私的援助〉，此文據10月12日公布的中蘇兩國政府會談公報，總結五年來中蘇合作的巨大成就，等等。

由中國領導人和專家親自撰寫文章，向中國人民宣傳蘇聯，更容易聯繫中國社會的實際，例如介紹中蘇關係是怎樣的一種友誼，社會主義制度下人民的生活水準是如何提高的，關於蘇聯實行的五年計劃，蘇聯婦女熱愛祖國就要為祖國努力工作，蘇聯專家的無私援助等等，由於這些文章針對性更強，加之用中文語境來描述，也更容易為中國婦女所理解和接受。

中國婦女代表蘇聯參觀印象記

1950年代初期，是中蘇關係最好的時期，雙方從上到下互訪頻繁。為了更加直觀地了解蘇聯社會主義的模型和榜樣，不僅中國各領域

的代表團經常出訪蘇聯，例如文藝代表團、勞動模範代表團、工人代表團等，其中不乏婦女代表，全國婦聯也組織專門的中國婦女代表團到蘇聯參觀訪問。刊登中國婦女代表團蘇聯參觀印象記，也是介紹蘇聯婦女的重要方面。

其中主要有1950年第8號，刊登的李鳳蓮〈我看到蘇聯婦女積極參加了生產勞動〉和徐克立〈婦女是建設中的巨大力量〉。1950年第9號登載女作家丁玲訪問蘇聯的紀實文章〈蘇聯的三個女英雄〉。1952年10月號刊登了黑龍江省勞動模範郭玉蘭口述其隨同中國農民代表團訪蘇的見聞，記錄者起的題目是〈蘇聯的今天，就是我們的明天〉。1954年第1號刊登了題為〈赫魯曉夫集體農莊〉的短文，是作者陳學昭隨同中國婦女代表團參觀蘇聯所寫的參觀記。1954年第10號寶書撰寫了〈蘇聯的今天，就是我們的明天——蘇聯經濟及文化建設成就展覽會參觀散記〉的文章。

從1949年到1955年，《新中國婦女》以大量的篇幅和版面，以多種多樣的形式和管道，以完全不同類型的報道文章，宣傳蘇聯社會主義制度與蘇聯婦女解放，全方位介紹蘇聯婦女的勞動與生活。「蘇聯的婦女是我們的榜樣」、「蘇聯的今天就是我們的明天」既是專欄標題，又成為日益深入人心的口號。

宣傳蘇聯婦女時的中國特色

1949年中華人民共和國成立伊始，學習蘇聯，走列寧、斯大林開創的社會主義道路，就已經成為中共的既定方針。《新中國婦女》在宣傳蘇聯領導人婦女觀的同時，更以極為通俗易懂的語言，告訴中國婦女，在當今世界上的婦女中，要數蘇聯婦女最幸福，因為她們已徹底解放了。蘇聯社會主義制度一建立，就廢除了男女不平等的制度，取消了對婦女的一切歧視。婦女做工作、受教育、得到休假和報酬。蘇聯現在正向共產主義社會邁進，蘇聯婦女的幸福是她們積極回應蘇共政府號召，廣泛參與社會活動的結果。[42] 在中共建政初期，這不僅成為《新中國婦女》辦刊的主旨，更是滲透至每一期的內容裏。

但有意思的是，無論宣傳蘇聯婦女任何方面的解放，都會有相應的中國婦女也同樣獲得解放的例子，以此來證明中國正在追隨着蘇聯的腳步，中國婦女正在發生着新的變化。從這些文章中可以強烈感覺到，中國在宣傳蘇聯婦女時，一方面是選擇性非常強，另一方面是竭力保持中國共產黨和中國政府的自尊。

例如：《新中國婦女》在1949年刊載蘇聯《消息報》社論稱：蘇聯黨中央委員會指示，提拔婦女擔任領導工作，是一個十分重要的國家任務。「蘇維埃婦女是共產主義建設的積極、自覺、有充分權利的參加者。她們充分享有真正的自由、真正的政治上及經濟上的平等。」並舉例說：「在我們這兒，將近50萬婦女當選為地方蘇維埃代表，有1,700個婦女當選為加盟共和國和自治共和國最高蘇維埃的代表，有277個婦女當選為全蘇最高蘇維埃的代表。」[43] 而所有這些，都是十月革命和社會主義的勝利所帶來的。

同樣在1949年，儘管是很小的版面，刊登了第一屆中國人民政治協商會議女代表人數及職業的分佈情況。[44] 之後在1954年第7號，反映人民代表普選情況時，介紹婦女參加投票佔到登記參選婦女人數的34.01%；在選出來的基層人大代表中，婦女代表佔代表總人數的17.31%；北京市選出的市人大代表中，女代表106人，佔代表總數的18.8%。[45] 以此來證明，解放了的中國婦女也同樣享有選舉權和參政權，並在全國人民代表大會和政治協商會議代表中佔有一定比例。

還例如，蘇聯工廠裏的女工，和男工一樣在為社會主義建設而努力生產，不斷創新。在1952年的7月號上，宣傳蘇聯紡織女工瑪麗亞‧羅日涅娃，同時也樹立了中國紡織女工的榜樣郝建秀。[46]

蘇聯農村婦女在建設集體農莊中出了很多力，有20萬婦女是集體農莊的主席和隊長，有些成了優秀的拖拉機手。在1952年的1月號上，宣傳蘇聯女拖拉機手成為社會主義勞動模範、獲得斯大林獎章的同時，中國女拖拉機手梁軍、董力生也被大力宣傳，成為農村婦女的榜樣。[47]拖拉機這個外來詞是從俄語轉譯來的，也被看作是1950年代初農業現代化的象徵，能成為女拖拉機手，在當時無疑是非常榮耀和受人尊敬的。[48]

蘇聯有優秀的女飛行員，在1952年的4月號上，宣傳駕駛飛機的女飛行員帕絲柯時，中國還不可能在短時間內培養出自己的女飛行員，但也同時刊登新中國培養出了第一批女空軍地勤人員的文章和照片。

蘇聯有大批受過高等教育的女性，而中國在1950年代初期，大批勞動婦女仍處於掃盲階段，能夠接受高等教育的女性仍是極少數。1954年第10號封面，選用了莫斯科大學地理系中國留學生李文絢和她的蘇聯同學伊月塔·比琳娜共同觀看中國地圖的照片，並配以圖片說明：「兩位年輕的女學生看來是多麼愉快呀！1954年，中國高等教育部派遣了2,400多留蘇學生，其中602名是女生。」[49] 以此希望證明，中國女生同樣享有接受高等教育的權利。

蘇聯有良好的育兒教育機構和體制，以此解決參加工作婦女的家務之憂，還培養出了十分優秀的保育專家戈琳娜，她的照片成為1952年第11號《新中國婦女》的封面。[50] 而在1952年第8號封面背面，已有中國婦女為了解決帶孩子問題，農村成立了抱娃娃組的圖畫，以及工廠裏也在採用多種方式，解決女工的撫養孩子問題。[51]

在五十年代，能到蘇聯留學或訪問，被視為是無上榮耀的事情。對於大多數沒有機會去蘇聯的婦女來說，模仿蘇聯婦女的穿着打扮，成為當時的時髦。1950年和1951年兩期雜誌的封面，勞動婦女的衣服都是當時最時髦的列寧裝。[52] 列寧裝原本是男裝上衣，卻在當時的中國演變出女裝，並成為與中山裝齊名的革命時裝。穿列寧裝、留短髮，成為1950年代革命婦女的標誌。

除列寧裝外，當時很受女孩子歡迎的還有「布拉吉」（俄文譯音，意為連衣裙）。在知識婦女、特別是留蘇回來的婦女中，很多人模仿蘇聯婦女燙髮、穿布拉吉；中國傳統的旗袍，卻被冷落起來。1956年，已改名為《中國婦女》的雜誌在第4號載文〈一件花旗袍引起的風波〉，就是對當時時尚的反應。[53] 而中國婦女完全丟棄女性裝束，在衣着上與男人看齊，應該是反對赫魯曉夫和蘇聯修正主義以後逐漸開始的，至1960年代中期的文化大革命達到極限。

總之，在1949年至1955年間，中國婦女所有的成功，都被解釋為是學習蘇聯婦女的結果；而蘇聯的榜樣，也被成功地植入到中國婦女的

心中。在國家的宣傳倡導下，中國人生活中的蘇聯影響，達到令整個中國為之傾倒、追隨的程度。

對 1950 年代初期男女平等的反思

由於中蘇兩國歷史與文化的不同，以及經濟發展的差距，在宣傳蘇聯婦女的同時，針對中國社會特點而推進的男女平等政策，是伴隨着婦女掃盲、頒布和宣傳〈婚姻法〉、廣泛動員城鎮婦女就業、農村婦女參加集體勞動等一系列的社會主義革命、建設而展開的。

其中特別是從 1950 年代初期開始，照搬蘇聯的社會主義模式，由政府自上而下號召並負責安置了大批婦女勞動力到社會生產的崗位上。在「時代不同了，男女都一樣」、「男人能夠做到的，女人也能做得到」的口號下，形成了中國特有的短時期內大量婦女走出家庭，成為職業女性，進入社會領域的局面，這在中國歷史上是前所未有的。政府的強制措施，促使廣大婦女在就業方面第一次擁有了與男子平等的權利與機會。

在 1950 年代普遍貧困的中國社會，男女平等就業與男女同工同酬，對中國的傳統家庭及婦女在家庭中的角色與地位均產生了深刻的影響，使中國婦女的生活發生了前所未有的變化。從《新中國婦女》和當時《人民日報》的報道中，[54] 可以看到這些變化體現在：政府「廣就業，低收入」及「男女同工同酬」的政策，使婦女的工資與同行業男性基本持平或略低。婦女參加工作，逐漸改變了丈夫對妻子的角色期待，丈夫開始參與過去只是由妻子完成的事，如洗衣服、買菜、照顧孩子等等家務，妻子也開始對家中的大額支出有了支配權。婦女走出家庭，使選擇自由婚姻的餘地增加。1950 年代自由婚姻風氣的盛行，除了與新婚姻法的頒布有關，更與婦女參加社會工作有着直接的關係。婦女在家庭中的處境也大大改善，有些不願讓妻子出去工作的丈夫，被認為是封建舊思想嚴重的人，要受到親戚鄰里的批評與社會輿論的譴責。婦女廣泛參加工作，為婦女在社會生活各方面獲得與男性同樣的平等權利創造了條件，而且為爭取現實生活中的男女平等提供了經濟基礎。[55]

從1949年到1979年的30年間,男女兩性的社會地位差距明顯縮小,尤其在就業、受教育、家庭地位等方面尤為顯著。基於男女平等就業和男女同工同酬而產生的「男女平等」思想,在1950年代的中國已經深入人心,並且影響到每一個家庭。這種為全社會所接受、並受體制保障的男女平等意識形態,在相當長的時間內影響着中國人的思想與行為。甚至在改革開放以後的很長時間裏,面對婦女下崗失業,不僅婦女的心理無法承受,大多數男性也無法理解。

1950年代中國特有的男女平等現象,曾被一些學者批評為是「非性化」,認為女人承擔着和男人一樣的工作,使男女兩性的性別差異被忽略。[56] 值得思索的是,中國1950年代的男女平等政策與做法基本上照搬蘇聯,但對「非性化」的批評似乎並不包括蘇聯。追尋原因,其一,蘇聯婦女從來都以極為女性化的着裝示人,因此蘇聯婦女儘管進入了所有男人的領域工作,卻並不被認為喪失了女性特質。其二,批評者似乎混淆了1960年代文化大革命中女性着男裝,與1950年代女性學習蘇聯穿列寧裝、布拉吉的時代區別。其三,「非性化」的概括確實反映男女同等就業的現實,但又過於表面化,沒有看到女性首先作為人,享有同男性同等的就業權利和獲取同樣的報酬,給中國社會和婦女生活帶來的深刻變化。

與此同時,我們也不能不看到,中國1950年代的男女平等政策,是建立在社會主義計劃經濟基礎上的,其過程又是由國家行政力量自上而下推進的,它可以有效地在制度和意識形態層面上消除性別差異,但卻不能從根本上解決男女平等問題,不能對傳統性別角色作徹底改造。同時,由於這種性別差異的縮小是在普遍貧困的基礎上實現的,這就決定它只能在有限的時間與空間中起作用。貧困為男女平等提供了可能,貧困又將成為最終實現男女平等的障礙。

當計劃經濟體制一旦被市場經濟所替代,以計劃經濟為基礎的男女平等政策,立刻受到衝擊而動搖。最為明顯的例子,是中國婦女在改革開放後,面臨着自1949年以來從未有過的就業危機。其中特別是上海、北京等大城市和東北重工業基地,越來越多的下崗女工到婦聯哭訴,要求為其討回失去的工作。多數女性,特別是年齡大的女性,對1950、1960年代的「大鍋飯」仍然依戀。

　　經濟改革打破了原有的蘇聯模式，中國改革的決策者在處理男女平等與經濟效益問題時常常感到棘手。求男女平等，就要保證婦女的充分就業；講經濟效益，往往會砸掉一些女工的飯碗。這種平等與效益難得兩全的境況，常常使他們處於左右為難、進退維谷的地步。[57]

　　進入二十一世紀，對於中國五十年代男女平等的討論，仍存在兩種不同的聲音。在歷史學和婦女研究界，李小江的研究為多數學者所認同。針對西方一些學者的論點，特別是1995年世界婦女大會之後，中國婦女研究中出現的對於建國初期「婦女解放」的質疑與爭論，她反駁指由1949年中共建政至1976年文革結束，是中國婦女整體性地被解放、被塑造的「社會性解放」時期，中國婦女在最短時間內（不到十年）完成了群體「社會化」過程，與歷史上所有女性劃開了鮮明的界限，也為日後乃至今天婦女的群體性發展奠定了重要基礎。李小江認為，社會主義中國成功解放了婦女，其成功體現在兩個方面：中國婦女在較短時間內從「家庭中人」變成「社會中人」，是社會主義革命（而不是女權運動）的結果；中國婦女在法律上獲得廣泛的平等權利，是社會主義「平等」原則（而不是女權主義思想）的體現。[58] 她的文章批駁了對社會主義中國從反面加以否定的論述，即女性喪失論和社會主義阻礙（婦女）解放論；[59] 其次，她反駁了九十年代後期中國婦女研究界出現的以西方理論為法寶，進而否定自身社會曾存在過「社會主義制度下的男女平等」的論述。

　　近年對此問題提出不同解讀的，是華裔美國學者王政。她同樣認同五十年代初期社會主義中國男女平等的事實，但對此的解釋則完全不同。她在文章「試圖通過將女共產黨員置於歷史舞台的中心，來重新定義共產黨和社會主義革命」。她從五十年代初期社會主義中國的男女平等中，看到的是社會主義國家女權主義者在社會主義革命中的文化實踐，並提出「社會主義國家女權主義者」的概念，指的是「在社會主義國家權力機構中有意識地推動婦女的賦權和男女平等的國家幹部」，尤其是「專門做婦女工作的女幹部」。同時，她把《中國婦女》視為社會主義女權主義文化產品，一個女權主義運作的動態場所，以此來探究被隱藏和刪去的社會主義女權史。[60] 很明顯，王政試圖用女權主義來重新解釋和定義中國的社會主義革命和歷史。

與李小江所代表的論點明顯不同，王政的論點運用女權主義理論分析中國社會現象，對於 1950 年代初期社會主義中國的男女平等事實，前者強調的是中國社會主義制度的作用，後者強調的則是西方女權主義的作用。由此提出的更加重要的問題是：在現實中，女權主義能夠「重新定義共產黨和社會主義革命」嗎？

男女／性別平等：中國與西方的不同闡釋

很明顯的是，「男女／性別平等」理論在中國經歷了不同於西方的發展過程，也一直存在着不同的理解與表述。

十九世紀末至二十世紀初，特別是辛亥革命以後，與求民主、爭人權思想相一致，在政治、經濟、教育等領域爭取女權的運動活躍起來。應該說在這一階段，中國社會中一批主張變革創新人士對男女平等、女性解放的認識，原本就來自西方理論，因此與西方的解釋和認知並無多大差別。

中國共產黨成立以後，把遵循馬克思列寧主義定為建黨主旨，確立走蘇聯創立的社會主義道路為奮鬥方向。很早就將中國婦女在中國革命中爭取民族解放從而獲得自身解放作為奮鬥目標，將婦女解放運動融於民族解放運動之中，使爭取婦女權融入爭取民族權與爭取國家主權的目標。不僅是詞彙的翻譯與使用逐漸發生了變化，中國婦女解放理論與西方女權主義在內容、綱領等方面，都出現了較大差異。

中華人民共和國成立以後，被概括為「時代不同了，男女都一樣」、「婦女能頂半邊天」的男女平等思想，作為「改變婦女政治與經濟地位」的婦女解放理論的核心，成為社會主義革命建設的政策性、指導性理論之一。

從 1950 年代以來，中國與西方對男女平等、婦女解放的不同解釋，對社會意識與婦女自身產生了極大的影響。西方女權主義以反對並打破男權社會為理論核心，中國婦女解放理論以反對封建壓迫為理論核心；西方女權主義的對立面是男權，強調的是性別差異造成的權利不平等，中國婦女解放理論的對立面是封建壓迫與束縛，強調的是階級差異

造成的權利不平等；西方女權主義強調女性自身的主體地位與主體意
識，反對在社會、政治、經濟等一切領域將女性邊緣化，中國婦女解放
理論強調男女都一樣，男人能做到的事女人也能做得到，反對男女有差
別；西方女權主義以人權為基礎，強調婦女個人的權利，中國婦女解放
理論強調婦女整體利益和婦女整體的解放。[61]

　　由於有多方面的不同，強調個體權利、反對男權的西方女權主義，
很難為集體意識極強，並在經濟、政治、社會等領域已部分消除男女不
平等現象的中國社會所接受；而中國的婦女解放理論又由於其缺乏女性
的主體自覺，加之其產生與存在伴隨着政府在意識形態上的強制，而帶
有先天不足的局限，難以適應改革開放以後不斷變化的新形勢，更無法
對大量湧現的婦女新問題作出解釋。

　　面對截然不同的理論，一方面有學者認為，中國婦女的解放與西方
女權運動不同，不是婦女自己爭取來的，是社會主義革命的結果。因
此，在這個世界上，除了女權主義之外，還有其他的道路也可以通向婦
女解放，這就需要了解身處社會主義革命之中的中國婦女是怎樣評價馬
克思主義，看它給中國婦女帶來的實際好處和弊病。這裏首先區分了中
國婦女解放與西方婦女解放的不同之路，這一觀點已為目前大多數的研
究者所認同。[62]

　　另一方面，也有學者認為，儘管毛澤東思想可以部分地與二十世
紀西方馬克思主義進行對話，但作為整體的西方近代文化，基本上沒
有有機地融化到中國領導人的思想體系之中。中國革命初期的一整套
意識形態都來自蘇聯，其中包含對於婦女解放和性別平等的意識，毛
澤東的馬克思主義有鮮明的斯大林主義的烙印。[63]這裏需要進一步區分
的，是毛澤東的婦女解放、性別平等理論，與斯大林主義究竟有多大
程度的一致性，又有哪些不同？是否仍保留有中國自身的特色？中國
政府的性別平等政策哪些是直接借鑒社會主義革命樣板的蘇聯？這些
借鑒與模仿又是如何影響中國社會和婦女生活？這些都需要進一步深
入討論。

　　1990年代初期，西方女權主義理論被引入中國，其中不少流派為
中國學者提供了新的概念和視角（比如「女性主義」、「社會性別」概念）。[64]

不過有意思的是，這些理論的引入，儘管成功地佔領了中國婦女研究領域的絕大部分學術陣地，但學術化傾向始終解決不了她們面對的難題：一方面，在理論層面上，如何把握西方女權主義理論自身產生的歷史語境，以及各種流派自身的局限性？如何超越西方女權主義理論，從而能夠更全方位地認識和分析中國的婦女和性別問題？另一方面，如何使西方理論從書本落到實際？既能克服自身的水土不服，又能夠運用到社會實際問題的解決當中，特別是面對中國改革開放「新時期」產生的新問題？

進入二十一世紀，隨着中國經濟體制改革的深化，對於西方女權主義、社會性別理論的爭論逐漸平息，研究者不再在是否借鑒、借鑒多少、如何本土化等方面圍繞西方理論繞圈子，開始更多地關注和研究中國社會女性的實際問題，例如珠三角和長三角打工妹群體的現狀、下崗女工的再就業、農村貧困女童受教育、留守女童的性保護、女性移民的生活、反對家庭暴力等等多個方面。值得關注的是，有學者深入思考後提出，「為什麼一方面女性主義理論大舉進入中國，另一方面這些理論卻未能阻止性別歧視的蔓延和女性獨立意識的削弱？為什麼如今只有女權主義者才是批判性別歧視的專業戶？中國曾經的婦女解放運動精神以及男女平等的理念和實踐都『去哪兒了』？」研究者認為，當「新啟蒙」把革命過程中和革命後出現的問題和失敗直接歸結為封建傳統時，不但無法處理婦女解放的成功和成果，反而在質疑革命的同時，否定了婦女解放的歷史和現實重要性。[65]

可喜的是，中國婦女研究經過20多年的發展，積累了深厚的本土實踐經驗，中國學者開始對於社會主義婦女解放與西方女權主義的區別，特別在理論與實踐的層面進行深刻的反思。例如：為什麼要重估社會主義婦女解放的實踐和理論資源？如何評估社會主義婦女解放的實踐？中國共產黨婦女解放理論的內容是什麼？社會主義婦女解放與西方女權主義的區別是什麼？如何評價西方女權主義理論與社會性別理論對中國的影響？如何對其進行反思性批判？其中包括：介紹西方女權主義理論的時候，引進了什麼？接受了什麼？忽略了什麼？為什麼在中國開始資本主義化的1980年代，西方女權主義理論被傳播和接受？為什麼

最能夠體現馬克思主義思想的對階級的分析和對資本主義的分析，現在不提了？如何看待馬克思主義婦女觀中存在「去階級化」的問題？如何評價社會主義婦女解放實踐的當代價值？

不可否認的是，對社會主義婦女解放實踐的整體評價，是與對西方女權主義理論的傳入及評介始終纏繞在一起的。有學者提出，現在對社會主義婦女解放的思考，是在中國已經大量接觸西方女權主義以後進行的思考，從反思西方女權主義的接受史開始切入，是思考社會主義婦女解放的一個可行路徑。也有學者認為，現在理論研究缺失的現狀，不僅僅是因為中國婦女學界沒能重視和很好地總結中國社會主義婦女解放的理論和實踐，另一個潛在的原因是與西方理論/中國實踐的霸權式國際學術結構有關，西方被認為完成了女權主義理論的創造，而中國只需要「應用」而已。[66]

結　論

回顧1950年代中國大張旗鼓學習蘇聯、實現婦女全面就業的過程，雖然僅僅只有1949年至1956年的幾年時間，但對於社會主義剛剛建立，一切都處於百廢待興的中國來說，其影響是不可忽視的。

儘管當前學術界對1950年代中國是否實現了男女平等有很多不同看法，對婦女全面就業如何評價也存在着爭論，而且斯大林時代鼓勵婦女參加社會生產，與毛澤東一系列婦女解放理論並不完全一致，雙方在歷史、文化背景上更是有着極大的差異；但不可否認的是，學習蘇聯的結果，使「婦女與男人享有同樣的工作權利」，「男女同工同酬」的意識，在中蘇關係破裂以後的很長時間，甚至直至今天，仍然在大多數中國人心中佔有主導的位置。很多中國人並不了解西方女權主義的理論，也對此不感興趣，但卻對1950年代以來中國一直奉行的「男女平等」和「男女同工同酬」政策習以為常，不僅生活在1950年代的人們是如此，他們的兒孫輩也將其看作是中國社會的常態，既不是蘇聯的模式，也不是需要爭取的權利。現在的中國，在毛澤東時代長大和受教育的一代人逐漸步入老年，但毛澤東主張的男女平等思想（不完全等同於馬列主義），已經

在中國社會紮根，而且深入人心，短期內不可能被資本和商業化所提倡的價值觀所完全替代。

改革開放帶給中國人的衝擊與反思是強烈的，在蘇聯模式影響、西方女權主義和中國式婦女解放共存並相互影響的今天，中國婦女開始更多關注：什麼是真正意義上的婦女解放？改革為婦女就業與發展提供了多少新的機遇？如何面對改革中的男女不平等？而不再是單純模仿哪一個國家或哪一種模式。蘇聯模式與影響雖然已經成為歷史討論的話題，但在經濟全球化、世界多極化、文化多元化加速發展的時代，無疑在全面了解中國社會、中國婦女以及重新審視性別平等方面，仍然相當重要。

註 釋

1　本文為2007年6月22–23日，在美國哥倫比亞大學召開的「蘇聯對中國的影響：政治、經濟、社會與文化（1949--1991）」國際研討會上宣讀的論文。此論文在寫作過程中，白思鼎教授、李華鈺教授和 Jim Mclendon 都提出了很好的修改意見，特此致謝。

2　李從娜：〈近10年來建國初期中國婦女史研究綜述〉，《北京黨史研究》，2006年，第2期，頁30–32。

3　可參考于一：〈俄羅斯婦女運動及列寧斯大林的婦女理論〉，《中國婦運》，2010年，第12期，頁39–41；李丹：〈列寧的婦女解放思想及其實踐性探究〉，《佳木斯大學社會科學學報》，2010年，第5期，頁8–9；第6期，頁12–13；吳瓊、高靜文：〈列寧、斯大林的婦女解放思想及其實踐淺析〉，《中華女子學院學報》，2008年，第3期，頁5–8；王向賢：〈彰顯與隱約：第一、第二國際的婦女政策對共產國際及早期中共的影響〉，《山西師大學報》（社會科學版），2004年，第4期，頁128–35。

4　李秀清：〈新中國婚姻法的成長與蘇聯模式的影響〉，《法律科學》，2002年，第4期，頁76–89。

5　台灣中央研究院近代史研究所編輯並出版了《海內外圖書館收藏有關婦女研究中文期刊聯合目錄》，王樹槐等主編，1995年6月出版。其中詳細收錄了各類婦女刊物創刊、停刊，及現存刊物館藏的情況。二十世紀初隨着婦女解放運動的興起，中國大陸創刊了大量婦女雜誌與報紙，但多數是維持幾年即告停刊；1940年和1945年以後又有一波新的婦女雜誌創刊熱潮，但幾乎都在1948年停刊。1949年以後至1979年改革開放，中國大陸地區公開發

行的婦女期刊主要是《新中國婦女》(1956年以後改為《中國婦女》)，除此以外現存的僅有兩種刊物，其一是廣州婦女出版委員會出版的《廣州婦女》月刊，出版期數不詳，現只有1951年第7期存於美國 East Asian Collection, Hoover Institution 和 Library of Congress, Washington D.C.；其二是重慶西南婦女雜誌社出版的《西南婦女》月刊，現只有1952–1953年第11–21期存於南京大學圖書館。這兩種婦女刊物出於發行地區有限，數量極少，難以反映蘇聯對婦女的影響。而全國發行、影響力極大的《中國婦女報》，則創刊於1984年10月。因此，可以說《新中國婦女》(《中國婦女》)是1949年以後全國發行、對婦女影響最大的唯一一份婦女雜誌，也是本文以《新中國婦女》為主要資料來源的重要原因。

6　《新中國婦女》，1949年創刊號，頁34–37。

7　《新中國婦女》，1949年第2號，頁8–11。

8　《新中國婦女》，1949年第3號，頁37–38。

9　《新中國婦女》，1949年第4號，頁8。

10　《新中國婦女》，1949年第5號，頁7、26–34。

11　《新中國婦女》，1949年第6號，頁10–11、31、38。

12　《新中國婦女》，1950年第7號，頁32–33。

13　《新中國婦女》，1950年第8號，頁13–15、20–24。

14　《新中國婦女》，1950年第9號，頁16–19、32–37、52–53。

15　《新中國婦女》，1950年第10號，頁8–10。

16　《新中國婦女》，1950年第10號，頁19–22；第11號，頁19–21。

17　《新中國婦女》，1950年第12號，頁42。

18　《新中國婦女》，1951年第19號，頁22–25。

19　《新中國婦女》，1952年第1月號，頁24–25、7。

20　《新中國婦女》，1952年第2月號，頁20–21；4月號，頁24–25。

21　《新中國婦女》，1952年第5/6月號合刊，頁30–33。

22　《新中國婦女》，1952年第8月號，頁32–33。

23　《新中國婦女》，1952年第9月號，頁24。

24　《新中國婦女》，1952年第10月號，頁22–23。

25　《新中國婦女》，1952年第11月號，頁5–9。

26　《新中國婦女》，1952年第12月號，頁14–15。

27　《新中國婦女》，1953年第4號，頁4–12。

28　《新中國婦女》，1953年第10號，頁32–38；第11號，頁33–38。

29　《新中國婦女》，1953年第11號，頁6–7、19–23。

30　《新中國婦女》，1954年第1號，頁6–7、22–25。

31 《新中國婦女》，1954年第2號，頁10–13；第4號，頁30–31。

32 《新中國婦女》，1954年第5號，頁21–22。

33 《新中國婦女》，1954年第7號，頁18–19。

34 《新中國婦女》，1954年第10號，頁11–19。

35 《新中國婦女》，1955年第10號，頁14–17。

36 《新中國婦女》，1955年第3號，頁4–5、23–25。

37 《新中國婦女》，1955年第11號，頁18–20、22–23。

38 《新中國婦女》，1955年第12號，頁20–21。

39 《新中國婦女》，1950年第10號，頁8–10。

40 《新中國婦女》，1949年創刊號，頁6–7。

41 《新中國婦女》，1953年第4號，頁6–8。

42 〈工農婦女常識課本第35/36課〉，載於《新中國婦女》，1950年第9號，頁52–53。

43 蘇聯《消息報》社論〈大膽地提拔婦女擔任蘇維埃的工作〉，載於《新中國婦女》，1949年第5號，頁7–8。

44 《新中國婦女》，1949年第4號，頁39。

45 李屺陽：〈憲法草案貫穿着男女平等的精神〉，載於《新中國婦女》，1954年第7號，頁4–6。

46 《新中國婦女》，1952年第7號，頁20、33。

47 《新中國婦女》，1952年第1號，頁22、25。

48 《新中國婦女》，1952年第4號，頁14–18、24–25。

49 《新中國婦女》，1954年第10號，封面。

50 《新中國婦女》，1952年第11號，封面。

51 《新中國婦女》，1952年第8號，封面背面，頁22–23。

52 《新中國婦女》，1950年第10號，封面；1951年第18號，封面。

53 《新中國婦女》，1956年第4號，頁18。

54 可參考文紅玉、崔菲菲：〈淺析新中國建立初期婦女的政治解放：以1949–1956年人民日報為視角〉，《理論月刊》，2013年，第6期，頁38–41。

55 臧健：〈東西方文化視角中的中國婦女〉，載於盧偉編：《李珍華紀念集》（北京：北京大學出版社，2003），頁193–223。

56 首先提出異議的中國學者是李銀河，她的文章〈中國「非性化」與婦女地位〉，載於北京大學中外婦女問題研究中心編：《北京大學婦女問題首屆國際研討會論文集》（非正式出版，1992）。

57 「1988——女人的出路」，「敢問路在何方」的討論，卷首〈編者的話〉，載於《中國婦女》，1988年第1期，頁4–5。

58　李小江：〈50 年，我們走到了哪裏？——中國婦女解放與發展歷程回顧〉，《浙江學刊》，2000 年第 1 期，頁 59–65。

59　Mechthild Leutner：〈歐洲人的中國婦女觀：從馬可波羅到今天〉，《婦女研究論叢》，2000 年，第 1 期，頁 7–10。

60　王政：《創建社會主義女權主義文化陣地：〈中國婦女〉(1949–1966)》，《南京大學學報》，2010 年，第 6 期，頁 58–75、156。

61　臧健：〈對八十年代中期中國婦女史研究的反思〉，《中華女子學院學報》增刊，1999 年 8 月，頁 62–65。

62　李小江：〈關於「啟蒙」：與柯臨清 (Chris Gilmartin) 教授的對話〉，載於李小江等：《女性？主義——文化衝突與身份認同》〔南京：江蘇人民出版社，2000〕，頁 242–55。

63　單世聯：〈1956 年與毛澤東的文化思想結構〉，《博覽群書》，2004 年第 6 期，頁 16–23。

64　林春、劉伯紅、金一虹：〈試析中國女性主義學派〉，載於邱仁宗主編：《女性主義哲學與公共政策》(北京：中國社會科學出版社，2004)。

65　鍾雪萍：〈為什麼女權主義理論多了，婦女解放精神卻少了〉(2015 年 3 月 8 日)，「觀察者網」，http://www.guancha.cn/ZhongXuePing/2015_03_08_311422.shtml。

66　宋少鵬：〈「社會主義婦女解放與西方女權主義的區別：理論與實踐」座談會綜述〉，《山西師大學報》(社會科學版)，2011 年第 4 期，頁 143–49。

第五部

蘇聯在科學和教育方面的影響

第11章

中蘇在1950年代的學術交流：
質疑「衝擊—回應」模式

高白蘭（Izabella Goikhman）

　　政治政策、實踐和話語形成是國際學術交流的三個主要層面。分析這些層面之間的相互依存關係，有助我們全面了解不同的學術互動模式及其在政治和學術領域的影響。很多學術研究都從蘇聯對中國教育制度、[1] 具體院校、[2] 或特定學術討論的影響入手，分析蘇聯對中國話語形成層面的影響。[3] 中國學者沈志華最近的研究也為探析有關外國援助的政策框架提供了洞見。[4] 儘管如此，當時社會主義國家彼此之間（尤其是和蘇聯）建構的科學知識交流機制及促進其實現的政治背景，仍有待進一步研究。其中有兩個研究問題需要解答：中國和蘇聯兩國最初為何會對學術交流感興趣？知識交流具體是如何實踐的？

　　這兩個問題在以往的中蘇學術交流研究往往遭到忽略，主要原因是所謂的「衝擊—回應」模式，一直長期佔領該研究課題的理論視角。「衝擊—回應」模式往往與美國史學家費正清（John King Fairbank）的研究聯繫起來，影響了上世紀1950年代到1980年代眾多西方的漢學研究。在此範式下，中國被視為受外國影響後才會作出反應的被動實體。直到1980年代末「中國中心觀」興起，[5] 學界才逐漸改變中國研究的視角，開始關注中國自身的利益和代理行為。然而，此範式轉變並沒有觸及五十年代中蘇關係、中國教育系統以至中國自然和人文科學發展史的研究。[6]

　　「衝擊—回應」範式暗示了一種中國與西方的對抗或衝突，這裏的「西方」通常包括了沙俄帝國和後來的蘇聯。正因為這個暗含的對抗和衝

突及其在國際安全上的影響，中蘇決裂或許是中蘇關係研究中最常涉及的議題。由於過分關注衝突，西方學者很少注意到兩國其他的互動和合作。[7] 反觀中國和蘇聯 (俄羅斯) 的學者，則特別關注 1950 年代的蘇聯對華援助。[8] 但即便如此，他們還是遵循「衝擊—回應」的範式，把蘇聯作為雙方關係中活躍的主體，而中國則作為被動接受的一方。[9] 無論是較正面地評價蘇聯對華援助的前蘇聯和俄羅斯學界[10]，還是延續長久以來中國史學做法，把蘇聯援助政策視為「社會帝國主義」的近年中國學者研究，[11] 都沒有擺脫這種範式。[12] 在分析中國教育系統的研究，中方唯一獲得肯定的就是對蘇聯模式的創造性應用。[13] 中蘇的知識傳遞，可謂完全未曾被研究。[14]

「衝擊—回應」模式遺留的問題不僅體現在「中國對西方」、「被動對主動」的二元建構，採用該理論視角的研究往往專注外國的衝擊和影響，聚焦於學科和機構的微歷史，卻忽略了互動背後的大歷史和政治背景。這一點首先可從缺乏對研究時段之前的兩國關係歷史進行綜合看出來：對 1950 年代中蘇關係的研究沒有考慮中國共產黨與共產國際或蘇聯的關係，其次也未有考慮當代的政治和社會背景。儘管已有一些有關蘇聯怎樣影響中國教育體系和學術話語的學術研究問世，[15] 但迄今為止，有關在教育和學術範疇的中蘇合作和蘇聯在華顧問的研究，幾乎都沒有聚焦在中方在外國專門技術的利益。[16]

跨文化轉移的概念，在學術領域能夠有效克服中蘇關係研究中「衝擊—回應」範式的以往不足。分析跨文化轉移有助於識別行動者、知識的散播機制和戰略應用，同時還能將轉移過程整合到寬廣的社會政治環境中。[17] 這種研究路徑強調不同文化和國家之間的互動，而不是一方對另一方的影響。[18] 因此它關注的不僅僅是跨文化的衝突，而是包括了合作和協商的過程。

沿着這個路徑，本章分析中蘇科技合作背後的中國政策，以及五十年代中蘇學術互動的實踐，[19] 將中國作為中蘇關係的積極活躍主體來分析，以突破「衝擊—回應」範式的局限。[20]

1961 年 9 月 12 日，蘇聯駐華大使館科學技術合作顧問克里苗諾夫 (Ф. Клейменов, F. Klejmenov)，表達了他對於中方在兩國科學和學術合

作政策的觀點。他認為中國設法把合作塑造成單向流動，讓自己作為單純的接受方，目的是為中國未來科學的自主發展打下基礎。[21] 這樣的陳述在中蘇雙方相互指責的言辭中並不少見，1960年代蘇聯和中國常常使用類似的陳述。然而這樣的陳述並沒有公開化，因此當時並未有即時的宣傳價值。克里苗諾夫對北京和莫斯科科技合作的評價是事實嗎？在中國共產黨的文件中，可以找到解答。本文將使用多種刊物和大量檔案資料來支持我的觀點：中國將其與蘇聯密切的學術合作，作為「一邊倒」政策的一部分，為自力更生政策打下必要的學術根基。[22]

本章的第一部分將通過概述1949年以前的情況，分析中蘇學術交流的政治維度。我同時將分析作為主要對外政策的「一邊倒」，與在國內政策的「自力更生」概念，兩者有何關係，並點出科學技術轉移在這些政策概念中的角色。至於第二部分將集中討論1950年代兩國學術互動的具體實踐，最後解釋如何把這些兩國學術互動的實踐，放進自力更生的長期戰略的大背景中去理解。

中蘇學術互動的政治維度：
「一邊倒」的決定，自力更生和科學轉移

中日戰爭(1937-1945)和國共內戰(1946-1949)摧毀了中國的經濟。中共領導人認識到重建經濟不得不依靠外援。毛澤東在1962年說道，在當時的「客觀條件」下，把外援置於首位是「絕對必要」的。[23] 中共領導人認為鄰國蘇聯是中國唯一有希望可以獲得援助的國家。[24] 大部分關於此課題的研究文獻也證實，蘇聯是唯一能夠並且願意為中國提供援助的國家。[25]

向蘇聯「一邊倒」的政策，最初出現於毛澤東發表在1949年7月1日《人民日報》的〈論人民民主專政〉一文。但事實上，早在1947年秋，中共領導人就已經開始尋求與蘇聯更密切的關係。自1920年代以來，中國共產黨與蘇聯(和共產國際)的關係趨於複雜化。[26] 不僅是毛澤東，其他的中共領導人也不贊同共產國際的指導，也不滿蘇聯的對華政策。毛澤東在1956年與蘇聯大使尤金 (П. Ф. Юдин, P. F. Yudin) 的談話，總結了斯大林和共產國際政策的錯誤：斯大林高估了國民黨的革命潛力，迫

令中共與國民黨組成統一戰線，最終使中共蒙受巨大損失。第二次世界大戰結束後，斯大林還是不相信中共會取得內戰的勝利，堅持中共要與國民黨簽訂建立「民主共和國」的和平協議。即便是到了1947年，當中共軍隊勝利挺進時，斯大林還是堅持他的觀點。[27] 毛澤東在二戰期間數次拒絕斯大林要求，出兵牽制日軍以減輕蘇聯的壓力，並在延安開展整風運動，都令蘇聯深感不悅。[28]

在此背景下，中蘇結為同盟便顯得不太自然。學者對毛澤東向蘇聯一邊倒的決定給出了不同的理由：意識形態因素，例如共產國際主義，中共將自己視為世界共產主義的一部分，直接反對帝國主義國家；策略性因素，例如受到來自美國和美國支持國民黨政策的威脅，以及認為蘇聯是唯一有可能提供幫助的國家。[29] 也許意識形態和實用主義的兩方面因素都起到了決定性作用。下文將試圖闡釋「一邊倒」政策和自力更生政策的關係，及科學技術與這些政策的關聯。

劉少奇對「一邊倒」政策的宣告，首度公開聲明了蘇聯援助對於中國革命的重要：此前，毛澤東一再強調中共不應該依賴國外援助，而是應該靠自己。[30] 劉的聲明可以說是鼓勵蘇聯給予中國援助，但是毛的獨立自主、自力更生觀念，其實也沒有排斥外國專家。[31] 相反地，它一直被視為實現自力更生的政治工具。

自力更生的概念發展於1930至1940年代，當時的地方自治是地方經濟和軍事發展的生存策略。[32] 從一開始，自力更生並不意味着自給自足，因為只要中國能保有最終主動權，中共也並不排斥國際交流和外國援助。毛澤東在他每一次提及自力更生的時候，[33] 幾乎都強調了國外援助的重要。[34] 外國人在中國受到歡迎，以便中國人可以學習他們的先進經驗。[35] 然而，毛澤東把對捐助國家的依賴，與基於自力更生原則的接受外國援助明確分開，[36] 並且對「形式主義地吸收外國的東西」提出警誡。中共對待國外資源應該像對待食物那樣：「必須經過自己的口腔咀嚼和胃腸運動，送進唾液胃液腸液，把它分解為精華和糟粕兩部分，然後排泄其糟粕，吸收其精華。」[37]

因此，「一邊倒」的決定並沒有與「自力更生」的方針相悖。但是，在宣告「一邊倒」政策以後，作為內政主要政策的自力更生主張便在媒

體中逐漸消失了。人們開始使用新的口號，例如「獨立」和「主權」。這讓眾多中國學者得出結論，認為中共在1949至1958年廢棄了自力更生的方針。[38]不過實際上，與其說這是新政策，不如說它只是修辭上的改變。[39]中共不再提及自力更生有兩大動機：從國際關係戰略上看，這最好不要再提，因為畢竟中國需要蘇聯的援助；同時，中方也必須消除斯大林懷疑毛澤東是「中國鐵托」的想法。[40]在中國，無論在中共黨內和公共領域都要推廣「一邊倒」政策：雖然大部分中國民眾對蘇聯了解不深，而且由於沙俄的帝國主義政策、斯大林戰後的對華政策以及蘇軍在滿洲的活動，使得大多數知識分子和城鎮居民都對這位北方鄰居有着很不好的印象。[41]

有一些迹象表明，自力更生理論並沒有在中共黨內的討論消失。就在宣告「一邊倒」政策後僅20天，鄧小平便通知中共中央華東局的同志，重申毛澤東的指導：

「……我們提出的外交政策的一面倒，愈早表現於行動則對我愈有利……內部政策強調認真的從自力更生打算，不但叫，而且認真着手做（毛主席説，更主要的從長遠的新民主主義建設着眼來提出這個問題）……。」[42]「我們這樣做，即佔領全國、一面倒和自力更生，不但可以立於堅固的基礎之上，而且才有可能迫使帝國主義就我之範。」[43]

1949年夏，中共其他領導人把自力更生政策作為重建中國經濟的主要目標。[44]

同年12月，周恩來詳細闡述了外國援助與自力更生的關係。據他所述，中國需要外國援助，也歡迎友好國家的真誠幫助，但是中國應該主要依靠自力更生。周在談論了內政與外交時，不論在經濟還是政治領域，在外國援助和自力更生之間，總應是後者優先。他隨後還補充道，友好國家的真誠援助會幫助中國實現自力更生。[45]

因此，國外援助被視為中國實現長遠自力更生的手段。那麼在這一策略中，科學和技術轉移又扮演了怎樣的角色？

中共把發展科學技術視為建立新民主主義的不可或缺要素。馬克思主義理論和傳統，總是把科學技術視為經濟和社會轉變的基礎。[46]早在1920至1930年代，中共領導人就支持用科學來建設新中國和破壞舊制

度。[47]毛澤東在1940年就科學對社會主義生產的重要發表了講話：「自然科學是人們爭取自由的一種武裝。人們為着要在社會上得到自由，就要用社會科學來了解社會，改造社會，進行社會革命。」[48]對於科學的這種特別理解，中國本土發展幾乎毫無基礎，因此就需要來自國外的先進科學技術知識的轉移，來實現社會轉型和革命。[49]

蘇聯被認為是知識轉移的最佳來源有幾個原因。首先，蘇聯是當時唯一一個已經在發展社會主義科學，並將科學服務於經濟發展的國家。因此，蘇聯科學家和學者不但為中國提供了先進的科學知識，而且這些知識深植於馬克思列寧主義的意識形態之中。由於知識轉移在跨文化環境中尤為困難，而馬克思主義作為共有的文化背景，使得蘇聯所提供的知識可以更容易地翻譯和轉移到中國來。[50]

其次，援華的蘇聯專家在政治上的威脅較小，不會像跟中國有着不同意識形態價值觀的其他國家專家那樣的難以掌控。用毛澤東後來的話說，蘇聯專家「又紅又專」。[51]最後，由於過去的緊張關係，中共已經在1920和1930年代發展出自己與蘇聯的互動模式，也學會了如何在應對蘇聯時保持最大限度的自主權。[52]對毛澤東而言，他一直對與任何國家建立緊密兼不受控制的關係，抱有很大戒心。[53]如上文提到的，這些考慮或許是至關重要的。

蘇聯願意給予中國援助，出於以下幾個原因。前蘇聯和俄羅斯學者一直強調，國際主義色彩在蘇聯對外援助中十分重要，因為這不僅是蘇聯外交政策的基本原則，而且在戰後意識形態的兩極體系形成後，蘇聯不得不堅持這一原則。由於「大家都堅信，在世界政治一個國家的名聲是最重要的，即使是在特殊的情況下⋯⋯這樣做也許不利，也要堅守自己對未來的承諾」，因此建立國家形象極為重要。[54]儘管國內經濟狀況仍然非常困難，蘇聯通過援助中國，提高了其在國際舞台上的威望。即使是在1960年代初期蘇聯突然撤走援華專家的時候，蘇聯的總路線仍是履行了新制定協議規定中的承諾，從而令中方無法公開指責蘇聯無意合作。[55]

蘇聯專家幫助中國迅速地發展了科學和經濟，但他們也引導了發展的具體方向。讓中國強大起來關乎蘇聯的國家安全，而只讓中國變得如

蘇聯所想要的那麼強大，也是蘇聯的國家安全問題。控制對華的知識傳播，成為蘇共中央直接監督下的第一要務。

另一個很重要卻常常被中蘇關係研究學者遺忘的範疇，是蘇聯在交流過程中獲得更多知識。[56] 蘇聯學者特別是科學家，需要向蘇聯領導人匯報中國的最新科學發展。尤其是在五十年代下半葉，兩國在學術交流的過程中愈來愈強調公平對等。再者，蘇聯在實現重要的大規模項目需要中國的合作，例如對黑龍江（阿穆爾河）流域的開發。[57]

由於中蘇兩國背後動機的部分矛盾，以及中國在不同領域需要依賴蘇聯援助的程度，中國領導人的真正挑戰，是怎樣在獲得援助和避免經濟政治全面依靠蘇聯之間取得平衡。[58] 科學轉移對於實現這一目標至關重要。技術轉移涉及引進外國設備，並在應用時獲得技術上的過程；而科學轉移則與技術轉移有別，可以使外國知識和技術「中國化」。這意味着受助方達到了必要的科學水平，並有能力通過自己的創新，改進轉移進來的技術或知識。[59]

如果自力更生是中共的目標，「一邊倒」政策下的知識轉移是實現國家獨立自主的手段，那麼它也勢必影響到中蘇學術互動的模式。

政策實施：
長遠自力更生戰略框架內的五十年代中蘇學術互動

1950年代蘇中兩國的科學和技術轉移，被視為當代史上最重大的事件之一。[60] 學術知識轉移在1953年之前，主要通過出版物的交流來進行；1953年後學術合作變得更制度化，人員交流也更加頻繁。[61]

雖然因為對於誰是「專家」沒有明確的定義，統計數據也大多零碎，因此難以確定在華工作蘇聯顧問和專家的確切人數，但是一般估計，從1949至1960年間，約有一萬名非軍事專家在中國服務。[62] 沈志華結合了俄羅斯和中國的檔案資料，認為專家人數逾12,000名。[63] 僅中國科學院就聘用了60名蘇聯顧問，還邀請了820位蘇聯訪問學者。[64] 另一方面，逾兩萬名中國學生、[65] 技術人員和學者在蘇聯學習或訪問。[66] 當時也有當中大部分為漢學家的蘇聯學生在華學習，但確實人數並不清楚。[67]

出版物、研究材料、書籍譯本以至廣泛的聯合研究項目，都是十分重要的知識轉移方式。

中蘇學術互動是科學技術轉移的一部分，涉及了不同層面的知識轉移：不僅存在於蘇聯和中國的科學院院士、教授和學者之間，也存在於兩國研究機構工作者和學生之間。一些在中國的蘇聯顧問和訪問學人都是著名的科學家，在蘇聯科學院佔據重要的地位，例如蘇聯科學院技術科學部的副秘書長拉扎連柯〔Б. Р. Лазаренко, B. R. Lazarenko)，曾擔任兩年(1955–1957)的中國科學院院長顧問。這些來自蘇聯的教育專家，通常至少是副教授。[68] 中國學術界最高級別的代表團，一般包括著名學者和科學家，例如在1953年，時任中國科學院院長郭沫若訪問蘇聯，[69] 時任中國科學院近代物理研究所所長錢三強率領中國學者代表團。[70] 同時，較低級別的研究機構和學術組織也有交流和聯繫，[71] 但涉及的學者沒有那麼著名，而相關活動的記錄也沒有高級別交流那麼細緻。

「高級別」代表團和專家的活動，並不僅限於邀請他們的研究機構。前文提及的由錢三強率領的中國代表團，訪問了大約一百所蘇聯科學院的科學機構、各政府部門、大學和學院。他們還訪問了不同蘇維埃加盟共和國的科學院和研究機構。[72] 在中國的蘇聯專家也是一樣。他們不僅在被指派的特定課題工作，也面向更廣大的聽眾舉行講座，其中包括來自不同城市的其他學科和學術機構的學者、技術人員、實驗室助理以及大學本科生和研究生。他們還作為顧問，前往不同的研究機構舉行講座。[73] 不僅如此，有關當局還印製了約500至1,000份這些講座的講義翻譯文本，分發至中國不同的學術機構、圖書館和企業單位。[74] 因此，當年參與學術互動和知識轉移的人力，遠遠要多於訪問學者的人數。

由於中方認為科技對於國家自立發展非常重要，中共早在建政之前就採取主動，提出了中蘇科學技術合作協商的課題。1949年2月，當米高揚 (A. I. Mikoyan) 在西柏坡的時候，中國當時需要的大多是蘇聯在軍事、工業和經濟上的援助。[75] 然而，同年6月至8月由劉少奇率領的中國訪蘇代表團，同時也關注技術、科學和文化交流。代表團請求蘇聯派遣教師到中國授課，同時接待中國代表團到蘇聯考察訪問並錄取中國留學生，都得到了蘇聯方面積極的回覆。[76]

　　1949年8月，一個220人的蘇聯專家團，隨同中國代表團抵達中國。他們的官方任務，是協助東北三省新成立的共產黨政權。[77]在莫斯科達成的首項學術文化合作協議，是蘇聯派遣由43名學者和藝術家組成的代表團於1949年9月訪華，參與中華人民共和國成立的慶祝活動。[78]此後，毛澤東向蘇聯專家反覆強調，中國共產黨不論是在抗日戰爭還是國共內戰都是依靠自己，[79]中方並不願意盲從蘇方的建議。他認為蘇聯專家才剛剛來到中國，並不太熟悉中國的特定情況，因此他們應當諮詢中方的意見。[80]毛在1950年再次強調，當蘇聯專家來到中國的時候，需要學習中國的國情。[81]毛清楚地表述：中方有興趣合作，但不接受被指揮。

　　新政權成立後的幾個間，中國領導人多次聯繫蘇聯駐華大使羅申(Н. В. Рощин, N. V. Roshchin)，表明中國存在的困難並請求蘇聯援助。比如，郭沫若告訴他，國民黨把中國科學院大部分的儀器設備和材料都送到台灣。[82]應中方的要求，蘇聯派遣專家到中國。[83]在沈志華看來，中國和東歐的情況有別。蘇聯派遣專家到東歐是為了控制新成立的社會主義國家，但派往中國的專家則是應中國領導人邀請，幫助鞏固新政權並促進中國的經濟和科學發展。[84]雖然蘇聯在幫助中國時也是出於自身利益，但是沈志華提出了挑戰「衝擊—回應」範式的重要觀點：中方明顯地是這次合作的一個活躍主體。

　　1950年至1951年間，中蘇簽署了三份有關蘇聯專家在華工作條件的協議。[85]這些協議都被視為中方作出的重大突破。中國駐蘇聯大使王稼祥，就第一份協議與蘇聯外交部副部長葛羅米柯(А. А. Громыко, A. A. Gromyko)進行協商，表達了中國領導層希望發布協議和會談公告的意願。蘇方卻拒絕這樣做，並指出蘇聯此前與其他社會主義國家簽訂的有關蘇聯專家的協議，從來都沒有公開發布。[86]當然，其他的課題都服從於此協商。其中一些是有關措辭，[87]其他則涉及更敏感的話題，例如支付專家的資金。儘管中方成功降低了援華專家的部分薪酬，但卻未能說服蘇聯承擔先期召回專家的費用，不管這些專家在華逗留的時間。[88]蘇方堅持，只會承擔那些在華工作少於六個月的專家費用。

雖然這三份協議是針對所有類型的專家，但雙方卻沒有就推進學術關係達成特定的協議。1953年斯大林去世後，兩國的科技合作變得更制度化，較從前也更加密集。兩國在1954年10月簽署了〈中蘇科學技術合作協定〉，更進一步地促進了「中蘇科學技術合作委員會」的建立。這個於1955年成立的委員會，輪流在北京和莫斯科舉行每年度約兩次的會議。[89]科學技術合作委員會負責自然科學領域的合作事宜，而社會科學和人文科學的合作則由蘇聯和中國的科學院來計劃和實行，雙方都簽署了各自的合作協議。關於中國發展的重要決定，例如發展中國的「1956–1967年科學技術發展遠景規劃」，則經歷了中蘇專家之間複雜的協商過程。[90]

中方不僅積極地制定一般性的政治決策，同時也積極地影響着這些決策的最終實施，而這些是蘇聯當局不能做到的。其中的一個原因，是蘇方難以實施監督：雖然對專家的提名是一個總會涉及蘇共中央委員會的複雜過程，但是正如1920至1930年代被派遣到中國工作的共產國際顧問一樣，蘇聯當局難以對其外派至中國的工作人員實施足夠的監管。蘇聯科學院主席團對外部主任抱怨與外派專家的聯繫欠佳，[91]這些專家沒有按照規定，匯報自己在華的生活和工作。[92]蘇聯領導人甚至向中方承認，他們無法控制每一名在華工作的專家。[93]

有證據顯示，蘇聯大使館需要依賴中方的消息來源，來獲得在華工作蘇聯公民的信息。蘇聯駐華大使館的翻譯員費多托夫 (В. П. Федотов, V. P. Fedotov) 曾寫道，中國外國專家工作局的公告非常重要。因為這些公告只能在大使館內保留短短一天，以致大使館內每一名懂中文的人員都要參與公告的翻譯工作。[94]

Deborah Kaple 在與前蘇聯顧問和專家訪談後得出了這樣的結論：「很多與項目相關的工作，依靠的都是蘇聯專家、教師和顧問」，而並非那些派遣他們到中國工作的機構。[95]也有一些迹象表明，蘇聯專家的工作計劃是由邀請的機構制定的，有時還包括了不止每個月、甚至是每天和每小時的詳細計劃。[96]當專家到達中國後，才再討論計劃細節。[97]

克洛奇科 (Михаил Клочко, Mikhail Klochko) 對自己在華工作的憶述，也充分說明了蘇聯當局當年對援華專家控制有限。[98]他的案例表

明，中方可以對某個專家提出要求，至少在某種程度上，能夠影響他在中國逗留的時間。[99] 儘管在1953年後，中蘇兩國都同意中方在邀請和聘用蘇聯專家時，應當徵詢蘇聯駐華大使館的意見。[100] 其他學者則記錄稱，在獲委派工作的中方機構提出請求後，他們延長了在華工作的時間。[101]

正如下列的個案表明，中方機構對個別蘇聯學者所作的評價，比蘇聯首席顧問的意見看似更加重要。例如在1957年5月，當時中國科學院院長郭沫若的顧問謝爾久琴柯 (Г. П. Сердюченко, G. P. Serdyuchenko)，曾向蘇聯駐華大使館文化與科學司主管蘇達利柯夫 (Н. Г. Судариков, N. G. Sudarikov) 匯報，指因為中方對捷尼舍夫 (Э. М. Тенишев, E. M. Tenishev) 的工作不滿，[102] 試圖縮短他在中國逗留的時間。然而結果卻是，謝爾久琴柯雖然表達了其個人意見，但是捷尼舍夫不僅沒有被召回，後來還延長了在中國工作的時間。[103]

隨着兩國的科學技術轉移日趨制度化，自1954年起蘇聯來華專家人數迅速增長，加上部分蘇聯顧問的問題以及雙方管理不善的問題日益凸顯，中方開始再次強調自力更生，傾向減少專家的人數。早在1956年1月，也就是在赫魯曉夫於1956年2月蘇共二十大發表秘密講話之前（學者常把這次大會視為中蘇關係的轉折點），周恩來便告誡中國知識分子不要凡事都從蘇聯那裏尋求答案，因為這會導致產生依賴心態。可是他仍然表示，中國在很多技術問題上仍然需要蘇聯的幫助。[104]

1956年10月，在蘇共第二十次代表大會以及波蘭十月事件的影響下，蘇聯當局頒布了〈關於發展和進一步加強蘇聯同其他社會主義國家的友誼和合作的基礎的宣言〉，其中透露出想要召回外派蘇聯專家的意願。[105] 然而，中方仍然需要蘇聯的援助，促進與蘇聯的緊密學術聯繫和學術交流的進一步制度化，以讓知識轉移更有效地進行。但中方同時也警惕需要避免產生依賴，防止那些中方不樂見的思潮流入，並且避免蘇聯干預中國內政。[106]

同年12月，中共中央委員會批准了〈1956–1967年科學技術發展遠景規劃〉，規劃了未來學術合作的基本原則：爭取自力更生，但也接受兄弟國的援助，學習國外的成就，但也要結合中國的特殊經驗。奠

定科學技術自力更生的基礎，成為每一個科學領域從業人員最重要的目標。[107]

隨後，中國對蘇聯專家的政策出現具體變化。1957年2月，副總理陳雲在國務院會議上批評一些部門聘請了過多的蘇聯專家。國務院因此下達通知，列明聘用蘇聯專家的新原則，要求減少專家的人數，只有在有真正需要時才讓蘇聯專家參與有關項目。同年8月國務院再下達通知，把聘用蘇聯專家的原則概括為「少而精」。[108] 這個詞彙也許是出自列寧發表於1923年3月4日的文章，強調質量重於數量。

根據這政策，蘇聯在華專家的人數自1957年起減少。可是，一些學術領域的蘇聯專家人數卻仍然持續增長：[109] 不僅在例如計算機、[110] 核研究等新科技領域，[111] 還包括兩國學者在1956年才開始接觸交流的人種學。[112]

1958年9月，蘇共中央委員會再次提議減少在華蘇聯專家的人數。蘇方向中方解釋原因時稱，蘇聯專家的繼續存在可能會妨礙中方人員的活動，限制他們的進一步發展。[113] 而在此前兩個月召開的蘇共政治局會議，卻沒有討論上述提議的理據。蘇共就在華蘇聯專家的決議辦法表述十分簡短：「我們想擺脫（他們）。」[114] 減少蘇聯專家的人數，被視為「政治上和經濟上都合理」。[115]

儘管蘇方並沒有隱藏他們想減少在華專家的意圖，中方並沒有把其暴露出來。即使在1959年有關趨勢已十分明顯，蘇聯代表指根據中國的文化和經濟發展狀況，兩國交流已發生結構性轉變的時候，中國官員仍然稱來華的蘇聯代表團數量和活動減少，只是因為即將舉行國慶十周年慶祝活動的原因。[116]

雖然我們需要把學術交流政策的改變，放進中蘇關係逐漸惡化的大背景下來看，但是科學技術狀況對於兩國關係的重要性，也絕對不可低估。正因為在蘇聯援助下中國已經達到了科技發展的若干水平，中共在1958年才可以作出確立「自力更生為主、爭取外援為輔的方針」。[117]

那時，大部分訪問過中國的蘇聯學者都報告說，中國有「裝備精良」的科學設施和「受過良好教育」的科學家。[118] 與早期的中蘇交流報告都強調蘇聯援助成成對比，蘇聯科學家在報告中清楚表明，他們在中國期間

自己也獲得了新知識，這些新知識最終也令蘇聯科學受益。[119] 雖然這樣的表述需要放進蘇聯的政治背景來理解——官方總是把科學合作稱為雙贏，但是中蘇學術交流出現這種變化仍是值得注視。

在1958年前的幾年，從中國到蘇聯的知識轉移就已經出現了問題。蘇聯專家抱怨沒有獲允分告知中國的情況，[120] 蘇方只能通過成立特別的學者小組，來為蘇聯學者提供中國自然科學和人文科學領域最重要出版物的信息，從而令蘇方能在兩國學術交流中受益。[121] 儘管有蘇聯訪問學者提及了兩國學術交流的顯著發展，但是中方在1956年後，便不那麼認真地履行中蘇合作協議上的承諾：他們寄送的書籍和技術資料都比協議中所規定的更少。[122]

蘇方在1957年對不平等的學術關係表示擔憂。當時身為中國科學院重要的蘇聯顧問拉扎連柯 (Б. Р. Лазаренко, B. R. Lazarenko)，指出主要問題是蘇方態度被動，對中國實際的學術水平無知。中國在一些學術領域已經高度發達，蘇聯學者和科學家應該向他們學習。他建議蘇方應該停止對中國的幫助，開始兩國「正常的」合作。[123] 一年後，蘇聯關於兩國科學院當代關係的報告，表達了同樣的觀點。[124] 文化和科學合作計劃反映了要求更平等合作關係的願望，但中方卻抱怨蘇方過於在意交流的公平對等。[125]

在呈送給蘇聯外交部的報告，並沒有觸及上述議題。相反，由於蘇聯在經濟和科學上的領導角色，協議承諾中的明顯不對等也被視為正常。不過，蘇聯外交部遠東部的人員對這些不對等提出質疑，在報告頁邊作出附註：「難道這種差異不應該被質疑嗎？對此更恰當的解釋應該是對中國的認識不足，加上蘇聯機構沒有能力未能採取恰當的措施，學習中國的成就。」[126]

上述批評是恰當的，蘇方未能做好從中國接收知識轉移的工作，但是中方無意建立對等的合作關係也是事實。1960年5月，中國駐蘇聯大使館科學技術合作顧問黃儀章，在與蘇聯科學院的人民民主國家分部主管普拉索洛夫 (С. И. Прасолов, S. I. Prasolov) 談話時，毫不猶豫地把上述問題說出來。當談到實施1960年合作計劃的困難之時，普拉索洛夫提出了協議中對等交流的問題。蘇聯已經根據協議派遣科學家和學者到

中國，但是中國卻沒有派過一個人到蘇聯。黃對此簡單地解釋道：他作為中方的代表，交流注重的並非金錢或者對等，而是以最有效率的方法提高中國的科學水平。普拉索洛夫不得不明確表示，蘇聯專家派駐中國，需服從於蘇聯要求的對等交流原則。[127]

同樣令人震驚的是，令蘇聯受益的中蘇知識轉移，大部分都是在中國的中國歷史學者和蘇聯漢學家之間進行。[128] 在中方認為較重要的自然科學和科技範疇，中國學者通常都是去蘇聯訪問，學習新的知識，卻沒有把他們的知識傳授給蘇聯的同行。這樣的環境讓克里苗諾夫在1961年得出結論，認為中國從一開始就只想着自己的發展。[129]

結　論

蘇聯的知識輸送對中國學術發展來說，並非完全是有利的。兩國開展緊密學術交流的直接結果，包括中國官方完全終止了一些學科，諸如社會學。[130] 一些後來被證明是錯誤的理論在當時被廣泛傳播，諸如遺傳學的「李森科主義」（Lysenkoism）。[131] 儘管如此，中方利用蘇聯援助的策略成功了，為將來中國學術體系的獨立發展奠定了基礎，並推動了本國的經濟和社會發展。中蘇決裂後，中國不僅成功地持續了本國的發展，而且也成為知識傳播的重要源頭，為很多其他發展中國家提供援助。中蘇學術交流在中國避免完全依賴蘇聯扮演了重要角色，因為它為中國提供了日後有用的理論和應用知識。

註　釋

1　Stewart Fraser, "China's International, Cultural, and Educational Relations: With Selected Bibliography," *Comparative Education Review*, issue 13, no. 1 (1969): 60–87; Ronald F. Price, "Convergence or Copying: China and the Soviet Union," in Ruth Hayhoe and Marianne Bastid, eds., *China's Education and the Industrialized World: Studies in Cultural Transfer* (Armonk: M. E. Sharpe, 1987), pp. 158–183, 316–322; Suzanne Pepper, *Radicalism and Education Reform in 20th Century China: The Search for an Ideal Development Model* (Cambridge:

Cambridge University Press, 1996), pp. 157–255; 李濤：〈建國初期前蘇聯教育專家來華的歷史考察〉,《山西大學學報 (哲學社會科學版)》, 2006年, 第1期, 頁135–140；王剛：〈我國高等教育學習蘇聯經驗研究綜述〉,《寧波大學學報 (教育科學版)》, 2006年, 第2期, 頁84–88。

2　例如, 參見 Douglas A. Stiffler, *Building Socialism at Chinese People's University: Chinese Cadres and Soviet Experts in the People's Republic of China, 1949–1957* (Ph.D. dissertation, University of California, San Diego, 2002); 王雯：〈中國大學學習蘇聯教育經驗開展教學改革的歷史回顧──以清華大學為案例〉,《清華大學教育研究》, 2003年, 第6期, 頁79–85；彭澤平、姚琳：〈重慶高校學習前蘇聯教育經驗的歷史與反思〉,《重慶郵電學院學報 (社會科學版)》, 2003年, 第2期, 頁93–97；Zhang Jiuchun and Zhang Baichun, "Founding of the Chinese Academy of Sciences' Institute of Computing Technology," *IEEE Annals of the History of Computing* 29, no. 1 (2007): pp. 16–33.

3　參見 A. M. Reshetov (А. М. Решетов) and Khe Goan' (Хе Гоань), "Советская этнография в Китае" (Sovetskaya Etnografiya v Kitae) [Soviet ethnography in China], *Sovetskaya Etnografiya [Soviet Ethnography]* 4(1990): 76–93; Gregory Eliyu Guldin, *The Saga of Anthropology in China: From Malinowski to Moscow to Mao* (Armonk: M. E. Sharpe, 1994), pp. 111–130; Q. Edward Wang, "Between Marxism and Nationalism: Chinese Historiography and the Soviet Influence, 1949–1963," *Journal of Contemporary China* 9, no. 23 (2000): 95–111; Cheng Huanwen, "The Effect of the Cold War on Librarianship in China," *Libraries & Culture* 36, no. 1 (2001): 40–50; Laurence Schneider, *Biology and Revolution in Twentieth-Century China* (Lanham: Rowman and Littlefield, 2003); Бао Оу, "Теория резонанса в 1950-х гг. в Китае" (Teoriya rezonansa v 1950-kh gg. v Kitae) [The resonance theory in China in the 1950s] in Российско-китайские научные связи: проблемы становления и развития (*Rossiysko-kitayskie nauchnye svyazi: problemy stanovleniya i razvitiya*) [Russian-Chinese scientific relations: problems of formation and development] (Sankt-Peterburg: Nestor-Istoriya, 2005), pp. 170–185; Hu Danian, "The Reception of Relativity in China," *ISIS* 98 (2007): 539–57.

4　沈志華：〈對在華蘇聯專家問題的歷史考察：基本狀況及政策變化〉,《當代中國史研究》, 2002年, 第1期, 頁24–37；沈志華：《蘇聯專家在中國》(北京：中國國際廣播出版社, 2003)；Shen Zhihua, "A Historical Examination of the Issue of Soviet Experts in China: Basic Situation and Policy Changes", http://www.shenzhihua.net/zsgx/000133.htm, (2018年8月4日瀏覽)。

5   Paul A. Cohen, *Discovering History in China: American Historical Writing on the Recent Chinese Past* (New York: Columbia University Press, 1984).

6   Grace Shen, "Murky Waters. Thoughts on Desire, Utility, and the 'Sea of Modern Science'," *ISIS* 98 (2007): 585. 王作躍主張中國科學歷史研究的「轉折點」，強調現代中國科學的跨國性質。Wang Zuoyue , "Science and the State in Modern China," *ISIS* 98 (2007): 567–569.

7   Lowell Dittmer, *Sino-Soviet Normalization and Its International Implications, 1945–1990* (Seattle and London: University of Washington Press, 1992), p. 10; William C. Kirby, "China's Internationalization in the Early People's Republic: Dreams of a Socialist World Economy," *The China Quarterly* 188 (2006): 872.

8   Alexei D. Voskressenski (Алексей Д. Воскресенский) 總結了不同的方法論：「分析蘇聯援助中國的重要性和評估是不同的——蘇聯和俄羅斯的研究試圖高估它，中國方面卻低估它，而西方則是忽略它。」Alexei D. Voskressenski, *Russia and China: A Theory of Inter-State Relations* (London and New York: RoutledgeCurzon, 2003), p. 19.

9   「衝擊—回應」模式在當今對中國共產黨、蘇聯共產黨和共產國際之間關係的研究中，仍佔主導地位。對於質疑此方法論以及分析這些關係互動性的必要，見Mechthild Leutner, "The Communist Party of China (CCP) and the Communist Party of the Soviet Union (CPSU) and the Comintern (CI) in the 1920s and Early 1930s: Interactions between Cooperation and Defense," in William C. Kirby, Mechthild Leutner and Klaus Mühlhahn, eds., *Global Conjectures: China in Transnational Perspective* (Berliner China-Hefte/Chinese History and Society 30), (Berlin: Lit Verlag, 2006), pp. 41–55.

10 參見Л. В. Филатов (L. V. Filatov), Экономическая оценка научно-технической помощи Советского Союза Китаю 1949-1966 (*Ekonomicheskaya otsenka nauchno-tekhnicheskoy pomoshchi Sovetskogo Soyuza Kitayu 1949-1966*) [Economic evaluation of the Soviet scientific-technological assistance to China, 1949–1966] (Moskva: Nauka, 1980); Российско-китайские научные связи: проблемы становления и развития (*Rossiysko-kitayskie nauchnye svyazi: problemy stanovleniya i razvitiya*) [Russian-Chinese scientific relations: problems of formation and development] (Sankt-Peterburg: Nestor-Istoriya, 2005); Ю. М. Галенович (Yu. M. Galenovich), Россия-Китай-Америка: От соперничества к гармонии интересов? *Rossiya-Kitay-Amerika: Ot sopernichestva k garmonii interesov?* [Russia-China-America: From rivalry to harmony of interests?] (Moskva: Russkaya panorama, 2006).

11　參見沈志華：《蘇聯專家在中國》；張柏春、張久春、姚芳：〈蘇聯技術向中國轉移的特點及其影響〉，《科學學研究》，2004年，第3期，頁279–83；蔣龍：〈北京航空學院的建立與蘇聯的援助〉，《中國科學史料》，2004年，第1期，頁54–80。

12　蘇聯援助之於中國對「社會帝國主義」概念的影響，見Dennis M. Ray, "Chinese Perceptions of Social Imperialism and Economic Dependency: The Impact of Soviet Aid," in Bryant G. Garth, ed., *China's Changing Role in the World Economy* (New York: Praeger Publishers, 1975), pp. 36–82; Law Yu Fai, *Chinese Foreign Aid: A Study of Its Nature and Goals with Particular Reference to the Foreign Policy and World View of the People's Republic of China, 1950–1982* (Saarbrücken and Fort Lauderdale: Breitenbach Publishers, 1984).

13　參見 Ronald F. Price, "Convergence or Copying: China and the Soviet Union"; Suzanne Pepper, *Radicalism and Education Reform in 20th Century China: The Search for an Ideal Development Model*, pp. 157–255.

14　雖然中蘇知識轉移的維度遠遠少於蘇中轉移，但中國往蘇聯的知識轉移，確實在中國歷史和中國醫藥等領域進行。*Вестник Академии Наук (АН) СССР (Vestnik Akademii Nauk (AN) SSSR)* [News of the Soviet Academy of Sciences] 23, no. 7 (1953): 59; 25, no. 6 (1955): 56–57; 26, no. 7 (1956): 78–79; 28, no. 9 (1958): 108; 29, no. 3 (1959): 104; Ирина Стражева (Irina Strazheva), Там течет Янцзы, Воспоминания (Tam techet Yantszy, Vospominaniya) [The Yangzi River flows there, Memoirs] (Moskva: Nauka, 1986), p. 16; Н. Н. Осипова (N. N. Osipova), "Этапы развития рефлексотерапии в стране" (Etapy razvitiya refleksoterapii v strane) [The stages of the development of reflexology in (our) country] *Перспективы традиционной медицины (Perspektivy traditionnoj mediciny)* 1 (2003): 9–10.

15　見注釋1–4。

16　在中國科學史上普遍也是如此，參見Grace Shen, "Murky Waters. Thoughts on Desire, Utility, and the 'Sea of Modern Science'," p. 586. 之前提到沈志華關於蘇聯在華專家的研究是重要的例外，因為他們強調中國共產黨是僱傭蘇聯顧問的決定性力量。但是沈志華主要關注軍事和經濟方面的專家，他的研究也沒有廣泛的經驗數據來分析中國在具體實施層面所扮演的角色。沈志華：〈援助與限制：蘇聯與中國的核武器研製（1949-1960）〉，《歷史研究》，2004年，第3期，頁110–31；沈志華：〈對在華蘇聯專家問題的歷史考察：基本狀況及政策變化〉；沈志華：《蘇聯專家在中國》。

17 Johannes Paulmann, "Internationaler Vergleich und interkultureller Transfer: Zwei Forschungsansätze zur europäischen Geschichte des 18. bis 20. Jahrhunderts" [International comparison and intercultural transfer: Two research approaches to European history of the 18th until the 20th centuries] *Historische Zeitschrift*, no. 267 (1998): 649–85.

18 Johannes Paulmann, "Grenzüberschreitungen und Grenzräume: Überlegungen zur Geschichte transnationaler Beziehungen von der Mitte des 19. Jahrhunderts bis in die Zeitgeschichte" [Frontier crossing and frontier spaces: Thoughts on the history of translational relations since the mid-19th century until contemporary history] in Eckart Conze, Ulrich Lappenküper and Guido Müller, eds., *Geschichte der internationalen Beziehungen. Erneuerung und Erweiterung einer historischen Disziplin* [The history of international relations. Renewel and expension of a historical discipline] (Köln et al.: Böhlau Verlag, 2004), pp. 169–96.

19 這裏說的學術互動，指的是在機構和個人之間各種涉及學術的接觸（學者、學生和研究工作者），這些接觸讓學術知識轉移成為可能。這一章沒有探討這些互動在特定領域內的影響。

20 這一章展示了我的論文 "Soviet-Chinese academic relations in the 1950s" 的初步研究成果。

21 Российский Государственный Архив Новейшей Истории (Rossiyskiy Gosudartvennyy Arkhiv Noveyshey Istorii) [俄羅斯國家當代史檔案館，Russian Government Archive of Contemporary History] (РГАНИ, RGANI), f. 5, op. 35, d. 185, ll. pp. 15–16.

22 俄國檔案研究是由德國學術交流服務 German Academic Exchange Service (DAAD) 給予經費支持的。

23 毛澤東：〈在擴大的中央工作會議上的講話〉（1962 年 1 月 30 日），http://www.marxists.org/reference/archive/mao/selected-works/volume-8/mswv8_62.htm（2007 年 5 月 10 日瀏覽）。

24 Bo Yibo, ct. in Dieter Heinzig, *Die Sowjetunion und das kommunistische China, 1945–1950. Der beschwerliche Weg zum Bündnis* [The Soviet Union and Communist China, 1945–1950: The arduous road to the alliance] (Baden-Baden: Nomos, 1998), p. 196; 毛澤東：〈論人民民主專政〉（1949 年 6 月 30 日），載於《毛澤東選集》，第四卷（北京：人民出版社，1968），頁 1362–63。

25 在 1970 年代和 1980 年代，美國在中國「失去了機會」的理論，在美國學者之間十分盛行。這一觀點在 1990 年代起，受到了一些學者和新檔案資料的

挑戰。詳見Chen Jian, *Mao's China & the Cold War* (Chapel Hill and London: The University of North Carolina Press, 2001), pp. 38–48.

26　見 Mechthild Leutner, "The Communist Party of China (CCP) and the Communist Party of the Soviet Union (CPSU) and the Comintern (CI) in the 1920s and Early 1930s: Interactions between Cooperation and Defense." 有關中共與共產國際關係的秘密檔案文件廣泛館藏，參見M. L. Titarenko et al., *VKP(b), Komintern i Kitai: Dokumenty* [VKP(b), the Comintern, and China: Documents] (Moscow: ROSSPEN, 5 volumes, 1994–2007).

27　П. Ф. Юдин (P. F. Yudin), "Запись беседы с тварищем Mao"(Zapis' besedy s tovarishchem Mao) [Protocol of the conversation with comrade Mao], *Проблемы Дальнего Востока* (*Problemy Dal'nego Vostoka*) 5 (1994): 103–105.

28　毛澤東拒絕蘇聯具有重大意義，李華鈺寫道：「即使今天，一些俄羅斯學者仍然對毛拒絕在這些情況下幫助蘇聯心有不悦。」見Li Hua-yu, *Mao and the Economic Stalinization of China, 1948–1953* (Lanham: Rowman and Littlefield, 2006), p. 23.

29　關於「一邊倒」取向的討論，見Friedrich W. Y. Wu, "From Self-Reliance to Interdependence? Developmental Strategy and Foreign Economic Policy in Post-Mao China," in *Modern China* 7, no. 4 (1981): 459; Law Yu Fai, *Chinese Foreign Aid*, p. 103; Steven M. Goldstein, "Nationalism and Internationalism: Sino-Soviet Relations," in Thomas W. Robinson and David Shambaugh, eds.,*Chinese Foreign Policy: Theory and Practice* (Oxford: Oxford University Press, 1994), pp. 231–32; Heinzig, *Die Sowjetunion*, p. 196; Chen Jian, *Mao's China & the Cold War*, p. 50; 張郁慧：〈向蘇聯「一邊倒」外交決策中的意識形態因素〉,《西伯利亞研究》，2006年，第3期，頁80–81。

30　Архив внешней политики Российской Федерации (Arkhiv vneshney politiki Rossiyskoy Federatsii) [俄羅斯聯邦對外政策檔案館，Archive of the Foreign Policy of the Russian Federation] (АВПРФ, AVPRF), f. 0100, op. 43, p. 302, d. 10, l. 27, ct. in Heinzig, *Die Sowjetunion*, pp. 302–303.

31　我在這裏使用的「自力更生」和「獨立自主」兩個概念，意思大致相同。

32　Friedrich W. Y. Wu, "From Self-Reliance to Interdependence?" 454–455; Steven M. Goldstein, "Nationalism and Internationalism: Sino-Soviet Relations," pp. 228–229; 李桂蘭：〈略論毛澤東的自力更生思想〉,《天中學刊》，2001年，第3期，頁12；秦曉波、田虹：〈抗戰時期毛澤東的外交思想及其啓示〉,《瀋陽師範大學學報 (社會科學版)》，2005年，第6期，頁75–78。

33 這些文章部分經中共機關編輯，因此它們不僅代表毛澤東的觀點，還是中共黨內的主流觀點。Stuart R. Schram, *Das Mao-System. Die Schriften von Mao Tse-tung. Analyse und Entwicklung* [original title: The political thought of Mao Tse-tung] (München: Carl Hanser Verlag, 1972), pp. 129–130.

34 毛澤東：〈論反對日本帝國主義的策略〉(1935 年 12 月 27 日)，載於《毛澤東選集》，第一卷 (北京：人民出版社，1968)，頁 147 頁；毛澤東：〈統一戰線中的獨立自主問題〉(1938 年 11 月 5 日)，載於《毛澤東選集》，第二卷 (北京：人民出版社，1968)，頁 502–505；毛澤東：〈論政策〉(1940 年 12 月 25 日)，載於《毛澤東選集》，第二卷 (北京：人民出版社，1968)，頁 723；毛澤東：〈必須學會做經濟工作〉(1945 年 1 月 10 日)，載於《毛澤東選集》，第三卷 (北京：人民出版社，1968)，頁 917；毛澤東：〈抗日戰爭勝利後的時局和我們的方針〉(1945 年 8 月 13 日)，載於《毛澤東選集》，第四卷 (北京：人民出版社，1968)，頁 1030；毛澤東：〈論新階段〉(1938)，引用於秦曉波、田虹：〈抗戰時期毛澤東的外交思想及其啓示〉，《瀋陽師範大學學報 (社會科學版)》，2005 年 06 期，頁 76。

35 中共中央：〈中央關於外交工作的指示〉(1944 年 8 月 18 日)，引用於 Zhang Shuguang, "Sino-Soviet Economic Cooperation," in Odd Arne Westad, ed., *Brothers in Arms: The Rise and Fall of the Sino-Soviet Alliance, 1945–1963* (Stanford: Stanford University Press, 1998), pp. 192–193. 從國外獲取知識和專業技能的想法並不新穎，早在清朝和民國時期，中國都有聘用外國顧問服務於國家的現代化。參見 William C. Kirby, "Traditions of Centrality, Authority, and Management in Modern China's Foreign Relations," in Thomas W. Robinson and David Shambaugh, eds., *Chinese Foreign Policy: Theory and Practice* (Oxford: Oxford University Press 1994), pp. 24–26; Jonathan Spence, *The China Helpers: Western Advisers in China 1620–1960* (London: The Bodley Head, 1969). William C. Kirby 將中蘇交流視為「早期方法的邏輯延伸」，參見 Kirby, "Traditions of Centrality," p. 28.

36 毛澤東：〈必須學會做經濟工作〉，頁 917。雖然毛澤東用這樣的視角描述中國與帝國主義國家的關係，但是也可以從中窺見與蘇聯和共產國際的關係，中共領導人試圖盡可能地維持自主權，尤其是在延安時期。參見 Mechthild Leutner, "The Communist Party"; Michael H. Hunt, *The Genesis of Chinese Communist Foreign Policy* (New York: Columbia University Press, 1996), pp. 125–158.

37 毛澤東：〈新民主主義論〉(1940 年 1 月)，載於《毛澤東選集》，第二卷 (北京：人民出版社，1968)，頁 667。毛澤東貼切地描述了知識轉移的模式，

就如最近對知識分享的研究所描述的那樣：社會化、外化、組合化、內在化，引用於Nigel J. Holden, and Harald F. O. von Kortzfleisch, "Why Cross-Cultural Knowledge Transfer is a Form of Translation in More Ways than You Think," *Knowledge and Process Management* 11, No. 2 (2004): 134.

38　Friedrich W. Y. Wu, "From Self-Reliance to Interdependence," p. 453; Kenneth Lieberthal, *Governing China: From Revolution through Reform* (New York and London: W. W. Norton, 1995), p. 76; David Kerr, "Has China Abandoned Self-reliance?" *Review of International Political Economy* 14, no. 1 (2007): 80.

39　然而這並不表示，獨立自主、自力更生的概念這麼多年來都沒有改變。有些特徵改變了，但一些與本章相關的基本假設仍然存在，包括保持主動以及利用外國專業知識來達到自力更生。關於自力更生概念的發展，參見Friedrich W. Y. Wu, "From Self-Reliance to Interdependence"；李桂蘭：〈略論毛澤東的自力更生思想〉；Kerr, "Has China Abandoned Self-Reliance?"

40　И. В. Ковалев (I. V. Kovalev), "Диалог Сталина с Мао Цзедуном (2)" (Dialog Stalina a Mao Tszedunom (2)) [Stalin's dialogue with Mao Zedong (2)], Проблемы Дальнего Востока (Problemy Dal'nego Vostoka) 1–3 (1992): 86; 張郁慧：〈向蘇聯「一邊倒」外交決策中的意識形態因素〉，《西伯利亞研究》，2006年，第3期，頁81–82。

41　Yu Minling, "Learning from the Soviet Union: CPC Propaganda and Its Effects: A Study Centred on the Sino-Soviet Friendship Association," *Social Sciences in China* 26, no. 2 (2005): 101. 特別是科學家和學者，似乎對把蘇聯當作模範更抱有懷疑態度。陳雲曾在1949年10月，跟蘇聯駐中國大使羅申 (Рощин, Roshchin) 抱怨中國學者和專家有親美的情感，參見Н. В. Рощин (N. V. Roshchin), "1949 г., октября 28. Запись беседы посла СССР в КНР Н. В. Рощина с заместителем премьер-министра и председателем финансово-экономического комитета Чень Юнем о финансово-экономическом положении, подготовке схематического плана восстановления производственных мощностей на 1950 г. и о советско-китайских отношениях" (1949g., oktyabrya 28. Zapis' besedy posla SSSR v KNR N. V. Roshchina s zamestitelem prem'er-ministra i predsedatelem finansovo-ekonomicheskogo komiteta Chen' Yunem o finansovo-ekonomicheskom polozhenii, podgotovke skhematicheskogo plana vosstanovleniya proizvodstvennykh moshchnostey na 1950 g. i o sovetsko-kitayskikh otnosheniyakh) [28. 10. 1949. Protocol of the conversation of the ambassador of the USSR in the PRC, N. V. Roshchin, with the vice prime minister and chairman of the financial-economic committee, Chen

Yun, about the financial-economic situation, the preparation of a schematic plan of reconstruction of production capacities for 1950 and about the state of the Soviet-Chinese relations], in A. M. Ледовский (A. M. Ledovskiy), P. A. Мировицкая (R. A. Mirovitskaya), and B. C. Мясников (V. S. Myasnikov), eds., Советско-Китайские отношения *Sovetsko-Kitayskie otnosheniya* [Soviet-Chinese relations], vol. 5, book 2 (Moskva: Памятники историчекой мысли, 2005) [Moscow: Pamyatniki istoricheskoy mysli, 2005], p. 205 (ll. 30–31). 根據教育部副部長曾昭掄所述，大學人員拒絕向蘇聯學習，並在1951至1952年思想改革進行前一直反對重組，堅持美國式的教育更為優越，參見Suzanne Pepper, *Radicalism and Education Reform in 20th Century China*, p. 173. 為了説服受西方訓練的科學家接受蘇聯的科學和學習觀念，1952年中國科學院頒布了〈中國科學院關於加強學習和介紹蘇聯先進科學的決議〉。Zhang Baichun, Zhang Jiuchun, and Yao Fang, "Technology Transfer from the Soviet Union to the People's Republic of China 1949–1996," *Comparative Technology Transfer and Society* 4, no. 2 (2006): 122. 有關中華人民共和國成立後，對大學蘇聯化和重組高等教育的抵抗，參見 Douglas A. Stiffler, "Der Widerstand gegen die Sowjetisierung der Universitäten und die Umstrukturierung der Hochschulen in China (1949-1952)" [The resistance against the sovietization of universities and reorganization of institutions of higher education in China (1949-1952)], in John Conelly and Michael Grüttner, eds., *Zwischen Autonomie und Anpassung: Universitäten in den Diktaturen des 20. Jahrhunderts* [Between autonomy and adaptation: Universities under dictatorships in the 20th century](Paderborn et al.: Ferdinand Schöningh, 2003), pp. 199–227.

42 括號內為作者所寫。

43 鄧小平：〈打破帝國主義封鎖之道〉（1949年7月19日），http://cpc.people.com.cn/GB/69112/69113/69684/69694/4949570.html（2018年8月4日瀏覽）。

44 見周恩來：〈恢復生產，建設中國〉（1949年7月23日），http://cpc.people.com.cn/GB/69112/75843/75874/75993/5181742.html（2018年8月4日瀏覽）；陳雲：〈工人階級要提高政治覺悟〉（1949年8月25日），http://cpc.people.com.cn/GB/69112/83035/83317/83596/5738241.html（2018年8月4日瀏覽）。

45 周恩來：〈當前財經形勢和新中國經濟的幾種關係〉（1949年12月22日、23日），http://cpc.people.com.cn/GB/69112/75843/75874/75994/5183878.html（2018年8月4日瀏覽）。

46 Yeu-Farn Wang, China's Science and Technology Policy, 1949-1989 (Stockholm: University of Stockholm, 1991), p. 36.

47　Richard P. Suttmeier, "Party Views of Science: The Record form the First Decade," *The China Quarterly*, no. 44 (1970): 147. 關於科學在二十世紀上半葉中國的重要性，參見D. W. Y. Kwok, *Scientism in Chinese Thought, 1900–1950* (New Haven: Yale University Press, 1965).

48　毛澤東：〈在陝甘寧邊區自然科學研究會成立大會上的講話〉(1940年2月5日)。

49　有關毛澤東「繼續革命論」在塑造中國外交政策的角色，參見Chen Jian, *Mao's China & the Cold War*.

50　有關跨文化知識共享的問題，參見Holden and von Kortzfleisch, "Cross-Cultural Knowledge Transfer".

51　毛澤東在1958年1月31日呈給南寧工作會議的〈工作方法六十條(草案)〉，首次用到「又紅又專」這個術語。「又紅又專」隨後成為中共對專家期待的口號。

52　見注釋26。

53　William C. Kirby, "Traditions of Centrality," p. 14.

54　Robert Keohane, *After Hegemony: Cooperation and Discord in the World Political Economy* (Princeton: Princeton University Press, 1984), p. 116.

55　RGANI, f. 5, op. 35, d. 185, ll. 18-20. 蘇聯國家檔案資料顯示，蘇方對於中方在1961年宣布蘇聯的承諾無效，以及中方代表在第十一次科學技術合作委員會上的不合作態度，皆感到十分驚訝(ibid. 11. 1, 10–15)。檔案完全沒有提及蘇方在1960年撤離專家，是可能的原因。

56　唯一提到這個範疇的研究，是Т. Г. Зазерская (T. G. Zazerskaya), *Советские специалисты и формирование военно-промышленного комплекса Китая (1949–1960 гг.) (Sovetskie spetsialisty i formirovanie voenno-promyshlennogo kompleksa Kitaya 1949–1960 gg.)* [Soviet specialists and the formation of the Chinese military-industrial complex (1949–1960)] (Sankt-Peterburg: NII Chimii, 2000).

57　蘇聯生產力研究委員會 (Совет по изучению производительных сил (Sovet po izucheniyu proizvoditelnykh sil) 在1954年開始進行有關黑龍江流域的研究。委員會很快便發現，要達到區域經濟利用和水資源管理的最終目標，若沒有中方流域的研究根本難以成事。Российский Государственный Архив Экономики (Rossiyskiy Gosudarstvennyj Arkhiv Ekonomiki) [Russian State Archive of Economy] (RGAE), f. 399, op. 1, d. 567, ll. 15, 21, 44. 兩國在1956年8月18日在北京簽訂了關於規範黑龍江聯合考察活動的協定，*СССР-КНР (1949–1983): Документы и материалы [SSSR-KNR (1949-1983): Dokumenty i materialy]* [USSR-PRC (1949-1983): Documents and materials] (Moskva: МИД СССР (MID SSSR), 1985), pp. 174–78.

58 民族主義目標與出於國內經濟發展必須獲得外國資源的矛盾，參見Zhu Tianbiao, "Nationalism and Chinese Foreign Policy," *The China Review,* vol. 1, no. 1 (2001): 1–27.

59 А. Г. Иванчиков (A. G. Ivanchikov), *Теоретические и практические аспекты привлечения иностранной технологии в КНР (Teoreticheskie i prakticheskie aspekty privlecheniya inostrannoj tekhnologii v KNR)* [Theoretical and practical aspects of recruiting foreign technology in the PRC] (Moskva: Nauka, 1991), p. 26.

60 Yeu-Farn Wang, *China's Science and Technology Policy, 1949–1989*, p. 42; Zhang, Zhang, and Yao, "Technology Transfer from the Soviet Union to the People's Republic of China 1949–1996," p. 150.

61 А. А. Антиповский, Н. Е. Боревская, Н. В. Франчук (A. A. Antipovskiy, N. E. Borevskaya, and N. V. Franchuk), *Политика в области науки и образования в КНР 1949-1979 (Politika v oblasti nauki i obrazovaniya v KNR 1949–1979)* [Science and education policy in the PRC, 1949–1979] (Moskva: Наука (Nauka), 1980), p. 201; 沈志華：〈對在華蘇聯專家問題的歷史考察：基本狀況及政策變化〉，頁30；沈志華：《蘇聯專家在中國》，頁193–95。人民大學在1953年前聯繫大批蘇聯專家是一個例外。人大是新中國大學模式的楷模，因此包括與蘇聯學術交流在內的各種發展，較其他學術機構都更早開始。見Douglas Stiffler所著本書第十二章。

62 Deborah A. Kaple, "Soviet Advisors in China in the 1950s," in Odd Arne Westad, ed., *Brothers in Arms: The Rise and Fall of the Sino-Soviet Alliance, 1945–1963* (Stanford: Stanford University Press, 1998), p. 120; Zhang, Zhang, and Yao, "Technology Transfer," 141–142. 根據蘇聯的資料，約兩成派遣到中國的專家是屬於文化範疇，其中包括學術領域，見A. C. Цветко (A. S. Tsvetko), Советско-Китайские культурные связи (*Sovetsko-Kitayskie kul'turnye svyazi*) [Soviet-Chinese cultural relations] (Moskva: Мысль (Mysl'), 1974), p. 33.

63 在華蘇聯專家的人數於1956年達到頂峰，當年專家總人數超過3,000，約400名專家在文化和科學領域工作。Shen Zhihua, "A Historical Examination of the Issue of Soviet Experts in China: Basic Situation and Policy Changes."

64 Zhang, Zhang, and Yao, "Technology Transfer," p. 142。

65 在1952至1963年間，318名中國學生在蘇聯科學院學習，其中206人完成了他們的學業，獲得博士或副博士學位。他們絕大部分學習的是自然科學：物理、化學、數學、生物，但也有一些人學習歷史和哲學。Филатов (Filatov), *Экономическая оценка (Ekonomicheskaya otsenka)*, p. 151.

66　Law Yu Fai, *Chinese Foreign Aid*, p. 79; Zhang, Zhang, and Yao, "Technology Transfer," pp. 138–140. 由於沒有分開列出的數據，因此很難得出分別參與科技轉移和參與學術互動的人數。

67　蘇聯漢學家A. M. Reshetov和Khe Goan' 列出了一些蘇聯學生的名字。Reshetov and Khe, "Советская этнография в Китае" (Sovetskaya Etnografiya v Kitae) 95. 當其他社會主義國家的學生在1950年代初開始在華學習的時候，蘇聯卻只有駐外事務處一小群熱中中國的人來華，直到1956年才有蘇聯學生來到中國，參見Barna Tálas, "China in the Early 1950s," in Marie-Luise Näth, ed., *Communist China in Retrospect: East European Sinologists Remember the First Fifteen Years of the PRC* (Frankfurt am Main: Peter Lang, 1995), p. 38; Jan Rowinski,"China in the Crisis of Marxism-Leninism," in Marie-Luise Näth, ed., *Communist China in Retrospect: East European Sinologists Remember the First Fifteen Years of the PRC* (Frankfurt am Main: Peter Lang, 1995), pp. 65, 68. 這些熱中中國的蘇聯人，住在蘇聯駐華大使館，並在那裏上中文課。後來他們在人民大學的對外關係系學習。В. П. Федотов (V. P. Fedotov), Полвека вместеКитаем: Воспоминания, Записи, Размышления (*Polveka vmeste s Kitaem: Vospominaniya, Zapisi, Razmysleniya*) [Half of a Century with China: Memories, Notes, Thoughts] (Moskva: РОССПЭН (ROSSPEN), 2005), p. 62.

68　Zhang, Zhang, and Yao, "Technology Transfer," p. 143.

69　*Вестник АН СССР* (*Vestnik AN SSSR*) 23, no. 7 (1953): 59.

70　*Вестник АН СССР* (*Vestnik AN SSSR*) 23, no. 6 (1953), 50–52. 23, no. 11 (1953): 87–89.

71　Zhang, Zhang, and Yao, "Technology Transfer," p. 125.

72　*Вестник АН СССР*(*Vestnik AN SSSR*) 23, no. 6 (1953): 50–51.

73　Mikhail A. Klochko, *Soviet Scientist in Red China* (New York: Praeger, 1964); Стражева (Strazheva), *Там течет Янцзы (Tam techet Yantszy)*, p. 24.

74　Стражева (Strazheva), *Там течет Янцзы (Tam techet Yantszy)*, p. 24.

75　例如，任弼時要求「不少於500位」國民經濟專家。"1949г., февраля 2. Запись беседы А. И. Микояна с членами политбюро ЦК КПК Жень Биши и Чжу Де по вопросам экономики"(1949 g., fevralya 2. Zapis' bedesy A. I. Mikoyana s chlenami politbyuro TsK KPK Zhen' Bishi i Chzhu De po voprosam ekonomiki) [02.02.1949. Protocol of A. I. Mikoyan's conversation with members of the Politbureau of the CC CCP, Ren Bishi and Zhu De, about economic questions] (AVPRF, f. 39, op. 1, d. 39, l. pp. 31–38), in A. M. Ледовский (A.

M. Ledovskiy), Р. А. Мировицкая (R. A. Mirovitskaya), and В. С. Мясников (V. S. Myasnikov), eds., *Советско-Китайские отношения (Sovetsko-Kitayskie otnosheniya)* [Soviet-Chinese Relations], vol. 5, book 2 (Moskva: Памятники исторической мысли (Pamyatniki istoricheskoy mysli), 2005), p. 56 (l. 37). 此外，也討論了有關派遣一批中國專家到莫斯科學習蘇聯銀行系統的問題，參見 "1949 г., февраля 6. Запись беседы А. И. Микояна с Мао Цзедуном по актуальным вопросам политики КПК" (1949 g. , fevralya 6. Zapis' besedy A. I. Mikoyana s Mao Tszedunom po aktual'nym voprosam politiki KPK) [06.02.1949. Protocol of A. I. Mikoyan's conversation with Mao Zedong on current questions of CPC politics] (Архив Президента Российской Федерации) (Arkhiv Prezidenta Rossiykoy Federatsii) (А П Р Ф, APRF) [俄羅斯聯邦總統檔案館，Archive of the President of the Russian Federation], f. 39, op. 1, d. 39, l. pp. 78–88), in А. М. Ледовский (A. M. Ledovskiy), P. A. Мировицкая (R. A. Mirovitskaya), and В. С. Мясников (V. S. Myasnikov), eds., *Советско-Китайские отношения (Sovetsko-Kitayskie otnosheniya)* [Soviet-Chinese Relations], vol. 5, book 2 (Moskva: Памятники исторической мысли (Pamyatniki istoricheskoy mysli), 2005), p. 86 (l. 86).

76 А. Ледовский (A. Ledovskiy), "Визит в Москвз делегации Коммунистической партии Китая в июне-августе 1949 г. (I) " (Vizit v Moskvu delegatsii Kommunisticheskoy partii Kitaya v iyune-avguste 1949 g. (I)) [The Moscow visit of a delegation of the Communist Party of China from June to August 1949 (I)], *Проблемы Дальнего Востока (Problemy Dal'nego Vostoka)* 4 (1996): 81–82. 關對人民大學作為中國模範大學的討論，參見 Douglas A. Stiffler, *Building Socialism at Chinese People's University*.

77 Heinzig, *Die Sowjetunion*, pp. 375–76.

78 師哲：《在歷史巨人身邊：師哲回憶錄》（北京：中央文獻出版社，1991），頁 426–28，引用於 Heinzig, *Die Sowjetunion*, p. 372.

79 師哲：《在歷史巨人身邊：師哲回憶錄》，頁 428–29，引用於 Heinzig, *Die Sowjetunion*, pp. 372–73.

80 李越然：《外交舞台上的新中國領袖》（北京：解放軍出版社，1989），頁 15，引用於 Heinzig, Die Sowjetunion, p. 378. 毛澤東早在 1930 年代的一些講話已指出，外國人包括俄國人，不能像中國人自己那樣了解中國國情。參見 Donald S. Zagoria, "Mao's Role in the Sino-Soviet Conflict," *Pacific Affairs* 47, no. 2 (1974): 141.

81 AVPRF, f. 0100, op. 43, pap. 317, d. 166, l. 5.

82　AVPRF, f. 0100, op. 42, p. 288, d. 19, l. 63–65, 引用於沈志華：《蘇聯專家在中國》，頁104。

83　過程見 Klochko, *Soviet Scientist in Red China*, pp. 117–19; Стражева (Strazheva), *Там течет Янцзы (Tam techet Yantszy)*, p. 9; Б. А. Беленький (B. A. Belen'kiy), *И повторить себя в учениках (I povtorit' sebya v uchenikakh)* [And to replicate oneself in one's students] (Kishinev: Shtiinca, 1988), p. 130; Э . Р. Тенишев (E. R. Tenishev), *У тюркских народов в Китае (U tyurkskikh narodov v Kitae)* [Among Turk peoples in China] (Moskva: Nasledie, 1995), p. 5。

84　沈志華：《蘇聯專家在中國》，頁93。

85　協議分別簽署於1950年3月27日、1950年10月25日和1951年12月6日。第一份協議，參見Российский Государственный Архив Социально-Политичекой истории (Rossiykiy Gosudastvennyy Arkhiv Social'no-Politicheskoy Istorii) [俄羅斯國家社會政治史檔案館 Russian State Archive of Socio-Political History] (РГАСПИ, RGASPI), f. 82, op. 2, d. 1253, ll. 27–30. 第二份協議的內容仍然是機密。關於第三份協議的細節，參見Зазерская (Zazerskaja), *Советские специалисты (Sovetskie specialisty)*, p. 46.

86　РГАСПИ (RGASPI), f. 82, op. 2, d. 1252, ll. 2–3.

87　РГАСПИ (RGASPI), f. 82, op. 2, d. 1252, ll. 1, 3, 105–106, 116–17.

88　РГАСПИ (RGASPI), f. 82, op. 2, d. 1252, ll. 2, 9, 105, 116.

89　五十年代會議的報告，參見Р Г А Э (RGAE), f. 9493, op. 1, d. 910, 914, 919, 927, 935, 941, 953, 1006, 1016, 1022.

90　Zhang, Zhang, and Yao, "Technology Transfer," 126–128; Klochko, *Soviet Scientist in Red China*, p. 6; Антиповский (Antipovskiy), Боревская (Borevskaya), and Франчук (Franchuk), *Политика в области науки (Politika v oblasti nauki)*, pp. 190–91; Беленький (Belen'kiy), *И повторить (I povtorit')*, pp. 133–34.

91　相關的文獻沒有披露主任的名字和年份。

92　Архив Российской Академии Наук (Arkhiv Rossiyskoy Akademii Nauk) [俄羅斯科學院檔案館，Archive of Russian Academy of Sciences] (АРАН, ARAN), f. 579, op. 1, d. 140, ct. in Е. С. Левина (E. S. Levina), "История и проблемы советско-китайского сотрудническва в 1950-х - начале 1960-х гг." (Istoriya i problemy sovetsko-kitayskogo sotrudnichestva v 1950-kh–nachale 1960-kh gg.) [History and problems of Soviet-Chinese cooperation in the 1950s and in the beginning of the 1960s], in *Российско-китайские научные связи: проблемы становления и развития (Rossiysko-kitayskie nauchnye svyazi: problemy stanovleniya i razvitiya)* [Russian-Chinese scientific relations: problems of formation and development] (Sankt-Peterburg: Nestor-Istoriya, 2005), p. 99.

93　CCCP-KHP (*SSSR-KNR*), 225.

94　Федотов (Fedotov), *Polveka (Полвека)*, 100. Fedotov 沒有提及這些由外國專家局，根據特定協議或通過其他渠道提供的公告。

95　Deborah A. Kaple, "Soviet Advisors in China in the 1950s," p. 117.

96　Стражева (Strazheva), *Там течет Янцзы (Tam techet Yantszy)*, pp. 15, 21.

97　Стражева (Strazheva), *Там течет Янцзы (Tam techet Yantszy)*, p. 38; Тенишев (Tenishev), *У тюркских народов (U tyurkskikh narodov)*, p. 230.

98　Klochko, *Soviet Scientist in Red China*, pp. 64–65, 119.

99　Ibid., pp. 22, 117–19.

100　沈志華：《蘇聯專家在中國》，頁160–61。

101　Тенишев (Tenishev), *У тюркских народов (U tyurkskikh narodov)*, pp. 132, 199, 203; Г. Г. Стратанович (G. G. Stratanovich), "Поездка в Китайскую Народную Республику" (Poezdka v Kitayskuyu Narodnuyu Respubliku) [The trip to the People's Republic of China], *Советская Этнография (Sovetskaya Etnografiya)* 2 (1958): 106.

102　捷尼舍夫 (Э. М. Тенишев, E. M. Tenishev) 是來自蘇聯科學院語言學研究所的突厥語專家，1956年被派到中國幫助中科院研究突厥語。

103　Тенишев (Tenishev), *У тюркских народов (U tyurkskikh narodov)*, pp. 161–62.

104　周恩來：〈關於知識分子問題的報告〉（1956年1月14日），http://cpc.people. com.cn/GB/69112/75843/75874/75994/5184168.html（2018年8月4日瀏覽）。

105　*SSSR-KNR*, 182.

106　Goldstein, "Nationalism and Internationalism: Sino-Soviet Relations," p. 240. 毛澤東曾批評硬搬蘇聯模式的危害，見毛澤東：〈在成都會議上的講話〉，1958年3月，http://www.marxists.org/reference/archive/mao/selected-works/ volume-8/mswv8_06.htm（2018年8月4日瀏覽）。

107　〈1956–1967年科學技術發展遠景規劃綱要（修正草案）〉，http://scitech.people. com.cn/BIG5/126054/139358/140048/8438515.html（2018年8月4日瀏覽）。

108　沈志華：〈對在華蘇聯專家問題的歷史考察：基本狀況及政策變化〉，頁 32–33；沈志華：《蘇聯專家在中國》，頁277、307–9。正如沈志華正確指出的那樣，這個決定有着它的經濟背景：減少聘用蘇聯專家的巨大開支。

109　沈志華：《蘇聯專家在中國》，頁307–9。

110　Zhang, Zhang, and Yao, "Technology Transfer."

111　沈志華：〈援助與限制：蘇聯與中國的核武器研製（1949–1960）〉。

112 Решетов (Reshetov) and Khe (Xe), "Советская Этнография" (Sovetskaya Etnografiya), 79f.

113 *CCCP-КНР (SSSR-KNR)*, 225.

114 Российская Академия Наук (Rossiyskaya Akademiya Nauk), ed., *Президиум ЦК КПСС 1954-1964, том 1: Черновые протокольные записи заседаний. Стенограммы (Prezidium TsK KPSS 1954-1964, vol. 1: Chernovye protokol'nye zapisi zasedaniy. Stenogrammy)* [The Presidium of the CC CPSU. Drafts of session's notes. Shorthand notes] (Moskva: ROSSPEN, 2004), p. 326.

115 Государственный Архив Российской Федерации (Gosudarstvennyy Arkhiv Rossiyskoy Federatsii) [State Archive of Russian Federation] (ГАРФ, GARF), f. 9576, op. 19, d. 30, t. 1, l. 367.

116 ГАРФ, GARF, f. 9576, op. 19, d. 30, t. 1, l. 17.

117 毛澤東：〈在擴大的中央工作會議上的講話〉。

118 Klochko, *Soviet Scientist in Red China*, p. 96; Стражева (Strazheva), *Там течет Янцзы (Tam techet Yantszy)*, p. 17; Э. М. Мурзаев (E. M. Murzaev), *Путешествия без приключений и фантастики. Записки географа (Puteshestviya bez priklyucheniy i fantastiki. Zapiski geografa)* [Journeys without adventures and fantasies. Notes of a geographer] (Moskva: Geografgiz, 1962), p. 20; *Вестник АН СССР (Vestnik AN SSSR)* 25, no. 2 (1955): 63; 26, no. 3 (1956): 128; 27, no. 1 (1957): 77.

119 *Вестник АН СССР (Vestnik AN SSSR)* 26, no. 2 (1956): 84; 27, no. 1 (1957): 74; 28, no. 2 (1958): 105; 28, no. 5 (1958): 106–8; 29, no. 11 (1959): 78; 29, no. 9 (1959): 52; 30, no. 2 (1960): 76.

120 Stiffler, *Building socialism at Chinese People's University*, p. 331.

121 *Вестник АН СССР (Vestnik AN SSSR)* 22, no.11 (1952): 116.

122 Филатов (Filatov), *Экономическая оценка (Ekonomicheskaya otsenka)*, p. 139; Левина (Levina), "История и проблемы (Istoriya i problemy)," pp. 101, 108–09.

123 АРАН, ARAN, f. 579, op. 2, d. 98, ll. 77–78.

124 АРАН, ARAN, f. 463, op. 16, d. 17, ll. 45–56.

125 ГАРФ, GARF, f. 9576, op. 19, d. 30, t. 1, l. 19.

126 АВПРФ, AVPRF, f. 100, op. 46, pap. 193, d. 64, ll. 18, 29.

127 АВПРФ, AVPRF, f. 100, op. 47, pap. 198, d. 51, l. 21.

128 *Вестник АН СССР (Vestnik AN SSSR)* 23, no. 7 (1953): 59; 25, no. 6 (1955): 56–57; 26, no. 7 (1956): 78–79; 28, no. 9 (1958): 108; 29, no. 3 (1959): 104; Стратанович (Stratanovich), "Поездка (Poezdka)," p. 107.

129 Р Г А Н И (RGANI), f. 5, op. 35, d. 185, ll. 15–17.

130 有關蘇聯向中國知識轉移對中國社會學的影響，參見Bettina Gransow, *Geschichte der chinesischen Soziologie* [The history of Chinese sociology] (Frankfurt and New York: Campus Verlag, 1992), pp. 135–155.

131 有關蘇聯向中國知識轉移對中國遺傳學的影響，參見Schneider, *Biology and Revolution in Twentieth-Century China.*

第 12 章

「三扁擔，扁擔三」：
蘇聯專家在中國人民大學，1950–1957

李濱（Douglas A. Stiffler）

1951年10月，在中國人民大學（以下簡稱「人大」）建校一周年之際，大學總務處最高蘇聯顧問庫德里亞夫采夫（Kudriavtsev）總結了蘇聯專家的作用。由於學校在第一年就有幾千名幹部從專科速成班畢業，庫德里亞夫采夫自豪地表示，人大的幹部在不久將來將在全國各地的工作單位作出貢獻。他讚揚中國共產黨和政府對此的遠見，然後直接指出了蘇聯知識的作用：

> 你們成功的秘密是你們有力地採用了布爾什維克式的做事方式，你們的革命精神⋯⋯你們的成功還可歸功於你們持續地將蘇聯經驗與中國經驗相結合。這將縮短你們從最基層至最發達水平的發展過程。[1]

當蘇聯專家參與中國邁向現代化的過程，都會利用自身在蘇聯工業化中的經驗：

> 我們蘇聯顧問不覺得我們是客人或旁觀者，而是這一進程的參與者。因為這個緣故，我們願意把我們在34年社會主義建設中所獲得的經驗和知識全都貢獻出來。[2]

在斯大林統治的末期和毛澤東統治的初期，庫德里亞夫采夫似乎希望藉着雄壯的語言，激勵在人民大學的蘇聯教員。

　　然而，跟整個中國一樣，中國人民大學這些年的中蘇合作並非完全順利。中國和蘇聯在革命轉型上處於非常不同的階段，對雙方政權來說，1950 年代都是轉折時期。在 1950 年到 1953 年間，人大的中國教師和學生全力以赴以最快速度吸取蘇聯知識。這常常意味着不加批判的態度，以及這些知識的相對片面。斯大林的去世對中蘇雙方來說都是重要的轉折點。1953 年前人大的蘇聯教師看起來就像毫無怨言的超人，但 1953 年後則更多地抱怨他們的工作條件。對他們而言，1953 年後中方對蘇聯知識採取了更加批判的態度。

　　教授馬克思主義辯證唯物論的蘇聯專家彼得羅維奇 (Perikl Petrovich Ionidi)，在 1957 年春「百花齊放」運動的經歷，顯示中方對蘇聯的批判更公開化。蘇聯大使館的介入及對蘇聯專家的公開批判，說明了 1950 年到 1957 年間中蘇關係已發生極大變化。1950 年到 1953 年中方拼命迎合蘇聯，但到了 1957 年春雙方角色卻顛倒了，變成蘇方竭盡全力來安撫敏感的中國人。

　　本章透過中國人民大學中蘇人員的工作關係，探索中蘇關係在基層的變化。何以闡明 1950 年到 1957 年人大中蘇關係變化的本質？我認為人大中蘇關係的變化是被其他兩個進程推動：第一，兩國國內政治氣氛的變化，例如斯大林死後蘇聯政治的「解凍」和中共高層對蘇聯更多的懷疑態度；第二，中國學習西方的「周期性」傳統，也就是先全盤引進，接下來更多懷疑，或是有選擇地排斥。[3] 我們將看到兩者對 1950 年代中蘇關係在中國人民大學裏的變化都起了作用。

蘇聯專家和中國人民大學

　　在 1950 年代，約有 11,000「蘇聯專家」參加了中國現代基礎設施的快速建設，包括各類顧問、教師和技術專家。[4] 高等教育是 1950 年代受蘇聯影響很大的領域之一。高等教育部的蘇聯專家在 1950 年代初期中國高等學府的蘇聯化起了很重要的作用，而且他們一直在高教部工作到 1959 年。除了這些頂層的蘇聯顧問，中國在 1950 年代還為高等院校聘請了好幾百位蘇聯教師。從 1949 年到 1959 年，共有 861 位蘇聯專家在中國的高等院校工作過。[5]

中國人民大學是劉少奇直接領導創建的。劉是蘇聯培養的中共黨員，在中共領導層中名列第二。1949年夏，劉少奇訪問莫斯科，在其他事項以外，他建議蘇聯建立一所與1920年代「中國勞動大學」相似的院校，以培育運作蘇聯式政府和經濟體系的中國幹部。斯大林拒絕在蘇聯建立這樣的大學，但同意派蘇聯教師到中國創建這樣的一所院校。劉提議蘇聯派遣200人的專家，但人數最終削減至約50人。中國人民大學在1950年10月正式開學，劉少奇號召大學要帶頭將「先進的蘇聯經驗」和中國的實際情況相結合。[6]

因此，中國人民大學對其他高校聘請蘇聯專家起了示範作用。蘇聯顧問菲利波夫 (Fillipov) 在1950年報告說，在北京高等院校工作的49位蘇聯教師，其中37位在人民大學任教。[7]事實上，在1950年夏成批抵達中國人民大學的蘇聯專家、顧問和教師，是整個五十年代來華到教育機構工作人數最多的一批蘇聯專家。[8]

從1949年到1957年間，約有70到80位蘇聯教師在人大這所新型蘇式大學的各院系任教。他們中的大多數，是在人大創辦的頭三年即1950年至1953年，協助大學的成立工作。原定來華參與創建新型蘇式大學的蘇聯教師團隊為50人，但頭三年蘇聯專家的實際人數都稍低於此：1950至51年度有41人；1951至52年度48人，團隊人數最接近滿額；1952至53年度有42人。但是很多蘇聯教師在1953年夏回國了，1953至54年度只剩下21人。接下來的幾年，蘇聯專家人數逐年下降，到1956至57年度僅剩下七位，而這也是蘇聯專家在人大任教的最後一個學年。[9]

為了理解蘇聯專家所起的作用，必須簡單回顧中國人民大學在建校之時的學科結構。據最初由蘇聯顧問在1949–50年冬擬定的規劃，人大八個核心學系包括：經濟計劃、財政信用、工廠管理、合作社、貿易、法律、外交和俄文系。這些學系都有中方的主任和副主任，還設有黨委會。然而，大學裏絕大多數的學術工作都是由學系以下的41個教學研究組 (簡稱「教研室」) 進行的。這種「學系—教研室」的學術組織結構建基於蘇聯模式，對西方來說很陌生，人大副校長成仿吾把俄語的 *kafedra* 翻譯成「教研室」。[10]中國的教學研究組，跟蘇聯的 *kafedra* 一樣，是圍

繞某一範疇的特定課程或課程組合而組織起來的，正如其名所示，它是某一特定次範疇的教學與研究基本學術組。這個系統的教學人員以他們的教研組（而不是學系）來劃分身份，說明了蘇聯系統中有些更精細的專業化傾向。「教研室」這個在1950年從俄語翻譯過來的學術組織結構術語，直到今日仍在中國教育界廣泛使用。[11]

1950年秋，人大設有41個教研室，其中八個為非學系的教研室，直屬於教務處。好幾個教研室所授的課程為全校或多個學系學生的必修課，因此被視為人大核心課程的一部分。這些教研室包括：馬列主義基礎、政治經濟學、中國革命史、俄文、體育、教學法、漢語和數學。

1950至51年度的蘇聯專家，除了少數例外，都被分配到人大各系和各重點必修課程。最多人數的一組成為俄語系教員，共有11位蘇聯教師，當中大部分來自哈爾濱，在1949年秋提前進入人大。[12]講授新的斯大林主義經濟學的學系，蘇聯專家最密集。財政信用系有人數最多的六位專家，其中財政管理處和會計處各兩位。工廠管理系有三位專家，合作社系和貿易系各有兩位。在這些經濟範疇以外，法律系有四名蘇聯專家，外交系有一位。但是在全校範圍內有着最大影響力的蘇聯專家是在必修課，其中馬列主義基礎有四人（到1951年春增加到六人），政治經濟學有兩人（到1951年春增加到三人）。完全由中國人指導的必修課，只有中國革命史和體育。[13]

中國人民大學早期的學生大部分是從六大軍區退役的中國共產黨幹部，混合一些「接受政治思想再教育者」。當時，有中學或大學文化程度的年輕幹部，與部分僅有小學文化程度的老幹部之間存在着嚴重分歧。這使得人大培養中共幹部新的蘇聯知識之任務，變得相當複雜。[14]

在頭幾年，中國人民大學着重於培養幹部的斯大林主義經濟管理專長和思想意識形態。但在1953年以後，經濟管理訓練變成次要，因為這時在高等教育部的指導下，人大要在蘇聯化的意識形態社會科學領軍，特別是對政治理論教師的培訓，以及與政府各部門緊密相連的某些功能性行政管理專業（例如檔案）。地方的高等院校都依賴中國人民大學，特別是人大訓練出來的教師，以蘇聯的方式來改造中國高等教育及

學術領域。[15] 在1950年到1957年間整段時期於人大工作的蘇聯專家，在此扮演了重要的角色。

1950–1953：
與蘇聯專家意見不一者會挨三扁擔！

1950至1953年有關蘇聯專家的內部報告顯示，人大的蘇聯專家政策可謂十分通融。1952年11月11日的〈中國人民大學專家工作報告〉，提到專家對創建人大的貢獻，特備強調了專家在培養骨幹教員時發揮的作用。在報告的「問題」部分，都不把人大的困難歸因於專家，而是歸因於那些「採取傲慢態度」不願向蘇聯教師學習的中方人員，歸因於中方人員沒有盡力讓蘇聯專家熟悉中國情況，歸因於中方翻譯員的問題。[16] 因此，在各種狀況下，處好關係的責任似乎都在中方，而蘇聯專家則是「不會犯錯」的。

事實上，根據受訪者的記憶，這是早期（直到斯大林逝世）跟蘇聯專家共事的明確政策。受訪者用了一個當時常常重複的警句來總結「不能與蘇聯專家意見不一」的政策：有理三扁擔，無理扁擔三。意思是說，無論你的反對是合理還是不合理，你都會被「打三扁擔」。任何大膽挑戰蘇聯專家的人，不管對錯，都會受到懲罰。這是直到斯大林去世為止對蘇聯專家的明確政策。[17]

1952年12月關於上述報告的一份補充報告，更具體地提到蘇聯專家的問題。補充報告的目的是證明「在僅兩三年內……人大已經徹底研究了蘇聯高等教育系統和方法」，培養出500多名教師，這就表明人大有效地利用了蘇聯專家。從表面上看，問題仍然出在中方：

> ……兩年多來，也發生過一些小的問題。這主要是我們的個別教員和研究生妄自尊大，對專家不禮貌，或者是某些領導同志工作方式欠妥，或工作疲沓，不按計劃完成任務，引起專家的不滿。[18]

但是，一些情況下，專家本身可能也有部分責任。對此，人大建議要耐心地說服：

有些蘇聯同志個性很強，遇到問題了，在他們認為沒有理論上的根據時，往往堅持自己的意見，很難協商。這時最好不要繼續爭論下去，而給他們一個熟悉情況的時間，然後再設法解決。否則既無結果，又會影響團結。[19]

總的看來，這些1952年底的文件展露了對蘇聯專家非常遷就的官方態度，這是斯大林去世前中蘇合作時期的典型態度。

為了調解關係，中方翻譯員有時會被怪責為「捉弄」專家，故意翻譯不出或翻譯錯誤，引發誤解導致專家生氣。這使主要工作職責為語言文化交流的翻譯員，處於危險的境地。中方要翻譯員對調解人大蘇聯專家與中方人員的關係負責，使翻譯員處於困境。在中方人員向蘇聯專家提出不禮貌的問題，相當於「質問」專家的情況下，人大行政管理處指示翻譯員不要翻譯這些問題。在蘇聯專家使用侮辱性語言的情況下，翻譯員同樣被指示不要翻譯。然而，在翻譯員拒絕翻譯或沒有準確翻譯的情況下，他們卻被雙方指責為「捉弄人」。人大的行政管理處使這些作為中蘇語言文化中介者的翻譯員，處於非常困難的境地。[20]

雖然1952年11月11日的報告強調中方人員應該不遺餘力跟蘇聯專家合作，但其中一部分也很清楚地用同樣的語調表明，對於中方人員來說，蘇聯人是如何地難以理解和難以和睦相處。中方人員注意到蘇聯專家在處理工作時的極度認真：

可見蘇聯同志的社會主義競爭的精神很足，在一定的時候肯定他所在的單位的工作成績，那是他最大的愉快，更能發動他的積極性。同時，他們對待批評也很嚴肅，如果對他們有什麼批評，那他們不吃飯不睡覺也要把工作的缺點彌補起來，因此我們對他們的工作提意見時要特別審慎。[21]

中方還注意到了他們嚴格堅持「逐句逐字」執行計劃：

如果我們制訂了計劃，那麼不論大小工作都必須按計劃完成（有特殊原因當然可以改變）。因此就要求我們要有充分的預見性，訂計

劃要慎重，既訂出就必須嚴格執行。蘇聯同志最頭疼的是我們的變化過多，工作拖拉。[22]

表面上看似是稱讚蘇聯專家的勤奮和對工作紀律的嚴格，但似乎常常帶有憤怒的口氣，正如上文所引，據說「不管工作相對來說重要與否」，蘇聯專家都要求執行所有的計劃細目。儘管如此，1950–53 年間人大的中方人員還是被指示要謙遜地與蘇聯專家共事，要避免一切衝突。

1953–1957：重新評估，幻想破滅，摩擦加大

到 1954 年，高等教育部已經實施新政策。新政策要恢復與專家的平衡關係——既不否定專家的建議（被批判為「保守主義」或「經驗主義」的態度），也不過於依賴它們（這個時期的「依賴」很快就被稱為「教條主義」了）。[23] 具體而言，高教部現在要求聘用蘇聯專家的大學，要證明能夠有效地利用專家。[24] 因此，人大行政管理處開始向教研組要求蘇聯專家學術活動的詳細資料，據此每年向高教部提交兩份報告。1955–56 學年和 1956–57 學年期間，這種對蘇聯專家工作更為批判性的評估方法，一直持續並有所加強，最終導致對在某些政治思想敏感區域工作的蘇聯專家日增懷疑。

1954–55 年度的文件表明了人大對蘇聯專家態度的許多變化。到了 1954 年 5 月，向蘇聯專家學習的「半學半教」時期——意味着相當機械地努力理解然後再傳授蘇聯材料，而不太考慮中國的實際情況，已經宣告結束。人大行政管理處說，對蘇聯專家的依賴應該逐漸減少，只有在向大量導師和研究生授課的政治導師培訓班，以及開設的新課程，才會聘用蘇聯專家。[25] 在 1954–55 年度，人大在與高教部互通信息後確認了新開設的課程，並只有在某些專門領域才會聘用專家，而且只是短期聘用。[26] 人大的計劃是，盡快以經過培訓有資格的中國教師替代蘇聯專家。[27] 同時，當局現在已容許中方人員對蘇聯專家作出更坦率的批評，這是斯大林去世後中國國內對蘇聯知識更有辨別能力的反映。而在後斯大林時代中方人員起變化的時候，蘇聯專家自身也在改變。

對有些專家的評定是完全正面的，例如對檔案專家謝列茲涅夫（Seleznev，1952–55年間在人大工作）的評定，讚揚他靠一人之力在人大設立了這門課程，學系說他的不足微不足道。[28] 法律系犯罪學教研室讚揚蘇聯專家柯爾金（1954–56年在人大工作）的犯罪學課很生動和很受歡迎，說他留下的有關這一課題的24場講座非常寶貴，還表揚他真正盡力把中國材料融入教學（例如使用北京和天津的真實案例）。[29] 工業經濟專家伯格達諾維奇（Bogdanovich，1952–55年在人大工作）得到的評語，是其講課較教研組前兩位蘇聯專家沃爾科夫（Volkov，1950–1951在人大工作）和費拉托夫（Filatov，1951–1952在人大工作）都要優勝，且在他在職期間，教學質量逐年提高。[30]

不過，負面評定變得越來越普遍。在1955年12月的報告中，俄文系聲稱蘇聯的俄文教師比往年差，不願像以往那樣努力工作，「以前專家從未這樣做過。」[31] 1950–53年期間的蘇聯專家被公開歌頌為自我犧牲的工作和奮鬥楷模，但1954–55年的內部評定卻指部分蘇聯專家似乎沒有以前那麼願意努力且毫無怨言地工作。1954年5月的一份報告記載道：一些專家借口健康狀況不佳，反對加大工作量，他們抱怨說：「工作太多了，人不是機器，人的精力總是有限的。」[32]

與蘇聯專家的矛盾增大涉及幾個基本問題：一、繁重的工作要求；二、專家對中國社會和政治模式有異議；三、失敗的交流，有些是緣於提供給專家的信息越來越少；四、專家對中國缺乏了解，導致對一些重大政治問題有異議；五、思想意識形態分歧更大，在1956–1957年開始變得尖銳。如果我們相信1954–1955年關於蘇聯專家的內部報告，那麼蘇聯專家再也不是像1950–1953年期間那樣的毫無怨言的超人了。一些蘇聯專家強烈抱怨中方總是要求他們教授更多的課程，寫出更多的教學材料。一些人大行政人員也對此表示同情：

> 蘇聯專家每周需要30–40小時準備他的課，周日也不能充分休息，因為他要忙着備課。這就已經很辛苦了，但我們還要求專家花很多精力指導科學研究工作，準備並作專業報告，這些工作專家還未能顧及，因為事實上這是不可能的。因此，在作出這種要求時，我

們僅僅注意了對專家的使用，而沒有考慮到專家總的工作負擔的程度。[33]

這樣看來，至少有一些在系一級和教研室一級的人大管理者，覺得對蘇聯專家的要求太多了。但是這一情況仍然繼續存在，來自校級領導的壓力，以及進而來自於高教部的壓力繼續命令要最大限度地使用蘇聯專家。

從延安的平均主義開始，中國共產黨就有個傳統，即讓學生參與對他們講師的評定，它的形式基本上和「批評和自我批評」小組會一樣。另一方面，官僚化的斯大林主義學術文化，基本上是崇尚權力主義和等級制度的。在這裏，中方人員和蘇聯專家缺少共同立場。在1955年7月對工業經濟專家伯格達諾維奇的工作評定中，中國教研室行政人員報告說，伯格達諾維奇對學生在他們自己組織的評定會上公開批判教員的做法有所抱怨，認為應該由系主任通過聽教員的課來對教員加以評定，這是在主張蘇聯人所強調的學術等級感。[34]

交流的失敗可能是造成蘇聯專家和中國東道主之間發生爭端的最常見原因。前述蘇聯檔案專家在1954年抱怨說，中方沒能提前告訴他要開一個叫「批判資產階級科學」的會議。[35] 1954–55學年期間，統計學系想讓蘇聯專家做一個關於蘇聯統計學研究的講座，但專家誤解了中方的翻譯：他以為中方想讓他「改變自己的看法」。[36] 這些1954–55年的例子可能是相當幼稚的錯誤傳達，但到1956年末，有證據表明提供給蘇聯專家的信息正被小心地控制。在1956年末，馬列主義基礎的蘇聯專家對不讓他們參與中國研究生的考試表示了不滿。[37]

可能在人大的中國人眼中，最具毀滅性的是他們看到了蘇聯專家沒有了解中國的情況，但卻堅持蘇聯觀點的許多事例。他們冒犯了中國人強烈的民族自豪感和獨立感，這可能是後來中國攻擊蘇聯「大國沙文主義」和「霸權主義」的一個因素。

在報告和評定中，人大的中國行政人員稱蘇聯專家對中國了解甚少或沒有了解，有時要求向蘇聯專家提供翻譯成俄文的有關中國的信息，而這種信息在1950年代初期和中期極為罕見。據1955年6月的一份報

告，蘇聯馬列主義專家巴甫洛夫（Pavlov）作了兩個不正確的斷言：即中國在1949年已經完成了社會主義革命，中國農民對土地沒有「所有權」意識。教研室行政人員在他們的報告中建議以後要給每位蘇聯專家指派一位博學的中國教員來提供有關中國的信息。行政人員進一步指出：「這將會激勵我們獨立工作的願望，而非依賴於他人。」[38]第二年，系行政人員還評價馬列主義專家貝斯特雷赫對中國缺乏了解。[39]

大量證據表明，很多蘇聯專家本人也知道他們對中國缺乏了解，而且，儘管整天叫喊必須「將先進蘇聯經驗與中國實踐相結合」的華麗詞藻，但是專家煩惱的是，人大幾乎把所有的注意力都集中在獲取蘇聯知識方面，而忽視了口號中經常提到的「中國實踐」。1954–55年間，蘇聯專家齊聲抱怨他們的教研室沒能就中國實踐作相關研究，沒能將此前涉及蘇聯和中國的完全割裂課程結合起來，沒能建立新的基於中國的學習課程。這些失敗的責任被含蓄地歸咎於中方，是中方沒能向蘇聯專家提供翻譯成俄文的信息，專家需要「將蘇聯經驗與中國實踐相結合」，從而幫助創建新的基於中國國情的教學材料和學習課程。

1954年至1956年，許多蘇聯專家重複了這樣的批判。1954年12月，蘇聯檔案專家謝列茲涅夫建議聘請一位中國人教授中國檔案史，但是教研室報告說這會有困難。[40]同月，比爾曼（Birman）抱怨說財政課的教學完全是基於蘇聯的情況，需要加入基於中國的內容。[41]比爾曼在1955年6月蘇聯專家討論會上重複了他的批判，這就説明其間幾個月在這一點上幾乎沒有改善。[42]然而在1955–56學年，報告指比爾曼終於廢除了分別講授蘇聯財經課和中國財經課的做法，將兩者融合在一起。[43]

講授蘇聯課程的同時講授中國法律和中國統計學，看來是達到將蘇聯理論與中國實踐更徹底結合的最初一步，但幾位法律學和統計學蘇聯專家抱怨說，在這方面沒有進一步發展，似乎只要在這些系裏開設包括任何中國內容的課程就算是有成就了。其他蘇聯專家抱怨講課中多數是蘇聯的例證，對中國內容相對較為忽視。在1954–55學年末的一個蘇聯專家意見調查會上，一位蘇聯法律專家報告說，在國際關係系，外交和國際法律課程幾乎完全以蘇聯例證為基礎。[44]1955年7月對伯格達諾維奇的評估報告說，他已經催促多使用中國例證而少一些蘇聯例證。[45]法

律專家瓦利赫米托夫（Valiakhiietov）催促開設一門以中國情況為基礎的法律課程。[46] 農業經濟專家杜賓諾夫（Dubinov）報告說，他已催促本系資料中心收集更多的中國資料，但中心對這一建議一直行動緩慢。[47]

為什麼蘇聯專家抱怨這些年在他們的學習課程中缺少中國內容？首先，蘇聯專家大膽地將這一問題說出來，大概是因為中方請他們這麼做了（因此有年終意見會）；第二，作為學者，他們的確感到有願望要更多地了解中國，並將這些知識加入他們的教學和著作中去。例如，許多專家在中國積極進行了與他們研究領域相關的考察，回到蘇聯後出版了他們關於中國研究的學術著作。因此也就很容易理解他們為什麼希望獲取更多的中方資料運用到他們的教學和著作中去。對於中國人來說，他們可能並不急於將「蘇聯經驗」與「中國實踐」相結合的任務交到外人手中。

雖然人大在那些年間反覆告訴高教部，人大的蘇聯專家將被逐步淘汰，但學校還是繼續要求在某些領域聘請專家，他們對缺乏令人滿意的答覆有所抱怨，並在聘請何種專家問題上拒絕了高教部的一些建議。到了1950年代中期，學校有了新的農業經濟學課程，因此在此領域繼續要求聘請蘇聯專家。檔案學課程情況也是如此，蘇聯檔案學專家謝列茲涅夫給其帶來牢固的開端。學校想聘請一位報紙新聞學領域的蘇聯專家，但令學校不滿的是，結果卻來了一位蘇聯出版史的專家。[48] 學校非常需要講述十九世紀馬克思主義思想的蘇聯專家，馬列主義教研室請專家作專題講座，主題是十九世紀的馬列主義及布爾什維克在蘇聯掌權前的列寧主義。[49] 1955–56學年末，哲學系想要一位新的蘇聯專家繼續培訓研究生和教員，並詳細說明要聘請一位邏輯學專家。

因此，人大在1956–57學年在專門領域繼續要求聘請專家，這也與蘇聯專家在中國的整體聘請情況相似，即1956年以後，只應在高度專門化和尖端的領域聘請蘇聯專家。[50] 1957–1959年間，高教部通知人大能派去兩名蘇聯專家，哲學一名，政治經濟學一名。[51] 學校答覆說政治經濟學專家就不需要了，但是人大需要一位經濟理論史專家。[52] 這是「大躍進」前夕人大對斯大林理論的一個有趣回應。政治經濟學意味着斯大林式的五年計劃版本，這在人大從1950年開始就由專家講授，如國家經濟計劃學專家布熱耶夫（Breev）和扎明（V. A. Zhamin）。但是，到了

1957年2月，人大的管理人員也許知道政治風向已經轉移，斯大林的經濟學在中國已經不受歡迎。因此，隨着「斯大林的經濟科學」被拋棄，經濟理論史專家能夠提供一些看法，或許還能提供其他的選擇。

儘管人大就1956–1959年專家聘請可能性的問題與高教部有這些往來交流，但是在1956–57學年以後人大就沒有新的蘇聯專家了。自蘇共二十大以及1956年的事件以後，中蘇關係的氣氛惡化了很多。這在當時的官方宣傳還不能明顯看出來，當時的宣傳還在繼續強調中蘇友誼以及社會主義陣營不可動搖的團結；但在領導層間的關係以及中蘇雙方在日常運作層的交往中，變化卻是顯而易見的。

約尼季（Perikl Petrovich Ionidi）的實例：
如何教辯證唯物論？

1956至1957年間的中國人民大學，中方與僅存的少數幾個蘇聯專家之間的新摩擦爆發了。中方以往通常保持克制，謹慎地抑制着這種摩擦。就蘇聯人來說，他們看來已竭盡全力去解決問題，但卻完全無能為力，因為中方已決定停止聘請蘇聯專家。彼得洛維奇‧約尼季在1956年9月來到人大講授辯證唯物論和歷史唯物論，這個哲學系的課程在上一年由美學專家斯卡爾任斯卡婭（Skarzhenskaia）講授，1952–1955年則由精力旺盛的莫斯科大學青年講師弗拉迪斯拉夫‧凱列（Vladislav Kelle）講授。斯卡爾任斯卡婭的教學注重馬克思主義美學的深奧主題，約尼季的專長也是深奧的：科學的哲學基礎，具體地說，就是十九世紀俄國化學家門捷列夫（D. Mendeleev）著作的「唯物主義」和「辯證法」的基礎。約尼季的背景是自然科學，他有化學副博士學位，後來又獲取了哲學第二學位。

約尼季講授關於門捷列夫的辯證唯物主義時充滿熱情，一直講授到1957年，延續了源於後期的官方斯大林主義學術文化主題。門捷列夫是十九世紀俄國科學家，因發明元素周期表以及其他一些成就而在國內外享有盛譽。蘇聯人把門捷列夫看作是其所在學科眾所公認的「創始人」，再依據斯大林主義的學術傾向，將原始「辯證唯物主義的」世界觀歸功

於門捷列夫。這種世界觀與這樣一位去世已久的、有着國際聲譽的科學家很相稱：一位蘇聯科學家可以敬仰的國產科學家。[53]

哲學系約尼季的一些同事，很明顯是受了「百花齊放」政策的鼓舞，決定就門捷列夫是辯證唯物主義者這一看來十分牽強的斷言而公開批評約尼季。在1957年2月由人大副校長兼黨委領導胡錫奎主持的紀念門捷列夫對科學貢獻的公開集會上，哲學系一位教師站起來表達了對約尼季題為「門捷列夫元素周期表的科學與哲學意義」講演的異議。這位教師說門捷列夫不可能是個辯證唯物主義者。約尼季在回答中承認說，門捷列夫是「唯物主義者」，也是「辯證主義者」，但不一定是完全的馬列主義言語意義上的辯證唯物主義者。這一事件獲《人大周報》頭版報道，只能被看成是對蘇聯專家權威性的嚴重打擊，並表明了在「百花齊放」運動全面開花的前夕，受到壓抑的教師員工中確有向蘇聯專家挑戰的情緒。[54]

上述對約尼季的挑戰是公開進行的，而另一個對該蘇聯專家的挑戰則是在幕後進行的。約尼季在人大被要求講授辯證唯物主義和歷史唯物主義的基礎課程，這些課程涉及當時在蘇聯和中國都有公開爭議的馬列主義辯證法的問題。因為約尼季在這些辯證法的問題上不能確定一個「正統的」立場，也可能是因為他在這些領域缺乏足夠的訓練，看來約尼季選擇了一個更安全更容易的途徑。他在有爭議的問題上沒有採取可能有危險的立場，相反，他選擇講授當時在蘇聯和中國哲學雜誌上關於辯證法問題的各種不同見解，但是這一解決方法沒令任何人滿意。蘇聯使館文化參贊不知何故知道了約尼季的教學問題，於是直接與人大聯繫，要求同人大管理部門會晤。[55]

蘇聯文化參贊蘇達利科夫(Sudalikov)在1957年4月13日上午去了人大，隨行的還有蘇聯使館負責文化事務的黨委書記、一秘和一位翻譯員。接待他們的有副校長兼黨委書記胡錫奎，還有何思敬、徐斌和哲學系的方華，戈平秘書也在場。蘇達利科夫首先發言，提到中方人員沒有坦率批評蘇聯專家：

我們對中國同志的看法是，(他們)沒有直接提出蘇聯同志的缺點。(但是你們)應該知道，在好事當中也會有不同程度上令人不滿的

事或者壞事。可能有這樣的專家，他們的水平不高，如果你們不批評他們的缺點，他們就不會進步——他們可能花兩三年時間在中國，卻沒有任何進步。（你們）可以跟我們提出他們的問題，也可以直接向他們提出問題。[56]

辯證唯物主義和歷史唯物主義教研室領導徐斌接着就約尼季的工作作了細緻的總結，強調說他的主要工作是輔導研究生，並講授「辯證唯物主義和歷史唯物主義的對象，否定之否定，以及辯證唯物主義的範疇」，還要根據蘇共二十大精神修改教學大綱。[57]

在評價約尼季時，徐斌首先謹慎地評論說，專家已經在努力工作以滿足中方的要求，而且已經提供了有關「學術圈爭議」的材料——大概是蘇聯的材料。此外，專家也注意到中國學術圈的爭議。1956年3月中文雜誌《哲學研究》中一篇論述「否定之否定」的文章被翻譯成俄文交給了約尼季，徐斌指出約尼季在講課中提到了這篇文章，還指出了在他看來不正確的地方。徐斌還指出，研究生對約尼季的不滿之處有：在教學中缺少明確性，傾向於讀報告，而在報告中他只是廣泛地涉及辯證法的問題而沒有清晰的中心。最後，徐斌抱怨說，約尼季關於門捷列夫的講演很難領會，因為在聽眾中有自然科學教育背景的只是少數。

作為對此批評的回應，蘇聯文化參贊蘇達利科夫指出蘇方對約尼季的評價。蘇達利科夫說約尼季關於門捷列夫事業之哲學基礎的研究是非常專業化的，因此他在講授基本哲學問題方面是極不勝任的。但是在蘇達利科夫看來，約尼季的失誤不僅僅只局限於資格不夠：

> 我們認為他在辯證唯物主義和歷史唯物主義學習課程的（教材編寫中）犯了錯誤。（我們認為）他應該坦率地對（你們）中國同志承認他無法對自己都不理解的專業的辯證唯物主義學習課程擔負起責任。如果要承接這個任務，他應該花一學期學習研究這些在蘇聯有爭議的問題，如「否定之否定」、「辯證唯物主義的範疇」等。[58]

蘇達利科夫繼續嚴責約尼季，透露說蘇方已經安排五個人審查了約尼季800頁的講稿。雖然沒有發現「原則上的問題」，但約尼季提及了很

多不同人的觀點，「這些人中很多在哲學界並不代表（主流）派別。」約尼季的講稿大量引用他人觀點，但缺少分析與鑒別，鑒於課是講給學生聽的，分析與鑒別則是必不可少的。蘇達利科夫指出，約尼季闡述所抽取的觀點，沒有恰當的分析，不是真正專家所為，可以通過訂閱學術期刊來獲取同樣的知識：「那樣的話，訂閱一些期刊不是更好嗎？」[59]

就中方來說，他們同意蘇達利科夫的批判，但看來有點驚訝，蘇方對約尼季的錯誤批判得如此之激烈。徐斌說蘇聯專家闡述多種不同觀點，實際上是中方根據「百花齊放」的方針需要約尼季那麼做。中方同意蘇達利科夫進一步審查約尼季工作的建議，並且在將來要採取更多措施確保蘇聯專家在所需的具體領域中能勝任工作。[60]

蘇方在辯證法問題上應該是特別謹慎的，這也不意外。蘇聯大使巴維爾‧尤金（Pavel Yudin）本人就是哲學專家，也是蘇聯科學院成員，獲悉上述爭議後，批准了對約尼季的審查。尤金最初是於1950年在毛澤東的要求下，被斯大林派到中國協助《毛澤東文選》第一卷的編輯和俄文翻譯工作。[61]

看來，蘇方很早就意識到毛澤東對社會主義世界的領導地位雄心勃勃，並在尋求成為第一流的理論家和有創意的馬列主義發展者所必需的條件。斯大林在這一點上對毛是遷就的，而且斯大林接班人的方針也是對作為理論家的毛表示尊敬（不管他們在這一點上私下的感受如何）。因此，蘇聯對任何有關馬列主義辯證法的爭議都謹慎處理。再者，1956至1957年也是社會主義陣營權力地位發生變化的一年。1957年2月毛澤東作了關於「人民內部矛盾」的重要講話。緊接其後，一位大學的蘇聯專家坦率地談論了這個在蘇聯的爭論中都令人尷尬的政治哲學問題，其結果可能會給早已緊張的中蘇關係帶來嚴重的刺激。

1957年4月15日，即蘇達利科夫訪校後的兩天，人大管理部門通知高教部，人大今後將不再需要任何蘇聯專家。人大管理部門對蘇聯參贊的來訪給予了贊同的報告，報告說將會採取以下措施：

一、（我們打算）組織哲學系的核心教學人員討論約尼季的講義，然後安排舉行一個全體教師的討論以便達成共識；整頓我們的學風和文風，在寫講義方面努力取得進步。

二、（我們將）很快組織一次全體系主任和有專家的教研中心領導會議，以便研究專家們的教學和合作關係問題。

三、（我們打算）再次研究下一學年專家聘請的計劃，大體上不計劃再聘。[62]

人大管理部門告知高教部其計劃的速度——蘇達利科夫訪校後僅兩天——表明了其可能一直在為停止聘請蘇聯專家尋找藉口，並且就在變化無常的辯論唯物主義和歷史唯物主義領域中，在約尼季的教學困難中找到了。雖然高教部計劃在1957至1959年間給人大分配兩名蘇聯專家，但這些計劃最終被擱置了。當約尼季和其他五位蘇聯專家在1957年6月離開時，他們給中國人民大學的中蘇合作時代畫上了句號。

結　論

如何解釋1950–1953年以及1953–1957年這兩個時期人大蘇聯專家和中國幹部間關係所發生的變化？簡而言之，我認為：這兩個社會所處的不同革命「階段」以及中蘇關係中更重大的政治事件決定了蘇聯人和中國人工作的氛圍。而且，中國人對引進國外思想和體制有着周期性的採用與排斥的慣例，而1950年代對蘇聯教育思想和體制的引進可以看作是中外綜合體產生過程中的又一篇章。[63]

1950–1953年間中共幹部對他們新政府的熱情達到極致，決意要像蘇聯改造他們的國家一樣來改造自己的國家。斯大林毫無爭議是社會主義陣營的領袖，中國人——從毛澤東一直往下——決意要追隨他的榜樣建立強大的現代化和工業化社會主義國家。就蘇聯專家來說，他們受斯大林主義學術體系的培養，為他們自己和國家的成就感到相當自豪。

1953年3月斯大林的去世以及中國在朝鮮戰爭中對美國的成功「抵抗」，改變了中蘇關係的狀態。斯大林去世了，毛澤東和中國領導人並不遜於領導社會主義陣營的斯大林接班人，也再不需要對其頂禮膜拜。對1950–1953年間向蘇聯學習的重新評價在斯大林去世後不久就開始了，並導致了用更具批判性和選擇性的態度看待「將蘇聯先進經驗和中

國實踐相結合」。中國人和蘇聯人將提倡更加注重等式中「中國實踐」這一部分。1956年的秘密報告和去斯大林化，加速了從1953年起就已經顯露的趨勢。

最後，中國在教育上借鑒西方國家已有大約一個世紀，其特點是從滿腔的熱情突然轉變為部分的排斥，這一過程導致了新的思想和制度的中外結合體。1910年代和1920年代「五四」時期的情況無疑就是如此，當時中國知識分子全然排斥了中國的文化傳統，不料在1930年代竟又轉回到文化保守主義。由此看來，中國人民大學是成功的：到1957年，在已經成功使用了蘇聯專家後，人民大學在全國的地區性學術機構中強化了蘇聯式思想和制度的正統性。蘇聯學術制度的某些方面，還有蘇聯專家自身，就不再需要了。

註 釋

1　熱烈慶祝建校一周年，我校舉行盛大慶祝會〉，《人民大學週報》，1951年10月14日，第32期，第1版。

2　同上。

3　有關這一主題，參見 Suzanne Pepper, *Radicalism and Education Reform in 20th Century China: The Search for an Ideal Development Model* (New York: Cambridge University Press, 1996). 另見 Ruth Hayhoe, *Chinese Universities, 1895–1995: A Century of Cultural Conflict* (New York: Garland Publishing, 1996).

4　沈志華：《蘇聯專家在中國1948–1960》(北京：中國國際廣播出版社，2003)。

5　毛禮銳、沈灌群編：《中國教育通史》，第5卷 (北京：教育科學出版社，1988)，頁88。

6　關於為創建新大學的中蘇談判，參見 Douglas A. Stiffler, "Creating 'New China's First New-Style Regular University', 1949–50," in Paul Pickowicz, ed., *Dilemmas of Victory: The 1950s in the People's Republic of China* (Harvard University Press, 2007).

7　V. Fillipov, "Dokhlad o rabote gruppi Sovetskikh prepodavatelei v vyshikh uchebnikh zavedeniia g. Pekina" [Report on the work of Soviet teachers in the Higher Education institutions of the city of Beijing], December 18, 1950,

Rossiskii Tsentr Khraneniia i Izuchenia Dokumentov Noveishei Istorii [下文作：RTsKhIDNI] [Russian Center for the Preservation and Study of the Documents of Modern History] Fond 17, opis 137, delo 723, 2.

8 在朝鮮戰爭時期，有大量的蘇聯軍事顧問和人員在中國。1950年代初期，一支有1,500蘇聯公民的龐大隊伍在中蘇聯合管理的中國長春鐵路工作。見羅時叙：《由蜜月到反目：蘇聯專家在中國》，上（北京：世界知識出版社，1999），頁329。

9 參見 Appendices B and C in Douglas A. Stiffler, *Building Socialism at Chinese People's University: Chinese Cadres and Soviet Experts in the People's Republic of China, 1949–57* (Ph.D. dissertation, University of California, San Diego, 2002).

10 與徐濱的訪談，北京，2000年10月17日。徐濱是1950年代校長辦公室主要蘇聯顧問的翻譯員。

11 Suzanne Pepper, *Radicalism and Education Reform in 20th Century China*, pp. 174–75.

12 在哈爾濱有很大的俄羅斯社群，其中有些是白俄羅斯流亡移居者的後裔，他們在布爾什維克革命以後來到中國。其他俄羅斯人到哈爾濱的俄羅斯（後來由蘇聯擁有）中國東方鐵路工作。關於哈爾濱的俄羅斯社群史，參見David Wolff, *To The Harbin Station: The Liberal Alternative in Russian Manchuria, 1898–1914* (Palo Alto, CA: Stanford University Press, 1999); James H. Carter, *Creating a Chinese Harbin: Nationalism in an International City, 1916–1932* (Ithaca, NY: Cornell University Press, 2002).

13 非系的俄文教學研究組不同於俄文系，前者負責全校範圍內的俄文必修課程。數學和漢語都是補習用的，在一些系裏是必修的。教育學最初在1950年春是一個學系，但在1952年連同蘇聯專家波波夫（Popov）一起轉移到北京師範大學。

14 Douglas A. Stiffler, "Creating 'New China's First New-Style Regular University,' 1949–50."

15 Ruth Hayhoe, "Chinese Universities and the Social Sciences," *Minerva* 31, no. 4 (1993): 478–503.

16 〈中國人民大學關於聘用蘇聯專家工作情況簡單報告〉，1952年11月11日，人大檔案館62A，1–3。

17 與人民大學教授高放的訪談，1998年12月17日。

18 〈中國人民大學關於聘用蘇聯專家工作情況檢查補充報告〉（草案，1952），人大檔案館62A，13–14。

19 同上。

20 〈附件二：中國人民大學系、教研室專家工作制度暫行規定(草案)〉，1954年5月12日，人大檔案館112A，18；〈中國人民大學關於聘用蘇聯專家工作情況檢查補充報告〉(草案，1952)，人大檔案館62A，10–15。

21 〈中國人民大學關於聘用蘇聯專家工作情況檢查補充報告〉(草案，1952)，人大檔案館62Λ，14。

22 同上。

23 Suzanne Pepper, *Radicalism and Education Reform in 20th Century China*, p. 188; 張健：〈略談高等學校學習蘇聯先進經驗的成就和問題〉，《人民教育》，1955年2月，頁12–15。

24 1954年10月5日，高等教育部發布了〈關於重點高等學校和專家工作範圍的決議〉，把下列各校定為「重點」大學：中國人民大學、北京大學、清華大學、哈爾濱工業大學、北京農業大學和北京醫學院。另外，決議還規定了全國高等學校蘇聯專家的「主要責任和工作範圍」。

25 〈中國人民大學蘇聯專家工作檢查報告(初稿)〉，1954年5月，人大檔案館112A，14–15。

26 〈中國人民大學本學期來蘇聯專家工作檢查報告〉，1955年1月10日，人大檔案館112A，22。另見〈工業經濟專家伯格達諾維埃同志在校工作的工作總結〉(1955年7月)，人大檔案館153A，162。

27 〈高教部綜合大學司蘇聯顧問格里斯欽科檢查學校工作紀要〉(1955年3月10日)，人大檔案館141A，3。

28 〈檔案專家M. S.謝列茲涅夫同志在校工作的總結報告〉(1955年7月)，人大檔案館153A，216。

29 〈中國人民大學法律系刑法教研室柯爾金專家工作的總結〉(1956年7月)，人大檔案館166A，15–20。

30 〈工業經濟專家伯格達諾維埃同志在校工作的工作總結〉(1955年7月)，人大檔案館153A，154。

31 〈俄文系第一、二俄文教研室1955.12.14專家工作檢查報告〉(1955年12月14日)，人大檔案館153A，84。

32 〈中國人民大學蘇聯專家工作檢查報告(初稿)〉(1954年5月)，人大檔案館112A，14。

33 〈經濟統計專家季米特里耶夫同志在校工作的總結報告〉(1955年7月)，人大檔案館153A，185。

34 〈工業經濟專家伯格達諾維埃同志在校工作的工作總結〉(1955年7月)，人大檔案館153A，156。

35 〈中國人民大學蘇聯專家工作檢查報告（初稿）〉（1954年5月），人大檔案館112A，14。

36 〈經濟統計專家季米里耶夫同志在校工作的總結報告〉（1955年7月），人大檔案館153A，185。

37 〈中國人民大學1956年年中專家工作報告〉，人大檔案館167A，21。

38 〈中國人民大學馬列主義基礎教研室巴甫洛夫專家工作的總結〉，人大檔案館166A，2。

39 〈中國人民大學馬列主義基礎教研室貝斯特雷赫專家工作的總結〉，人大檔案館166A，9–10。

40 〈檔案專修科蘇聯專家謝列茲涅夫同志自1952年到1955年5月共提出重大建議十九項〉（1955年），人大檔案館143A，9。

41 〈財政信用系蘇聯專家A. M.比爾曼同志自1954年12月到校後至今共提出重大建議七項〉（1955年），人大檔案館143A，22–24。

42 〈1954–55學年末舉行蘇聯專家座談會記錄整理〉（1955年6月28日），人大檔案館152A，43。

43 〈中國人民大學財政系比爾曼專家工作的總結〉（1956年7月），人大檔案館166A，44。

44 〈1954–55學年末舉行蘇聯專家座談會記錄整理〉（1955年6月28日），人大檔案館152A，45。

45 〈工業經濟專家伯格達諾維埃同志在校工作的工作總結〉（1955年7月），人大檔案館153A，156。

46 〈中國人民大學國家與法權歷史教研室專家G. M.瓦利赫米托夫同志的在校工作總結報告〉，人大檔案館166A，162。

47 〈農業經濟專家杜賓諾夫同志在校工作的總結報告〉（1955年7月），人大檔案館153A，207。

48 〈中國人民大學1956年年中專家工作報告〉，人大檔案館167A，21。

49 〈中國人民大學本學期來蘇聯專家工作檢查報告〉（1955年1月），人大檔案館112A，19。

50 毛禮銳、沈灌群編：《中國教育通史》，第5卷，頁105。

51 〈中華人民共和國高等教育部請再審查你校聘請專家計劃及進行準備工作〉，人大檔案館174A，3–5。

52 中國人民大學致高等教育部的信函（1957年3月7日），人大檔案館174A，9–10。

53 Nikolai Krementsov, *Stalinist Science* (Princeton: Princeton University Press, 1997), pp. 50–51.

54 〈紀念門德列耶夫逝世50周年——校學術委員會舉行科學報告會〉，《人民大學週報》，1957年2月23日，第134期，第1版。

55 〈蘇聯大使館文化參贊蘇達利科夫來校訪問記錄〉，人大檔案館174A，12–14。

56 同上，12。

57 同上，12。

58 同上，13。

59 同上，13。

60 同上，10。

61 參見羅時叙關於尤金的章節，《由蜜月到反目：蘇聯專家在中國》，上，頁146–89。

62 中國人民大學致高等教育部楊部長和黃副部長的信函 (1957年4月15日)，人大檔案館174A，11。

63 有關這一主題，參見Suzanne Pepper, *Radicalism and Education Reform in 20th Century China: The Search for an Ideal Development Model*; 另見Ruth Hayhoe, *Chinese Universities, 1895–1995: A Century of Cultural Conflict* (New York: Garland Publishing, 1996).

第13章

李森科主義和新中國對遺傳學的抑制，1949–1956

勞倫斯・施奈德 (Laurence Schneider)

> 米丘林生物科學正確地認識了生物內部機體的統一……揭穿了把部分和整體對立起來的摩爾根之輩關於染色體遺傳理論的偽科學。
>
> ——《人民日報》，1952年6月29日

> 說『米丘林理論是社會主義的』，或『孟德爾和摩爾根的遺傳學原理都是資產階級的』，（這都是）錯誤的，我們不應相信這樣的東西。
>
> ——陸定一，1956年5月26日

在1949年底，在中國共產黨奉行全面親蘇政策的庇佑下，中國開始「改信」李森科主義生物學 (Lysenkoist biology)。中國滿懷激情的李森科主義生物學提倡者，在蘇聯來華學者的協助下，孜孜不倦地進行各種活動來確立李森科主義生物學作為中國生物學唯一的研究方法，並在教學、研究和出版等領域廢除傳統遺傳學。然而，中國不少遺傳學者都是受西方學說訓練，即使是在盲目效仿蘇聯的年代，李森科主義的理念也曾無法被接受。因此，中共在1952年正式支持李森科主義生物學，並禁絕西方生物學與遺傳學的聯繫。此禁令雖然屢遭抵抗，但在實施五年後已產生效果，這時中國的第一個五年計劃剛剛開始。

這個時候，中共堅定地推行李森科主義生物學，已不只是簡單地效仿蘇聯的官方學說了。另外，中共因選擇「斯大林模式」經濟發展策略

而不得不這樣。這一模式以資本密集型產業、城市重工業和軍事工業為核心，這也是蘇聯援助中國的方向。在此模式下，農業要為工業發展提供相當的資本。而李森科主義生物學則被認定為 (蘇聯聲稱的) 是能夠實現中國農業產出成倍增長的便宜、快速且簡單的方法。難以置信的是，直到「一五計劃」的尾聲，中國人才開始認識到蘇聯農業以及李森科主義的真相：前者是巨大的災難，後者是非常糟糕的科學。然而，蘇聯卻限制中國獲得自身經濟狀況的準確信息；中國則不加質疑地相信蘇聯老大哥的能力。

自李森科主義進入中國以來，一直都是獨裁且教條的，它也成為了中共和知識分子之間關係緊張的源泉。李森科主義把科學界政治化，成為中國不滿蘇聯的早期根源。直到 1956 年，李森科主義才失去了黨認可的壟斷地位，對「資產階級」生物學的禁令也才被撤銷。毛澤東把這些大逆轉稱為「翻斤斗」[1]，但與其說它是因為中國科學界的不滿造成，不如說是李森科主義在當時蘇聯和東歐國家內部已開始失勢所致。此外，這也來自於中共的複雜情結——最終公開地稱中國不應該硬搬蘇聯理論，過度依賴蘇聯專家。對於「遺傳學的問題」，依照中共的謹慎描述，不過是極端的個案。雖然中共提及並說明了這麼多的敏感問題，但遺傳學卻成為中共在開展第二個五年計劃前夕解決其他問題的範例。

什麼是李森科主義？[2]

馬克思在《共產黨宣言》鼓勵讀者放棄傳統哲學，因為傳統哲學僅將其自身看作是理解世界的手段，呼籲人們以把自身看作是改變世界手段的新哲學來取代。呼應馬克思的李森科主義生物學，持續提醒着中國科學工作者，強調生物學的目的應該在於改變及控制大自然，而不僅僅是理解它。李森科主義生物學是以生物演化論為前提，相信所有的有機自然都是無限可塑的，並且可以被人類所操控。這一學說的兩條核心原理，與傳統遺傳學激烈衝突。[3]

第一條原理是：包括物種進化在內的所有有機變化和發展的有效資源是環境，即環境從外部影響有機體，而不是從內部 (如染色體和基

因）。由此可推論的第二條原理是：人類為其自身利益能夠通過操控環境從根本上重塑有機體（尤其是食用植物）。這些李森科主義的原理，必然地被延伸到了遺傳特徵的範疇。而實際上，遺傳特徵一直被定義為「內部化的環境條件」。[4] 李森科主義主張後天獲得的特徵能夠遺傳到後代。因此，在一個有機體內，由環境導致的累積變化既是它「遺傳本性」的內容，也是其後代會承襲的遺產。

根據李森科主義聲稱的以上原理，食用植物能夠被改良，故此能夠在原來惡劣的環境中種植，也就能被在本土環境中更廣泛地種植。李森科主義形式的「農業生物學」由一系列的進化論技術構成，從而控制植物的生長。在植物生長合適的時間段裏，通過控制溫度或者日照，便可以朝着想要的方向改造植物，甚至可以改變植物的「遺傳本性」。例如，由於某糧食作物的特徵能夠被人為改變，故此原先只能在溫暖氣候中才能生長的作物，亦可在嚴寒的北方種植。

李森科（T.D. Lysenko，1898–1976）把這些觀點冠以自己的名字，並於1920年代，作為農學家在蘇聯各地接受訓練。整個1930年代，他以雄心、旺盛精力以及政治家的高度敏銳攀登至蘇聯官僚制的頂峰。在斯大林的扶持下，他於1938年成為列寧農業科學院院長。十年後，在農業科學院1948年7月至8月間召開的那場臭名昭著的會議上，李森科及其追隨者宣告廢除傳統遺傳學，強行確立了李森科主義在生物學研究方法學上的霸權地位。[5]

這個時候，李森科已把其生物學的基本理論向兩個方向拓展。他分別以普列津特（I.I. Prezent，1902–1970?）和米丘林（I.V. Michurin，1855–1935）為指導，前者是自命為辯證唯物主義專家的意識形態倡導者，後者則是獲列寧推崇為標誌性的本國培育園藝師。在1949年傳入中國的「李森科主義」，便是他們與李森科思想的混合體。

李森科發現，米丘林的本土主義和民粹形象，以及被稱為李森科生物學原理的先驅，對他本人而言都十分有價值。米丘林培育本土的水果和蔬菜，據說栽種了大量各種異常耐寒且高產的新品種。他被廣為引用的座右銘被李森科定為新生物學的基調：「不要乾等大自然的賜予，我們必須戰勝自然。」基於米丘林對環境推動進化的理解，以及他假想可

以培育新物種進行進取的干預，李森科甚至把米丘林指定為達爾文真正的繼承者。李森科總是不乏引人注目的標籤，他把米丘林（和他自己）的進化論學派命名為「創造性達爾文主義」。

米丘林使用的是直觀的反覆試驗的技術，聲稱因為自己熟稔當地環境以及親自介入了植物甄選和培育的每個過程，使得這一技術十分成功。此外，米丘林對於在大城市和大學裏教授的正規農業科學嗤之以鼻。在他看來，在那裏沒人會弄髒自己的手直接參與生產，人人都沉醉於華而不實的理論、數學技巧和統計學數據當中，認為這些都是脫離現實。李森科非常認同米丘林的反知識分子思想和對傳統生物學的嘲弄，還用米丘林來合理化自己實驗不夠嚴密這樣的缺陷。在李森科主義傳入中國的時候，米丘林已經成為其守護神和主要典範。李森科及其學說的倡導者把他們的一套思想理論冠以「米丘林主義」（Michurinism）的名號傳入中國，而米丘林主義這個名稱，在李森科主義主導中國理論界的整段時期一直備受官方推崇。

普列津特是列寧格勒大學社會科學學院 1926 年的畢業生，畢業後很快轉向專攻生命科學哲學。他幫助李森科爬到佔據蘇聯生物學界的主導地位，也為李森科提供了思想合理化的外衣——一個辯證唯物論者以正確的社會主義基本原理，攻擊並拒斥傳統遺傳學。李森科援引普列津特的論點，認為科學不可避免地具有階級屬性：如果馬克思主義是正確的，那麼在資本主義社會裏發展起來的科學又如何能適用於革命的社會主義社會呢？在資產階級資本主義社會裏生產並實驗的科學，只能是理想主義、形式主義和形而上學的。只有像李森科生物學這樣從社會主義社會中發展而來的科學，才能站得住腳。[6]

這種對科學的「泛階級化」思想方法，格外嚴苛地批判傳統遺傳學說。遺傳學家被批評為脫離自然和生產在實驗室工作，他們關於基因的概念被譴責為資產階級理想主義的虛構。李森科主義認為，傳統遺傳學家聲稱遺傳的基本載體都擁有固定的結構、功能和位置，指責這套理論與辯證法和演變論原理敵對。李森科在 1948 年 7 月 31 日列寧農業科學院的公開演講，總結了這些理論。這篇講話成為了中國的李森科主義倡導者及其蘇聯導師的理論起點。它多次被翻譯成中文，並且不

斷地被用來解釋米丘林生物學，以及攻擊傳統遺傳學及達爾文進化論的模板。

李森科的演講（以及在農業科學院會議發表的其他演講），是對那些堅持「舊生物學」和批判李森科新生物學的生物學家的批判。一些被批判者因此憂鬱成疾，有人則被大學革職，甚至被關進監獄囚禁至死。斯大林不僅認可了李森科學說的權威地位，還把其在1948年的演說編輯出版，把其樹立為政治榜樣。[7] 然而，李森科的敵意並不僅限於對蘇聯科學家，他還聲稱要對從魏斯曼（Friedrich Weismann）、孟德爾（Gregor Mendel）到現代遺傳學之父摩爾根（T. H. Morgan）等在內所有「舊生物學」和傳統遺傳學家，發動浮誇的「革命戰爭」。正如1920年代列寧的共產國際把其革命計劃輸出中國，在一代人以後，李森科也決定把自己的生物學革命帶到中國。

值得一提的是，從來沒有可靠的證據，能夠證明李森科主義或米丘林生物學真的能夠如其聲稱的那樣創造新物種，或對植物生產做到顯著而持續的改良。米丘林及其一些跟隨者確實培育了新的植物品種。但是他們所用的那些技法，也都是園藝師、植物選種者乃至全世界農民所熟知的本地種植習慣而已。李森科—米丘林的研究項目存在一些致命的問題，當中最糟糕的是明確摒棄科學實證這一普遍法則。由於他們基於原則問題，不作對照試驗和統計研究，因此實在無法評估其聲稱取得的成果。當年大批中文期刊列出的所謂「證據」，僅是奇聞軼事罷了。此外，整個研究都是從一系列的「理論」憑空捏造出來，從而解釋他們那些有關定性或定量的結論。這些理論都簡單地忽視了上個世紀或以前的生物科學，並遵循一套自創的邏輯。

另一方面，有大量可靠的證據表明，李森科/米丘林理論的應用會帶來災難性後果。例如，蘇聯實施的李森科「密植」理論導致大片地區的新種植森林被毀。[8] 東歐科學家在1950年代中期，試圖根據李森科/米丘林研究機構大肆吹捧的技術進行植物嫁接，結果有關試驗徹底失敗。[9] 如在接下來將看到的，這場潰敗迅速地促成了李森科的失勢，以致李森科主義失去其中國的壟斷地位。

李森科主義在中國

在李森科主義把其包裝成全面成熟的意識形態，並在1949年傳到中國之前，中國鮮有生物學家熟悉李森科的理論。因此，在1949年10月1日中共正式掌權後的數個月，中國科學界對於中國及蘇聯的李森科主義者激進地提倡米丘林生物學，可謂毫無準備。

中國的李森科主義者以東北的新農業學院作為他們最早的運作基地。到了1951年秋天，他們已經在上至各主要農業院校、研究機構，下至小規模和地方的農業院校、延伸項目及研究站，在全國範圍內拓展影響力。直到1950年代中期，所有這些院校機構都由新成立的中央人民政府農業部管轄。農業部很贊同李森科主義，並積極進行推廣。[10]農業部在北京成立北京農業大學，它很快就成為全國最大、最頂級的農業科學機構。官方還把該校設定為發動全國運動的院校基地和明燈，目的是要把李森科主義立刻成為農業生物學，以至生物科學的唯一正統指導思想。為了實施這一雄心勃勃的計劃，中共指派在革命年代長年從事農業科學工作的樂天宇，負責推動有關工作。他在1940年代初倡導教育改革，認真謹慎地落實了毛澤東的整風運動。他後來因此受到嘉獎，成為延安大學農業系主任，後來曾任華北聯合大學農學院院長。[11]

當樂天宇認為自己可以掌管北京農業大學的時候，當局已向學院按插黨員幹部執行黨的政策，並組織領導有關中共政策和馬克思主義的強制性學習。樂天宇在此基礎上，增加了對米丘林生物學的強制性學習。此外，他還要求所有教員都要正式聲明摒棄傳統遺傳學，擁護米丘林主義。不過，校內三位最傑出的課程負責人卻拒絕服從他的要求，並且公開參加與米丘林生物學擁護者的辯論。他們不但挑戰樂天宇的權威，同時也否定了樂天宇能為其他教員作榜樣的資格，認為他並不能在即將到來的全國性的親蘇運動中作為「從蘇聯學習先進經驗」的楷模。這三位教員的命運讓人深思。[12]

李景均在1940年獲康奈爾大學植物遺傳學博士學位，是生物統計學專家，曾任北京農學大學的系主任。北京農業大學校務委員會主任委

員樂天宇把李景均從管理職位調離，並禁止他教授遺傳學和生物統計學的課程。李因受到樂的威脅故此攜家眷出走中國，將美國作為他們的避難所。與李擔任聯合主管的湯佩松，1930年獲授約翰霍普金斯大學植物生理學博士學位。樂天宇把湯佩松從聯合主管的職位調離之後，還在全校以及北京各大學代表的面前，以「思想改造」的名義對他進行公開羞辱。湯佩松因為批評和抵制中共學習蘇聯的政策，遭到學校的排擠。最後一位是北京農大畜牧獸醫系主任吳仲賢，他在1937年獲授愛丁堡大學動物遺傳學和生物統計學博士學位。為了保護自己，他沒有公開發表異見。當他的生物統計學課程被廢除後，他便將自己的教學和研究從遺傳學轉移到了動物營養學。[13]

在短時間內，樂天宇給北京農業大學帶來動盪，令一批明星教員感到疏離，並強制性地將全部課程改為米丘林生物學。在其他地方，他則顯露其經營技巧和政治手腕。例如，在北京其他四所主要農業研究機構於1949年底成立的時候，樂天宇在這些機構安插了大批狂熱的米丘林主義者。[14] 國家的出版刊物不停地引用這四所機構和北京農業大學的研究，以證明米丘林生物學的成功。[15] 可是，所有其他植物生物學家的研究卻被冷待無視。

中國米丘林學會在樂天宇發起的運動中也非常重要，它致力把米丘林生物學傳播給廣大群眾。學會由樂天宇出任會長，歌頌那些聲稱使用了米丘林生物學技術而在產量和質量上取得驚人成果的英雄工人和農民。按照樂的說法，對於革命的中國來說，米丘林學會是可讓所有社會階層一同工作、符合毛澤東「群眾路線」的新型組織。[16] 到了1951年末，米丘林學會稱已在全國設立了50個分會。[17] 那時學會通過其官方刊物，宣傳關於米丘林生物學的好消息。刊物充斥着從有關蘇聯人使用米丘林和李森科的技術後，小麥、棉花和家畜產量大增的翻譯報告，此外還有一些關於蘇聯農學家的簡介，以及米丘林主義課程在中學教育的報告。[18]

在更大的生物科學家圈子，樂天宇利用每一個可用的場合推銷米丘林生物學，並斷言其在學界的獨霸地位。例如，北京生物學學會是他在1950年重點關注的組織之一，該學會的成員來自中國科學院和多所大

學。在北京生物學學會的年度會議上，樂霸佔了整整一天，以小組座談的形式解釋和討論米丘林生物學。[19] 同年較早時候，米丘林學說的提倡者在享負盛名的中國科學社南京演講廳內，上演了一場甚有對抗性、關於「米丘林理論和摩爾根理論」的「座談會」。成立於1915年的中國科學社，出版了當代中國最長壽也最為成熟的民間科學社團刊物。在1950年這場座談會上，只有主張米丘林學說的生物學家發表論文，情況也清楚地表明中國科學社已被樂天宇的一派接管。[20]

關於李森科主義的蘇中對陣

著名胚胎學家朱洗，1950年任中國科學院實驗生物研究所研究員，三年後任研究所副所長。[21] 顯然，他的研究領域和職位令他處於樂天宇的政治鬥爭範圍之外。因此，朱洗冷嘲熱諷地批判了米丘林生物學和李森科，並且堅持這種批評直到李森科主義失勢。中共對朱洗的反應如同對其他資深科學家一樣——由蘇聯人對付他。比如，中共安排朱洗在1953年率領一個動物學家代表團訪問蘇聯。儘管蘇方試圖令他改信李森科學說，但朱洗稱他使得蘇方同意觀點，把米丘林生物學無差別地硬搬到中國的做法並不恰當，因為中國的具體情況與蘇聯不同。[22]

然而，朱洗卻在同年成為被蘇聯李森科主義者批判的第一批中國生物學家之一。為了回應他發表的關於進化論過程存在變量的文章，蘇聯在華專家格盧先科（I. E. Glushchenko）拜訪了他。[23] 身為蘇聯科學院遺傳學研究所所長的格盧先科，在閱畢經翻譯的朱洗文章後，對內文呈現的「摩爾根主義」展開攻擊。朱洗事後把兩人的對談摘要發表，內文語含諷刺，把格盧先科描繪為顯得居高臨下、喜愛說教，且陳腐不堪。例如，格盧先科指摘朱洗完全沒有注視米丘林的基本原則，警告他任憑實驗技術如何高明，如果沒有學習恩格斯、斯大林和毛澤東的辯證唯物主義（特別是毛澤東的《矛盾論》），也將是結不出任何研究果實的。朱洗對這位蘇聯同行的個人關注和「友善批評」表示感謝。[24] 這是中國知識分子流露異見態度的最早期事例之一——含蓄地批評蘇聯的傲慢自負，以及中共「向蘇聯學習」的政策。[25]

中國其他的資深科學家，則因為受邀來華巡迴訪問並宣揚米丘林生物學的蘇聯李森科主義同行的游說，接受了蘇聯的一套學說。蘇聯高等教育部長兼莫斯科大學遺傳學系主任斯托利托夫（V. N. Stoletov），是最早期來華的訪問學人。蘇聯當代史學者大衛·喬瑞夫斯基（David Joravsky）對李森科主義的經典研究，形容斯托利托夫為「其中一位最早期也是最惡毒的李森科主義者」。[26] 斯托利托夫於1949年12月在北京農業大學舉行了演講。[27]

身兼蘇聯科學院遺傳學院教員的遺傳學和進化論專家努日金（N. I. Nuzhdin），緊隨斯托利托夫來華。[28] 他在中國進行漫長的巡迴演講，企圖勸說像談家楨這樣的科學泰斗轉信李森科主義。[29] 談家楨於1935年獲加州理工學院博士學位，專長進化和群體遺傳學研究，是中國「摩爾根主義」的傑出代表人物。據談家楨稱，努日金帶他到浙江大學參觀時，在那裏向他講述米丘林生物學的長處，並勸說他轉而信奉這一套。當時，樂天宇發起的運動主要限於中國東北和農業科學機構。浙江還未受到李森科主義影響，談家楨在那裏教授傳統遺傳學並未受到任何干擾。因此，他毫無芥蒂且禮貌地讓努日金四處宣揚其理論。[30] 當談家楨於1952年轉往上海復旦大學生物系任教時，李森科主義已經蔓延至中國南方並且對其施以報復。與此同時，努日金的演講被譯成中文並編纂選集，在中國廣泛傳播，成為最早關於米丘林生物學的教科書之一。越來越多的李森科主義者跟隨他，也有越來越多這樣的教科書出版。

傳播米丘林生物學

在米丘林主義傳入中國的初年，對具有若干生物學訓練背景的科技文章作者和譯者產生了需求。其中文筆優美且最為多產的譯者米京九，便是為樂天宇工作，他從1950年到1956年的職業生涯令人深思。他是當年訪華蘇聯生物學專家的傳譯員，同時翻譯俄文書籍，並通過出版和公眾演講宣揚米丘林生物學。[31]

米京九在1950年年僅25歲，剛從北京農業大學植物培育和遺傳學系畢業。他在那裏接受了一流的生物學教育，師從李景均和湯佩松接受

培訓。他意識到米丘林生物學的到臨似乎不利其繼續在遺傳學的研究，故此決定從研究生院退學。另一方面，他看到可以讓他把其俄語與中國生物科學術語知識相結合的即時機會。因為研究傳統遺傳學的學生和學院均受到壓力，他在壓力驅使下終投身李森科主義。

在樂天宇及其幕僚發動的米丘林宣傳攻勢下，大量的文獻譯本絡繹不絕地需要出版。與米京九形成鮮明對比的是黃宗真，[32]他憑藉自己在科學出版社的編輯職位，影響了1950年代初期米丘林生物學的發展。黃宗真加入科學出版社時，該出版社正在接管中國科學院的出版物，成為全國大部分科學期刊文獻最重要的資訊交流所。[33]跟米一樣，黃也是植物生理學專業，在中國科學院實驗生物研究所取得學位，畢業後在研究所謀得職位。黃宗真在1949年成為米丘林生物學的信徒，且加入了中國共產黨。正因為他是米丘林主義者，中共挑選他出任科學出版社的成員。他獲任命為《生物學通報》和《植物學報》的編輯，這些都是中科院重要的刊物，有着廣大的科學家和大眾讀者。這些出版物在全國範圍內發行，並為各個學會和教育機構提供信息。

黃宗真有權決定什麼可以在這些刊物發表，還決定這些刊物要不斷刊登有關米丘林主義的文章，且不允許摩爾根主義、特別是來自美國的摩爾根主義的文章發表。他在實施這樣的政策後，一些以前教過他的教授便向他提出小心謹慎的勸告，促請他不要給米丘林生物學的擴張推波助瀾。黃最終被迫讓步，偶爾也會識別矯正一下「低水平的」米丘林學說。但是他不像米京九一樣的寬容，黃宗真在整個1950年代都在推廣米丘林生物學，扮演了積極的角色。

宣傳鼓動米丘林生物學

像米京九和黃宗真這樣多產的李森科主義者，都是受自然科學界、高等教育界和中共黨員幹部的指導。中國的生物科學界已被他們造出來的李森科文獻所淹沒，但即便如此，樂天宇及其幕僚希望走得更遠，把他們對米丘林生物學的推廣拓展到兩場中共政治運動：一場用來表現中共與蘇聯日益親密的關係，而另一場則是將科學傳播給民眾。大量出現

在雜誌、期刊、報紙、小冊子和小學教科書中的宣傳是：科學是好的，要實現中國的繁榮和富強，我們需要科學；蘇聯是全世界的科學領軍，向蘇聯學習能幫助中國科學發展。在樂天宇團隊的推動下，這些刊物充斥着以李森科學說為例強調蘇聯先進性的文章。

可以看到，李森科主義者在大眾的科學普及刊物裏，充分利用了上述兩場全國政治運動。這些包括像《科學大眾》和《科學畫報》的兒童雜誌，也包括面向識字有限的農民的《大眾農業》。這些雜誌以簡單的文字和吸人眼球的插圖，介紹來自蘇聯以及在中國經驗豐富農民運用米丘林生物學耕種的例子。文章潛藏的訊息顯而易見：科學必須取代迷信和愚昧無知，人們必須通過使用科學來實現中共定下的經濟建設宏偉藍圖；米丘林生物學成本低廉，幾乎不用額外的資本投入就能夠提高農業產量，而資本恰恰是當時處於工業起步階段的中國所稀缺的。在推廣米丘林生物學的過程中，由於西方生物學和農業科學與其相衝突而極少被提及。就算是偶爾被附帶着提及，也是用優秀的成果來證明米丘林生物學如何「易懂、易使用」。這些情況只是為了顯示米丘林主義的實用價值，而其他的生物學則淪為阻滯發展且無用晦澀的理論。[34]

樂天宇和他的同事對於一批引起矛盾的文章負有至關重要的責任，這批文章明顯讓中國的遺傳學家及其同行難堪，並且讓他們無法在中科院和中共黨內取得支持。這些文章認為，遺傳學家都是資產階級並且大多在美國受過教育。因此，這些學者不會忠於中國共產主義革命，且應該被當作「反革命」對待。朝鮮戰爭期間的反美宣傳與這樣的惡言謾罵相互呼應。這場運動更大範圍地改造了知識分子，非常明確地旨在摧毀他們「親美」的觀點。詆毀謾罵進一步延伸到指控傳統遺傳學「基因不可變」的觀點，因為這會導致人類特徵不可改變的種族等級觀念。美國的遺傳學家對於他們的學說與世界上最糟糕的種族主義扯上關係而深感愧疚。摩爾根的實驗及基因理論，在某種程度上涉及法西斯種族主義、美國歧視黑人的種族主義、奴隸制度以及反跨種族通婚法。另外，美國的「孟德爾遺傳學界」遭指控是希特勒的支持者。以此推論，因為遺傳學家都直接或者間接地對罪惡的優生學應用負有責任，故此所有的遺傳學家都是法西斯主義者、種族主義者以及工人階級的敵人。[35]

攻擊樂天宇，為米丘林生物學辯護

到了 1952 年，樂天宇在全國推行的米丘林生物學推廣運動顯然已經十分成功。可是，他在多年來惡言攻擊遺傳學家，重手處理他們的專業工作，因此惹來學術界的極度不滿，也抵銷中共對他完成政治任務的稱譽。1951 年底，中共開始審查樂天宇對米丘林生物學的信仰，最終的結局不僅讓他丟了工作，樂天宇還受到嚴厲批評，在全國民眾面前接受「思想改造」。

黨內對於樂天宇強硬管理手段的抱怨始於 1950 年初，當年樂把李景均趕出大學校園，李之後逃離中國。彼時中共正號召科學家入黨，鼓勵海外的中國科學家回國，因此事件造成極為惡劣的輿論影響。[36] 著名的生物學家開始動用他們與中共的個人關係來游說反對李森科主義，特別是反對樂天宇。[37]

面對越來越多的批評，樂天宇不得不為自己辯護，於是在 1950 年致函劉少奇，而此事正是導致樂天宇失去黨的信任原因之一。這封信被轉給了毛澤東，毛對樂的錯誤感到極為厭煩，因此要求對樂進行徹底的調查。同年年底，中央調查得出結論，認為必須在 1952 年 3 月之前免去樂天宇的行政職務。[38]

然而，開除樂天宇並沒有終止黨內關於反李森科學說的討論。比如，在教育部和農業部在 1952 年 5 月主辦的高等教育改革會議上，談家楨大膽坦言反對米丘林生物學。教育部對談家楨的講話表示了一定的支持，而農業部則仍然繼續支持李森科主義。[39]

當時，中共認為米丘林生物學和「孟德爾－摩爾根」遺傳學之間的衝突需要由黨主持定論。此時正值第一個五年計劃的前一年，這一矛盾可能會引起各領域的問題。首先，中共繼續在科學界的招募黨員運動，並尋求科學界對「一五計劃」的支持。但另一方面，「一五計劃」仰賴大量的蘇聯專家和援助，中共無法允許因為強推米丘林生物學帶來更大範圍的反蘇情緒。

更重要的是，由於中共相信米丘林生物學確實有效，能夠顯著提高農業產量，因此同樣也希望解決生物科學界的矛盾。至關重要的是，蘇

聯的經濟援助主要集中在重工業和軍事工業，而非農業。這就使得中國期待的「一五計劃」必須效仿斯大林模式，也相應將重心放在發展城市以及重工業，並且指望農業生產的「剩餘」能夠支持這些發展。

中共認為這是圓滿解決生物學問題的絕佳方法，而前提是讓樂天宇充當替罪羊。中共給予米丘林生物學官方認可，並將樂天宇的「錯誤」示眾，黨因此看起來果決且有控制權，對於學界衝突不用負全責。中國共產黨中國科學院支部在1952年4月舉行會議，討論了樂天宇「所犯的錯誤」；政務院文化教育委員會計劃局科學衛生處會同中國科學院計劃局，同年4月至6月間先後召集了三次生物科學工作座談會，「進一步批判樂天宇同志在生物科學工作上的錯誤。」1952年6月29日《人民日報》的頭版，詳細地報道了這些會議達成的結論。[40]

反樂天宇的事件

樂天宇「違規越矩」的首要罪名是宗派主義，即在黨內幹部拉幫結派；或者製造黨內和黨外知識分子間的分歧，將黨想改造的科學家拒之門外。樂天宇感到愧疚，因為傾注太多注意力在「後方群眾」身上，而沒能將黨外科學家召集起來。

樂天宇的另一條罪名是誹謗黨外科學家，導致他們與黨的關係疏離。中共責備樂天宇稱，優秀的馬列主義者可以採取不同的方法來對待政治和科學，因此把所有「舊生物學」都定性為理想主義、反動、服務於資產階級或法西斯的，都是極為不恰當的。反而，「我們應該說摩爾根主義和米丘林主義之間的爭論只是科學中兩種不同世界觀的表達。如若舊生物學中的某些部分被證明是偽科學，舊遺傳學中的某些結論是基於法西斯的原則，那麼它們都必須被改造。」中共由此得出兩條結論：第一，「如果一個人認為舊遺傳學是反動的，並不代表所有舊遺傳學的從業人員都是政治反動分子。」第二，中共反對一切利用米丘林主義作為派系鬥爭武器的行為。

反對樂天宇的第二組結論是，他強調科學的有限性，他的「經驗主義」和「教條主義」導致了對米丘林生物學的錯誤認知。這些偏差是十分

明顯的，樂天宇過分關注生產經驗中的細枝末節，因此導致了對系統的農藝學理論和實驗工作的忽視。中共因此擔憂，認為「一個人如果將理性推論從經驗知識中分離出來，並且將兩者對立起來，將其中一者置於另一者之上，那都是錯誤的」。中共認為樂天宇對於科學的籠統認知是有限且不成熟的，故此他無法抓到米丘林生物學的精髓。所以，他既沒有顯示出蒙德爾－摩爾根主義「舊生物學」的限制，也沒有展示出新生物學的優越性。若能真正理解米丘林生物學的成就，給它一套恰當的呈現和包裝，必然會使那些頑固抵抗的生物學家成為米丘林生物學的信眾。

伴隨着《人民日報》對樂天宇的批判，中共用十分明確的言辭宣告，反對摩爾根主義並全力支持米丘林生物學。米丘林、李森科和蘇聯農業「經過檢驗的成就」，使得摩爾根主義者和他們的無用經驗、晦澀理論及統計學都相形見絀。只有米丘林生物學認識到並且有能力探索生物世界的真諦——有機生物與環境的統一。

沒有證據表明，在中共官員、摩爾根主義的科家家或李森科主義者之間，有人對斯大林統治給蘇聯農業帶來的巨大災難有所了解。不然，不難想像這些資訊，會引發社會質疑米丘林生物學在蘇聯以至中國的功效。

新的遊戲規則

中共在《人民日報》的頭版，對生物學家頒布了什麼樣的規則呢？回顧過去，非常清楚的是黨的幹部和科學界明白「孟德爾－摩爾根主義」已經在研究、教育和出版中被完全禁止。同樣地，他們也明白生物學家不會因為拒絕承認米丘林生物學的正確性或者在工作中避談米丘林生物學而遭到懲罰。然而，他們是有可能因為違背禁令或挑戰米丘林主義而被處以強硬措施。當然，只有中共能夠判斷某些行為是否違背政策，是否對其實施制裁。

黨對科學界發出了不容拒絕的邀請。它承認了專業科學家的合法性，以及科學教育、研究及理論的正當性。更重要的是，科學家不會因為其科學信念而要背負政治罪名。但作為回報，科學界要毫無異議接受米丘林生物學說。

傑出的生物學家談家楨，1952年7月被要求以「自我批評」的形式，在廣泛傳播的中科院刊物《科學通報》上，回應黨在《人民日報》所載的政策聲明。[41]他在聲明中對新政策表示認可，並且隱晦地承認會服從新政策。然而，他本來是要把自己的真實感受公諸於眾，其「自白」顯然只是諷刺：他公開聲明再也不認為李森科是反科學的叛徒、「妄人」或者「利用科學創造政治資本的半桶水科學家」。他檢討了自己曾經「對學術自由的盲目崇拜」。最後，他還認為只是資本主義的宣傳使人覺得在蘇聯沒有學術自由，讓人以為遺傳學家在蘇聯都被關押。如今他知道了，「在一個人民獨立自主的國家，沒有人會因為意見不同而被監禁。」[42]在作「自我批評」過後，談家楨搬出李森科主義者挑出摩爾根遺傳學錯誤的標準清單，並配以許多相關的陳詞濫調。可是，當論及他個人的科學信念時，他利用了中共新政策賦予的保護，拒絕否認基因理論，並且拒絕承認環境是遺傳的根本力量。

直到1956年，1952年的政策成功地控制着生物學界。像談家楨一樣的生物學家拒絕投向米丘林主義的懷抱，他們完全沒有做研究，只教授一般的生物學課程，並在課堂上避免觸及敏感話題。他們通過與中共科學官僚機構內高層官員的人脈關係，繼續謹慎地游說中央更改有關政策安排。例如，談家楨通過曾任浙江大學校長的中科院計劃局局長竺可楨試圖游說當局。1962年加入中共的氣象學家竺可楨，「頗不贊同李森科主義」。談家楨還從教育部內部獲得了更進一步的支持。[43]湯佩松的父親湯化龍是清末至民國初年的著名政治人物，他利用其父的社會關係，把自己對李森科主義的不滿傳達給當局。湯化龍的一位跟隨者擔任「中共內層級很高」的職位，他利用其職權讓湯幸免於難，並且為湯在中科院植物生理研究所覓得永久職位。[44]

1952–1955：李森科主義和米丘林生物學的高峰

在中國共產黨1952年政策的保護下，米丘林生物學傳播到中國的每個角落和階層，「舊生物學」的殘餘則在教學和實踐中被抹掉。官方在招募新理論提倡者非常順利，當中包括受過西方遺傳學教育但改信米丘

林學說的知識分子。然而，在華的蘇聯專家繼續通過巡迴訪問控制大量
順從的追隨者，蘇聯生物學教科書的譯本續具支配性地位。中共試圖通
過不斷主辦一系列的紀念會議和慶祝活動，把米丘林生物學持續地置於
鎂光燈下，例如在1955年10月於北京舉辦「紀念米丘林誕生一百周年紀
念會」就十分矚目。在中共認可下，這次會議公開批評和審查站出來批
判中國或蘇聯米丘林主義者的人，這些都是通過關於達爾文和進化論的
文獻戲劇性地進行。

　　李森科在1948年全蘇聯列寧農業科學院會議的演講，概括了研究
達爾文理論的方法。中國的米丘林生物學家，緊跟這套研究方法。[45] 因
此，當時中國那些有關進化論的文獻表面上闡明達爾文進化論，但實質
上卻是旨在鞏固米丘林生物學的基礎。事實上這便是米丘林自稱的「創
造性達爾文主義」，聲稱自己有着對進化論唯一正確的理解。它對達爾
文僅作皮毛探討，目的是要體現達爾文偏離了李森科學說。例如，米
丘林生物學承認物種之間的確存在競爭和鬥爭，但卻斷定達爾文認為物
種內部存在鬥爭而這種鬥爭會影響自然選擇和進化的觀點是徹底錯誤
的。對於米丘林生物學家來說，環境是促使有機變化和進化的唯一
力量。

　　達爾文因為堅持認為，進化是通過長時間的積累和細微變化而逐漸
緩慢發生，也受到了抨擊。米丘林生物學將達爾文的困惑之處，歸因於
他沒能完全理解環境的基本角色以及遺傳機制回應環境時會重塑有機
體。達爾文這一錯誤與他只會被動地觀察的態度有關。正如李森科聲稱
他自己已經做到的那樣，如果達爾文可以像干預主義者般那樣思考，並
且關心自然實際的變化，他便會認識到人類可以改造自然的潛能，甚至
能夠很快地創造新物種。

　　1950年到1952年之間，中共李森科主義者對達爾文主義的全面進
攻來自多種多樣的資源：當局把蘇聯的文章胡亂拼湊成一本大學教科
書，並下令全國院校使用。[46] 不久，方宗熙纂寫的中學教科書問世，這
本書寫得很有條理，製作精心，簡明易懂。方宗熙師從英國遺傳學家霍
爾丹（J. B. S. Haldane），1949年獲授倫敦大學遺傳學博士學位。方宗熙
學成回國後，立刻接受了人民教育出版社的生物學編輯（米丘林生物學）

一職。他很快地成為了中國在米丘林教科書著作最多產的作家、編輯，他的教科書寫得統一、簡明，且對理論有充分了解，從而避免批評和中傷。[47]

1926年發掘出「北京猿人」的傑出古生物學家裴文中，在1950年公開表態轉信恩格斯的辯證唯物主義，不久就加入了米丘林生物學的行列。他對米丘林生物學的早期貢獻是編纂一本中學入門讀物，這本書是中方首次為米丘林生物學背書，概括了米丘林生物學對人類進化的作用。[48]李森科學說把恩格斯的推論作為唯一正確的分析。恩格斯在其於1876年起所著、未完成的15頁論文中，認為在進化過程中，「勞動」是從根本上區分原始人類（猿）和智人（人類）的特徵；他實在地說，「勞動創造了人。」恩格斯概括了一個辯證過程：直立行走的猿解放了雙手，開始掌握和使用「工具」，並且改造和控制自然。這一行為反過來也刺激形成了熟練的雙手、更大的大腦、語言交流、複雜社會組織的發展——這些都是更高效的勞動所需要的。恩格斯這一引發爭論的觀點是基於法國生物學家拉馬克（Jean-Baptiste Lamarck）學說的前提，即生命形式朝著他們所「需要」的方向進化（比如更精巧的勞動模式需要更大的大腦）。裴文中公開地表達了他對恩格斯觀點的認同。[49]

然而，並不是每一個人都像裴和方一樣順從並回避風險；而中共和中科院則對人類進化和解讀恩格斯這一領域的理論尤為敏感。在1952年到1956年間，愈來愈多生物學家、人類學家和科學記者，因為批評官方認可的教科書，或對恩格斯的人類進化理論提出質疑，遭到愈來愈好戰的官方媒體開火炮轟。[50]官方對他們的處罰長達四年，包括在科學期刊和全國報紙上發表對他們的惡毒評論，禁止「異端」書籍，以及至少在一個高規格場合上迫令他們在中科院和大學聽眾面前作「自我批評」。[51]雖然被處罰者顯然都是虔誠的馬克思主義者和辯證唯物主義的門生，並且從來不是孟德爾—摩爾根遺傳學者，但這些看起來似乎也並不重要。事實上，米丘林生物學以及「創造性進化論」早已成功地獨霸中國學術界。明顯地，官方不斷表明論戰的界限，把任何異見扼殺於萌芽之中。

削弱米丘林生物學的合法性

中國在1955年高調地紀念米丘林誕生一百周年，出版了令人眼花繚亂的出版物並舉行高規格的演説活動。官方列舉米丘林生物學的非凡成就，並炫耀其運動的成功。然而，在當時誇大宣傳和自鳴得意的氛圍中，仍有反對的聲音。在蘇聯，李森科關於物種進化的觀點，自1952年起一直受到最傑出生物學家的不斷挑戰和抨擊。[52] 在中國，這些信息整整被壓制了兩年；直到1954年底才有關於「物種辯論」的著作開始被翻譯和發表。[53] 在中國舉行的紀念米丘林誕生百周年活動，有人發表重要的公開演講，試圖減輕人們對蘇聯新發展的擔憂，讓人相信這不會影響到米丘林生物學在中國的牢固地位。[54]

然而，有關物種的辯論只是深刻撼動李森科主義在蘇聯和中國合法地位的第一個衝擊波。1955年底，東德農業科學院院長、生物學家漢斯‧斯塔布 (Hans Stubbe)，對李森科主義開展公開揭露。他在北京農業大學發表了其對李森科農業科學核心問題「無性雜交」的詳細研究結果：研究結論表明，李森科的説法沒有任何科學基礎。[55]

接下來的事件，也是直指李森科學説在農業的應用。1956年2月，蘇共領袖赫魯曉夫主持召開了全蘇聯關於雜交玉米種子生產的會議。儘管此時雜交技術在北美已經得到了顯著的生產成效，但李森科還是以他典型的神秘理由譴責雜交技術的使用。他在蘇聯成功地禁止雜交培植直到1952年左右，這個禁令後來在蘇聯悄悄地被解除了，但在中國卻繼續生效。1956年的會議完全解除了李森科的職務，並且建立了雜交玉米生產的國家項目。如同物種辯論一樣，中國的摩爾根主義者借助蘇聯這場會議來反對李森科主義。[56]

最後，李森科被解除了農業科學院院長的職務，並於1956年4月在激烈的反對浪潮中被迫下台。[57] 曾被派到中國幫助制定「十二年科學規劃」的蘇聯生物學家齊欽 (N. V. Tsitsin)，很快把消息帶到了中國。他對李森科尖鋭且空前的公開批評震驚了中國的同行。[58]

第二個五年計劃的準備及李森科主義的退潮

這時，在中國關於遺傳學的問題，陷入當下與即將開展第二個五年計劃相關的政策討論之中。解決遺傳學問題的過程及這樣做的潛在結果，與中共指定的問題範疇例如知識分子、科學和與蘇聯關係等產生了回響。在李森科倒台前數個月，東德生物學家對李森科主義的批判引發了毛澤東的強烈反應，遺傳學問題已扣連上全球議題的程度，由此可獲證明。毛指示由陸定一擔任部長的中共中央宣傳部，在中科院和其他相關政府機關和個人的協助下，研究李森科主義和遺傳學的問題。[59] 此後不久，周恩來領導舉行「關於知識分子問題會議」，並在會上授權中宣部組成兩個委員會：一個制定「十二年科學規劃」，另一個尋找解決遺傳學問題的方法。[60] 陸定一於是任命中宣部科學處處長于光遠，負責協助制定十二年科學規劃，並監管處理遺傳學問題。[61] 在1956年1月的「知識分子問題會議」後，于光遠又被委以另外的任務，負責在年底前舉行一次大型、長時間、決定性的座談會，希望能夠為遺傳學的問題畫上句號。[62] 于光遠後來成為了1980年代中國社會科學院副院長和經濟改革理論家。

這次黨內騷動伴隨着高規格的政策講話，或多或少地指出了包括遺傳學問題在內的關鍵問題應該如何被認識和解決。周恩來在會上作了〈關於知識分子問題的報告〉，在批評黨內宗派主義和無差別效仿蘇聯時，隱約地提及了遺傳學問題。[63] 關於無差別效仿蘇聯，他明確地說：「中國不能無限期地依賴蘇聯專家，這種依賴導致了例如過於匆忙、任意照搬、機械應用等各種問題。一些同志甚至武斷拒絕承認資本主義國家在科學和技術上的成就。從今往後應該要避免這些問題。」[64]

1956年4月，毛澤東在〈論十大關係〉的演說中也談及了類似的問題，特別是對蘇聯的依賴。「我們不可以無差別照搬照抄或者機械移植一切東西。自然地，我們也不可以學習他們的不足和弱點。」他指中國採納了蘇聯的一些短處，「然而中國人卻因他們（從蘇聯和社會主義國家）學來的這些東西，那些國家早就丟掉不要的東西，而驕傲自滿；結果（中國）還得翻個斤斗。」[65]

5月，陸定一發表題為〈百花齊放，百家爭鳴〉的講話，明確表明李森科主義帶來了惡果，中央對此予以高度重視。他由自然科學是沒有階級性的説起，由此也否定了李森科主義的前提。他説道：

> （自然科學）有其自身的發展規律。只有在一個壞的社會系統裏，它才會被與社會制度聯繫起來，使得自然科學發展緩慢，而在一個好的社會系統裏，它將會得到迅速的發展……因此，將醫藥、生物學、或者其他自然科學的分支貼上「封建主義」、「資本主義」、「社會主義」、「無產階級」、或者「資產階級」的標籤是錯誤的。[66]

陸定一由此得出結論：「『米丘林理論是社會主義的』或者『孟德爾和摩爾根的遺傳原理是資本主義的』都是錯誤的説法。我們不能相信這樣的東西。」他把這種錯誤，與黨和科學家、蘇聯和中國關係的問題聯繫起來：「有的人會犯這種錯誤，是因為他們是宗派主義者。另一些人由於以不恰當的方式企圖強調人們必須學習最新的蘇聯科學成果，從而無意識地犯了錯。」[67]最後，他重複了周恩來的號召，倡導黨和知識分子之間要有更好的關係。他謂雙方的努力都是必要的，然而更期望黨能採取主動，邁出第一步。確實，他批評了黨對科學家和其他知識分子的處理，指黨以往曾以自大、敵對、且教條的方式來對待科學研究以及藝術和文學作品。他謂期望知識分子之間以及知識分子和黨之間，能夠開展自由且開放的討論，而毋須訴諸任何特殊的行政手段。

早在陸定一發表講話之前，黨內一些幹部因為呼籲知識分子發表他們的憂慮、批評和提議而遭到批評，但部分黨內領導卻抗拒這些做法。出於不同原因，一些知識分子並不願意公開表態。然而，從1956年初開始，科學家和文學知識分子開始就周恩來、毛澤東和陸定一含蓄地點出的議題提出個人批評意見。[68]

例如，在5月1日的《光明日報》上，上海復旦大學的談家楨和劉咸坦率地描述了他們的問題。人類學教授劉咸令人震驚地披露了自己由於出版關於人類進化的著作而經歷的煎熬；而自1952年作「自我批評」後一直保持謹慎沉默的談家楨，則以生物學系主任的身份寫道：

許多一流的知識分子都負有行政責任，他們中只有極少數的在真正
做自己的研究。這是一個巨大的浪費⋯⋯在這裏我覺得有必要重
複的是：科學有別於政治。一個科學家應該將他自己與政治分開；
科學自身──尤其是自然科學是沒有階級的。[69]

當時報章還刊發了很多其他的批評，針對機械照抄蘇聯經驗，蘇聯
教科書的壓倒性存在，以及對美國科學和文化的禁止。[70] 到了5月底，
科學家已經直接地指出李森科主義的問題了。例如，一位取得康奈爾大
學博士學位的北京農業大學教授，因為自己有關李森科主義的可怕經
驗，表態支持中央新定的開明政策。他在北京《光明日報》寫道，那些
對李森科持批判態度的教職員不敢發聲，因為他們害怕遭到報復，或被
誣陷為削弱人們對蘇聯科學的信心。[71]

1956年8月，百花齊放、百家爭鳴的方針已經從全國性報章蔓延
到科學刊物。中科院的主要學術刊物《科學通報》開闢「筆談百家爭鳴」
專欄，發表24位科學家由數段至數頁篇幅不等的意見，提出「雙百」方
針可以解決什麼問題。科學家的共同憤怒，在於蘇聯直接或間接地干涉
那些已經廣被人們接受、用以決定事實和規律的科學技術，以及蘇聯專
制教條地強迫人們接受所謂的科學真理。《中國科學》雜誌社一名編輯，
撰文譴責雜誌一直被迫扮演着推動蘇聯科學在中國佔主導地位的角色。
他指在1950年初至1956年中，雜誌社發表了330篇科學專論，但當中
只有11篇來自共產主義集團之外。雜誌社為了把在歐洲或美國發表的
文章偷偷引入中國，還要在頁面上附以俄語標題的偽裝。他揭露了當蘇
聯物種辯論處於風口浪尖之時，《中國科學》雜誌社是如何被審查以及怎
樣被嚴格控制的。結果，雜誌不得翻譯任何批評李森科主義的文章。這
位編輯相信，把對蘇聯科學的全面順從與李森科主義結合起來，在全中
國科學界產生了寒蟬效應。他建議擴大《中國科學》雜誌社的編輯自主，
超越現行的「一個領域、一種學派」途徑，並為中國科學界提供包括蘇
聯、歐洲和美國所有學派學說的翻譯。[72]

黨內方針和公眾批評使陸定一和于光遠堅持努力，他們撤銷了黨在
1952年制定有關遺傳學的政策方針，廢除了其有問題的元素，並且訂立

一套配合「雙百」方針的新原則。陸為之投入了格外的努力，因為這是「雙百」方針影響下的第一個科學領域。他感到，作為第一個受新方針影響的領域，那麼就應該成為發展和貫徹這一方針的模範。[73]

1956年春夏，陸定一和于光遠在走廊和後屋（根據于光遠所述）裏反覆地推敲他們的新原則，與來自兩方陣營的生物學家交談兼同時施以壓力。就在二人結束工作之前，他們告知遺傳學界，中共已經決定廢除1952年的政策。1956年初夏，陸定一對相關決定很有信心，鼓勵遺傳學家「返回到」教育和研究工作崗位。摩爾根主義者聚集商討後，認為這是可喜的進步；可是許多人也認為，如果中共最高層沒有發表清晰的文件，表明所有的新原則已成為黨的正式政策，還是不宜恢復他們的研究工作。陸定一最終帶來了周恩來的保證，在定於8月舉行的遺傳學座談會之後，遺傳學家恢復研究工作，這些新原則將會生效。[74]

下列是他們決定並認為適當的大原則：

- 不允許所謂的科學正統教條和壟斷霸權：中共不會重蹈蘇共的覆轍，「建立李森科派系還予其特權地位。」中共也不會管制科學上的爭論（由科學界自行解決爭論）；少數者的意見將受到保護；
- 必須停止打着哲學名義的政治攻訐；
- 哲學（例如辯證唯物主義）在什麼時候輔助科學，應交由科學家來決定。[75]

無論是這個場合或其他任何場合，中共都沒有承認1952年制定有關米丘林生物學的政策，是陸定一和于光宇希望糾正的問題。中共也沒有承認，確實已經做了像蘇共「建立李森科學派」的一套。然而，新的原則從根本上解決了1952年中共為米丘林生物學壟斷地位背書，以及禁止摩爾根遺傳學的關鍵問題。出席這次座談會的李森科主義者，已知道他們已喪失了特權地位，他們的霸權時代也已經結束。摩爾根主義者也了解到他們可以按照自己的意願繼續教學和研究，再不會遭到誹謗攻訐或被中共壓制。

青島遺傳學座談會[76]

儘管在青島遺傳學座談會舉行前，陸定一已經宣告了新的原則及有關遺傳學問題的決議，但這場座談會也不只是走過場。遺傳學的兩個學派即摩爾根派和米丘林派的主要代表人物，進行了持續兩周既緊張且情緒激動的論爭。每一方都在會上陳述了自己眾多研究領域的科學摘要，然後進行開放討論，通常都是以摩爾根派對米丘林生物學的嚴厲批評而告終。詳細的會議記錄顯示，摩爾根派學者發表使用的材料，包括了許多很遲才獲得與西方遺傳學革命和最新發展有關的資訊，比如由分子生物學、生物化學和生物物理學揭示，脫氧核糖核酸（DNA）和核糖核酸（RNA）的性質及角色。摩爾根派的講者為中國科學深感痛心，因為中國科學被武斷地斷絕了所有能了解到這些發展的途徑，而這些訊息恰恰證實了「摩爾根主義」的前提。訊息渠道的切斷，導致中國的生物學與世界主流割裂起來。

米丘林派學者的發表，則直接地重複了他們在過去五年來發表在期刊上的內容。在開放討論時，他們顯然還沒習慣於面對各種挑戰，以及需要解釋並證明他們的觀點，很快地便被迫在整個座談會中採取守勢。比如，他們以不同往常的謙恭姿態提出了結合兩個學派的可能性（之前陸定一曾提出的非正式建議）。[77] 他們懇求摩爾根派學者不要「把李森科院士和米丘林混為一談」，李森科的錯誤不應該「等同於整個米丘林學派的錯誤」。[78] 在辯解處於弱勢時，米丘林派學者還反擊稱，摩爾根派只是因為「不同的科學語言」才誤解了米丘林派，從而試圖證明自己是正統的「學派」。他們認為，一旦一個學派學習了另一學派的語言，那麼他們將會承認不同學派的正統性，欣賞它所作出的貢獻。[79]

摩爾根派講者輪流表達了他們的憤怒、嘲弄和困惑，毫不含糊地拒絕了米丘林派「結合」學說的觀點。他們對此回應道，自然科學是普世的語言，對於西方、蘇聯和中國的科學家都是一樣的。

摩爾根派重獲其合法性，陸定一也鼓勵學者自由地進行「思想碰撞」，令摩爾根派學者十分振奮並壯了膽量。[80] 相反，不熟悉公平賽場的米丘林派學者，感到惶恐不安。經歷來自摩爾根派學者的猛烈抨擊

後，他們保持謹慎，逢迎地表示會堅定不移擁護「百花齊放，百家爭鳴」方針的政策。

結論：「翻斤斗」

應該從哪裏開始解釋中共對李森科主義的許可和廢除呢？中共與科學界的脫節自然是相當重要。中共非常缺乏科學家黨員，當它要評估研究計劃的時候，便受到了嚴重的挑戰，更別提要評估像植物生物學這樣的整個學科了。當然，中共沒有全心全意地招募科學家（儘管他們表達了對此的渴望）的一個重要原因，是它沒能接受科學家對自己研究擁有獨立權威的要求。陸定一的「原則」異乎尋常，正是因為他把科學論爭的決定權交還給科學家（然而，這些原則很快地又在大躍進和之後的文化大革命被推翻）。我沒有找出任何證據表明，中共在給予李森科主義全面壟斷地位之前，有徵求過任何傑出植物生物學家的意見。李森科主義的權威，來自於蘇共和中共。因此，當米丘林生物學的任何方面受到挑戰的時候，黨的權威也同時受到挑戰。李森科主義堅定不移地堅持以階級為基礎的科學權威，這種觀點受到中共的歡迎，因為它似乎為黨控制科學和科學家，賦予了辯證唯物主義的力量。

因此，面對李森科主義狡猾的欺騙，中共是非常容易上當的。中華人民共和國的發展計劃是基於農業高產的美好願景，然而這個願望，依靠的卻是未經檢驗和測試的米丘林生物學。這就等於一個有經驗有信心的人，被容易獲得成果的前景所迷惑，非但不去強迫自己可以控制的人，反而安排這個人來實施他的騙局。為農業尋求廉價且快捷發展方式的中共，成為了李森科主義農業生產騙局最理想的靶子。

當然，對於中共而言，李森科主義最初的合法性是由於它起源於蘇聯，在蘇聯得到了（假設成功的）實踐。科學上的正確性並不是問題，獨立的實驗也是沒有必要的（也許是對蘇聯的寬容）。回看起來，可以看到中共面對農業上的巨大問題時，都總是參考米丘林生物學；當然中共也感到他們有責任去檢驗和測試米丘林生物學的技術和理論。但不管如何，沒有任何人強迫中共對李森科主義者的騙局作出如此幼稚且不負責

任的妥協。整個1950年代，中國的科學家都在譴責中共卑躬屈膝，不加鑑別地照搬蘇聯科學和文化許多方面的經驗。他們認為剛從西方帝國主義解放出來的中國，現在卻倒向「蘇聯帝國主義」，而李森科主義正是「殖民科學」。反觀在1956年8月的青島遺傳學座談會，會上一致同意中共跟李森科學說脫離干係，但這是因為李森科早前已被蘇共批判並被迫下台。中共仍然還在模仿蘇共，並且不願信任國內科學界的忠告。[81]

　　來自科學界的嘲諷是可以理解的，更準確地說，李森科主義在蘇聯地位的改變，讓為中國科學界說話的人，在黨內高層面前得到了發言的機會。此外，回顧中共對遺傳學的政策，實際上是對中蘇關係更為全面評估的一部分，這是一場持續進行的評估，中共愈來愈關注國家的依賴性，並且對中國從與蘇聯關係中實際能夠得到的好處，感到愈來愈失望。在遺傳學座談會舉行前，中共領導人也反覆地質疑和批判不加鑑別地硬搬蘇聯經驗的做法。

　　然而，對蘇聯的模仿並不能完全解釋中共引入和終止李森科主義在中國傳播的原因。從中共與科學界未來關係的角度來看，當中共與蘇共全面決裂，李森科主義喪失其在中國的主導地位甚至被邊緣化後，李森科主義對待科學和科學家的一些最惡劣態度，卻得到更新和進一步的實施。這也就是說，中共的科學政策並非完全是盲從蘇聯，例如大躍進 (1958–59) 和文化大革命 (1966–76) 期間對科學的殘酷鎮壓。這兩場政治運動強化了李森科主義中最惹爭議的理論，例如科學的階級性、「象牙塔」科學教育及研究的正確性，以及「人民科學」的主權問題。

　　然而，這兩場運動都沒能讓李森科主義者有翻身的機會，也沒有讓他們得到任何好處。在大躍進中，李森科主義者認為他們與這場運動有着相同的意識形態立場，因而比摩爾根主義者更具優勢，因此他們企圖威嚇摩爾根主義者重歸被動和平靜。[82] 但是，他們做的都是徒勞，因為大躍進實踐的理論是，中國的科學技術既不能相信例如蘇聯這樣的外部力量，也不能相信來自中國科學家和技術專家的內部力量：科學只能信賴由黨領導的人民。他們認為專業的科學家及研究機構，以國家和人民為代價，極度危險地傾向於自我誇大。而且，大躍進提倡為實現國家福利所需的一切發明與創新，都應來自於人民群眾。可惜的是，對於李森

科主義者來說，他們的努力卻讓自己與其他科學家變得並無差別：他們都是以專業研究和教育機構為基礎，把理論與方法講授給群眾，而並非從群眾的實踐中得到指導意見。最後，當蘇聯大大失去對中共的吸引力的時候，李森科主義更加無法以與蘇聯的紐帶來偽裝自己了。[83]

出於類似的原因，李森科主義者在文化大革命期間並沒有更好的處境。他們因為被指包庇且實行腐敗的資產階級（修正主義的）價值觀，幾乎所有的教育和研究都被迫終止。[84] 談家楨總愛說：「文化大革命只有一個好處：李森科主義者們終於自食其果。」[85]

李森科主義在中國的即時影響是顯而易見的。在科學界製造恐懼和苦悶以外，還給科學界帶來國家難以負擔的機會成本損失。將近六年的時間裏，中國科學界與世界生物科學領域的革命發展幾乎完全切斷了聯繫，當中包括中斷了對基因結構和功能的探索。追趕並重建這一重要領域是一項標誌性的任務。在這幾年間，由於生物科學領域的研究是如此有限，以致一些重要作物的改良工作也都受到了阻礙。例如，如果當時成熟且經測試的雜交技術能夠得到許可，那麼在那段時間內玉米的產量能提高多少？[86]

1956年以後，李森科主義和米丘林生物學在中國經歷了一次迅速、徹底、悄無聲息的撤退。到了1960年代初期，他們已經被徹底邊緣化。他們再也不是爭論的主題，很快地從公眾議題中消失了。李森科主義的影響範圍，從全國性的規模縮減至僅剩兩個重要機構：北京農業大學和新成立的中國科學院遺傳研究所。1961年初，「雙百」方針復興，中國整個生物科學界（除了米丘林生物學家）開始付諸長期的努力來重新教授遺傳學。因為可以接觸所有的平面媒體，科家學得以使用浩如烟海的科學數據，以有尊嚴和雄辯的方式，把李森科主義的錯誤資訊一點一點地訂正過來。有關方面把最新的資訊，提供給學校教科書、大眾讀者和科學家。生物學家在做研究時，毋須再涉及有關李森科主義的爭辯，而在通常情況下更是完全不用提及。在談家楨的領導下，復旦大學遺傳學研究所在1961年創立，負責協調國家復興中國遺傳學界的工作，並重建中國學界與國際科學界的關係。就短期來說，這些努力都有些成效，但是科學家只能在文化大革命結束後才能全面追求他們的願景。[87]

註　釋

1　Mao Zedong, "On the Ten Major Relationships," (〈論十大關係〉, 25 April 1956), in Mao Zedong, *Selected Works of Mao Zedong*, vol.5 (Beijing: Foreign Languages Press, 1977), p. 303.

2　這裏對李森科主義的描述，是基於李森科 (T. D. Lysenko) 1948年7月31日在列寧農業科學院會議的開幕講話 "The Situation in Biological Sciences"，載於 *The Situation in Biological Science: Proceedings of the Lenin Academy of Agricultural Sciences of the USSR* (Moscow: Foreign Languages Publishing House, 1949), pp. 11–50. 同見於重要的分析著作：David Joravsky, *The Lysenko Affair* (Cambridge: Harvard University Press, 1970), pp. 202–9; Loren R. Graham, *Science and Philosophy in the Soviet Union* (New York: Knopf, 1971), pp. 219–37.

3　關於生物演化論進化論傳統的歷史背景，參見 Douglas R. Weiner, "The Roots of 'Michurinsim': Transformist Biology and Acclimatization as Currents in the Russian Life Sciences", *Annals of Science* 41 (1985): 243–260.

4　參見 Lysenko, "The Situation in Biological Sciences," p.41; Graham, *Science and Philosophy in the Soviet Union*, p. 223.

5　遺傳學 (Genetics) 這個術語本身並沒有被取締。中國的李森科派試圖以這個術語來區分社會主義的米丘林遺傳學和資產階級的孟德爾－摩爾根遺傳學。這一用法一直持續到1950年代末期李森科主義失去它在中共的推動下所擁有的壟斷地位，例如，許多李森科派的研究中心，被合併進了出版《遺傳學》期刊的中科院遺傳研究所。這些都是李森科主義在中國的最後堡壘之一。在1960年代文化大革命之前，後期的孟德爾－摩爾根生物學者重提遺傳學，其重心是在談家楨領導的復旦大學遺傳學研究所。

6　Graham, Science and Philosophy in the Soviet Union, p. 209; Douglas R. Weiner, *Models of Nature: Ecology, Conservation, and Cultural Revolution in Soviet Russia* (Pittsburgh: University of Pittsburgh Press, 1988); Douglas R. Weiner, *Little Corner of Freedom: Russian Nature Protection from Stalin to Gorbachev* (Berkeley: University of California Press, 1999).

7　關於斯大林的編輯，見 Kirill O. Rossianov, "Stalin As Lysenko's Editor: Reshaping Political Discourse in Soviet Science," *Russian History*, no. 1 (1994): 49–63.

8　參見 Laurence A. Schneider, *Biology and Revolution in Twentieth Century China* (Lanham: Rowman & Littlefield Publishers, 2003), pp. 201, 210n69.

9　見下文的討論。

10　關於農業教育與研究關係，見陳鳳桐：《自然科學》，第一期，1951年10月，頁388–89；以及於匹茲堡大學對李景均 (C.C. Li) 的訪問，1985年1月9日至10日。

11　關於樂天宇，參見 Schneider, *Biology and Revolution in Twentieth Century China*, pp. 104–8.

12　對李景均的訪問，1985年1月；對湯佩松的訪問，北京，1986年5月19日；對吳仲賢的訪問，北京，1986年5月31日。

13　對李景均、湯佩松、吳仲賢的訪問。

14　這些狂熱者都在中國或日本的農業院校學習過，但只有小部分人畢業，沒有人在歐洲或北美學習。他們都是中共黨員，有些入黨不久，也有像樂天宇一樣的資深黨員。我找不到有關這些人是什麼時候以及如何了解米丘林生物學的信息。見 Schneider, *Biology and Revolution in Twentieth Century China*, p. 124, 136.

15　例子見祖德明對1949年後進展的報告，祖德明：〈兩年來華北農業科學的進展〉，《自然科學月刊》，第6期，1951年11月，頁483–85；梁正蘭：〈米丘林學說在中國的推廣〉，《科學大眾》，1954年，第12期，頁445–46。祖德明和梁正蘭在1952年繼承了樂天宇的領導權。

16　有關米丘林學會的成立大會，參見《科學通報》，1950年5月，第一期，頁32。

17　《米丘林學會會刊》，1951年9月15日，第3期，頁106–107。有關會員的信息指該會約有5,000名會員，但人數難以證實。學會盡其一切可能在各場合宣傳其存在及成長，例如宣布新成立的上海分會有100名會員，見《科學通報》，翻印自《解放日報》的報道，1950年，第3期，頁194；浙江大學分會會員逾300人，見《科學通報》，翻印自《浙江日報》的報道，1950年，第5期，頁343。

18　《米丘林學會會刊》大約於1951年初創刊。我在胡佛研究所 (Hoover Institution) 的中國館藏只能找到第3期 (1951年9月15日)。這本108頁的期刊，由中科院遺傳和植物研究所在北京出版，期刊把樂天宇標示為編輯兼學會會長。

19　根據1950年的會議報告，北京生物學學會成立於1946年。《科學通報》，第5期，1950年，頁339–41。

20　〈米丘林學說與摩爾根學說：座談會記錄〉，《科學》，1950年，第3期，頁69–78。《科學》是中國科學社的刊物。

21　朱洗 (字玉文，1899–1962)，1932年獲蒙彼利埃大學 (Montpellier University) 博士學位，見王樵裕等編：《中國當代科學家傳》(北京，知識出版社，1983)，頁76–90。

22　朱洗到蘇聯的訪問，見《科學通報》，1953年，第10期，頁23–30，以及他在1956年5月25日《光明日報》對旅程的評論。

23　David Joravsky 把 Glushchenko 描述為李森科主義的主要國際推行者。他的專長是無性雜交，即嫁接。見David Joravsky, *The Lysenko Affair*, pp. 224–26.

24　朱洗：〈記與Glushchenko教授的談話〉，《科學通報》，1953年，第1期，頁80–81。

25　朱洗在1956年坦誠地批評中共「無差別地照抄蘇聯科學」，建議中國和蘇聯借鑒英美科學，證實了他對李森科主義的態度和策略。見《光明日報》，1956年5月25日。

26　David Joravsky, *The Lysenko Affair*, p. 159.

27　有關米丘林生物學初年實踐結果的報告，見《科學通報》，1951年，第11期，頁195–97。

28　David Joravsky, *The Lysenko Affair*, p. 221n, and passim.

29　關於努日金的巡迴演講，見《科學通報》，1951年，第3期，頁145–49；《科學通報》，1951年，第11期，頁195–97；1955年12月31日的調查報道，載於《北京農業大學學報》，1956年，第1期。

30　對談家楨的訪問，上海復旦大學，1984年8月16日。但據談在1952年作的「自我批判」，他在探訪努日金的時候，兩人曾有爭辯。他在對談後更認識的是努日金揭露舊遺傳學的錯誤，而不是對他竭力推銷米丘林生物學。見談家楨：〈批判我對米丘林生物科學的錯誤看法〉，《科學通報》，1952年，第8期，頁562–63。

31　人物信息來自對米京九的訪問，北京，1986年6月12日。

32　對黃的描述基於對黃宗真的訪問，北京，1986年5月26日，訪問與William Haas博士一起進行。

33　關於科學出版社的急速擴展和其概況歷史，見《科學出版社三十年》(北京：科學出版社，1984)。

34　例見《科學通報》，1950年，第5期，頁344；《科學通報》，1951年，第6期，頁631–34；沈延成編：《米丘林學說在畜牧界應用》(南京：畜牧獸醫圖書出版社，1951)。

35　例見褚圻：《遺傳學的米丘林路線》(上海：中國青年出版社，1950；第四版，1952年9月；第四次印刷，1954年1月)；以及蘇聯文獻翻譯的選集，東北農業科學研究所編：《米丘林學說介紹》，(北京，1950)。

36　對談家楨、湯佩松的訪問。兩人都同意李景均事件對樂天宇的權力產生了巨大壓力。以上觀察也得到李佩珊的認同。李佩珊：《百家爭鳴——發

展科學的必由之路：1956青島遺傳學座談會紀事》（北京：商務印書館，1985），頁6–7。

37　對談家楨、湯佩松的訪問。

38　蔣世和：〈「米丘林學説」在中國1949–1956：蘇聯的影響〉，《自然辯證法通訊》，1990年，第1期，頁20。

39　對談家楨的訪問；另見談家楨：〈批判我對米丘林生物科學的錯誤看法〉。

40　參與座談會的有竺可楨所在的中科院計劃局，以及負責科學文化和公共衛生的多個機構。關於批判大會的報告，見梁希：〈我對於樂天宇所犯錯誤的感想〉；另見座談會報告〈為堅持生物科學的米丘林方向而鬥爭〉。兩篇均載於《人民日報》，1952年6月29日，此處的摘要來自這兩篇文章。

41　談家楨：〈批判我對米丘林生物科學的錯誤看法〉。

42　同上。

43　對談家楨的問訪，另見Schneider, *Biology and Revolution in Twentieth Century China*, p. 142.

44　湯佩松的父親湯化龍（1874–1918），曾參與清末的立憲運動，辛亥革命後曾任中華民國第一屆國會議長。湯佩松在接受筆者訪談時，不願透露他父親追隨者的名字。見Schneider, *Biology and Revolution in Twentieth Century China*, pp. 124,136。

45　本節討論的所謂題目，都緊跟這種形式。這種形式反映在米京九的蘇聯導師A. V. Dubrovina的講學內容。見A. V. Dubrovina著、米京九譯：《達爾文主義》（上海：中國科學院，1953）。

46　中國科學院遺傳選種實驗館、北京農業大學編譯：《達爾文主義基本原理》（上海：商務出版社，1952；第二版，1953；第三版，1954）。

47　例如方宗熙1952年的教科書《達爾文主義基礎》，是基於由中國教育部從一本1942年蘇聯教科書的翻譯《達爾文主義基礎課本》。另見談家楨編：《中國現代生物學家傳》，第一卷（長沙：湖南科學技術出版社，1986），頁453–60。

48　裴文中：《自然發展簡史》（北京：耕耘出版社，1950），書中寫於1949年12月的「後記」。

49　參見Frederick Engels, "The Part Played by Labor in the Transition from Ape to Man," in *Dialectics of Nature* (Moscow: Progress Press, 1972), pp. 170–83. 另見裴文中：《自然發展簡史》，序言。

50　例如，張聰平批評中科院達爾文主義的教科書。他的評論見於《動物學通報》，1953年，第3期。批判張的評論，見多位作者在《動物學通報》的文章，1953年，第10期，頁390–97；宋真能的文章，《科學通報》，1954年，

第1期，頁72–75；黃作傑：〈再評張聰平「達爾文學說基礎」〉，《遺傳學季刊》，1956年，第1期，頁92。

51　例如，人類學專家劉咸對恩格斯百思不得其解，遭到黨辦媒體的批判，見《人民日報》，1951年6月17日。有關他的情況和批判文章，見《科學通報》，1955年，第4期，頁74–81；及1955年，第11期，頁101–102。有關中科院批判劉咸錯誤的座談會，見《動物學通報》，1955年，第11期，頁5。另見劉咸對其悲慘經歷的陳述，Roderick MacFarquhar, *The Hundred Flowers* (New York: Columbia University Press, 1960), pp. 90–91。

52　有關蘇聯的物種辯論，見 Loren R. Graham, *Science and Philosophy in the Soviet Union*, pp. 239–41。

53　中科院的翻譯系列為《蘇聯關於物種與物種形成問題的討論》(北京：科學出版社)，第1卷(1954年10月)至第21卷(1957年6月)。有關《科學通報》開展的討論，見《科學通報》，1954年，第12期，頁26–37。

54　參見童第周在1955年10月28日米丘林誕生一百周年紀念會上的所作的報告，《科學通報》，1955年，第11期，頁21–23。另見米京九：〈關於物種及物種形成的討論〉，《遺傳學季刊》，1956年，第1期，頁54–70。

55　有關斯塔布(Hans Stubbe)到北京農業大學的訪問，見對吳仲賢的訪問。有關斯塔布的作品，參見 L. I. Blacher, *The Problem of the Inheritance of Acquired Characters, ed., trans. F. B. Churchill* (Washington D.C.: Smithsonian Institution and National Science Foundation, 1982), pp. 237–38.

56　關於雜交玉米，參見 Joravsky, *Lysenko Affair*, Chapter 9; 及 Graham, *Science and Philosophy in the Soviet Union*, p. 243. 另見 Laurence Schneider, ed., *Lysenkoism in China: Proceedings of the 1956 Qingdao Genetics Symposium*, trans. Laurence Schneider and Qin Shihzhen (Armonk, NY: M. E. Sharpe, 1986), p. 16.

57　Graham, *Science and Philosophy in the Soviet Union*, pp. 240–41.

58　關於齊欽(N. V. Tsitsin)，見 Joravsky, *Lysenko Affair*, pp. 81–83, 160, 400. 另見 Blacher, *Problem of the Inheritance of Acquired Characters*, p. 237. 關於中國的回應，見 Li Peishan, et al., "The Qingdao Conference of 1956 on Genetics," in Fan Dainian and Robert S. Cohen, eds, *Chinese Studies in the History and Philosophy of Science and Technology* (London: Kulwer, 1996), pp. 45–46; 及 Schneider, ed., *Lysenkoism in China: Proceedings of the 1956 Qingdao Genetics Symposium*, passim.

59　龔育之：〈發展科學的必由之路〉，《光明日報》，1983年12月28日，第2版。

60 關於十二年科學規劃最詳盡的討論，參見 Xu Liang-ying and Fan Dainian, *Science and Socialist Construction* (Armonk, N.Y.: M. E. Sharpe, 1982). 這本書翻譯自《科學和我國社會主義建設》（北京：人民出版社，1957）。這次討論也涉及許多有關遺傳學的問題和「雙百」方針。見龔育之：〈發展科學的必由之路〉。

61 于光遠（1915–2013）在1930年代接受清華大學的教育，在社會理論、數學、科學哲學方面都有深厚學術基礎。1949年後，他是《學習》雜誌的重要作者，這本中共理論雜誌後來易名為《紅旗》。于光遠曾是辯證唯物主義的優秀學生，也是恩格斯《自然辯證法》（*Dialectics of Nature*）的譯者。他還曾在自然科學領域的概率論及統計方面寫下傑出的著作，並且謹慎地批評李森科對待這些科目的態度。

62 關於遺傳學座談會，見龔育之：〈發展科學的必由之路〉；Tong Dizhou（童第周），opening speech at Qingdao Genetics Symposium, August 1956, in Schneider, ed., *Lysenkoism in China: Proceedings of the 1956 Qingdao Genetics Symposium*, p. 1.

63 Zhou Enlai, "On the Question of the Intellectuals," 14 January 1956, in R. R. Bowie and John K. Fairbank, ed. trans., *Communist China, 1955–1959: Policy Documents with Analysis* (Cambridge: Harvard University Press, 1962), p. 129.

64 Zhou Enlai, pp. 136–38.

65 "On the Ten Major Relationships," 25 April 1956, in *Selected Works of Mao Zedong*, vol. 5 (Beijing: Foreign Languages Press, 1977), p. 303.

66 Lu Dingyi, *Let a Hundred Flowers Blossom, Let a Hundred Schools of Thought Contend* (Beijing: Foreign Languages Press, 1958). 我參考的是翻譯注釋版本，見 Bowie and Fairbank, ed. trans., *Communist China, 1955–1959*, pp. 153, 156–57.

67 Bowie and Fairbank, ed. trans., *Communist China, 1955–1959*, p. 157.

68 有關早期知識分子提出的批評意見，參見 Roderick MacFarquhar, *The Origins of the Cultural Revolution*, vol. 1 (New York: Columbia University Press, 1974–1997), pp. 33–34.

69 談家楨，引述出於 Roderick MacFarquhar, *The Hundred Flowers Campaign and the Chinese Intellectuals* (New York: Columbia University Press, 1960), p. 91; 類似的例子見於 p. 112.

70 MacFarquhar, *The Hundred Flowers Campaign and the Chinese Intellectuals*, pp. 80, 91, 110–11, 128.

71 見北京農業大學植物保護系教授林傳光的文章，《光明日報》，1956年5月25日。

72　趙仲池：〈科學出版工作與「百家爭鳴」〉，《科學通報》，1956年，第11期，頁48–50。

73　陸定一致于光遠沒有署上日期的信件，引用於于光遠：〈在1956年青島遺傳學座談會上的講話〉，《自然辯證法通訊》，1960年，第5期，頁13。對于光遠的訪問，北京，1986年5月20日（與William Haas博士共同進行）。

74　對吳仲賢的訪問。

75　于光遠：〈在1956年青島遺傳學座談會上的講話〉，頁5–13。

76　座談會於1956年8月10日至25日在青島召開。會議記錄最初刊登在中科院和高等教育部：《遺傳學座談會記錄》（北京：科學出版社，1957），頁283。全國報章和科學期刊隨後報道了座談會的進展。座談會結束後，因為對會議記錄的需求甚殷，當局甚至要不尋常地加印（見於1957年4月出版會議記錄的「前言」）。會議記錄在「百花爭鳴」的30周年前夕再版，見李佩珊等編：《百家爭鳴——發展科學的必由之路：1956年青島遺傳學座談會紀實》（北京：商務印書館，1985）。會議記錄選段的翻譯，收錄在 Schneider, ed., *Lysenkoism in China: Proceedings of the 1956 Qingdao Genetics Symposium*.

77　于光遠：〈在1956年青島遺傳學座談會上的講話〉，頁5–13。

78　Schneider, *Biology and Revolution*, pp. 172–73.

79　Ibid., pp. 175–76.

80　Ibid., p. 171.

81　見 Schneider, ed., *Lysenkoism in China: Proceedings of the 1956 Qingdao Genetics Symposium*, passim.

82　對談家楨的訪問；對植物遺傳學家鮑文奎的訪問，北京農業大學，1986年6月3日；對醫學遺傳學家劉澤東的訪問，復旦大學遺傳學研究所，1984年9月15日、1986年6月20日。

83　Schneider, *Biology and Revolution*, pp. 177–81.

84　對前米丘林派學者、中國科學院遺傳學研究所副主任胡含的訪問，北京，1984年8月8日；對中國科學院遺傳學研究所邵啓全院士的訪問，北京，1984年8月11日、1986年5月23日；對前米丘林派學者、北京農業大學教員米京九的訪問，北京，1986年6月12日。文化大革命時期，北京農業大學和中國科學院遺傳研究所等少數幾個研究機構，被視為李森科派的重要基地。在文革時它們遭受與其他教育研究機構相同的厄運，但我的受訪者雖對這段歷史有親身的經歷，卻不願透露文革的衝擊者是否有把李森科派學者與其他學者區分對待。

85　對談家楨的訪問。

86　Schneider, *Biology and Revolution*, pp. 199–202.

87　中國生物學在文革後的發展，參見Schneider, *Biology and Revolution*, part III.

第六部

文學與電影

第14章

兩個革命之間：在蘇聯的中國留學生

馬意莉 (Elizabeth McGuire)

　　1950年代和60年代留學蘇聯的中國學生作為「新中國」的顯赫代表，與「蘇聯社會主義」中的普通人、各級機構與環境格局進行着直接互動。就字面意義而言，他們的任務是掌握對中國經濟和軍事發展至關重要的蘇聯技術。但是，他們也起到同樣重要的象徵作用：他們的工作是在個人層面造就中蘇「友誼」。儘管1950年代中蘇關係還在黃金時代，這也並非易事。

　　一方面，1950年代是中蘇兩國正式建交的開始，但就人事而言，則延續了過去30年蘇聯共產黨與中國共產黨之間親密而又波瀾起伏的關係。1950年代負責教育交流的大多數中國人本就是1920年代的留蘇學生，他們對蘇聯的回憶，成就、建構但又限制了年輕一代的經歷。他們確保了留蘇中國學生通過精心選拔，他們的關注也使這些學生在國內和蘇聯都具有崇高地位。另一方面，蘇聯當局也急於展現蘇聯最好的一面。然而，他們對外國學生的管理遠不及中國方面那麼集中和高規格，這就意味着中國人對蘇聯社會主義的體驗各不相同，而且很不平衡。有些中國學生覺得他們還沒看夠蘇聯的現實，而另外一些學生則覺得他們或許已看得太多了些。

　　中蘇兩方的領導都使教育交流所設定的現實目標和象徵目標變得更為複雜，與此同時，中國學生也發現他們正面臨着歷史本身所造成的挑戰。不論歷史上中國革命者與蘇聯有多麼深的淵源，兩國革命仍有着不

同的發展進程：作為一個政治經濟系統，蘇聯共產主義比其中國變體年長30年。中蘇教育交流計劃認為這一「年齡差距」是機遇，而非障礙。即使中國學生那些最微不足道的行為——親吻姑娘，拼命備考，鄉村消夏——也是在拉近兩國革命之間的距離。他們的困難(以及那些試圖規範他們的領導們所面臨的困難)恰恰強調了不同的革命進程如何使得國際社會主義陣線的實際操作成為問題，如何使中國革命的成功與當代蘇聯社會主義保持一致成為問題。事實上，我們可以認為，留學蘇聯的中國學生同時經歷了中蘇聯盟中固有的現實張力與象徵性張力，這些張力將會在終結這一教育計劃的中蘇分裂中最終顯現。

當中國留學生在1950年代末和1960年代初開始回國時，他們發覺他們的專業技能不久就被文化大革命擱置了。然而，很多人仍然繼續在技術管理和政治領導的位置上工作，在這些領域中，留蘇學生的比例遠高於其佔中國受教育總人數的比例。如今，他們中的大多數已經退休，帶着驕傲、迷惑與懷舊的心態，在平靜中思考着他們在中國發展和國際社會主義史中所扮演的角色。

定義「中蘇技術轉移」

1946年，一位名為任湘的20歲青年被毫無準備地派去哈爾濱一家紡織廠做廠長。[1]任湘的父親任作民，湖南人，是中共早期主要領導人任弼時的堂兄弟，曾於1921年赴莫斯科學習，是第一批留蘇中國學生中的一員。在延安的時候，任湘還是個十幾歲的孩子，他夢想著有朝一日能像父親和其他幸運的延安孩子那樣去蘇聯學習，不過他最後在延安的自然科學學院就學。[2]他在那裏所學的知識非常粗淺，卻已是當時中共所能提供的最好的科學教育了。1946年他任廠長的時候，這些知識遠不足以去管理一家紡織廠。任湘不得不依靠其下屬的專業技能來完成工作。他覺得自己太年青，太笨。[3]任湘認為這是他個人的缺點，不過缺乏科技教育對整個中國共產黨而言也是一個越來越嚴重的問題。

在困境中，任湘寫信給東北局財經委員會領導人李富春和陳雲，要求去學校學習。出乎意料，很快就有人被派來接替他在紡織廠的位置，而任湘自己則接到指示去哈爾濱。在哈爾濱，黨組織給他發了一套西裝和一雙皮鞋，並告訴他，他就要去蘇聯學習技術了。他脫下了軍裝，卸下了槍——開始擔心自己還不會說俄語。[4]

1948年9月，任湘和其他20名中共高級領導的子女離開哈爾濱去了蘇聯——他們是從戰爭開始以來第一批去蘇聯學習的中國共產黨員，也是第一批去學習技術而非意識形態和軍事的留學生。[5]

從1948年到1963年間，中國將大約8,000名學生送到蘇聯的大專院校學習——佔此期間中國留學生總數的百分之八十。[6] 1950年代末，蘇聯的外國學生中將近一半是中國學生。[7]大約三分之二的學生所學專業是理工科；軍事、政治、藝術和人文學科的學生相對較少。[8]這一規模宏大且昂貴的留學計劃是中蘇雙方致力於技術轉移的的一個組成部分。這一技術轉移建立在一個假設前提之上，即中國革命能夠也將會與戰後蘇聯向社會主義技術官僚統治發展的趨勢保持一致。這一留學計劃[9]是中蘇「友誼」的具體證明，與過去研究較多的蘇聯向中國派遣專家的計劃相互平行。[10]

然而，在蘇聯的中國留學生所面臨的挑戰與可能性與在中國的蘇聯專家所面臨的截然不同。專家在當時就能產生影響，而中國學生所受的蘇聯教育需要很多年才能看到結果。他們必須先學俄語和數學，才能掌握基本的工程學，更別提先進技術了。專家和學生之間(學生與其他訪蘇人員如外交官、政府官員或者代表團成員之間)的另一個差別是，學生將在蘇聯受教育——使他們的心智按一定方式發展定型。中蘇雙方都決心控制蘇聯通過這些學生對中國施加的影響。

中蘇兩方面都認同一點，教育應該是技術的。學生學習的專業顯示了蘇聯對中國影響的真正性質。若學生在各專業平均分佈，則意味着對蘇聯認識論的普遍強調，或許也意味着承認所有專業都能革命化，因而蘇聯模式必然優於中國模式。另一方面，如果只是精心挑選一些對中國經濟發展至為重要卻又不能在中國學到的重點學科，則意味着有較功利的規劃。

　　而事實是兩者的混合：儘管重心明確在科技上，中國學生仍然廣泛學習着各種知識，從牲畜管理到電影製作。[11] 1956年，李富春砍掉了許多專業選擇，例如營養學、衛生、教育及圖書館學，並命令學生放棄那些能在中國的學校或由在中國的蘇聯專家幫助而學到的專業。[12] 此後，越來越強調選擇在中國無法學到的專業。[13]

　　顯示中國意圖的另一個指標是派送學生的平均年齡。起初，高中畢業生佔公派留學生的大多數，但是大學畢業生的數量後來居上，最後研究生成了大多數。這似乎是想顯示，中國的教育體制和人力資源發展得如此之快，以至於已經不必再派送年輕人出國上大學了。他們以為這個一次性的蘇中技術轉移（一個比「大躍進」更早失敗的大躍進）能夠迅速有效地實現。[14]

　　儘管規劃中有很多現實考慮，中蘇兩方面卻又都致力於控制教育交換中具象徵性和代表性的元素——並為其難於控制而煩惱。學生不像訪蘇的其他遊客，他們要在蘇聯待很長時間，而且廣泛散佈在普通蘇聯學校中。無論當局有多努力試圖影響和設計這些學生的經歷，無法預計的環境迫使學生作出創造性的回應，並自發地重新詮釋中蘇關係。

　　衡量留蘇學生歷史重要性的一種方法是研究他們在回國以後幹了些什麼。我們會看到，其中大部分從事研究和學術工作（被文化大革命中斷），他們最終在中國的政治和經濟精英中所佔比例，遠超過當年在留蘇學生中所佔的比例。但是對教育交換的評價不僅應從（蘇聯之）因（中國之）果關係出發，考慮其後來的影響，教育交換也是更大意義上中蘇關係的縮影，其重要的意義在於其發生之時。

前輩與回憶：
1920年代的留蘇學生與1950年代的教育計劃

1952年夏，在北京一所培訓留蘇中國學生的特殊學校，劉少奇作了一次演講。他直率地告訴學生，每個學生出國留學的費用相當於25個農村家庭的年收入總和，並鼓勵他們努力學習，將來學成回國報效祖國。他也介紹了自己的留學經歷。1921年，他曾在莫

斯科短暫學習過一段時間，對當時的經歷記憶猶新。他告誡學生：
「要全面看待蘇聯，那裏有許多值得我們學習的東西，但也有看不
慣的東西，如婦女帶項鍊、寶石戒指等，蘇聯也不是什麼都好，那
裏也還有乞丐、小偷、醉鬼。」[15]

劉少奇是第一批去蘇聯訪問的充滿理想的激進中國青年。在艱苦的
環境中，他在那裏學習了六個月。這批留蘇中國學生的先驅者不得不偷
偷進入蘇聯，到了蘇聯以後也往往食物匱乏，穿着剩餘的紅軍軍裝和靴
子。課程內容非常簡單，卻因為沒有翻譯，只能囫圇吞棗地理解。他們
與蘇聯同學和其他外國學生基本上不存在私人關係，有時甚至互相敵
視。黑市和賣淫猖獗的新經濟政策早期種種相互矛盾的現象，影響了他
們對俄國革命的觀感。難怪劉少奇警告學生不要抱有烏托邦式的幻想。[16]

對中國學生在蘇俄的經歷，劉少奇還有另一個參考點：他的兒子劉
允斌和女兒劉愛琴，在蘇聯一所專門培養國際社會主義者子女的特殊學
校長大，並在戰後就讀於蘇聯的高等學府。在那裏，他們戀愛、結婚、
生子。劉少奇命令他的兒子女兒回國，並禁止他們的配偶（一個是俄國
人，另一個是西班牙人）隨行。這在親密無間的蘇聯和中國及兩個革命
之間，劃下了分界線。[17]

1920年代，很多中共日後的領導人都在年輕時去過蘇聯留學，截
至1987年，這些老留蘇學生還佔中央委員會委員總數的約7%。更令人
矚目的是，這7%的人佔當時中央委員會委員中受過大學教育人數的四
成左右。[18]具有同樣顯著象徵意義的是，毛澤東、劉少奇、朱德等許多
中共高層領導人，都在1930和40年代把他們的親生孩子送到蘇聯去了。

現在這些早期中共領導人成了新中國的創建者，他們開始把這個國
家的孩子送往蘇聯。[19]像任何望子成龍的父母一樣，他們試圖確保這些
孩子跟他們自己當年相比，能獲得更好的照顧，也表現得更好，因此，
領導人慷慨給予了這一教育計劃相當大的關注。1950年，在中共高層建
立了一個三人小組，專門管理中國留學生，小組成員有聶榮臻、李富春
和陸定一，他們都曾在1920年代末去蘇聯留學。他們直接向周恩來匯
報工作，而周恩來有時還親自給即將離開的留學生講話。[20]劉少奇也密

切參與此事，在很多場合跟學生講話，甚至在很多細節問題上起決定作用。例如，教育部檔案中藏有一份劉少奇的親筆書信，顯示他正在仔細考慮兩個中國學生的成績是否好到有資格派去蘇聯學習。[21]

除了高層領導人的關注之外，在地方和中央政府，這些學生都是龐大且昂貴的公派留學計劃的焦點。一所特殊學校在北京建立，教留學生俄語，並幫他們準備出國的行程。[22] 就當時中國的標準而言，這所學校的條件非常好。一個從外省貧困家庭來的學生回憶，他在學校的第一天曾經把早餐提供的兩個饅頭藏到口袋裏，打算留到以後吃；在此之前他從沒一天吃過三頓飯！[23] 可是，奢侈花費與嚴格監控同在：教育部和外交部合作，為挑選和準備留學生制訂了一系列規章制度，詳細到最私人的細節。相應的，市政府和省政府都建立了專門的領導班子，實施這些規章。到1955年止，僅僅在上海一地，就有103位全職人員和68位兼職人員，專門用來選拔留學生。[24]

結果，1950年代留學生的經歷與1920年代老一代留蘇學生迥然不同。劉少奇必須跟幾個朋友偷偷穿越國境去蘇聯留學，而1950年代的留學生成群結隊地去，坐滿一節節火車車廂，有時甚至是整列火車，在象徵中蘇友誼新樂章的「莫斯科—北京」嘹亮樂曲聲中到達莫斯科。[25] 劉少奇當年不得不穿着蘇聯紅軍的舊軍裝，而1950年代的留學生，有的在出國前就獲得了能供五年用的衣服，還有日常需要的各種東西，甚至包括牙膏。[26] 劉少奇和他的同學也許會因為太餓而無法專心學習，而1950年代的學生有時候卻因為不喜歡食物的口味或者為了省錢買其他東西，自己選擇不吃飯。[27] 如同從其他社會主義陣營國家來的學生一樣，在蘇聯的中國本科生每人每月有500盧布的津貼，研究生有900盧布；作為精英的團校學生，每月津貼則高達1,200盧布，比當時毛澤東的工資還要高，花不了的錢太多，他們還能買些貴重物品，比如照相機。[28] 如果學生沒有意識到他們的好運氣，1920年代的老留學生，比如劉伯承，就會在訪問莫斯科的時候提醒他們，當年在蘇聯的生活曾經艱苦得多。[29]

另一個重要差別在於1950年代留學生的政治地位，這一點劉少奇不可能提到。1920年代的留學生是熱情的國際主義者，對他們而言布爾什維克黨不論是理論上還是事實上都是無比強大的；而1950年代的留

學生儘管被鼓勵去尊重蘇聯統治，卻明確由中國政府來管理。在1920年代，留蘇中國學生常常受布爾什維克黨反覆無常的擺布，甚至被捲入派系鬥爭，落得悲慘下場。當他們遇到麻煩時，沒有自己的政府當局為他們撐腰。現在，情況完全不同了。在起初的困難時期之後（最初一批21位中國學生在1948年到達蘇聯，他們被送到遠離莫斯科的學校，以防激怒國民黨政府），中國政府與蘇聯簽訂正式外交協議，規定了交換學生的章程制度，蘇聯向中國收取學生留學費用的一半。[30] 如同其他社會主義國家，中國駐莫斯科大使館設立了一個專門的官方部門，以便管理留學生。[31]

此外，中國留學生還能看到中國的報紙和雜誌，定期聚會進行政治學習，後來甚至還有定期回國進行政治學習的。[32] 在這種情況下，不可想像1950年代的留學生還會像他們的父輩那樣組織起親蘇派別。與此同時，蘇聯的政治情況也有所變化。當中國留學生在1960年代公開發表反蘇言論時，蘇聯當局只是在高層監視這些發展，從未單獨懲罰過任何一個學生，而1920和1930年代的蘇聯政府則流放和槍斃了不少中國托派分子。[33]

然而，1950年代的中國留學生雖比1920年代的學生更安全，卻也更不自由了。中國領導人異乎尋常地熱衷於控制留學生的個人行為，結果使新一代留學生的經歷與他們自己的經歷截然不同。1920年代在莫斯科放蕩的學生生活為他們回到中國後的傳奇增添了不少素材；婚外戀和與俄國女子偷情司空見慣，因此而誕下了幾十個私生子。當這些革命父母回到中國後，這些私生子大多被留在了莫斯科。1920年代留蘇中國學生羅曼史的背景，正是激進中國青年對俄國革命的普遍浪漫化。[34]

如今，這些1920年代的革命者都已經成長為自己國家的領袖，他們開始限制中國青年在蘇聯所受的情感影響：他們從一開始就被禁止戀愛。儘管這種禁令在社會主義陣營中十分普遍，中國似乎尤其明確而且嚴格。1948年，當第一批21位學生出發時，深知底細的長輩以毋庸置疑的口吻告誡他們：「學習結束前不得談戀愛。」[35] 所有正式頒布的規定都反覆強調這一禁令，「在學習期間最好不要戀愛結婚」是比較溫和的說法。[36] 另一個規定說：「為了集中全力完成學習任務，對戀愛問題應自

覺約束，正確處理，在留學期間不准結婚。」[37] 無論以何種措辭，所有的學生都明白這一規定。劉少奇甚至用他自己兩個孩子的經歷來強調，以免學生還有不解之處。

當然，不是所有1950年代的中國留學生都一直遵守這一規定。事實上，有些人甚至在蘇聯就和其他中國學生結婚了，領了蘇聯的結婚證，中國當局也沒找他們麻煩，尤其是當他們在學業快結束時才結婚的話。[38] 但是，和外國人的戀愛關係則很成為問題。中國男子覺得俄羅斯和猶太女子（越年輕越好，有些中國大學生甚至追求高中女生）特別漂亮——「好像洋娃娃」。他們相信蘇聯女子也被他們所吸引，因為他們比一般俄羅斯男子更加忠誠、勤奮、頭腦清醒。[39]

任湘，我們之前談到過的1948年留學生，仍然對他在回國時拋下的俄羅斯女友記憶猶新。「差一點結婚了。」他回憶道，「俄羅斯姑娘，她特愛我，可惜我不敢帶她回來……對我特別好，不是一般的好……後來她就提出來，我愛你，我說我也愛你，可惜我沒辦法。她說怎麼沒辦法……後來她到我那個姐姐那裏，去哭，『我愛他，他為什麼不理我。』我姐姐說不是不理你，是我弟弟講了，我們中國有規定，不能帶……最後因為我到快畢業的時候，經常來看我，擁抱我，吻我，我都動都不敢動，我說我不行，你別那個……」[40]

任湘能夠抵擋俄羅斯女子的魅力，不過也有人不行。他們的故事如今成了年逾花甲的留蘇男學生中的傳奇。一位北京大學歷史系教授告訴我，他有一位同事和一個蘇聯女子結婚，並把她帶回了中國；文化大革命期間，她無法忍受這裏的生活，離開他回蘇聯去了，並再次結婚。1980年代，這位留學生去蘇聯旅行，卻不肯去列寧格勒，因為他曾在那裏學習並結識了他的前妻。他仍然深愛着她，並希望他的朋友給她帶信，但是他害怕親自去見她，不願面對她與她軍人丈夫的新生活。[41] 在一個類似的因地緣政治分裂而婚姻破裂的例子中，一位俄羅斯女子離開她的中國丈夫（曾是留學生）和他們的兒子，在文化大革命爆發時回到了莫斯科。他們認為只要過幾年就能團聚，可是他們直到十年以後才重新建立聯繫，等到那個時候，這位丈夫已經失明了。[42] 在另一個例子中，一位在1950年代娶了俄羅斯姑娘的男人決定不回中國，並得到蘇聯當局的幫助留

了下來，但是中國政府決心抓住他；他最終死於一場可疑的火車事故。[43]

時運不濟的戀人們被捲入中蘇關係的漩渦中，他們的象徵意義引起高層的注意。1961年8月，一份克格勃向蘇共中央委員會的報告，描述了1956年列寧格勒大學一位年輕的俄羅斯學生與一位中國姑娘相識相愛的情況。這一事件很不尋常，牽涉的是俄羅斯男子和中國姑娘。這段羅曼史被上報中央委員會審批，因為這位男子被派去邊境城市，那姑娘在邊境的另一邊等他，並通過「莫斯科—北京」列車上的乘客給他傳口信，說她會偷越國境。當他們的計劃被發現後，那男子威脅說，如果他們不能團聚，他就要和愛人一起殉情自殺。克格勃為此建議中央委員會，如果該男子獲得中國政府允許進入中國，蘇聯可以允許他離開。[44]

這對不同尋常的情侶最終結果如何，已無從知曉，不過既然連劉少奇自己的孩子都不被允許把異國配偶帶回國，恐怕他們不太可能說服中國政府。不管中國學生受到多少鼓勵去跟蘇聯人交朋友，把他們當成兄弟，但他們無論如何也不能再像他們的父輩那樣，把蘇聯人當情人了。

規格高，壓力大：蘇聯接待新一代中國精英

1957年11月17日，毛澤東訪問莫斯科大學，向幾千位等了一整天的中國學生講話。隨同他一起出訪的代表團成員還包括鄧小平、彭德懷和其他高層，但是學生想見的就是毛澤東。穿著軍裝的軍事留學生坐在莫斯科大學大禮堂的前排，還有一部分坐不下的學生在其他小一點的房間等候毛澤東接見。他們等了幾個鐘頭，而且據說毛可能不會來了。

毛澤東最後還是來到了禮堂，他想要坐下，不過學生就是不讓他坐下。他們聽說他有時候一次演講會說兩三個小時，於是期待著這次演講會成為一場盛大的表演，可是毛只講了半個鐘頭。「世界是你們的。」他說，他用濃重的湖南口音發「世界」這個詞，學生沒聽懂，他用英語重複了一遍，可是還有些學生不懂，他便問陪同的駐蘇聯大使「世界」用俄語怎麼說。「希望寄託在你們身上。」後來他對學生說，要勇敢，又要謙虛，祝大家身體好，學習好，工作好，

還要和蘇聯朋友「親密團結」。講到最後，他說：「我的話説完了！」學生不相信他已經説完了，試圖留他再説一點。一個女學生提議：「來支煙吧？」於是毛澤東開始吸煙，並跟坐在前排的學生開玩笑，問學生：「你們有頭沒有？」答：「有。」又問：「有幾個？」學生回答：「一個。」他要説明，社會主義陣營要有一個頭，就是蘇聯。「你們讀過《紅樓夢》沒有？」他問，他引了林黛玉的話：「不是西風壓倒東風，就是東風壓倒西風。」

之後，他決定去中國學生住的宿舍突擊檢查。學生趕緊回宿舍整理房間。當他走進宿舍的時候，一個女學生打開門，他就走了進去。毛訪蘇期間還曾在大使館兩次接見了學生。第二次是聯歡，所有女同志都想跟毛跳舞，所以她們想出了個辦法，每個人跟他跳兩分鐘，毛不斷換舞伴，他一直用右手打着節拍。他笑着對一位舞伴説：「你像個洋姑娘。」[45]

正是留蘇學生的甄選過程使其成為後革命時代的新貴。當時有種説法，有資格入黨卻不一定有資格出國留學。[46] 留學生被看作是社會棟樑，有着無懈可擊的階級出身、出類拔萃的成績、流利的俄語、年紀比較大的還有可靠的工作經驗。他們必須通過一系列隨着時間推移越來越複雜的篩選機制：先是從學校或單位開始，經過層層審查，通過專業考試和各種健康檢查，然後在北京的特別學校度過六個月到一年的預備期。[47]

問題不在於這些學生們要去哪裏，越來越詳盡的選拔機制本身就成為他們在新中國身份的晴雨表。隨之而起的各種爭論──一位學生回憶當時激烈的辯論，關於階級出身和參加革命前的經歷是否應該作為衡量一個學生出國與否的標準──其實是關於在界定新的精英人才的過程中，如何處理才能（「專」）和政治（「紅」）之間的關係，這也是所有社會主義國家都面臨的精英構成問題的一部分。[48] 即使像上海這樣的大城市機關都得拼命搜集留學生候選人的準確資料，並絞盡腦汁決定誰能在中國尚未完成革命之時就去已經完成革命的蘇聯。[49] 相對地，蘇聯當局抱怨外國送來的留學生素質低下，尤其要求中國好好選一批工人去蘇聯。[50]

不論他們如何仔細挑選，中國政府仍然不能避免個別學生學習成績不及格、生病、失去熱情——還有更嚴重情況，完全放棄學業或犯罪。例如，1952年，一位中國學生因被指偷竊而送回國。[51] 克格勃報告蘇共中央委員會，一位在諾沃西比爾斯克 (Novosibirsk) 學習音樂的中國學生逃課，並開始在蘇聯各地漫遊。他出現在莫斯科，並兩次訪問英國大使館；後來在哈爾科夫 (Kharkov)，他威脅邊境機關說他要回中國揭發他在蘇聯受到的糟糕待遇。克格勃建議把他的情況告訴中國大使館。[52] 有時，某個學生無法完成學業的消息會被送到蘇共中央委員會，他們會要求中國大使館介入解決問題。[53]

不過大多數情況下，留學生受到的是正面的關注。即使在多年之後，這些留學生仍激動地回憶，在留學蘇聯過程中與中共高層的親密接觸使他們目眩神迷。他們離開前，領導接二連三地跟他們講話，他們還能聆聽來訪領導人的講話。[54] 如果他們運氣夠好去了莫斯科，他們會為星期天下午在大使館看場電影而津津樂道。[55] 即使他們遠離莫斯科，沒跟中國領導人直接聯繫，在留學蘇聯期間也仍然有一種非常接近權力核心的感覺，因為他們知道自己的表現會上報中央，肯定有機會出人頭地。[56]

中國留學生不僅在中國享受着超凡出眾的象徵地位，而且在對他們而言十分新鮮的蘇聯環境中也是如此。直到1950年代末，在大眾意識到高層摩擦之前（甚至以後），留學生都記得普通蘇聯人民對他們很好，甚至為他們做飯，教他們俄語，幫他們搞到戲票，以及其他各種特殊待遇。[57] 中國學生經常被莫斯科的美麗和蘇聯同學的友好開放所征服。[58] 儘管課業上有諸多壓力，許多中國學生對在蘇聯的時光充滿了美好回憶：「滑旱冰、溜冰、跳舞、電影、歌劇、博物館……跟蘇聯同學一起寫生、去海邊的休養地……訪問同學的郊外別墅……去列寧格勒、去基輔……坐私人汽車去看風景……」[59] 1920年代的留學生曾遇到不少明顯帶種族歧視的騷擾，而1950年代蘇聯人民真的好像對中國學生表現出最好的一面來。[60] 一位曾經的留蘇學生回憶道，他和她的中國朋友曾經開玩笑說，他們可以在外面想待多晚就待多晚，不用擔心安全問題——即使是小流氓都對中國人十分友好。[61]

正如中國當局竭盡全力確保代表中國革命的留學生全都出類拔萃，蘇聯也非常擔心外國留學生接觸到真實的社會主義。一份共青團報告明確提到，一旦外國學生回國，他們將成為提供關於蘇聯的情報的重要來源，並被當成了解蘇聯生活的專家，因此他們認為應該特別努力確保每個歸國留學生都是「我們生活方式的堅定支持者」。[62] 然而，要成為蘇聯生活方式的提倡者，學生需要知道那種生活方式是什麼，這就成了個問題。蘇聯當局有兩個並不一定矛盾的意圖：把留學生分隔開，並小心限制他們接觸到「蘇聯生活方式」；同時將他們置於系統性的、幾乎是百科全書式的信息海洋。[63]

例如，關於外國學生應該住在哪裏就有無休無止的爭論。一種選擇，也是最初受擁護的選擇，是讓他們和蘇聯同學同住在宿舍裏。[64] 但是，戰後蘇聯學生宿舍的狀況並不好，共青團和黨中央收到外國學生諸多抱怨，都是關於糟糕的生活環境，包括差勁的食堂飯菜。[65] 儘管大部分蘇聯學生充滿友好和好奇，卻並非全都喜歡跟外國人住在一起。共青團報告，對有些學生，尤其是那些跟一群中國人住一個房間的幾個蘇聯學生來說，感覺跟外國人同住好像「流放」一樣。另一個學生説，自從黑人學生來了以後他就不再去食堂吃飯，因為他覺得跟他們同桌吃飯很不愉快。[66] 因為這種種問題，出現了一個截然相反的方案：應該建一些特殊的、更好的宿舍專門給外國學生住，並建一些專門供外國學生吃飯的食堂，能經常提供外國學生的家鄉菜。[67] 事實上，莫斯科能源學院就有一個專門的中國食堂，附近學校的中國學生也去那裏就餐。[68]

遵循同一思路，另一個常見的建議是把外國學生就讀的地點限制在幾個主要城市裏，在那裏生活條件比較好，而且也能更集中管理。[69] 但是，即使是這些中心城市也不一定能給學生統一的印象。曾在列寧格勒大學歷史系學習的學生回憶，當他們回國後跟在莫斯科留學的學生聊起來，感覺十分驚訝。列寧格勒的學生有一位蘇聯導師，此人曾在1930年代受到政治清洗，並告訴了他們關於蘇聯歷史陰暗面的內容，然而莫斯科的學生對當年的恐怖政治一無所知。[70]

正是這種各不相同的經歷讓蘇聯當局憂心忡忡，他們對外國學生接觸到蘇聯政治生活的程度和實質有一種十分複雜的心情。共青團提到，

地方黨組織官員往往對外國學生有兩種截然不同的反應：極度謹慎、過分限制；或者不採取任何措施、反應冷淡，認為外國學生應該和蘇聯學生同等待遇。[71] 舉棋不定的地方官員對團中央的請示鋪天蓋地：外國學生可以參加軍訓嗎？可以參加共青團會議嗎？可以參加紅十字會或體育俱樂部之類的組織嗎？可以辦他們自己的報紙嗎？可以在宿舍建設工程中幫忙嗎？能不能像批評蘇聯學生那樣批評外國學生，或者給他們獎勵？[72] 而地方上負責處理這些問題的官員常常各有解決方案，並無一個系統的答案。[73]

中國方面有一個專門的高層委員會來處理留學生問題，而蘇聯方面則沒有一個管理留蘇學生的專門機構，結果造成一些重要問題在整個1950年代一直沒能得到解決。例如，外國學生按國別組織「同學會」（zemliachestva）這個在政治上意義重大的問題，甚至用了超過十年時間才得以解決——關於同學會的臨時規定1947年就已通過，卻不具足夠的指導作用。1950年代制訂了數個新規定的草案，不過蘇共中央委員會在1961年才最終通過了教育部制定的草案。[74] 1952年，團中央建議教育部創立一個專門的部門來集中處理留學生問題，但是這似乎一直沒有實施，至少1958年團中央仍在抱怨沒能建立這個部門。[75] 1959年，中央委員會正在考慮一個提案，由各相關單位代表組成的永久性委員會來處理留學生問題——這意味着那時還沒有這樣一個委員會。教育部的外事處似乎在處理外國學生事務，但是這個部門的檔案記錄卻殘缺不全。[76] 1950至55年中國外交部檔案的文件顯示，當中國方面有關於留學生的問題，他們就會與蘇聯外交部遠東事務處聯繫，該處再將問題轉達教育部。似乎直到1950年代末，兩國教育部才開始直接對話。[77]

蘇聯當局毫無疑問意圖控制留學生，卻在行政管理層面軟弱無力。有鑑於此，最為自相矛盾的政策恐怕就是允許外國留學生暑假期間在蘇聯全境旅行，甚至與蘇聯學生一起參加暑期勞動。[78] 在大城市的日常生活或多或少仍然符合「不斷進步的蘇聯」這一理想，然而，一旦學生們去了偏遠村莊，蘇聯社會主義就失去了其光環，這正是許多中國學生所經歷的。學生記得曾去哈薩克的一個小村莊幫着秋收，政府命令要在十天內完成收割，可是他們卻發現地裏還有上一年尚未收割的麥子。[79] 社

會主義國家的宣傳與現實之間的巨大反差變得顯而易見，而當時很多中國青年還沉浸在「新中國」的狂熱中。

彌合中蘇革命距離的中國學生

當 1958 年的夏天臨近之時，陳佩賢和他在莫斯科鐵路學校的三個中國同學聽說，莫斯科市教育局準備派一些大學生去哈薩克的一個農場參加開拓荒地運動，該地離新疆只有 100 英里遠。陳佩賢和他的朋友感到十分興奮，因為這是個能進一步了解蘇聯的好機會。在獲得中國駐蘇大使館負責留學生事務部門的批准後，他們報名參加了這項活動。

他們對在鄉間消夏的美好憧憬很快被哈薩克的現實所打破。他們幾乎馬上就用完了所有驅蚊藥水，只能任由成群結隊的哈薩克蚊子輪番攻擊。與蚊子同樣可怕的是蒼蠅，只要吃飯的湯一端出來，碩大的綠頭蒼蠅就立刻像轟炸機一樣往湯裏衝去。最糟糕的考驗，是沒有冷藏的腐爛變質肉類（食堂沒有其他選擇，只能用這些肉來做菜）對他們消化系統的摧殘。多年以後，陳佩賢對他在哈薩克的這段經歷仍然記憶猶新。

正是在這種脆弱的身體狀態下，中國學生遭遇到一個出乎意料的、令人傷腦筋的困境。他們的蘇聯同學——不像中國學生，他們是按勞分配，有一定報酬，而且似乎他們去哈薩克也不是完全出於自願——對當地情況大發雷霆。發臭的爛肉尤其成為衝突的焦點，恰與歷史上引發蘇維埃革命的著名的戰艦「波將金號」（Potemkin）嘩變一事有着類似之處。管理學生的農場領導態度生硬（中國學生稱之為「官僚主義」），進一步加劇了衝突。蘇聯學生開始罷工，並給中國學生製造了很大麻煩。

陳佩賢多年後回憶道：「對蘇聯官方而言，我們既然自願申請勞動鍛煉，支援邊區夏收，自然不應該罷工；對蘇聯同學而言，既要和他們打成一片，就不能讓他們誤解我們，認為中國同學不支持和不

同情他們的反對官僚主義鬥爭。我們四人深知，這件事政策性很強，處理好了可以促進中蘇友誼；處理不好，不僅影響和蘇聯同學的關係，甚至會敗壞中國學生的形象。」

這四個中國學生傷透腦筋，最後想出了一個辦法：他們自願承擔所有的工作——他們自己的加上蘇聯同學的——以此與兩方面都保持良好關係。從政策角度來說，這是個不錯的辦法，可是對他們自己的身體而言則是一場災難。學生們駐紮在一個中轉站，在那裏把各地運來的麥子翻曬晾乾。只要有麥子運來，他們就得隨時去卸車、翻曬。他們工作非常辛苦，幾乎沒空吃飯，每次吃飯都要被打斷好幾次，不是去卸車，就是因為吃了變質食物而跑去廁所腹瀉。繁重的工作和腹瀉問題幾乎拖垮了他們的身體，可是他們挺了過來，並被當地政府授予「處女地開拓者」金質獎章，這一獎章陳佩賢珍藏至今。[80]

在蘇聯的中國留學生是中蘇關係活生生的縮影。他們將成為蘇聯的頭號學生和最好朋友，來自雙方面的希望與擔憂對他們的日常生活施加了巨大壓力。從更大意義上來說，也可把陳佩賢這樣的留學經歷，看成在戰戰兢兢地試圖彌合中蘇革命間的差距——在時間、空間、文化、社會風氣等各方面。而在把當代蘇聯式革命移植到中國的計劃中，這些差距被魯莽地假設為並不存在。

留學生的責任感是如此強烈，以至於他們在蘇聯的經歷顯得充斥着公共象徵意義，失去了私人色彩，至少從他們自己的回憶看來是如此。1920年代到1940年代的留蘇中國學生的回憶和對他們的小說化描寫具有多種形式，並代表着五花八門的看法和詮釋。已發表的1950年代留學生的回憶錄，卻無一超出歐美同學會出版的官方集體回憶錄和蘇聯團校校友的另一部共同回憶錄的窠臼。[81] 在這些回憶錄和訪談中，老留學生講述了許多類似陳佩賢在荒地冒險的小故事，充滿了為國家和革命服務與代表國家的使命感。

一旦去了蘇聯，留學生發覺自己處於各種象徵性的關係和情境之中。最直接的，學生被要求表現友好禮節。一個學生回憶，他和同學多

次被邀請參加社區活動並且在這些場合發表演講，以「宣傳中蘇友誼」，他們常常半夜一兩點鐘才能回家，最後不得不請求學校領導出面干涉。[82] 如果他們拒絕邀請，他們的行為會被上報蘇聯共青團。例如，在一所農業學校學習的首批21個中國留學生中的一員就拒絕了這種邀請，共青團檔案記錄了這個學生的話，説他不想當眾講他在蘇聯的經歷，因為其中沒有任何美好之處。[83] 這個學生是個特例，當時的記錄和日後的回憶都顯示中國學生是合作的典範。[84] 有些學生甚至被在戰爭中失去家人的年長蘇聯婦女收留——有個婦女讓中國學生叫她「媽媽」，而另一個則告訴中國學生她希望把女兒嫁給中國人，還把中國青年的照片擺滿房間以説服她的女兒。[85]

在這種公共壓力下，中國學生竭盡全力表現得出類拔萃。蘇聯各地的學校都得向莫斯科的共青團中央報告外國學生的表現，事無巨細到列出表現出色和糟糕的學生名字。[86] 東歐學生逃課、醉酒、經常發表反蘇聯言論，[87] 而中國學生則似乎一直獲得好成績，或者至少一直在力所能及範圍內努力學習，克服語言障礙，並最終脱穎而出。[88] 一段時間以後，中國學生的出色表現成為某種不言而喻的預期：一個學生記得當他沒做作業的時候，他的蘇聯老師就問：「你是從中國來的嗎？」另一個例子中，團中央發現蘇聯教授給一個幾乎説不了俄語的中國學生很高的分數——顯然作為中國人這一事實本身就足夠拿到好成績了。[89]

中國學生太急於出類拔萃，以至於他們的公開表現顯得不太真誠：就好像是些道貌岸然的傢伙。共青團報告説，中國學生投訴蘇聯學生大半夜還在收聽廣播，或者喝醉酒帶着男女朋友回家並且當着室友的面繼續胡鬧。[90] 莫斯科能源學院的一個中國留學生説，有些蘇聯學生的行為讓他們不配做中國學生的榜樣，他們成績糟糕、作弊、紀律敗壞、逃課。另一個在莫斯科能源學院的中國學生，聲稱毛主席教導他們要向蘇聯青年學習三種品質：國際主義、努力工作、集體主義，可是這三條中，蘇聯學生實際上只表現了國際主義。[91] 儘管高層領導警告中國學生不要表現出「大國沙文主義」，[92] 一些留蘇中國學生似乎對其卓越地位沾沾自喜，並在一舉一動中表現出身為社會主義陣營帶頭人的自得之意。

　　有時候，中國學生的狂熱也會引起特別注意——尤其是當他們因此而病倒的時候。一個學校提到中國學生一個「不完全正常的」情況，他們的群體「制定了嚴酷規則」。「他們不允許自己有任何娛樂，也不允許任何打擾學習的事情發生，哪怕有絲毫違反就要受到懲罰。」一個中國學生因為熱衷於吉他而成績不佳，他因此受到了這個集體的懲罰。這個學校的中國學生不參加體育活動，還解散了他們自己組織的樂隊。[93]有時候，學生工作得太努力，甚至都生病了，中國方面對學生的指示一直包括告誡他們要注意健康，甚至建議他們別把成績看得太重。[94] 但這幾乎不可能減少大多數學生在課堂內外所受的諸多壓力。[95]

　　問題部分在於中國學生被要求達到在任何情況下都很難完成的教育目標，更何況還是處在兩個革命之間的灰色地帶。他們知道應該跟蘇聯同學「打成一片」，可是他們的蘇聯同學卻忙於聽爵士樂、談戀愛、考試作弊。儘管留蘇中國學生要參加的政治學習比在中國的學生要少得多（能夠不受1950年代那些諸如反右運動的政治運動影響，他們回想起來都感到十分幸運），但在蘇聯背景下，他們看上去仍然都是些頑固分子。[96] 有一次，一個中國學生問他的蘇聯朋友，為什麼蘇聯學生不多參加一點政治學習。朋友回答，據他所知，在俄國革命剛結束後，蘇聯一度曾經同樣緊張，不過後來就放鬆了，同樣的事情最終也會在中國發生。這個中國學生當時覺得很生氣，不過多年以後開始相信他的蘇聯朋友說得沒錯。[97]

　　這段關於中蘇青年不同行為的隨意聊天，也把這兩個學生帶入了1950年代中蘇關係一個最核心的問題。中國青年之所以覺得很難融入戰後蘇聯大學的社會環境，不是因為永恆的文化差異：1920年代的中國留蘇學生毫無疑問可以談戀愛、逃課、搗蛋，正如1950年代的蘇聯學生一樣。其原因恰恰在於當時特殊的歷史事實：中蘇學生雖身處同一時代，他們各自所代表的本國革命卻並不同步。不論中國只是處於普世的革命發展進程的早期階段（正如那個蘇聯學生認為的，而中國學生後來相信的那樣），或是中國正在探索一條獨特的革命道路（如那個中國學生年輕時所相信的那樣），俄國建立社會主義國家總要比中國早30年，已進入中年了。[98]

考慮到這點，像陳佩賢在哈薩克荒地工作的留學經歷就變得尤其值得玩味。布爾什維克統治的最初20年表現為前所未有的社會動盪，如果蘇聯戰後還想繼續為世界定義「革命」，革命的定義必須改變——必須包括科學、經濟、文化上的成就，而這些正是蘇聯在社會主義初期掀起的劇烈社會變動中所深惡痛絕的。然而，蘇聯政府不太能適應自己生命周期的變化，諸如赫魯曉夫的開拓荒地運動之類的計劃似乎就想暗示蘇聯革命是永恆的，與戰後出現的新進革命國家仍能相互兼容。

赫魯曉夫的開拓荒地運動始於1954年。這是一個在哈薩克遷移成千上萬俄羅斯人和其他少數民族的標誌性工程。他們在那裏的廣袤荒地上第一次開墾，以提高蘇聯的小麥產量。儘管這遠不如斯大林的集體化運動那樣充滿暴力和破壞性，開拓荒地運動的龐大規模本身就令人想起早年俄國革命急進時期（1930年代）的人口遷移和重塑蘇聯格局，還有當年的宣傳機器和英雄塑造。[99] 撫今追昔，它也預示着亞洲各地日益激進的革命。然而，開拓荒地運動是唐吉訶德式革命復興的一部分，甚至可能是某種中年危機，而即將發生的「大躍進」則是中國作為一個年輕的革命國家邁向急進政策的第一步。這兩個事件差不多同一時間發生，雖然只是偶然，卻是兩個革命最為接近的一刻。

開拓荒地給了莫斯科的中國學生一個機會，去有意識地親手彌合中蘇革命之間的距離——在地理上更加接近中蘇邊界的同時，他們也進入了中蘇革命精神交匯處令人十分壓抑的象徵空間。正如陳佩賢的經歷所顯示的，只有付出巨大的個人犧牲才能達到那個境界——那是一種邊緣化的、不健康的狀態。而且，陳佩賢在荒地的所見所聞其實是赫魯曉夫政策的失敗和蘇聯青年對革命犧牲的揚棄，陳卻用放之四海皆準的批評用語「官僚主義」來籠統地解釋這些問題的原因，並強調他自己成功解決這一衝突的方法，絲毫沒意識到這一衝突是不同步的革命進程具體而細微的表現。

當中國把成千上萬個學生送去蘇聯學習工程、物理、經濟和電影等，就好像中國融入了當代蘇聯歷史，就好像世界革命有一個同一的蘇聯式進程。事實上中蘇教育交流試圖產生的技術官僚革命，只有在中國的布爾什維克激進革命階段壽終正寢後，隨着鄧小平的上台才得以展

開。曾在法國和蘇聯留學過的鄧小平，是中國向世界展示自身並參與國際事務的偉大先鋒。如果這樣的技術官僚革命發生在1950年代，就會打斷中國的革命進程，並把中國融入蘇聯的發展中去，永久性改變「社會主義國際主義」的性質與重要性，正如蘇俄革命曾把少數民族併入俄羅斯的發展進程並在蘇聯境內實施「民族解放運動」那樣。

中蘇分裂與教育交換計劃

1955年，23歲的張燕林進入莫斯科著名的鮑曼（Bauman）高級工程學院學習。剛開始，他覺得事事都很難——語言、生活、學習，不過學校共青團幫了大忙，派兩個人來專門幫助他。他們問他在中國的時候是不是共青團員。他說不是，其實他是共產黨員，還是個參加過戰鬥的老兵。那些蘇聯共青團員得知後，對他的態度略有改變——他們能把他置於蘇聯社會中了，「我們班也有幾位參加過二戰的黨員大學生」，他們說。張燕林趁機告訴他們，有人晚上放音樂，吵得他不能睡覺。他們覺得很驚訝——他們告訴他，在音樂伴奏下入眠，是最大的生活享受。從此以後，張燕林的日子好過多了，他努力學習，跟同學交朋友，盡到做留學生的本分。

學生生活仍然有緊張的時候。有一次，張燕林交的作業中有些計算太粗心，老師批評了他，還說打算報告毛主席中國工程師太不仔細。另一次，他主動要求參加開拓荒地運動，卻因工作辛苦病倒，進了醫院。

1960年，他在蘇聯的五年學習生涯即將畫上句號，他已經通過了畢業要求的所有30門考試，正熱切地期盼着留學經歷的最高潮——去火箭部隊實習，操作「實物」。可是，一天一位助教突然告訴他不能參加實習，也沒有作任何解釋。張燕林問：「為什麼？」那位助教很不耐煩：「不為什麼，因為這是國家機密。」張還是不太理解，助教有點氣憤了：「張！你怎麼還不明白，難道你要看我們的火箭發射基地不成？」

無論張燕林曾對地緣政治在其留學生涯中的重要性有多少認識，他始終把學習當成是自己的事情，這是他克服無數困難後即將獲得的成果。他太年輕，以至於忘記了有些事，也許是任何事，甚至是具有決定性的地緣政治，都會壓倒他的個人雄心並改寫他的私人命運。他後來寫道：「我一下似乎長大了許多。」[100]

有關技術交換的衝突是中蘇分裂的核心問題。中國要求蘇聯分享他們最機密的核技術，而蘇聯要求中方接受援助在中國境內建造長波無線電台，不過這些電台必須歸蘇方所有。[101] 於是，兩方面都試圖借着中蘇關係的幌子，強迫對方接受嚴重威脅國家安全的要求。這些要求的提出毫無疑問能確認中蘇親密無間的兄弟關係，可是中國和蘇聯並非真正的兄弟。過分的要求超過了中蘇聯盟的底線，其最終破裂則從根本上影響了留蘇中國學生。

中蘇關係在教育交流的關鍵時刻破裂。在蘇聯院校教育中國學生的過程有其內在的時間表，超出兩國政府的控制。張燕林在著名的鮑曼高級工程學院的學習經歷是個很好的例子。留學生計劃始於1950年代初，不論上層領導有何期望，這些學生總得花費大部分時間學習俄語和基礎科學。最早一批相當數量的學生完成正常的五年制工科訓練課目要等到1958年或更晚。張燕林直到1960年才有能力真正去接觸火箭。中國留學生準備好參與高度機密的技術交流的時候，中蘇關係已經破裂了。為了讓像張燕林這樣的學生能繼續學習，接觸並掌握最敏感的蘇聯技術，相互間的信任本該越來越深，但事實上信任卻越來越少了。

1956到1957年間，中國大大減少了赴蘇聯留學的人數。[102] 可是，在蘇聯的中國學生很晚才慢慢意識到高層的緊張關係。他們像張燕林一樣，完全專心於毛主席本人直到1957年還在告誡他們做的事情——好好學習，跟蘇聯同學交朋友。因此，他們常常驚訝地發現，曾深刻影響他們生活的地緣政治關係正在悄然發生轉變。而且，他們的無知似乎被有意延長了。中國學生很晚才知道赫魯曉夫的秘密講話；一個列寧格勒的歷史系學生回憶說，他們學校的中共黨支部和共青團支部都沒有向學生透露一個字。[103]

正如「友誼」曾產生了各種豐富多彩的個人經歷，「分裂」也同樣如此。直到文化大革命爆發，中國仍然不斷每年送一些學生去蘇聯留學。例如，1965年，24個高級俄語班的學生被送往莫斯科學習，以改善他們的俄語發音；中蘇教育計劃已經淪為訓練語言人才的項目，以保證兩國間的爭論能順利進行。當1948年第一批21個留蘇學生到達莫斯科的時候，蘇聯當局告訴他們不能待在首都，這21名留學生被送往伊萬諾沃 (Ivanovo) 學習，它離莫斯科只有六個小時路程，仍然在革命俄國的中心。1964年留蘇學生的經歷仿佛是1948年歷史的重演，這24名學生不得不離開莫斯科，不過他們卻得回到位於西伯利亞的伊爾庫茨克 (Irkutsk) 學習。24名學生中的一員姓李，記得這批學生的領導還不明白為什麼這麼安排。他們猜想，可能是因為那幾年中國學生惹了不少麻煩，曾在首都的公開檢閱和活動中示威。[104]

這24名學生去了伊爾庫茨克上大學，在那裏他們的生活充斥着各種困擾。他們住在宿舍裏，一間房間住兩個中國學生和兩個蘇聯學生。那些蘇聯「學生」，李回憶道，都是經過嚴格審查的軍人，既不是共青團員也不是黨員。只要中國學生偶爾出門上街，就會有人偷偷地跟着，學生都相信那些人是克格勃。儘管他們對當地人民有基本的信任感，仍然擔憂他們的人身安全 (不像1950年代莫斯科的中國留學生)，並相約不許獨自外出。總的來說，他們與普通俄羅斯人的日常關係僅限於街上或者市場上的基本交往，以及偶然去老師家裏吃晚飯。[105]

中國學生有兩個學生組織，一個是與蘇聯當局交涉的公開官方組織，另一個是非官方的秘密組織。有一次，一個中國學生出去和一個蘇聯姑娘跳舞，受到這個秘密組織的狠狠批評。所有中國學生每天晚上9點集合，收聽北京的7點鐘晚間新聞。那個時候，李先生回憶道，他和其他同學相信北京在和蘇聯的爭論中是百分之一百正確的。他承認，他們擺出各種挑釁姿態，比如在中國國慶日貼出充滿火藥味的大字報，並且組成人牆保護大字報不被揭掉。[106]

有人不禁要問，在這種敏感時期，這些學生怎麼會有足夠的談話和交流機會來完成他們的使命——提高口語水平？「辯論。」李先生答道。這些學生通過與蘇聯同學就意識形態問題進行無休無止的辯論來提高口語水平。

返回中國

儘管在蘇聯的中國留學生從 1960 年代初開始一直在減少,直到 1967 年 1 月,中國教育部和外交部才正式下令把所有在外留學的中國學生召回國。[107] 在中國,很多歸國留學生只有寥寥數年機會追求他們的事業,很快文化大革命就開始了,使他們無法立即影響中國的經濟、文化和政治局面。

當 1960 年代留學生紛紛回國的時候,他們要接受一段時間的教育和思想工作,並有一個委員會專為此而組建。[108] 一個有此經歷的學生回憶,他們被告誡不要問任何他們不明白的問題,不要表達他們自己的觀點。這些歸國學生接受了根深蒂固的蘇聯觀念,相信通過教育能使種族上或經濟上處於劣勢的民族在經濟和文化上有所發展。事實上,這些學生正是這一信念的化身,而這正與毛澤東日益倚賴平等主義群眾運動的想法相矛盾,在某種程度上,也深深刺傷了中國的民族自尊。這位學生記得,只有通過洗腦,才使這些歸國學生拋棄蘇聯式觀念。[109]

而且,從 1950 年代末開始,歸國留學生就面臨着事業上的「玻璃天花板」。一直到 1956 年為止,回國的學生都享受着高級待遇和高工資,但是當高層中蘇關係惡化時,這些歸國人員就被看成是只有經過切實思想工作改造後才有用的人。一位 1959 年回國的北京大學歷史系教授記得,他有一位 1956 年回國的同事,工資是他的三倍。[110] 並不是說後來回國的學生不許工作,或者不能在如北京大學這樣高水平的學府工作,而是說他們不大可能在他們單位裏高升了。只有到了 1980 年代,在鄧小平的支持下,他們才得以將他們在蘇聯所學用於他們的工作中。[111]

然而,在某些非常關鍵的領域,歸國留蘇學生扮演了與其微小數量不成比例的重要角色,即使他們之中有些人並未完成學業,也不論他們有何政治問題。當 1955 年毛澤東決定重點發展中國的核武器時,他要求陳雲和聶榮臻召集骨幹來做這件事情,陳、聶就招集了許多留蘇學生。[112] 另一個顯著例子,中國最優秀的留蘇學生之一領導了導彈核潛艇技術的研發。[113] 一個軍事留學生在文化大革命期間一直待在中國駐越南大使館,分析美國的軍事戰略。[114] 蘇聯的軍事專業知識從未在中國過時。

甚至那些非關鍵領域的留學生，最終也得以從事與其教育相符的事業。總得來說，文化大革命似乎對歸國留學生的打擊比其他知識份子更嚴重些，但這不光是因為他們的留蘇經歷本身，更多的倒是因為那些對出國留學心嚮往之的嫉妒之人，終於找到了機會來迫害他們。[115] 然而，文化大革命並未永久性抹去歸國留蘇學生對中國的影響。也許最顯著的事實是，據筆者統計，九成的歐美同學會編輯的官方回憶錄參與者談到他們的工作基本上與其專業教育對口；儘管經歷了文化大革命，這些學生並未永遠脫離其專業領域。[116] 當這些學生被問起他們在蘇聯的訓練究竟如何影響到他們此後的工作時，他們的回答與所有接受過出色高等教育的人一樣：他們所學的不是信息，而是評判信息的手段；不是理論，而是應用理論的方法。無論蘇聯政府的意圖如何，蘇聯教育正如所有出色的教育體系，是一個沒有上鎖的寶箱，對努力學習的學生完全開放，即使在理論上這損害了蘇聯本身。[117]

對歐美同學會的回憶錄參與者專業成就的粗略統計顯示，多達45%的人成為研究人員和教授；其中13%的人曾是研究人員或教授，後來被提拔為單位的領導或主管，另外有4%的人成為享有很高聲譽的院士，有一人甚至成為蘇聯科學院院士。中國學者歸納了一份所有曾在蘇聯學習過的中國院士名單，發現共有109名，佔所有留蘇歸國學生的1%。大約11%的歐美同學會回憶錄的參與者在部隊工作，大多從事軍事訓練和教育（他們也可算作研究人員和教授）；5%的人成了文化或者政治工作者；5%的人在大使館工作或從事其他外交工作；其餘的散佈在工業、醫學、地方政府等各行各業。[118]

有些1950年代留蘇學生作為傑出學生典範在蘇聯學習工科，然後回國在某個單位做領導，而另一些學生去蘇聯學習則是明確為了獲得領導能力，繼而在政治生涯大顯身手。從1951年到1957年，中國派了138個學生去蘇聯中央團校（佔留蘇學生總數不到2%），[119] 這些畢業生中包括未來的外交部長錢其琛、北京大學副校長、中聯部部長、外交部常務副部長、中宣部副部長、黑龍江省委副書記，以及其他高級領導幹部。[120] 然而，值得注意的是，歸國留學生中在政治上獲得最高職位的江澤民和李鵬卻是學工科的。

要對歸國留蘇學生政治影響力進行準確評估，必須仔細考察1949年後中國的派系政治，但是有幾項資料也能說明問題。也許最明顯的就是政治局委員中蘇聯留學生的百分比了。從1928年到1987年，所有中國政治局委員中有15%曾在蘇聯受過教育。1950年代的留蘇學生直到1987年才陸續進入政治局（在十三屆黨代表大會上）。當時17名政治局委員中有三名曾在蘇聯留學，分別是江澤民、李鵬和楊尚昆。楊尚昆年長許多，1920年代曾在蘇聯學習。1992年，這個數字是20人中有四人，全是1950年代的留蘇學生。1997年，比例降為22人中有三人。2002年和2007年的政治局委員中就一個留蘇學生也沒有了。[121] 以這種方式計算，留蘇學生的政治勢力似乎在1980年代末和1990年代初達到了頂點。

一位研究中國領導人的學者曾對中國所謂的「第三代」領導人做過詳細分析，他把「第三代」領導人定義為，八十年代末和九十年代初以江澤民為首的鄧小平繼任者，而這些人在2002年底開始被以胡錦濤為首的「第四代」領導人所替代。這一定義比我對政治局委員的簡單統計更為全面和細緻。在224名最核心的「第三代」領導精英中，大約14%曾出國留學，其中60%在蘇聯留學，10%在其他東歐社會主義國家，餘下的30%在美國、歐洲和日本。[122]

留蘇學生僅佔1953年到1966年間所有大學畢業生中的0.5%，因此無論從哪個數據來看，他們在科技管理層和政治領導層的人數顯然都是大大超出這個比例的。[123]

結 論

如今留蘇學生的顯赫已日益淡去，中國人留蘇經歷所留下的只是懷舊而已。這些老留學生的訪談和回憶錄，透露了他們正致力於（有時也主動抵制着）將個人生活從國家生活和國際社會主義的命運中分離開來的複雜工作。這很難，而且他們也為此深深感到左右為難。

不斷的官方介入有助於他們的努力，也使之更加複雜。從蘇聯方面而言，一些大學校如莫斯科大學和莫斯科能源學院為外國校友安排了活

動和出版物，在參加者中中國人地位顯赫。[124] 在中國，正式的留蘇同學會1989年成立。它是規模更大的歐美同學會的一部分，後者總部就在天安門廣場附近。儘管蘇聯解體了，隨着這些老留學生開始退休並退出領導崗位，這個組織的成員人數（2004年已有約3,600人）和威望卻在1990年代中期不斷增長。[125]

學生們回憶，非正式的校友聯誼和紀念活動從更早就開始了，在多年禁止校友正常聚會之後，留蘇同學會的最初聚會和慶祝活動激動人心。1994年，留蘇同學分部組織了第一次春節聯歡，這一傳統在整個1990年代一直延續着，他們把節目製成CD，並附上有俄文和中文翻譯的歌集，收錄學生最喜歡的蘇聯歌曲。[126] 不過有人說，現在這些聚會已經沒什麼新鮮感了。這個同學會召集節日聚會，出版回憶錄，並把會員介紹給歷史學家。它製造着記憶，並在公眾心目中建立起其影響力。

即便如此，在多年以後，有時候有些留蘇學生對個人經歷的描述仍然會有些猶疑不定，甚至有些遮遮掩掩，就好像歷史奪走了他們的這部分生命，而還給他們時已成了碎片。

註　釋

1　朱訓主編：《希望寄託在你們身上——憶留蘇歲月》（北京：中國青年出版社，1997），頁290。此書與《希望寄託在你們的身上（續集）——難忘的崢嶸歲月》，共收錄了近200名在1950年代和60年代去蘇聯留學中國學生的回憶錄。

2　與任湘的訪談，北京，2004年10月22日。

3　與任湘的訪談。

4　朱訓編：《希望寄託在你們身上》，頁290。

5　杜魏華主編：《在蘇聯長大的紅色後代》（北京：世界知識出版社，2000），頁642–43、653–54。

6　李滔主編：《中華留學教育史錄：1949年以後》，上冊（北京：高等教育出版社，2000），頁200頁。此書分上下兩冊，收錄了與1949年後有關中國留學生的官方文件。除了在高等院校學習的8,000名學生外，還有7,500名左右的學生在蘇聯的各種機構和組織實習。朱訓主編：《希望寄託在你們的身上（續集）——難忘的崢嶸歲月》（北京：中國青年出版社，1997），頁441。

7　Rossiiskii Gosudarstvennyi Arkhiv Noveishei Istorii (RGANI) 535/58/9; Rossiiskii Gosudarstvennyi Arkhiv Sotsial'no-politicheskoi Istorii (RGASPI) (Komsomol) 1/46/248/11.

8　朱訓編：《希望寄託在你們的身上（續集）》，頁441。

9　很難統計留學的總費用，但是花費的巨大可以從蘇聯方面對1959年上半年外國留學生的總支出中管窺一二：共支出超過2,600萬盧布，其中1,700萬用於中國留學生的學雜費，還不包括學生的日常生活補貼，而且這僅僅只是本科生的費用。Gosudarstvennyi Arkhiv Rossiiskoi Federatsii (GARF) A650/1/226/1-7.

10　例如，沈志華：《蘇聯專家在中國，1948–1960》（北京：中國國際廣播出版社，2003）。我十分感謝沈志華先生對我在北京研究時的幫助和鼓勵。

11　留學專業範圍之廣，從歌劇導演到油畫乃至核子物理，前引朱訓編的兩卷留蘇學生回憶錄，提供了豐富的例證。

12　李滔主編：《中華留學教育史錄：1949年以後》，上冊，頁148。

13　同上，頁148–51。

14　關於中國留學生年齡的增長，參見同上，頁148–50、152–53、163–65、220–27。事實上，1961年蘇聯當局也提及，其他社會主義國家正送來越來越多的研究生，越來越少的本科生，並認為這是蘇聯援助的成功。RGANI 5/35/180/188.

15　朱訓編：《希望寄託在你們身上》，頁15；《希望寄託在你們身上（續集）》，頁421。

16　我即將完成的博士論文第四章「中蘇羅曼史」，根據蘇聯檔案和中國回憶錄詳細描述了1921年中國第一批留蘇學生的經歷。這章還講述了中國高層領導子女在1920到30年代在蘇聯的故事，也是根據檔案、訪談和回憶錄。關於1920到30年代留蘇中國學生經歷的絕佳材料，包括Yu Min-Ling, *Sun Yat-sen University in Moscow*, 1925–1930, Ph.D. dissertation, New York University, 1995, and Alexander Pantsov, *The Bolsheviks and the Chinese Revolution, 1919–1927* (Richmond, Surrey: Curzon Press, 2000).

17　劉允斌和劉愛琴的經歷，參見杜魏華、王宜秋編：《在蘇聯長大的紅色後代》（北京：世界知識出版社，2000），頁109–49。劉少奇強迫他已經懷孕的女兒離開丈夫獨自回國，他對兒子的態度稍微仁慈一些。

18　Wolfgang Bartke, *Biographical Dictionary and Analysis of China's Party Leadership, 1922-1988* (Menchen: K.G. Saur, 1990), pp. 383–93. 我把有留蘇經歷的中央委員（90人）除以中央委員中有中等以上學歷的總人數（215人），得到40%這個比例。其中，不包括25名蘇聯出資組建的黃埔軍校畢業生，他們中的一些人也曾在蘇聯學習過。

19　在「親生孩子」和「國家的孩子」之間也有交集。比如，除了劉少奇的孩子和周恩來的養子李鵬，中央政治局委員葉劍英也在1950年代把他的女兒送去蘇聯學習，而葉本人曾在1928–1930年留學蘇聯，還曾在黃埔軍校就讀。葉鼓勵女兒好好學習的家信廣為流傳。朱訓主編：《希望寄託在你們身上（續集）》，頁416。

20　朱訓編：《希望寄託在你們身上（續集）》，頁417、426。

21　我從華東師範大學俄羅斯研究中心的一個研究小組那裏獲得這一文件的複印本，原件則出自教育部檔案，「劉少奇致李富春」，1952年9月18日。華東師大這個研究小組由中國教育部在2006年12月組建，研究1950和60年代中國學生留蘇史，在資深教授周尚文的帶領下，包括博士研究生李鵬（其博士論文在2008年完成）和兩個碩士研究生。2007年12月，沈志華介紹我與這個小組進行了為期兩天的對話和信息交流。

22　朱訓編：《希望寄託在你們身上（續集）》，頁419。

23　參見香港鳳凰衛視一檔專門講述海外華人經歷的系列紀錄片《唐人街》中的兩集特別節目，〈重返莫斯科：中國留蘇學生的故事〉。

24　上海市檔案館：〈1955年度上海部選拔留蘇預備生工作總結〉。上海市檔案館有電腦檢索系統，使用此標題即可查到。

25　朱訓編：《希望寄託在你們身上》，頁18–19。

26　同上，頁15。

27　同上，頁18；與鄭異凡的訪談，北京，2004年8–9月。

28　與李子平的訪談，北京，2004年10月21日。事實上，中國政府曾特別要求只給中國研究生每月700盧布的津貼，比一般蘇聯對外國留學生的標準低200盧布。此後，1958年中方試圖進一步減少留學生津貼，本科生480盧布，研究生600盧布，並試圖説服蘇方讓中方承擔全部費用而非最初協定規定的一半費用。GARF 9396/19/31/207. 關於會計方面的困難，參見中國外交部檔案 (CFMA) 109-345-02, 36–36; 109-240-02, 95.

29　朱訓編：《希望寄託在你們身上（續集）》，頁428。

30　李滔編：《中華留學教育史錄，1949年以後》，頁83–84。朱訓編：《希望寄託在你們身上（續集）》，頁421。中國外交部檔案 109-240-01, 23–25。

31　大使館的特別部門創建於1951年，見朱訓編：《希望寄託在你們身上（續集）》，頁418。這一部門直到現在還存在。

32　李滔編：《中華留學教育史錄：1949年以後》，頁169–72、233–34。朱訓編：《希望寄託在你們身上》，頁125–28。朱訓編：《希望寄託在你們身上（續集）》，頁435。關於蘇聯鎮壓中國托派分子的描述，參見Alexander Pantsov, *The Bolsheviks and the Chinese Revolution, 1919–1927*, pp. 189–208.

33　RGANI 5/30 r 4653/456/74-76.

34　參見余敏玲博士論文及筆者即將完成的博士論文。

35　杜魏華、王宜秋編：《在蘇聯長大的紅色後代》，頁647。

36　李滔編：《中華留學教育史錄：1949年以後》，頁244。

37　同上，頁237。

38　與鄭異凡的訪談。鄭與一位中國同學結婚了，有結婚證書為證。

39　與鄭異凡的訪談。與徐（編者註：Xu的音譯）的訪談（為保護受訪者隱私，名字略去），2004年9月12日。與任湘的訪談。

40　與任湘的訪談。

41　與徐的訪談。

42　參見前引香港鳳凰衛視的紀錄片。最後，他與一位中國女子再婚了，不過1990年又遷居到莫斯科，在那裏定居至今。

43　與鄭異凡的訪談。

44　RGANI 5/30/369/106.

45　這段對毛澤東來訪的記述，結合了許多朱訓編：《希望寄託在你們身上（續集）》中收錄的回憶錄，頁9–74。尤其參見頁20–22、26、29–32、41、57、68。

46　李滔編：《中華留學教育史錄：1949年以後》，頁101–104。朱訓編：《希望寄託在你們身上（續集）》，頁14。

47　李滔書中所收錄文件的大部分都與留學生的選拔標準有關，參見李滔編：《中華留學教育史錄：1949年以後》，頁71–267。朱訓：《希望寄託在你們身上（續集）》，頁425。

48　朱訓：《希望寄託在你們身上（續集）》，頁14。

49　上海市檔案館：《1955年度上海部選拔留蘇預備生工作總結》。

50　Komsomol (RGASPI) 1/46/152/64-69. 朱訓編：《希望寄託在你們身上（續集）》，頁423。他們想要技術工人或者有工人背景的專家。

51　中國外交部檔案，109-00239-01, 100–101.

52　RGANI 5/30/369/55-56.

53　RGANI 5/35/221/190-192.

54　朱訓編：《希望寄託在你們身上（續集）》，頁427–28。這裏描述了這樣一次來訪以及彭德懷1954年訪問莫斯科時和三個學生的聊天。李富春1956年也曾和留學生會面，見同上，頁435，更不用提周恩來、鄧小平和毛澤東本人在各種場合與學生的接觸了。

55　朱訓：《希望寄託在你們身上》，頁76。

56　當學生在蘇聯得獎或獲得榮譽時，這些好消息常常能傳到北京，參見朱訓編：《希望寄託（續集）在你們身上》中的例子，頁186–90。

57　朱訓編：《希望寄託在你們身上》，頁217。

58　參見前引香港鳳凰衛視紀錄片，以及朱訓編：《希望寄託在你們身上》，頁
　　129–33。

59　這段話引自一份問卷樣本，由華東師範大學的研究小組提供。這一小組曾
　　向留蘇學生發放了500份問卷，並收到了100多份答覆。他們正在將這些答
　　覆歸納整理，肯能將來會出版。

60　不過，即使在1950年代還是有兩例中國學生遭到騷擾的事件，比如，
　　1957年一位中國姑娘在塔什干街頭遭到流氓毆打。RGASPI Komsomol
　　1/46/208/29-36.

61　與徐的訪談。

62　Komsomol (RGASPI) 1/46/208/65-76.

63　這兩種意圖共存的最好例證，參見 Komsomol (RGASPI) 1/46/135/26-30.

64　Komsomol (RGASPI) 1/46/135/10, 16, 55. 有些中國學生明確要求分散開來並
　　被安排跟蘇聯學生在一起，見Komsomol (RGASPI) 1/46/164/87-94.

65　Komsomol (RGASPI) 1/46/41/47-48, 1/46/135/47, 1/46/293/25. RGANI 5/35/
　　58/13.

66　Komsomol (RGASPI) 1/46/247/26; RGANI 5/35/202/50-51. 在另一個例子中，
　　三個蘇聯學生「孤立」了一個保加利亞學生，因為她不講衛生，見RGASPI
　　(Komsomol) 1/46/135/39.

67　Komsomol (RGASPI) 1/46/184/24-25, 35-38, 1/46/293/168/25.

68　Komsomol (RGASPI) 1/46/247/54-55.

69　Komsomol (RGASPI) 1/46/164/20-33, 37-39.

70　與徐的訪談。

71　Komsomol (RGASPI) 1/46/164/20-33, 37-39.

72　Komsomol (RGASPI) 1/46/152/10, 64-69, 72-76, 1/46/164/7-13, 37-40.

73　Komsomol (RGASPI) 1/46/135/3-6, 1/46/208/10-36.

74　RGASPI 1/46/135/3-4, RGANI 5/35/147/183-190.

75　Komsomol (RGASPI) 1/46/152/74-76, Komsomol (RGASPI) 1/46/232/25-27.

76　RGANI 5/35/122/43-51. GARF 9396/19/45.

77　參見中國外交部檔案，例如109-00345-01, 34–37, 48–50; 109-00345-03, 1–3,
　　或者關於1950年代初，參見109-00346-01, 40–41；關於1950年代末參見
　　GARF 9396/19/31.

78　RGANI 5/35/202/58-53, 68.

79　與徐的訪談。朱訓編：《希望寄託在你們身上》，頁134–53，都是關於開
　　拓荒地的回憶，包括從一個女學生日記中摘錄的她在蘇聯農村時的片段。

GARF 9396/19/26 和 9396/19/45 也有一些關於中國和其他外國留學生參加暑期勞動的報告，其中就包括開拓荒地。

80　這個故事是由朱訓編《希望寄託在你們身上》中的一個短篇回憶錄縮寫而成，見頁134–37。

81　我在前文已多次引用了由朱訓主編的歐美同學會留蘇分會成員的回憶錄合集。另一材料是共青團中央青運史工作指導委員會、中國青少年研究中心編：《留學歲月：蘇聯中央團校中國班學員回憶錄》（北京：中國青年出版社，2003）。此書收錄了在蘇聯中央團校學習過的138名中國學生中的27名學生的回憶錄。關於1920年代初在東方勞動者共產主義大學的各種經歷，可參見無政府主義者抱樸著的遊記，抱樸：《赤俄遊記》（上海：北新書局，1927年），托派分子彭述之的的經歷，見Claude Cadart and Cheng Yingxiang, *Memoires de Peng Shuzhi: l'envol du communisme en Chine* (Paris：Gallimard, 1983)，以及胡佛檔案館藏彭述之後來的妻子陳碧蘭的未發表回憶錄，還有中共建政後解放軍海軍首任司令員蕭勁光的記述，蕭勁光：〈赴蘇學習前後〉，《革命史資料》，1981年第三期。

82　朱訓編：《希望寄託在你們身上（續集）》，頁103–6。象徵性「友誼」的例子見此書，頁138–41、150–55.

83　Komsomol (RGASPI) 1/46/135/39.

84　朱訓編：《希望寄託在你們身上》，頁88–91。

85　同上，頁96–99、142–149、168。

86　Komsomol (RGASPI) 1/46/152/39-40是奧德薩（Odessa）學院向團中央匯報留學生個人成績的報告之一。其他報告所列的學生名單更隨意些。

87　關於東歐學生的行為，　參見RGANI 5/35/58/13, Komsomol (RGASPI) 1/46/125/12-15, 24-26, 1/46/208/87-103, 1/46/247/30.

88　Komsomol (RGASPI) 1/46/135/48, 1/46/164/20-33, 8794. Komsomol (RGASPI) 1/46/184/109-116, 1/46/208/43-56. 只有一份報告講到一個中國學生打牌、打架，這個例外倒能證明中國學生普遍表現良好。Komsomol (RGASPI) 1/46/176/109-113.

89　朱訓編：《希望寄託在你們身上》，頁156。Komsomol (RGASPI) 1/46/247/22-25.

90　Komsomol (RGASPI) 1/46/208/43-56.

91　Komsomol (RGASPI) 1/46/184/47-50, 65-66.

92　李滔編：《中華留學教育史錄：1949年以後》，頁236–37、243–45。

93　Komsomol (RGASPI) 1/46/208/43-56.

94　李滔編：《中華留學教育史錄：1949年以後》，頁238–39。與馬（名字略去）的訪談，2004年10月1日，北京歐美同學會總部。

95　也不是所有學生都覺得在蘇聯的經歷充斥着壓力和緊張，與鄭異凡、李子平的訪談。

96　關於感覺受到保護，見與鄭異凡的訪談。

97　朱訓編：《希望寄託在你們身上》，頁125–28。

98　呂德量(Lorenz Luthi)注意到毛澤東的激進思想源於他所謂的「革命的斯大林主義」，而其後又出現了「官僚化的斯大林主義」。見Lorenz Luthi, *The Sino-Soviet Split, 1956–1966*, Ph.D. dissertation, Yale University, 2003.

99　Michaela Pohl, "The Virgin Lands between Memory and Forgetting: People and Transformation in the Soviet Union, 1954-1960," (Ph.D. dissertation, Indiana University, 1999). 我得感謝Eleonor Gilburd向我介紹這篇博士論文，並感謝她為我這篇論文所提的寶貴意見。

100　朱訓編：《希望寄託在你們身上》，頁92–95。對蘇聯的大學而言，他們接受中國學生在那裏學習，卻不得不取消這些學生在敏感領域實習的機會，他們也覺得很不舒服。1962年，莫斯科著名的門捷列夫化學學院不得不拒絕中國學生參加與民用核能有關的實習，可是該校向蘇聯高教部申訴，要麼允許這些學生參加適當的實習，要麼就索性不再接受外國學生了，因為反正他們也不能真正完成應受的教育。RGANI 5/35/2002/65.

101　"The Emerging Disputes Between Beijing and Moscow: Ten Newly Available Chinese Documents, 1956–1958," www.wilsoncenter.org/topics/pubs/ACF1AA.pdf.

102　李滔編：《中華留學教育史錄：1949年以後》，頁221–22。

103　與鄭異凡的訪談。

104　與李的訪談(為保護受訪者隱私，名字略去)，2005年8月30日，北京。

105　與李的訪談。

106　與李的訪談。

107　李滔編：《中華留學教育史錄：1949年以後》，頁266–67。

108　朱訓編：《希望寄託在你們身上(續集)》，頁445。

109　與徐的訪談。

110　與徐的訪談。

111　與徐的訪談。事實上鄧小平早在1961年就開始提倡把學生送到國外受教育，見朱訓編：《希望寄託在你們身上(續集)》，頁448。

112　朱訓編：《希望寄託在你們身上(續集)》，頁431。

113　同上，頁434–35。

114　即使在文化大革命期間，有個在莫斯科加加林大學畢業的中國學生還被派駐河內。他運用在蘇聯受的軍事教育，分析美國在越南戰爭期間的軍事策略。與馬(名字略去)的訪談。

115 與徐的訪談。順便提一句，文化大革命不僅扭曲了歸國學生的事業和個人生活，還篡改了他們的歷史記錄。很多學生把他們在蘇聯期間的個人資料付之一炬，只留下一些最無害的殘篇。即使是這樣，也可能招致麻煩。有個學生回憶，他保持了幾張蘇聯文化景觀的照片，卻被告知這些東西很可疑，因為裏面有「裸體」，可以想像所謂的「裸體」不過是一些雕塑或者繪畫。

116 為了獲得這些統計數字，我建立了一個Excel數據庫，朱訓編回憶錄集中的每一個參與者都有一個條目，列出他們的專業、在蘇聯時的學校、回國後的工作、以及他們最突出的成就。很可能參與回憶錄編輯的留學生，都是那些後來生活與留學生涯關係最緊密者，不過90%仍然是很讓人驚訝的數字。提供類似信息的另一重要來源，是華東師範大學研究小組所進行的調查問卷。可能歐美同學會有其所有3,600名成員的類似統計數據，可是並未向研究者公開。

117 一個對老留學生的訪談強調了這一主題，見《北京青年報》，2002年10月4日。我進行的許多訪談也同樣如此。感謝李鵬提供給我這篇文章。

118 這些統計資料也是來自我對歐美同學會編留蘇學生回憶錄的整理。

119 共青團中央青運史工作指導委員會、中國青少年研究中心編：《留學歲月：蘇聯中央團校中國班學員回憶錄》。

120 朱訓編：《希望寄託在你們身上（續集）》，頁418。

121 我根據中央政治局委員名單，對照前引 Bartke, *Biographical Dictionary and Analysis of China's Party Leadership*，得到這些數據。

122 Li Cheng, *China's Leaders: The New Generation* (Lanham: Rowman & Littlefield Publishers, Inc., 2001).

123 這一百分比是我根據 Leo A. Orleans, "Graduates of Chinese Universities: Adjusting the Total," *The China Quarterly*, no. 111 (Sept. 1987): 447提供的資料計算得到。

124 參見 *Nam—50!* (We're 50!) (Moskovskii Energeticheskii Institut Upravlenie Vneshnikh Sviazei, Moscow, 2003). 我曾於2003年末訪問MEI，並與其校友聯誼會主任交談。前引香港鳳凰衛視的紀錄片，也跟隨一些中國留學生回到莫斯科大學參加校友重聚。

125 這一組織的宣傳小冊子簡要介紹了其1989年成立以來的歷史，見「歐美同學會留蘇分會」，無出版時間和出版單位。

126 《難忘的旋律》，（北京：歐美同學會留蘇分會，1999）。

第15章

《鋼鐵是怎樣煉成的》：
蘇聯教育小說與兩代中國讀者[1]

何冬暉

小子何莫學夫詩？詩，可以興，可以觀，可以群，可以怨。邇之事父，遠之事君。

——《論語·陽貨》[2]

如果您想生活得幸福，您必須接受這個教育，因為幸福意味着最充分地發揮您的潛力；如果您想成為社區的一員，您必須接受這個教育，因為成為社區的一員您需要能夠與其他成員交流。

——羅伯特·胡徹恩斯[3]

教育實業家羅伯特·胡徹恩斯 (Robert M. Hutchins) 和他的同行認為，通讀經典可以幫助一個人充分發揮自身的潛力，有效地融入社會主流，成為成功人士。這一教育哲學在美國1952年出版的《西方世界的偉大著作》(*Great Books of the Western World*) 中得到了充分體現。由大不列顛百科全書編輯部整理出版的這套叢書，選擇了從荷馬到弗洛伊德、古代及近現代歐美人文經典著作共54卷。[4] 依據英國十九世紀批評家阿諾德 (Mathew Arnold)「文化即世界上人類所知和文字所表達的精華」以及「英國文學偉大傳統」的提法，「西方世界偉大著作」被戰後的美國教育家推崇為導向個人幸福的媒介和文化資源。[5] 實際上，有計劃地編輯

和推廣某些經典從而奠定自己的文化基礎、激發引導民眾的認同感的，並不限於美國。幾乎與《西方世界的偉大著作》在美國出版的同時，一場規模更大、以青少年讀者為主要對象、以抵制西方經典的人文主義傾向和中國古典文學所推崇的社會秩序為主旨的社會主義新文化建設運動，席捲了創建伊始的中華人民共和國。

值得注意的是中華人民共和國建國初期，用於暢想新社會、打造新公民的「新中國」經典並非產自中國，而是從蘇聯輸入的。換句話説，蘇聯的官方文學在新中國起着相當於「偉大著作」在美國所起的作用。其中最為普及、影響最廣的當數《鋼鐵是怎樣煉成的》（1934）。這部蘇聯小説在新中國的「社會—文化」的重建工程中起着橋樑作用，因為它將新社會主義國家的建設和社會主義新人的造就有機地聯繫了起來。[6]《鋼鐵是怎樣煉成的》是蘇聯內戰時期紅軍老戰士、尼古拉・阿列克塞維奇・奧斯特洛夫斯基（Nikolay Ostrovsky）的自傳體小説。小説講述了一個十分感人的成長故事：一個出身於窮困工人家庭的烏克蘭青年，經過戰爭年代和社會主義建設時期的多種考驗，最終成長為一個堅強的布爾什維克；並像作者一樣，在身患骨結核、癱瘓在床的情況下，憑着頑強的毅力，完成了一部以自己成長經歷為題材的小説。《鋼鐵是怎樣煉成的》被作為「人生的教科書」在中國大量出版，廣為普及。[7]對於以建設社會主義新中國為歷史使命的中國青少年來説，什麼是人生的意義，怎樣度過一生，小説的主人公保爾・柯察金（Pavel Korchagin）不但做出了榜樣，而且是衡量他們成長的尺度。從建國初期直到七十年代末改革開放初期，閱讀《鋼鐵是怎樣煉成的》曾經是中國青少年的重要成長經歷。

關於保爾・柯察金這位蘇聯英雄在二十世紀下半葉對中國讀者的影響，《人民日報》記者是這樣描述的：

> 四十年代出生的人説，保爾的時代，讓我們常常懷念；
>
> 五十年代出生的人説，保爾的行為，使我們深受影響；
>
> 六十年代出生的人説，保爾的精神，令我們久久深思；
>
> 七十年代出生的人説，保爾的故事，讓我們念念不忘。[8]

姑且不論中國讀者能否幾十年如一日，對保爾的事業始終堅信不移，僅考慮一部藝術上並非特別出色的蘇聯小説竟像磁石一樣吸引着中國讀者的注意力達幾十年之久，而這幾十年又恰逢中國社會極為動盪，機構和各項政策不斷變化的時期，這種現象的確耐人尋味。

俄國文化批評家列夫·古德考夫 (Lev Gudkov) 曾經指出：「群體閱讀的模式，受特定社會結構所制約，因社會價值和觀念的變遷而變化。」[9] 在新中國，雖然從1950年代到70年代中期，高度統一的出版發行機構和學校的教育體制，對塑造大眾文化和閱讀習慣一直起着關鍵作用，但是，中蘇關係破裂之後，這些機制的運作，卻發生了微妙卻意義重大的變化。例如，文化大革命期間由於整個出版系統完全從屬於政治運動，以至於在相當長的一段時間裏，公開出版發行的文學作品幾乎沒有什麼可讀性。《鋼鐵是怎樣煉成的》未刪節本的出版，也曾中斷了整整十年。頗有意味的是，這部蘇聯小説的閱讀卻在這種非正常的背景下不但以某種方式繼續着，而且逐漸豐富起來。不同時代的讀者是如何閱讀這部作品的？社會的動盪和文化環境的變化，如何影響他們對作品的解讀？這些問題是研究這部蘇聯小説對新中國讀者影響所不可回避的，卻至今尚未引起應有的重視。如果忽視這些體制上的因素，則會把蘇聯文學在中國的傳播、影響和解讀，引向籠統、泛泛甚至神秘化，變成超越時空的純粹形而上的臆測甚至暢想。

《鋼鐵是怎樣煉成的》在中國閱讀的高潮始於1950年代止於70年代末，其間最典型的讀者是大中小學的青少年。本文因此將討論的重點放在青少年在這一特定歷史時期對這部小説的閱讀和接受上。按照中蘇關係的起落和《鋼鐵是怎樣煉成的》兩代讀者的成長這樣的時間框架，討論將分三部分進行。第一部分將討論中華人民共和國成立初期的閱讀。這一時期的閱讀可以説是多層次的連接活動，因為對於中國讀者，學習蘇聯英雄，與建設社會主義國家是密不可分的。對社會主義蘇聯的嚮往，和建設繁榮富強的社會主義祖國的前景，既是激勵讀者的動力，也是出版社所期待的閱讀效果。因此這一時期的閱讀不管在形式上還是在觀念上都是集體性的。第二部分重點討論中蘇關係破裂公開以後，尤其是文化大革命中的閱讀。政治運動對政府機構、文化教育機構的衝擊，

在相當大程度上使這部小說的閱讀和流傳成為一種個人行為。這部小說帶給讀者的有關蘇聯的種種概念與印象，隨之帶有了更多個人化成分，甚至由此萌生了一種「反體制」反主流意識形態的獨立思考。第三部分着眼於文革以後。這一時期，中蘇關係雖然已經恢復正常，但隨着中國對外關係多元化格局的形成，蘇聯已經不再是中國對外文化藝術交流的（近乎）唯一的窗口，中國讀者對蘇聯文學的那種單一的「群體閱讀」，終告式微。對三個不同時期閱讀的考證將展示這部蘇聯小說，如何一方面承載了國家話語，一方面為個人化、「消解」性的「反讀」提供了文化資源。本文同時分析梳理了看似對立的不同解讀之間的內在聯繫。

小說是精神產品，但同時也是精神的物質載體，研究一本書的接受，固然需要研究讀者，同時也需要研究出版機構的作用。本文所用的資料主要來自出版社和讀者兩方面，其中包括人民文學出版社所提供的統計數據，從1952年到1980年所附加的出版/譯者前言或後記，以及當年讀者的回憶錄。誠然，閱讀的回憶不可避免地經過了記憶和時間的過濾。但是許多現已步入中年的作家，不約而同地把當年讀《鋼鐵是怎樣煉成的》的經驗，作為自己這一代人的身份標誌。這種現象本身，既證明了這部小說持久的影響力，也顯示了對這部小說的解讀與接受，有一個歷時性的演進過程，一種代際差異。由於出版社曾一度中斷了這部小說的出版，同時圖書館也中止了它的借閱流通，幾乎沒有圖書館借閱記錄和其他檔案材料可資運用。基於這種情況，讀者的回憶就變得尤為珍貴。本文立論的前提是，1949年以後，中國讀者對於《鋼鐵是怎樣煉成的》閱讀模式的改變，實際上顯示了經由蘇聯文學進行文化對話的多樣性和複雜性。筆者希望通過這樣的討論，探討這部蘇聯小說在多大程度上激發或限制了讀者的能動性和自我成長。

渴望崇高——共和國同齡人的閱讀

新青年的意念和新國家的形象，在二十世紀的中國，一直是相形相伴，互為象徵的。早在1900年清末改良主義者梁啟超就曾召喚過「少年中國」的來臨；想像用「少年中國」取代衰敗的中華帝國。梁啟超寫道：

「故今日之責任，不在他人，而全在我少年。少年智則國智，少年富則國富，少年強則國強，少年獨立則國獨立，少年自由則國自由，少年進步則國進步，少年勝於歐洲，則國勝於歐洲，少年雄於地球，則國雄於地球。」[10]

二十世紀初的新文化運動以後，許多文化青年率先在公眾領域負起重建中國的使命。這些新文化青年的成長，大多以性意識的覺醒為標誌，以反舊秩序、舊道德的個人主義承載「新民」的義務。像胡適說的那樣，通過給個人爭自由來給國家爭自由。從郁達夫的《沉淪》，丁玲的《莎菲女士的日記》，到郭沫若的《葉羅提之墓》，二十世紀初的中國主要作家，幾乎都公然展示過他們青春期的愛欲情愁。現代文學史家李歐梵先生，把沉浸其中同時也幫助造就了二十世紀初期的青春氣息的那些作家，稱為「浪漫的一代」，重點指出西方浪漫主義對他們的影響。[11]這裏，浪漫主義不僅表現為對性愛的大膽而密集的描寫，更在於在這股浪漫主義思潮中，愛情被賦予了前所未有的社會意義。愛情可以促進社會覺醒和進步，這一主題不僅貫穿在文學作品中（重說教或重娛樂的），而且還注入通俗社會學之中。一些有影響的社會學家和科學家，力圖向公眾證明，自由戀愛不僅僅是優生學的「科學」基礎，而且是民族復興國家重建的「科學」基礎。[12]以城市知識分子為對象的嚴肅文學，甚至面向普通大眾的通俗戲劇，都在宣傳這樣一種思想：一個人對愛情的渴望與追求，是在抗爭並打破不合理的社會禁錮。正如茅盾所概括的那樣：「戀愛就是革命。」[13]戀愛之所以被上升到革命的高度，是因為它把個人放在傳統所派定的社會角色之上。戀愛加革命的高潮則是出走，年輕的主人公走出封建大家庭，叛逆作為儒家價值核心的家庭及社會秩序。巴金的《家》是這方面的代表作，它具備了1930年代這類「成長」小說的種種素質和特點，小說中，「逆子」從封建家族聚居的深宅大院的出走，標誌着一個「新青年」的誕生。[14]

然而，當新中國呼喚「社會主義新人」的時候，這些「革命的浪子」卻被視為舊時代的遺留物，被公開排斥。新中國成立前兩個月，後來成為中國作家協會主席的茅盾就宣布：「國統區的進步作家們大多數是小資產階級知識分子……小資產階級的思想觀點使他們在藝術上傾心於

歐美資產階級文藝的傳統，小資產階級的思想觀點也妨礙了他們全面深入地認識歷史的現實。」[15] 著名文學理論家何其芳進一步具體地論述了「新青年」為何已經不符合時代的需要：「五四運動以來的新文藝作品，寫小資產階級知識分子的在數量上很多（或甚至是最多），但其中優秀的一部分也主要還是小資產階級民主派的思想內容。它們在過去曾經或多或少地起了推動知識分子和青年學生走向革命的作用，但要用來教育今天的知識分子和青年學生卻已經十分不勝任了。」[16]

這就是說「社會主義新人」不但需要與幾千年「封建殘渣」以及1949年以前的「殖民地文化餘孽」徹底決裂，而且要遠離已經過了時的「新青年」。建國初期最暢行的「共和國的同齡人」的提法，便是這種從零開始的理想的具體化。[17]

換句話說，在新中國成立初期，沒有任何一位中國作家的作品，可以擔當起教育青年一代的重任。雖然左翼文學也刻畫了一些革命者的形象，延安文學也描寫了工農兵模範人物，但是，或者因為這些「革命者」形象身上的狂熱、動搖等「小資產階級」特性，或者因為人物塑造的蒼白、單薄和概念化，它們也難當此重任。為了新中國的文化建設，也為了肅清五四新文學中「革命浪子」身上根深蒂固的小資產階級個人主義的影響，必須引進一種更為進步的文化，而輸出國只能是社會制度更先進的蘇聯。新中國需要一種注入革命秩序的教育小說，《鋼鐵是怎樣煉成的》滿足了這種需要。這部蘇聯小說，取代了自由散漫的「浪子」故事，成為培養「社會主義新人」的「手冊」。

文學批評家凱薩琳・克拉克（Katerina Clark）把《鋼鐵是怎樣煉成的》稱為「政治化的成長小說（德語：Bildungsroman，或譯作「教育小說」）」，其特點是主人公「通過對個人意志的控制，達到超自我的境地」。[18] 政治化的成長教育小說和傳統的成長小說最明顯的不同，是對「成熟」的不同理解。[19] 經典的成長小說，如歌德（Goethe）的《威廉・麥斯特》（*Meister Wilhelm*）和亨利・菲爾丁（Henry Fielding）的《湯姆・瓊斯》（*Tom Jones*），通常是追敘一個青年男子，如何在經歷了種種冒險以後，變得成熟起來。步入體面的資產階級中上流社會通常在這一類小說中被當成「成熟」的標誌。[20]

《鋼鐵是怎樣煉成的》的開頭部分，與傳統的成長小說頗有幾分相似；像《湯姆·瓊斯》的主人公一樣，主人公保爾·柯察金也是出身寒微。他生長在烏克蘭的一個小鎮，貧窮和階級壓迫限制着他的成長空間。幾乎和湯姆·瓊斯一樣，巧遇異性——護林官的女兒冬妮婭·圖曼諾娃 (Tonia Tumanova)——催發了保爾·柯察金的成長發育。冬妮婭向保爾開啟了一扇窗子，讓他第一次看到了自己生活圈子以外的另外一個世界，一個有教養的優雅的小布爾喬亞的世界。但是與《湯姆·瓊斯》和其他典型的成長小說截然不同的是，成為富裕體面的中產階級的一員並不是《鋼鐵是怎樣煉成的》衡量「成熟」與否的尺度。[21] 雖然保爾曾迷戀過冬妮婭，但冬妮婭為個人瑣事的患得患失使他很快就醒悟過來，意識到她的瑣碎和自己所信仰的偉大的布爾什維克革命的格格不入，他毅然決然地離開了她，而沒有陷進冬妮婭所代表的小資產階級世界。在社會主義新的文化價值系統中，小資產階級是個徹頭徹尾的貶義詞。保爾追求的是更遠大的目標——投身於壯麗的無產階級解放事業，在這個偉大的事業中實現自我。他離開家鄉，參加了蘇聯紅軍，退役後投身到蘇聯的國家建設。自從保爾·柯察金在蘇聯的革命和建設中，給自己的人生找到定位之後，他便頑強地戰鬥，「從未掉隊」，儘管他的健康狀況越來越糟糕。在共同戰鬥中，他和自己的同志、女政委麗達·烏斯季諾維奇 (Rita Ustinovich) 產生了崇高的感情，但最後他娶了協助他撰寫自傳的達雅·柯察金娜 (Daya Kyutsamaya)。總之，保爾·柯察金的一生是「有意義的一生」，脫離了「空虛」的個人主義的一生。在這裏，「意義」是用馬克思主義的歷史觀作為衡量尺度的，即共產主義代替資本主義是不以個人意志為轉移的不可抗拒的歷史進程。為了達到這一政治上的完美，他必須割棄以前對冬妮婭的眷戀。

保爾式的「超越自我」對於二十世紀的中國文學來說，無疑是一個新高度。然而深究起來，為社會主義革命和建設的宏圖偉業而獻身，與儒家以「國」、「家」為重的傳統似有某些暗合之處。如果說二十世紀初葉的新文化，將反傳統和反對舊制度的希望寄託在性愛和個性解放上，社會主義新文化則重申了克己自律。對共產主義事業忠誠和信仰成為衡量社會主義新人的標準。實際上，無論是新中國還是蘇聯，社會主義新

國家文化的建設都會從自己的民族傳統中尋求資源。《鋼鐵是怎樣煉成的》同樣有着比傳統的成長小說更深遠的歷史文化淵源，它植根於俄羅斯東正教殉道者文化：蘇式的集「建國育人」於一身的教育小說，其基本框架是英雄捨生取義的經歷，以及在後人心目中永恆的感召力。如很多在美國的蘇俄文學批評家首先注意到的，《鋼鐵是怎樣煉成的》與《聖徒傳》（*The Lives of the Saints*）有很多相似之處。[22] 然而，在建國初期的中國，保爾·柯察金的精神實際上已被相當世俗化了（相對於俄羅斯的宗教傳統而言），被融入儒家的盛世想像。

蘇聯解體以後，共產主義和蘇聯社會主義通常被視為一種烏托邦空想，然而，在1950至1960年代的中國，這種「烏托邦」卻由宏大的社會組織所維繫，同時也是建立在豐厚的物質想像和對物質文明的強烈渴望之上的。[23] 這一切與蘇聯「榜樣的力量」是分不開的。社會主義的蘇聯是如此的富饒和強大，「蘇聯的今天就是我們的明天」，這個口號所表達的不僅僅是一種理想，更表達了一種信念，即這一理想不但可以實現，而且可以在不久的將來就可以實現；而這一理想的實現和維護需要新的政治制度、社會機制，還需要一大批有共同理想（明天）的社會主義新人。1952年，中宣部副部長周揚宣布：「在（蘇聯）文學中我們看到世界上從未有的一種最先進美好，真正體現了人間幸福的社會制度，看到了人類最高尚的品格和最崇高的道德範例。」蘇聯文學就是這樣被正式推崇為中國社會主義建設的樣板和前進的方向。具體到蘇聯文學對中國的社會主義社會和文化建設的指導意義，周揚進一步解釋道：

> （文學）要表現生活中新的力量和舊的力量之間的鬥爭，必須着重表現代表新的力量的人物的真實面貌，這種人物在作品中應當起積極的、進攻的作用，能夠改變周圍的生活。只有通過這種新人物，作品才能真正做到用社會主義精神教育群眾。我們的作家，一般地還不善於描寫新的人物，對於描寫舊的人物和事件倒是比較更為嫺熟。新的人物往往缺少性格，作家們常常只描寫新的生活的外表，新的人物的共同政治的輪廓，沒有深入地刻劃出他們的個性，他們的心靈。這樣，就造成了我們的許多作品的缺乏生命。枯燥無味和

公式主義的毛病。蘇聯的文學創造正在建設共產主義的完全新的人物形象是特別值得我們的作家去學習的。[24]

為了提高領導階層的理論水平，1954年，中國作家協會為高級知識分子和黨政幹部提供了一個參考書單，其中包括馬克思主義經典著作和以十九世紀批判現實主義為主的文學名著。對於可塑性強因而需要特別照顧的青年讀者，作協領導建議他們「自由地選擇蘇聯文學作品來閱讀」。[25]

這個「建議」並沒有停留在書面和口頭上。剛剛調整過的出版業，將這一「建議」成功地變成幾乎別無選擇的選擇。通過迅速接管國民黨政府的出版機構，逐漸改造大型的私營出版社，和有效的抑制中小型私營出版社的發展，新中國成立後不久，便實現了出版業的國有化，並將圖書出版和發行的中心，由上海遷移到了北京。[26] 1956年社會主義改造完成之際，一個統一計劃和管理的出版業即告形成。儘管有一些新期刊創刊，一些曾經中斷的進步期刊得以復刊，但是，從十九世紀末開始在上海租界出版發行的眾多通俗雜誌和消遣性小報，數量銳減。同時改變的還有外國文學的翻譯和出版，除了蘇聯和東歐國家的作品，幾乎沒有新的外國文學作品出版或再版。公眾的注意力被有計劃地集中到了少數名著、有限的期刊和幾份官方大報上。

出版和閱讀的重點實質性地轉移到從蘇聯引進或衍生而來的社會主義新文化上。受這種「重心轉移」影響最大的，就是青年讀物。出於「造就社會主義新人」的需要，在各類圖書中，蘇聯的「教育小説」，如《鋼鐵是怎樣煉成的》，被放在了第一優先的位置。如很多學者已經注意到的，《鋼鐵是怎樣煉成的》早在1930年代就被介紹到了中國。[27] 但我希望提醒讀者注意因社會組織變化而引起的文化變化對這部小説傳播和閱讀的影響。1949年前這部蘇聯小説對於一般讀者來説不過是眾多的翻譯小説中的一種，它只在1940年代末在解放區盛行過。1949年以後，新政權的建立，政府才能向全體公民 (特別是青年一代) 推薦這本社會—政治學習大全。

1949年後《鋼鐵是怎樣煉成的》的中文版是由新成立的人民文學出版社獨家出版的 (縮寫本和連環畫除外)。在計劃經濟體系中，人民文學

出版社實際上履行着中外經典文學的出版之責，1950年代它側重於俄蘇文學名著的出版（為數不多的歐美文學作品，由上海的分部繼續出版）。人民文學出版社的譯文出自梅益之手。1938年梅益在上海從事地下工作時，受新四軍領導委託將這部蘇聯小說從英文翻譯為中文。譯文於1942由上海的新知出版社出版。初版的《鋼鐵是怎樣煉成的》附有一篇兩頁長的「譯後記」，譯者梅益對這本書的翻譯出版過程有着詳盡的敘述，同時強調了這部小說對於正在同日軍浴血奮戰的革命戰士的重要意義。上海的新知版《鋼鐵是怎樣煉成的》隨後在解放區幾次再版，在部隊中流傳很廣。人民文學出版社沿用了梅益譯的《鋼鐵是怎樣煉成的》，於1952年出版了第一版，不過增加了全新的序言和翻譯後記。

法國文學批評家傑拉德·偌奈（Gérard Genette）把序言和後記稱為「進入作品的門檻」，因其聯繫着作品的「寫作時間」和「閱讀時間」。[28] 1949年中華人民共和國的成立是劃時代的大事件，不但標誌着「中國人民從此站起來了」，而且意味着中國正式步入國際共產主義陣營。新時代的讀者需要一個新的序言，它需要起到與時俱進的導讀作用。人民文學出版社的第一版《鋼鐵是怎樣煉成的》，備有大量的介紹和導讀材料，而梅益的「新版譯者序」僅佔半頁篇幅，簡單地列出譯文的文本出處——艾力克·布朗（Alec Brown）的英文譯本，《英雄是如何誕生的》（*The Making of a Hero*，1937年紐約國際出版社出版），插圖作者阿·雷日琴科（A. Reznichenko），以及作者的遺孀賴莎·奧斯特洛夫斯卡婭（Raisa Ostrovskaia）的一封信。[29]

1952年版的兩個更具實質性的序言直接來自蘇聯，第一個序言（「代序」）是賴莎·奧斯特洛夫斯卡婭寫給中國讀者的一封信，題為〈致民主中國的青年〉。奧斯特洛夫斯卡婭的信是從一個與作者朝夕相處的親密戰友角度寫的。她不但把作者看成一位作家，更看作一個英雄。她在信中着重講述了奧斯特洛夫斯基癱瘓在床以後為寫這部小說所作的百折不撓的努力，他從寫作過程中所獲得的巨大滿足（「重回戰鬥第一線」），國家和人民給予他的崇高榮譽（他曾獲列寧勳章）。這封信的主旋律是號召讀者「與奧斯特洛夫斯基一起去戰鬥！」據奧斯特洛夫卡婭說，作為一個有着寬闊國際視野的共產主義戰士，奧斯特洛夫斯基生前

十分關心在中國所發生的一切。「他還幻想着能騎上馬飛奔到你們那兒去援助你們，照他的説法：『到自己兄弟那裏去。』」儘管由於身體狀況，他無法親臨中國，奧斯特洛夫斯卡婭提出一些切實可行的建議，使讀者能夠「與奧斯特洛夫斯基在一起」。[30] 比如她提議，「常常舉行小説《鋼鐵是怎樣煉成的》的集體朗誦」，在逆境中「回憶保爾‧柯察金是如何善於克服任何困難的」。[31]

為了進一步激勵中國讀者向保爾‧柯察金/尼古拉‧奧斯特洛夫斯基靠攏，奧斯特洛夫斯卡婭把這位蘇聯英雄的精神具體化解為宏偉壯觀的蘇式的全球化景觀，聯想為「世界性的勞動記錄，世界性的成就，文化的巨大成長，對於知識的渴望」。[32] 奧斯特洛夫斯基遺孀用文字所描繪的社會主義物質文明，中國讀者大多通過其他媒體，如蘇聯電影和婦女雜誌，已有所「目睹」。比如，蘇聯電影《庫班哥薩克》（The Cossacks of Kuban）展現了集體農莊的莊員，在集市上競相購買鋼琴和小汽車，據説，這些都是農莊莊員家庭的日常用品。婦女雜誌刊登着健康時尚的蘇聯婦女特寫照片，優雅漂亮的蘇聯女演員使好萊塢女星相形見絀。蘇聯激發和滿足着新中國不同群體對社會主義物質文明的想像和嚮往。國際共產主義事業的這一物質層面使保爾‧柯察金精神變得親切、具體。保爾‧柯察金的精神與先進的社會主義現代社會之間伸手可觸的有機聯繫，使中國讀者渴望着中國成為共產主義大家庭的一員。而當時蘇聯所代表的不可質疑的物質上的優越，也使中國讀者渴望追隨蘇聯英雄的榜樣。

奧斯特洛夫斯卡婭熱情洋溢的信之後，是正式的序言。人民文學出版社採用了當時的蘇共中央執行委員會主席格利高里‧彼得洛夫斯基（Gregory Petrovski）三十年代為青年近衛軍出版社寫的序。彼得洛夫斯基以權威的口吻，評論這部小説的情節和英雄人物的成長。對他來説，成為以集體利益為重的「社會主義時代的新人」，「忠於自己社會主義祖國」，就是個人成長的意義。《鋼鐵是怎樣煉成的》這部小説對於「新人」成長的意義在於，「讀者可以（從中）找出許多為人類最高理想的鬥爭而團結起來的真實友情的典型。」他希望青年讀者「從書裏汲取生活經驗，以避免錯誤，對抗墮落，肅清舊生活的殘餘，投身到新的集體大家庭的建設中去」。[33]

彼得洛夫斯基的序言強調了紀律對於個人成長的重要性。他認為保爾與冬妮婭的關係頗有可議之處:「保爾曾犯過錯誤,愛上一個小姐,一個沒有斬斷她與非無產階級的血緣聯繫的小姐。」在彼得洛夫斯基看來,保爾‧柯察金的成長表現在「保爾雖然熱愛着她,但他最終拋棄了這種熱情,仍然把整個身心獻給社會主義的鬥爭」。[34]這就是說,柯察金成長的道路,就是捨棄小我,把生命投入到共產主義的集體大業之中,即為了革命應該不惜犧牲個人愛情。

序言中所倡導的閱讀方式,在1950年代的中國,通過學校得到了進一步強化。小說的片段被選入中學課本,課堂講授時,由任課老師按輔導材料進行導讀。教育部頒布的教學大綱則建議學生朗讀和背誦小說的重要段落。不僅如此,教育部1955年制定的初中文學讀物大綱,把《鋼鐵是怎樣煉成的》定為初中三年級學生外國文學經典作品課外必讀書,要求每一個學生從頭至尾通讀這部小說。這本書還被列為大學生的必讀書。[35]其中被引用、朗讀、摘抄最多,公認為對現實生活最有指導意義的,是保爾關於生命的意義的那段名言:

「人最寶貴的東西是生命。生命對於人只有一次。人的一生應該這樣度過:當回憶往事的時候,他不至因虛度年華而痛悔,也不至因過去的碌碌無為而羞愧,這樣,在臨死的時候,他就能說,我的整個生命和全部精力,都已經獻給了世界上最壯麗的事業——為人類的解放而鬥爭。」[36]

在建國初期,不但閱讀蘇聯文學是一種自上而下的新社會風尚,而且怎樣閱讀蘇聯文學即閱讀的方式,也別開生面。1950年代校園生活的一道具有時代特色的風景線,就是集體閱讀討論《鋼鐵是怎樣煉成的》。一個典型的例子是王蒙所描述的1952年由共青團北京市小學教師委員會組織的對《鋼鐵是怎樣煉成的》的討論。會議討論的是當時的熱門話題——「保爾‧柯察金與愛情」,因為如何看待保爾和冬妮婭的關係,已被廣泛作為檢驗讀者政治覺悟高低的試金石。然而,雖然名為討論,實際上根本就沒有反方,甚至連一個修辭意義上的不同意見都聽不到。像「保爾為什麼一定要與冬妮婭分手?保爾為什麼又拒絕了烏斯金?」這

樣的問題，答案都是保爾‧柯察金式的：為革命不惜犧牲愛情。結果是，「大家越討論越理解保爾‧柯察金的偉大，克制與犧牲！最後全體團員流着眼淚齊聲朗誦保爾的名言——生命是寶貴的……」[37] 用保爾的話朗聲回答生活中的重大問題，促使在場的每一個人切實體會到與保爾化為一體的激動和陶醉。而眾口一致唾棄冬妮婭則成為進一步連接大家的紐帶，使與會者感到團結如一人。

不過，如果因此斷定1950年代讀者對這部作品整齊劃一的反應完全是自發的，就未免把蘇聯文學在中國的接受看得過於簡單了。1954年正在學習寫作的準作家陳沖只因私下說過「冬妮婭這個人物寫得很活」，便差點闖了大禍。領導認為他之所以「欣賞冬妮婭，說明靈魂深處還是一個小資產階級的王國」。經過嚴厲的批評教育，陳沖意識到，從小說創作的角度來談論這部小說是不合時宜的。他閱讀了很多關於《鋼鐵是怎樣煉成的》介紹和閱讀指南，直到能夠倒背如流地說出：「與冬妮婭的那段短暫的愛情，是少年保爾的一個錯誤，是他成長為一名堅強的布爾什維克過程中的一次曲折。」[38]

1958年在北京第65中學的演講中，賴莎‧奧斯特洛夫斯卡婭告訴聽眾，冬妮婭的原型仍然健在，現在是一名受人尊敬的優秀教師。保爾與冬妮婭的初戀，還有冬妮婭母女對保爾的幫助，都確有其事。而小說中象徵資產階級價值觀的冬妮婭不過是虛構的藝術形象；這樣做是為了突出保爾的成長過程。據作家劉心武的回憶——他當時是聽眾席裏的一個中學生——「得知冬妮婭的內情後，我們學校的師生驚喜和興奮了好長時間。」[39] 聽眾當時就很在乎冬妮婭，儘管他們自己不願公開承認這一點。

不但學校和上級領導在引導青少年讀者「正確」理解《鋼鐵是怎樣煉成的》，而且同學之間也會彼此關照，甚至會監視對保爾名言的引用。保爾名言有着約定俗成而又是絲毫不容走樣的「正確」用法，稍加改動都會被懷疑為別有用心。因而防微杜漸，成功地糾錯、矯正「曲解」的事例，屢屢出現。作家梁曉聲採訪的一位1950年代的工科大學生，在他的日記中，只抄錄了保爾名言的第一句話（「人最寶貴的東西是生命，這生命人只能得到一次」），而把後面的話漏掉了。他來自農村，父母、

祖父母和許多親友都是農民。他不願把他們的生活稱為「碌碌無為」。在他看來，要求「普通的芸芸眾生」把自己的一生「整個」、「全部」地獻給一個事業是「不恰當的，也是誇張的。因為人生命的兩端，加起來至少有二十年是難有作為的，是需要在別人的照料下才能生存的。即使中段的最有品質和能動性的生命，每天還要睡覺、吃飯，到了戀愛年齡要戀愛，到了結婚年齡要結婚。正常情況之下，接着做了父親和母親。」他因此自稱不可能像保爾·柯察金那樣，把自己的「全部精力和整個生命」都貢獻給革命事業。為了讓這位同學改正他的異端思想，重新跟上集體的步伐，團委和學生會對他進行了慷慨的「幫助」。差不多整個學校的學生都來「挽救」他。開始，這種幫助還是和風細雨式的；很快，「幫助」就變成了有組織的騷擾。他走到哪裏——不管是教室、會議室、食堂、宿舍，還是圖書館——總有一群人尾隨着他，跟他辯論。每個人都向他伸出了援助之手，弄得他最後只好乖乖地就範，放棄抵抗，和集體取得了一致。[40]

聽話、忠誠、服從上級的指示，被視為生長於1950年代人的共同特點。然而，講求奉獻的集體主義精神，一方面，與學校的教育、組織的訓導、同學間的監督以及嚴格的自律有着各種各樣的聯繫；另一方面，蘇聯健康向上、繁榮富強的形象也起到了喚醒和維持青年人做蘇式社會主義新人的激情。換句話說，雖然人們公認，保爾·柯察金讓人敬佩的是他的精神力量，但是這位蘇聯聖徒在中國的普及，從一開始就有着對物質文明的嚮往和想像做背景。如《鋼鐵是怎樣煉成的》的責任編輯張福生先生所領悟到的，「一部小説本身不可能產生那麼大的影響。」[41]

小鬼當家？——文化大革命中的地下閱讀

文化大革命改變了中國讀者與《鋼鐵是怎樣煉成的》的關係。上海作家王曉鷹在一篇讀書筆記中寫道：「如果沒有發生文化大革命，也許我們的思想會沿着保爾·柯察金的道路發展下去。然而文革曾經殘酷地摧毀了以前所建立起來的全部光輝燦爛的理想，於是我們的世界觀發生了痛苦深刻的極其複雜曲折的轉變。」[42]

「我們」指的是一代人，即「共和國的同齡人」。他們生長於二十世紀五十年代，對於他們來說中小學階段是「理想主義的時代」，《鋼鐵是怎樣煉成的》在他們「青春的生命上留下深深的烙印」。文革為什麼使這些有遠大理想的準知識分子（王曉鷹高中畢業於1966年，因文革中斷了學業）懷疑保爾‧柯察金的道路？理想主義破滅之後又怎麼樣呢？

從廣義上說，蘇聯文學在中國的接受因中蘇關係的變化而變化。但中蘇兩黨關係的破裂對《鋼鐵是怎樣煉成的》的閱讀影響是逐漸的、微妙的。小說的出版和發行並沒有因兩黨之間的論戰立即停止，只是宣傳的力度不像中共建政初期那樣大了。其實1950年代初的朗誦會，到了1950年代末期已不多見。此外1959年建國十周年之際出版了十部由中國作家創作的小說（後被稱為「紅色經典」），這些中國製造的「政治化的教育小說」（在革命裏成長）成為讀者和評論家的新寵。但是，直到文化大革命爆發前兩個月，《鋼鐵是怎樣煉成的》一直在出版，而且印數可觀。即使中蘇關係破裂在媒體上公開，出版社仍在沿用彼得洛夫斯基的觀點，只是不再採用這位蘇聯領導人寫的前言了。1964年出版的《鋼鐵是怎樣煉成的》序言是由著名翻譯家程代熙寫的，但觀點與彼得洛夫斯基基本一致。[43]

文化大革命對小說閱讀最直接的影響還是文化教育機構的非常態運作。曾長期在芝加哥大學任教的著名蘇俄歷史學家希拉‧菲茨派翠克（Sheila Fitzpatrick）認為，中國的「文化大革命」的先例是蘇聯的文化革命，是「青年，無產者和共產主義者對文化機制的一場激進衝擊」。[44] 中國的文化大革命顯然不止是對文化機制的衝擊，但它最具破壞性地衝擊了文化生產，從兩方面影響到大眾的閱讀：一、學校作為指導青少年學生讀書的權威機構癱瘓了；二、出版社在1966至1976年之間屬於非常規運作，致使這部小說一冊難求。當除了浩然的《艷陽天》，所有的小說都成了禁書的時候，《鋼鐵是怎樣煉成的》不僅不再被奉為「生活的教科書」，而且從書店和圖書館都銷聲匿跡了。

嚴格地說，文革期間出版社並沒有停止運轉。從1966年到1972年，宣傳「正確思想」和展現領袖光輝形象的印刷品，包括《毛澤東選集》、《毛主席語錄》、毛主席著作單行本以及毛澤東的詩詞、語錄的張

貼畫，特別是毛澤東肖像的產量大得驚人。[45] 只是印刷廠雖然「高產」，但產品單一，大規模的禁書和某些印刷品的「過盛」似乎互為因果。從1966年夏天到1970年，新出的書籍主要是革命「樣板戲」的劇本和曲譜。在3,300種新出版的圖書中，1,778種是政治讀物——主要是報刊社論的合編；340種是兒童讀物（包括178種根據「樣板戲」改編的連環畫）和科普讀物。「文革」十年出版業唯一值得大書一筆的，是1971年《新華字典》的再版，在全國發行了3,453萬冊。即使到1972年「文革文學」開始問世，「書荒」的情形並沒有實質性的緩解。正如作家林達所描述的，文革十年間，「書店處於一種說不清也道不明的狀態。說是沒書吧，架子上紅紅火火滿滿登登的，足夠熱鬧。細細一看，就有點洩氣。那是六分『毛著』，三分『馬恩列斯』，一分『大批判材料』。最後兩年添了幾本新小說，可是怎麼也不好意思把它們歸入『文學』，最後還是尊為『小說式的大批判材料』較為妥帖。」[46] 也就是說書店裏見不到通常意義上的文學作品和課外讀物。

既然政府出版發行系統不再提供通常意義上的課外讀物，人們不得不從其他途徑——包括私人和非法途徑——來找書讀。林達回憶道：「（我）十年沒有堂堂正正地買書看書。看過的書，走的都是鬼鬼祟祟的地下通道，不知從哪裏來，又不知向哪裏去。」[47] 王安憶透露，她在文革期間看的書，「多是從失去管理的圖書館流失出來，還有廢品收購站散失出來的。」換句話說，許多書是偷來的，或者是偷偷傳閱的。因為人們實際上讀的書（而不是書店展示和出售的書籍）不是從官方而是從秘密管道獲得的，所以通常意義上的讀書本身也成了地下活動。具有諷刺意味的是，文革初期文學類書籍中止出版的時候，恰恰是王安憶和許多同齡人「最大量讀書的時候」。這不是因為書太多，而是因為時間太多。如王安憶所說：「學校停課，無所事事，主要就是讀書。」[48]

如果說讀書是別無選擇的選擇，那麼讀什麼書同樣選擇餘地有限。雖然有時人們會從意想不到的途徑發現一兩部出人意料的奇書，但是，無論是通過公開的途徑還是私人的途徑，比其他書更容易獲得的是《鋼鐵是怎樣煉成的》。由於其特殊身份，《鋼鐵是怎樣煉成的》是1949年之後外國文學作品中印數最高的。從1952年直到文化大革命（1960年除

外），這部小說一直在不間斷地出版。在中蘇兩黨稱兄道弟的1950年代，這本書一般每年都要印刷一次以上。比如，1952年印刷六次，1954年八次，1955年九次，1958年雖然只印刷了一次，但這次印刷印數卻高達60萬冊。即使到1965年7月，文革之前的最後一次印刷，印數仍然高達6.5萬冊。[49] 從1952到1965年的13年間，這本書在人民文學出版社就印刷了25次，總印數高達100萬冊（其他出版社1952年以前的版本，中國青年出版社和中國少年兒童出版社出版的縮寫本和少兒版本，都沒有計算在內。）所以，雖然文化大革命中停止了《鋼鐵是怎樣煉成的》的出版，但是它仍然是相對比較容易找到的一本書。只不過在它停止發行、停止公開借閱的時期，究竟有多少人通過「私下流通」能夠看到這本書，不可能有確切的統計數字。

文化大革命中《鋼鐵是怎樣煉成的》流傳廣的另一個原因，是這本書「身份」的曖昧。事實上，這本小說從來沒有被明文指定為禁書。而那些曾經與這本書平分秋色的「紅色經典」——1959年出版的由中國作家創作的十部小說，走紅不過五六年，到文化大革命，已全部被打成了「毒草」甚至「大毒草」，因為這些小說，一方面與文革中被打倒的黨政軍界領導（「走資派」）有着這樣或那樣的干係；另一方面，這些作家本人都夠得上「反動藝術權威」，也都在打倒之列。《鋼鐵是怎樣煉成的》卻遠離這些糾紛，未受衝擊，雖然它也跟那些禁書一樣，從公共場合消失了。因為沒有明確的定性，所以這本書很容易通過家長這一關。當時，不少家長為了保護孩子不受「壞影響」，政治上不惹麻煩，所以把禁書或者扔掉，或者焚毀，或者鎖起來，而《鋼鐵是怎樣煉成的》大多不在此列。[50]

讓孩子讀這樣的書，家長一般沒有太多顧慮。作家劉小楓的例子就很能説明問題。即使在文革期間，母親也沒有反對過他讀《鋼鐵是怎樣煉成的》，更在他11歲的時候，提醒他應該讀全本的《鋼鐵是怎樣煉成的》，而不要繼續讀縮寫本了。[51]「當然了，文化大革命中，誰沒讀過《鋼鐵是怎樣煉成的》？」當問到小時候是否讀過這本蘇聯小說時，作家哈金是這樣回答筆者的。[52]

可以説，閱讀《鋼鐵是怎樣煉成的》是在文革中長大，後來成為學者或藝術家的人的共同經歷。[53] 當然，這並不是説，1960年代人們仍然

像1950年代的人那樣閱讀《鋼鐵是怎樣煉成的》。比起1950年代，不但閱讀的方式和場所變化了，而且讀者的年齡也不一樣了。雖然《鋼鐵是怎樣煉成的》並沒有被正式宣佈為禁書，但是和那些禁書一樣，人們無法在圖書館公開借閱，當眾朗讀或閱讀這部書，而只能在私下閱讀。同時學校和出版社也不再像以前那樣對讀者進行組織、引導和督促了。而1950年代，這本書是教育部正式推薦給中學生閱讀的。到了文化大革命期間，對於失學在家的青少年讀者，這種年齡的劃分已沒有多少實際意義。在王曉鷹那一代「共和國的同齡人」漸漸把注意力從這部小說移開的時候，從1960年代中期到1970年代中期，年齡更小的讀者構成了這部小說的典型讀者。

可以說「斷章取義」或者「肢解」是這些少年讀者對閱讀這本小說作出的特殊「貢獻」。許多文革時還是小學低年級學生的讀者，尚未達到閱讀翻譯小說的水平，如劉小楓起初就不適應他母親那本1950年代出版的豎排版繁體字的小說。文字上尚且如此，小說裏面的重大倫理問題，更遠遠超出了他們的理解能力。尤其與「共和國同齡人」不同的是，小說所提供的未來遠景與這些小讀者似乎沒有什麼關係。文革期間，蘇聯不再是新中國前進的方向而是批判和防範的對象。對於生長在1960年代的一代人來說，保爾已不是自己人生的楷模。與其一路追隨保爾的成長歷程，他們寧願把注意力集中在某些片段上。比如，保爾‧柯察金的童年經歷，而不是他政治上的成熟，讓他們更感興趣、更親近，更可以與他們自己的經歷聯繫起來，更容易產生共鳴。在這一點上，文學批評家戴迅九歲時對這部小說的反應，很有代表性：「小說開始的時候，保爾‧柯察金差不多就是我這樣的年紀。和我一樣，他也打架。他也喜歡讀書，也沒有書讀。在很多方面他很像我自己。這樣的共同點我在中國作家的小說裏找不到。」[54] 確實，文化大革命期間，甚至連「政治化的教育小說」也不再創作和出版了。遵照突出英雄人物高大完美形象的創作原則，1972年開始出版的「文革」文學，把人物的性格弱點、非無產階級的情感以及人物的成長過程，都完全刪除了。這就意味着，作者筆下的英雄人物，從一開始就是沒有任何缺點的成熟的共產主義者；如果說傳統的教育成長小說以幼稚的青年人誤入歧途而後浪子回頭作為主要情

節發展的線索，那麼文革小説則沒有給人物的發展留有餘地。甚至一些少年英雄——如小説《紅雨》的主人公紅雨——從心智舉止上儼然已是成年人。用戴迅的話説，文革中所塑造的英雄人物，都是「從裏紅到外的」完美無暇的革命者，[55] 所以藝術上顯得單薄、公式化和概念化。相比之下，《鋼鐵是怎樣煉成的》所描寫的保爾在成為共產主義者之前的感情和經歷，使中國的青少年讀者覺得更貼近自己，所以更容易產生認同感。

值得特別注意的是，在地下閲讀中，「革命還是戀愛」仍然是被視為成長的一個重要標誌，但是革命已不再是毋庸置疑的標準了。保爾‧柯察金的「錯誤」，反而更吸引青少年讀者的關注。他們對這本小説的發掘就是從保爾與冬妮婭的「不健康」的愛情關係開始的。對於這些青少年讀者來説，冬妮婭仿佛來自另一個世界，她留給他們的印象就像她當初留給保爾‧柯察金的印象一樣強烈。文化大革命中，女性美被看成是小資產階級的特徵，所以在電影、小説和宣傳畫裏都被壓縮到了不能再壓縮的程度。對很多男孩子來説，冬妮婭是他們通過文學作品「親近」的第一個異性。20 年後，劉小楓在回憶錄中寫道，冬妮婭是他「心目中第一個具體的輕盈、透明的美人兒形象」。[56]《鋼鐵是怎樣煉成的》是文學批評家丁帆「在火紅的年代」裏「閲讀的第一本小説」。在當時，「奇怪的是，這本書給我印象最深的卻是保爾和冬妮婭的愛情線索，尤其是那種充滿着少年幻想的浪漫情節的描寫。」[57] 文學批評家李敬澤也坦承：「不管(冬妮婭)是好是壞，這位小姐還有一個特殊情況，就是她很美。她穿着類似海魂衫的上衣，短裙飄動，靈巧的奔跑，閃閃發光的笑聲在林間回蕩。在 1973 年或 1974 年的一個中國男孩的心裏，這是永難磨滅的印象。」[58] 究竟是冬妮婭喚醒了這些青少年對異性的愛情，還是這些青少年把自己的愛情之夢寄託到了冬妮婭身上，這個問題不容易説清楚。但是，可以肯定的是，第一，他們沒有像保爾那樣，棄冬妮婭而去；第二，同 1950 年代的那些讀者也不一樣，他們不需要克服或壓抑自己的感情。

然而，沒有了出版前言(許多在文革期間傳閲的小説因讀者太多而殘破不全)，沒有了老師的課堂輔導，並不意味着文革期間這些青少年

讀者從一開始就游離於官方的口徑和前輩師長的影響之外。李敬澤在回憶錄中寫道：他的《鋼鐵是怎樣煉成的》是「舊書，豎排，紙頁發黃，不少人讀過了，在他們認為是名言警句的地方用紅筆劃着杠杠，凡是有紅杠的地方我就會多看一遍，暗自讚歎那些話是多麼鏗鏘有力——我覺得一個人童年對名言警句的愛好未必是有受教育的熱情，名言警句通常都音調鏗鏘，話說得漂亮，所以好聽。」[59]

對於劉小楓，擺脫正統閱讀的陰影也不是一朝一夕的事。九歲的時候，他已經對資產階級有着高度的警惕，甚至能夠自我「監控」，抵禦女性美的誘惑。他曾告誡自己：「保爾說過，（冬妮婭）不是『自己人』，要警惕對她產生感情。」第一次閱讀《鋼鐵是怎樣煉成的》時，他也試圖調解過保爾和冬妮婭之間衝突，也可以說是試圖調和革命與愛情之間的緊張關係。雖然他喜歡冬妮婭，但是在這個階段他也毫不懷疑保爾的事業：「我關心冬妮婭在革命中的位置，其實是因為，如果她不屬於革命中的一員，我就不能（不敢）喜歡她。」他熱切地希望冬妮婭能參加革命，這樣她就能和保爾結為夫妻，白頭偕老。[60] 作家王朔在他的自傳體小說中，也流露了類似的情緒。有着王朔影子的少年馬小軍承認，小說中最引人入勝的是「有革命者與資產階級小姐之間浪漫情節」。他為保爾失去冬妮婭而感到惋惜。[61] 這種惋惜之情，表達了一種朦朦朧朧的改寫衝動，一種給故事加上一個完美結局的願望。

對革命感到失望的時候，也是讀者對冬妮婭的眷戀獲得合理化的時刻。據劉小楓回憶，1970年代初第二次閱讀《鋼鐵是怎樣煉成的》的時候，他意識到：「保爾有過的三個女朋友都不過是保爾獻身的證明材料：證明忽視個人的正當，以及保爾在磨練過程中的意志力。」為冬妮婭鳴不平，為非政治的、遭貶斥的個性主義正名的渴望，壓倒了對保爾及對他所代表的革命事業的忠誠。「你必須跟我們走同樣的路。……我將是你的壞丈夫，假如你認為我首先是屬於你的，然後才是屬於黨的。但在我這方面，第一是黨，其次才是你和別的親近的人們。」保爾在與冬妮婭分手時說的這番話，在1950年代曾經是朗誦會上不可缺少的精彩段落，對於文革中那些想為冬妮婭和她的感情找到公道的讀者來說，純粹是粗暴無理！[62]

個人主義——用保爾·柯察金的話來說，「廉價的個人主義」——在私下閱讀中，得到了肯定和頌揚，多多少少因其在公眾場合一直被貶損、被譴責、被壓抑。冬妮婭作為追求愛情和個性獨立的象徵，被視為比布爾什維克更懂得人生的意義，從而贏得了讀者的讚譽：「你憑什麼權利跟我這樣子講話？我從來就不曾問過你和誰交朋友，或者誰到你家裏去。革命不允許這樣的個體意識，保爾的政治輔導員兼情人麗達和補償保爾感情損失的達雅沒有這種權利意識。」[63] 冬妮婭的獨立性，在五十年代的集體朗讀中被忽略了，在私人閱讀中卻贏得了尊敬。劉小楓為她深刻的平易（對比保爾的居高臨下）而喝彩：「多麼可愛的冬妮婭！她沒有接受對自己的愛的附加條件，即便自己所愛的人提出這一條件。她愛保爾『這』一個人，一旦保爾丟棄了自己，她的愛就毀滅了。」[64] 私人閱讀最終顛覆了官方閱讀。

「私人閱讀的集體記憶」看似自相矛盾，但在文革的特定條件下卻有某些必然性。如戴迅所說：「我躲在我那潮濕、簡陋的屋子裏，用俄蘇文學作品，填補了我那充滿閒暇與夢幻的童年歲月。這些書籍……在我荒蕪、蒼白和貧乏的歲月裏投下了一道亮麗的陽光。後來我長大了，漸漸知道，這曾經是許多中國人的共同經歷。」[65] 如果說文革期間私人閱讀是文學愛好者的共同經歷的話，那麼，對於青少年讀者來說，極為有限的圖書資源，使《鋼鐵是怎樣煉成的》成為他們私人閱讀共同關注的焦點。這些青少年讀者，不但都有反覆地細細研讀《鋼鐵是怎樣煉成的》的共同經歷，而且他們大都「修改」了這本官方的教育小說，以拒絕成長為一個革命戰士，來顯示對它的超越。與文革期間狂熱的革命主旋律成對比，這本小說的私人地下閱讀可以說是唱了反調，表達了不同的價值取捨和政見。由此可見，這本小說不僅是1950年代馴服的一代讀者成長的教科書，而且在鮮有其他的資源可選擇的情況下，為文革期間具有顛覆性的私人閱讀提供了想像和描述自己成長的磚石。

儘管青少年讀者通過「修正性」閱讀發掘了小說「宏大主題」之外的邊緣意蘊，但是《鋼鐵是怎樣煉成的》與中國共產黨和國家所期待的意識形態教育在本質上是一致的，文革期間也並不例外。待運動初期的動盪稍稍穩定一些之後，有關部門便開始策劃重新啟用這部小說。到

1972年，文革已經進行了六年，為了重振出版業，緩解書荒，恢復文化傳播的管理機制，中宣部責成人民文學出版社重新印行馬克西姆·高爾基（Maxim Gorky）的《母親》和尼古拉·奧斯特洛夫斯基的《鋼鐵是怎樣煉成的》。

人民美術出版社於當年率先出版了根據小說改編的「小人書」（連環畫）。連環畫為64開本，分成上下兩冊。書雖小，扉頁上仍然用黑體字，刊出了列寧論階級鬥爭的語錄：「沒有千百萬有着階級覺悟的群眾洶湧澎湃的英勇氣概，沒有馬克思在談到巴黎工人在公社時期的表現所說的那種『翻天覆地』的決心和本領，是不可能消滅專制統治的。」開篇的火藥味，為下面長達三頁的導讀性序言定下了基調。導言旗幟鮮明地反對被稱為「社會帝國主義和社會法西斯主義」的蘇聯，發誓要重新樹立列寧所締造的第一個社會主義國家的形象。導言還特別強調：讀者「通過《鋼鐵是怎樣煉成的》這套連環畫，可以看出，偉大的蘇聯人民是不可侮的」。[66]

但是，人民文學出版社的標準版《鋼鐵是怎樣煉成的》卻遲至四年以後方才問世。譯者梅益因身居廣播事業局局長的要職，文革中被打成「走資派」遣送農場勞動，1972年還在改造。因為他的政治身份問題，人民文學出版社不得不放棄梅益的譯本，而組織一個全新的譯本。黑龍江大學俄語系1972級工農兵學員組成的翻譯小組（由教師黃樹楠主筆，但不署名）承擔了這次重新翻譯《鋼鐵是怎樣煉成的》的任務。

人民文學出版社的「文革」新譯本於1976年面世。序言是由「大慶油田採油第三部部分工人、黑龍江大學中文系73級工農兵學員和革命教師經過座談、討論」集體完成的。[67] 但序言的指導思想，與人民美術出版社1972年出版的連環畫本可謂如出一轍。序言強調指出：「今天，在產生這部小說的蘇聯，保爾·柯察金用鮮血捍衛的紅旗，已被蘇修叛徒集團踐踏在地，保爾的形象也受到蘇修叛徒集團的攻擊、歪曲和利用。」對比蘇聯，序言把中國視為列寧、斯大林的真正繼承人，馬克思主義的真正代表，因而真正與保爾·柯察金血肉相連：「我們（中國人民）高舉着馬克思主義、列寧主義和毛澤東思想的偉大旗幟，向着共產主義的征途上奮勇前進！」[68] 換句話說，背叛了列寧和斯大林的蘇聯，不

配繼續「擁有」保爾・柯察金；社會主義中國才是這位蘇聯英雄當之不愧的思想故鄉。

1976年新譯本的序言宣稱蘇聯當局歪曲了保爾的面目，所以給中國讀者加上了一項新的任務，這就是端正視聽，強調中國讀者有責任還蘇聯英雄以真實的面目。序言指對《鋼鐵是怎樣煉成的》兩種截然相反的解讀，實質上是馬克思主義和修正主義的分歧和對立。它告誡讀者：「蘇修叛徒集團……用反動的資產階級人性論歪曲保爾的形象，胡說什麼『保爾的人性是超人的堅定性格的源泉，這個形象具有魅力，其秘訣在於人性之中』。」接下來，序言把這種人道主義的解讀歸結為對保爾・柯察金這個「無產階級革命戰士的極大歪曲」，是「企圖瓦解人民的鬥爭精神」。[69] 作為正統的馬克思主義解讀，1976年版的聯合序言再次重申了彼得洛夫斯基的社會主義新人的概念。雖然「社會主義新人」這個詞到文革時已早已不用了，但它的內涵已成為中國自己的革命話語的重要組成部分：「愛情是有鮮明的階級性的。當保爾把自己的理想和前途同階級的命運緊緊地聯繫在一起的時候，他就對冬妮婭的資產階級思想進行了有力的批判，並毅然和她一刀兩斷。」序言還探討了小說的缺點，即「對保爾和冬妮婭的結識與相愛的描寫中，渲染較多」；「在描寫保爾喪失健康和他的作品尚未出版時，流露了某種絕望情緒。」[70] 最後一項指責，不單單是針對這部小說的原作，同時也針對根據這部小說改編的其他體裁和形式的作品。一個突出的例子是蘇聯1975年根據這本小說改編的電影，一開始就切入保爾・柯察金試圖自殺的場面，表現了保爾・柯察金剎那間流露的普通人的軟弱和深層心理活動。也許我們可以說，這種處理更能突出保爾・柯察金的意志力，但是，官方當時仍然不希望中國讀者突破彼得洛夫斯基這樣的政治人物所編製的安全解讀框架。

這篇長達12頁的序言，與其說是獨立撰寫的，倒更像一份報刊摘抄，連文章的風格也和黨報一樣。整個文化大革命中，對「蘇修」的「資產階級人道主義」的批判，充斥於報紙、教科書和每天的廣播節目之中。[71] 黨和政府的政治立場再鮮明不過了，但經濟和文化停滯，國家建設和發展的前景卻極不明朗。雖然序言肯定了《鋼鐵是怎樣煉成的》這

部小説，認為「這部作品今天仍然閃耀着不可泯滅的革命光芒」[72]，但是，無法讓人看到社會和經濟發展前景的國家，如何能讓一部教育小説説服讀者去投身於國家的建設？相比之下，在1950年代，蘇聯的現代性可以被描繪成物質的極大豐富和共產主義意識形態的完美結合，是這樣的前景召喚着大多數中國讀者追隨保爾·柯察金的精神。中蘇關係破裂以後，這樣的前景不復存在了。更重要的是，由此留下的空白，當時還沒有更新更美的藍圖去替代補充。

然而，那些被批判、被拋棄了的蘇聯社會經濟發展和物質現代化，卻是1949年以後中國人唯一熟悉的具體的個人和社會發展的範例。它的獨特魅力激發了人們的想像力和對富裕與文明的嚮往。例如，生於1960年代的戴迅在鄰居家看到一幅1950年代遺留下的《蘇聯少年海軍艦隊》的宣傳畫，面對制服筆挺、頭髮鋥亮的蘇聯少年，他不禁把自己想像成他們中的一員。想像滿足了他的願望，同時也突出了他在現實中物質與精神的雙重匱乏。以身處逆境、心地高傲的少年高爾基自況，他尤其對冬妮婭的「貴族式的優雅」深為折服。[73]

文革中的許多青年讀者，無緣看到也無法理解共和國初期所描繪的那種歷史、社會和個人綜合發展的前景。即使他們願意相信，現實卻是相反的。比起全力建設蘇式共產主義的1950年代來，中國的現代化進程明顯地倒退了。像約瑟夫·列文森（Joseph R. Levenson）指出的那樣：「文化大革命有一種狹隘的地方主義文化傾向。」[74]在青少年讀者看來，這種以農民意識和價值觀做主導的文化革命意味着更嚴格的限制和進一步的封閉。一直被等同於資本主義復辟的蘇聯修正主義，在「文革」時的地下閱讀中，被視為「小資」或「小布爾喬亞」（「文明」、「教養」）的代表，進而被賦予了正面的含義。在描寫「文革」期間成長經歷的自傳體小説中，中國作家協會主席鐵凝展現了這樣一個圖景：三個十幾歲的年輕姑娘，把自己反鎖在臥室裏，聚精會神地欣賞着一本1950年代出版的《蘇聯婦女》雜誌，興奮地尋找着「西方時尚」。[75]這本號稱表現工人階級女性新國際風範的出版物，居然成了一扇觀摩倫敦和羅馬時裝的西風窗。可以説，對小資產階級的圍剿，相反卻造成了小資產階級生活與審美趣味的回歸。

　　對《鋼鐵是怎樣煉成的》的修正性的解讀，實際上已構成了一種「潛在寫作」，或者像茨威坦‧托多羅夫 (Tzvetan Todorov) 所説的一種「建構」。[76] 雖然這種改寫當時並不一定都寫在紙上，但後社會主義文學的萌芽已形成。和後現代寫作的大多數案例一樣，它依附於宏大敘事，同時又消解了宏大敘事。修正性解讀標誌着從一種純政治的烏托邦向日常生活的過渡，一種從完全公共化的、無性別特徵的、軍事共產主義的美學，向私人化的、用來重新界定性別的、世俗化的轉向。這一轉向若干年後恰好是後社會主義文學的主流。

舊瓶新酒——得到平反卻又被冷落的英雄

　　1980年，人民文學出版社恢復了梅益所譯的《鋼鐵是怎樣煉成的》的出版和發行。梅益在《後記》中指出：「70年代初，人民文學出版社幾次要求重印(我譯的《鋼鐵是怎樣煉成的》)，由於『四人幫』誣陷譯者，一再阻撓，未能印行。」[77]〈譯後記〉回避了文革期間這部小說的出版，以及小說的文革譯本。梅益譯本的重新問世，意味着譯者獲得了平反，也意味着文化生產機制的正常化。拋棄了文革的譯本，則意味着這位蘇聯英雄獲得了又一次平反——從文革的極左文化思潮中被解救出來。

　　「平反」一詞幾乎適用於所有1966年之前出版的文學作品，因為它們在文革中幾乎全部成了禁書。然而這個詞的具體所指主要還是革命傳統的恢復(雖然革命傳統是被文化大革命打斷了還是推進得過了頭，還值得討論)，所以伴隨着作者的恢復名譽，最先出現在書架上的是《紅岩》、《青春之歌》、《林海雪原》等中國作家創作的紅色經典。也是出於同樣的考慮，梅益在〈譯後記〉裏強調馬列主義關於社會文化發展的論述——即社會主義文化優於資本主義文化。梅益着重指出：「在十月革命之前還沒有成年的保爾‧柯察金，由於受主客觀條件的限制，只能從英國、意大利和美國資產階級作家的作品，如《牛虻》(*Gadfly*)、《朱澤培‧加利波第》(*Giuseppe Garibaldi*)、《斯巴達克思》(*Spartacus*)、《鐵蹄》(*The Iron Heel*) 等書汲取精神上的營養。」梅益提醒讀者要珍視自己

的優勢：「而我國的青年卻有幸從《鋼鐵是怎樣煉成的》這樣的作品中得到教益。」[78]

　　然而，剛剛經過了文革時的書荒和讀書的種種禁區，讀者寧願放棄讀「好書」的「特權」，而去讀保爾1917年之前讀過的那些「有問題的」書。1980年，中國讀者依然保持着文革時期讀書的熱情和貪婪的求知欲，不過圖書的供應也在成倍增長。以前由於種種限制，人們只能反覆地精讀屈指可數的幾部蘇聯文學作品；到了1980年代，這種情況已不復存在，廣泛閱讀「新發現」的中外文學名著，蔚成風氣。當許多久違的古典文學和西方文學作品如潮水一樣湧入書店時，有抱負的讀者開始「惡補」古典文學、現代派文學和通俗文學。像余華說的那樣，他焦急不安地尋求着方向，「以便在鋪天蓋地而來的書潮裏生存。」[79]

　　介乎於純文學（包括古典的和現代的）和娛樂性讀物之間的社會主義新文學，卻不再受青睞。儘管梅益曾經預言，在改革開放的新時期，保爾·柯察金會「與我們同在」。[80] 但是，1980年代的市場反應卻適得其反。1980年代初，人們對文革中的書荒還記憶猶新，所以，很多圖書一上架，馬上被搶購一空：50萬冊的《一千零一夜》幾個月便售罄；40萬冊的《尼羅河上的慘案》兩個星期便賣得一本不剩；弗洛伊德的《夢的解析》總是供不應求。然而，26萬冊文革後新版的《鋼鐵是怎樣煉成的》，卻在書架上靜靜地躺了一年多。

　　中國大眾讀者對《鋼鐵是怎樣煉成的》的反覆精讀，在1980年代終於順理成章地結束了。對讀者來說，跨越官方指定的政治教育小說，是心智發展的必然，而且當時已經有了這樣的物質基礎。可以說，1980年代是閱讀與回憶《鋼鐵是怎樣煉成的》、是「親歷」閱讀和對這種經歷的反思與檢討之間一個必不可少的「過場」。

結　論

　　二十世紀後半葉的中國，曾經有過長達十幾年《鋼鐵是怎樣煉成的》的大眾閱讀浪潮。誠然，高度集中的集體閱讀並不僅僅限於中國，李·普里斯（Leah Price）在研究歐洲閱讀史時發現，直到十八世紀末，

「不論哪個社會階層的人，都有幾本要細細研讀的書，他們慢慢地、虔誠地、反覆地讀着這幾本書。最典型的例子就是《聖經》，這是一本可以年復一年反覆研讀的書，一本永遠不會過時的書。」[81] 學者把全民讀《聖經》時代的終結，歸功於十八世紀末十九世紀初雜誌、報紙和小説的大量出現。如果説商業性印刷品的出現，造成了歐洲大眾閱讀習慣從精讀《聖經》到泛讀小説報刊的轉向，那麼，在中國精讀一部蘇聯官方文學的起止卻都發生在同一社會體制的框架內，都單純是政治導向的，與商業和市場行為關係甚微。官方的推崇或禁止無疑對形成這段歷史有着重要的作用，然而當官方允許流通的經典持續遞減，直到只剩下一兩本書不曾被公開批判的時候，最後的這一兩本倖存者，便不期然承載了多種解讀，而這種歧義正是黨和國家從一開始就希望杜絕的。

然而，像斯大林以後的蘇聯一樣，中國的黨和國家也試圖繼續利用這個文化資源教育青年。2007年，人民文學出版社將該年度出版的26萬冊《鋼鐵是怎樣煉成的》贈送給貧苦地區的中學生。如果「蘇聯的明天」對於政府來説，已經不再是中國未來發展的遠景，那麼這部小説也從「生活的教科書」變成了兩代讀者回顧自己成長經歷的憑藉物，並從1990年代起，被不斷地搬上話劇舞台、電影銀幕和電視螢幕。每一次改編都分別代表了一代人的閱讀經歷，再現了變化着的社會主義中國的一個瞬間。像十八世紀歐洲寫滿家庭成員出生、洗禮、婚禮和葬禮的家庭《聖經》一樣，中國讀者對《鋼鐵是怎樣煉成的》的接受，記錄着幾代讀者的成長經歷，以及中蘇兩國的聯姻、離異和重歸於好。

註 釋

1 白思鼎 (Thomas Bernstein)、Sean Deitrick、Erika Evasdottir、馬意莉 (Elizabeth McGuire)、Natalia Pervukhina-Kamyshnikova 和 Yuri Slezkine 對原文的寫作提供了寶貴的意見，在此一併感謝。感謝《鋼鐵是怎樣煉成的》的責任編輯張福生先生的支持，感謝劉西普先生將原文譯成中文。

2 Confucius, *Analects* XVII, 9, in Stephen Owen, ed., trans., *An Anthology of Chinese Literature* (New York: W.W. Norton, 1996), p. 58.

3　Robert M. Hutchins, "Preface", in Mortimer J. Adler and Peter Wolff, eds., *A General Introduction to the Great Books and to a Liberal Education* (Chicago: Encyclopedia Britannica, 1959), pp. v–viii, v–vi.

4　有關《西方世界的偉大著作》的起源和出版發行，參見Tim Lacy, *Making of a Democratic Culture: The Great Books Idea, Mortimer J. Adler and Twentieth-Century America*, (Ph.D.dissertation, Loyola University, 2006), p. 1–269. 銷售以及讀者的接受情況，參見 Joan Shelley Rubin, *The Making of Middle Brow Culture* (Chapel Hill: University of North Carolina Press, 1992), pp. 148–97.

5　Matthew Arnold, *Literature and Dogma* (New York: AMS Press, 1970), p. xi.

6　「社會主義新人」的概念，雖然可以追溯到中國二十世紀初期的「新民」的概念，但是基本上是從蘇聯「新蘇維埃人」的概念演化來的。至於這一概念在毛澤東時代與鄧小平時代的發展變化，參見：《毛主席論教育革命》（北京：人民出版社，1967）；《鄧小平論文藝》（北京：人民文學出版社，1989）。

7　〈鋼鐵是怎樣煉成的：理想的旗幟和人生的教科書〉，載於《初中二年級語文參考書》（北京：人民出版社，2007），頁246–47。五十年代這本小說被推薦為初中三年級學生的必讀書。

8　劉瓊：〈為理想奮鬥的人：兩會代表委員談電視劇《鋼鐵是怎樣煉成的》〉，《人民日報》，2000年3月12日，第4版。

9　Lev Gudkov, "The Institutional Framework of Reading", *Russian Studies in Literature* 40, no.1 (Winter 2003–4): 33–54.

10　梁啟超：〈少年中國說〉，載於丘桑編：《少年中國說》（北京：東方出版社，1998），頁66–71、66。

11　Leo Ou-fan Lee, *The Romantic Generation of Modern Chinese Writers* (Cambridge: Harvard University Press, 1973), p.ix.

12　Hiroko Sakamoto, "The Cult of 'Love and Eugenics' in May Fourth Movement Discourse", *Positions* 12, no.2 (2004): 329–76, especially 351.

13　Quoted in Jianmei Liu, *Revolution plus Love* (Honolulu: University of Hawaii Press, 2003), p.53.

14　認為這樣解決社會問題太過理想化，而最早對離家出走的主人公從社會、經濟角度作批評的是魯迅。見魯迅：〈娜拉走後怎樣？〉，載於《魯迅全集》，第一卷（北京：人民文學出版社，1998），頁158–65。

15　茅盾：〈在反動派壓迫下鬥爭和發展的革命文藝〉，載於吳迪編：《中國電影研究資料》，上卷（北京：文化藝術出版社，2006），頁18。

16　何其芳：〈一個文藝創作問題的爭論〉，載於吳迪編：《中國電影研究資料》，上卷，頁51–57、55。

17　《生於五十年代》，中央電視台紀錄片，2006。

18　Katerina Clark, *The Soviet Novel: History as Ritual* (Chicago: University of Chicago Press, 1981), pp. 16–17.

19　例子包括孫婧：〈中國現代「成長小說」的敘事學研究〉，碩士論文（青島大學，2002）；樊國賓：《主體的生成：50年成長小說研究》（北京：中國戲劇出版社，2003）。

20　Jerome Hamilton Buckle, *Season of Youth: The Bildungsroman from Dickens to Golding* (Cambridge: Harvard University Press, 1974), p. 17. 雖然學術界喜歡把哥德的《威廉‧麥斯特》作為教育小說的經典範例，但《湯姆‧瓊斯》的類型在大眾讀物中應用得更廣泛。

21　Franco Moretti, *The Way of the World: The Bildungsroman in European Culture* (London: Verso, 1987), p. 229 n1.

22　在蘇聯解體之後的宗教復興期間，《鋼鐵是怎樣煉成的》主人公保爾‧柯察金的人生經歷，被重新解讀為對超越世俗價值的宗教虔誠。見 Clark, *The Soviet Novel: History as Ritual*, pp. 47–48, 151–52; Alyssa W. Dinega, "Bearing the Standard: Transformative Ritual in Gorky's *Mother* and the Legacy of Tolstoy," *The Slavic and East European Journal*, vol. 42, no.1 (Spring, 1998): 76–101.

23　Régine Robin, *Socialist Realism* (Stanford: Stanford University Press, 1992), pp. 41.

24　周揚：〈社會主義現實主義：中國文學前進的道路〉，載於洪子誠編：《中國當代文學史：史料選（1945–1999）》（武漢：長江文藝出版社，2002），頁220、226。

25　洪子誠編：《中國當代文學史：史料選》，頁228。

26　有關上海文化出版機構的重建的情況，見孫曉忠：〈1950年代的上海改造與文化治理〉，《中國現代文學研究叢刊》，2012年，第一期，頁101–115。

27　有關《鋼鐵是怎樣煉成的》1949年之前在中國的出版情況，見汪介之、陳建華：《遙遠的回聲》（銀川：寧夏人民出版社，2002），頁384–85；Minling Yu, "A Soviet Hero, Pavel Korchagin, Comes to China," *Russian History* 29, no. 2–4 (2002): 329–355, 343.

28　Gérard Genette, *Paratexts: Thresholds of Interpretation*, trans. Jane E. Lewin (Cambridge: Cambridge University Press, 1997), p. 1.

29　梅益：〈（1942年版）再版後記〉，載於尼古拉‧奧斯特洛夫斯基著、梅益譯：《鋼鐵是怎樣煉成的》（上海：三聯書店，1946），頁453–54；梅益：〈新版後記〉，載於尼古拉‧奧斯特洛夫斯基著、梅益譯：《鋼鐵是怎樣煉成的》（北京：人民文學出版社，1952），頁628。

30 奧斯特洛夫斯卡婭：〈致民主中國的青年〉，載於《鋼鐵是怎樣煉成的》（1952年版），頁 i–vii、iv、vi。

31 同上，頁 vi。

32 同上，頁 vii。

33 彼得洛夫斯基：〈序〉，載於《鋼鐵是怎樣煉成的》（1952年版），頁 5。

34 同上。

35 《1955年初級中學文學教學大綱》（北京：人民教育出版社，1955），頁 12。

36 Nikolai Ostrovsky, *How the Steel Was Tempered*, trans. R. Prokofieva (Moscow: Progressive Publishers, 1976), p. 271.

37 王蒙：《戀愛的季節》（北京：人民文學出版社，1993），頁 9。

38 陳沖：〈不是我不明白〉，《文學自由談》，2000年，第 3 期，頁 57。

39 劉心武：〈重讀《鋼鐵是怎樣煉成的》〉，《文學自由談》，1997年，第 5 期，頁 19。

40 梁曉聲：《重塑保爾・柯察金》（北京：同心出版社，2000），頁 14、15。

41 對張福生的採訪，2005年12月12日。

42 王曉鷹：〈從川端康成到托爾斯泰——外國文學與我〉，《外國文學評論》，1991年，第 4 期，頁 126。

43 程代熙：〈譯本序〉，《鋼鐵是怎樣煉成的》（北京：人民文學出版社，1964）。

44 Sheila Fitzpatrick, "Cultural Revolution in Russia, 1928–1932," *Journal of Contemporary History* 9, no. 1 (1974): 34.

45 劉杲、史峰編：《新中國出版五十年紀實》（北京：新華出版社，1999），頁 99、102。

46 林達：《帶一本書去巴黎》（北京：三聯書店，2002），頁 12。

47 同上，頁 15。

48 王安憶：《我讀我看》（上海：上海人民出版社，2001），頁 5。

49 數字由人民文學出版社《鋼鐵是怎樣練成的》的責任編輯張福生先生提供。

50 有關家庭內部對青少年讀者的監控，見王小波：《王小波文集》，第四卷（北京：中國青年出版社，1999），頁 310。

51 劉小楓：〈記戀冬妮婭〉，《讀書》，1994年，第 6 期，頁 84。

52 筆者與哈金的訪談，2004年11月10日。

53 筆者訪談學者還包括哈金、劉東、羅大軍、宋永毅、張頤武、劉西普等。

54 對戴迅的電話訪談，2006年6月1日。

55 同上。

56 劉小楓：〈記戀冬妮婭〉，頁 85。

57 丁帆：〈怎樣確定歷史和美學的座標〉，《當代文藝》，2000年，第 5 期，頁 78。

58 李敬澤：〈最初讀的那些書〉，《國外文學》，2002年，第2期，頁25。

59 同上，頁24。

60 劉小楓：〈記戀冬妮婭〉，頁85。

61 王朔：《動物兇猛》（北京：台海出版社，2000），頁15。

62 劉小楓：〈記戀冬妮婭〉，頁64。

63 同上，頁65。

64 同上，頁91。

65 戴迅：〈說不盡的話題：前蘇聯與中國〉，《文學評論》，1999年，第3期，頁86。

66 〈內容說明〉，載於尼古拉・奧斯特洛夫斯基著、王蘇改編、易金插圖：《鋼鐵是怎樣煉成的》（北京：人民美術出版社，1972）。

67 人民文學出版社編輯部：〈出版說明〉，載於尼古拉・奧斯特洛夫斯基：《鋼鐵是怎樣煉成的》（北京：人民文學出版社，1976）。

68 〈序言〉，載於尼古拉・奧斯特洛夫斯基：《鋼鐵是怎樣煉成的》（1976年版），頁9、12。

69 同上，頁10。

70 同上，頁8–9。

71 上海人民出版社編：《蘇修文藝批判集》（上海：上海人民出版社，1975），頁158、169、295。

72 〈序言〉，《鋼鐵是怎樣煉成的》（1976年版），頁12。

73 對戴迅的訪談。

74 Joseph R. Levenson, *Revolution and Cosmopolitanism* (Berkeley: University of California Press, 1971), p. 47.

75 鐵凝：《大浴女》（瀋陽：春風文藝出版社，2000），頁103。

76 Tzvetan Todorov, "Reading as Construction," in Susan R. Suleiman and Inge Crosman, eds., *Reader in the Text* (Princeton: Princeton University Press, 1980), p. 78.

77 梅益：〈譯後記〉，載於《鋼鐵是怎樣煉成的》（北京：人民文學出版社，1980），頁495。

78 同上，頁496。

79 余華：《沒有一條道路是重複的》（上海：上海文藝出版社，2004），頁119。

80 梅益：〈譯後記〉，頁498。

81 Leah Price, "Reading：The State of the Discipline," *Book History* 7 (2004): 303–20, 317.

第16章

蘇聯電影與中國社會主義現代性——
中蘇電影交流對塑造毛時代中國的重要意義[1]

陳庭梅 (Tina Mai Chen)

在新中國成立後的頭幾十年裏,中華人民共和國用以塑造自我和「人民」的國族敘事指向——將1949年之前的舊中國同1949年10月發端的新時代連接起來的——兩種相互交織的闡釋方式。從一個方面來講,中華人民共和國的建立標誌着一個新時代的開始,而它的前提是告別和拒斥過去那樣一個伴隨着封建落後、半殖民地、父權專制和資本主義的時代。而新中國(社會主義在當下和未來得以實現)正是立足於1949年前後歷史場景的隔絕和對立;而從另一方面來講,一個歷經反帝愛國運動的凝聚和塑造從而階級覺悟已然覺醒了的人民大眾,在過去一個世紀以來的漸進式發展才得以成為可能的。對於作為理想和日常指針的社會主義的現代性來講,要使其合法化和制度化,國族敘事中上述這些延續和斷裂之間的相互依存是至關重要的。除此之外,例如布雷斯特(Yomi Braester)在研究上海有關問題所探討過的,正是通過電影和遊行這樣兩種核心途徑,國族敘事的種種思緒才得以聚攏起來,從而得以配合為向國族和「群眾」進行灌輸的特殊政治要求。[2]

與布雷斯特一樣,有多位學者曾提出過多種觀察方式,使之能夠使國族、現代性得以擴展,而且使人民群眾能夠發揮其——借用蘇珊·巴克莫爾斯(Susan Buck-Morss)的話來説——可以彰顯中國共產黨和毛澤東作為解放者和具備合法性的形象的作用。[3] 人民群眾、國族和社會主義的互相闡發為大歷史主體和終極目標的做法,凸顯出透過連續和斷層

的雙透鏡來詮釋佔據着主導地位的關於中華人民共和國建國初年國族敘事的必要性。[4] 注意到王斑所說的「對這種崇高的官方審美意識」（神話和史詩的成分同浸淫着某種特定未來的大歷史如影隨形），讓我們去考慮在政治藍圖、審美經驗和行為方式之間的各種糾葛與紐帶。[5] 然而與此同時，我們又得承認，即便是官方敘事中那些為擺脫民族恥辱、戰勝殖民征服的種種做法並不就意味着對國際關係的疏離，同樣地，它們也並不意味着中國的人民群眾和社會主義現代性超然自外於國際社會和國際關係。恰恰相反，正如本文所要指出的，在毛澤東時代的中國，社會主義、現代性和「中國性」的確實意義通過中蘇關係的視角而成為日常生活話語和經驗的一部分。為此，在討論中蘇關係的線索下，中國社會主義現代性在國家、社會和日常生活層次上的表現與經驗的同時，我強調蘇聯電影及電影藝術在中國的重要意義。

這篇文章試圖深化對如下兩方面問題的理解：其一是考察毛澤東時代中國是如何形成為一個實體話語的；其二是，研究從1949到1976年間的政治文化及其同這一時期的民族和人民群眾相關聯的國家變量。

在對中國民族電影業的研究中，張英進對毛澤東時代電影的討論開始於中國電影產業。由於從1960年代初開始的中蘇關係持續緊張，中國「獨立自主、自給自足和自尊自強」的傾向日漸升級，張英進對中國民族電影的著述，就從這裏入手對毛時代的中國電影展開議論。

張英進對中國電影獨立自主傾向日漸增長的闡述，是根據中蘇關係變動的情形而展開的，他將中國的社會主義電影首先構建為某種民族—國家的宏大工程。張寫道，「在中國電影史上，社會主義電影開創了一個非同尋常的時代，在這一時期，電影藝術與革命性綱領緊密結合，電影在宣揚社會主義信念，並以民族—人民群眾為代價來強化民族—國家權力的過程中效果尤其顯著。」[6] 將電影民族化並使其為民族—國家所用的過程和經歷自然意義非凡；然而要說革命綱領和國內電影完全在民族—國家範疇下運行，卻與電影作為跨國的和跨民族媒介的歷史經驗不相符合。不僅如此，張雖然對民族—國家和民族—人民加以區分（由於前者宣稱可代表後者而存在着重要區別），他的結論是也只是在附和中華人民共和國境內關注文化政治和民族塑造的其他學者。他們（大

多出於技術理由，所能接觸到的資料有限）着重於民族—國家對文化的
運用，而非民族與人民群眾活生生的生命歷程。問題就這樣出現了：應
以什麼樣的方式去剖視蘇聯電影在毛時代中國的遭遇，以使我們得以同
時解答關於生命體驗和民族—國家塑造等諸種問題，並解釋其中所蘊
含的跨國和跨民族因素的成分？

　　首先，鑒於中華人民共和國的背景，它告誡我們不能將「革命的」
與「民族的」混同在一起。之所以如此，是因為中蘇電影交流突顯了毛
時代中國的審美模式和文化生產的國際流通狀況。這些情況提醒我們，
民族性和全球性的話語可以相互作為建構性軌道對中華人民共和國的
「革命」賦予意涵。[7] 其次，它呼籲我們去設計別的分析模式作為替補，
並借助這些模式通過使其同（1950年代翻譯過30多部蘇聯電影的）孟廣
鈞所談及的社會背景拼接起來。孟廣鈞曾於1954年寫道：「觀賞蘇聯電
影已成為中國觀眾的生活所需。念叨着『蘇聯的今天就是我們的明天』，
中國觀眾從蘇聯電影中看出了自身生活的影像，看到了祖國的發展前
景，還有他們自身的幸福。」[8]

　　孟廣鈞的這段話反映了中華人民共和國處理中蘇關係的各項政策以
及五十年代兩者對電影的共同取向。對中國和中共而言，電影之作為一
種媒介，既可以反映（社會主義）現實，也可以塑造個人乃至集體的判
斷力。根據孟廣均的總結，在1950年代和60年代，觀賞蘇聯電影的行
為，就使中國公民在某種文化、政治和審美意境下，廁身於現代化進程
和全世界社會主義革命的行列。作為伴生物的社會主義現代性，常常以
技巧、大眾媒介和國際化產物等角色在電影內外交融碰撞，然而卻又不
容許對其作簡單界定。與此同時，在對社會主義現代性的追尋中，蘇聯
之作為參照物卻在成為社會主義前景的速寫和需要去除的落後傾向的象
徵這兩者之間交替發生作用。

　　接下來，本文將用以考察蘇聯電影在闡發社會主義現代性的特殊視
角，並將其融會貫通到全體中國人生活上所具有的重要價值。我的論證
將循着三個步驟逐步展開：首先，我將中國社會主義現代性，當作在同
蘇聯電影發生關係過程中實現其價值的活生生事例來處理；其次，我分
析蘇聯若干重大歷史場景（比如十月革命），被用以闡釋中華人民共和國

歷史的各種方式；接下來我將這些內容，同構成社會主義公民素質的多元屬性如愛國主義、性別和階級等因素聯繫起來分析。我關注這些變量在何處相互交織，並通過若干特定的蘇聯電影來探討這些矛盾糾葛，包括一些著名的影片如《列寧在十月》、《列寧在1918》、《保衛祖國母親》、《攻克柏林》，以及一些有爭議的影片如《雁南飛》、《第四十一個》等。這些影片發行之廣足以用來說明那些有着世界影響的歷史場景，並界定毛時代的社會主義現代性。

蘇聯電影在新中國：社會主義現代性與生活體驗

在整個1950年代，蘇聯電影佔據了中國公民文化與教育經歷的核心位置。在1949年至1957年間，中國就進口了1,309部影片（其中662部是長片），然而在1960年之前中國國產電影僅有480部。[9] 由於對1949年前上海電影產業階級偏見心存餘悸，而且電影產業經濟形勢不景氣，再加上無產階級國際主義的信念等等，這多種因素的交織促使中國共產黨在國界之外去找尋能夠給新型中華民族定位的影片。[10] 而在進口電影中，大約三分之二的影片來自蘇聯。就全國來講，到1957年為止，有468部蘇聯長片被譯介給總計近達14億人次的觀眾。其中又有九部影片吸引了總計超過2,500萬人次的觀眾。[11]

在評價蘇聯電影的作用時，翻譯家孟廣鈞於1954年曾這樣說，「對於中國人民來說，蘇聯電影並不僅僅是消遣，它們同樣也可作為生活的教科書。這才是它們在中國如此受追捧的原因所在。」[12] 蘇聯的生活經驗、專業技藝、故事情節和影像記錄對共產主義中國新型民族文化的形成發揮了巨大影響，就是對普通中國人理解社會主義及其歷史作用而言，也產生了同樣顯著的影響。蘇聯影片的作用進而超出了革命英雄主義的激勵故事範疇，也（幫助中國）構建同當今時代相適應的時空觀念。蘇聯電影的故事情節可以把如農村舊的生產方式、田園、鄉村作坊等日常生活場景搬到電影舞台上去，從而把普通生活同十月革命、反法西斯戰爭、集體化等一些重大的世界歷史事件聯繫起來。正是由於它們推動了社會主義各國公民之間的細微的聯合，從而打動了各國決策者的心。

　　在1950年代，中蘇兩國文化和宣傳部門之間的緊密聯繫，也促使一些新的技術形式和特定的社會主義話語如英雄品質以及反對帝國主義等，融入中國政治文化。在這一背景下，蘇聯和中國的宣傳體制動員各種媒介，特別是通過新聞報紙、電影、文學作品和舞台戲劇等，對構成冷戰的意識形態和地緣政治層面的鬥爭進行解讀，從而把「美國」和「蘇聯」分別想像成對中國而言歷史上截然對立的兩種典型。以蘇聯電影為例，運用蘇聯電影技術使其推動影片在新中國的發行。

　　在整個1950年代，《人民日報》以及《大眾電影》等電影雜誌上的文章，都將電影作為宣揚社會主義現代性並兌現其諾言的不可或缺的手段，比如1952年有篇文章寫到，鄉村電影放映隊到來的消息會吸引老少村民從四鄰八村趕過來一睹這「新奇玩意兒」。[13]《拖拉機手》這部蘇聯影片為村民展示了使用拖拉機的必要性，並許諾說他們需要的東西將來也都會擁有的。村民從而感謝毛主席改變了他們的生產生活方式。不僅如此，在社會主義現代性的物化過程中，村民將蘇聯拖拉機手和蘇聯電影認同為社會主義現代性的基本裝備。他們熱切地渴求從電影得來的關於拖拉機的知識，一直到最後打探放映隊何時會帶給他們另外一部影片。這種「新奇玩意兒」從而傳遞了某種跟歷史運動聯繫起來的新的生活方式；與此同時，它將蘇聯融入到這些村民的「現而今」。通過這種方式，這些蘇聯影片營造出的無產階級國際主義的特殊體驗，就變成了1950年代中國日常生活的一部分。

　　在1950年代，中國城鄉公民的生活體驗還包括了像電影這樣的大眾傳播新手段，將蘇聯建設成就、機械化和高歌猛進，拔高為中國成功建設社會主義的先行者。而在日常生活中，國際主義體現在交流、傳播的物質條件以及蘇聯技術融入中國土地的過程，並且體現在雖無基礎但同樣真實可見的社會主義全球想像。中共宣傳隊和宣傳材料積極地推廣蘇聯英雄及其在電影中的形象，並將他們當作中國社會主義建設中的模仿對象。

　　在朝鮮戰爭期間，中國人民志願軍戰士通過觀看《普通一兵》（一部關於蘇聯英雄亞歷山大‧馬特洛索夫的影片）來激發戰鬥時的鋼鐵意志。[14] 志願軍戰士匯報說，通過在戰地觀看這部電影，他們從自身發現

了馬特洛索夫所代表的那種犧牲精神。在軍事化水平還較低的時代，梁軍在看過蘇聯電影《拖拉機手》後，決定進入一個拖拉機學校（同一個班上還有 70 位男同志），成為中國第一位女拖拉機手。[15] 其他的女性則試圖模仿《鄉村女教師》中的女英雄而到群眾中去普及教育。還有很多人紛紛去實踐在《鋼鐵是怎樣煉成的》、《高爾基的童年》和《夏伯陽》等流行電影中，保爾·柯察金、高爾基和夏伯陽所表現出的那種頑強意志、革命信仰與自我犧牲的價值觀。通過這些電影的放映活動，馬特洛索夫、柯察金、高爾基、夏伯陽等蘇聯電影角色在中國變得家喻戶曉。在中國電影觀眾看來，這些角色象徵着社會主義的精神和希望，並賦予了那些鼓吹社會主義、無產階級國際主義和中蘇友好等政治口號以實際意義。

儘管蘇聯電影在激發想像和塑造中國工農群眾日常生活實踐等方面有着至關重要的作用，但是在評價這一時期的中蘇關係時，中蘇文化交流的因素並不顯得突出。尤其是，蘇聯電影大批湧入中國的情節，只在 1950 年代有關電影、政治、國際關係、文化、美學和社會生活的歷史中被附帶性地提及。即使是像美國電影學者陳立（Jay Leyda）一樣精通蘇聯和中國電影研究的學者，也是將各個領域分別處理。對國家邊界的依賴反映出冷戰的地理模式，在這個例子中，這個地理模式模糊了無產階級國際主義在 1950 至 60 年代是動態的社會現實。

讓我們把焦點重新拉回至日常生活中的國際主義。在中國，通過蘇聯電影的鏡頭，我們可以認為社會主義現代性的意義是超乎尋常的社會行為模式。我們也同樣可以將這種現代性，放置於構成無產階級國際主義的某種歷史性時空層面上來分析。[16] 特別是，對於蘇聯電影深刻影響中國人對於現代性的生活體驗的考察，促使我們在重新認識中國政治文化內容之外，也要對中蘇關係的斷代劃分加以重新認識。即便是在 1960 年中蘇關係逆轉後，蘇聯電影仍然繼續影響着中國和中國人民。[17]

除了躋身中國的政治宣傳日程外，蘇聯電影由於三個方面的原因，在人民群眾心靈深處留存的時間比通常的中蘇友好更為長久，首先是蘇聯電影為思想政治工作提供了活生生的教育素材，其次，蘇聯電影在觀眾中間營造出對某種特殊政治美學的審美氛圍，還因為蘇聯電影代表的

是「當下」。[18] 不僅如此，在1960年代當那麼多蘇聯電影繼續放映給中國觀眾的同時，許多其他的蘇聯影片也曾引發爭論，甚至為中方對蘇聯大搞修正主義、模糊階級鬥爭的指責提供了證據。

從這個意義上說，這篇文章開頭提出的民族—國家和民族—人民的區分變得非常重要。然而，當從中蘇關係和電影的角度去考慮，不僅是中華人民共和國的民族—國家和民族—人民之間的關係，而且是一個特殊的(和重複的)蘇聯民族—國家和蘇聯民族—人民的區分，對於前者的重要性。具體地說，隨着中蘇的分裂，前者被從中華人民共和國國內表現出來的社會主義現代性和全球性中去除，然而後者持續在中華人民共和國國家建設的過程中起着重要的作用。

蘇聯電影和社會主義對「美好生活」的承諾

在中共建政後最初幾年引進的蘇聯影片，其中九部吸引了逾2,500萬人次的觀眾。[19] 因此，蘇聯的經驗、專家、故事情節和影像紀錄，在共產主義中國新興民族電影產業和1950年代的經歷中佔據着重要的地位。[20] 在這幾部極具影響力的影片，蜚聲國際的音樂劇電影《幸福的生活》(俄語名稱Kuban Cossacks，《庫班的哥薩克人》)，給中國觀眾帶來對鄉村社會主義空間的特殊理解，同時使鄉村對鄉村的想像跨越了國境。這些紐帶一方面反映出發展階段的不均等，中國人想要達到蘇聯那種發展水平，而另一方面它們又是具有解放意義的，因為它們推動了現代性和國際主義在城市、民族和帝國之外的發展步伐。讓我們在中國人的背景下近距離解讀《幸福的生活》，從而探討這部電影在毛時代的中國如何成為塑造社會主義現代性的一分子。

讓我們首先從這部影片的名稱開展討論。在中共的經濟、社會、文化和政治等幾乎所有領域的宣傳材料裏，幸福和美好生活都是經常出現的概念。在許多情況下，這個「幸福」是同社會主義畫等號的。農業集體化和機械化可能帶來的大豐收，成為構成這種「幸福」理念的主旋律之一。中共也在工業中心，散發一些強調冶煉、焦化及相關重工業產量提升的宣傳材料。對中共而言，無論是在工農業還是輕重工業領域，產

量都是應受到頂禮膜拜，因為它們在衡量和創造社會主義生產力方面有着同等重要的意義。[21]

中共建政伊始，社會主義烏托邦就密切地與此類關於蘇聯的表徵空間緊密聯繫在一起。人們可以從1949年11月《人民日報》用半個版面，刊登來自蘇聯描繪歐洲工人、婦女備戰生產場景的圖片認識到這一點。按順時針方向瀏覽這一版面，讀者可以發現：一位年輕婦女手裏捧着稻穀、克里姆林宮、一個小生產隊青年男子微笑着站在一架噴煙吐霧的織布機前、一座巨大的水壩、孩子們穿着跳舞的服飾 (斯大林的肖像作為背景) 與一個微笑地看着他們的彈着鋼琴的女輔導員、一架聯合收割機穿過濃密的麥田的豐收景象。在中間位置，是一個強壯而堅定的婦女，與其背後的兵工廠對應。國家、(反帝) 戰爭、集體化、工業化、豐收、婦女平等權利和成長中的青年，在這個圖片的集合中相互對應並表達着彼此，這種表達創造了社會主義未來的整體模式。從一個圖片到另一個圖片，通過彼此之間的聯繫而獲得意義。每個圖片都表示着「幸福」，然而它是作為這個更大複雜整體的一部分而達到這種效果的。

在物質條件的改善之外，文化水平的提高是中國報紙所表達出的美好生活的又一個重要因素。這一信念被重新確認：通過集體化，人民會看到他們的生活變得更有文化，而那些負責推動中蘇友誼的工作者，則強調在「我們」偉大領袖斯大林和毛澤東引導下人民生活全面改善。在以蘇聯為標杆的文章裏，「幸福」一詞也經常出現，特別是在《中蘇友好》雜誌中。提供教育機會是這些文章的中心意圖，與之相伴的是以蘇聯兒童所接受的、可以使其成長為社會主義新公民的新形式關愛。[22]

其他關於蘇聯人民幸福生活的鮮明例子，還包括對於一個工人家庭日常開支的報道。[23] 雖然讀者更期待有關節省和公有制的主題，但1951年的一篇文章卻詳細記載了家庭開源節流的新辦法，以及因此而獲得的可觀購買力。一位婦女詳細介紹了她那擁有六個房間還有車庫和花園的居所。讀者自然想要了解為什麼需要一個車庫，她解釋說她們家剛剛購買了一輛「勝利」汽車，擁有汽車可以使採買貨物、拜親訪友及在夏天時去鄉下更為方便快捷。即使這個家庭住在城市，或者換一個角度來看，我們寧可覺得這是資產階級的生活，然而這些關於蘇聯人民生活方

式的記述在1950年代卻是司空見慣。這些故事恰恰成為中國社會主義想像的一部分。在這樣的情景中，如果一部電影的名稱是某種同蘇聯和社會主義想像緊密相連的日常用語或者標語口號，那麼「幸福的生活」就這樣形成了。

培利耶夫 (Ivan Pyriev) 的《幸福的生活》是斯大林時代的一部音樂劇，它於1951年下半年在中國上映，並且成為農村流動電影放映隊的保留劇目，至少延續了五年。[24] 這部電影的開篇和結尾都是收割機在麥浪中穿行的壯觀場面，展現了農民在勞作中歌唱着、歡笑着歡慶豐收的場景。然而，當兩個展開勞動競賽的勞動集體聚在一起慶祝比賽結束及它所帶來的豐碩收成時，這些以農業作為基礎的情節卻僅僅充當了各種消費、煽情、娛樂和輕佻的夾書板。這部影片所傳遞出的在性與性別方面的觀點及其在中國生活情景中的意義，尚待深入討論。培利耶夫的妻子拉達尼娜 (Marina Ladynina) 和演員盧克亞諾夫 (Sergei Lukyanov) 分別飾演兩個勞動集體的負責人，還有一位年輕的女勞模和哥薩克男青年討論他們戀愛關係的本質和未來 (通常是喜劇性的)。然而，在這一點上，我希望由此引出能夠表達出「幸福生活」的時空意識，並且提示這部影片是如何推動了特定鄉村想像的出現。我試圖證明這些建立在鄉村空間重建基礎上的鄉村想像，把蘇聯那種未來圖景帶進了中國人的現實生活。這樣做的結果是抹去直接現實，而通過鄉村空間集體化的轉型導向了對個人在非農業幸福生活空間中位置的想像。作為組織單位的集體處在鄉村烏托邦的中心位置；因此，這一想像由於它身為某種組織單位，而使得從農莊到鄉鎮、從農莊到首都以及從中國到蘇聯的運動成為可能。

對某個中國觀眾而言，他的日常生活受到某種官方政治話語的調控，這一話語充斥着一些宣稱蘇聯的今天就是中國未來等基調的圖像、標語、故事等等，影片《幸福的生活》就此輕而易舉地融入了這樣一種時空框架。借助於可以在這時空中自由出沒的長處，影片通過許多形式為工農呼籲新的生活空間。由豐收的場景所建構起來的《幸福的生活》，又將這些場景推向了可以同中國社會現今階層的現在時相連接的接觸點。這種勞動集體豐收的表徵空間是中國的工農所熟悉的，也日漸成為中國的現實。但是影片所提示的未來圖景有着更深遠的意義。《幸福的

生活》帶領觀眾超越他們所熟知的鄉村空間，為他們引入興盛繁榮和以前無法想像的美好生活。這種美好生活將鄉村空間拓展從而超越農場，達到包括地方城鎮在內的市場空間。

引人注目的是，《大眾電影》等雜誌上為中國觀眾介紹這部電影的文章以「我們的明天」作為標題。[25] 文章的作者梅朵在開篇便解釋中國人如何實現影片所描述的那種生活方式。答案：簡便易行。然而，那種想像中的生活方式到底是什麼樣的？本文所附的兩幅照片表現的是在集市上的年輕的達莎和格利高里耶夫，圖16.1是達莎和她的朋友在市場上得到兩位男子贈送的冰激凌，圖16.2是在市場上的照片，上面是以飄動的氣球作背景的打情罵俏。另外一幅（圖16.3）表現的是來自集體農莊的青年婦女的形象，她們歌唱着和歡笑着，乘坐一輛從田地開來滿載西瓜的汽車。這裏所展現的美好生活顯然是與消費結合在一起。雖然上文中那篇《大眾電影》的文章，通過將蘇聯農夫的技藝、知識及共產主義原則結合起來説明這部影片及其成功，但其間生活消費的成分是無法忽視的。

圖 16.1

圖 16.2

圖 16.3

由此我們可以提出如下問題：什麼樣的影片情節可以融入如下這篇向觀眾介紹這部影片的文章的結論中去：「在毛主席和中國共產黨的領導下，我們也能創造出這種生活方式。我們完全可以做到。我們應動員和激發同樣的愛國熱情，推動龐大的生產大軍將我們國家從今天帶向明天更加幸福的生活！」這裏我們可以開始理解來自上海遠郊農民的諸如此類文字的信件是怎樣出現在國家級報紙上的；這也是中國婦女開始羨慕《幸福的生活》裏集市上婦女們的漂亮穿戴並且渴望這樣的高層次生活的時候。[26] 在這篇文章中，銀幕上展現的生活方式使中國的女性歡呼雀躍，因為她們知道那將是她們的未來。看過這部影片後，她們才可以想像出某種後解放時代的剖面圖（不僅包括那些影片自身，也包括銀幕上展現的生活方式）。在中國女性對蘇聯前景及其在中國可行性的估量中，鄉村空間的轉變清楚地表現出來。文章提到她們已經組建起能夠推動豐產的互助組織，以及她們對自身作為一個光明未來的民族—人民的理解。這要部分歸功於蘇聯的援助，蘇聯已經開始指引中國和中國人民走向幸福生活的正確道路，集體農莊和拖拉機都會變為現實。作為這篇文章的主人翁，（女性）農民清楚地表達了這樣的心願，她們嚮往蘇聯，並想要趕上影片中那位青年勞模前進的腳步。

然而，中國人通過報紙和宣傳將「美好生活」同蘇聯相提並論的那種熱忱卻沒能持久。到1950年代中後期，有關蘇聯的主流表述隨着國際主義的日常經歷和實踐經驗發生了變化。1956年赫魯曉夫秘密報告及隨後的去斯大林化，以及接踵而來的「百花齊放」和「大躍進」運動（1958至1960年），都加劇了全球共產主義運動的裂痕，圍繞社會主義意義及發展方向的緊張爭論日甚一日。對中國主權和人民而言，無產階級國際主義的前途和命運都處在風雨飄揚中。就電影而言，到1950年代中葉，中國民族電影產業得到了迅猛發展。年產長片從1949年至1955年間的平均每年17部，增長到1956年至1960年間的年均64部，其中僅1958年就出產了101部。[27] 對引進蘇聯電影的依賴程度降低後，1960年文化部就同蘇聯重訂了交流協議的條款。

然而，在交流關係變動所處的全球語境中，蘇聯的角色依舊彰顯。由於1960至70年代全球共產主義陣營中社會主義模式之間的競爭，有

一股強烈勢頭要將蘇聯的特定內容描述成中國社會主義及現代性的特徵
和參照物。對於中國政府和人民來說，一個正面的社會主義和現代性
（儘管在改變了的歷史情景之下）仍舊是與個別蘇聯電影（《列寧在
1918》、《鄉村女教師》、《斯大林格勒戰役》）及其他斯大林時代的經典
作品聯繫在一起的。獨立自主與國際主義的這種命運（下文將會詳細討
論），拒絕那種來自蘇聯具有向心力從而影響着影片最初形式的模式。
與之相反，它標誌着中央宣傳部長陸定一於1951年所概述過的另一種
革命形態的上升：

> 毛澤東關於中國革命的理論是馬克思列寧主義在殖民地半殖民地國
> 家革命運動尤其是在中國革命中的新發展。毛澤東關於中國革命的
> 理論不僅對中國和亞洲有着重要意義，而且對世界共產主義運動都
> 具有普遍重要性……十月革命是帝國主義國家的經典革命方式。
> 而在殖民地半殖民地國家，中國革命堪為楷模。[28]

全球共產主義運動存在多個中心的可行性，以及全球社會主義的多
元範式，都對蘇聯共產黨及斯大林、赫魯曉夫以及勃列日涅夫所主導的
革命形態構成挑戰。然而，由於全球共產主義多樣化特徵的多種認同方
式，與之俱來的卻是將最適合於對社會主義現代性和獨立自主作出特定
闡釋的十月革命送上了神壇。

蘇聯歷史影片和中國社會主義革命的進程

1950年10月，為了慶祝中華人民共和國一周年國慶，中蘇友好協
會總會會刊刊發文章，強調1949年以來的中蘇合作並推動兩國友好的
進一步發展。林伯渠在題為〈向蘇聯學習，繼續發展中蘇的友好合作〉
的文章中總結說，世界人民的重要使命是反對美帝國主義及其戰爭機
器。他主張，這個立場對維持世界和平至關重要。不僅如此，為了提倡
國際主義精神，必須向蘇聯及其他人民民主國家學習，並且與各國無產
階級和人民大眾共同發展和平民主的力量。[29]

在同一期上，譚平山也在這種語境下接着闡述了國際主義的涵義，同時明確地重申了國際主義反法西斯的一面。[30] 他寫道，自十月革命以來，蘇聯就一直援助中國的反法西斯解放事業；而自1917年以來，孫中山的三民主義就認識到「以俄為師」並擁抱蘇聯國際主義精神的必要性。

在文章中，當譚平山將孫中山描繪成蘇聯國際主義的早期支持者，並繼而聲稱中國共產黨延續了孫中山的傳統時，他所做的是對中蘇關係史的改寫。譚認為，無論是1925至1927年的革命、抗日戰爭的勝利，還是中國人民的解放以及前一年度的國內發展，如果沒有蘇聯的國際主義，都是不可能實現的。譚對國際主義的闡釋仔細地將所有同法西斯主義——這是在那個時代容易與帝國主義及其走狗（包括國民黨領袖蔣介石）相聯繫的詞彙——同流合污的人排除在「世界人民」的範圍之外。譚也將蘇聯國際主義（在那個時代和那種語境下被解讀為普適性的國際主義）歸結為一種革命事業的代言人（它要求將國家安全問題同世界革命相分離）。也就是說，譚將中蘇關係史和中國共產黨關於中蘇關係的宏大話語結構中的那些在二戰期間由國民黨政府同蘇聯締結的協議別除了。在譚的文章中，蘇聯僅僅忠實於中國共產黨的事業，而1921年中國共產黨成立以後不同歷史時期內共產國際和中共之間的矛盾糾葛，卻在歷史中消失了。[31]

引人注目的是，對1950年初斯大林和毛之間就訂立中蘇友好條約（用以取代斯大林與國民黨政府於1945年簽訂的中蘇條約）所展開的艱難談判，中國的報刊並沒有提及。1945年的條約被中國人歸為不平等條約，它已經隨着國民黨政府的垮台而失效了。否則，它本來還會對中共和蘇共在1950年時所公開宣講過的那種革命形態和話語敘事構成挑戰。[32] 但問題在於，不平等條約指的是那些帝國主義列強（而並非蘇聯老大哥）強加給中國的條約。在這種情況下，在公開場合引述1945年中蘇條約，在宣傳鼓動方面僅能用來說明國民黨政府在面對帝國主義壓榨時的軟弱無能。[33] 雖然指出這一點會更加凸顯中共關於國民黨為了蠅頭小利而出賣國家領土權益的種種指責，說明國民黨的民族主義是可恥的，然而這種「證據」的代價卻是蘇聯成為中共的盟友。為了不使作為

「中國的明天」的蘇聯喪失其合法性，因而報章就把1950年的中蘇條約，説成是建立在無產階級國際主義和孫中山那種中國民族主義基礎上的長期革命夥伴關係的頂峰。[34]

上文討論過的那些旨在慶賀中蘇友好條約簽訂一周年文本，其話語在1950年代初期也是很普遍的。這些文章的作者將蘇聯的國際主義同更具普遍意義的國際主義融會貫通，這種闡釋反映了蘇聯自我標榜為全球共產主義的「中心」而其餘社會主義國家處於邊緣的情形。[35] 而在中國情境下，從蘇聯輻射出的國際主義觀念只是在1950年代中期以前主導着中國的話語空間。種種跡象表明，從1956年起，中國共產黨開始向蘇聯大國沙文主義及修正主義發出指責的聲音。一般説來，從這個時候起，普遍化的國際主義打上了中國印記，並且同某種特定的蘇聯共產主義相對抗。

在1950至60年代連接着（並分化着）蘇中兩國社會主義形態的競賽中，列寧作為十月革命的代表和締造者的形象佔據着重要位置。在中國對社會主義現代性和無產階級國際主義的表述中，以列寧為主人公的蘇聯影片顯得十分重要，只不過其涵義和形態不斷發生變化。從蘇聯電影進入中國伊始，列寧就佔據着很大分量。1924年3月中國上映了第一部蘇聯影片《列寧出殯記》，這部新聞紀錄影片與十月革命後七年間同中國關係的評論相對應，並且同共產國際對中國共產黨和國民黨的強大影響力以及大量反帝國主義的宣傳鼓動材料相稱。[36] 這個時候，中國人對十月革命的構想已開始擺脱早期那種夾雜着無政府主義的評價，並把它看成社會主義革命的代表。對那些於1921年接受布爾什維克主義建立中國共產黨的激進知識分子來説，他們對十月革命的理解，使得此前認同《勞工》雜誌的那些人和中共奠基人李大釗在1918年提出的觀點趨於式微。[37] 到1920年代，著名的激進知識分子和政治活動家，開始將蘇聯看成是一個「真實並可以在中國實現的楷模」。[38] 通過將蘇聯看作是革命變革的典範，這些知識分子不止將中蘇關係放在某種線性框架（蘇聯在其中代表着某種更具進步意義的歷史運動）裏進行闡釋，他們也堅持要把中國置於一種更加廣闊的同布爾什維克勝利相聯繫的全球社會革命框架中。

《列寧在十月》經過翻譯和配音於1950年在中國上映，而《列寧在1918》也在1951年進入中國。[39] 此前帶字幕的《列寧在十月》，早就由中蘇友好協會推動在中國上映過。例如在1948年2月27日，來自燕京大學和清華大學的大約1,500名師生員工在燕大校園觀看了《列寧在十月》和另外一部蘇聯影片《芭蕾舞演員》。[40] 隨着影片配音版本越來越多，以及1949年以後中蘇電影交流更大規模的進展，這些影片以及相關的列寧電影通過更加廣泛的流通而獲得了更加廣闊的觀眾基礎。在各大城市，以列寧為主人公的影片通常都是每年蘇聯電影節的保留節目，並且各個（包括中蘇友好協會屬下的）影劇院都還常年放映。例如1950年的上海蘇聯電影節，《列寧在1918》就在三家不同的影劇院上映，與此同時，另外三家影劇院還上映了紀錄片《弗拉基米爾·伊里奇·列寧》。[41] 中蘇友好協會於1953年報告說，它已經為不少於5,700萬名觀眾放映了35,000場次。在這些放映中，僅在蘇聯電影出口公司（VOKS）屬下的電影院就放映過74部不同的蘇聯影片，其中《弗拉基米爾·伊里奇·列寧》放映了24次。[42] 深入廠礦企業和偏遠鄉村的電影放映隊也以列寧影片為放映重點，而觀眾的熱情也隨着《大眾電影》和《人民日報》等報刊上的有關報道進一步激發出來。1952年2月29日的《人民日報》就影片《列寧在1918》及其在反貪污運動中的重要意義展開大討論。[43] 隨後報社就接到了一封來信，七位外國駐京記者在信中感歎說他們尚未看過這部影片，並請求中國電影發行公司再安排一場公映。[44]

1950年代初這些列寧電影的上映不僅是為了慶賀十月革命的周年紀念，而且也摻入了支持中國斯大林派別的因素。正如理查德·泰勒（Richard Taylor）所指出的，列寧的偶像地位以及它跨越歷史時空而延續至今，是斯大林強化個人集權的歷史場景的產物。[45] 然而，從愛森斯坦（Sergei Eisenstein）的《十月》（1927年）到羅姆（Mikhail Romm）的《列寧在十月》（1937年）和《列寧在1918》（1939年），蘇聯描述的列寧的形象從革命運動的象徵轉變為一位清晰可辨的領袖人物。在後來的影片中，明顯缺少了托洛茨基的角色，而列寧則通常以「斯大林同志是正確的」諸如此類的台詞來烘托斯大林的地位。列寧去世後出現的列寧崇拜，同斯大林崇拜的上升幾乎同步，一般可以追溯到1929年慶賀斯大林50歲誕

辰之時。斯大林聲稱他繼承了列寧的遺產，是為了樹立他本人的權威，從而營造出歌頌列寧也就等於歌頌斯大林的局面。而在中國，列寧權威的象徵意義也正是通過這樣的方式表現出來。

與此同時，中國報刊對於蘇聯電影的討論表現出，全球性通過國家和地方關於社會主義、領袖、人民的見解而起着調解作用。例如在1952年《人民日報》一篇關於《列寧在1918》的文章中，賈霽概述了影片所展現的列寧同紅軍戰士和人民群眾的密切關係。[46]賈霽強調指出，列寧衣着簡樸，和人民群眾吃同樣的飯菜。然而將這些生活細節從影片中抽取出來，似乎背離了影片的整個基調。比如《列寧在1918》所展現的，列寧通常穿黑色外套、白襯衫和領帶。影片情節的高潮選定在列寧被同志們和群眾簇擁在中心赫然突出的場景。影片《列寧在1918》的出品是對蘇聯批評此前影片中領袖形象的某種回應。由於人民英雄形象的缺失，愛森斯坦的《十月》受到評論家的批判，而影片選擇一個名不見經傳的工人飾演列寧，也使得很多觀眾憤憤不平。[47]類似的這些失誤，在羅姆的《列寧在1918》中都避免了。借重於上述隱喻手段，賈霽提供了對影片這樣的一種闡釋：影片不是僅僅將斯大林崇拜帶給了中國觀眾，而是為了找尋列寧和毛澤東在領袖風格上的共同基礎。

在強調民粹主義和革命自發性的時候，列寧之成為毛澤東權威的直接來源就表現得最為鮮明生動。在這些事例中，列寧的象徵主義被用來確認毛澤東思想的革命譜系。比如在前面討論過的文章結論中，賈霽提出三個平行的、同觀眾或讀者有着邏輯聯繫的論斷：其一，《列寧在1918》證實了列寧是世界無產階級革命的先驅，也是革命必然勝利的保證；其二，在中國，革命的勝利是從毛澤東那裏體現出來的；其三，觀看影片《列寧在1918》，學習列寧的思想和經驗，可以確保中國革命的勝利。接下來，我將回到馬克思列寧主義、毛澤東思想是如何被推崇為革命學說的那些方式（尤其是在去斯大林化的時期）。但首先我們必須回過頭來，對作為革命國家領袖的列寧、斯大林和毛澤東這三巨頭之間的關聯和紐帶作一番研討。

還是在這篇強調列寧同人民群眾水乳交融的文章裏，賈霽說有人提問，這種簡樸生活方式的宗旨是什麼。他回答說：「它的目的只有一

個：這就是列寧在同他最親密戰友斯大林的一次談話中所說過的，『她的生活不會再像我們現在這樣，肯定要比我們好⋯⋯』。」觀眾可以將影片中這位少女的形象解讀為蘇聯的表徵或者某種天真無邪卻又嬌小柔弱的女性化表現，而在中國的場景中，觀眾則可以將這位少女解讀為中國和她的未來。但是不管如何去解讀少女的象徵意義，對於更美好前景的承諾都需要以斯大林和列寧為化身的政治理論去體現和完成。斯大林和列寧是歷史的主要代言人，並進而在戰爭中結成了最親密的夥伴關係。斯大林就這樣被樹立為列寧的接班人，並成為十月革命、反帝鬥爭和社會主義國家在現時代之締造的生動體現。

然而，中國官方將蘇聯電影和中蘇關係概念化的過程中，斯大林之死倒是提供了這樣一種機會：斯大林的形象逐漸同列寧分離並最終成為必需。早在1953年1月在中國人對列寧電影的評論中，列寧偶爾獨自佇立，或者至少是跟斯大林若即若離。這種將《列寧在十月》、《列寧在1918》等影片同中國情景相聯繫的另類建構方式，在將這些影片同國際革命格局聯繫起來討論時表現得更加明顯。1953年《人民日報》一篇紀念列寧逝世29周年的文章，記載了波蘭、羅馬尼亞、保加利亞、捷克以及德意志民主共和國等地所舉行的紀念活動。[48] 文章的前半部分以將列寧和斯大林相提並論為特徵，因為有多處出現帶有連字符的列寧—斯大林的字樣。在文章開頭記述波蘭的慶祝活動時，作者提到了波蘭從列寧和斯大林那裏得到的革命援助，並提到了列寧和斯大林的共同領導。同樣，一個保加利亞發言者斷言列寧精神將會在斯大林身上得到發揚光大。1950年代早期很多有關列寧及列寧電影的文章，都遵循着一條可以預見的線索，都是從列寧到列寧—斯大林，再到斯大林，然後再到毛澤東。與這種版本所不同的是，這篇文章的結論脫離了這種列寧—斯大林的配對格式。

文章的末尾幾段話對羅馬尼亞、民主德國、捷克等地紀念活動稍作描述，但卻沒有提及斯大林，僅僅以注意到《列寧在十月》、《列寧在1918》等蘇聯影片在捷克斯洛伐克上映作為結束。一年以後對各國紀念列寧活動的報道中，又一次出現了這種類似的方式。在報道莫斯科、列寧格勒、朝鮮、波蘭、保加利亞、匈牙利、阿爾巴尼亞和民主德國的紀

念活動時，列寧──斯大林這種字眼僅僅在提及朝鮮情況時用過一次。文章收尾時提到，阿爾巴尼亞幾乎所有的電影院全都上映了《列寧在十月》、《列寧在1918》和「其他影片」。[49]

在這裏，轉變雖不明顯但卻非常重要。文章最後列寧同斯大林的脫節暗示着，斯大林並不完全是全世界無產階級革命的支持者。雖然並沒有完全拋棄在這些影片中拔高斯大林地位的表現方式，一種將列寧崇拜同斯大林崇拜溫和地分離開來的傾向，打開了通往革命形態及其空間結構多樣化構造的閘門。對挑戰那種由蘇聯書寫、通過出口蘇聯電影和其他文化資源而宣傳開來的革命譜系（蘇聯從中開創了並指引着更廣泛範圍的革命鬥爭），從而成為現實可能。這裏需要強調指出的是，這不僅僅是中蘇對各自國家優先地位的競爭，蘇聯和中國的領導人都想像着各自國家的革命運動是同全球範圍的革命鬥爭緊密相關的（這種局面即使是在一國建設社會主義被認可為政策的時候仍然持續着）。一方面，國際鬥爭中各種角色是通過國家利益關係，並且在具體的層次不同的、不平等的關係中形成的。但是另一個方面或許也是更為重要的，國家利益是根據某種與反帝鬥爭相伴生的世界觀而闡發的。蘇聯電影的另一種建構，從而就此為斯大林主義的蘇維埃反帝主義主張留出餘地，也就意味着毛澤東和中國成為了十月革命的合法繼承者。不僅如此，這種建構方式所反映出的，並不僅僅是在去斯大林化時期及其緣起階段的中蘇日常關係，也不僅僅是這一時期雙方的政治論調，而更多地體現了社會主義自身在中國的發展歷程。對中國人而言，如果了解到其他社會主義國家比如捷克斯洛伐克和阿爾巴尼亞等國群眾正在觀看同樣的影片，以紀念他們各自國家或世界的重大歷史事件，就會產生出跨越國境的認同，從而使某種國際性的或者是跨民族的、革命公民的想像成為可能。

常用來描述中蘇關係和特定影片特徵的話語，在討論各個影片中的特定場景之外，也反映出將斯大林同列寧分離開來的企圖和努力。據《真理報》報道，為紀念列寧誕辰，影片《弗拉基米爾·伊里奇·列寧》於1957年4月22日在中國影劇院上映，後來還召開會議紀念偉大的十月社會主義革命40周年。[50]《真理報》強調說，「中國人民將中國革命視為偉大的十月社會主義革命的延續。」[51] 此時，十月革命意味着蘇聯社

會主義仍處於革命時期，而中國與那個由斯大林和赫魯曉夫掌權的社會主義國家有着各自不同的特性。

進入到1960年代以後（「文革」前和「文革」期間），持續放映1950年代初引進的列寧影片，扮演了某種對當前蘇聯局面的批判角色。在中國觀眾看來，即使影片的建構凸顯了中蘇分裂的原因，它們也提供了中蘇關係在文化上的延續性。[52] 為了用某種中國主導的國際主義同赫魯曉夫的國際主義唱反調，就需要對那種將蘇聯和十月革命視作特權的革命形態和敘事來一個釜底抽薪。而在中國人的公共領地，卻將中國視作十月革命遺產地，從而使得那種革命形態和敘事重新回到中心位置。隨着周恩來在萬隆會議上明星般的表現，以及隨後中國要求成為反殖反帝運動的中心，毛澤東對革命熱情、群眾動員和革命志願的倡導以及他培養下一代革命接班人的心願，就成為從1950年代末一直到1960年代革命形勢變化的特徵。[53] 在中國上映的列寧電影，在這方面也就有了非同尋常的意義。1960年，上海市中蘇友好協會秘書長白彥認為，在慶祝十月革命43周年之際放映的影片中，最受觀眾歡迎的十部蘇聯電影都是關於列寧的影片。[54]

到1960年代後期以及文化大革命期間，列寧電影成為唯一經受住政治清洗而倖存下來的劇目。到1965年時，蘇聯電影還在北京上映了6,000多場次；然而到了1966年，蘇聯電放映場次就銳減到300場次。使人為之側目的是，到這個時候在北京僅能看到六部蘇聯影片，分別是《列寧在十月》、《列寧在1918》和其他未點出名字的「老電影」。[55] 1968年中國引進了更多的列寧影片，包括故事片《母親》《信任》（關於列寧）、新聞評論影片《蘇聯紅軍》（*The Soviet Army*）和長篇革命故事片《尼古拉·鮑曼》（*Nikolai Bauman, 1967*）。[56]

1969年11月《人民日報》刊發了自1950年代以來有關列寧電影的首篇長篇影評，上面這種醉心於反帝鬥爭及其同列寧電影關係的基調成為文章的核心。文章認為列寧電影展現了列寧和斯大林對於無產階級鬥爭的重大影響和意義，並隨即落入一種解釋的窠臼中，即總是將馬克思列寧主義和反對帝國主義的鬥爭掛鈎，並且刻意強調這種鬥爭在全世界是普遍適用的。這篇文章明確認為十月革命是這類鬥爭的開端，而且「我

們」決不能聽憑革命鬥爭旗幟倒下。只有在馬克思主義、列寧主義和毛澤東思想的指引下，才可能在全世界取得革命的勝利。於是，這種最為強烈地表現出來的革命意識形態，取代了1950年代初以來對列寧電影闡釋中所體現的國家領導層之間的關係。正是通過電影鏡頭從革命目標和批判蘇聯這兩方面，將反帝鬥爭提升到首要位置，才使得1960年代末列寧電影仍在中國發揮着作用。

社會主義公民的多元範疇：
蘇聯電影、中國社會主義現代性與性別屬性

　　從1950年代後期到1960年代，毛澤東一直關注和擔憂中國和全世界社會主義革命運動中的修正主義因素，列寧影片不僅由此被賦予了新的意涵，電影和社會群眾所讚美的社會主義女性的構成也因此發生變化。1956年過後，婦女再要對在《幸福的生活》等影片中看到的（未來的）社會主義女性形象給予讚美，已經顯得不合時宜。毛對1960年代社會主義革命狀態的解釋轉而規定，積極投身於反對當地及全世界的反革命勢力及反革命分子，才屬理想合格的社會主義男女公民。這樣一來，毛就將鬥爭矛頭對準了蘇聯修正主義和美帝國主義，並在國內發動「千萬不要忘記階級鬥爭」、「向雷鋒學習」等群眾運動，而文化產品也更多地傳承軍事和階級鬥爭的革命遺產而不是革命後的生活方式。在這種背景下，以及中蘇電影交流的政治活動中，斯大林時代的經典作品及電影主人公在中國流行一時。

　　到1963年，隨着在國內放映蘇聯電影變得愈發地困難，中共採購和放映的影片轉而以歷史片和反映1956年蘇共二十大之前蘇聯人民生活的影片為主。[57] 在這種情況下，可看到的影片包括由維拉‧馬列茨卡婭（Vera Maretskaia）主演的《鄉村女教師》、《保衛祖國》和《攻克柏林》，《丹娘》（列夫‧阿蘭什達姆[Lev Arnshtam]執導，1944年）也再次上映。對於表現毛澤東時代中國婦女全身心投入革命鬥爭的國際主義文化形象，《丹娘》有可能是最清楚不過的例證了。影片講述的是一位18歲的莫斯科姑娘卓婭‧科斯莫傑米揚斯卡婭（由嘉莉娜‧沃嘉尼茨卡雅

[Galina Vodyanistskaya] 飾演）在敵後打游擊的故事。影片多次將鏡頭拉回到卓婭的少年時代，從而與所遭受的納粹的拷打折磨形成對比。通過這種手法，影片展現了一位女游擊隊員同時又是天真無邪少女的人物形象。在這場人民革命鬥爭中，卓婭的犧牲意味着她同所有後革命時代的女性叙述都拉開了距離。值得注意的是，中國也有一位與卓婭相對應的人物，她就是因拒絕交待黨員名單而被日寇殺害的女游擊隊員趙一曼。更重要的一點是，就在 1950 年代初影片《丹娘》最初上映和 60 年代再次發行放映的時候，被搬上銀幕的趙一曼的形象也廣為傳播。[58] 兩部影片相伴上映和流傳，主人公又都是青年女英雄的形象，體現了毛時代中國影像文化的國際主義面貌，而這種文化得以鞏固的種種方式，尤其反映出現時代的革命藍圖和地緣政治結構，它們愈發地質疑和擺脫蘇聯婦女特質的羈絆，轉而投向毛澤東的革命現在時。

在 1960 年代的中國，通過中蘇文化紐帶體現和帶動起來並獲人們關注的，是那種有着頑強意志和對革命忠貞不渝的女性形象。當卓婭和趙一曼為了黨的事業和社會主義而選擇犧牲時，就體現了某種受制於階級鬥爭「現在性」並全身心投入其中的社會主義主體。[59] 中國觀眾認為 1956 年以後的蘇聯電影就沒有了這種革命意志，並且表現出對社會主義革命歷史進步性的倒退和反動。這樣一來，到了 1956 年以後，那些未能毫不含糊地展現革命主體性，並且對「一不怕苦，二不怕死」這種毛主義信條無所響應的蘇聯影片，就被拒之門外。例如，中宣部電影局就曾封殺過蘇聯影片《不朽的衛隊》（Immortal Garrison，1956 年）。雖然影片的主要情節説的是戰士們克服了對妻兒老小的思念，轉而投身到布列斯特要塞保衛戰的故事，但讓主管部門感到擔心的，並非是影片中男兵的所作所為，而是女兵缺乏堅強意志和守衛部隊與蘇聯紅軍作戰部署的脱節。就中國主管部門而言，他們所關注的是，雖然男兵的表現令人肅然起敬，然而他們遠離了黨組織控制、身處險境，從而容易做出許多同革命標準相背離的行為。[60]

自從蘇聯電影進入到人們為尋找對愛國主義、性別主體和階級鬥爭進行適當和正確的表達方式，而開展政治上和審美意義上的討論範圍後，解凍時期的蘇聯電影就成了引發政治領袖爭論的焦點。1956 年採購

影片《第四十一個》的決策就將這些問題帶到了電影交流的鬥爭前沿。曾榮獲1957年戛納電影節桂冠的《第四十一個》，講述的是在一位布爾什維克女戰士和她押送的俘虜——一位英俊的白俄軍官之間發生的故事。他們在一個荒島滯留後，雙雙墜入愛河。影片的故事情節講述的是發生在這對情人之間的一場政治爭吵，結局是女主人公所信仰的共產主義最終佔了上風。1957年，中國代表團赴蘇商談兩國文化合作事務，在蘇聯文化部長同中方團長的談話中，雙方對影片《第四十一個》的見解發生了爭執。[61] 中方的評論家認為，這部影片鼓勵了與階級敵人之間的愛情，從而給青年人帶來不好的影響。而對影片給予讚譽的人正是那樣做的，這也要感謝影片所具有的藝術美感。[62] 而在中國，電影的主管領導卻尤其注意影片的結尾部分，因為他們認為結尾通常會展現英雄人物過錯的一面。然而蘇聯文化部長米哈伊洛夫 (Mikhailov) 對中方人士解釋説，女主人公瑪柳特卡 (Maryutka) 在政治上表現出含混不清和動搖妥協，原因在於普通勞動者還未接受過足夠的馬克思主義的教育和訓練。在這場質疑中，我們所看到的，是中方對公開表白黨組織無法清晰掌握的戀愛關係，以及對階級歸屬感混亂不清的影像文本的發行放映深感不安。

　　從1950年代末到1960年代初，中國人遵從類似立場而提出批評甚至拒之門外的還有其他幾部蘇聯電影。我們可以看出，中方想要把對女人性別特徵的描述和表達，從本國和全世界對社會主義的想像中去除。在1960年，中國就曾將影片《雁南飛》(The Cranes are Flying) 和《士兵之歌》(Ballad of a Soldier) 拒之門外。像其他解凍時期的影片一樣，這兩部影片也對戰爭英雄主義重新加以定義，並引入了個人情感的因素。比如在影片《雁南飛》中，女主角薇羅尼卡 (Veronika) 目送情人鮑里斯 (Boris) 趕赴戰場，接下來的日子裏，就只有對情人焦灼的等待和熱切的企盼，並不得不嫁給了鮑里斯的表弟。[63] 影片着重表現的是對愛情的忠實和背叛，而一些宣傳黨的方針政策的鏡頭，也因其表現手法而帶有戲謔和溫情的成分，這就同1950年代後期中國的社會主義背景格格不入了。從1950年代後期一直到60年代初，在毛主義看來，階級鬥爭是十分嚴肅的事情，階級之間矛盾和鬥爭的界限只會愈發地清晰可辨，而決不會變得渾濁不清。

中國作出了對影片《雁南飛》不予引進的決定，對其中所包含的愛情觀念的地域差別，總理周恩來於1959年3月14日的評論作了總結。周恩來在指出《雁南飛》在意識形態和藝術表現手法上的各種缺陷後説：「對叛離了她那真實和忠誠愛人的青年女子，很難説那是正當合理的，我想這也就是影片為什麼頗受美國人喜歡的原因。」[64] 周的評論包含着一種無法忽視的與影片敵對的冷戰話語：那種在美國大行其道的情欲化的身體表現，是中國社會主義的性別意識所不容的。自從1921年成立以後，中國共產黨就慣用超越情欲的隱喻手法，從而借助墮落的女性形象用以指控資本主義社會、國民黨統治下的舊中國以及美國的腐朽和沒落。[65] 正是這種超越情欲的隱喻，在將美國電影的特徵歸結為不健康的色情鏡頭大量充斥時發揮了決定性影響。1950年發表的一篇文章認為，美國影片慣用對性的想像來引誘中國觀眾，帝國主義就是憑着這樣的手段而在中國大行其道，觀眾觀賞這樣的影片其危害簡直就如同吸食鴉片煙。而與之形成鮮明對比的例子，則是蘇聯影片《攻克柏林》及影片中的角色科維列娃（Marina Koveleva）。[66] 在這樣的背景下，周恩來關於影片《雁南飛》為何在美國受到好評的評論就顯得非同尋常，階級鬥爭和政治立場的日趨複雜，而使得女性的身體變成了雷區密布的國際鬥爭戰場。

通過探討在1949至1976年間若干蘇聯電影在中國的傳播情形，以及它們在中國實現其價值的政治—文化土壤，我們可以獲得一種更具宏觀性的認識：首先，國際主義對社會主義現代性有着重要意義；其次，革命形態的變動，使我們認識了那種毛澤東和中國政權所倡導的融入中國社會主義肌體的國際主義。除了對在中蘇關係、中國電影和中國國家建構等研究中被忽略的材料加以介紹外，筆者想要通過本文和更多的研究成果向讀者指出，我們如果將注意力投向社會主義現代性的跨民族特徵，以及將國際主義同中國公民生活體驗相結合而內在化的過程，或許會有助於對中蘇關係、毛主義和中國民族國家在年代和模式上基本構成的理解。

註 釋

1　本項研究由加拿大社會科學和人文研究理事會和曼尼托巴大學提供資助。
感謝 Sergei Kapterev 對此項研究的幫助。這篇論文取材於我正在撰寫中
的著作 (題目暫定為《電影與日常生活中的國際主義：蘇聯電影與毛時代
中國的塑造》)。此前已有若干章節通過如下途徑發表過：Tina Mai Chen,
"Internationalism and Cultural Experience: Soviet Films and Popular Chinese
Understandings of the Future in the 1950s," *Cultural Critique* 58 (Fall 2004):
82–114; Tina Mai Chen, "Textual Communities and Localized Practices of Film
in Maoist China," in Tina Mai Chen and David S. Churchill, eds., *Film, History
and Cultural Citizenship: Sites of Production* (London and New York: Routledge
Press, 2007); Tina Mai Chen, "Socialism, Aestheticized Bodies and International
Circuits of Gender: Soviet Female Film Stars in the People's Republic of China,
1949–1969," Online *Journal of the Canadian Historical Association* 18, no.2
(2007): 53–80.

2　Yomi Braester, "'A Big Dying Vat': The Vilifying of Shanghai during the Good
Eighth Company Campaign," *Modern China* 31, no. 4 (2005): 411–47.

3　Susan Buck-Morss, *Dreamworld and Catastrophe: The Passing of Mass Utopia
in East and West* (Cambridge: MIT Press, 2000), p. 45.

4　當下的研究以對 1949 年前後歷史延續性的探討為標誌，例如 Jeremy Brown
and Paul Pickowicz, eds., *Dilemmas of Victory: The Early Years of the People's
Republic of China* (Cambridge, MA: Harvard University Press, 2007). 這裏我所
關注的主要不是機構組織、學術門類或是計劃項目方面的連續性，而是那
些歷史鏈接場景 (可以將中國共產黨和中華人民共和國挑選出來，用以作為
1949 年之後國族想像的特殊標誌) 的作用。

5　Wang Ban, *The Sublime Figure of History: Aesthetics and Politics in Twentieth-
Century China* (Stanford: Stanford University Press, 1997). 中譯本見王斑著、
孟祥春譯：《歷史的崇高形象：二十世紀中國的美學與政治》(上海：上海
三聯書店，2008)。

6　Yingjin Zhang, *Chinese National Cinema* (New York and London: Routledge,
2004), p. 190.

7　例如，孟繁華：〈中國電影文化的民族性與政治想像：初期社會主義中國
電影文化的再評價〉，《電影藝術》，2001 年，第 4 期，頁 70–73。這種方式
的分析框架並非僅能適用於毛時代的中國。有關晚清民族主義與全球性的
關聯，見 Rebecca Karl, *Staging the Nation: Chinese Nationalism at the turn of*

the Nineteenth Century (Durham, NC: Duke University Press, 2002); 又見Tang Xiaobing, "The Origins of Roar, China!: On Vision and Voice in Modern Chinese Art," *Positions: East Asia Cultures Critique* 14, no. 2 (Fall 2006).

8　孟廣鈞 (Мен Гуань-цзюнь), «Народная Кинематография Нового Китая» *Искусство Кино* 1954 номер 11 Москва (由 Ioulia Gloutchenko 提供), p. 80–87.

9　1949至1957間電影的進出口數據，引自《中國電影發行放映統計資料匯編 (1949–1957)》(北京：中國電影發行放映公司，1958)。在 1,309 部電影中，662 部是長片，156 部是長紀錄片，18 部科教電影，還有43部「短片」。中國攝製的電影數目根據的是1960年7月30日新華社的一則報道，引自 Jay Leyda, *Dianying: Electric Shadows: An Account of Films and the Film Audience in China* (Cambridge, MA: Massachusetts Institute of Technology, 1972), p. 244. 根據 Donald Munro 對 1949 至 1995 年間中國拍攝的 2,444 部長片的電影學考察，大約 160 部長片生產於1949–1957年這個時段。Donald J. Munro, *The Chinese Filmography: The 2444 Feature Films Produced by Studios in the People's Republic of China from 1949 through 1995* (Jefferson, North Carolina: McFarland & Company, 1997).

10　關於上海各家電影廠和中國共產黨之間的緊張關係，見 Paul Clark, *Chinese Cinema: Culture and Politics since 1949* (Cambridge: Cambridge University Press, 1987).

11　顏純鈞：《中國電影比較研究》(北京：中國電影出版社，2000)，頁38。

12　孟廣鈞 (Мен Гуань-цзюнь), «Народная Кинематография Нового Китая» *Искусство Кино* 1954 номер 11 Москва (由 Ioulia Gloutchenko 提供), p. 80–87.

13　薛峯：〈電影拖拉機〉，《大眾電影》，1952年，第6期，頁32。

14　《普通一兵》是於1949年經過翻譯和配音後引進到中國的第一部蘇聯電影。配音的過程標誌着蘇聯電影從此走向普通大眾，因為它代替了對字幕和觀眾閱讀能力的需求。此外，作為社會主義現代性的表徵，新的配音技術也顯現出重要性。對孟廣均的採訪，北京，2000年。

15　梁軍：〈我看幸福之途〉，《大眾電影》，1953年，第19期，頁14–15；Tina Mai Chen, "Female Icons, Feminist Iconography? Socialist Rhetoric and Women's Agency in 1950s China," *Gender & History* 15, no. 2 (August 2003): 268–95.

16　Harry Harootunian 在對沃爾特・本傑明的討論中，提到現代性及其日常存在和經驗表現時指出：「（現代性）是某種一直留存至今的過去時，歷史意識的各種不同形式在其中不斷混合和互動。這就是說，現代性不僅是一個

從新的社會實踐中衍生出來的獨特的經驗形式，而且是一個『歷史經驗的決定性變化』，在它們中間，在日常生活中間，就相應地『生產出可能的時間化的範圍』和『競爭或者鬥爭』的確定性。」Harry Harootunian, *History's Disquiet, Modernity, Cultural Practice, and the Question of Everyday Life* (New York: Columbia University Press, 2000), p. 105. 我對「everyday」的使用，也受到 Henri Lefebvre 的影響，見 Henri Lefebvre, *Everyday Life in the Modern World* (New Brunswick, NJ: Transactions Publishers, 1994); Sheila Fitzpatrick, *Everyday Stalinism: Ordinary Life in Extraordinary Times: Soviet Russia in the 1930s* (New York: Oxford University Press, 1999).

17　值得注意的是，通過中國拍攝、反映蘇聯主題的影片，以及浸淫在蘇聯電影理論中的中國導言和製片人，也是蘇聯電影影響中國觀眾的又一種渠道。比如 S. Gerassimov 曾說，中國電影《董存瑞》的主人公董存瑞有着和蘇聯紅軍士兵馬特洛索夫類似的命運。見 S. Gerassimov：〈中國電影節〉，《真理報》，1956年10月9日。

18　顏純鈞：《中國電影比較研究》，頁46–47。

19　顏純鈞：《中國電影比較研究》，頁38。

20　Tina Mai Chen, "Internationalism as Consumptive Experience: Soviet Films and Popular Chinese Understandings of the Future in the 1950s," *Cultural Critique* 58 (Fall 2004): 82–114.

21　Tina Mai Chen, "Re-forming the Chinese National Body: Emulation Campaigns, National Narrative, and Gendered Representation in the Early Maoist Period," Ph.D. dissertation, University of Wisconsin-Madison, 1999

22　緒棠：〈幸福的蘇聯兒童〉，《中蘇友好》，第23號，1951年5月20日，頁14–15。

23　〈蘇聯人民的幸福生活〉，《中蘇友好》，第26號，1951年7月5日，頁20。

24　我正在借助現有的統計數據，盡可能地弄清楚影片發行和觀眾數量的分佈模式。

25　梅朵：〈我們的明天，介紹《幸福的生活》〉，《大眾電影》，1952年，第12期，頁12–13。

26　〈上海市郊農民給蘇聯軍辦集團農莊莊員們的一封信〉，《大眾電影》，1951年，第29期，頁4。

27　Clark, *Chinese Cinema: Culture and Politics since 1949*, p. 185.

28　引自 Philip Bridgham, Arthur Cohen and Leonard Jaffe, "Mao's Road and Sino-Soviet Relations: A View from Washington, 1953," *The China Quarterly* 52 (Oct.–Dec. 1972): 681.

29　林伯渠：〈向蘇聯學習，繼續發展中蘇的友好合作〉，《中蘇友好》，第2卷，第6期，1950年10月1日，頁24。

30　譚平山：〈偉大的國際主義〉，《中蘇友好》，第2卷，第6期，1950年10月1日，頁25。

31　Jerome Ch'ên, *Mao and the Chinese Revolution* (London, New York: Oxford University Press, 1965).

32　關於這些談判過程，參見Shen Zhihua, "Sino-Soviet Relations and the Origins of the Korean War: Stalin's Strategic Goals in the Far East," *Jounal of Cold War Studies* 2, no.2 (Spring 2000): 44–68; Sergei Goncharov, John Lewis and Xue Litai, *Uncertain Partners: Stalin, Mao, and the Korean War* (Stanford, CA: Stanford University Press, 1993).

33　然而，即便是在1950年訂立〈中蘇友好同盟互助條約〉的時候，毛澤東也同意接受外蒙古獨立、中蘇在新疆聯合採礦、中長鐵路中蘇共管以及共同使用旅順港和大連港等內容。根據1945年同蔣介石訂立並體現在中蘇協定中的雅爾塔協議，蘇聯正式得到了在1905年日俄戰爭俄國戰敗以前沙俄在滿洲所曾擁有過的所有特權和利益。無論是1945年還是1950年的中蘇條約，都未改變外蒙古的地位，它早已於1924年變成了蘇聯的衛星國（1921年蘇聯出兵佔領這一地區，而兩年前中國剛剛恢復了對外蒙古的治理）。

34　在報紙提及同蘇聯訂立過的條約時，蘇聯的涵義是變動不居的。同五十年代初期的論調形成對比，1963年3月北京要求蘇聯正式承認中蘇邊界是建立在不平等條約基礎上的（因而是非法的）。這標誌着雙方在邊界問題上一系列激烈交鋒的開始，而蘇聯的擴張主義傾向（包括將毛的要求比作是希特勒生存空間理論的翻版），最終導致了1964至1969年間的邊界衝突乃至於1969年3月邊界戰爭。Immanuel C. Y. Hsu, *The Rise of Modern China*, third edition (New York and Oxford: Oxford University Press, 2000), pp. 681–84.

35　例如，在對南北朝鮮之間衝突的反應中，葛羅米柯（Andrei Gromykov）發給什特科夫（Shtykov）的電報中提到，「沒有中央的同意，你不可以慫恿北朝鮮政府進行針對南朝鮮的行動，並且你必須及時向中央匯報發生在三八線上的一切行動和事件。」，引自Shen Zhihua, "Sino-Soviet Relations and the Origins of the Korean War: Stalin's Strategic Goals in the Far East," p. 51。關於斯大林所說的「中央」的話語基礎的多種理論化闡釋，參見Evgeny Dobrenko and Eric Naiman, eds., *The Landscape of Stalinism, The Art and Ideology of Soviet Space* (Seattle and London: University of Washington Press, 2003)。

36　顏純鈞：《中國電影比較研究》，頁39。

37　Arif Dirlik, *The Origins of Chinese Communism* (New York and Oxford: Oxford University Press, 1989); Maurice Meisner, *Li Ta-chao and the Origins of Chinese Marxism* (Cambridge: Harvard University Press, 1967).

38　Charles A. Laughlin, *Chinese Reportage, The Aesthetics of Historical Experience* (Durham: Duke University Press, 2002), p. 55.

39　上文已經提到過，中國對蘇聯電影的翻譯和配音開始於1949年，從影片《亞歷山大‧馬特洛索夫》(中文譯名《普通一兵》) 開始。

40　1948年3月，中蘇友好協會在中法大學為高中學生放映了其他幾部蘇聯影片，其中影片《娜塔莎》放映兩場。GARF, f. 5283, op. 18, d. 77, l.10, 12, 13.

41　〈蘇聯電影周〉，《大眾電影》，1950年，第11期。

42　GARF, f. 5283, op.18, d.159, l.195.

43　賈霽：〈在反貪污運動中看《列寧在1918》〉，《人民日報》，1952年2月29日，第3版。

44　〈希望繼續放映影片《列寧在1918》〉，《人民日報》，1952年3月12日，第6版。

45　Richard Taylor, Film Propaganda, *Soviet Russia and Nazi Germany* (London, New York: I.B. Tauris, 1998), pp. 55–6.

46　賈霽：〈在反貪污運動中看《列寧在1918》〉。

47　Denise J. Youngblood, *Movies for the Masses, Popular Cinema and Soviet Society in the 1920s* (Cambridge: Cambridge University Press, 1992), pp. 93–94.

48　新華社：〈波、保、羅、捷、德等國人民集會紀念偉大列寧逝世二十九周年〉，《人民日報》，1953年1月12日，第4版。

49　新華社：〈蘇聯和各人民民主國家勞動人民紛紛集會隆重紀念列寧逝世三十周年〉，《人民日報》，1954年1月24日，第4版。這些文章中的與東歐國家的認同問題將在其他地方進一步探討。

50　〈紀念列寧誕辰〉，《真理報》，1957年4月20日。.

51　〈中國籌備偉大的十月社會主義革命四十周年〉，《真理報》，1957年10月8日。

52　根據五十年代末圍繞着蘇聯電影的各種報道討論，當時最受歡迎的蘇聯電影是戰爭片、冒險片、喜劇片以及有關革命運動和革命人物的影片。在黑龍江省，在為1,048,731名觀眾放映過2,011場次後，《列寧傳》(*Tales about Lenin*)、《兩姊妹》(*The Sisters*) 和動畫片《雪女王》(*Snow Queen*) 成為觀眾心目中的最佳影片。同樣地，在蘇聯商會駐上海代表杜賓 (I. Y. Dubin) 和上海電影發行放映辦公室主任高華的談話中，高華提出可以把果戈里、陀思妥耶夫斯基、高爾基等人的經典文學作品搬上銀幕，必將起到顯著的教育作用。他還提到了影片《青年近衛軍》(一部關於第二次世界大戰的影片) 以

及1961年再次發行上映影片《丹娘》(*Zoya*) 的成功事例。這些報道表明，儘管中國引進蘇聯新出產影片的數量在快速減少，一些受人喜歡的早期蘇聯影片仍在不斷提供給廣大觀眾欣賞。例如在1961年，僅是在上海一地，雖然並沒有舉辦外國電影節，仍然為大約1,300萬名觀眾放映了總計21,000場次的蘇聯電影。RGALI, f. 2918, op. 4, d.593, l.1.

53 關於萬隆會議在各種歷史情況下的意義，見Antonia Finnane 富有洞察力的分析，即萬隆會議在目前的構架下被看作宗教和諧的楷模。Antonia Finnane, "Zhou Enlai in Bandung: The Official Story with Commentary," paper presented at the "As China Meets the World" conference, University of Vienna, 17–19 May 2004.

54 GARF, f. 9576, op. 5, d.95, l.230

55 RGALI, f. 2918, op. 5, d. 373, l.12.

56 GARF, f. 9576, op. 16, d. 366, l.8.

57 RGALI, f. 2918, op. 5, d.205, l.10, "Letter from Kazennov to Davydov," 15 November 1963.

58 在1965年蘇聯電影節上，影片《丹娘》跟《斯大林格勒戰役》和《攻克柏林》一起，被中國觀眾評選為斯大林時代的經典影片。

59 關於毛主義和革命的時代性，參見Rebecca Karl, "Mao Zedong, The Cold War, and Global Revolution," paper delivered at the University of Manitoba, Winnipeg, Manitoba, 28 September 2007.

60 RGALI, f. 2329, op. 8, d. 519, l. 36-37. "Report on the Implementation of the Plan for Culture Cooperation between the USSR and PRC for 1957,"21 November 1957.

61 "Iz besedy ministra kul'tury Mikhailova s Tsan' Tsziun-zhuem, glavoi kitdelegatsii na peregovorakh o sost. Plana kul'tsltr, na," (Notes from conversation between the Minister of Culture Mikhailov and the Head of Chinese delegation during the negotiations of the Plan for Culture Cooperation for 1957) USSR Ministry of Culture, Foreign Relations Department, Socialist Countries Bureau, RGALI, f. 2329, op. 8, d. 509, l. 54.

62 在對四川省電影工作者的採訪中，有位受訪者告訴我說，1956年以後，《第四十一個》是他觀看過的最早幾部影片之一。2002年7月，四川成都。

63 見Josephine Woll, *Real Images: Soviet Cinema and the Thaw* (London: I. B. Tauris, 2000); Josephine Woll, *The Cranes are Flying: The Film Companion* (London: I. B. Tauris, 2003).

64 "Otchet glavnogo redaktora Otdela sovmestnykh postavok I. Chekina o sluzhebnoi komandirovke v KNR s 28.2 po 16.3 1959 g.- v sviazi s postanovkoi filma Veter

s Vostoka," (Report on the trip of I. Chekin, Chief Editor of the Joint Supplies Department the Ministry of Culture to China between 28 February to 16 March, 1959 in connection with the Joint Production of the Film *Wind from the East*) RGALI, f. 2329, op. 15, d. 24, 1. 28.

65　至於情欲化的階級敵人在新中國 (特別是在上海) 的銀幕上又是如何表現的，參見Yomi Braester, "A Big Dying Vat: The Vilifying of Shanghai During the Good Eight Campaign, " *Modern China,* vol. 31, no. 4 (2005): 411–77.

66　高綱：〈美帝電影中的兩個問題〉,《大眾電影》, 1950年，第13期，頁21。

第七部

改革年代與蘇聯解體的影響

第17章

中國關於戈爾巴喬夫時代並存的爭論

羅斯曼 (Gilbert Rozman)

　　戈爾巴喬夫時代仍然是一個熱議的主題。俄國人回首1990年代，在放棄社會主義的矛盾觀點下，改革如何走向崩潰和停滯；而美國人則尋求總結他們在冷戰取勝的經驗，儘管普京年代已給之前的總結添上了疑問。在這些爭論中，中國的可能具有最重要意義。中共領導人依然全神貫注於維持黨的控制，甚至將國際共產主義的歷史按照有利於自己國內外戰略的方式來演繹。與俄國和美國近期的爭論不同，中國人聚焦於戈爾巴喬夫掌權時讓他們格外關注的特定主題。本文不會聚焦中國人近年總結的經驗教訓，這些已有充分研究。[1] 本章將帶我們回到歷史上中國應對事態發展的關鍵轉折點。依此路徑，我們將理解在有關比較社會主義和國際關係的新興思考，包括中俄關係的演變，中國的一套演繹如何在得到反映。然後，我們就能總結中國的討論，怎樣推動社會主義轉型和大國關係學的理論。

　　中國在1985至91年關於蘇聯問題的討論，與在1978至85年和1992至2007年有着顯著不同。在較早時期，經歷了長達20多年、最終走向「文化大革命」迷失狀態的毛澤東激進主義後，中國啟動改革。專家和的官員憂心忡忡地重新看待社會主義的歷史經驗，及其與資本主義競爭的前景。他們的首要目的是總結教訓，為中國的改革設定方向。[2] 從1990年代開始，另一種經驗總結成為頭號議程。它探求為什麼蘇聯模式會失敗，以防中共統治走上類似蘇共的結果。[3] 反觀在戈爾巴喬夫

年代，中國在積極地追求與蘇聯關係正常化的同時，也很在意比較彼此各項影響深遠的改革，從中取得借鑒。與蘇聯對學習中國興致不大有別，[4] 中國則緊貼關注蘇聯的發展。正如天安門廣場上的大型集會適逢戈爾巴喬夫 1989 年 5 月訪華所顯示的，公眾關注點會因為不同的動機而轉移，但與此伴隨的是官員圈子對蘇聯事態發展的密集細查。這是兩國平行地相互學習的時期，中方稱之為「社會主義改革」。

當中國有關蘇聯研究的旗艦期刊在 1981 年初開始出版的時候，「改革」(主要指經濟改革) 與「正統」兩個術語形成強烈對比。長期研究蘇聯東歐問題的學者劉克明在期刊發表指導意見，明確指出首要目標是要從蘇聯經驗中總結教訓，包括蘇聯的偉大成就和重大問題，以引導中國沿着社會主義道路前進。[5] 逐漸地，研究焦點轉向到蘇聯如何重新構想社會主義，從事社會主義改革的共同追求。[6] 接近尾聲的冷戰，也令學者更關注全球力量平衡及意識形態上的世界觀點。

對蘇聯的分析與下列的基本問題攸關：一、自 1945 年以來，蘇聯的未來被認為較其他國家對中國歷史的影響更形重要；二、社會主義的未來這個問題，是中國政治和社會制度的核心，事關領導層管治認受性的問題；三、世界大國關係和東北亞的區域關係，在國際關係上相當重要；四、通過從其他國家得到最多的必要投入，最大地動員國內資源和意志，中國全面提升綜合國力的前景。中共領導層和按官方所定研究方向工作的學者，當然不是客觀的觀察家。即使這個時段的著作在偏好上有些顯著的變化，但「認可」的研究結果仍然不脫被緊緊控制。

中國官方不希望一個擁抱中產階級、人道主義或俄國沙文主義價值的蘇聯，而是希望它抱持國家主義和增強國力的世界觀，同時循序漸進地融入世界經濟體系。中國同意放棄傳統社會主義，至少放棄計劃經濟；同時歡迎蘇聯領導層進行社會主義改革，借鑒資本主義制度實行漸進受控的改革，但卻不能影響政治秩序，以至給普通民眾和受教育精英的思想造成震盪。關注到社會主義建設階段和中國正從傳統模式轉型，中國領導人傾向為建設先進社會主義制度的過程制定轉型的速度。[7] 這為相互學習創造了很大的潛力，正如有人展望國際社會主義的「共同領袖」將聯手復興他們的共同遺產，但這卻並不是任何形式的聯盟或兩極

化的全球戰略。對於中國官方來說，尤為重要的是，意識形態的外交政策已被狹義的現實主義路徑所取代，前者旨在維繫對集團內若干個國家的權威，使它們喪失進行自主改革和與外國達到有利本國協議的空間，而後者則可在多極化的世界中實現本國經濟利益的最大化。隨之而來，俄羅斯應該提升與中國的關係來平衡美國近期在戰略三角上實力的增長，同時謹慎地發展與美國、日本和歐洲資本主義國家的關係，以求為國內轉型創造穩定和全球經濟聯繫的條件。

　　在向蘇聯問題專家下達定期更新但又不時有議程衝突的指示下，有關討論的開展分別兩個主要階段——1985至1989及1989至1991。1989年6月4日之前，雖然當局在1987年初下達的審查一度令大膽的優秀研究緘聲，但研究焦點一直在比較社會主義。「六四事件」後，蘇聯問題變成要放在國際關係的背景下才可較容易地進行。直到1992年初，蘇聯解體引發了中共保守派對加快開革的強烈抵制，他們質疑鄧小平改革要完成的目標，最後鄧小平對改革作出一鎚定音的演繹（我把它稱之為「社會主義轉型」），才結束了這場討論。通過追溯這兩個階段的討論，我們能夠分析蘇聯對中國發展道路的最終影響是什麼。

對於蘇聯研究指示的不斷變化

　　我先由當局在1986年和1988年初向「中國蘇聯東歐學會」下達的指示，與1991年的作對比開始。1986年初，中共建政後曾任外交部蘇聯東歐司司長的伍修權，曾在學會上發言稱，蘇聯學在理解馬列主義基本原理、根據近70年經驗發展科學社會主義理論和實踐、以至建設現代化的物質文明和精神文明方面，都非常重要。他斷言正在經歷轉變的蘇聯和東歐國家，有更多問題需要研究。他避談戈爾巴喬夫的挑戰給中國領導層帶來的觀點衝擊，但呼籲學者要深度研究，避免過去教條化、簡單化、一邊倒的方法，滿足更自由和更具創造性的工作需要。在當年官方不時小心提醒蘇聯學專家必須嚴格遵守黨和國家的政策和紀律的背景下，伍修權的講話毫無疑問為改革議程給予了自上而下的支持。[8] 這個問題從1984年的「反精神污染運動」以來，一直給意識形態和政治問題

的研究蒙上陰影。雖然到了1985年障礙已逐漸消除，但關於社會主義
比較歷史的研究課題可以公開發表到什麼程度，例如僅作內部發行，有
關的困惑仍然存在。[9]

　　一份學術期刊在1984年底報道，一群在北京的蘇聯和東歐問題專
家，提出研究應該遵循新觀點、新內容和新方法。他們希望與那些和資
本主義國家一道順利進行改革的國家作比較，儘管研究結果將顯示出社
會主義改革的滯後，但這將有助分析政策失誤。在改革過程中，僅聚焦
於經濟體系改革並不足夠；中國需要多角度的研究，並把它聯繫上政治
體制。[10]這種大膽的呼籲超越出當局對研究領域下達的批示，顯示專家
利用研究鬆綁的短暫機偶，渴望進行更深入的研究。

　　在中共總書記胡耀邦被迫下台，以及一些自由派的比較社會主義學
者被開除黨籍後，1987年秋的中共十三大為在改革導向探索過程中很多
過去長期被忽略的蘇聯問題，提供了新的動力。新任總書記趙紫陽提出
「中國仍處在社會主義初級階段」的理論，承認中國需要從有着類似問題
的國家借鑒改革理論和實踐。趙倡議應該盡快發展出重大理論，這被演
繹為新觀念和新邊界，突破教條主義、傳統觀點以及停滯不前的錯誤想
法。黨代會後當局呼籲專家密切關注蘇聯的變化，黨政關係、民主化、
社會正義和法律等成為研究範疇，目的是要深化改革，這極大的推動了
學術發展。[11]與1986年初和1987年初相比，學者更容易作出大膽的分析。

　　1989年「六四」後，形勢急轉直下。趙紫陽遭到清洗，許多研究意
識形態和比較社會主義的知識分子與天安門廣場的示威者一道，被扣上
資產階級精神污染的帽子，甚者被定罪為反革命分子。在一段時期，保
守派嚴控涉及敏感問題的著作，比如蘇聯歷史及當時進行的改革。在
1991年7月19日蘇聯東歐研究學會會議的報道中，我們知悉學會儘管已
經跟隨1978年十一屆三中全會所設定的方向，但學會發言人仍然承
諾，將會滿足現在中央領導層下達的新要求。他明確指出學會支持以馬
克思主義的立場、觀點和方法開展研究，並將履行這些歷史使命。他們
的首要任務包括加強社會主義理論研究，深度總結蘇聯在建設社會主義
中的經驗教訓，追溯並研究當前政治經濟形勢的變化。[12]這是當局自上
而下旨在收窄並統制思想的做法。然而，即使圍繞蘇聯社會主義的探討

被嚴格控制，有關其國際影響的不同觀點仍然得以繼續傳播。

隨着1992年經濟改革重新上路，鄧小平堅定地給蘇聯解體予以仔細的解讀，當局在「六四」後下達的研究限制稍微鬆綁，但有關範疇的研究已無法回復早期的欣欣向榮。[13] 蘇聯學經歷了1985至89年的全方位討論高峰，再走過1989至91年的密集審查低潮，1992年不僅對開闢中國以至中蘇關係的新時期至關重要，也對直至今日的理論綜述有重大意義。[14] 這標誌着自1949年以來，中國關於蘇聯的熱烈討論達到了高潮。

關於戈爾巴喬夫改革的探討：1985-1989

與蘇聯學者不同，中國學者在解釋蘇聯為何偏離設想的歷史進程時，沒有花費大量精力追溯俄國在分裂年代的知識、社會和政治歷史的淵源。[15] 然而，他們假定沙俄帝國主義的不良遺風，在社會主義蘇聯建立後仍然產生影響，導致蘇聯領導人抱有高人一等的思想，傾向於依靠武力擴張權力。他們批評這種世界觀扭曲了社會主義進程，並發展成修正主義和大國沙文主義。但是，鄧小平在1979至80年決定擯棄這些比較社會主義的標籤。[16] 不久，關於改革社會主義的文獻問世，探討改革在很多國家怎樣興起以至蘇聯也會走上改革道路。中國和蘇聯現在都意識到國家發展出現問題，現在是時候點出蘇聯為重回正軌亦即「改革」所付出的正面努力。[17] 在公式化的指責以外，中國學者沒有花太多的功夫解釋到底哪裏出錯，而是迅速採用了新的研究方法。

當全球聚焦於鄧小平對改革基於實踐的經驗主義方法，他仍然很重視理論工作：在1979年的理論務虛會上，鄧提出了「四項基本原則」；在1981年的中央委員會會議，通過了評價毛澤東歷史地位的〈歷史問題決議〉；1983年的清除精神污染運動，針對透過重新演繹馬克思主義諸如人道主義和異化等敏感主題來測試底線的改革理論家；1984年底頒布新的許可給社會主義「理論家」，不久就適逢戈爾巴喬夫上台，推動理論復興助長了政治風氣的開放。與勃列日涅夫 (Leonid Brezhnev) 誇大的言辭成強烈對比，鄧小平質樸地處理理論問題，中國謙遜地自稱國家處於需要大規模借貸發展的社會主義初級階段。[18] 然而，這並不意味着領導

人和審查者放棄社會主義具有優越性的主張，他們仍然認為社會主義將
被證實優於資本主義。[19] 而別國的社會主義經驗將有助中國加快其自身
發展，因此便有需要出版有關蘇聯的著作，以為官方論述提供理據。過
去蘇聯的理論錯誤，正好能為發展路上的錯誤和需要糾正之處提供例
證，甚至一些偏離路線的初步跡象，也被視為成功在望的證明。

　　在中蘇關係正常化的年代，中國試圖消除損害雙邊關係的意識形
態障礙。中國首先承認蘇聯及其東歐衛星國社會主義國家的性質，接着
與過去曾一度敵對的東歐五國實現關係正常化，表明在與蘇聯關係正常
化至關重要的是外交政策而非意識形態。很快，中國快復與東歐五國的
多維度合作，而這動作被視為與莫斯科關係出現突破的有利條件。北京
在1981年6月表明奉行既不依附蘇聯也不靠攏西方國家的獨立自主外交
政策後，中蘇尋找共同點的前景看漲。兩國在聯合國就第三世界議題的
投票取態，把兩國距離拉近。中國反對波蘭的團結工會運動，在其他旨
在削弱共產黨專制統治的圖謀也發出愈來愈清晰的反對訊號。到了
1982年9月，兩個社會主義大國的對等談判機遇出現了，中蘇準備就兩
國關係正常化舉行政治磋商。當時蘇聯與美國的關係出現新的矛盾，領
導人期待重新調整戰略三角關係的平衡，這給予了中國一定操縱的空
間。與前幾年不同，美國如今要求中國維持反蘇的首要立場，而不是走
向相反。中國在1985年派出副總理李鵬參加契爾年科（Konstantin
Chernenko）的葬禮，顯示北京對中蘇關係的重視。中蘇領導人再次以
「同志」相稱，暗示着黨際關係能夠更進一步；而戈爾巴喬夫與李鵬單獨
會晤，表明兩國關係正常化已成為可能。但是，直到1986年中主導妖
魔化中國的蘇聯官員被免職，以及戈爾巴喬夫在符拉迪沃斯托克（海參
崴）發表講話後，兩國關係正常化才取得突破。然而，莫斯科當時又急
忙改善與美國的關係，某程度上又起了「中和」作用，使中美蘇的三角
關係平衡沒有按中方設想的走向發展。[20]

　　中國領導人在1980年代上半葉對蘇聯的轉型曾有過樂觀的評估，
儘管當年他們對安德羅波夫（Yuri Andropov）的政策能否開啟改革時代
帶有一廂情願的想法。翻譯的文章一度帶領探索禁忌話題，[21] 但到了
1985年已變得不常見。戈爾巴喬夫上台後，文章的基調變得更樂觀且

具體。1986年初蘇共第二十七次代表大會提出各項改革，中國的觀察家反應更加樂觀，認為這次會議將成為帶來眾多積極影響的轉折點：正如中國已經做的，蘇聯承認在目前發展階段存在的矛盾；同中國幾年前所作的轉折一樣，蘇聯認識到深化改革的需要，並對中國的改革成果充滿興趣；參照中國外交政策的正面作用，調整外交政策戰略，以支持國內實行新的政策路線；給予中國在國際共產主義運動更多的參與範圍；總結過往領導人的錯誤，例如在1986年夏天密集報道斯大林在政治上和知識分子政策上的錯誤，做法似與中國的平行。[22] 在中國擯棄「修正主義」和「社會帝國主義」等名詞很久之後，蘇聯在1987年宣布沒有任何一個政黨能夠壟斷對社會主義的定義，承認蘇聯和中國發展道路有共存的空間。認識兩國改革軌跡的共同點，蘇聯官方還組織翻譯了鄧小平的著作。[23] 社會主義改革的共同意識正在增長，兩國關於社會主義的探討已愈來愈密不可分，儘管這可能會對上層控制討論範圍的程度造成風險。

追溯1986至88年間中國內部發行期刊對蘇聯的報道，可見中國極為關注當年事態的發展。這些報道準確且生動地傳達了蘇聯領導人持續的批評，強而有力地說明這套中蘇兩國共同繼承的制度怎樣失調。評論員在1986年初批評戈爾巴喬夫太膽怯，指出他尚未觸及改革最重要的理論問題，還稱他將面對享有特權官員的激烈抵制，且在沒有太多實證的情況下指蘇聯將出現針對特權官員的鬥爭。[24] 中國學者還就蘇共二十七大舉行圓桌討論，稱頌會議否定了勃列日涅夫的「發展社會主義」理念，認同蘇共把經濟停滯看作問題並認識到社會主義建設存在多種模式。[25] 資深蘇聯學專家諸如劉克明，提醒蘇共二十七大的成果仍然存疑，認為會議成果取決於針對慣性、教條主義和保守主義的鬥爭強度。[26] 他還指出蘇聯政治體制存在黨政不分的毛病，黨經常接管政府的工作。[27] 然而，很多1987年的報道仍然設下評論的界線，比如強調列寧理論是正確的，甚至形容斯大林是偉大的馬克思主義者。[28]

在表達批評或提出直率比較受阻的情況下，大膽的思想家尋找較少被控制的課題作為渠道，以表達他們比較歷史的觀點。例如，他們得出中蘇兩國都聚焦於權力再分配的結論。兩國在進行權力分配改革時面對

類似的阻力，有時沿着相同路線，但有着不同的早期優先考慮。我們也知道，中國的改革由經濟開始，而蘇聯則從領導層開始；中國改革從農村發展到城市，蘇聯則自上而下；當中國把所有權和管理權分開時，蘇聯則捍衛工人的民主權利。這類分析提出兩國需要互相學習，而這種比較帶來了廣闊的前景。[29] 幾篇在 1987 年發表的文章將戈爾巴喬夫奉為圭臬，此時中國的審查再次鬆綁，蘇聯大膽的改革行動再次吸引注意，有人認為戈爾巴喬夫取得了社會主義理論的突破，包括指出社會正義是社會進步的關鍵激勵。在當年的氛圍下，另一篇文章總結說社會主義越發展，民主程度就越高，這將可能實現社會主義在全球的復興。[30] 作者高度讚揚戈爾巴喬夫堅持社會主義，同時批評勃列日涅夫破壞社會主義，暗示中國應該跟從新的改革例子。

儘管有這些大膽的信號，比較社會主義研究領域在 1987 年上半年遭受了重挫。作為影響深遠的理論基礎，它在經歷前段時期的謹慎發展，成為有限地總結中國改革經驗的方法，在 1986 年仍然看似跳躍前進。它沿着幾條特定路線開始：比較農業、比較教育、比較城市規劃等。戈爾巴喬夫早期對改革（perestroika，俄語字面意義為「重建」）的興趣，似乎與這些有限的範圍一致，基於相當狹義的改革提供許多誘人的目標。然而，當戈爾巴喬夫在 1986 年增加了「開放」（glasnost，俄語字面意義為「公開性」）和「新思維」等被中國領導層視為敏感的內容，比較研究的範圍擴大到可能直指觸動領導人敏感神經的問題。其中一種大膽的思路認為，由於蘇聯發生的事情在相當程度上也發生在中國，因此堅稱中國缺乏改革經驗，需要學習蘇聯。它強調蘇聯歷史證明大多數重大問題都是政策過「左」的錯誤結果，不能簡單歸咎到某些領導人身上，必須追尋到理論錯誤和沒有顧及現實情況之上。[31]

如果說在 1986 年 5 月，中國輿論在評論戈爾巴喬夫時，仍然是指他藉着挑出歷史錯誤來推動當年仍主要停留在經濟層面的改革，並為了限制昂貴的軍備競賽試圖改善與美國關係的時候，[32] 隨着時間推移，他們認識到戈爾巴喬夫其實是矢志實現社會主義體制根本改變的領袖。到 1987 年 3 月，中國輿論認為蘇聯改革已經超出了其最初階段，步入政治體制和經濟體制同時成為改革目標的新階段，這將為社會和經濟帶來積

極改變，贏得黨內同志和工人對改革的支持。[33] 甚至在1987年短暫的反對資產階級自由化運動期間，中國再度加強監控輿論，但是戈爾巴喬夫仍然為深度探索社會主義體制提供了豐富的資源。

關於蘇聯民主的討論在1987年達到高峰。一個原因是當時中國有關民主化的討論仍處於強勢，尚未如後來般遭受懷疑。另一個原因是，利用「社會主義民主」的標籤來解釋不同經濟管理和社會文化生活治理模式帶來的好處，提升了社會效率。只要作者明確表示討論將在黨的控制下進行，官方接受研究得出社會主義民主帶來進步的結論，但引用列寧的言論較引用戈爾巴喬夫更容易獲得官方容許。[34] 傳媒在報道這個主題時需要平衡。一方面，似乎這是應對特定情況的回應，它必須否定直接民主和支持高度集權，並不真正意味着放棄民主原則和勞動人民的基本利益。另一方面，當局期待觀察家附和蘇聯官方的説法，即在形勢已改變的情況下仍不充分發揚民主，就會使發展停滯。與這些官方所定方向一致，學者都會堅持領導層必須改變以擴大黨內和黨外民主的説法，認為赫魯曉夫在對斯大林模式的改革並沒有走得太遠，同時強調必須堅持黨的領導，以實現諸如透明度和自治等民主的表現形式。這種平衡經常在沒有承認民主的基本原則下進行，而這些原則已逐漸為蘇聯的公眾討論接受。[35] 然而，大膽倡議改革的學者，把戈爾巴喬夫實行的措施視為更多實質性政治改革的序曲，儘管他因為受到部分官員的強烈抵制，期望不應過高。他們強調政治體制改革很困難，尤其是面對諸多不利條件，並點出心理遺產和對新政治邏輯的需要。[36]

當我們回顧比較社會主義研究的興衰，不能忽視中國社會科學院馬克思列寧主義毛澤東思想研究所所長蘇紹智的角色。他加速對斯大林主義的批判，並致力通過比較對社會主義整段歷史作出全面和公正的評價。借助官方放鬆對蘇聯討論控制的時機，他向領導1984年清除精神污染運動並在1987年胡耀邦下台後重掌宣傳工作領導權的胡喬木和鄧力群，提出了直接的挑戰。1985至86年間，蘇紹智啟動社會主義比較研究的重大項目。1985年10月他在《光明日報》闡述了項目廣闊的範圍：不僅是經濟結構，還包括與民族特性相聯繫的生活習慣和社會關係網絡、政治管理形式傳統、文化觀念背景、以及革命道路和方式。當

這個研究計劃在1986年下半年迅速推進的時候，蘇紹智直率地表明其研究目標。他的文章草稿從1987年第一期《馬克思主義研究》期刊撤下，1987年8月黨內更有人指他因為支持資產階級自由化，「建議」開除其黨籍。

此時另一位被開除黨籍的是中共中央宣傳部理論局副局長李洪林。他後來撰文寫道，1986年11月1日胡耀邦與國家社會科學第七個五年計劃（1986–1990）規劃會議的召集人會晤，直接批評「黨的領導方面」干涉學術，並承諾黨中央「決不會打棍子」。[37] 隨着胡耀邦下台，1987年初的反對資產階級自由化運動再令理論工作倒退。包括蘇紹智和李洪林等與胡有交集的知識分子遭到整肅，標誌着當局決定限制新興的比較社會主義研究。然而，基於官方仍然相當關注戈爾巴喬夫的動態，而接替胡耀邦出任總書記的是趙紫陽，那些獲准許繼續研究的學者此後仍能發表類似觀點，有關研究得以在不提及「比較社會主義」的情況下繼續。

儘管報道蘇聯持續發展的需要，為表達民主的細節和集權制過往的缺點提供了空間，這些報道也激發了中國政治體制改革的討論，但中國一些領導人對戈爾巴喬夫支持影響愈見深遠的民主改革卻心存疑慮。謹慎的心態蔓延所及，官方收緊了審查制度。關於政治體制改革重要性的討論，1986年突然熾熱起來。學者可以響應戈爾巴喬夫的號召，暴露集權體制的內部問題以及提出約束黨的權力膨脹，例如高舉強化黨的領導的旗幟，同時又為狹隘的個人利益服務。[38] 學者把意見包裝成延續「十月革命」和顯示社會主義比資本主義制度優越的觀點，在1986年底呼籲改革社會主義模式，以釋放社會主義制度的全部潛能，並回應當前其他社會主義國家的改革。[39] 甚至在當局收緊比較社會主義研究的控制之後，[40] 在趙紫陽擔任中共總書記期間，這個研究領域仍然透過比較判斷的間接表達方式重新獲得動力。

1988年輿論再次議論改革進入新階段，焦點直接放在政治體制改革，但是改革正直面新的困難警號，包括探討中國自身經濟改革愈來愈多的問題，以及關注蘇聯經濟改革已步入嚴重困難。儘管輿論質疑蘇聯把不同類型改革結合進行的成效，但對這種做法並無敵意。[41] 兩國改革的共同主題是同步進行多種改革的需要。中國有評論指出戈爾巴喬夫的

努力，説明了改革必須不能局限於經濟領域：如果文化、社會和政治改革被束縛，經濟改革也會失敗。[42] 正如在中國一樣，關於怎樣推進改革的爭論也越來越激烈，戈爾巴喬夫大膽的舉動，吸引了對描繪未來變革和理論藍圖帶有強烈感情的一群人。

鄧小平顯然對「右派」透過評論蘇聯改革企圖令中國與西方趨同感到不舒服。畢竟，中國的意識形態錯誤遠超蘇聯，一直備受批評，官方對是否應該廣開言路以否定斯大林和斯大林主義態度保留。因此，有關蘇聯歷史的評論，在早前中國吸取社會主義改革教訓的時期一度很突出，但這時探討蘇聯歷史在偏離理想中歷史路徑錯誤的研究，取得官方認可的進度卻很緩慢。無論建設社會主義發生了什麼錯誤，沒有人會被視為無知到試圖阻撓正確構思的改革戰略。在批判蘇聯歷史的暴行，中國領導人比戈爾巴喬夫更克制。

這種缺乏歷史反省的「向前看」路徑，引發了兩條路線觀點的質疑。認真提倡政治改革的人傾向尋找蘇聯發展為何脱離軌道的獨特歷史原因，認為只有徹底的政治體制改革才能夠使國家重回正軌。不過，由於蘇聯缺乏民主傳統的論斷能夠輕易轉換到中國身上，這些研究因此遭受反反覆覆的審查。另一種觀點傾向把個人錯誤歸咎到幾位蘇聯領導人身上，建議學者記錄政府權力不受制約和錯誤判斷帶來的惡果。中國以往曾長期妖魔化赫魯曉夫和勃列日涅夫，因此一些學者不需要太多的督促就可以找到戈爾巴喬夫的錯誤。到了1988年下半年，情況已發展到一方認為蘇聯改革的困難只能通過充滿活力的政治改革才能解決，一方則警告戈爾巴喬夫已經轉入危險的方向。前一種觀點的形式，與當時中國領導層就改革路線出現分歧和公眾對通貨膨脹的不滿日增同步。1989年「六四」後這個問題解決了，官方認定戈爾巴喬夫已經成為對社會主義的威脅。

關於後戈爾巴喬夫政策的討論

到了1989年7月，隨着中國領導人指控戈爾巴喬夫鼓動「資產階級自由化」，並縱容東歐社會主義陣營的解體，官方加緊審查討論戈爾巴

喬夫的出版物。一些領導人要求明確否定他，更有人指鮑里斯‧葉利欽（Boris Yeltsin）的危險性更大。此後兩年中國繼續與戈爾巴喬夫合作，以其政策仍是社會主義作為掩飾，但在國內卻盡量減少有關這個問題的討論，甚至禁止內部刊物報道。中國多少有些受困心態，對內恐懼混亂和孤立，對外擔心戈爾巴喬夫的思維蔓延。強硬派掌權，大肆宣揚陰謀論。[43] 他們感到蘇聯不再是一個外國實體，堅稱自己非常了解蘇聯發生的事情，並往往用上最極端的措詞，又對國內繼續改革日程提出最嚴厲的警告。[44] 鄧小平也許不鼓勵這種討論，認為這只是浪費時間，而且擔心「單一真理」將會危害「實事求是」，但保守派在一段時期卻可以不受拘束地把他們簡單化的解釋強加於公眾，並不允許其他人公開探討。

中國有把思想看作歷史驅動力的傳統，國家的「指導思想」和共產黨的地位一樣都是變革的決定性因素。在注意到蘇聯的民族衝突和糟糕的經濟狀況的同時，更多的批評集中於違背社會主義思想基本原則。類似的批評指控赫魯曉夫批准「解禁」以人道主義為主題包藏禍心的文學作品，並決定全面否定斯大林，導致出現思想混亂。[45] 政治分析家認為蘇聯改革失敗，清楚地證明戈爾巴喬夫的社會主義轉型理論方向錯誤，因此強調理論正確非常重要。儘管在1989至91年，這些分析在闡釋蘇聯前途時仍持開放態度，在解釋鄧小平的改革成果時未見堅定，但已為新的理論正統提供了正當理由。

儘管關於蘇聯國內發展的報道消失，其外交事務在中國仍然受到關注。蘇聯和美國的競逐全球霸權，中國的出版物毫無疑問長期關注兩個超級大國相對實力的問題。[46] 中國通過比較美蘇的實力，把自身的現實主義外交政策朝利益最大化方向調整。起初，問題不僅關乎實力，同時也關乎冒犯的問題，因此中方再三強調蘇聯應要作出讓步。儘管鄧小平讚揚戈爾巴喬夫第一年的成就，他毫無疑問強調蘇方需要解決雙邊關係正常化的三大基本障礙。戈爾巴喬夫的符拉迪沃斯托克（海參崴）講話為改善關係引進了新理念，比如他提出把邊界設定為友誼區的同時，重新考慮蘇方在處理邊界糾紛問題的立場。他在1986年開始在三大障礙上採取行動，包括從蒙古撤出相當數量的軍隊，並表明從阿富汗撤軍的計劃。對於戈爾巴喬夫同時提到越南從柬埔寨撤軍，鄧小平堅持蘇方應

採取更多的行動。[47] 然而，雖然戈爾巴喬夫緩和冷戰的緊張局面並滿足鄧有關雙邊關係正常化的要求，但由於他過於信任國際社會並不再傾舉國之力謀求大國地位，中方對蘇方態度轉變的反應頗為複雜。總括而言，他把改善與美國的關係列為首要工作，令蘇聯產生了依賴性，不符合通過加強國家獨立觀點並拉攏別國成為夥伴來平衡美國勢力的邏輯。莫斯科在1987至88年逐一解決了三大障礙，當時很多人以為莫斯科採取了現實主義的路徑，鞏固蘇中的二元結合，以在戰略三角關係起到槓杆作用。在歐洲和日本緊緊依附美國的環境下，主要是中國能夠提供操作餘地。對中國來說，中蘇關係沒有得到蘇方的適當重視既然是問題，但更重要的是蘇聯在1989年「六四事件」後的反應，莫斯科沒有對西方國家向中國實施制裁作出任何反制，並在繼續與中國建立正常化雙邊關係的新基礎顯得十分懷疑。

就算蘇聯領導人忽略大國實力的平衡，在「六四」後批准改善中蘇關係仍是可能的。畢竟，鄧小平曾在1989年5月讚揚戈爾巴喬夫的新思維，還把它與自己的世界觀相比。這把進一步的積極評價合理化。儘管對戈爾巴喬夫的批評轉向至其履歷和錯誤的推理，甚至他為何迷戀西方的可疑動機，中方並沒有否認在雙邊關係取得成果的價值。江澤民在1991年春訪問莫斯科被看作是重回戰略三角軌道的機會。戈爾巴喬夫從對美國反覆的退讓中抽身，莫斯科的一些改革者甚至說：「在新世界秩序來臨的時候，兩個大國之間的利益平衡將和過往一樣重要……有一個強大可依賴的後盾十分重要。對中國而言，蘇聯就是一個的後盾，反之亦然。」[48] 因此，中方尚存一絲希望，尤其與蘇聯軍隊和其他地方的強硬派接觸時了解到戈爾巴喬夫的掌權並不穩固，政府內部一些人已經把中國看作成改變蘇聯與西方單方面夥伴關係的選項。

當中國聲言儘管國家參與國際分工，但仍然是發展中的社會主義大國，必須避免依賴其他國家或國家組合的時候，他們認為蘇聯是另一個同樣接受新形式分工的大國，包括打開西伯利亞的資源寶庫。甚至有一些樂觀主義者認為，莫斯科的新戰略或者逐漸的權力下放會給兩國帶來密切的經濟聯繫，並克服國內的政治混亂。[49] 因此，即使戈爾巴喬夫繼續靠攏西方，中國對蘇聯仍有希望。

　　總的説來，中國的分析家理所當然地認為，在沒有強大國家主義的領導下，自由思想和社會資產階級發展將帶來對西方的依賴。容許國際化的精英傳播新興的世界觀，或者更糟糕的是容許他們掌握權力，相當於放棄了一國的國家身份認同和利益。在中國面對天安門事件的關鍵時刻，同時期戈爾巴喬夫的「新思維」在蘇聯傳播對西方的信任，漠視維繫力量均衡的國家目標，令過去建設強大且獨立的國家以抵抗美國稱霸全球的努力全部付諸流水。美國的霸權主義，正是繼承了幾個世紀帝國主義擴張，通過軍事或和平手段追求全球控制和征服。在解釋1989年東歐社會主義政權以及三年後蘇聯的解體時，中國學者聚焦於與「和平演變」戰略關聯的國際因素。有人認為若社會主義國家繼續大國利益的現實主義追求，將會導致世界多極化，和平演變戰略終將失敗。[50]多極性主題的興起，是對「世界新秩序」的應對。

　　在這種環境下，中國緩和緊張局勢、為經濟發展創造穩定環境的當前目標，似乎越發艱難。[51]然而，鄧小平拒絕這一論斷，並在1992年提出樂觀的思路。他認為大國處理好它們的關係，不會對中國造成巨大危害，中國的市場經濟將會在新型改革下欣欣向榮。鄧對處理中國對蘇聯事態的反應十分謹慎。當蘇聯集團解體，共產黨失去其壟斷地位，以至蘇聯政權倒下的時候，在每次經歷黨內激辯後，鄧都平息爭論並重新訂定討論方向。他否定那些大膽斷言中國將可領導世界共產主義運動的意見，並對作為大國的蘇聯仍抱有信心，認為蘇聯將重塑其國家認同以及在國際體系中與中國一道尋求共同利益。新時代將會帶來穩定的信息傳播，中國將迎來經濟發展和崛起的機會。

　　1991年8月蘇聯發生企圖把戈爾巴喬夫拉下台的流產政變，中共的一些保守派領袖對政變失敗感到失望後，提出了更極端的措施。他們認為社會主義改革不僅在蘇聯失敗，更判斷改革在中國也很可能失敗，要求逆轉政策甚至重啟階級鬥爭。[52]如果這些分歧反映黨內對鄧小平主張的強烈挑戰，這些意見大多都被排除於學術著述以外。鄧小平在1992年初再次高調重回公眾視野，引領新一波的經濟改革，並在理論工作上提出「要警惕『右』，但主要是防止『左』」，轉移了中國的發展道路。戈爾巴喬夫的形象已變成無可補救的反派，但在狹義上社會主義改革重

新獲得其重要性，因為支持中國發展戰略的理論，已不再受到關於其根本原則的嚴肅討論所左右。

有中國學者在1992年指出，美國密謀蘇聯解體，並陰謀控制俄羅斯，但認為沙俄傳統的重現加上前蘇聯幾十年超級大國榮耀的遺產，美國的計劃不會成功。[53] 他們斷言美國渴望蘇聯解體，是其霸權主義野心的一部分，美國同樣尋求在中國達成類似的目標。這種思路把1989年6月和1991年12月連繫起來，結合了對地緣政治野心的指控，並對創造建基於西方價值的全球文明目標提出警告。[54] 雖然依賴經濟援助且缺乏足夠的警惕將使國家進一步落入西方的軌道，產生嚴重後果，但是鄧小平明確提出，中國將繼續參與全球經濟融合，不必視其為威脅。

早期關於蘇聯共產主義垮台的報道，把原因歸咎於帝國主義的干涉，並指這是西方「和平演變」戰略的一部分。沿着這些思路，有關內部原因的探討強調蘇聯改革的理論錯誤，認為這與和平演變的理論遙相呼應並以改革之名行破壞之實。另外，1992年的報道明確表明，中國學者正在探討戈爾巴喬夫鼓勵這種理論化的動機，有人說他帶着摧毀共產主義的目標開展此套理論，其他人則認為此套理論經歷階段的演化。[55] 不管共產主義毀滅之路的轉折點在哪裏，分析家強調理論錯誤加速了這一進程：失去組織控制使反共產主義團體在1988年雨後春筍，無限制的「公開性」使人們對共產黨的領導失去信心，抽象的人道主義將人置於中心並堅持國際關係人性化，最終消除黨對權力的壟斷並在1990至91年打開全盤西化的閘門。[56] 論者經常把不切實際地呼籲「為全人類利益服務」、拋棄敵人的任何形象、以及為美國實現其「和平演變」戰略創造條件聯繫起來，認為這導致了蘇聯解體。[57] 儘管關於解體的闡述越發多樣，許多解釋仍然把矛頭指向西方。

到了九十年代，中國有關蘇聯發生災難後果原因的討論，與蘇聯在20多年前有關痛失社會主義陣營內最堅定夥伴的探討相似。在上述兩個時空，尋找社會主義發展出現偏離的原因，產生了一種經官方認可的正統意識形態，警惕異端邪說的挑戰並實行審查。不過，事實證明審查難以執行，因為在深入探討形式式的原因時，一些包裝成紛陳的意見總能進入公眾視野。兩個時空的相似之處很明顯，官方審查限制了討論。

中國極端專制的形象讓人民想起過去的斯大林主義，容易營造出七十年代蘇聯的負面形象。同樣地，九十年代俄羅斯政治經濟局勢混亂，社會深陷危機，令中國國民容易聯想起自身的文化大革命，官方因此容易向人民傳遞這種形象。

「六四」後保守派處於上風，關於戈爾巴喬夫的討論消失於公眾視野。當有關討論在1992年起轉以探尋蘇聯和共產主義陣營瓦解的原因低調地恢復後，俄羅斯轉型的失誤以及擔心意識形態如同在文化大革命期間引發經濟混亂，正中保守派的下懷。就算是過往同情戈爾巴喬夫的中國學者，在總結他及葉利欽的影響時，都認為他們把俄羅斯引領至錯誤道路，對中國是個警示。他們很少把眼光放到俄羅斯在1993至94年間取得的民主進展，相反觀察到俄羅斯的官僚利用自己的權力，在私有化過程中把國有資產據為己有。當然，有關那些影響的評論不能發表，只能在採訪中出現。1989年關於蘇聯學的強烈分歧，以圍繞探討共產主義陣營瓦解和蘇聯解體原因的紛陳觀點重新浮現，但當鄧小平的理論轉移因為俄羅斯局勢的發展而增強了公信力的時候，討論空間收窄了。鄧在1992年把討論重新聚焦在已經發生了什麼。官方需要批判蘇聯道路，以證明中國在「六四」的鎮壓是正確的；但如果鄧要重新激活其改革計劃並且留下有利於經濟快速發展的政治遺產，就必須給討論定下界線。

中國領導人為國家設定了三項俄羅斯領導人未能完成的任務：發展經濟，避免經濟受到衝擊而搖搖欲墜；實現國家統一，不喪失國土；反對霸權主義，不與其妥協。就算是中國的改革派，很大程度上也認同上述目標，因此莫斯科在這三項目標全部失敗，成為令人扼腕歎息的例子。九十年代中國興起的民族主義，有效利用了蘇聯的反面例子，傳播社會主義國家怎樣轉型以及如何實現世界多極化。

社會主義轉型理論和大國幾何

中國在1985到1992年經歷了理論波動的時期，這段時期以對原先教條主義的尖銳挑戰和在實用主義經濟改革時期的模糊答案為標誌，有

人認為這些與理論都不相關。然而，當局認真看待理論。大概到了這段時期的末期，中國領導人找到了對社會主義的經修訂理解，為進一步改革提供了路線圖，理論逐漸形成。回應蘇聯思想層面的挑戰，中國在鄧小平領導下完善了社會主義和資本主義之間的競爭理論，並界定了在維持控制並堅定反對外國民主化壓力的前題下，社會主義需要些什麼。這套理論構建了中國在過去15年間一直沿用的世界觀框架，並因為蘇聯改革與之成強烈對比而得到支持。

審查制度令尖銳批評毛澤東、暴露文化大革命全面真相以及承認中國現存制度根本結構的言論，均不能在官方認可的出版物出現。但是，關於蘇聯的討論及其給中國的教訓，在大約十年間卻成為內部流通刊物的優先主題。再者，在戈爾巴喬夫上台後的頭四年，胡耀邦和趙紫陽都歡迎追尋延伸至政治領域的改革思潮，並認為對戈爾巴喬夫的正面評價有益。儘管在八十年代上半葉官方認可的社會主義歷史研究有時候不能走得太遠，但這些研究卻成為證明需要戈爾巴喬夫以及他試圖做什麼的手段。大膽的著述進一步闡釋斯大林的真實罪行和赫魯曉夫改革的重要，以及蘇聯始終未能建立權力制衡制度的原因。對仍然被剝奪主動權的中國知識分子和一些官員來說，他們燃起了克服武斷專制主義的希望，並清楚闡明了體制的重大問題，而這些已被證明給中國人民帶來了重大代價。早在1984年的清除精神污染運動，官方的審查已經收緊，限制學者作出比如把早期和晚期馬克思區別對待等的越軌行為。短短三年後胡耀邦下台，官方又試圖限制有關赫魯曉夫人道主義和戈爾巴喬夫「公開性」的討論。然而，鬥爭在1988和1989年初激化，並聚焦在戈爾巴喬夫身上。他沒有因為促成蘇中關係迅速正常化而成為公開抨擊的目標，但是與那些指他在比較社會主義上有貢獻的間接稱許成對比，有關他潛在破壞社會主義的擔憂漸增。與那些欣然接受戈爾巴喬夫並認為其有助中國與西方接軌的一派理論相反，否定其解讀社會主義方式的一套理論取態堅持下來，並在1989年「六四」後成為社會主義轉型新框架的核心。

中國的比較社會主義研究，經歷了八十年代上半葉直接但狹隘的比較，1986年轉至鋒利的直接比較，1987至89年轉為間接但仍然尖銳的

比較，然後在1989至91年走向沉寂，並由1992年起大概出於要抵銷作出比較的價值強調鮮明的差別。然而，一種基本比較逐漸在領導層的憂慮中產生共鳴：如同俄羅斯一樣，失去自上而下的控制，並不會做到像很多西方人所稱的釋放民主的活力，但卻會給適應了共產主義集權制的大國帶來混亂。這一單純的信息使其他比較都變得毫無需要。著作漠視幾年前比較社會主義發掘的學術主題，變成只着重支持理論的對比。

蘇聯的經驗加強支持了下列觀點：一、社會主義革命為中國和蘇聯的情況提供了擺脫落後的唯一出路；二、即使社會主義沒有令國家擺脫落後狀態，無論在革命後發生了什麼錯誤，國家在社會主義下取得的發展都要大於資本主義；三、即使社會主義確實無法彰顯其優越性，但現在放棄社會主義會令發展緩慢，使國家陷入衰退甚至是無政府主義；四、確保領導層和政治體制的延續性，是從資本主義國家大量借鑒來實現社會主義潛能的優先選項。在蘇聯這個例子，領導人在詮釋意識形態上犯錯，威脅到政治秩序。他們容許顛覆社會主義基礎意識形態的觀點滲入公共討論，尤其是在1988年6月的蘇共十九大作出錯誤轉折。在十九大會議期間，人道主義和與西方趨於一致的思潮風行，蘇聯放棄了對資本主義威脅的防範，壞理論終於導致蘇聯崩潰。反觀中國，從鄧小平在1979年啟動改革開放開始，到1992年完整理論框架成形，理論發展走到高峰全面復興。因此，中國在面對未來發展時，需要延續其過去和自豪。

在1970年代的莫斯科，蘇聯的改革者在嚴厲的審查下，利用當時被隱約視為負面例子的中國，把中國與蘇聯體制的缺憾聯繫起來，為國內改革創造條件。然而，在1990年代蘇聯成為中國的負面例子時，北京和上海的改革者在把兩國的過失連繫起來並推動改革前景上並不是很成功。這主要是因為中國領導層成功借鑒了改革議程，説服了中國人民選擇了與莫斯科不同的道路。不少人對文化大革命帶來災難性混亂仍抱有深刻的印象，蘇聯改革引發的混亂，令人們把兩個時空聯繫起來。中國領導人成功發展出一套適應當時社會情緒的社會主義轉型理論，拒絕把過去視為未來的指引，但是同時也沒有全盤否定過去的決策，不採取「破壞性前進」的做法，社會主義制度可以在抽象概念上得以保留。這套

理論接受現代化理論的元素，但拒絕達至與西方趨同的結果，改革可以在不轉向至西方模式的條件下進行。它一方面堅持在全球力量均勢中發展國家實力，抗衡基於西方價值和美國霸權的新世界秩序擴散，另一方面又擁抱經濟全球化。這種雙重性不僅應用在無限期未來的正式主張，而且也成為中國未來幾十年的過渡框架。

有關蘇聯的討論，令中國領導人得以在官方學術界的理論支援下，清晰表達一套經修訂的現代化理論，而它在幾個重要層面皆與西方曾經流行的理論有着顯著差別。[58] 它重視在本地借鑒外來經驗並進行試驗，以尋找最佳結果指引國家道路，同時強調國家帶領和控制是成功的關鍵。它同時引領了一種文化上的討論角度，強調來自境外的精神污染危害國家，卻不對是否要開放國門以了解國外發生的事情提出疑問。中國共產黨人自認他們不僅是為社會主義作戰，更是為中華文明作戰。最終，中國也修改了世界秩序的理論。據此，中國強調一個穩定的、能促進經濟快速發展的全球勢力均衡格局，但這種均衡要制止干涉別國內政。中國並希望建立一個分層的世界政治秩序，各個政治大國並存，在全球施加不成比例的影響力；建立新興的地區秩序，讓崛起的國家在更大範圍內擴張影響力。[59]

根據中國官方的思維，國家認受性來自經濟成果和消費者滿足多於民主選舉，國家實力比國家權力受到制約更加重要。以國家為中心的思路主導着理論，貶低以個人為中心的思路。雖然社會主義轉型或許釋放了個人的激勵，賦予人們足夠的獎勵，但是國家卻代表了確保穩定、提供清晰理論、並在危險世界中把權力最大化的力量。除非人們滿足於「中國特色社會主義」的模糊概念或「社會主義市場經濟」的矛盾修辭説法，這種理論從未成為有明確正式名稱的教條。儘管如此，它自1992年起帶領中國，並且因為九十年代蘇聯的失敗和此後沿着對中國有利路線的理論復興被證明為正確。社會主義理論在1985至89年間脱不開蘇聯新思維的陰影，1989至91年間在「六四」衝擊和蘇聯「邪説」的雙重陰影下獲得了不同的內涵，到了1992年則再度復興，很大程度上一直維持到今天。

結　論

　　無論把集點放在蘇聯的命運、社會主義制度還是國際體系上，中國領導人都為蘇聯決定往何處去而擔憂。這極大的關係到關於中國將往何處去以及哪些政策將朝更有前景方向發展的內部分析。其中一個回答是，蘇聯似乎是較發達的社會主義國家並已經準備進入社會主義新階段，將可能給中國指引道路。蘇聯的城市化和工業化程度較高，人民受教育水平程度也高，國家正在與美國接軌，人數增長的精英群體正在挑戰多年來壟斷權力的小撮政治精英。構建這種觀點的人，間接地被驅使作出這種論點，將政治改革看作成已經實現高度發展水平的社會主義國家自然而然的下一步，並注意到過往蘇聯的發展路徑並不平衡。如果政治改革早些實行，國家可以更好。這樣，他們把社會主義民主化置於社會主義改革的中心，其觀點基本上支持與西方接軌。但在1989年「六四」後，當官方重新把專制主義奉為改革轉型的關鍵時，他們成為了嚴格審查制度下的受害者。

　　從1986到1991年中國官方變得越來越緊張戈爾巴喬夫的影響。在1986年末和1987年上半年，胡耀邦和中共黨內改革派知識分子遭受打壓並被清掃。1989年6月開始，官方意識到在國內遭到鎮壓的示威集會，與戈爾巴喬夫改革釋放的力量，及隨後社會主義政權和國際共產主義陣營的崩潰十分相似。到了1991年，官方對蘇聯共產黨失去對權力的壟斷以及隨後蘇聯解體感到震驚。儘管當中曾有滿懷希望的插曲，包括在戈爾巴喬夫執政初期胡耀邦曾策劃理論界作出正面的回應，趙紫陽在1987年中到1989年初也在面對很多負面評價的時候重啟理論界對蘇聯的討論，但整體的趨勢是，官方對蘇聯領導人把國家引領到遠離中國所期望的國內及國際角色感到失望。

　　中國在1985年對戈爾巴喬夫顯現熱情，但是質疑他的改革和外交政策行動是否夠大刀闊斧。在1986至87年間，隨着中國領導人出現分歧，在蘇聯的持續轉型過程中對戈爾巴喬夫的評價出現了不同路線之爭，正面的評價和加劇的質疑共存。到了1988年和1989年的前幾個月，觀點變得兩極，一方面批評者加強警告戈爾巴喬夫的所作所為將帶

來破壞，而他的支持者則更熱衷於尋找更多鼓吹其改革倡議的途徑。北京當局在「六四」對示威者的屠殺以及對民主運動的全面鎮壓，表明官方無法接受對戈爾巴喬夫改革的溢美之詞。中國領導人曾經鼓勵一些政治體制改革，比如黨政分開，通過幹部人事制度改革讓年輕優秀的人材脫穎而出。領導人聚焦於克服黨內「左」的勢力對改革的反對，因此作為中國改革鏡子的蘇聯，對戈爾巴喬夫的改革作正面報道，自然符合他們的利益。然而，當領導人逐漸對意識形態的挑戰或潛在的不穩定感到憂慮時，他們就採取措施阻止思想從鄰國蔓延過來。

俄羅斯在九十年代的形象，證實了一套在八十年代才萌芽的理論觀點。放棄社會主義道路將令國家發展停步，令國家陷入對美國及其盟友的依賴，只會帶來混亂甚至令人民感到絕望，而本國的國家利益則遭到西方漠視。當許多中國分析家仍然聚焦於蘇聯崩潰的原因，其他人則轉向崩潰的後果，不僅是它給中國帶來的教訓，而且對戈爾巴喬夫執政時蘇聯領導人的失誤作出了重新評價。他們的經濟決策失誤顯而易見，社會層面的錯誤則最少人感到有興趣，也沒有成為爭議的主要源頭。政治失誤不能輕易地被否定，然而帶有重要意義的不同傾向觀點仍然有其空間。在所有議題之中，當中國在權衡美國和多邊合作以外的替代回應後，國際政策引發了最活躍的分歧。

基本的信息是，斯大林模式雖然有缺點卻非無可救藥，如果蘇聯能夠早一點給人民帶來需要的實惠，同時保持自上而下對社會的牢固控制，蘇聯本有機會進行改革。畢竟，蘇聯比中國擁有更好的物質條件，在控制社會方面也有長遠紀錄。戈爾巴喬夫的錯誤導致了全盤失敗。中國官方堅持中央集權管理的必要，認為只有如此才能夠修復體制。要麼認為戈爾巴喬夫作出了愚蠢的選擇，或者正如不少中國領導人懷疑他是蓄意這樣做，把戈爾巴喬夫看成是走上錯誤道路的觀點已經成形。儘管有些敢言的觀點認為蘇聯的體制已不能再改革，走向摧毀已經不能避免，但這種觀點激怒了官方。在戈爾巴喬夫開展其標誌性改革的20年後，中國學者卻仍然在官方的指引下否定他的改革思路，並強調社會主義是組織社會的可行體制，而當年蘇聯的社會主義體制也能像中國般進行改革。

　　1992 年秋，中國領導人慶祝鄧小平成功地推進並統一中國的指導思想，並將這視為鄧最偉大的歷史貢獻。雖然在中共十四大前夕，大多數觀察家都認為這些官方讚辭甚少具有理論清晰度和深度，[60] 但支持者都讚揚鄧的理論解放思想和實事求是，並闡明了中國特色社會主義的道路。事實上，鄧把自己關於社會主義制度應該怎樣轉型的觀點，與戈爾巴喬夫區別開來。緊隨着蘇聯崩潰，中國成為僅餘的社會主義大國，有關蘇聯的討論為如何展開理論鬥爭和鄧小平理論框架的基本元素提供了窗口。戈爾巴喬夫被指控的另類理論，結合了「接軌」、「休克療法」和「民主化」。中國領導人預期，中國與新的俄羅斯在未來數年進行一場試驗，看哪一國能夠在國內發展以及在新興國際秩序中取得優勢地位。

　　在 2008 年回望，大多數觀察家都得出中國在這場試驗中佔上風的結論。俄羅斯的國內政策打破了九十年代的趨勢，重新建立了強大的中央政治權威。俄羅斯的國家認同否定要成為單一世界共同體一員的目標，令人聯想起當局有把自己與蘇聯時代這種理想鮮明地切割的弦外之音。俄羅斯的外交政策，回歸到增強國力和擴展國家影響力的現實主義目標。在這些方面，俄羅斯縮窄了與中國的距離，並證明這些措施能最好地服務俄羅斯的國家利益。中國官方的社會主義轉型理論，在與比較社會主義領域的「右翼」做法較競後取得至高的地位。它經受了時間的考驗，並在解釋為何中國成功而蘇聯沒有，以及俄羅斯為何會恢復許多前蘇聯的特點並對當年的轉型後悔上，提供了無可爭議的指南。

　　十多年來，許多人認為俄羅斯這種逆轉也符合中國的國家利益。當葉利欽迎合反美情緒，轉而主張世界走向多極，並追尋與普世價值區分的「俄羅斯理念」，這些動作都被視為清醒的覺悟。當普京重建維護國家利益的中央集權秩序時，中國領導人對這位他們長期表達期許的俄羅斯領袖非常滿意。他設定的俄羅斯轉型，其關鍵領域與在蘇聯體制瓦解時興起的中國社會主義轉型理論非常相似。此外，莫斯科在戰略三角關係愈來愈重視應付美國這個大國，普京的外交政策強烈依仗在戰略上與中國結成二元體。誠然，我們或許會質疑這些發展是否真的是中國的長期利益。俄羅斯強力支持國家控制經濟和地方政府的舉措，令中國追求與俄羅斯邊疆地區經濟一體化添上疑慮。俄羅斯當局愈來愈多以民族主義

表達國家目標，加上許多俄羅斯人的排外態度，使中國成為僅次於美國的潛在假想敵，甚至可能有一天更會超越美國。最後，俄羅斯更強調把國家成為多極世界中的一極，甚至在當中宣稱戰略夥伴關係是外交政策的支柱。當俄羅斯看到中國持續在東北亞和中亞地區發揮影響力並把其視為威脅時，可能會對中國產生適得其反的效果。中國的社會主義轉型理論也許在1992年有良好共鳴，在接下來的15年間也未遭到太大質疑，但在中國地區實力漸豐而俄羅斯也在國際體系的邊緣愈來愈自信的年代，它的應用會受到懷疑。正如中俄在1950年代由於國家利益的分歧很難在同一軌道上前進，進入2010年代兩國雖然在實現內政和外交事務政策的同步有着長期盼望的目標，但這卻沒有減少競逐大國目標的潛在衝突，兩國或許會面臨全新的緊張局勢。

中俄逐步達成關於大國安全關係的協議，這主要是因為俄羅斯向中國靠攏。普京在2002年6月稱美俄中關係應該形成「穩定的三角關係」，而中方則認識到他的許多觀點與中國的新安全觀相似或相同。如果説中國在1989至91年指控美國主導世界的所謂陰謀比蘇聯的觀點更刺耳，那麼俄羅斯在1990年代末期後尤其是普京上台以來，反對霸權主義和全球化的語調就變得比中國更強硬。到了1996年俄羅斯形成了現實主義和大國平衡的共識，它隨後更提升至自1986年戈爾巴喬夫時代以來中國渴望的水平。誠然，這種顯而易見的成功，會埋下中國與變得自信大膽的俄羅斯之間新矛盾的種子。如同社會主義轉型理論也許會令中國在將來未能有效應對愈來愈多的國內問題，多極世界理論也許會令自信的俄羅斯給走向全球化的中國帶來更多的不穩定。中國領導人在短期內滿足於從俄羅斯經驗學習的教訓，但是這些教訓會困擾崛起中並成為更負責任大國的中國。

註　釋

1　David Shambaugh, "The Chinese Discourse on Communist Party-States," in *China's Communist Party: Atrophy and Adaptation* (Berkeley: University of California Press, 2008), pp. 41–86. 同時參閱本書關貴海著的第19章。

2　　Gilbert Rozman, *The Chinese Debate about Soviet Socialism, 1978–1985* (Princeton, NJ: Princeton University Press, 1987). Yan Sun, *The Chinese Reassessment of Socialism, 1976–1992* (Princeton, NJ: Princeton University Press, 1995). N.P. Riabchenko, *KNR-SSSR: Gody konfrontatsii* (1969–1982) (Vladivostok: Dal'nauka, 2006).

3　　Shambaugh, "The Chinese Discourse on Communist Party-States."

4　　Gilbert Rozman, "Chinese Studies in Russia and their Impact, 1985–1992," *Asian Research Trends*, no. 4 (1994): 143–160.

5　　劉克明：〈發刊詞〉，《蘇聯東歐問題》，1981年，第1期，頁1。

6　　現代國際關係研究所蘇聯東歐研究室編：《蘇聯對社會主義的再認識》（北京：時事出版社，1988）。

7　　Gilbert Rozman, "Stages in the Reform and Dismantling of Communism in China and the Soviet Union," in Gilbert Rozman, ed., *Dismantling Communism: Common Causes and Regional Variations* (Baltimore, MD: John Hopkins University Press, 1992), pp. 15–58.

8　　〈要加強蘇聯東歐國家歷史和現狀的研究〉，《蘇聯歷史問題》，1986年，第2期，頁1。

9　　本文基於內部文獻所提供的大量資料。儘管這些文獻在中國境內的學術環境能夠方便取得，但這並不意味着它們可以被送出境外，或可向外國人開放。在仔細審核下的爭論，為學者之間及官員指引提供了討論。

10　徐石（Xu Shi，音譯）：〈把對蘇聯東歐研究向前推進一步〉，《世界經濟與政治》，1984年，第11期，頁1–2。

11　〈深刻領會十三大的精神，進一步加強對蘇聯和東歐國家的研究〉，《蘇聯東歐問題》，1988年，第1期，頁1–2。

12　〈中國蘇聯東歐學會召開第三屆年會〉，《蘇聯東歐問題》，1991年，第2期，頁87–91。

13　Gilbert Rozman, "Sino-Russian Mutual Assessments," in Sherman Garnett, ed., *Rapprochement or Rivalry? Russia-China Relations in a Changing Asia* (Armonk, NY: M. E. Sharpe, 2000), pp. 147–74.

14　許多內部期刊在1992至93年起成為公開出版物，結束了在範疇下達指令的特徵，在新的理論共識下清晰地操作。遵循學術分析變得更容易，但要分辨關於蘇聯和社會主義發展等關鍵問題的不同觀點變得更困難。

15　Gilbert Rozman, "Soviet Reinterpretations of Chinese Social History," *Journal of Asian Studies*, (Nov 1974): 49–72.

16　Rozman, *The Chinese Debate about Soviet Socialism, 1978–1985*.

17　金揮：〈蘇聯的經濟戰略和經濟改革〉，《蘇聯東歐問題》，1983年，第1
　　期，頁1–9；張占中：〈蘇聯的商業改革〉，《蘇聯東歐問題》，1983年，第6
　　期，頁45–52。

18　Rozman, *The Chinese Debate about Soviet Socialism, 1978–1985*.

19　輿論廣泛重複社會主義相比於資本主義具有巨大優越性的口號。甚至一些
　　最敢言的觀點，也因為強制性而要表達這些套話。

20　Raymond L. Garthoff, *The Great Transition: American-Soviet Relations and the
　　End of the Cold War* (Washington, DC: Brookings Institution Press, 1994), pp.
　　81–89; Elizabeth Wishnick, *Mending Fences: The Evolution of Moscow's China
　　Policy from Brezhnev to Yeltsin* (Seattle: University of Washington Press, 2001);
　　Alexander Lukin, *The Bear Watches the Dragon: Russia's Perceptions of China
　　and the Evolution of Russian-Chinese Relations since the Eighteenth Century*
　　(Armonk, NY: M. E. Sharpe, 2003).

21　在1982年5月至6月這段時期，一個有關蘇聯文章的資料索引幾乎有200
　　條，當中絕大多數都是翻譯文章。在頭號標題下的政治和法律範疇，前列
　　的都是長期禁忌的話題——四篇關於布哈林、四篇關於斯大林、兩篇關於
　　托洛茨基。見〈蘇聯東歐研究資料索引〉，《今日蘇聯東歐》，1982年，第6
　　期，頁65–71。

22　"Chinese Views of Soviet Reforms," *Foreign Broadcast Information Service,
　　Analysis Report*, April 8,1987, 1–30.

23　孔寒冰：《中蘇關係及其對中國社會發展的影響》（北京：中國國際廣播出
　　版社，2002），頁533–42。

24　《蘇聯東歐問題》，1986年，第2期。

25　〈北京部分專家學者談蘇共二十七大〉，《蘇聯東歐問題》，1986年，第2
　　期，頁1–14、52。

26　《蘇聯東歐問題》，1986年，第6期。

27　《蘇聯東歐問題》，1987年，第1期。

28　《蘇聯東歐問題》，1987年，第4期。

29　《蘇聯社會科學研究》，1987年，第7期。

30　《蘇聯社會科學研究》，1987年，第10期。

31　梅文彬：〈蘇聯社會主義建設中的左傾問題〉，《蘇聯社會主義的研究》，
　　1987年，第1期，頁12–18。

32　唐秀山：〈戈爾巴喬夫面臨雙重挑戰〉，《瞭望》，1986年3月5日，第10
　　期，頁29–30。

33　王崇傑：〈蘇聯改革進程〉，《瞭望》，1987年3月9日，第10期，頁26–27。

34 周必文：〈八十年代以來蘇聯關於民族問題的若干論述〉，《蘇聯社會科學研究》，1987年，第3期，頁11–17。

35 王器：〈蘇聯社會民主化：曲折而漫長的歷程〉，《蘇聯東歐問題》，1987年，第6期，頁19-25、86。

36 金揮：〈蘇聯的政治體制及其改革的動向〉，《蘇聯東歐問題》，1987年，第2期，頁1–7、80。

37 Li Honglin, "'Right' and 'Left' in Communist China: A Self-Account by a Theoretician in the Chinese Communist Party," *The Journal of Contemporary China*, no. 6 (Summer 1994): 24.

38 吳耀輝：〈蘇聯東歐國家政治體制改革的歷史考察〉，《社會科學》，1987年，第8期，頁11–16。

39 吳仁彰：〈十月革命與蘇聯模式的改革〉，《蘇聯東歐問題》，1987年，第6期，頁26–32。

40 Gilbert Rozman, "The Comparative Study of Socialism in China: The Social Sciences at a Crossroads," *Social Research* 54, no. 4 (Winter 1987): 631–61.

41 趙龍庚：〈蘇聯政治體制改革的總體構想〉，《瞭望》，1988年6月20日，第25期，頁36–37。

42 李楠：〈蘇歐各國興起改革浪潮〉，《瞭望》，1986年10月27日，第43期，頁12–13。

43 Jeanne L. Wilson, "The Impact of the Demise of State Socialism in China," in David Lane, ed., *The Transformation of State Socialism: System Change, Capitalism or Something Else?* (New York: Palgrave, 2007), pp. 269–85.

44 中國在接下來的15年間，很多官員皆長期流露出戈爾巴喬夫有推倒社會主義的陰謀，甚至還指他與美國結盟，密謀達成這個目標。

45 李樹藩：〈論聯盟的解體〉，《外國問題研究》，1992年，第2期，頁3–4。

46 張景林：〈試論與當前反霸鬥爭有關的幾個認識問題〉，《蘇聯東歐問題》，1982年，第6期，頁1–5。

47 孔寒冰：《中蘇關係及其對中國社會發展的影響》，頁538。

48 Alexander Bovin, "We Need Better Relations with China," *Moscow News*, no. 20 (1991): 3.

49 曲藝峰：〈東北亞合作前景及我國戰略對策的思考〉，《西伯利亞研究》，1991年，第5期，頁1–8。

50 羅肇鴻：〈世界經濟與政治形勢的回顧和展望〉，《世界經濟與政治》，1992年，第2期，頁1–4。

51 陳啟懋：〈關於在亞太地區建立政治新秩序的探索〉，《國際問題研究》，1992年，第1期，頁3。

52　Jeanne L. Wilson, "The Impact of the Demise of State Socialism in China," pp. 269–85.

53　許志新：〈原蘇聯地區的危機與西方的援助〉，《東歐中亞研究》，1992年，第3期，頁37–41。

54　馬書芳：〈關於西方援助俄羅斯問題的思考〉，《歐洲研究》，1994年，第5期，頁22–28。

55　余漢熙：〈戈爾巴喬夫的人道的、民主的社會主義與蘇聯的演變〉，《蘇聯問題研究資料》，1992年，第3期，頁1–6。

56　徐文澤：〈蘇聯解體與人道的、民主的社會主義破產〉，《蘇聯問題研究資料》，1992年，第4期，頁6–8。

57　李秀敏：〈戈爾巴喬夫時代蘇聯由擴張到收縮的對外政策〉，《外國問題研究》，1992年，第2期，頁20–25。

58　羅榮渠編：《從西化到現代化》(北京：北京大學出版社，1991)；羅榮渠：〈建立馬克思主義的現代化理論的初步探索〉，《中國社會科學》，1988年，第2期，頁63。

59　王家福：〈論東北亞市場的戰略結構〉，《黑龍江社會科學》，1992年，第4期，頁35–41；陳啟懋：〈關於在亞太地區建立政治新秩序的探索〉，頁1–8。

60　《人民日報》，1992年1月12日，第3版；《遼寧日報》，1992年10月19日，第1版。

第18章

蘇聯多民族國家建設模式在中華人民共和國的結局[1]

周明朗

封建中國通過推行同化與兼容並舉的民族政策，發展成了一個龐大的帝國。[2]中國歷代封建王朝通常在南方和西南地區實行同化政策，並通過軍事鎮壓或威懾，建立隸屬於中央的官僚體系，實施其統治，同時借助學校對當地居民實行「教化」。與此同時，封建王朝在北方和西北地區實施兼容政策，利用軍事威懾或和親手段，達成互惠的貿易協定，結成軍事同盟。封建王朝借助「分而治之」的宏觀政策，嫻熟地推行同化與兼容，成功地維護了帝國的政治統一和領土完整。然而，中國在鴉片戰爭戰敗，1842年被迫簽訂〈中英南京條約〉，從而失去了維持了千年的民族治理平衡。[3]從此，西方列強不斷侵蝕當時仍為國際社會承認的主權中國。[4]英國把影響擴張到中國西部，包括西藏和新疆，而俄國則擴張到清朝的北部領土。結果，清朝政府被迫割讓領土給俄國，並失去了對外蒙古、新疆和西藏的有效控制，最終於二十世紀初完全失去外蒙古。

因此，至少在中國人眼中，現代中國繼承了清王朝遺留下來的殘缺不全的邊界，而清朝在十七、十八世紀開疆闢土的偉大角色，時至今天仍在中華人民共和國得到歌頌。為了抵禦西方列強對中國領土的蠶食，保衛國家領土完整，中國的各種政治力量一直不懈努力，試圖在西方尋找一服建立強大現代中國的靈丹妙藥。當時剛剛成立的中國共產黨就是這樣的政治力量之一。中國共產黨從馬列主義的理論出發，認為西方對中國領土的蠶食實質上是西方殖民主義的行為，因此於1922年提出在

中國推行蘇聯多民族聯邦國家建設模式。[5] 1949 年中華人民共和國成立時，中國共產黨的多民族聯邦政策已經演化為中國統一之下的民族區域自治政策，不過蘇式多民族國家建設模式仍然是中華人民共和國處理民族問題的藍圖。[6] 中華人民共和國通過立憲，確認了蘇聯多民族國家建設模式的三個基本綱領：民族平等；民族區域自治；民族的語言文化平等。這三個綱領具體體現為，作為中華人民共和國公民和中國共產黨黨員，少數民族跟漢族享受一視同仁的待遇，中國成立各級民族區域自治政府，給予少數民族語言自由使用的機會，給少數民族文化自由發展的空間。

然而 1991 年底蘇聯解體了，而且早在十多年前中國就已經開始經濟改革，拋棄了斯大林的計劃經濟模式，此時中國若再堅持失敗的蘇聯多民族國家建設模式，顯然十分不合時宜。[7] 所以中國不動聲色地用「中華民族多元一體」的中國模式，替換了蘇聯多民族國家建設模式。不同於蘇式模式的單一認同結構，中國模式確立了兩個理念層次，即中華民族和中國的各個族群，為 (族群和國家) 認同提供了協商和回旋的空間。自九十年代末以來，這個模式轉換帶來了一系列政策變化，包括修改現行法律和通過新的法案。中國國家建設模式仍然承認以上三個基本綱領，甚至更加着重少數民族的經濟權利；不過這個模式輕視少數民族黨員跟漢族黨員在黨內的政治平等，削減民族區域自治的政治權利，僅讓少數民族語言文化在日益消失的領域使用和發展。

本章首先仔細考察中華人民共和國成立前後中國共產黨採用蘇式多民族國家建設模式的過程，介紹五十年代蘇聯援助中國推行蘇式多民族國家建設模式的一些詳情；然後討論國家建設模式的轉換以及該轉換給少數民族帶來的衝擊；最後對新的中華民族多元一體國家建設模式作初步評估，把這個模式跟蘇聯模式和美國「大熔爐」模式作對比。

中國採用蘇聯的構建多民族國家模式

蘇聯為中共提供的多民族國家構建模式藍圖，共有三個理論組成部分，分別是馬克思主義、列寧主義和斯大林主義理論，它們成為中共處

理民族問題的指導原則。我在這裏檢視在實際操作上，中共怎樣跟隨蘇聯以及在1950年代促成中國執行蘇聯模式的蘇聯顧問，把這些原則理制度化並執行。

中共採用蘇聯模式的理論

　　馬列主義和斯大林的三個基本觀點，從理論上一直指導着中共解決中國的民族問題。第一，早在1922年的第二次全國代表大會，中共就認可了列寧的觀點，「各個民族都朝同一歷史方向向前發展，但是每個民族都有自己發展的曲折路線」，因此產生了先進民族和後進民族。[8] 根據這一觀點，中國的少數民族由於經濟和文化的發展水平不同，可以享受不同的政治待遇，即少數民族在中華民國時期有權追求民族自決，在中華人民共和國有權享受民族區域自治，而且只有這樣，少數民族才能從經濟上、文化上趕上「先進」的漢族。這個觀點還指導着漢族老大哥對少數民族的經濟和文化援助，也指導着中華人民共和國的少數民族平權政策。[9]

　　第二，在1922年的全國代表大會上，中共還採用了列寧的觀點，把民族分為壓迫民族和被壓迫民族，支持爭取真正民族平等的鬥爭，認為這個鬥爭是共產主義革命全面勝利的有機部分。[10] 然而，直到1923年的第三次全國代表大會，中共才明確提出中國民族平等的原則。[11] 這個原則以後還寫進了1949年的共同綱領（總綱的九條）、1954年的新憲法（總綱第四條）及以後憲法的各個修訂版。

　　第三，中共雖然很早就認可了列寧關於民族發展的歷史觀，但直到五十年代才強調斯大林的觀點：「民族」是一個歷史範疇，民族發展要經歷三個階段，民族形成、民族衝突和民族融合。[12] 這個觀點認為，民族形成於資本主義社會，民族在帝國主義階段產生激烈衝突，可是民族卻在諸如中國、蘇聯等其他國家的共產主義社會發生融合。

　　總之，在二十世紀九十年代以前，馬克思、列寧和斯大林的這三個基本觀點指引了中共對中國民族問題的理論研究，奠定了中共民族政策和中華人民共和國民族立法的理論基礎。

採用蘇聯模式：聯邦制還是單一制？

中國在複製和實踐蘇式模式的過程中，遇到兩個緊密關聯的重大問題，即國家模式和少數民族權利的範圍。中共面對的第一個問題是建立蘇式聯邦制的多民族國家，讓各民族以加盟共和國的身份成為國家的組成部分，還是建立統一的多民族國家，讓少數民族實行區域自治。中共要解決的第二個問題，是遵循民族自決的原則還是遵循民族自治的原則去解決民族問題。中共在處理民族問題時，一直受到這兩個問題的困擾。

早在1922年的中共「二大」，中共就學習蘇聯，首次提出在中國本部建立一個真正的民主共和國，同時分別在蒙古、西藏和新疆建立三個民族自治邦，然後這四個部分在自由結合的原則上組建中華聯邦共和國。[13] 1931年以前，中共一直把蘇式聯邦制視為解決中國民族問題的唯一途徑。1931年，中華蘇維埃在第一次全國代表大會上通過了〈中華蘇維埃共和國憲法大綱〉，承認獨立的少數民族共和國、中華蘇維埃共和國的加盟共和國、民族自治區等三種民族自治政府形式。[14]〈中華蘇維埃共和國憲法大綱〉仿照1918年的俄國蘇維埃憲法，規定工人階級的成員，不論民族成分如何，都有選舉和被選舉的權利，都有宗教自由，都有民族自決或民族自治的權利。[15] 這些權利和自由都包含在俄羅斯蘇維埃聯邦社會主義共和國1918年通過的憲法中，自決權在憲法的第三和第四章，宗教自由在第五章，選舉權和被選舉權在第十三章。[16]

當日本帝國主義侵略中國，企圖在少數民族地區按照傀儡「滿洲國」的形式建立所謂的獨立國家的時候，中共開始淡化蘇式聯邦制和民族自決原則。1936年，中共在寫給回族的公開信中只給回族提供了民族區域自治這個形式，儘管黨在處理民族問題中仍然認可民族自決原則。[17] 1937年的《中國共產黨抗日救國十大綱領》，再次重申了民族區域自治。[18] 劉少奇當年明確表示，強調民族區域自治主要是防止日本帝國主義在蒙古和回族地區建立「滿洲國」那樣的傀儡政府。[19] 最終中共和毛澤東把民族區域自治綱領，包括在建立統一、多民族、新民主主義新中國的設想之中。[20] 建立在民族平等基礎上的民族區域自治綱領，逐步地取代了民族自決綱領。

　　在1938年10月的中共六屆六中全會，張聞天和毛澤東這兩位新老領導人都強調了建立在平等原則上的民族區域自治，進一步確認了民族區域自治原則。[21] 民族區域自治不僅是中共解決回族問題和蒙古族問題的途徑，也是抗日根據地解決民族問題的指導綱領。[22] 在1937至1945年的抗日戰爭，中共在抗日根據地就實施了民族區域自治。如在陝甘寧邊區，回族和蒙古族聚集地區建立了民族自治政府，回族和蒙古族散居的漢族地區建立了民族事務委員會，少數民族還在基層選舉和自治政府人員獲分配名額，這種模式後來在中共建政後沿用。[23] 但是，中共還未放棄蘇式聯邦制的終極目標。1945年中共第七次全國代表大會通過的黨章重申，要為建立「各民族自由聯合的新民主主義聯邦共和國而奮鬥」。[24]

　　到1945年，中共已經放棄了少數民族可以建立獨立共和國的主張，僅保留了民族加盟共和國和民族區域自治兩個選項。從1945年到1949年，陝甘寧邊區建立了自治鄉和自治縣兩級民族自治政府，而且內蒙古於1947年還成立了省級民族區域自治政府。但是有證據表明，中共直到1948年或1949年面臨建立新政府的挑戰時，才在上述兩個選項中作出最終決定。中共領導人在1949年與蘇聯領導人，曾就新政府少數民族的權利問題有過直接交流。1949年初，米高揚（A. I. Mikoyan）到中共中央位於河北西柏坡的駐地拜訪了毛澤東，帶來了斯大林的口信，指中國應該鼓勵漢族移民新疆，以便加強對當地的控制。[25] 據列多夫斯基（Andrei M. Ledovskii）的研究，米高揚和斯大林曾建議，中共不應慷慨大方地讓少數民族建立獨立共和國，以免中共管治的領土流失，而只要給少數民族區域自治就足夠了。[26] 可是，這並不意味着民族區域自治這個概念來自蘇聯，也不能説中共只是遵循莫斯科的建議。在1950至1960年代擔任民族事務委員會副主任的劉春斷言，中國民族區域自治的概念，可以追索到1938年毛澤東在中共六屆六中全會上所作的報告。[27] 毛在報告中説，「允許蒙、回、藏、苗、夷、番各民族有平等權利，在共同對日原則之下，有自己管理自己事務之權，同時與漢族聯合建立統一的國家。」[28] 這裏提到的「管理自己事務之權」，被認為是中華人民共和國民族區域自治的理論基礎。[29] 其實，中共在米高揚訪問前就可能已經決定採用民族區域自治原則。1948年10月，時任中共中央統戰部部

長李維漢主持起草〈中國人民政治協商會議共同綱領〉，時稱〈中國人民
民主革命綱領草案〉。這個綱領包含民族平等和民族區域自治，但是沒
有提到民族共和國。[30] 據龔育之說，在起草這個綱領過程中毛澤東曾詢
問過李維漢，新中國應該採用蘇式聯邦制還是單一制國家的民族區域自
治，李維漢建議採用後者。[31] 1949年7月至8月，中共在〈綱領草案〉的
基礎上又起草了題為〈新民主主義的共同綱領〉的第二稿，同年9月定稿
為〈中國人民政治協商會議共同綱領〉。也有研究說，米高揚訪問中共之
後，毛澤東和李維漢才在1949年籌備中國人民政治協商會議期間決定
採用民族區域自治原則。[32] 若情況是這樣，蘇聯關於民族區域自治的建
議對中共最後的決定就有更大的影響。

　　總之，在首屆全國政協會議上，周恩來向少數民族代表解釋了中國
共產黨為何建議採用單一制的民族區域自治，而不是加盟共和國組成的
聯邦制。[33] 周恩來給了兩個理由，第一帝國主義企圖破壞中國的統一，
第二內蒙古已經為民族區域自治提供了成功的經驗。周恩來仍明確表明
任何民族都有民族自決權，請求少數民族代表支持中共關於民族區域自
治的建議，最終獲得他們的支持。全國政協通過的〈共同綱領〉，在民族
政策上共有四條，分別是全國各個民族一律平等，給予少數民族區域自
治的權利，允許他們參加軍隊及組織公安部隊，以及給予少數民族發展
其語言文字和保持其風俗習慣的自由。〈共同綱領〉通過不久，中共中央
就在1949年10月5日指示各分局和各野戰軍黨委，在民族政策中不要
再提「民族自決」這個術語，因為帝國主義者和少數民族中的反動派可
能利用它來破壞中國的統一。[34]

　　在與蘇聯緊密磋商下，中共把上述四項少數民族權利，照樣納入
1954年起草的憲法。[35] 實際上，斯大林一直強力催促毛澤東和中共，在
取得政權的五年內要召開全國人民代表大會通過憲法。[36] 在憲法起草過
程中，憲法起草委員會和中共中央政治局參考了蘇聯幾個版本的憲法，
特別是1936年的憲法和斯大林關於憲法的報告，此外還參考了東歐各
國的憲法，中華民國的各部憲法以及西方主要國家的憲法。[37] 1954年3
月底憲法初稿完成後，彭真請在中共中央政治局和中央政法委工作的蘇
聯專家通讀初稿，並提出修改建議。蘇聯專家把他們的建議轉告給蘇聯

駐華大使和蘇聯駐華總顧問，請他們轉交中共中央。[38] 毛澤東曾在談話
中證實，憲法的修訂稿採納了蘇聯專家的某些建議。憲法修訂稿在
1954年4月14日獲中央人民政府政務院修改和通過後，交付全國人民討
論徵求意見，同時也送交至後斯大林時代的蘇共中央委員會審讀和評
議。據說斯大林喜歡大刀闊斧地修改外國憲法，他在1951年就對波蘭
憲法草案作了大幅度修改，包括改動語法、術語和權利等。[39] 當然，倘
若中國憲法草案送到莫斯科時斯大林仍活着，他或許會委婉些，畢竟他
跟毛澤東的關係不同於他跟波蘭領導人的關係。我們要進一步研究前蘇
聯的檔案，並要等中國的檔案解密完全開放，才能得悉當年蘇共中央委
員會對中國憲法草案作出過什麼的評語和建議。比對〈共同綱領〉和
1954年憲法可以發現，蘇共中央在1949年初向中共所作建議的精要出
現在憲法第三條，而第三條列明「各民族自治地方都是中華人民共和國
不可分割的部分」。無論蘇聯對中國的1954年憲法有何影響，都沒有改
變〈共同綱領〉有關民族政策的四項基本原則，包括民族平等、民族區
域自治、參與軍隊的權利、以及使用少數民族語言文字和發展本族文化
的權利和自由。

蘇聯模式與中國的語言

中國似乎只希望蘇聯專家在專業技術領域發揮作用，而不想讓他們
干涉政策制定工作。例如在中央政府的各部委，國家民族事務委員會是
僅有兩個沒有蘇聯顧問在總部工作的部委之一（另一個是外交部）。[40] 不
過，國家民委還是批准了給中央民族學院聘請了兩名蘇聯專家，其中一
位是切博克薩羅夫（N. N. Cheboksarov）。切博克薩羅夫1956年7月抵達
北京時，蘇聯民族學家的學術著作已經改變了中國的民族學。作為中央
民族學院校長的顧問，切博克薩羅夫教授了研究生課程，作了民族學的
系列講座，並協助學院制定了1956–57和1957–58兩個學年的學術討論
計劃。[41] 據說切博克薩羅夫試圖了解國家民委的政策制定過程，準備了
一個有幾十條問題的長問卷。國家民委收到問卷後就直接交給了國務院
副總理兼國家民委主任烏蘭夫。烏蘭夫批示說「不要答覆它」。[42]

另一位蘇聯民族專家，是早在1954年10月就跟幾位蘇聯語言學家一起抵達北京的謝爾久琴科（G. P. Serdyuchenko）。[43] 他的身份是中央民族學院和中國科學院少數民族語言研究所的語言學顧問，並負責開研究生課程。雖然謝爾久琴科主要專注少數民族語言文字改革中的技術性問題，但是他的技術指導對中蘇兩國的關係，以及對中國貫徹落實蘇聯多民族國家建設模式都有廣泛的影響。謝爾久琴科在中國最初的工作主要是漢字改革，而不是少數民族語言。這或許是他個人的政治計劃，也可能當時正值漢字改革的熱潮。

1950年代初全中國開展了轟轟烈烈的大辯論，討論是否要用注音符號、羅馬字母或者斯拉夫字母取代漢字。謝爾久琴科似乎充分了解中國選擇文字的困惑。他知道儘管有蘇聯領導人親自向中國領導人推薦斯拉夫字母，但中國並不十分願意用斯拉夫字母代替漢字。[44] 但是，謝爾久琴科也知道中國正在搞某種的漢字拉丁化，因為毛澤東在1951年就明確表示，「文字必須改革，要走世界文字的共同拼音方向。」[45] 因此，謝爾久琴科謹慎地提倡漢字改革使用斯拉夫字母。

在1955年於北京舉行的全國文字改革會議上，謝爾久琴科提出注音符號並不是完全拼音的，而且還很繁瑣，不可能完成漢語拼音化的終極目標。[46] 注音符號比拼音字母難學，所以不實用。他認為羅馬字母更好，瞿秋白和蘇聯語言學家一起設計的拉丁化新文字也是一個很合理的文字系統，儘管它還有改進的餘地。謝爾久琴科提出選擇文字的四項標準，當中他在最後兩項清楚地暗示，漢字「斯拉夫化」是最佳的選項：第一，字母應該能夠表示漢語的全部音素；第二，字母應該易讀易寫；第三，字母應該具有物質和技術基礎，包括打字機、印刷技術和設備的供應；第四，文母應該能促進計劃中的政治發展，即在全世界取得社會主義的勝利。對會議的聽眾來説，很明顯當時只有蘇聯能夠給中國提供印刷和通訊技術設備。更重要的是，蘇聯在五十年代是中國的政治和軍事盟友，還是世界社會主義運動的領袖。謝爾久琴科認為，斯拉夫字母在語言學上和政治上都比注音符號和羅馬字母優勝。

如果説謝爾久琴科把斯拉夫字母推銷給中國人還比較謹慎，他在推動蘇聯和中國「跨越邊境的文字系統聯盟」上卻更為進取。[47] 他渴望「聯

盟」最理想能在全中國實現，至少也可以在阿爾泰語地區實現，因為兩者都有利於提高蘇聯在中國的影響。[48] 起初，華北地區少數民族的文字改革並沒有列上中國政府的日程。由於北方的少數民族語言在五十年代已經有通用文字，中國政府既沒有計劃在北方進行語言調查，也沒有準備進行文字改革。[49] 了解這一情況後，謝爾久琴科向國家民委提出要調查北方的諸少數民族語言。在1955年提交給國家民委和中科院語言研究所的秘密報告，謝爾久琴科具體提出用斯拉夫字母改革中國境內的所有阿爾泰語系諸種文字，因為說阿爾泰語的地區跟蘇聯接壤。[50] 中國政府接納了謝爾久琴科的建議。但在隨後幾年間，阿爾泰語地區使用了蘇聯的教科書，課本內容有：「我們偉大的祖國是蘇聯，我們的首都是莫斯科。」這不是中國政府希望看到的。隨着中國在1958年起開始區別蘇聯影響與蘇聯經驗，中蘇邊境地區文字系統聯盟與其他蘇聯影響一道，遭到北京拒絕。毛澤東和中共願意學習蘇聯經驗，但是不能容忍過度的蘇聯影響。

雖然謝爾久琴科推銷斯拉夫字母沒有成功，但他卻在中國少數民族的語言領域產生了很大影響。在他開設的研究生課程、相關會議的演講、以及給少數民族語言具體項目的建議，他都大力推廣所謂的「蘇聯經驗」。[51] 在1955年12月舉行的第一次全國民族語文科學討論會，謝爾久琴科發言總結了關於少數民族語言的蘇聯經驗，提出了少數民族文字與少數民族標準語關係的五個層面。[52] 這五個層面構成了蘇聯少數民族語言的維護模式，以及構建多民族國家的發展。

第一，標準語來自口語，包含標準書面語和口語形式。標準語與方言的不同之處，在於標準語是規劃出來和標準化的。標準語比任何方言更豐富，用途更廣泛，可以為人民的社會、政治、行政、科技和文化需要提供服務，為社會主義建設服務。因此，建立標準語需要時間和精力。反過來說，標準語可以改變、豐富和發展少數民族語言的詞彙、語音和語法。標準語的發展跟政治、經濟、文化發展密切相關，語言也跟隨它服務的社會而變化。一種語言進行發音、詞彙、語法和文字書寫的標準化，可以促成該種語言成為民族通用語或國語。顯而易見，建立標準語是社會和文化標準化的重要形式，是控制語言內在發展的有意識計

劃，其目的是促進民族團結。由於蘇共中央的少數民族政策得到了正確執行，蘇聯各民族的語言都發展成為了民族標準語或少數民族社區的標準語。

第二，標準語可以促進民族和語言融合。在蘇聯很多少數民族語言從宗族語言發展為部落語言，再從部落語言發展成民族語言。由於社會和經濟發展不平衡，舊沙俄帝國的各民族進入蘇聯時代時，大多仍舊只是部落或部落聯盟，而不是嚴格意義上的民族。在蘇聯時代，很多部落或部落聯盟迅速融合成社會主義民族，結果一些少數民族語言和新創建的文字失去了獨立性。例如，阿爾泰過去有十幾個不同部落，現在成為了一個民族。根據蘇聯的少數民族政策，蘇聯不強制民族同化，但是容許社會主義民族的自然發展。

第三，在創製統一文字系統的過程中，首先要選擇一種方言作為標準語的基礎，令它的語法和詞彙能夠成為標準民族語發展的基礎。在蘇聯，最有聲望和最流行的方言通常被選作基礎方言，因為在這種方言裏可以找到那個語言的發展大方向。標準發音通常以最具聲望的方言為基礎，該種方言在少數民族地區的政治、經濟和文化中心使用，但不一定是在整個地區最流行的。

第四，術語的標準化是少數民族標準語發展的關鍵。蘇聯少數民族語言的詞彙發展有三種方式：舊詞彙的語義產生變化，過時的詞彙自我消失，新詞彙不斷豐富。新詞彙有兩大來源，即俄語和少數民族語本身。

最後，來自主體民族語言的借詞可以幫助少數民族語發展。俄語借詞進入少數民族語可分為兩個階段。早期，俄語借詞會按照少數民族語言的語音規則而經歷音韻上的變化。例如俄語的「共產主義的」（kommunist）一詞，到了少數民族語中就在音韻上本土化（kemyvnis）；又如俄語的「電話」（telefon）一詞被借入少數民族語，可能會按照這個民族語的讀音規則來念（tilipun）。後來，俄語詞彙借入少數民族語言仍保持俄語的讀音和語法，以此豐富了少數民族語言的語音和語法。例如，kommunist和telefon已成為蘇聯各少數民族語言「共產主義的」和「電話」的通用讀音方式。

在全國民族語文科學討論會上，謝爾久琴科希望中國充分學習和利用蘇聯經驗。謝爾久琴科的報告和蘇聯的經驗，受到了會議出席者的熱烈歡迎。事實上，謝爾久琴科的這份報告和他較早前的秘密報告，直接塑造了中國少數民族語言維護和發展的模式。與蘇聯多民族國家建設模式相對應，這套蘇式語言學模式提出，建立以少數民族政治和經濟中心為基礎的標準語，以這個標準語為基礎創製文字，規範本土和外來詞彙，以便鞏固標準語和民族的關係。這套模式只讓每一個民族建立一個標準語，並且通過常用借詞建立每一個少數民族語言與主體民族語言的聯繫。中國在1950年代把這套模式廣泛應用到少數民族語言的維護，而在1980年代這套模式也部分被採用。[53]

簡而言之，中共在構建多民族國家時採納了馬克思列寧主義和斯大林主義的原則，採用了蘇聯保護少數民族權益的法律，使用了蘇式語言學模式來維護文化兼容。在這個多民族國家模式中，國內所有民族都是平等，並且應該在共產主義社會階段融合為單一個民族。但是，從那些借來的原則來看，融合與國家的關係並不是十分清楚。儘管毛澤東在1958年說過，「首先是階級消亡，而後是國家消亡，而後是民族消亡」，但蘇聯和中國的民族政策都似乎說明，國家應該促進民族融合。[54] 國家在促進民族融合的角色極具爭議性，處理這個問題的失誤也許是導致蘇聯解體的最後一根稻草。這個問題也對中國的民族關係造成了不可修復的破壞，使少數民族對中共承諾的真正平等基本上失去了信心。

中國捨棄蘇聯模式：中華民族多元一體

1991年底蘇聯解體，還沒有從1989年天安門廣場學生集會引發危機中恢復過來的中共領導層，感到極為震驚。當時中共也許相當困惑，直到1992年春季鄧小平南巡重申開放改革後才有了方向。隨後，中共總結出蘇聯多民族國家建設模式是導致蘇聯解體的主要因素。隨着在中共眼中，蘇聯從模範變成了失敗的教訓，中國需要尋找解決民族問題的替代模式。

學習蘇聯失敗的反面經驗

民族關係在蘇聯和東歐集團崩潰上所起的致命作用，讓中共領導層震驚。更讓中共震撼的是，單在1988年這一年蘇聯就經歷了有逾1,000萬名少數民族參加的2,100餘次示威和騷亂，而從1988年到1990年的三年間，蘇聯的15個加盟共和國中的14個發生過民族衝突流血事件。[55] 因此，中國政府資助了一系列前蘇聯問題研究項目。這些項目無一例外，發現民族問題是導致蘇聯解體的重要因素。中國似乎從前蘇聯的失敗中就民族政策總結出四條重點經驗教訓。[56]

第一，前蘇聯的聯邦制給予加盟共和國太大的權力，以致這些共和國在與蘇聯發生衝突時可以合法地脫離蘇聯。[57] 蘇聯的聯邦制從憲法上承認各加盟共和國的主權，但是實際上蘇共中央把所有權力集中在莫斯科的黨中央和政府。然而，蘇聯又沒有及時修改憲法，讓這種實際集權合法化，所以無法制止各加盟共和國合法地宣布獨立。結果，波羅的海三個加盟共和國宣布獨立，產生了多米諾骨牌效應，導致蘇聯解體。這個教訓讓中共認識到以法而治在國家建設中的關鍵作用。[58]

第二，前蘇聯在本土化或民族化的過程中從當地提拔了過多的少數民族幹部，導致各加盟共和國的黨政機關都由少數民族幹部主導。[59] 蘇聯在俄羅斯以外的加盟共和國實行黨政機關民族化極其危險，也違背了列寧主義。例如在烏克蘭蘇維埃社會主義共和國，高達96%的省級蘇共領導人是非俄羅斯人。[60] 當共產黨的地方機構由不成比例的少數民族幹部把持，而他們是民族主義者多於共產主義者，莫斯科就失去了對民族問題的主導權。民族幹部本土化還產生了領導分裂，學者約翰‧米勒（John H. Miller）稱之為「雙重領導」。[61] 各加盟共和國黨中央第一書記通常是當地的少數民族，受到最大的公眾關注，擁有領導人的權威。至於第二書記通常是俄羅斯人，他在幕後擁有較大的決策權，但卻較少於公眾場合露面。蘇聯從1954年3月到1976年3月任命的259名加盟共和國黨委書記，俄羅斯人佔125名，非俄羅斯人則佔134名。在蘇共保持全面控制時，這種雙重領導似乎有效；但當危機出現時，由俄羅斯人擔任的第二書記往往缺乏威信。更糟糕的是，戈爾喬巴夫上台後蘇共中央試

圖在各加盟共和國黨委推行俄羅斯化，改變這種雙重領導，結果引發少數民族地區不滿。例如蘇共中央在1986年解除哈薩克人庫納耶夫（Dinmukhamed Kunaev）的哈薩克共產黨中央第一書記的職務，並由俄羅斯人科爾賓（Genadii Kolbin）接任，在哈薩克引發了騷亂。[62] 蘇聯的教訓告誡中共，選拔黨的幹部應該看候選人對黨的忠誠，而不是其民族身份，而且來自本地少數民族的幹部在當地工作，可能會產生中共不希望出現的強烈民族情緒。

第三，前蘇聯沒有充分發展經濟，巨大的經濟差距在各加盟共和國起到分離而不是凝聚的作用。[63] 這些問題首先是由經濟管理的中央集權和權力下放之間的矛盾引起的。中央過分集權時，加盟共和國欠缺空間發揮自己的角色，在經濟建設中缺乏動力；但當權力過度下放時，就變得只為自己爭取利益，忽視聯盟的利益。第二個主要問題是，蘇聯以不同地區有不同的比較優勢為由，把個別加盟共和國局限於發展某種經濟領域。結果，那些主要從事工業的加盟共和國，如俄羅斯、愛沙尼亞和拉脫維亞，經濟遠較那些從事農牧業的加盟共和國富有，例如塔吉克、吉爾吉斯和烏茲別克等。當整個蘇維埃聯盟的整體富裕指數為100時，塔吉克、吉爾吉斯和烏茲別克的指數都在50以下，但俄羅斯、愛沙尼亞和拉脫維亞都高達140。這種貧富差距肯定不利於蘇聯的團結。針對前蘇聯的這個教訓，中共試圖給予民族自治區足夠的經濟權限，幫助民族地區經濟多元化，以消除少數民族地區與漢族地區的破壞性經濟差距。

第四，戈爾喬巴夫開展的政治改革直接導致了蘇聯的解體。[64] 戈爾喬巴夫的「公開性」和「改革」政策不但破壞了斯大林的理論和實踐，很大程度上也違背了蘇聯歷史實際。[65] 例如，這些政策給波羅的海三個加盟共和國提供了合法的政治庇護，讓它們質疑當年蘇聯吞併三國的合法性，最終三國脫離蘇聯獨立。這些政策推動的多元化削弱了蘇共的領導權，把領導權轉移到加盟共和國的蘇維埃議會。這個改變給民族主義勢力提供了機會，讓他們在選舉中奪取了非俄羅斯加盟共和國蘇維埃的權力，順利通過蘇維埃宣布加盟共和國的獨立。前蘇聯的這個教訓警示着中共政治多元化的危險，若橡皮圖章的立法機關變成擁有真正立法權力的機關，將威脅中共的管治。

這四個教訓迫使中共採取行動，糾正處理民族問題的類似問題，防止中國出現蘇聯解體那樣的致命失誤。

中華民族多元一體

蘇聯還沒有解體前，中國其實就已經開始探索解決民族問題的新途徑。科爾賓取代庫納耶夫出任哈薩克共產黨中央第一書記引發的騷亂，引起了中國的關注。中國起初只把這個事件看作是自由化政治改革的危險信號，後來才認為這是蘇聯解體的先兆。[66] 然而，在八十年代末中國尚無壓力，無需馬上行動。但在這個時期，中國知名社會學家費孝通在1988 年於香港中文大學作了題為「中華民族的多元一體格局」的演講。他在演講中提出了自己自1950 年代就一直形成的三個理念，即中華民族、中華民族的形成過程及多元一體的格局。[67] 中華民族包含56 個民族，但它並不只是56 個民族的簡單統合總稱。中華民族是一個民族實體，形成了共休戚、共存亡、共榮辱、共命運的感情和道義。這個理念上的中華民族包含兩個層次的身份認同，低層次的是56 個民族的各自族群認同，漢族只是其中之一；高層次的是每個中國公民都具有的中華民族認同。在中華民族形成的過程中，漢族起了凝聚作用，把各種民族因素融入了中華民族，而中華民族則超越了漢族，代表了多元。中華民族多元一體的理念認為，兩個層次的身份認同既不互相取代，又不互相排斥，而是在語言和文化的多元環境中共生存、共發展。因此，中華民族就是多元一體，一個多元的民族。

費孝通的中華民族多元一體理論很快受到中國政府的關注，因為政府急需解決中國民族問題的辦法，一種可以補救或者取代蘇聯構建多民族國家模式的辦法。1990 年5 月國家民委為費孝通召開了中華民族多元一體理論研討會，會上並發表了多項有關中國民族問題的各方面研究。[68] 同年9 月，時任中共總書記江澤民在新疆向當地幹部發表講話時採用了費孝通的理論。[69] 江澤民表示，中華民族由56 個民族組成，在祖國這個大家庭中少數民族享受着一種新型的民族關係：漢族離不開少數民族，少數民族離不開漢族，少數民族互相離不開。從此，三個「離不開」形

成了中共解決民族問題的基本觀點。[70] 江澤民在2002年中共第十六次全國代表大會上，進一步強調中國要不斷增強中華民族的凝聚力。[71] 江的繼任人胡錦濤則在2005年中央民族工作會議上，正式採用了「中華民族多元一體」這個術語來解釋中國的民族特徵，並認為增強民族凝聚力就要「實現各民族共同繁榮發展」。[72]

　　「名不正，言不順」，正名在中國的文化和政治既是哲學問題，又是實踐問題。中國共產黨和政府也不例外。隨着蘇聯模式逐步淡出，中華民族多元一體模式獲得採納，「民族」這個中文術語被賦予了新的內涵。這是因為無論把「民族」翻譯成英語的「nation」或「nationality」，都令人聯繫到斯大林在民族問題上所作的系統陳述。1997年國家民族事務委員會在北京舉辦了專題研討會，討論「民族」的官式英語翻譯應為「nation/nationality」還是「ethnic group」。[73] 與會專家一致贊同把「民族」譯為「ethnic group」，因為它可以更好地表達中國民族政策新方向的精神，擺脫斯大林的民族問題概念。翌年，國家民委正式把自己的官方英文名稱從「The State Commission on Nationalities Affairs」改為「The State Commission on Ethnic Affairs」。「民族」英譯名稱的正名無疑向國際社會證實，中國正在改革民族問題的治理。英譯術語的正名也許會引起國內中文術語的變動，但是迄今還沒有看到官方話語中「民族」有變動的跡象。當然，學術論述有時候會使用「族群」這個術語，官方論述也會使用「族群」來指稱中華人民共和國成立前的少數民族社群。

　　以中華民族多元一體模式取代蘇聯構建多民族國家模式，對中國的少數民族政策有直接影響。汲取了蘇聯解體的四大教訓，中國開始重新制定處理民族問題的方針政策，修改民族區域自治法。中國處理民族問題的新方針是「加快經濟建設，淡化民族問題」。在九十年代，這個方針的頭一句常見於報刊和公開文件，但是第二句只是在各級黨政幹部中口頭傳達。這個方針把促進民族地區經濟發展作為民族政策的重心，認為東部漢族地區與西部少數民族地區的經濟發展差異是當今中國民族矛盾的癥結所在。[74] 因此，江澤民在1999年3月全國人大和政協會議的黨員負責人會上，首次正式提出「西部大開發」戰略，目的是要把較發達的東部和欠發達的西部從經濟上融合起來。國務院在2000年初成立「西部

地區開發領導小組」，正式啟動「西部大開發」戰略。西部大開發成功的話，將會消除或減少沿海發達漢族地區與西部欠發達少數民族地區的經濟差距，還能夠增加漢族地區與少數民族地區的人口流動。總之，中國期待西部大開發能夠進一步促進漢族與少數民族以及各少數民族之間的族群、經濟、地理和語言的融合。

為了削弱少數民族的政治權力，防止他們像在前蘇聯加盟共和國那樣奪取民族自治區的法定權力，中國從九十年代初就開始檢討1984年通過的〈民族區域自治法〉，探討如何修訂以解決當中存在的問題。1991年7月，中共中央統戰部召集國務院各部委和全國人大各專門委員會，就法律的本地執行貫徹問題舉行了一系列座談會。座談會認定1984年的〈民族區域自治法〉存在着兩大問題，其性質跟導致蘇聯和東歐社會主義陣營倒台的問題非常相似。[75]

第一，在擬訂民族自治的地方立法時，少數民族地區試圖從中央政府取得更多掌握本地經濟的權力，這些權力已經超過了中國憲法和〈民族區域自治法〉明文規定的範圍。民族自治區要求在自治立法中，列明在民族地區的中央國有企業，自治區政府可取得的產品和利潤分成比例。例如，內蒙古自治區在自治立法草案中曾提出，中央企業在內蒙古生產的鋼鐵產品百分之十五應該用於地方建設。有的民族自治區甚至企圖立法規定中央對自治區財政援助的份額。例如，廣西壯族自治區在起草自治立法時，試圖規定廣西向中央上繳的財政收入和稅收基準，以及從中央政府獲得的撥款補助金額。廣西還試圖超越權限，透過地方立法以取得更多的外貿和外匯管理權限。內蒙古和廣西的這些做法，都被視為侵蝕了中央政府的權力，但是由於1984年的〈民族區域自治法〉並沒有全面規範這些問題，這些舉動未必一定抵觸法律。

第二且更為重要的是，民族自治區企圖在中國憲法和〈民族區域自治法〉規定以外取得更多政治權力，並試圖通過地方人民代表大會立法以到達這樣的目的。有些民族自治區試圖通過地方立法，規定自治區政府工作人員中少數民族成員的最低比例。例如，〈內蒙古自治區自治條例（草案）〉第20條規定，自治區人大常委會和自治區政府中的蒙古族成員不得低於百分之四十，區人大常委會主任和區政府主席都必須是蒙古

族。〈延邊朝鮮族自治州自治條例〉的第12條和16條要求的本民族比例更高，明文規定在自治州人大常委會和政府的組成人員，「朝鮮族成員可以超過半數。」相同的情況也在雲南省的少數民族自治州和自治縣出現。此外，〈內蒙古自治區自治條例（草案）〉第77條要求自治區高級法院院長和檢察院總檢察長必須是蒙古族。然而，中國憲法（第113條和第114條）和《民族區域自治法》（第16條）都沒有授權民族自治地方人民代表大會及其常務委員會可設置少數民族成員的比例。而且，法院和檢察機關在憲制上不是地方自治政府的組成部分。明顯地，中央政府認為這些民族地區的立法倡議是違憲的，屬於危險的發展趨勢。

有的民族自治地方要求更多經濟權力，有的地方則要求更多政治權力，更多的地方對兩種權力都有訴求。這些對經濟和政治權力的訴求嚴重地挑戰中央政府的權威。汲取蘇聯解體的教訓，中國認識到這些問題必須在還沒有失控以前得到有效解決。中共領導人基於前蘇聯的教訓得出總結，中央政府不應該釋出政治權力，不能讓少數民族主導民族地區的黨組織，甚至不能讓少數民族主導自治區人民代表大會。他們同時也認識到，在「社會主義市場經濟」下民族自治地方應該享有對經濟更多的掌控權。[76]

在蘇聯解體九年多後的2001年2月28日，全國人民代表大會通過了修訂的〈民族區域自治法〉。[77] 這次修訂範圍包括修改了1984年版自治法的20個條文，刪除兩個條文，新增九個條文。修改過的條文大部分與民族地區的社會和經濟發展有關，有的關係到中央政府的職責，還有的涉及自治區政府中少數民族成員的比例問題，還有三條規定少數民族語言的使用和發展。總體來說，新版的自治法給予自治區在社會和經濟發展範疇上更多的權力或職責，但削弱了政治權力。

例如，1984年版自治法的第17條和第18條規定，民族自治地方政府及其機關可以盡量多安排少數民族幹部。但2001年版自治法的相同條文僅規定，民族自治地方政府及其機關「應當合理配備實行區域自治的民族和其他少數民族的人員」。「合理」這個詞可以被理解為按照自治地方的少數民族人口比例。目前除了西藏以外，沒有一個自治區有佔區內總人口逾一半的單一主體民族。[78] 例如，在內蒙古自治區，蒙古族的

人口只佔自治區總人口的17.1%。顯而易見，修訂自治法的第17條和第18條，是防止出現前蘇聯加盟共和國的那種失控現象的法律步驟。另一方面，新版自治法的第31條、32條、34條、55條和57條授予自治區更多的外貿、地方稅務、地方預算和地方財政權力，以與中國的經濟改革和市場化相匹配。

2001年新版自治法的第37條，跟同年通過的〈中華人民共和國國家通用語言文字法〉一道，[79] 淡化少數民族語言文化的作用，推行普通話作為「超級語言」的語言秩序。[80] 例如，第37條要求少數民族地區小學從低年級或者高年級開始教授漢語，而在修訂前該條文只要求從小學高年級或者初中開始教授漢語；第49條則規定，少數民族幹部必須學習普通話和規範文字。這些措施都可以被理解成，在「中華民族多元一體」的新模式下，「民族」實際上已經降格為「族群」，普通話已成為佔主導地位的通用語。另一方面，第47條也表明當局更關注少數民族公民的個人權利，因為法律要求自治區法院和檢察院應合理配備通曉雙語的工作人員。

總之，中國用「中華民族多元一體」的中國模式取代構建多民族國家的蘇聯模式，對少數民族有三個直接的影響。第一，在政治上和法律上，官方把少數民族和漢族都視為中國公民同等對待，並把自治區和普通的省同等對待，給予較少特殊政策。例如，在中共「十七大」上，總書記胡錦濤的政治報告沒有專節討論民族問題，而是把民族問題分散放在各相關章節討論。第二，中國政府更關注和優先考慮少數民族及其地區的社會經濟問題，例如推進西部大開發項目，國務院頒布給少數民族地區學生和學校減輕經濟負擔的計劃等。第三，在政治領域，中共更加嚴格審查少數民族黨員幹部對黨的忠誠，更少讓少數民族幹部負責本民族區域的黨務領導工作。例如，從八十年代末以來，中共就沒有任命過少數民族黨員幹部擔任本民族區域的黨委（第一）書記。反觀蒙古族的烏蘭夫，在中共建政至1966年一直擔任本民族地區的黨、政、軍第一把手；維吾爾族的賽福鼎，也在五十年代至七十年代曾長年擔任新疆維吾爾自治區的黨、政第一把手。目前中國的民族政策在政治、法律和社會經濟方面的實踐，都與1950年代至1980年代顯著不同，亦與前蘇聯的實踐大相徑庭。

對中國構建國族模式的初步評估

　　中國模式能在二十一世紀解決中國的民族問題嗎？這個問題沒有簡單的答案。我們先簡要地把這個模式，跟中國傳統的文化普世模式、蘇聯構建多民族國家的模式、以及美國美利堅民族大熔爐模式作對比。

　　首先，中國傳統的文化普世模式和蘇聯構建多民族國家的模式，都沒有把民族和國家緊密聯繫起來。由於兩者皆沒有暗含的民族國家概念，民族認同可以放在多族群或多民族的概念下與國家調和一致，最終超越國家在「天下」或共產主義社會融合為一體。在中國傳統的文化普世模式，民族認同可以由地方與國家協商、由國家強制推行、由地方來斷言，或者可以超越國家，這些都取決於民族對儒家和漢語的接受程度。[81] 古代朝廷把少數民族分為未開化的「生蠻」、已漢化的「熟蠻」或已可視作普通漢人，但地方少數民族地區也許對此有完全不同的觀念。例如，在二十世紀以前的清朝，滿洲人還是南方和西南方的眾多少數民族漢化程度更高？官定的漢化程度權威指標，還是看民族有多接受儒家思想及其掌握漢文的程度。由於清朝統治者尊崇儒家，又把漢文列為朝廷文字之一，滿洲人因此被視為更加漢化和更擁有權威。只要接受儒家思想和說漢語，不管來自哪個民族，個人都可以通過科舉制度得到朝廷的提拔和重用，不會遇上太大的障礙。就像滿洲人一樣，在設想的中華文化範疇，少數民族也可以入主中原改朝換代。

　　在蘇聯的構建多民族國家模式，民族相似地構建於社會主義和共產主義的語境，並可以在共產主義的烏托邦超越國家。只要相信並實踐共產主義，無論什麼民族，個人都可以通過層層官僚體系，上升為地方領導甚或多民族國家的領導。在前蘇聯，本身是格魯吉亞人的斯大林就是最好的榜樣。在中國，如上所述，有幾個少數民族幹部出任過本民族自治地方的黨委第一書記，甚至身兼中共中央政治局委員。無論是在古代中國或蘇聯的模式，國家只是維護某種秩序的工具，或者是在理論上尤其是實踐上，不論民族或種族，維繫共產黨員或儒家思想信奉者之間的平等。

　　最後，我們要談談美利堅民族大熔爐模式，因為至少從表面來看，它與中華民族多元一體模式在多元性和凝聚力方面驚人地相似，雖然費

孝通和中國政府都沒有明確説明兩者有任何關聯。就族群和國家的關係而言，中美兩個模式都不讓任何族群超越民族國家。兩個模式都強調在國家下的族群調和，美國模式要求形成「美國性」（Americanness）的身份認同，而中國模式則要求形成「中華性」（Chineseness）的身份認同。

怎樣能夠促成這種融合？美利堅模式產生了民主制度。通過民主制度，每個公民不論種族都有自由和平等機會追尋美國夢。雖然這個模式在實踐上並不完美，其「大熔爐」的比喻近來也受到了挑戰，但是它對美國各個族群仍然具有吸引力。[82] 中國模式通過中華民族凝聚力促進族群融合。[83] 中國政府在向公民灌輸中華民族凝聚力上有多成功，目前仍有待觀察。另句話説，中國模式怎麼樣才能讓全國各族人民，相信他們有自由和平等機會追尋「中國夢」？在過去幾年，中國政府似乎把古代倡導儒家思想的做法，與在少數民族地區推動漢語教學並促進社會經濟平衡發展連繫起來。若每個少數民族都能獲得保證追求平等的社會經濟發展機會，這個模式也許可以解決中國的民族問題。學者張建的研究有力表明，少數民族若能取得較佳的社會經濟發展，在政治上就更認同自己是中華民族，雖然他們未必在宗族上有這種認同。[84] 在城鎮居住，受過良好教育的少數民族公民，更多首先認同自己是中華民族，才再認同自己的少數民族身份。從這個意義上説，中國政府「加快經濟建設，淡化民族問題」，以及「實現各民族共同繁榮發展」的方針也許是正確的，能夠指導構建「中華民族多元一體」的民族國家。

結　論

蘇聯解體和中國建設「有中國特色的社會主義」，促成中國放棄蘇聯構建多民族國家的模式，改為採用「中華民族多元一體」的構建民族國家模式。這個轉變對中國處理當今的民族問題既有理論意義，也有實踐意義。它對中國的少數民族，有政治、法律以至社會經濟上的影響。然而，「中華民族多元一體」模式仍需要發展出有效機制，創造和維護中共所稱的「凝聚力」，才能在中華民族的民族國家達至民族融和。中國模式能否成功解決民族問題，很大程度上取決於能否成功創造和運用這套機

制。中共總書記胡錦濤在「十七大」政治報告中多次提到「民主」，也許
中國政府應同時通過擴大民主來加強民族凝聚力。

註　釋

1　本文初稿曾於2007年在波士頓舉行的美國亞洲學年會上發表。白思鼎教授
　　和李華鈺教授對本文初稿提出過建設性意見，我借此機會表示謝意，並自
　　負文責。

2　Minglang Zhou, *Multilingualism in China: The Politics of Writing Reforms for Minority Languages 1949–2002* (Berlin and New York: Mouton de Gruyter, 2003), pp. 2–8.

3　Colin Mackerras, *China's Minorities: Integration and Modernization in the Twentieth Century* (Hong Kong: Oxford University Press, 1994), pp. 44–45.

4　June Teufel Dreyer, *China's Forty Millions* (Cambridge, MA: Harvard University Press, 1976), pp. 9–14.

5　中國社會科學院民族研究所民族問題理論研究室編：《黨的民族政策文獻資料選編》（北京：中國社會科學院民族研究所，1981）。

6　有關把蘇聯模式當作中國藍圖的探討，參見 Walker Connor, *The National Question in Marxist-Leninist Theory and Strategy* (Princeton, NJ: Princeton University Press, 1984); June Teufel Dreyer, *China's Political System: Modernization and Tradition* (New York: Pearson, 2006), pp. 279–303.

7　有關中國採用斯大林的經濟發展模式，見 Hua-yu Li, *Mao and the Economic Stalinization of China, 1948–1953* (Lanham, MD: Rowman & Littlefield, 2006).

8　有關中共的觀點，見《黨的民族政策文獻資料選編》，頁5；列寧的觀點，見 V. I. Lenin, *Selected Works*, vol. 3 (New York: International Publishers, 1967), p. 172.

9　對這個問題的深入分析，見 Minglang Zhou, "Tracking Historical Development of China's Positive or Preferential Policies for Minority Education: Continuities and Discontinuities," paper presented at the International Symposium on Positive Policies in China, Carlisle, PA, Dickinson College, April 15–16, 2006. 此文的修訂版本，收錄於 Minglang Zhou and Ann M. Hill, eds., *Affirmative Action in China and the U. S.: A Dialogue on Inequality and Minority Education* (New York: Palgrave Macmillan, 2009), pp. 47–70.

10　原文見《黨的民族政策文獻資料選編》，頁1–2；同時參見 V. I. Lenin, *Selected Works*, vol. 3, p. 749.

11 參見《黨的民族政策文獻資料選編》，頁5；文精、毛公寧、王鐵志編：《團結進步的偉大旗幟——中國共產黨80年民族工作歷史回顧》（北京：民族出版社，2001），頁11。

12 參見文精、毛公寧、王鐵志編：《團結進步的偉大旗幟》，頁 147–48；Joseph Stalin, *Marxism and the National-Colonial Question* (San Francisco, CA: Proletarian Publishers, 1975), p. 153–56.

13 中共決議原件見金炳鎬主編：《民族綱領政策文獻選編 1921–2005》（北京：中央民族大學出版社，2006），頁7–20。

14 同上，頁89–96。

15 《黨的民族政策文獻資料選編》，頁16–17；中國社會科學院蘇聯東歐研究所、國家民族事務委員會政策研究室編譯：《蘇聯民族問題文獻選編》（北京：社會科學文獻出版社，1987），頁10–11。

16 俄羅斯的憲法，見 Anna Louise Strong, *The New Soviet Constitution: A Study in Socialist Democracy* (New York: Henry Holt and Company, 1937).

17 中共公開信原件，見金炳鎬主編：《民族綱領政策文獻選編 1921–2005》，頁169–71。

18 同上，頁198–200。

19 同上，頁205–9。

20 同上，頁238–46、259–81。

21 同上，頁212–30。

22 同上，頁261–85。

23 同上，頁291–320。

24 同上，頁327–28。

25 米高揚報告的中文版，參見列多夫斯基編著：〈米高揚與毛澤東的秘密談判〉，李玉貞等譯：《黨的文獻》，1996年，第1期，頁90–96。

26 列多夫斯基著，陳春華、劉存寬譯：《斯大林與中國》（北京：新華出版社，2001），頁85。

27 有關觀點見劉春：《劉春民族問題文集》（北京：民族出版社，1996），頁305–6。

28 毛澤東的講話原文，見金炳鎬主編：《民族綱領政策文獻選編 1921–2005》，頁221–26。

29 見張爾駒：《中國民族區域自治史綱》（北京：民族出版社，1995），頁57–60。

30 〈共同綱領〉三個版本的詳情，見韓大元：《新中國憲法發展史》（石家莊：河北人民出版社，1999），頁1–35。

31　龔育之被視為最權威的中共黨史專家，九十年代曾任中央黨校副校長和中共中央黨史研究室常務副主任。據龔育之說，中共在1945至1949年間發表的文件曾出現過「聯邦制」和「民族自決」等詞彙，但這些詞彙卻在這些文件在中共建政後再版時被刪除。他有關中共由聯邦制轉到民族區域自治的評論，見http://theory.people.com.cn/GB/40552/4046507.html。

32　詳見羅廣武：《新中國民族工作大事概覽》(北京：華文出版社，2001)，頁961。

33　周恩來講話原文，見金炳鎬主編：《民族綱領政策文獻選編1921–2005》，頁407–9。

34　中共指示的原文，見中共中央文獻研究室編：《建國以來重要文獻選編》，第二冊(北京：中央文獻出版社，1997)，頁24–25。

35　1954年中國憲法的英譯全文及劉少奇就憲法所作的報告，見 *The Constitution of the People's Republic of China* (Beijing: Foreign Languages Press, 1962), pp. 3–61, 63–94.

36　關於毛澤東和斯大林與中國憲法的關係，詳見Li Hua-yu, "The Political Stalinization of China: The Establishment of One-Party Constitutionalism, 1948–1954," *Journal of Cold War Studies* 3, no. 2 (2001): 28–47.

37　這個參考名單是在毛澤東親自監督下列出，詳見韓大元：《新中國憲法發展史》，頁46。

38　詳情及俄文第一手資料的來源，參見沈志華：《蘇聯專家在中國，1948-1960》(北京：中國國際廣播出版社，2003)，頁217–18。

39　有關斯大林修改波蘭憲法草案的詳情，參見Krzysztof Persak, "Stalin as Editor: The Soviet Dictator's Secret Changes to the Polish Constitution of 1952", *Cold War International History Project Bulletin* 11, pp. 149–54.

40　關於蘇聯專家在中國各部委的分布，參見沈志華：《蘇聯專家在中國》，頁110。但是也有學者指1954年中國外交部至少有一名蘇聯專家，Deborah A. Kaple, "Soviet Advisors in China in the 1950s," in Odd Arne Westad, ed., *Brothers in Arms: The Rise and Fall of the Sino-Soviet Alliance, 1945–1963* (Stanford, CA: Stanford University Press, 1998), pp. 117–40.

41　周明朗對王鈞的訪問(2002年7月4日)，對戴慶夏的訪問(2003年7月2日)，以及跟孫宏開的多次交流。

42　關於蘇聯專家在中國民族問題上的作用的詳細探討，見Minglang Zhou, *Multilingualism in China: The Politics of Writing Reforms for Minority Languages 1949–2002.*

43　關於謝爾久琴科在中國的角色，參見同上，頁169–96。謝爾久琴科在中國的講話全面名單，見同書的參考書目。

44 周有光在其著作中提到過，但是沒有詳情。見周有光：《新語文的建設》（北京：語文出版社，1992），頁373。

45 全國文字改革會議秘書處編：《第一次全國文字改革會議文件匯編》（北京：全國文字改革會議秘書處，1955），頁14。

46 謝爾久琴科：〈關於中國文字的改革問題〉，載於《第一次全國文字改革會議文件匯編》，頁48–69。

47 謝爾久琴科在講話中多次提到「文字系統聯盟」。它在理論上標誌着語言和民族的平等，雖然在實踐中並非如此。

48 關於技術細節，見Minglang Zhou, *Multilingualism in China: The Politics of Writing Reforms for Minority Languages 1949–2002*, pp. 177–87.

49 周明朗在2002年7月4日對國家語言文字工作委員會前副主任王鈞的訪問。

50 謝爾久琴科：《關於中國各族人民的語言文字》（北京：中國科學院，1955）。

51 周明朗對戴慶夏的訪問（2002年7月3日），對王鈞的訪問（2002年7月4日），以及與孫宏開的交流（2002年）。

52 謝爾久琴科：〈蘇聯創立文字和建立標準語的經驗〉，《語言研究》，1956年，第一期，頁129–67。

53 詳細討論參見Minglang Zhou, *Multilingualism in China*.

54 楊荊楚：《毛澤東民族理論研究》（北京：民族出版社，1995），頁47。

55 國家民族事務委員會編：《中國共產黨關於民族問題的基本觀點和政策》（北京：民族出版社，2002），頁10–38；李德洙：《中央第三代領導與少數民族》（北京：中央民族大學出版社，1999），頁6；數據參見果洪生：《中國與前蘇聯民族問題對比研究》（北京：民族出版社，1997），頁196。

56 果洪生：《中國與前蘇聯民族問題對比研究》，頁1–11；毛公寧：《民族問題論集》（北京：民族出版社，2001），頁113–119；鐵木爾、劉萬慶編：《民族政策研究文叢》，第一輯（北京：民族出版社，2002），頁136。

57 果洪生：《中國與前蘇聯民族問題對比研究》，頁78–80。

58 同上，頁228–29；華辛芝、陳東恩：《斯大林與民族問題》（北京：中央民族大學出版社，2002），頁186–87。

59 果洪生：《中國與前蘇聯民族問題對比研究》，頁156–57。

60 關於民族化對地方黨政精英構成影響的深入研究，參見March Beissinger, "Ethnicity, the Personnel Weapon, and Neo-Imperial Integration: Ukrainian and RSFSR Provincial Party Officials Compared," in Rachel Denber, ed., *The Soviet Nationality Reader: The Disintegration in Context* (Boulder, CO: Westview Press, 1992), pp. 211–226.

61 John H. Miller, "Cadre Policy in Nationality Areas: Recruitment of CPSU First and Second Secretaries in Non-Russian Republics of the USSR," in Rachel Denber, ed., T*he Soviet Nationality Reader: The Disintegration in Context* (Boulder, CO: Westview Press, 1992), pp. 211–26.

62 關於對戈爾巴喬夫政策的評價，見 Steven L. Burg, "Nationality Elites and Political Changes in the Soviet Union," in Lubomyr Hajda and Mark Beissinger, eds., *The Nationalities Factor in Soviet Politics and Society* (Boulder, CO: Westview Press, 1990), pp. 24–42.

63 果洪生：《中國與前蘇聯民族問題對比研究》，頁129–32。

64 張植榮：《中國邊疆與民族問題：當代中國的挑戰及其歷史由來》(北京：北京大學出版社，2005)，頁5–6。

65 詳細討論參見Roman Szporluk, "The Imperial Legacy and the Soviet Nationalities Problem," in Lubomyr Hajda and Mark Beissinger, eds., *The Nationalities Factor in Soviet Politics and Society* (Boulder, CO: Westview Press, 1990), pp. 1–23.

66 果洪生：《中國與前蘇聯民族問題對比研究》，頁1。

67 費孝通編：《中華民族研究新探索》(北京：社會科學出版社，1991)；費孝通編：《中華民族多元一體格局》(北京：中央民族大學出版社，1999)，頁13。

68 費孝通編：《中華民族多元一體格局》，頁13。

69 李德洙：《中央第三代領導與少數民族》，頁158、228。

70 國家民族事務委員會編：《中國共產黨關於民族問題的基本觀點和政策》，頁18；鐵木爾、劉萬慶編：《民族政策研究文叢》，第一輯，頁4–5。

71 毛公寧、劉萬慶編：《民族政策研究文叢》，第三輯(北京：民族出版社，2004)，頁14。

72 胡錦濤的講話，見金炳鎬主編：《民族綱領政策文獻選編 1921–2005》，頁926–41。

73 至今我並沒有找到這個專題研討會的文件，但據北京幾個參會的學者告訴我，這個研討會由國家民委和社科院民族所舉辦。

74 國家民族事務委員會編：《中國共產黨關於民族問題的基本觀點和政策》，頁41–44、126–46。

75 關於中共中央統戰部對民主自治問題上中央法律與地方法律矛盾的調查，見毛公寧：《民族問題論集》，頁344–61。

76 同上。

77 關於修訂後的自治法，見全國人大常委會秘書處秘書組、國家民委政法司編：《中國民族區域自治法律法規通典》(北京：中央民族大學出版社，

2002），頁13–28；關於新版和舊版自治法的對比，見王戈柳、陳建樾編：《民族區域自治制度的發展：〈民族區域自治法〉修改問題研究》（北京：民族出版社，2001）。

78　關於各省市自治區少數民族人口分布，見國家統計局編：《中國民族人口資料：2000年人口普查》（北京：民族出版社，2003），頁4–7。

79　2001年《國家通用語言文字法》的英文翻譯，見Minglang Zhou and Hongkai Sun, eds., *Language Policy in the People's Republic of China: Theory and Practice since 1949* (Boston, MA: Kluwer Academic Publishers, 2004).

80　在當今的語言學秩序，至少有三個層次，分別為超級語言、區域/民族語言、地方語言。詳細分析見Minglang Zhou, "Globalization and Language Education in America and China: Bi/multilingualism as an Ideology and a Linguistic Order", invited speech at the GSE colloquium at the University of Pennsylvania, November 30, 2006.

81　Pamela Kyle Crossley, Helen F. Siu, and Donald S. Sutton, eds., *Empire at the Margins: Culture, Ethnicity, and Frontier in Early Modern China* (Berkeley: University of California Press, 2006); Steven Harrell, ed., *Cultural Encounters on China's Ethnic Frontiers* (Seattle: University of Washington Press, 1995).

82　Tamar Jacoby, ed., *Reinventing the Melting Pot: The New Immigrants and What It Means to Be American* (New York: Basic Books, 2004).

83　毛公寧、劉萬慶編：《民族政策研究文叢》，第三輯，頁1–14。

84　關於中國人身份認同的大規模調查和詳細分析，　見Jian Zhang, *The Concept of Zhongguoren and Political Identities of Ethnic Minority People in Contemporary China*, unpublished Ph. D. dissertation, New York, Columbia University, 2007.

第19章

蘇聯解體對中國政治選擇的影響

關貴海

當代中俄關係是中國最重要的對外關係之一。對中國而言，俄羅斯的重要性不僅體現在戰略、安全、經濟等方面，更體現在兩國轉型模式選擇與調整的相互借鑒和影響上。其中，對蘇聯解體歷史教訓的總結，已經影響着中國的政治選擇。三十多年前開始的改革開放實際上就是中國革除蘇聯社會主義模式的弊端，建立中國特色社會主義的一種努力。因此，與世界上其他國家，特別是西方國家對蘇聯劇變的分析明顯不同的是，中國學者在總結蘇共亡黨、蘇聯亡國的教訓時，都在聯繫着中國自己改革和開放的基本國策。

作為社會主義國家，中國曾經從蘇聯的政治、經濟、文化體制中吸收了很多東西，從共產黨對國家政權的絕對領導，到高度集中的計劃經濟體制，再到單一意識形態主導思想文化領域，兩國有太多驚人的相似之處。當原有的社會主義體制的問題積累到相當程度、急需進行改革時，蘇聯和中國都在觀察和考量對方：蘇聯方面很不情願仿照鄧小平開創的從農村入手的經濟優先的改革模式，而中國似乎也是在有意避免戈爾巴喬夫政治民主化先行的做法，但同時又力求拋棄蘇聯經濟體制中僵化過時的做法。

應該説，中共領導層對蘇聯內政和外交中存在的嚴重問題，是有比較清楚的了解。在近二十年的論戰與對抗過程中，雙方其實一直都在極力尋找對方體制、政策和實踐中的弱點和缺陷，以便進行批判。戈爾巴

喬夫的改革雖然讓兩國和兩黨實現了關係正常化，但中共顯然不那麼欣賞他所倡導的公開性和民主化，認為那會導致社會動盪，破壞安定局面，不利經濟改革的順利進行，進而危及國家的穩定和統一。儘管如此，中國領導人也還是未能預料到蘇共竟這麼容易喪權、蘇聯會那麼迅速解體。這些都對中國的決策和政治選擇產生了較大影響。

中國對蘇聯解體原因的研究

由於蘇聯共產黨失敗的教訓對中國的衝擊極大，因此，中國領導人對有關蘇共喪失執政地位、蘇聯國家解體原因的研究成果格外關注，明裏或者暗裏給予的經費支持也非常有力度。因為中國社會科學領域的學者獲得國家科研資助通常比較困難，把課題研究成果出版成專著也需要花一筆不小的數目，但與蘇聯有關的課題立項，通常都能獲得資助，有時甚至多人申請同樣研究題目而重複勞動和支出，也不足為奇。

從1993年到2006年，中國國家社會科學基金批准立項的研究蘇聯解體問題的課題有：

- 陸南泉：「論蘇聯興亡」（中國社會科學院東歐中亞所，重點項目）[1]
- 許新：「蘇聯解體的歷史原因」（中國社會科學院東歐中亞所，一般項目）
- 王忍之：「蘇聯興亡史」（中國社會科學院世界歷史研究所，一般項目）
- 周新城：「蘇聯演變的原因和歷史教訓」（中國人民大學東歐中亞研究所，一般項目）
- 陳鳳翔：「前蘇聯東歐國家政治體制轉軌研究」（中共中央對外聯絡部六局、一般項目）
- 黃立茀：「蘇聯劇變中的社會階級研究」（中國社會科學院世界歷史所，一般項目）
- 彭萍萍：「民族主義與蘇聯解體」（中央編譯局，一般項目）
- 劉爽：「蘇聯解體工程中的蘇聯史學」（中國社會科學院科研局，一般項目）

從1992年到2001年，發表在國內報刊探討蘇聯解體原因的文章就有600多篇，出版相關專著有30多部。其中比較有影響的著作包括：

- 譚索：《戈爾巴喬夫的改革與蘇聯的毀滅》(北京：社會科學文獻出版社，2006，國家社科基金特別委託項目)。
- 陳之驊、吳恩遠、馬龍閃主編：《蘇聯興亡史綱》(北京：中國社會科學出版社，2004)。
- 陸南泉等主編：《蘇聯興亡史論》(北京：人民出版社，2004)。
- 周尚文、葉書宗、王斯德：《蘇聯興亡史》(上海，上海人民出版社，2002)。
- 陳新明：《蘇聯演變與社會主義改革》(北京：中共中央黨校出版社，2002)。
- 周新城：《對世紀性悲劇的思考：蘇聯演變的性質、原因和教訓》(北京：中國人民大學出版社，2000)。
- 周新城、關雪凌：《蘇聯東歐國家的演變及其歷史教訓》(合肥：安徽人民出版社，2000)。
- 陸南泉、姜長斌編：《蘇聯劇變深層次原因研究》(北京：中國社會科學出版社，1999)。
- 關海庭：《大國轉型發展之路：中俄(蘇)國家控制能力的比較研究》(北京：中國言實出版社，1999，國家社會科學規劃1997年度項目)。
- 周新城等：《評人道的民主社會主義》(北京：中國人民大學出版社，1998，「八五」哲學社會科學研究規劃重點課題項目)。
- 宮達非主編：《蘇聯劇變新探》(北京：世界知識出版社，1998)。
- 江流、陳之驊編：《蘇聯演變的歷史思考》(北京：中國社會科學出版社，1994)。

在國內反響最大的是八集黨內教育參考片《居安思危——蘇共亡黨的歷史教訓》。它是2000年中國社會科學院重大課題「蘇共亡黨的歷史教訓研究」、2004年國家社會科學基金特別委託重大項目「蘇共興衰與蘇聯興亡」的最終研究成果，由全國黨的建設研究會、中國社會科學院

一批專家學者集體完成。該電視片的解說詞，由中國社會科學院馬克思主義研究院、世界社會主義研究中心以內部報告的方式整理、印刷和傳閱。解說詞的核心觀點是：蘇共喪權和蘇聯解體的罪魁禍首是共產黨內的「叛徒」戈爾巴喬夫，他放棄了馬克思主義理論、無產階級專政、國際關係中的階級鬥爭觀念，歸根結底是丟掉了斯大林這把「刀子」。在中共政治體制改革進程的關鍵時期，該片具有很大的震動、威懾效果。

此外，翻譯出版前蘇聯著名領導人及其助理、西方駐前蘇聯著名外交官的回憶錄，是中國的蘇聯研究的另一重點。戈爾巴喬夫、葉利欽、雅科夫列夫（Alexander Yakovlev）、雷日科夫（Nikolai Ryzhkov）、克留奇科夫（Vladimir Kliuchkov）、切爾尼亞耶夫（Anatoly Chernyaev）、馬特洛克（Jack F. Matlock Jr.）等人的回憶錄，在中國都有很高的知名度。不同的身份背景，在蘇聯劇變過程中扮演的角色不同，就會有對那個時期歷史完全不同的解釋，讓人感覺到蘇聯解體最後時刻的政治對立遠未結束。

另一本譯著是戈爾巴喬夫基金會編輯的論文集《奔向自由——戈爾巴喬夫改革二十年後的評說》（中央編譯出版社2007年5月出版）。此書由戈爾巴喬夫作序，包括20餘位在1985至1991年間處於蘇聯改革潮頭核心人物撰寫的重要文章。標題中的「奔向自由」是中文出版單位加上的，意指戈爾巴喬夫改革本意是給蘇聯更多自由的，有明顯的褒獎之意。

對蘇聯劇變根本原因的不同見解

中國學術界普遍認為，蘇聯劇變的原因不是單方面的，而是諸多因素合力作用的結果，而且所提及的因素幾乎涉及蘇聯社會生活的所有方面。但是，當討論其根本或主要原因時，意見則相當分歧。其中，多數學者較傾向從歷史根源上尋找答案，強調「蘇聯傳統體制由於弊端太多，已走不下去了，已進入了死胡同」。[2] 在這部分人看來，蘇聯體制的弊端主要表現在以下四個方面：

一是陳舊的思想理論。主要是指蘇共在思想理論方面長期執行教條主義方針、不能實現理論創新和思想解放，不能適應社會和時代發展的需要，不能贏得廣大黨員和人民群眾的理解和信任。[3] 甚至連自然科學

也不肯放過，斯大林認定摩爾根的生物遺傳學、魏納（N. Wiener）的控制論、愛因斯坦的相對論，以及有機合成化學為資產階級的唯心主義偽科學。正是蘇共在理論上對創新的扼殺，蘇聯在二十世紀後半期痛失世界信息產業革命帶來的技術更新良機。

二是錯誤的經濟體制和經濟發展戰略。被稱為斯大林模式的蘇聯經濟體制，最突出弊端是長期備戰性、粗放性和封閉性，因此導致了經濟效率低下、資源嚴重浪費、科技成果轉換滯緩、與世界發展進程脫節等嚴重後果。當然，最嚴重的是百姓生活得不到改善，人民對黨和政府的信任面臨危機。[4]

三是僵化的政治體制。有人把它看成是蘇共喪權最根本和最深刻的原因。其主要問題是黨政不分、以黨代政；過分強調集中、忽視民主參與；黨內領導和監督機制不健全，個人集權制、職務終身制和幹部任命制等做法，造成了以人治代法治、以權力謀私利、以打擊異己杜絕監督的惡劣現象。[5]在這樣的體制下，蘇聯造就了兩種幹部：一種是能力平庸但聽話的幹部，另一種是處事圓滑、善於見風使舵的人。這兩種幹部排斥了大批具有獨立創新精神的人，長期脫離群眾、甚至害怕群眾，因此，一旦有政治考驗，勢必隨波逐流，作鳥獸散。

四是失敗的民族政策。具體表現在缺乏科學的民族政策，簡單地把民族問題等同階級鬥爭，忽視甚至有意抹殺民族差別，粗暴對待宗教組織等。[6]

可是，前文提及的電視片一眾作者和編導則持完全不同的觀點，他們認為戈爾巴喬夫主張的人道、民主的社會主義是修正主義，是蘇共喪權的最主要、決定性的因素，沒有他就不會有蘇聯的劇變，因此是他出賣了社會主義。[7]還有一種觀點認為戈爾巴喬夫對蘇聯劇變是有責任的，但卻是次要的，歷史積累的問題才是主要的，而不是他個人的過錯，要理解他進行改革的正確初衷和面臨的複雜局面。[8]例如，左鳳榮、姜長斌在《〈居安思危——蘇共亡黨的歷史教訓〉史實質疑》一文指出，把蘇共亡黨的責任都推到戈爾巴喬夫身上不符合歷史唯物主義原則。雖然戈爾巴喬夫在改革中犯了一些錯誤，對此應有責任，但他的許多政策措施是在各種力量的推動下進行的，也不是他的個人行為。例如

在反酗酒的問題上，利加喬夫 (Yegor Ligachyov) 的作用並不比戈爾巴喬夫小。戈爾巴喬夫的改革是複雜的，他採取的許多措施不妥，但他在改革之初特別推崇列寧，試圖以列寧晚年的思想為指導進行改革，「一切權力歸於蘇維埃」改變的只是黨的領導方式，而不是取消黨的領導。戈爾巴喬夫自己親任最高蘇維埃主席，各級黨委書記也兼任同級蘇維埃主席。直到 1990 年他才開始按三權分立原則進行政體改革。有人把蘇共下台歸結為修憲，取消了規定蘇共是所有社會團體和國家機關領導核心規定的憲法第六條；可是在 1977 年以前的蘇聯憲法也沒有這一條文，蘇共卻也可以壟斷權力。這裏需要思考的恐怕是蘇共應該怎樣才能得到民眾的擁護和信任，在這裏起作用的恐怕是政策而不是法律規定。為什麼「蘇共中央在戈爾巴喬夫的逼迫下自行解散」？戈爾巴喬夫怎麼有這麼大的權力，這難道不是體制問題嗎？[9]

　　不過，基於中國「左傾」傳統的深刻程度，電視片的觀點和傾向也具有相當大的影響，也有不少呼應者。例如，中國社會科學院馬克思主義研究院副院長吳恩遠認為，戈爾巴喬夫的新思維、人道和民主的社會主義思想，是蘇共喪權的決定性原因，應充分肯定斯大林及其創立的社會制度對蘇聯社會發展所起的巨大推動作用。人民大學馬克思主義學院教授汪亭友認為，斯大林經濟模式垮台不是必然，越南和古巴是反證，關鍵是能否正確地對其進行改革。中國社科院馬克思列寧主義毛澤東思想研究所前所長李崇富認為，蘇聯解體意味着政治鬥爭的全球化，社會主義與資本主義誰勝誰負是關鍵；認為在這樣的鬥爭中，控制輿論是必須的。他並引用俄羅斯作家邦達列夫 (Yuri Bendalev) 評價蘇聯改革時期出版工作的話，「在這六年間，(某些)報刊實現了歐洲裝備最精良的軍隊在四十年代用火與劍侵入我國時未能實現的目標。那支軍隊有一流的技術設備，但缺少一樣東西──這就是千萬份帶菌的出版物。」[10]

　　與中國學者的非黑即白式判斷不同，俄羅斯領導人的態度則更令人玩味。普京本人在 2000 年正式成為俄羅斯總統之前，在回答俄國媒體提問「怎樣看待蘇聯解體」時說過：「誰不為蘇聯解體而惋惜，誰就沒有良心；誰想恢復過去的蘇聯，誰就沒有頭腦。」因為是斯大林領導的蘇聯取得了偉大衛國戰爭的勝利，因此，普京在遇到有關蘇聯時期重要標

誌（國歌、軍旗）時，總是力排眾議，反對「數典忘祖」。但是當有人試圖恢復蘇聯時，他卻會正告說：「蘇維埃政權沒有使國家繁榮，社會昌盛，人民自由。……無論承認這一點有多麼痛苦，但是我們將近70年都在一條死胡同裏發展，這條道路偏離了人類文明的康莊大道。」

學術觀點分歧對政治選擇的影響

中國學者普遍認為，要「在分析蘇聯經驗教訓的過程中，尤其是在分析戈爾巴喬夫改革的經驗教訓的同時，更深刻地對中國的改革進程和措施選擇進行反思」；「曾經困擾蘇聯當時改革的問題，也是中國在改革過程中必須加以解決的關鍵問題。」[11]

但是，在中國評價斯大林、赫魯曉夫、戈爾巴喬夫等蘇聯領導人及由此引發的對蘇聯體制認識上的分歧，顯然已經遠遠超出了學術爭論的範疇，已經影響到了中國社會政治轉型道路的選擇。像《求是》、《學習時報》、《科學社會主義》、《中國特色社會主義》、《改革內參》、《百年潮》等有分量的政治刊物，均已介入這場歷史再評價問題的論爭。爭論之一是中國共產黨會不會出問題。這個問題的爭論與鄧小平在1992年著名的「南巡」講話提出的「要出問題，還是出在共產黨內部」的論斷，有着完全不同的解讀。[12]

一種觀點認為，共產黨內出問題即發端於理論和觀念上的錯誤。對於蘇聯共產黨來說，就是從戈爾巴喬夫開始的改革步驟：放棄馬克思主義的主導地位，搞意識形態多元化；放棄共產黨的執政地位，搞選舉民主。為了解釋自己的觀點，這些人在公眾和領導人面前反覆強調，俄羅斯人「正在後悔當年為什麼沒參與『八・一九』事件或對事件表現得如此冷漠，……覺得沒有什麼比蘇聯時代更讓人有榮譽感、幸福感」，甚至說「51%的俄羅斯人認為蘇共有可取之處」。[13]

為了使自己的觀點更具說服力，持這種觀點者引用了中國領導人的講話和戈爾巴喬夫的談話。據稱，中共前總書記江澤民講過，蘇聯東歐的變化，並不是社會主義的失敗，而是放棄社會主義道路的結果。他們又指前總書記胡錦濤也說過，蘇聯解體原因是多方面的，其中最重要的

一條，就是從赫魯曉夫丟掉斯大林這把刀子，到戈爾巴喬夫公開背叛馬克思列寧主義（作者按：原文都沒有注明出處）。還有文章報道指，戈爾巴喬夫在接受中國記者專訪時說：「不要搞什麼民主化，那樣不會有好結果！改革時期，加強黨對國家和改革進程的領導，是所有問題的重中之重，如果黨失去對生活和改革的領導，就會出現混亂，那將是非常危險的。」[14] 再如，中央組織部黨建研究所研究員沈宗武認為，搞意識形態多元化、多黨制和私有化是蘇共喪權的主要原因，認為中國應該一貫堅持馬克思主義、共產黨領導下的多黨合作制、以公有制為主體的所有制結構。

另一種觀點則認為，蘇共的問題是出在黨的領導體制，黨對國家政治、經濟和文化生活的過度控制上。因此，應當適當放鬆相關控制。

關於戈爾巴喬夫放棄馬克思主義意識形態的指責，有人反駁說，意識形態屬於社會意識和精神範疇，是最不能強制接受的，而蘇共長期依靠行政手段，迫使民眾接受一套教條的說教，不僅沒能說服群眾，就連那些理論精英自己都未必真心認同自己宣講的東西。因此，才會在持不同政見者的針砭下、在來自外部世界五光十色的學說和思潮面前，出現蘇聯式的馬克思主義意識形態束手無策、一敗塗地的悲慘結局。[15] 然而，過分強調蘇聯劇變中意識形態自由化的因素，必然會引出西方「和平演變」是罪魁禍首的結論，進而否定中國改革開放的政策，違背了鄧小平確定的、經過實踐檢驗證明符合中國國情的發展思路，這是不可以接受的。[16]

在批評國內某種為斯大林集權體制辯護的聲音時，有人提出了這樣的疑問：「俄羅斯人懷的是什麼舊？」[17] 經調查發現，俄羅斯人懷念的是當時擁有世界上最強大的軍事力量，懷念那時井井有條的社會秩序，即懷念分崩離析了的大國，而不是當時的社會制度、政治體制、意識形態，由此斷言「現在的俄羅斯人都想回到蘇聯時代」是無稽之談。即使是有51%的人認為蘇共有可取之處，也不意味着認同它的絕對領導和無限控制。[18]

當然，對戈爾巴喬夫的功過，也應有公正的看法：一方面，他在蘇聯推動了對斯大林式社會主義模式進行改革的進程，結束了冷戰，實現

了中蘇關係正常化，應該加以肯定；但同時由於他試圖照搬西方的政治模式，對意識形態領域完全放任自流，蘇聯劇變的發生及後果超出了他的控制，作為黨和國家的領導人是失職的。因此，在蘇聯解體後在世界各地演講的戈爾巴喬夫，卻自1989年訪華後就再也沒到過中國。這可以算作是中國領導層對他在蘇聯劇變中負面作用的一種表態。

與此同時，中共領導人不止在為蘇聯惋惜，也在理性思考。蘇共這麼大一個黨在被取締時，竟然無人反抗，這只能說明它脫離了群眾，失去了群眾的信任。因此，作為執政黨，如果想得到民眾長久的擁護，保持自身的執政地位，就要做到「以人為本」、「執政為民」、堅持「科學發展觀」和建設「和諧社會」。這些都是近年來中國共產黨提出的治國理念。

此外，中共在1990年3月的十三屆六中全會上就已經通過了〈關於加強黨同人民群眾聯繫的決定〉，認為能否做到這一點，直接關係到黨和國家的盛衰興亡。中共還反覆強調，改革開放以來中國黨政體制的改革，也都是緊緊抓住黨群和官民關係、加強權力監督和制約這兩個首要問題，這也充分表明中共領導層對蘇聯劇變根本原因的認識是非常清楚的，改革的方向也是明確的。只不過用鄧小平的話來說，多做少說，絕不爭論。這恐怕也是從戈爾巴喬夫誇誇其談的作風中得出的教訓吧。

註 釋

1　目前中國國家社會科學基金重大項目經費約50萬元人民幣，一般項目7萬元。

2　陸南泉：〈蘇聯劇變的根本原因〉，《世界經濟》，1996年，第9期，頁16–20。

3　劉克明：〈蘇聯劇變的歷史教訓〉，《當代世界社會主義問題》，1994年，第1期，頁61–65。

4　牟正純：〈論斯大林模式對蘇聯解體的影響〉，《理論學刊》，1999年，第5期，頁27–28。

5　姜長斌、左鳳榮：〈應該科學地總結蘇共亡黨的歷史教訓〉，《科學社會主義》，2007年，第3期，頁132。

6　陳建樾：〈教訓與反思：蘇聯解決民族問題的十大失誤〉，《東歐中亞研究》，1994年，第1期，頁70–78。

7   周新城：《對世紀性悲劇的思考——蘇聯演變的性質、原因和教訓》（北京：中國人民大學出版社，2000），頁4、19。

8   陸南泉：〈吸取蘇聯劇變教訓的若干重要問題的思考〉，《東歐中亞研究》，1998年，第1期，頁42–49。

9   《改革內參》，2007年，第2期，頁37–39。

10   曹長盛編：《蘇聯演變進程中的意識形態研究》（北京：人民出版社，2004），頁273。

11   戈爾巴喬夫基金會：《奔向自由——戈爾巴喬夫改革二十年後的評說》（北京：中央編譯出版社，2007），頁2–3。

12   鄧小平：《鄧小平文選》，第三卷（北京：人民出版社，1983），頁380。

13   《南方周末》，2007年1月14日。

14   http://www.china.com.cn/xxsb/txt/2006-11/28/content_7420377.htm

15   姜長斌、馬龍閃：〈以科學社會主義觀認識蘇共意識形態的消亡（下）〉，《學習時報》，2007年3月19日。

16   黃宗良：〈蘇聯劇變與中國的改革開放〉，《改革內參》，2007年，第2期，頁31–34。

17   同上。

18   同上。

結 語

結語

蘇聯對中國社會的影響

羅斯曼 (Gilbert Rozman)

在過去幾個世紀，全球社會生活前所未有地受到外部世界影響，然而卻極少有一個大國，成為全盤引進另一個社會組織機構和意識形態藍圖的試驗田。由於缺乏戰敗或佔領的動力，中國領導人在1950年代初完全接受了蘇聯社會主義建設的模式以及斯大林的世界觀。儘管在1960和1970年代中國摒棄了當時所謂的「蘇聯修正主義」，中國領導人在1980年代理智地承認，中國仍然沿用着「傳統」的社會主義制度，並且它此刻必須「改革」，這意味着中國逐漸「摒棄」那些對中國共產黨維護權力仍至關重要以外的要素。回顧這一時間點，我們發現許多蘇聯社會的外部特徵實際上已經被納入中國，但是它們卻並未產生在蘇聯同樣的影響。毛澤東在宏觀政策上的不一致，中國社會微觀設定的持久特點，加上鄧小平多層面的改革倡議所產生的迅速變革，都使中國社會變得與蘇聯社會大不相同。

在1980年代下半葉，中國和蘇聯領導人都呼籲改革，解除「傳統社會主義」的束縛。鄧小平優先處理經濟制度改革，而戈爾巴喬夫則在政治體制上進行舉步維艱的改革。兩人都承認社會變革的需要，然而卻都沒有對此予以足夠重視。誠然，他們能夠取得的成就極大的依託於所處的社會。只有通過分析兩個社會在中國引入蘇聯模式之後出現的分歧，我們才能理解為什麼兩者在1990年代走上了截然不同的道路。當「傳統社會主義」存留時，兩個社會的差別處於次要地位；然而，這種差別在

轉型為新型發展模式的年代卻格外明顯。為了更好地理解這種差別，我們需要研究蘇聯模式的引進及其對中國社會發展影響的問題。這個研究包括兩個時期，即中蘇分裂時期，以及1980年代蘇聯經濟蕭條和戈爾巴喬夫隨後的大改革時期。

蘇聯模式的引進

毛澤東在1950年代主導了中國社會模式的蘇聯化。他按照斯大林關於馬克思列寧主義階級鬥爭理論的解讀，力求消滅階級敵人，把階級「壞分子」邊緣化，通過國有化動員工人，對實業團體加緊控制；又通過集體化動員農民，並在農村地區實施等級制度；同時對專家和官員實行官僚且強制性的命令，促使他們「又紅又專」。通過1950年代中期的「建設社會主義」，中國沿著蘇聯路線前行。勞動力、城市化、教育尤其是政治組織和經濟生活層面的變革，強化了毛所擁護的斯大林模式。二十多年後，儘管大躍進和文化大革命的實驗明顯使中國轉移到毛澤東對共產主義的新概念，即激烈的階級鬥爭適合「繼續革命」的環境，蘇聯模式在中國仍然幾乎原封不動。中國學者批判「傳統社會主義」的遺風時，列舉了貧乏的物質激勵、匱乏的生活機會、遏制地方選擇權的探索等問題，認為這些問題都是繼承斯大林模式的弊病，亦在蘇聯社會同時出現。他們並強調教條式的思想窒礙了從經驗中學習，妨礙了領導層自上而下作出審慎的決策。然而，他們一方面否定演繹式的意識形態，另一方面卻不認可無拘束的自由討論。

隨著中共通過游擊戰不斷擴大革命根據地，蘇聯模式就開始斷斷續續地進入中國，直到中共在1949年10月1日宣告中華人民共和國成立。在叛亂和內戰時期，中共的主要目標是削弱現政權的權力，同時通過發動土地改革等運動為大規模調動資源鋪平道路。毛澤東選擇依靠農民以及權力下放的組織形式，違反了斯大林和蘇聯駐華機構早期給中共的指引。然而，當毛澤東突然發現自己領導世界上人口最多的國家時，卻接受了斯大林建設社會主義國家的模式。儘管「新民主主義」的說法很理想主義，但中國隨後卻通過翻譯蘇聯文獻，以及接受來華蘇

聯顧問就國家行政、教育和工業機構等領域提供怎樣複製蘇聯先例的指導，經歷了急速的改造進程。毛澤東迫不及待地加快社會主義改造的步伐，在1955年推行農業集體化；並在斯大林宣布蘇聯已經成功地建設社會主義社會20年後的1956年，緊接推動工業國有化，並作出類似蘇聯的頒布。毫無疑問，在社會控制和動員民眾方面，中國借用了很多蘇聯領導人的理念和曾經應用的具體機制，基本上複製了蘇聯的成就。

在變動的1956年至1960年，中國領導人試驗了「百花齊放」的短暫開放，「反右運動」的清洗以及徹底重組社會的「大躍進」。赫魯曉夫在蘇共「二十大」上發表批判斯大林的秘密報告後，中國領導人向蘇聯領導人的改革精神提出挑戰。中共重新斷言堅持斯大林的極權主義控制，最終探索出了激進的重組社會道路，甚至更超越了蘇聯曾經嘗試過的任何模式。依靠外圍工作組領導密集活動，以及通過思想改造反覆灌輸意識形態的主題，成為中國激進時代的標誌。儘管毛澤東在導致災難後放緩了其狂熱的步伐，蘇聯模式明顯地已經在大型工業企業和城市的廣泛建設中持續下來。儘管大躍進失敗導致暫停社會動員，但原來蘇聯模式的結構仍然保留，尤其是在城市管理、工業化和教育方面。就算在文化大革命的十年浩劫，在文革最混亂的頭三年過去後，伴隨着要保持最低限度秩序讓城市和農村地區的經濟得以持續發展，中國還是在行政上作出妥協，不由得在很多領域維持現狀。

在某種程度上，中國宣稱已經實現了社會主義，反映了全方位的國家—社會關係重組，以及成功實現了選擇的發展指標。它準確地傳達了中國領導人的樂觀情緒，以及人民已經在一定程度上接受了中共建政早期完成的社會轉型。中國社會已經變得與過去顯著不一樣。在中蘇關係的「黃金時代」，蘇聯模式似乎奏效。蘇聯援助的快速增長，使中國有可能進一步推廣應用蘇聯模式，中國的新興精英階層似乎也會緊跟這個有利他們社會流動的藍圖。這時有理由相信，中國將繼續跟遵蘇聯模式發展，變得更像蘇聯。然而，近觀中國社會可以認識到斯大林模式的代價，揭示其在中國引發的緊張。正如赫魯曉夫坦言，斯大林模式效率嚴重低下，隨着群眾不滿日益傾向以高壓手段解決問題。

　　蘇聯宣揚強勢的無神論社會，調整性別角色盡可能讓女性參與勞動力，並動員勞工獻身完成國家進取的生產計劃。中國借鑒了斯大林闡釋的這些理念，甚至在赫魯曉夫的「緩和」政策揭露出斯大林很多思想都違背事實後，還依然繼續這樣做。但民間對宗教信仰的渴望仍然普遍，婦女對生活條件尤其感到憂慮，而要提高勞工生產力就需要新型的管理方式和向工人提供激勵。毛澤東沒有跟從因為「假裝理想實際上是現實」而出現的蘇聯糾正錯誤途徑，選擇更熱切地去追求理想。因此，大躍進動員勞動力達到蘇聯經驗空前的程度。在接下來的二十多年，中國廣泛宣傳學習開展斯大林曾發動的「斯達漢諾夫運動」，並把斯大林的繼任人冠以「仕途主義」（careerism）和「工人貴族」等「修正主義」標籤加以密集批判。文化大革命的「思想控制」更超越了蘇聯的任何時期，不僅試圖消滅具體的宗教行為，甚至已滲透進中國文化的儒家思想遺產也不能倖免於難。官方對日常生活的束縛，甚至涵蓋了衣着和戀愛，伴隨着「無產階級愛情觀」的要求，超越了蘇聯時代對婦女的限制。甚至到了1980年代初，到中國的遊客發現在否定個人傳統和喜好上，中國更甚於蘇聯，導致人民士氣低下。

　　在1960和1970年代，中國領導人一直和蘇聯模式的結果鬥爭。總體而言，他們抗拒社會出現以下的趨勢，包括階級鬥爭消亡，專家的影響力超越「紅色」幹部，精英和群眾增長的物質主義導向，資本主義國家的科技和文化愈來愈有吸引力，對祖國過去和現在以及外界真實信息不可抑止的渴望。意識到他們沒法找到令人滿意的蘇聯模式替代品，也不能接受蘇聯模式在中國社會長期不被承認，中共領導人自五十年代起，就容許中國以較蘇聯更高的代價繼續沿用蘇聯模式。中國也沒有像勃列日涅夫時代的蘇聯，為了緩和缺乏認真的改革而提供一些激勵措施。直到1976年毛澤東去世，鄧小平在1978年的十一屆三中全會定下國家的新發展方向，已經改變的中國才重新認識自己和蘇聯社會，尋找自己改革的道路。有人認為應該進一步借鑒以拯救整個模式，然而當他們越了解蘇聯經濟的停滯不前與東亞資本主義社會充滿活力之間的對比，就更加清晰意識到必須在經濟發展基礎和社會組織結構上同時放棄蘇聯模式。在上述提到的三個領域，中共放寬了對個人宗教信仰的限

制，取代了強勢的無神論思想；解放婦女使她們在工作與家庭之間作出更自主的選擇，以及激活經濟以讓勞動能夠得到更多市場激勵。即使官方仍然嚴控很多社會和經濟領域，包括對例如藏傳佛教或羅馬天主教等有組織宗教實施政治限制，厲行計劃生育政策，限制私人擁有土地，以至不准任何組織就反對政府徵地或環境退化而展開游說活動，蘇聯模式已經不復存在。

　　1970年代末的中國社會，在至少四個關鍵方面與蘇聯社會截然不同。首先，中國的民族多樣性較少，要求按照民族地區分配政治代表的訴求沒有那麼強烈。雖然在新疆和西藏有較強的少數民族利益訴求，但這些地區受到中央的鐵腕支配，在國家政治中力量很小；這與蘇聯14個俄羅斯以外的加盟共和國，在勃列日涅夫時代達成民族問題的妥協並因此維繫了聯盟的完整，根本不可同日而語。第二，相比勃列日涅夫時代蘇聯民眾已享有日益廣泛的教育、健康、養老、休假、日托和其他福利，身在社會主義體系的絕大多數中國民眾卻仍然沒有重要的社會契約福利。第三，中國社會在經歷連串政治運動後非常動盪，並在文化大革命陷入極度混亂；與此同時蘇聯社會則在勃列日涅夫的老態領導下，沒有開展認真的改革，導致社會停滯不前。第四，俄羅斯的國家認同跟追求與美國在全球平起平坐關係密切，但貴為「超級大國」的蘇聯，國家實力其實與另一個超級大國仍有大段距離；反觀中國的國家認同雖然被毛澤東的激進主義弄得混亂，但儒家思想卻於東亞的環境下在家庭、社區和國家等多個層面處於中心的位置。中國在改革選擇上的包袱較小，要重新聚焦國家認同也更為容易。

影響中國社會演變的因素

　　「傳統社會主義」並沒有在中國社會產生與蘇聯社會同樣的影響。對此有眾多解釋。第一，在它起源的國家，它與過往實踐和思考方式更為一致。第二，它在中國持續的時間較短，並以較偶發和粗糙的方式植入中國。第三，在斯大林去世30年後，在例如莫斯科等俄羅斯城市，隨着現代化和信息空前流入，傳統社會主義的內容已經極大改變。一方

面，受教育的俄國人試圖瓦解舊體制；另一方面，相當多的俄國人依靠該制度，認為改革會影響他們習慣享有的利益，因此總是要找到改革的問題。以一種給中國人民帶來更少利益的模式來控制中國人，毫無疑問更加危險。在逾20年間，農業的人均產量和國家投入增長非常緩慢，中國農民只能獲得很少的物質獎勵或福利。在整個1970年代，獎勵制度不重視工人付出的勤奮，工人很少能夠取得社會流動。知識分子和官員受到文化大革命反精英和反教育政策的磨難，令他們對自己的事業和子女的前途缺乏安全感。中國社會嚴重分化，民眾感到不安全，對未來全無信心。毫無疑問，「傳統社會主義」模式在中國受到詬病，儘管中國領導人禁止人民公開呼籲推進改革以外的措施，以改變現有的體制。

大部分對中蘇分裂的解釋集中在領導層、意識形態和外交政策方面，然而兩個社會之間的差異值得思考。探索這個問題時，我們需要考慮以下五點。第一，赫魯曉夫的去斯大林化講話暴露了斯大林社會主義模式固有的嚴重社會問題，令中國開始關注有關問題，並在國內引起回響。這些問題揭露了斯大林模式的官僚主義本質，它與中國鬆散的社會結構較不相容，為毛澤東領導層提供改旗易幟的動力。中共同時暗示，這是兩黨對社會主義的本質有意識形態上的分歧。第二，蘇聯的社會主義社會處於較成熟階段，它面對不同的改革挑戰。這反而為中國開啓了另類的糾錯措施路徑，因為鄧小平認為在中國釋放人民的潛能較為容易。第三，儘管中國的儒家傳統曾被毛澤東領導階層否定，但它卻為有關社會的矛盾假設，以及如何把這些傳統融入社會主義企業提供了基礎。本質上，中國有一套應變的世界觀，反觀在14個加盟共和國脫離蘇聯獨立後的俄羅斯，已很難擺脫蘇聯的格局。第四，中國共產黨的發展軌跡與布爾什維克不同，後者在俄國奪取政權後給支持者帶來截然不同的觀點，就民族主義如何為管治合法性服務提供了更廣闊的視角。第五，中國領導人統一台灣的抱負，直接導致把國家認同視為在社會政策之外團結人民和增強中國綜合國力的手段。

當赫魯曉夫較斯大林更進一步，否定階級鬥爭以及清洗所謂「國家敵人」的極具爭議做法，毛澤東卻轉向更加激進強調「繼續革命」。赫魯曉夫的烏托邦主義強調充分滿足福利需要日增的共產主義社會，毛澤東

則優先以規範性激勵代替物質進行社會動員。可是，兩國的冒進做法都不能滿足群眾的迫切訴求，最後兩國都回歸到清醒的認識——中國爆發的混亂，引起精英階層的強烈反彈；赫魯曉夫也因為其政策激起黨內精英的反彈，最終被迫下台。赫魯曉夫的烏托邦式社會計劃雖然沒有推翻整個斯大林模式，但它們作為偏離斯大林模式的先驅，增強了蘇聯和中國社會不同導向的意識。

在文化大革命意識形態全面激進化的時期，中國把蘇聯社會所謂的「修正主義」本質妖魔化，在某種程度上也曲解了斯大林主義模式。中國把蘇聯的精英階層視作「共產主義貴族」，同時在國內也破壞精英階層的安全感，削減他們的物質激勵以及促進社會流動的受教育機會。借鑒蘇聯體制的精英管理特徵，中國取消了許多獎勵措施，而這些措施都是社會制度的潤滑劑，有助培養精英對政府的忠誠，提高他們的表現。與此同時，中國在1960年代中至1970年代末訴諸階級標籤，懲罰很多原本能夠為中國社會作出貢獻的人，其破壞性影響並不亞於斯大林的大清洗給人力資源造成的負面作用。斯大林主義的工業和行政體系骨架，儘管功能退化卻仍然繼續沿用；反觀蘇聯的體制在勃列日涅夫時代，因為要取得民眾的順從而要稍作調整。

諷刺的是，中國試圖在日常生活實現更高形式的社會主義，並沒有植入穩定或深層次的改變。中國領導人假想民眾的信念在貫徹社會主義的程度上已經超越蘇聯，但卻忽略了改變民眾信念的結構性要求。縱使民眾因為被強迫或缺乏表達形式的選項而形成表面上的遵從，卻不代表他們最終接受新的社會規範。幸運的是，中國深嵌入國家的社會主義依賴性仍然有限，這為中國過渡至市場經濟奠定了較蘇聯好得多的基礎。因為經歷了混亂狀態而心灰意冷的中國不同民眾，正如鄧小平成功掌權後提供了新方向，都期待着新的道路。

台灣和香港的快速現代化表明，華人社會存在着另一種可帶來非凡經濟發展的模式。如果中國領導人長期無視這種對比，就不能在1970年代末從東亞「經濟奇跡」中取得經驗教訓。社會主義模式與一個國家先前的社會結構關係不大，除了後者發展成資本主義生產模式的程度以外。事實上，毛澤東通過否定儒家傳統並把全部古代中國社會遺產都視

為無關重要(家庭團結,聚焦於耗費精力科舉考試的教育競爭,支持權力下放策略並在各種地區和全國市場中實現優勢的本地網絡,等等),削弱了中國的基礎。「傳統社會主義」模式依靠的是計劃經濟,並在社會生活的每一個方面都進行中央化的指揮,而不是讓市場經濟和公民社會發揮作用。在實施的早期,它的確為民眾提供了心馳神往的成果。但是,二十多年過去後,它卻只是取得貧乏的成果,反觀受儒家傳統影響的鄰近地區卻繁榮興旺。這種現實呼籲中國,應該重新審視怎樣更好地運用傳統社會的遺產,以被受眾所接受。

中國恢復高考和晉升的精英管理制度,重建受人尊敬的學習傳統。中國學生早在五十年代去蘇聯留學時,其學習動力和才智已為蘇聯教授所讚嘆。農業的聯產承包責任制以及輔助性的家庭非農業活動,在1980年代的中國迅速發展;反觀在歷史上曾長期實行農奴制的俄羅斯,蘇聯在同期實行的農業改革和農村激活措施卻進度緩慢。權力下放引出多種多樣的發展戰略,尤其是世代以商業專業化著稱的中國東南部。反觀俄羅斯因為在歷史上受到沙皇權力過分集中的僵化影響,強化了蘇維埃的辦事方式,導致反應遲緩。

揮之不去的蘇聯遺產

今天,關於中國社會是否適合快速經濟發展和全球化的爭論已經完結。中國社會在蘇聯模式的強大作用下陷入困境,而在1980年代初起充滿活力,兩者的強烈對比可謂無容置疑。毛澤東實施蘇聯模式的混亂和反覆無常,更使它更容易被捨棄。鄧小平持續且謹慎地廢除蘇聯模式,為變革指明了道路。然而,如果這兩個因素未能在短期內於社會實踐和思維上達到積極成果,並不足以刺激中國社會的動力。這證明了斯大林模式與現在中國社會並不匹配,也表明中國社會的核心元素與快速現代化十分匹配。當然,與任何其他社會一樣,中國一些舊社會特徵對改革起了妨礙作用。毛澤東領導層在開展大刀闊斧的改變時,也許掃除了這些障礙。然而,在逾四分一個世紀之後,事實清楚證明儘管毛在這方面起了有限的正面作用,但這些都抵銷不了因為植入蘇聯模式導致破

壞中華文化傳統所起的負面作用。為了擺脫蘇聯模式的許多方面，中國加速自身發展，即使蘇聯模式的其他方面可能引發更多的矛盾。

　　鄧小平的改革釋放了中國社會的許多潛能，但是這並不意味着對基層社會力量的制約並不存在。蘇聯模式的影響並不必然結束，社會在其能夠如何組織上具有局限。與蘇聯時期和毛澤東時代一樣，中國的公民組織並不能對官方堅持優先發展經濟而導致環境退化起到制衡作用，決策者也無須聆聽公眾的不滿。在被視為政治敏感的社會生活領域，官方繼續實施限制。當中國民眾回望在經濟取得迷人發展的年代，中國卻未能處理需要認真對待的問題，並得出蘇聯模式的社會主義仍然對中國產生負面影響的結論，這個時候也許會到來。當局堅持威權主義的管治手法，包括實施審查制度來維護統治，而基層社會和其他利益群體在組織和影響力上仍有很大局限。

　　在仍然追求常態化的社會，官方愈來愈把國家認同視為重要的目標：以盡可能最快的速度發展經濟，在舉辦2008年北京奧運會時終於獲得國際社會的尊重，增強綜合國力令中國與美國並駕齊驅，同時在透過實現兩岸統一並在周邊區域和聯合國有更大的話語權，確定在多個方面的主權。可是，隨着時間的推移，國家認同的焦點也會變化。中國在二十世紀下半葉很多以國家為中心的目標都在加強，與當年蘇聯力圖重塑世界的雄心相一致。這些目標也許會開始屈從於中產階級生活質素的利益，以及新安全威脅時代下的全球擔憂。幸運的是，有着傳統底蘊的中國社會，已經擺脫了蘇聯模式的很多負面作用；然而在中蘇決裂的半個世紀以後，蘇聯模式的一些元素至今仍然尚存。

作者簡介

按英文姓氏排序

白思鼎（Thomas P. Bernstein），美國哥倫比亞大學政治系榮休教授，曾任兩屆系主任。發表過大量文章，題目包括中國五十年代的合作化運動、中蘇大饑荒比較、蘇聯解體、中國改革、中國民主化、中蘇改革對比等。另有專著 *Up to the Mountains and Down to the Villages: The Transfer of Youth from Urban to Rural China* (1977)，與呂曉波合著 *Taxation without Representation in Contemporary Rural China* (2003)，與李華鈺合編 *China Learns from the Soviet Union: 1949–Present* (2010)。

陳庭梅（Tina Mai Chen），加拿大馬尼托巴大學歷史學教授。研究領域為現當代中國歷史文化交通與國際關係、毛澤東思想、中蘇關係、緬甸華僑。最近發表的論文為〈毛澤東時代中國的無產階級白衣與勞動身體〉，以及專著 *The Material of World History* (2015)。

高白蘭（Izabella Goikhman），柏林自由大學漢學系博士生。主要研究領域包括中國近代史、中蘇（俄）關係、中蘇科學交流與合作、治理研究、猶太人在中國、性別研究。

關貴海，北京大學國際關係學院副教授。研究方向包括當代中國政治、俄羅斯內政與外交、中美俄大三角關係、上海合作組織等，出版有《中俄關係的歷史與現實》、《葉利欽執政年代》、《普京時代》等專著和譯著，並

在國內外發表學術論文數十篇。此外還兼任中國教育部中俄教育合作分委員會顧問，中俄教育合作理事會中方理事，北京大學當代俄羅斯研究中心主任，中國中俄關係史研究會副會長，中國俄羅斯東歐中亞學會常務理事，中國上海合作組織研究中心常務理事，*Region*雜誌國際編委等。

何冬暉，美國惠特曼大學外國語言和文學系副教授。研究方向包括現當代中國文學、比較文學、話劇和生態電影。

侯曉佳，美國加州州立大學聖何塞分校歷史系副教授。她的研究方向主要是毛澤東時代中共的農民政策和蘇聯模式對中國的影響，出版英文專著*Negotiating Socialism in Rural China: Mao, Peasants, and Local Cadres in Shanxi 1949–1953*（2016），及中英文學術論文和書評若干。她一直很關注高壓政權下普通民眾的生活，最近的研究興趣是近代中國自然環境變遷與政治的關係。

焦宏，澳門大學政府與公共管理系2014級國際關係與公共政策碩士研究生，由冀教授的研究助理。畢業之後，曾擔任解放軍朱成虎將軍以及清華北大中美研究中心的研究助理。

孔寒冰，北京大學國際關係學院教授，中東歐研究中心主任。主要著作有《中蘇關係及其對中國社會發展的影響》(2004)、《走出蘇聯》(2011)、《東歐史》(2010)、《科索沃危機的歷史根源及其大國背景》(1999)、《寒冰走蘇東》(2010)、《寒冰訪羅明》(2010)、《寒冰看世界》(2010)、《原蘇東地區社會主義運動研究》(2010)、《克拉拉·蔡特金評年譜》(1992)、《克拉拉·蔡特金評傳》(1997)、《國際婦女節起源考》(2004)、《克拉拉·蔡特金》，(2014)、《金橋》(2012)、《中羅兩國的橋樑》(2015)、《「黑腳」的漢語之路》(2015)、《中國，我的第二故鄉》(2015)等二十餘部。

李華鈺，美國俄勒岡州立大學政治系副教授，亞洲研究主任。2012年1–4月，新加坡國立大學亞洲研究中心訪問學者。主要研究斯大林主義／

蘇聯經濟模式對中共和毛澤東的影響。除發表了相關文章外，著有 *Mao and the Economic Stalinization of China: 1948–1953* (2006)；與白思鼎合編 *China Learns from the Soviet Union: 1949–Present* (2010)。目前着重研究斯大林主義與毛澤東的中國共產黨及1929–30年莫斯科中山大學的清洗。

呂德量（Lorenz M. Lüthi），加拿大麥吉爾大學歷史系副教授。發表過大量關於中國、越南、印度和歐洲冷戰史的文章。第一本專著是 *The Sino-Soviet Split: Cold War in the Communist World* (2008)，還編著了 *The Regional Cold Wars in Europe, Asia, and the Middle East* (2015)。目前的研究興趣是從亞洲、中東和歐洲的視角對冷戰進行重新闡釋。

馬意莉（Elizabeth McGuire），加州州立大學東灣分校歷史系助理教授。著有 *Red at Heart: How Chinese Communists Fell in Love with the Russian Revolution* (2017)，其中文版將由中國社科院出版。

羅瑞（Gregory Rohlf），美國加州太平洋大學歷史系教授。著有 *Building New China, Colonizing Kokonor* (2016)。研究領域為中國青海及西部地區的發展以及婦女在該區域的影響力。下一部著作探究亞洲國家的高等教育現狀，並以清華大學為例展開深入分析。

羅斯曼（Gilbert Rozman），美國普林斯頓大學社會學系 Musgrave 榮休教授。自1970年代起，長期從事中蘇，中俄關係研究。著有大量相關書籍及學術文章。現為 *The Asian Forum* 期刊總主編。

勞倫斯·施奈德（Laurence Schneider），美國華盛頓大學聖路易斯分校榮休教授。曾出版專著 *Biology and Revolution in Twentieth Century China* (2003)。

李濱（Douglas A. Stiffler），美國朱尼亞塔學院歷史學副教授。2008–2009年中國首都師範大學富布萊特訪問學者。研究興趣包括中國和蘇聯的歷史與文化、中蘇教育交流等。

王俊逸（Péter Vámos），匈牙利科學院人文學研究中心歷史研究所研究員，兼匈牙利基督教卡羅里大學東方語言文化學院副教授。已出版專著七部以及大量研究論文，內容包括 中國現代史和外交史、中蘇關係和中匈關係史、中國天主教史和基督教史。代表著作包括 *Magyar jezsuita misszió Kínában* (2003)（匈牙利耶穌會士在中國），*Kína mellettünk? Kínai külügyi iratok Magyarországról, 1956* (2008)（中國與我們站在一起嗎？中國外交部檔案所見1956年的匈牙利），與黃立茀、李銳合編《新史料‧新發現：中國與蘇聯東歐國家關係》(2014)。

由冀，澳門大學社會科學學院政府與行政學系教授及系主任。研究領域包括中國外交國防戰略，地區安全挑戰等。已出版英文著作四部，20餘篇SSCI雜誌學術論文，近百篇英文書籍章節。任八個英文學術雜誌編委，包括三個SSCI雜誌。

余敏玲，台灣中央研究院近代史研究所研究員。著有《形塑「新人」：中共宣傳與蘇聯經驗》(2015)、主編《兩岸分治：學術建制、圖像宣傳與族群政治(1949-2000)》(2012)。研究領域為蘇聯史、中蘇政治與文化、黨國體制的比較。目前研究聚焦於俄共革命手段輸入中國後所產生的變異。

臧健，北京大學中國古代史研究中心研究員、婦女研究中心研究員。主要研究領域為中國古代史與古籍整理、中國婦女史、西部貧困地區女童教育。曾主持及參與「近30年國際漢學研究的理論、方法與實踐：性別研究與口述歷史的視角」、「80年代以來中日婦女生育觀變化比較研究」、「10–13世紀中國文化的碰撞與融合」、「西部女童教育專案實施中的問題與思考：以四川涼山喜德縣、開縣為例」等中國教育部、全國婦聯以及國際合作研究項目。在中國婦女史研究中，長期專注於宋代家族與婦女研究、近代以來婦女史研究、當代女性問題研究、女性口述歷史研究。主要研究著作有《兩個世界的媒介：德國女漢學家口述實錄》、《近百年中國婦女論著總目提要》、《青春方程式：50個北京女知青的自述》、《創造平等：中國西北女童教育口述史》等，在國內外發表與女性研究相關的論文50餘篇。

張盛發，中國社會科學院俄羅斯東歐中亞研究所研究員。2003年美國普林斯頓大學國際研究中心訪問學者，2005–2006年俄羅斯聖彼得堡大學歷史系訪問學者。現研究領域包括蘇聯史、國際關係史、國際共運史、中蘇關係史，俄羅斯政治。另外擔任中國蘇聯東歐史研究會副會長兼秘書長，東方歷史研究基金會學術委員會委員，中國俄羅斯東歐中亞學會常務理事，中國中俄關係史研究會常務理事。

周明朗，美國馬里蘭大學語言學院副教授、中文部主任。主要研究領域包括宏觀社會語言學、中國的語言與民族、國際漢語教育。主要英文學術著作有 *Language Ideology and Order in Rising China*（即將出版），*Multilingualism in China: The Politics of Writing Reforms for Minority Languages 1949–2002*（2003）和 *Language Policy in the People's Republic of China: Theory and Practice since 1949*（2004）等。另外兼任北京語言大學客座教授、上海外語大學語言研究院客座教授、新疆師範大學新疆少數民族雙語教育中心客座研究員、台灣師範大學跨國頂尖研究中心校外諮詢委員會委員，同時還任若干種國際學刊和中國學刊編委。